The Holt, Rinehart and Winston Accuracy Commitment:
From Manuscript to Bound Book

As a leading textbook publisher in foreign languages since 1866, Holt, Rinehart and Winston recognizes the importance of accuracy in foreign language textbooks. In an effort to produce the most accurate introductory foreign language program available we have added two new stages to the development of *Portes ouvertes* – **double proofing** in production and a **final accuracy check** by experienced teachers.

The outline below shows the unprecedented steps we have taken to ensure accuracy:

Author	Writes and proofs first draft.
1st Round of Reviews	Review of first draft manuscript. Independent reviewers check for clarity of text organization, pedagogy, content, and proper use of language.
Author	Makes corrections/changes.
2nd Round of Reviews	Review of second draft manuscript. Independent reviewers again check for clarity of text organization, pedagogy, content, and proper use of language.
Author	Prepares text for production.
Production	Copyediting and proofreading. The project is **double-proofed** – at the galley proof stage and again at the page proof stage.
Final Accuracy Check	The entire work is read one last time by experienced instructors, this time to check for accurate use of language in text, examples, and exercises. The material is read word for word again and all exercises are worked to ensure the most accurate language program possible. The accompanying tapescript and video are proofed simultaneously.
Final Textbook	Published with final corrections.

Holt, Rinehart and Winston would like to acknowledge the following instructors who, along with others, participated in the final accuracy check for *Portes ouvertes*: Eileen Angelini, Philadelphia College of Textiles and Science; Deborah Beyer, Western Illinois University; Anne-Sophie Blank, University of Missouri, St. Louis; Lethuy Hoang, Springfield College; Elizabeth New, University of North Texas; Sandra Soares, University of Wisconsin, River Falls.

LA FRANCE

Langues maternelles
- Le français langue maternelle majoritaire
- Le français langue maternelle d'une minorité importante

Langues officielles
- Le français est la seule langue officielle
- Le français est une des langues officielles du pays ou de l'état
- Le français est la langue de culture ou des affaires pour une partie importante de la population

LE ROYAUME-UNI

LA MER DU NORD

LES PAYS-BAS (m. pl.)

LA BELGIQUE
la Wallonie

LE LUXEMBOURG

LA MANCHE

Dunkerque
Calais
Boulogne
Lille
NORD-PAS-DE-CALAIS
Dieppe
Amiens
PICARDIE
Charleville-Mézières
Verdun
Metz
LORRAINE
Nancy
Strasbourg
ALSACE

Cherbourg
HAUTE-NORMANDIE
Le Havre
Rouen
ÎLE-DE-FRANCE
Paris
Reims
CHAMPAGNE-ARDENNE

Caen
la Seine
Versailles
Chartres
Fontainebleau
Troyes
LES VOSGES
Colmar
L'ALLEMAGNE (f.)

St. Malo
BASSE-NORMANDIE
le Mont-St. Michel
CENTRE
Orléans
la Loire
BOURGOGNE
FRANCHE-COMTÉ

Brest
BRETAGNE
Rennes
Le Mans
Blois
Tours
Angers
la Loire
Nantes
la Seine
Dijon
Besançon

PAYS DE LA LOIRE
Bourges
LA SUISSE

Poitiers
AUVERGNE
LE JURA

La Rochelle
POITOU-CHARENTES
Lyon
RHÔNE-ALPES
le Val d'Aoste

L'OCÉAN ATLANTIQUE (m.)
Limoges
LIMOUSIN
Clermont-Ferrand

L'ITALIE (f.)

Grenoble

Bordeaux
Rocamadour
AQUITAINE
la Garonne
LE MASSIF CENTRAL
le Rhône
LES ALPES

Moissac
Albi
MIDI-PYRÉNÉES
Nîmes
Avignon
PROVENCE-ALPES-CÔTE D'AZUR
Nice
Cannes
Aix-en-Provence
Marseille
MONACO

Biarritz
LE PAYS BASQUE
Toulouse
Montpellier
Arles
Lourdes
Carcassonne
LANGUEDOC-ROUSSILLON

LES PYRÉNÉES (f.pl.)
Perpignan
LA MER MÉDITERRANÉE
la Corse

L'ANDORRE (f.)

L'ESPAGNE (f.)

0 25 50 75 100 MILLES
0 50 100 150 KILOMÈTRES

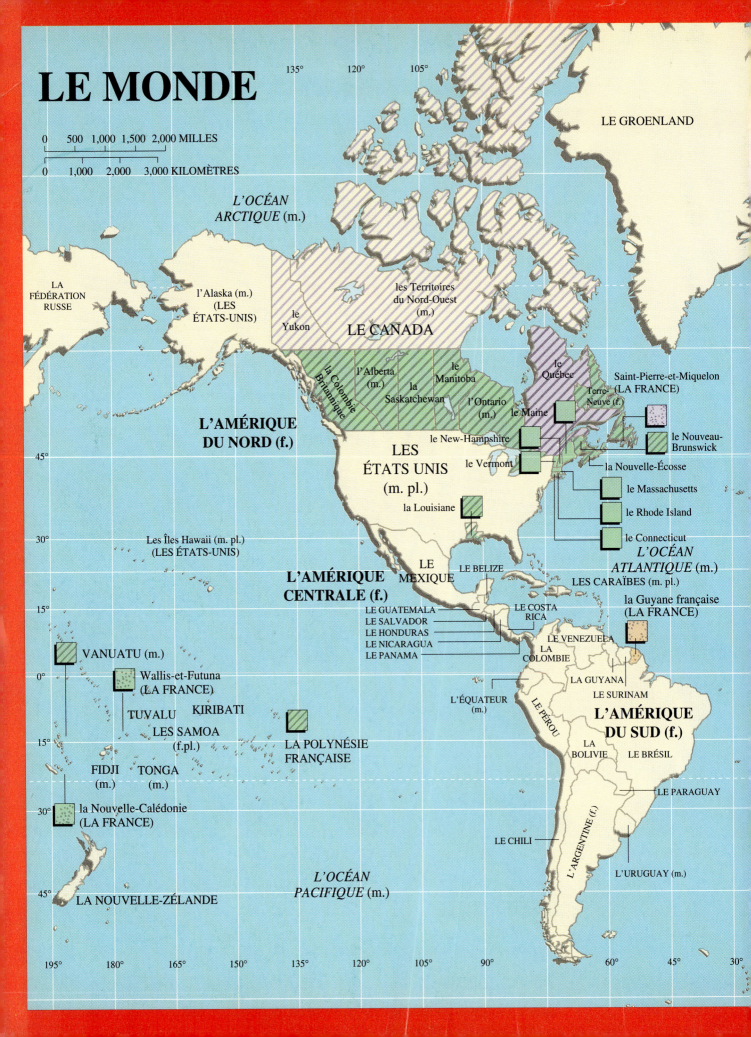

LE MONDE

0   500 1,000 1,500 2,000 MILLES

0   1,000 2,000 3,000 KILOMÈTRES

LE GROENLAND

L'OCÉAN ARCTIQUE (m.)

LA FÉDÉRATION RUSSE

l'Alaska (m.) (LES ÉTATS-UNIS)

le Yukon

les Territoires du Nord-Ouest (m.)

LE CANADA

la Colombie Britannique

l'Alberta (m.)

la Saskatchewan

le Manitoba

l'Ontario (m.)

le Québec

Terre-Neuve (f.)

Saint-Pierre-et-Miquelon (LA FRANCE)

le Nouveau-Brunswick

la Nouvelle-Écosse

L'AMÉRIQUE DU NORD (f.)

LES ÉTATS UNIS (m. pl.)

le Maine

le New-Hampshire

le Vermont

le Massachusetts

le Rhode Island

le Connecticut

la Louisiane

L'OCÉAN ATLANTIQUE (m.)

Les Îles Hawaii (m. pl.) (LES ÉTATS-UNIS)

LE MEXIQUE

LE BELIZE

LES CARAÏBES (m. pl.)

L'AMÉRIQUE CENTRALE (f.)

LE GUATEMALA

LE SALVADOR

LE HONDURAS

LE NICARAGUA

LE PANAMA

LE COSTA RICA

la Guyane française (LA FRANCE)

LE VENEZUELA

LA COLOMBIE

LA GUYANA

LE SURINAM

VANUATU (m.)

Wallis-et-Futuna (LA FRANCE)

TUVALU

KIRIBATI

LES SAMOA (f.pl.)

LA POLYNÉSIE FRANÇAISE

FIDJI (m.)

TONGA (m.)

la Nouvelle-Calédonie (LA FRANCE)

L'ÉQUATEUR (m.)

LE PÉROU

L'AMÉRIQUE DU SUD (f.)

LA BOLIVIE

LE BRÉSIL

LE PARAGUAY

L'ARGENTINE (f.)

LE CHILI

L'URUGUAY (m.)

L'OCÉAN PACIFIQUE (m.)

LA NOUVELLE-ZÉLANDE

135°   120°   105°

45°

30°

15°

0°

15°

30°

45°

195°   180°   165°   150°   135°   120°   105°   90°   60°   45°   30°

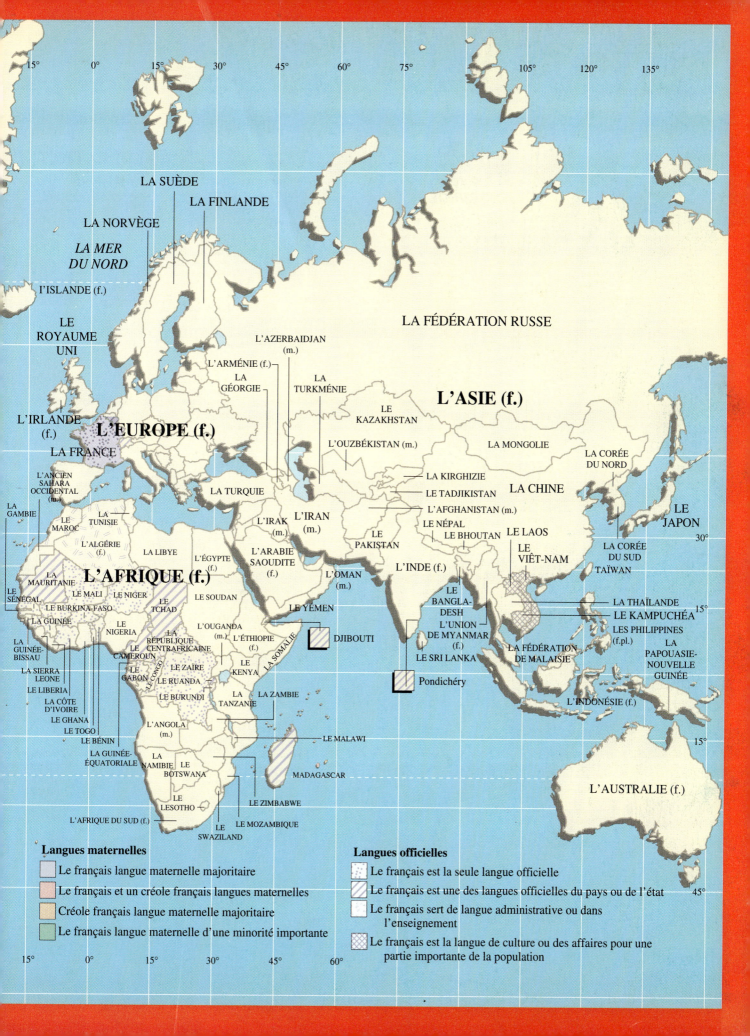

LA SUÈDE

LA NORVÈGE

LA FINLANDE

LA MER DU NORD

l'ISLANDE (f.)

LE ROYAUME UNI

L'AZERBAIDJAN (m.)

L'ARMÉNIE (f.)

LA GÉORGIE

LA TURKMÉNIE

L'ASIE (f.)

LA FÉDÉRATION RUSSE

LE KAZAKHSTAN

L'IRLANDE (f.)

L'EUROPE (f.)

LA FRANCE

L'OUZBÉKISTAN (m.)

LA MONGOLIE

LA CORÉE DU NORD

L'ANCIEN SAHARA OCCIDENTAL (m.)

LA KIRGHIZIE

LA CHINE

LA CORÉE DU SUD

LA TURQUIE

LE TADJIKISTAN

LA GAMBIE

LE MAROC

LA TUNISIE

L'IRAK (m.)

L'IRAN (m.)

L'AFGHANISTAN (m.)

LE JAPON

L'ALGÉRIE (f.)

LA LIBYE

L'ÉGYPTE (f.)

L'ARABIE SAOUDITE (f.)

LE PAKISTAN

LE NÉPAL

LE BHOUTAN

LE LAOS

LA CORÉE DU SUD

TAÏWAN

30°

LA MAURITANIE

L'AFRIQUE (f.)

L'OMAN (m.)

L'INDE (f.)

LE VIÊT-NAM

LE SÉNÉGAL

LE MALI

LE NIGER

LE TCHAD

LE SOUDAN

LE YÉMEN

LA THAÏLANDE

LA GUINÉE

LE BURKINA-FASO

L'OUGANDA (m.)

L'ÉTHIOPIE (f.)

DJIBOUTI

LE BANGLA-DESH

L'UNION DE MYANMAR (f.)

LE KAMPUCHÉA

LES PHILIPPINES (f.pl.)

LA GUINÉE-BISSAU

LE NIGERIA

LA RÉPUBLIQUE CENTRAFRICAINE

LE SRI LANKA

LA FÉDÉRATION DE MALAISIE

LA PAPOUASIE-NOUVELLE GUINÉE

LA SIERRA LEONE

LE CAMEROUN

LE KENYA

Pondichéry

LE LIBERIA

LE GABON

LE ZAÏRE

LE RUANDA

LA CÔTE D'IVOIRE

LE CONGO

LE BURUNDI

LA TANZANIE

LA ZAMBIE

L'INDONÉSIE (f.)

LE GHANA

LE TOGO

LE BÉNIN

L'ANGOLA (m.)

LE MALAWI

LA GUINÉE-ÉQUATORIALE

LA NAMIBIE

LE BOTSWANA

MADAGASCAR

15°

L'AUSTRALIE (f.)

LE LESOTHO

LE ZIMBABWE

L'AFRIQUE DU SUD (f.)

LE SWAZILAND

LE MOZAMBIQUE

45°

Langues maternelles

Le français langue maternelle majoritaire

Le français et un créole français langues maternelles

Créole français langue maternelle majoritaire

Le français langue maternelle d'une minorité importante

Langues officielles

Le français est la seule langue officielle

Le français est une des langues officielles du pays ou de l'état

Le français sert de langue administrative ou dans l'enseignement

Le français est la langue de culture ou des affaires pour une partie importante de la population

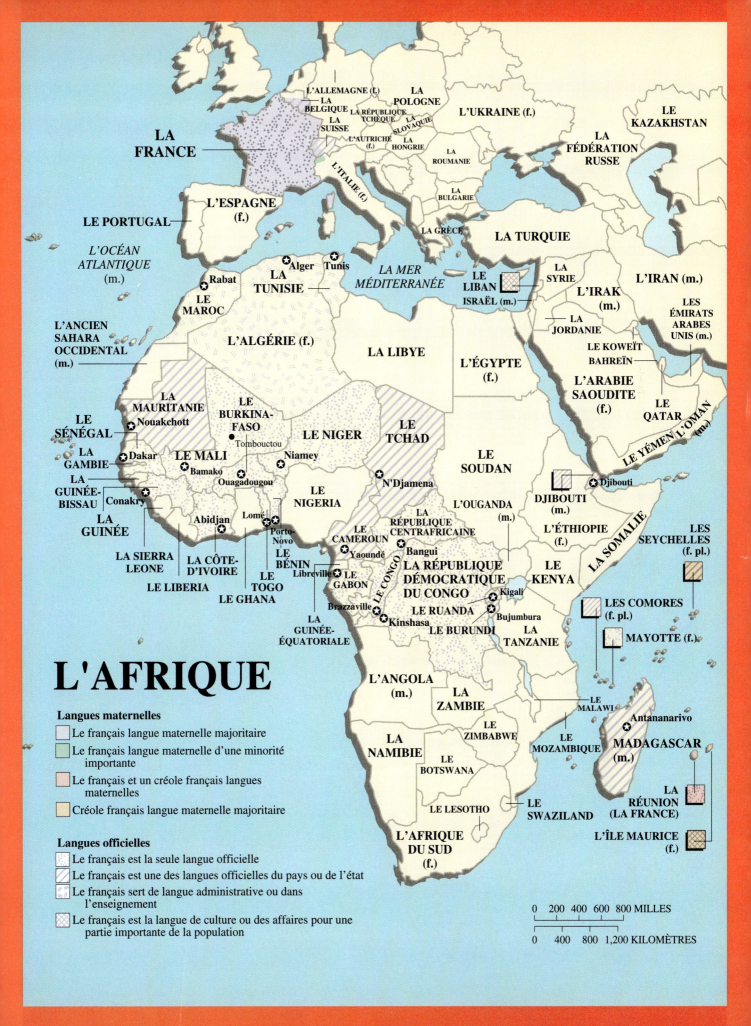

L'AFRIQUE

Langues maternelles

- Le français langue maternelle majoritaire
- Le français langue maternelle d'une minorité importante
- Le français et un créole français langues maternelles
- Créole français langue maternelle majoritaire

Langues officielles

- Le français est la seule langue officielle
- Le français est une des langues officielles du pays ou de l'état
- Le français sert de langue administrative ou dans l'enseignement
- Le français est la langue de culture ou des affaires pour une partie importante de la population

L'ALLEMAGNE (f.)
LA POLOGNE
LA BELGIQUE
LA RÉPUBLIQUE TCHÈQUE
LA SLOVAQUIE
L'UKRAINE (f.)
LE KAZAKHSTAN
LA SUISSE
L'AUTRICHE (f.)
LA HONGRIE
LA FÉDÉRATION RUSSE
LA FRANCE
L'ITALIE (f.)
LA ROUMANIE
L'ESPAGNE (f.)
LA BULGARIE
LE PORTUGAL
LA GRÈCE
LA TURQUIE
L'OCÉAN ATLANTIQUE (m.)
LA MER MÉDITERRANÉE
LE LIBAN
LA SYRIE
L'IRAN (m.)
Alger
Tunis
ISRAËL (m.)
Rabat
LA JORDANIE
LES ÉMIRATS ARABES UNIS (m.)
LA TUNISIE
LE MAROC
LE KOWEÏT
BAHREÏN
L'ANCIEN SAHARA OCCIDENTAL (m.)
L'ALGÉRIE (f.)
LA LIBYE
L'ÉGYPTE (f.)
L'ARABIE SAOUDITE (f.)
LE QATAR
LA MAURITANIE
LE BURKINA-FASO
LE YÉMEN
L'OMAN (m.)
Nouakchott
LE NIGER
LE TCHAD
LE SÉNÉGAL
Tombouctou
LE SOUDAN
Dakar
Niamey
LA GAMBIE
LE MALI
Bamako
LA GUINÉE-BISSAU
Ouagadougou
N'Djamena
Conakry
L'OUGANDA (m.)
DJIBOUTI (m.)
Djibouti
Abidjan
Lomé
LE NIGERIA
LA RÉPUBLIQUE CENTRAFRICAINE
L'ÉTHIOPIE (f.)
LA GUINÉE
Porto-Novo
LE CAMEROUN
LES SEYCHELLES (f. pl.)
LA SIERRA LEONE
LE BÉNIN
Yaoundé
LA SOMALIE
LA CÔTE-D'IVOIRE
LE TOGO
Libreville
Bangui
LE KENYA
LE LIBERIA
LE GHANA
LE GABON
LA RÉPUBLIQUE DÉMOCRATIQUE DU CONGO
Kigali
LES COMORES (f. pl.)
LE CONGO
Brazzaville
LE RUANDA
Bujumbura
MAYOTTE (f.)
Kinshasa
LE BURUNDI
LA GUINÉE-ÉQUATORIALE
LA TANZANIE
L'ANGOLA (m.)
LE MALAWI
LA ZAMBIE
Antananarivo
LA NAMIBIE
LE ZIMBABWE
LE MOZAMBIQUE
MADAGASCAR (m.)
LE BOTSWANA
LA RÉUNION (LA FRANCE)
LE LESOTHO
LE SWAZILAND
L'ÎLE MAURICE (f.)
L'AFRIQUE DU SUD (f.)

0 200 400 600 800 MILLES

0 400 800 1,200 KILOMÈTRES

L'AMÉRIQUE DU NORD

L'OCÉAN ARCTIQUE (m.)

LE GROENLAND

L'Alaska (LES ÉTATS-UNIS)

les Territoires du Nord-Ouest (m.)

le Yukon

Saint-Pierre-et-Miquelon (LA FRANCE)

le Québec

L'AMÉRIQUE DU NORD (f.)

LE CANADA

la Colombie Britannique

l'Alberta (m.)

le Manitoba

la Saskatchewan

l'Ontario (m.)

le Maine

Terre-Neuve (f.)

l'Île du Prince-Edouard (f.)

la Nouvelle-Écosse

Langues maternelles

Le français langue maternelle majoritaire

Le français et un créole français langues maternelles

Créole français langue maternelle majoritaire

Le français langue maternelle d'une minorité importante

Langues officielles

Le français est la seule langue officielle

Le français est une des langues officielles du pays ou de l'état

Le français sert de langue administrative ou dans l'enseignement

le New-Hampshire

le Vermont

Québec
Montréal

Ottawa

le Nouveau-Brunswick

le Massachusetts

le Rhode Island

le Connecticut

LES ÉTATS-UNIS (m. pl.)

la Louisiane

L'OCÉAN ATLANTIQUE (m.)

Les Îles Hawaii (m. pl.) (LES ÉTATS-UNIS)

LE MEXIQUE

GOLFE DU MEXIQUE

LE BELIZE

CUBA (m.)

LES CARAÏBES

L'AMÉRIQUE CENTRALE

LE GUATEMALA
LE SALVADOR
LE HONDURAS
LE NICARAGUA

LA JAMAÏQUE

HAÏTI (m.)

LE COSTA RICA

LA GUYANE FRANÇAIS (LA FRANCE)

CUBA (m.)

LA RÉPUBLIQUE DOMINICAINE

LES CARAÏBES

la Guadeloupe (LA FRANCE)

LE PANAMA

L'ÉQUATEUR (m.)

L'OCÉAN PACIFIQUE (m.)

LE VENEZUELA

LA COLOMBIE

Cayenne

Port-au-Prince

LA MER DES CARAÏBES

Pointe-à-Pitre

DOMINIQUE (f.)

Fort-de-France

LA GUYANA

LE SURINAM

HAÏTI (m.)

la Martinique (LA FRANCE)

MILLES
0   300

L'AMÉRIQUE DU SUD

LE BRÉSIL

SAINTE LUCIE (f.)

KILOMÈTRES
0   450

À 45°
LATITUDE

MILLES
0 200 400 600 800

KILOMÈTRES
0   400   800 1,200

LE PÉROU

LA BOLIVIE

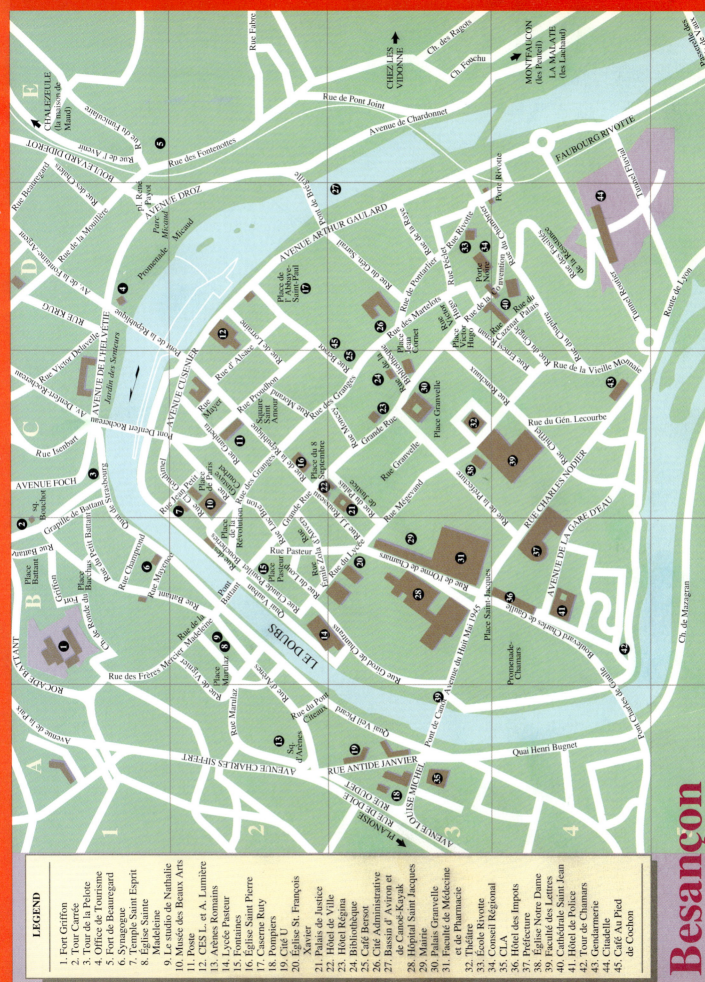

Besançon

Portes ouvertes

An Interactive Multimedia Approach to First-Year French

Portes ouvertes

An Interactive Multimedia Approach to First-Year French

Margaret Haggstrom
Loyola College in Maryland

Judith Frommer
Harvard University

Christopher M. Jones
Carnegie Mellon University

Marie-France Bunting
Harvard University

Laurent Patenotte
Phillips Exeter Academy

Holt, Rinehart and Winston
Harcourt Brace College Publishers
Fort Worth Philadelphia San Diego New York Orlando Austin San Antonio
Toronto Montreal London Sydney Tokyo

PUBLISHER	ROLANDO HERNÁNDEZ-ARRIESSECQ
ACQUISITIONS EDITOR	SUSAN MARSHALL
DEVELOPMENTAL EDITOR	NANCY PRATT SIEGEL
PROJECT EDITOR	TASHIA STONE
ART DIRECTOR	DAVID A. DAY
PRODUCTION MANAGER	KATHLEEN FERGUSON

ISBN: 0-03-008627-2
Library of Congress Catalog Card Number: 97-73490

Address for orders:
Holt, Rinehart and Winston
6277 Sea Harbor Drive
Orlando, FL 32887-6777
1-800-782-4479

Address for editorial correspondence:
Holt, Rinehart and Winston
301 Commerce Street, Suite 3700
Fort Worth, TX 76102

Web site address:
http://www.hrwcollege.com/french

Holt, Rinehart and Winston will provide complimentary supplements or supplement packages to those adopters qualified under our adoption policy. Please contact your sales representative to learn how to qualify. If as an adopter or potential user you receive supplements you do not need, please return them to your sales representative or send them to: Attn: Returns Department, Troy Warehouse, 465 South Lincoln Drive, Troy, MO 63379.

Printed in the United States of America

7 8 9 0 1 2 3 4 5 6   032   9 8 7 6 5 4 3 2 1

Holt, Rinehart and Winston
Harcourt Brace College Publishers

Preface

Portes ouvertes (which means *open doors*) will make it enjoyable and exciting for you to learn French, as each unit of this multimedia method opens another door bringing you closer to your goal of communicating in the language as it is used today. In *Portes ouvertes,* French will come to life for you as you see videos of real people involved in real activities and get to know a group of families and individuals of varied socioeconomic levels and ethnic origins as they go about their daily lives. The people in *Portes ouvertes* live in Besançon, a city of about 120,000 people in eastern France, but they will introduce you to other areas of France as well as to other French-speaking areas of the world.

The purpose of this preface is to explain the use of the components of *Portes ouvertes:* textbook, video, CD-ROM, and audio CD. Everything in the textbook flows from the videos, and all exercises and activities in the book and on the CD-ROM are linked to the cultural content of each unit, thus focusing your learning on *meaning* while nonetheless providing adequate opportunities for language practice in all of the four skills—speaking, listening, reading, and writing. As you progress through *Portes ouvertes,* hints and suggestions will be provided to help you use the material more efficiently and retain it better.

Most of the activities in the textbook involve working with a partner or in small groups in an effort to maximize your use of French in communicative situations. The CD-ROM will allow you to engage in active practice individually outside of class, profiting from the visual and sound capabilities of the computer to dramatically increase your contact with the living language.

Although the video is the foundation of the narrative content of *Portes ouvertes,* the textbook is the organizing principle and the focal point for use of the other components. In this preface, therefore, we will concentrate on the textbook, explaining its structure and use.

TEXTBOOK

OVERVIEW

Portes ouvertes contains ten units, called **unités,** each of which is divided into three *leçons,* or lessons. A brief introductory lesson preceding **Unité 1,** the **Leçon préliminaire,** presents the families and individuals who will guide you through your first experience with French language and culture. In this introductory lesson, you will get your first taste of listening to French and will learn greetings and basic classroom expressions.

At the beginning of *Portes ouvertes* you will see maps and a detailed **table des matières** *(table of contents)* that will allow you to locate grammatical structures and vocabulary lists, as well as the first page of each unit and lesson. At the end of the book, you will find verb charts, a French-English glossary, an English-French glossary, and an index.

As you read this preface, skim through the textbook to locate the sections that are mentioned. Take a break from your reading now, and look at the **table des matières** and maps in the front of the book and the verb charts, bilingual glossaries, and index at the end. Look also through the **Leçon préliminaire** to become acquainted with its organization and content.

If you skimmed the textbook, as suggested, you noticed that *Portes ouvertes* has many photos and drawings, all of which are linked to an activity or an explanation. Looking at the illustrations and photos before reading will help you to understand the material. Lesson sections, described next, are indicated by titles, icons, and distinctive colored backgrounds, establishing a framework that contributes to more effective learning.

LES UNITÉS
Overall Organization and Introduction

The **unités** of *Portes ouvertes* are divided into three **leçons. Leçons 1** and **2** introduce you to new aspects of the language and culture, and **Leçon 3** allows you to consolidate your recently acquired knowledge through intensive listening, reading, and writing tasks.

The **unité** starts with a short introduction intended to familiarize you with the unit theme, conforming to one of the basic principles of the *Portes ouvertes* approach to language learning: Establishing the context for what you will be learning makes it easier for you to assimilate new material. The introduction has four specific parts: 1) paintings, photos, or images on the opening page related to the unit theme; 2) a list of the language objectives—**Mes objectifs communicatifs**—and of the cultural themes—**Les clés culturelles**—for the unit; 3) the **Porte d'entrée,** which provides background information on the cultural theme; and 4) a section entitled **Regardons les tableaux, Regardons les photos,** or **Regardons les images,** consisting of activities based on the opening page.

Look at the introduction to **Unité 2** on page 79. Can you find the four parts just mentioned?

Leçons 1 et 2

Leçons 1 and **2** of each unit have a number of different sections. Each **leçon** begins with a section that tells what you are supposed to learn and ends with a section that helps you review lesson content. All of the sections are presented here with the same headings, icons, and color-coding that identify them throughout the book.

As you will see, **Leçons 1** and **2** always begin with the following sections in this order:

1. **Mes objectifs communicatifs**
2. **Les clés culturelles**
3. **Regardons les tableaux, Regardons les photos,** or **Regardons les images**
4. **Expression-vocabulaire**
5. **Action**

In the remainder of each lesson there are other **Expression** (for both vocabulary and structures) and **Action** and **Action-approfondissement** sections that do not always appear in the same order. There is also a section on pronunciation (**Prononciation**) and, at the end of the lesson, a reading section (**Lecture**).

As you read about each section, remember to skim the book to identify it and see what it looks like.

Throughout the book, interspersed where appropriate, you will see boxes like this one with a lightbulb to the left of the text. (You have already seen two of them in this preface.) These boxes present hints, suggestions, or strategies to facilitate learning. Sometimes, they offer general advice for language learning; at other times they contain specific questions that you can ask yourself so that you will have a focus for studying a specific structure. Paying attention to the lightbulb will pay off!

Mes objectifs communicatifs

The **leçon** starts with a list of communicative tasks, clearly defined in English, that you will learn. The tasks include specific situations such as making hotel reservations, general topics such as talking about the weather, and language functions such as narrating in the past.

Les clés culturelles

A second list, entitled **Les clés culturelles** (*cultural keys*), presents the specific aspects of the cultural theme that will be covered in the lesson. The cultural theme is integrated into all of the material in the lesson, including videos, vocabulary, and practice activities, so you will be learning about culture while you are learning the language.

> Additional cultural information—descriptions of customs, interesting facts, or cultural differences—is presented in boxes identified by a key. These "keys to cultural understanding" are written in English in the first few units and change to French starting in **Unité 4.**

REGARDONS LES IMAGES

The first activity in each lesson, called **Regardons les images** (*Let's look at the images*)—or sometimes **Regardons les tableaux** or **Regardons les photos** (*Let's look at the paintings* or *photos*), is based on the visuals that appear on the facing page—either art, photos, or realia (an advertisement, a product wrapper, a brochure, something "real" used in daily life)—that are linked to the lesson theme. As with the **Porte d'entrée,** this activity establishes the context for learning new material.

EXPRESSION-VOCABULAIRE

EXPRESSION-STRUCTURE

The **Expression** sections introduce new vocabulary or new structures. They are of two types, **Expression-vocabulaire** and **Expression-structure,** and can appear two, three or, occasionally, four times in a single lesson.

The first **Expression-vocabulaire** section immediately follows **Regardons les images.** This section consists of vocabulary and pre-listening activities that prepare you for the first video sequence of the lesson. Thematic vocabulary is presented and illustrated, allowing you to associate each new word or expression with an image or an idea that will make it easier for you to understand and remember. The presentation of vocabulary is followed by activities that will help you learn word meanings. All **Expression-vocabulaire** sections in each lesson follow the same format.

The **Expression-structure** sections present aspects of grammar such as verb tenses, adjectives, and pronouns. There are usually two or three new structures per lesson, explained as simply as possible using nontechnical terms. Rather than just

presenting grammar rules for you to memorize, the **Expression-structure** sections implement an inductive-deductive approach intended to lead you to a true understanding of the way in which you will use the language to express meaning. The sections usually begin with a conversation that uses the new structure, asking you to identify it and to figure out, if you can, what it is and how it is formed. The point is then presented in English, illustrated by charts and boxes set off from the rest of the printed page in a and striking manner. The explanation is followed by a number of activities based on a video sequence, an illustration, or a reading, allowing you to use the new structure in a variety of ways. Grammatical structures are used throughout the textbook, offering you opportunities to practice them in a variety of new contexts.

> **VÉRIFIEZ**   This box, found at the end of the explanation, encourages you to ask yourself questions to *verify* or make sure that you have understood the new structure.

ACTION

ACTION-APPROFONDISSEMENT

The **Action** and **Action-approfondissement** sections present the video on which *Portes ouvertes* is based. **Action** indicates that the video will most probably be seen in class; **Action-approfondissement** refers to video segments that you will probably watch as a homework assignment, in your campus language center or on your own VCR. Most of the video segments are a few minutes long but some, especially in the beginning, last only a few seconds. In general, each unit includes one or two **Action** sections and from one to three **Action-approfondissement** sections.

The content of both types of video segments is varied; sometimes you will see people engaged in conversation, and at other times a single person will address you directly. Every segment that you will see is spontaneous, unrehearsed French as it is spoken today by native French speakers. Because you will be listening to natural, authentic French, initially you cannot expect, and your instructor will not ask you, to understand every word. The activities accompanying the video, however, will teach you how to listen and allow you to improve your listening skills so that, by the end of the book, you will understand the videos with ease.

Each **Action** section has three parts.

PRÉPARONS-NOUS *(Let's prepare)*

This part consists of activities that use the vocabulary you just learned in the first **Expression-vocabulaire** section in constructions and contexts that are similar to what you will see in the video.

REGARDONS *(Let's watch)*

The second part includes activities that guide your listening and viewing experience, indicating the specific information you should listen for, rather than expecting you to understand and remember everything you hear.

EXPANSION

In the third section, you will practice using the language of the video so that you will remember it.

Action-approfondissement also has three sections.

PRÉPAREZ-VOUS *(Prepare)*

REGARDEZ *(Watch)*

EXPANSION

The different titles for the first two parts reflect the fact that you will be watching these videos independently. You will notice that no transcript of the **Action** or **Action-approfondissement** video is provided in the textbook, but all of the essential vocabulary is included in the **Expression-vocabulaire** and preparation sections.

 # INTERACTION

Once during each lesson, you will engage in an **Interaction** with a partner. In this activity you will be required to complete a task for which you must share information with your partner(s). The task can be done only if you work together, communicating to each other the information you don't know. While exchanging information you will learn to use French creatively, exactly the way you would in a real-life situation.

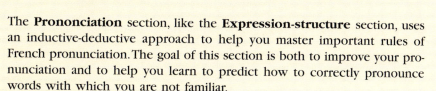

Prononciation

The **Prononciation** section, like the **Expression-structure** section, uses an inductive-deductive approach to help you master important rules of French pronunciation. The goal of this section is both to improve your pronunciation and to help you learn to predict how to correctly pronounce words with which you are not familiar.

There are three main parts of the **Prononciation** section.

Écoutez

In this section, you are asked to listen to a series of sentences in French and to identify the pronunciation rule being illustrated by answering questions about the sentences.

Vérifiez

Here, the pronunciation rule is explained in clear English, allowing you to confirm your "rule" from the **Écoutez** section.

Prononcez

In the third section, you are first asked to apply the pronunciation rule you have just learned to a series of sentences printed in the book. Then, you will listen to native speakers reading the sentences to confirm your predictions. Finally, you will practice your pronunciation by repeating the sentences after the native speakers.

LECTURE

The final activity in **Leçons 1** and **2** involves reading a short text from a book, magazine, or newspaper. The **Lecture** section is divided into three parts.

PRÉPARATION À LA LECTURE

Before reading, you will do activities that will help you to understand the text you are about to read.

AVEZ-VOUS COMPRIS ? *(Have you understood?)*

After you have read, you will work with the material to demonstrate that you have understood it.

EXPANSION

Finally, expansion activities will help you think about the meaning of the text and express your ideas in French.

Leçon 3

Through interactive video, reading, and writing experiences, the last **leçon** of the **Unité** fosters in-depth usage of the structures and vocabulary learned in **Leçons 1** and **2.**

INTRODUCTION

Each **Leçon 3** begins with an **Introduction,** which gives additional thoughts and information about the theme of the unit.

VIDÉO-ENGAGEMENT

In this section, you will see longer video sequences that develop the theme to a greater degree than those in the first two lessons of the unit. In some cases, more than one point of view or experience is presented and you can choose to view the one that interests you most. In other cases, the video is in the form of a game or a problem that you are supposed to solve.

LECTURE

Although there are numerous short reading and writing tasks in each unit, this section gives you more intensive reading practice, emphasizing skills such as skimming, scanning, and inferring. Like all readings throughout the textbook, the reading selections in **Leçon 3** consist of authentic language samples, including literary texts, realia, and excerpts from the French and francophone press.

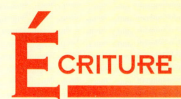CRITURE

In this section, you will practice writing skills such as paragraph organization, summarizing, revising, and the expression of personal thoughts.

At the end of **Leçon 3** you will find **J'ai appris...,** a list of all of the new vocabulary and verbs introduced in **Leçons 1** and **2.** Words and expressions are grouped thematically, to make it easier for you to remember them. Masculine words are listed on the left and feminine words on the right. Cognates, or French words that resemble English words, are listed separately, also to facilitate your assimilation of new vocabulary.

MULTIMEDIA COMPONENTS

Portes ouvertes takes advantage of the interactive and visual properties of the latest multimedia technology. The video sequences, the main element of *Portes ouvertes,* are available on videotape. The CD-ROM allows you to explore the video and to engage in many types of interactive activities so that you can work with the language outside of class. You will be able to record your own voice to practice speaking and pronunciation, and you will be able to produce conversations between yourself and native speakers. You will also find practice exercises on the CD-ROM, which let you know immediately if you have mastered the structures and vocabulary for the lesson when you are doing your homework. Finally, an audio CD will give you practice in pronunciation (see page xvii).

CD-ROM

The CD-ROM both supports and expands the print and video materials of *Portes ouvertes.* By bringing together the interactivity of the computer and its audio and video capabilities, the CD-ROM allows you to immerse yourself in the language and culture you are learning, extending your French experience beyond the walls of the classroom.

The organization of the *Portes ouvertes* CD-ROM reflects the textbook divisions of units and lessons. The first two lessons of each unit consist of four types of activities, all including motion video along with additional sound and images:

- **Préparation** includes a variety of tasks presenting vocabulary contextually so that you learn to associate words with sounds, images, and meaning.
- **Compréhension** presents video segments of varying lengths included in the **Action** and **Action-approfondissement** sections of the textbook, accompanied by multiple-choice, short-answer, and short essay-response questions to allow you to verify your comprehension.
- **Production,** using the video segments from the lesson, offers you the opportunity for truly effective oral practice outside of the classroom through listen-repeat-record-compare activities and dictation.
- **Exploration,** the last category of activity, allows you to use your language skills in a more creative fashion.

The third lesson of each unit has a slightly different organization to take advantage of the highly interactive nature of its focal point, the **Vidéo-engagement.** As indicated by the title, these videos require more than comprehension on your part, engaging you in a game or problem-solving activity.

The CD-ROM also includes writing activities and basic practice in manipulating grammar structures. The **Exploration** section of each lesson provides areas for writing free compositions or short answers, which you can print or save to a file.

PRACTICE SOFTWARE

Structural and vocabulary exercises, allowing you to practice language skills at your own pace, are included in the **Portes ouvertes** program on the CD-ROM. These are designed to be done outside of class.

AUDIO CD

The audio CD contains the pronunciation activities from the textbook.

THE *PORTES OUVERTES* HOME PAGE

The purpose of the *Portes ouvertes* home page is not only to reinforce what has been done in the textbook, but also to walk students and teachers off the textbook page and into the world it describes. The home page will have a public site, a student site, and an instructor's site—a professional resource center to help bring the French teaching profession together.

ACKNOWLEDGMENTS

Many friends, colleagues, and students, as well as the team at Holt, Rinehart and Winston, have helped create the *Portes ouvertes* program.

We are above all indebted to our **Bisontin** friends who appear in our program. They welcomed us into their homes and lives and allowed us to film them for countless hours with no other compensation than our thanks. For two summers in a row, we disrupted their lives, and yet there were no limits to their helpfulness and generosity. Their friendliness, warmth, and enthusiasm are readily apparent in the video segments, which are the heart of the *Portes ouvertes* program.

Bernard Barthod
Anne-Marie Vidonne-Dumont, Maurice Dumont, Jean-Baptiste Voitot, Clara, Dorel, and
    Benjamin Dumont
Nathalie Gartner
Lazare Hakkar
Paulette Kunstler
Michèle, Gérard, Arnaud, and Sébastien Lachaud
Madeleine and Philippe Lafaurie and their family
Claude and Gisèle Lagier
Nancy Peuteuil and her family
André Somé
Christiane, Daniel, Maud, and Lionel Vandeputte
Albert and Colette Vidonne
the teaching and administrative staff of the CLA (Centre de Linguistique appliquée)

À tous nos amis bisontins : Mille fois merci !

We are also grateful to the many people at Holt, Rinehart and Winston whose energy, expertise, and countless hours of labor have made this project a reality. We would especially like to thank: Jim Harmon, our acquisitions editor who brought the author team together and supported the project wholeheartedly through its first two years; Ted Buchholz, for giving us the opportunity to work with Holt, Rinehart and Winston; Nancy Beth Geilen, for her hard work as developmental editor during the first year of the project; Roland Hernández, Vice-President and Publisher of Holt, Rinehart and Winston, for his vision and for allowing us to be creative; David Day, our art director, and Sally Schaedler, our illustrator, whose artistic talents and hard work have produced not only a visually attractive program, but one that reinforces the pedagogical cornerstones of *Portes ouvertes;* Heather Stratton, the art coordinator at GTS, and Florence Fujimoto, the in-house art and design coordinator, for managing the challenging art program; Shirley Webster, for researching the photos; Kathy Ferguson, the production manager, for her concern and attention to the quality of the book and to the schedule; John Antonucci, for his work on the digital video preparation; Miriam Bleiweiss, for her help with the multimedia components; Bob Peckham, for his work on the web site; and Susan Marshall, our acquisitions editor, for her enthusiasm and creative marketing ideas.

Special appreciation goes to Nancy Siegel, the developmental editor who saw our project to completion, for her insight, professionalism, firm management, unfailing patience, good humor, and commitment; and to Tashia Stone, our production editor, whose dedication, expertise, and guidance were invaluable. She and Nancy constantly amazed us with their creative solutions to problems and constraints.

Many thanks also to Louise Wills for her work on the electronic workbook and to John Haggstrom for filming several video segments and taking photographs during our second summer in Besançon and for his many hours of work on the glossary and the index.

Finally, we would like to thank the many colleagues who reviewed *Portes ouvertes* and whose valuable comments and suggestions helped shape the development of the program.

Liliane Aziz	San Jose State University
Marva Barnett	University of Virginia
Will Browning	Boise State University
Michael Bush	Brigham Young University
Ronnie Cotton	Central Piedmont Community College
Patrick Craven	State University of New York, Oswego
James Davis	University of Arkansas
Claire Dehon	Kansas State University
Sharon Fairchild	Texas Christian University
Gilberte Furstenburg	Massachusetts Institute of Technology
Joel Goldfield	Fairfield University
David Herren	Middlebury College
Elizabeth Joiner	University of South Carolina
Cheryl Krueger	Univeristy of Virginia
Margaret Langford	Keene State College
Paul MacDonald	University of North Carolina, Asheville
Marguerite Mahler	Framingham State College
Jan Marston	Southern Methodist University
Francis X. Moore III	Longwood College
Sonja Moore	Virginia Commonwealth University
Robert T. Neely	California State University, Hayward
Rebecca Pauly	West Chester University
Robert Peckham	University of Tennesee, Martin
Gerald Poulin	Roane State Community College
Sandy Soares	University of Wisconsin, River Falls
Janine Spencer	Northwestern University
Jean Marie Walls	Union University
Michael J. West	Carnegie Mellon University
Ann Williams-Gascon	Metropolitan State College of Denver
Cindy Yetter-Vassot	Franklin and Marshall College

Portes ouvertes is dedicated to our families
with gratitude for their love, support, and encouragement
throughout this and all our projects.

TABLE DES MATIÈRES

Leçon préliminaire

Bienvenue

MES OBJECTIFS COMMUNICATIFS

Greet people and make presentations

Use the basic tools (sounds, numbers) of French

Describe objects in the classroom

LES CLÉS CULTURELLES

Meet les Bisontins

BIENVENUE

Bienvenue means *welcome*, and this introductory chapter to **Portes ouvertes** welcomes you to the study of French. To offer you the richest, most productive learning experience, the **Portes ouvertes** program takes Besançon, a medium-sized city in eastern France, as its point of departure. In Besançon, you will meet a number of people who live there; some of them were born there, but most come from other regions of France or other countries.

Throughout the **Portes ouvertes** program you will see and hear the language as it is really spoken, as people go about their daily lives. None of them are following a script; they are speaking as they do every day.

Each chapter of **Portes ouvertes** offers new material along with activities that allow you to learn and practice it. Symbols let you know the type of material or activity being presented:

Videos of natural conversations, presented in the classroom

Videos of natural conversations, viewed outside the classroom

CD-ROM activities

Audio CD activities

Information-gap activities in which each student must share information with others to solve a problem or answer a question.

Keys to cultural understanding

Learning strategies and suggestions

Questions and activities to check comprehension of structures

1

Action (1)

« BONJOUR, JE M'APPELLE... »

PRÉPARONS-NOUS

In *Portes ouvertes* you will accompany a number of **Bisontins** (people who live in Besançon) as they go through their daily lives. First, they will introduce themselves to you by saying "**Bonjour, je m'appelle...,**" which, in English, means *Hello, my name is . . .*

BONJOUR

Now say hello in French, along with your name. As the instructor calls on you, say "**Bonjour, je m'appelle...**" followed by your name. (Your instructor will explain how to pronounce your name in French.)

REGARDONS ENSEMBLE

Think about the way you listen in English. Do you really understand every word that is spoken to you? In fact, you usually pay attention to the main words and ignore the rest. Try to do the same thing while listening to these students, concentrating on hearing their names.

1. « JE M'APPELLE... »

Listen and look as a number of young people from Besançon say hello and tell you their names. Each one says "**Je m'appelle...**" followed by his or her name. Try to understand the names of the students as each one speaks. The first student you will meet is Sébastien. As you listen, indicate in the table below the order in which you see the others.

NAME	SEEN
André Somé	
Jean-Baptiste Voitot	
Lionel Vandeputte	
Arnaud Lachaud	
Renaud Peuteuil	
Nathalie Gartner	
Maud Vandeputte	
Sébastien Lachaud	1

2. RÉPÉTEZ

Listen and look again. After you hear each person speak, repeat "**Je m'appelle...**" and his or her name.

ACTION (2)

MAUD PRÉSENTE SES AMIS

PRÉPARONS-NOUS

When you introduce a friend to someone, you use the expression **Je vous présente...** if you are talking to someone older than you, to someone you do not know well, or to more than one friend or family member. You say "**Je te présente...**" if you are talking to one friend or family member.

REGARDONS ENSEMBLE

Listen and look as Maud Vandeputte introduces her friends Boris and Manu to you. Instead of saying "**Bonjour,**" Maud says "**Salut !**", which is a familiar greeting like "*Hi!*" During this conversation, the following words and expressions are used: **C'est moi,** which means *That's me*; **Et moi, c'est...,** which means *And me, I'm . . .*; **ouais,** which means *Yeah;* and **alors,** a filler word commonly used at the beginning of a sentence.

ÉCOUTEZ

Listen carefully and put a check mark in the table below to indicate which person has used the expressions mentioned.

NAME	C'EST MOI	ET MOI, C'EST	OUAIS	ALORS
Boris				
Manu				
Maud				

EXPANSION

JEU DE RÔLE

With two other students, play the roles of Maud, Manu, and Boris. Next, replay the scene using your own names.

ACTION (3)

VOILÀ GÉRARD

PRÉPARONS-NOUS

You can also introduce someone by simply saying "**Voilà...**" plus the name of the person. After being introduced, you can say "**Bonjour,**" in the daytime, or "**Bonsoir,**" in the evening.

Note that people shake hands when they are introduced or say hello. When shaking hands in France, the clasped hands are moved up and down only once, and not "pumped" several times.

REGARDONS ENSEMBLE

When Gérard Lachaud, Sébastien and Arnaud's father, is visiting with the Peuteuil family, he is introduced to Amicar by Marie-Joëlle (also called Marie-Jo), a friend of both families. You will hear Marie-Jo's voice, but you will not see her. Marie-Jo says, "**Voilà Gérard,**" and Gérard says, "**Bonsoir.**"

EXPANSION

1. PRÉSENTATIONS

Take turns introducing your classmates to each other and to your instructor. Use the expression **Je te présente...** if you are speaking to one classmate and **Je vous présente...** if you are speaking to your instructor or to two or more classmates. Or, if you wish, you can say "**Voilà...**" as Marie-Jo did. Shake hands when you are introduced.

2. À UN COCKTAIL

Everyone in the class will stand up, as if at a mixer, say hello, and tell his/her name to as many people as possible. If you want to say what someone else's name is, you use **Il s'appelle...** for males and **Elle s'appelle...** for females.

Modèle :   Je m'appelle Jennifer.
Il s'appelle David. Elle s'appelle Anne.

Prononciation

L'ALPHABET FRANÇAIS

Like the English alphabet, the French alphabet has twenty-six letters, but some of them are pronounced differently. Most of them are quite easy to say.

Écoutez

First, let's listen to the consonants.

B–C–D–F–G–H–J–K–L–M–N–P–Q–R–S–T–V–W–X–Y–Z

Continued

Prononcez

Now, let's pronounce the vowels.

A–E–I–O–U

1. Can you spell your own name using the French letters? Spell your name aloud and the class will pronounce your name in French.

2. Look at page 2 and using French letters, spell the name of one of the inhabitants of Besançon whom you have already met (Maud, Lionel, Arnaud, etc.). Your classmates will try to guess whose name you are spelling.

EXPRESSION-VOCABULAIRE (1)

CLASSROOM EXPRESSIONS

Here are some expressions that are often used in the classroom. Your instructor will use them to organize activities or give directions in the classroom.

> Écoutez. *Listen.*
> Répétez. *Repeat.*
> Répondez, s'il vous plaît. *Answer, please.*
> Regardez le tableau (noir). *Look at the (black)board.*
> Lisez à la page six. *Read on page six.*
> Continuez, s'il vous plaît. *Continue, please.*
> Écrivez. *Write.*
> Parlez plus fort, s'il vous plaît. *Speak louder, please.*
> Remarquez... *Notice . . .*
> Par exemple... *For example . . .*

Here are some expressions you may want to use:

> Je ne comprends pas. *I don't understand.*
> Je ne sais pas. *I don't know.*
> Comment dit-on « hello » en français ? *How do you say "hello" in French?*
> On dit « bonjour ». *You say "***Bonjour.***"*
> Que veut dire « au revoir » ? *What does **au revoir** mean?*
> « Au revoir » veut dire « good-bye ». ***Au revoir** means "good-bye."*

1. LA SALLE DE CLASSE

React as your instructor uses one of the given expressions. For example, if the instructor says "**Écrivez,**" write something on a piece of paper.

2. JE NE SAIS PAS

Work with a partner and ask him or her questions using **Comment dit-on...** or **Que veut dire...** Your partner will answer "**On dit...,**" "**... veut dire...,**" or "**Je ne sais pas.**"

Modèle :

—Comment dit-on « to write » en français ?
—On dit « écrire ».
 or
—Je ne sais pas.

—Que veut dire « Écoutez » en anglais ?
—« Écoutez » veut dire « Listen ».
 or
—Je ne sais pas.

XPRESSION-STRUCTURE

NOUNS AND INDEFINITE ARTICLES

One thing that you will notice as you begin to learn French is that all nouns are either masculine or feminine. For example, if you want to say *a* or *an* in French you use **un** in front of masculine nouns and **une** in front of feminine nouns. In the plural, however, you can use the word **des** (*some* or *any*) in front of both masculine and feminine words. Through practice, you will learn which nouns are masculine and which are feminine.

INDEFINITE ARTICLES		
	SINGULAR	**PLURAL**
Masculine	un stylo	des stylos
Feminine	une disquette	des disquettes

AU CENTRE DE LINGUISTIQUE APPLIQUÉE DE BESANÇON

The **Université de Besançon** has a special division called **le Centre de Linguistique Appliquée,** or **le CLA,** which offers foreign language courses and French for non-French speakers. As you can see from the illustration, the **CLA** classrooms have the same types of things that you see in your classroom and that you use for studying.

une salle de classe

un mur

une fenêtre

un téléviseur

un magnétoscope

une table

une porte

un tableau noir

une craie

un magnétophone

un bureau

une corbeille à papier

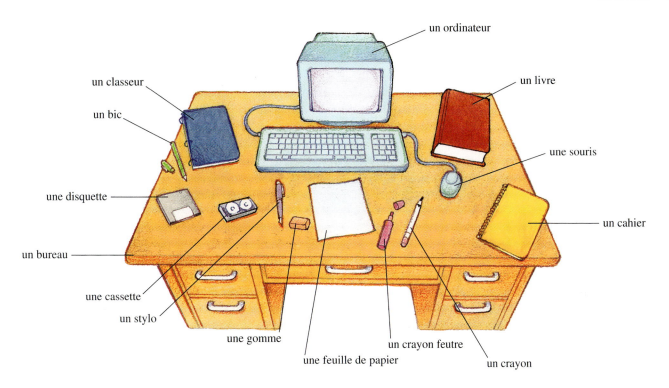

un ordinateur

un classeur

un bic

un livre

une souris

une disquette

un cahier

un bureau

une cassette

un stylo

une gomme

un crayon feutre

une feuille de papier

un crayon

1. QU'EST-CE QUE C'EST ?

With a classmate, take turns identifying the objects in your classroom. Follow the model.

Modèle :   —Qu'est-ce que c'est ?   —Qu'est-ce que c'est ?
—C'est un bic.   —Ce sont des bics.

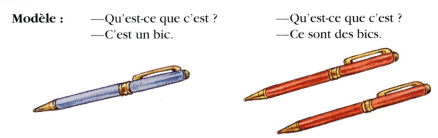

2. COMMENT DIT-ON... ?

With a classmate, practice asking for definitions of classroom vocabulary. Take turns asking for a definition and giving the appropriate French term.

Modèle :   —Comment dit-on « *a notebook* » en français ?
—On dit « un cahier ».
—Que veut dire « un ordinateur » en anglais ?
—Un ordinateur veut dire « *a computer* ».

ACTION-APPROFONDISSEMENT (1)

SALUTATIONS

PRÉPAREZ-VOUS

When people say hello and good-bye in most languages, they use different expressions depending on whom they are addressing. For example, in English you say "Hi" to friends your own age and "Hello" to people you don't know well. On very formal occasions, you may say "How do you do." When you leave, you can say "Bye," "Good-bye," or "See you later." Likewise, in French there are a number of ways to greet someone and to say good-bye, as indicated in the table below. When speaking to an adult you do not know well, or in formal situations, you should add **Madame** or **Monsieur** to the greeting. For example, **Au revoir, Madame** is the equivalent of "Good-bye, Ma'am."

FRENCH EXPRESSION	EQUIVALENT ENGLISH EXPRESSION	APPROPRIATE SITUATION
Salut.	*Hi.*	informal, as with young people to others their own age
Bonjour.	*Hello.*	formal or informal during the day
Bonsoir.	*Hello.*	formal or informal during the evening
À bientôt.	*See you soon.*	informal
Au revoir.	*Good-bye.*	in any situation, formal or informal
À la prochaine.	*Till the next time.*	informal and familiar
À demain.	*See you tomorrow.*	informal
Bonne soirée.	*Have a good evening.*	formal or informal

REGARDEZ

Look at these video clips of some **Bisontins** you have already met and others you will meet for the first time as they greet each other in a variety of situations. You will see the following people:

- Michèle Lachaud (Sébastien and Arnaud's mother and Gérard's wife) at her neighbor's farm with Hadrien, Marie-Jo's three-year-old son;
- Madeleine Lafaurie at the **marché,** or open-air market, which is held every Friday morning in Besançon;
- Jean-Baptiste meeting his friends Delphine and Hamid at a café called **Au pied de cochon** in Besançon;
- Joël Decorbez at Marie-Jo's hairdressing salon;
- Renaud Peuteuil at the **Hôtel Régina** applying for a summer job.

ÉCOUTEZ

Listen carefully and indicate which person has used the words mentioned by writing the appropriate letter in the blank preceding each name. Note that some people use more than one expression.

LES PERSONNAGES	LES EXPRESSIONS
_____ Madeleine Lafaurie	a. On y va ? (*Shall we go?*)
_____ Joël Decorbez	b. Bonsoir.
_____ Jean-Baptiste	c. À bientôt.
_____ Renaud Peuteuil	d. À demain.
_____ Hamid	e. Bonjour.
_____ Michèle Lachaud	f. Salut.
	g. Bonne soirée.
	h. À la prochaine.

ACTION-APPROFONDISSEMENT (2)

ÇA VA ?

PRÉPAREZ-VOUS

Very often when you greet people, you ask how they are. This is also true in French. You can use the expressions **Ça va ?** (*How's it going?*), **Comment vas-tu ?** or **Tu vas bien ?** when greeting other students, children, family members, and friends. With people you don't know well, use the more formal form **Comment allez-vous ?** You can answer these questions by saying "**Bien**" ("*Well*"), "**Ça va**" ("*Okay*"), or "**Pas trop mal**" ("*Not too bad*"). If you are speaking to one friend, you can add "**Et toi ?**" ("*And you?*"). You must say "**Et vous ?**" if you are talking to more than one friend or family member or to someone you do not know well. The answer to this question may be "**Bien, merci**" (*Fine, thanks*).

REGARDEZ

Watch as Anne Chevreteau meets her friends Nancy Peuteuil and Michèle Lachaud in a restaurant.

COMPLÉTEZ

Complete their conversation as presented in the video.

ANNE :	Bonjour.
NANCY :	_____ Anne. _____
ANNE :	_____, et toi ?
NANCY :	Ça va, _____.
ANNE :	(*à Michèle*) Tu vas _____ ?
MICHÈLE :	Bonjour, Anne. _____

EXPANSION

1. SALUT !

Now, imagine that you are in Besançon and that you run into one of the students in the street. Play this scene with another student.

2. BONJOUR, MADAME

With a classmate, act out a scene of running into Madeleine Lafaurie on the street in Besançon. You have met her only once, so you don't know her well.

EXPRESSION-VOCABULAIRE (2)

THE CAMPUS

Here is a map of the modern campus of the **Université de Besançon,** which is located on the outskirts of town. Note the names of the buildings. Some of the words are cognates (similar to English words), which should make them easier to recognize.

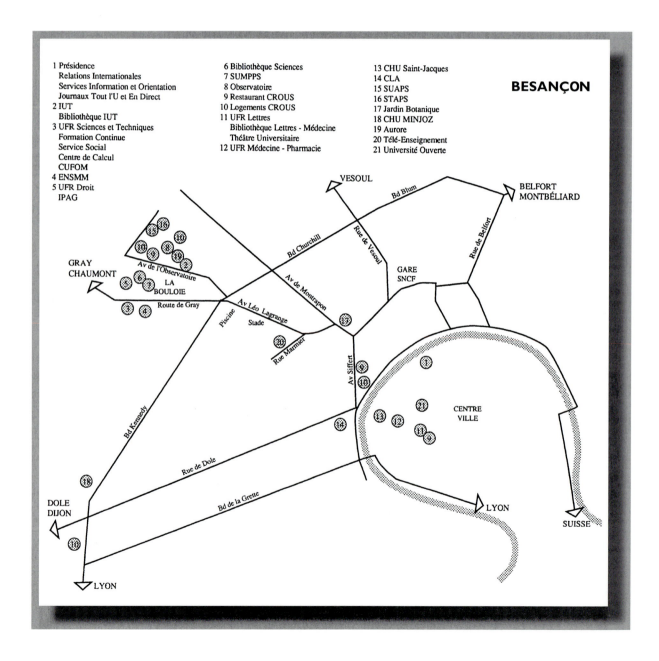

1 Présidence
Relations Internationales
Services Information et Orientation
Journaux Tout l'U et En Direct
2 IUT
Bibliothèque IUT
3 UFR Sciences et Techniques
Formation Continue
Service Social
Centre de Calcul
CUFOM
4 ENSMM
5 UFR Droit
IPAG

6 Bibliothèque Sciences
7 SUMPPS
8 Observatoire
9 Restaurant CROUS
10 Logements CROUS
11 UFR Lettres
Bibliothèque Lettres - Médecine
Théâtre Universitaire
12 UFR Médecine - Pharmacie

13 CHU Saint-Jacques
14 CLA
15 SUAPS
16 STAPS
17 Jardin Botanique
18 CHU MINJOZ
19 Aurore
20 Télé-Enseignement
21 Université Ouverte

BESANÇON

VESOUL

BELFORT
MONTBÉLIARD

Bd Blum

Rue de Belfort

Bd Churchill

Rue de Vesoul

GRAY
CHAUMONT

Av de l'Observatoire

LA
BOULOIE

Route de Gray

Av de Montrapon

GARE
SNCF

Av Léo Lagrange

Piscine

Stade

Rue Marmier

Av Siffert

CENTRE
VILLE

Bd Kennedy

Rue de Dole

DOLE
DIJON

Bd de la Grette

LYON

SUISSE

LYON

OÙ EST... ?

Où est... means *Where is . . .* , **Voici...** means *Here is . . .* or *Here are . . .* , and **Voilà...** means *There is . . .* or *There are. . .* Using these expressions, work with a partner to locate the buildings indicated on the map of the campus. One will ask where the buildings are and the other will respond by pointing them out on the map.

Modèle : —Où est la Bibliothèque Lettres–Médecine ?
—Voici la Bibliothèque Lettres–Médecine.

1. la Bibliothèque Sciences
2. le CLA
3. le Restaurant CROUS
4. le Théâtre Universitaire
5. les Services Information et Orientation
6. les Logements CROUS

EXPRESSION-VOCABULAIRE (3)

NUMBERS FROM 0 TO 10

0 zéro	3 trois	6 six	9 neuf
1 un	4 quatre	7 sept	10 dix
2 deux	5 cinq	8 huit	

VOICI SEPT CASSETTES

Look at the drawings of classroom objects and take turns with your partner pointing out how many of each object there are. Use **Voici** or **Voilà** in your answers.

Modèle : Voici sept cassettes.

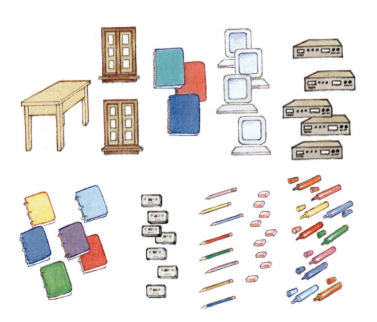

HELLOS AND GREETINGS

Bonjour (Madame, Monsieur, Mademoiselle). *Hello, (Ma'am, Sir, Miss).*
Bonsoir (Madame, Monsieur, Mademoiselle). *Good evening, (Ma'am, Sir, Miss).*
Comment allez-vous ? *How are you? (formal/plural)*
Comment vas-tu ? *How are you? (informal)*
Je vais bien. *I'm fine. (formal)*
Salut, ça va ? *How are you? (informal)*
Ça va bien. *I'm fine. (informal)*
Pas trop mal. *Not too bad.*

INTRODUCTIONS

Je m'appelle... *My name is . . .*
Il/Elle s'appelle... *His/Her name is . . .*
Je vous présente... *May I introduce . . . (formal/plural)*
Je te présente... *May I introduce . . . (informal)*
Voici/Voilà... *Here is (are) . . ./There is (are) . . .*

GOOD-BYES

À bientôt. *See you soon.*
À demain. *See you tomorrow.*
À la prochaine. *Till next time.*
Au revoir (Madame, Monsieur, Mademoiselle). *Good-bye, (Ma'am, Sir, Miss).*
Bonne journée/soirée. *Have a good day/evening.*

THE CLASSROOM

C'est un(e).../Ce sont des... *This is a . . ./These are . . .*
Où est... ? *Where is . . .?*
Voici... *Here is/are . . .*
Voilà... *There is/are . . .*

un bic *a ball-point pen*
un bureau *a desk*
un cahier *a spiral notebook*
un(e) camarade de classe *a classmate*
un classeur *a loose-leaf notebook*

une cassette *a cassette*
une corbeille à papier *a waste-paper basket*
une craie *a piece of chalk*
une fenêtre *a window*
une feuille de papier *a sheet of paper*

Continued

un crayon *a pencil*
un crayon-feutre *a felt-tip pen*
un(e) étudiant(e) *a student*
un livre *a book*
un magnétophone *a tape recorder*
un magnétoscope *a VCR*
un mur *a wall*
un ordinateur *a computer*
un stylo *a (fountain) pen*
un tableau (noir) *a (black)board*

une gomme *an eraser (for pen or pencil)*
une porte *a door*
une souris *a mouse*
une table *a table*

CLASSROOM EXPRESSIONS

Écoutez. *Listen.*
Répétez. *Repeat.*
Répondez, s'il vous plaît. *Answer, please.*
Regardez le tableau (noir). *Look at the (black)board.*
Lisez à la page six. *Read on page six.*
Continuez, s'il vous plaît. *Continue, please.*
Écrivez. *Write.*
Par exemple... *For example...*
Je ne comprends pas. *I don't understand.*
Je ne sais pas. *I don't know.*
Comment dit-on...? *How do you (does one) say...?*
On dit... *You say (One says)...*
Que veut dire « au revoir » ? *What does **au revoir** mean?*
« Au revoir » veut dire... **Au revoir** *means...*

NUMBERS FROM ZERO TO TEN

0 zéro
1 un
2 deux
3 trois
4 quatre
5 cinq

6 six
7 sept
8 huit
9 neuf
10 dix

UNIVERSITY BUILDINGS

un gymnase *a gymnasium*
un laboratoire de langues
 a language lab
un logement *lodging*
un restaurant universitaire
 (un resto U) *a cafeteria*
un stade *a stadium*

une bibliothèque *a library*

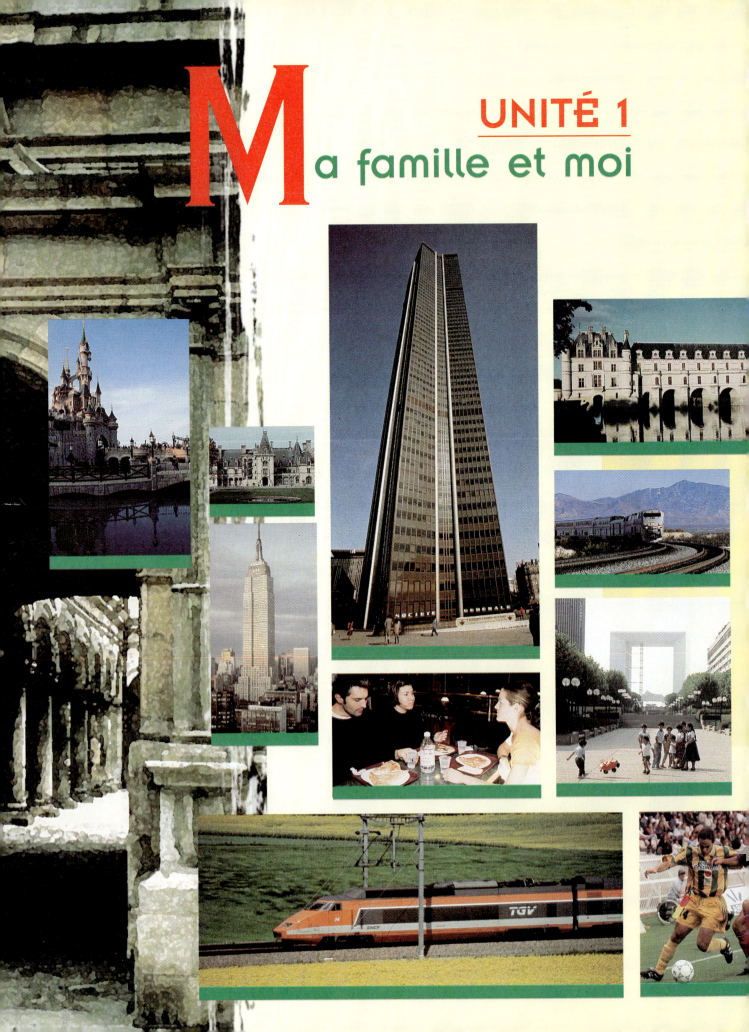

UNITÉ 1

Ma famille et moi

MES OBJECTIFS COMMUNICATIFS

Describe physical traits and ages

Describe people's personalities

Tell which leisure-time activities you do and don't enjoy

Name family members

Tell how family members are related

Name some professions and describe them

LES CLÉS CULTURELLES

Getting acquainted

Cultural diversity in France

The French family

Professions

le Palais Granvelle

Porte d'entrée

Look at the photos on the opposite page carefully. Do you know which ones were taken in the United States and which ones were taken in France? Do these photos correspond to what you already know about France? As you can see, there is much in France (and in other Francophone countries) that is like what you know in the United States. In the modern world, there is an international exchange of ideas and technical advances that is breaking down past stereotypes of the Coca-Cola guzzling, gum-chewing American versus the Frenchman with his beret, bottle of wine, and baguette.

Today we may no longer cling to old symbols and stereotypes, but we do not always understand the differences in daily life and values that continue to exist among different cultures. The aim of ***Portes ouvertes*** is to introduce you to the people and cultures of France, allowing you to acquire an understanding of how they lead their lives, what they think, and what is important to them. As you meet the people of Besançon going about their daily lives, you will see that, like you, they come from a wide range of ethnic origins and are of differing ages, professions, and social classes, and that often, although they speak a different language, they have the same interests and ideas as you.

Renaud

Maud

Lionel

Arnaud

Sébastien

André

Nathalie

Jean-Baptiste

Je me présente...

MES OBJECTIFS COMMUNICATIFS

Describe physical traits and ages
Describe people's personalities
Tell which leisure-time activities you do and don't enjoy

LES CLÉS CULTURELLES

Getting acquainted
Cultural diversity in France

REGARDONS LES IMAGES

You have already met the young people whose photos you see on the opposite page. Do you think all of them or all of their parents and grandparents come from France? from the same country? The people of France come from a wide range of backgrounds. Many French people come from or are able to trace their origins to other countries in Europe (Portugal, Spain, Italy), and to former French colonies in North Africa (Morocco, Algeria, Tunisia), in West and Central Africa (Senegal, Burkina Faso, Togo, Mali, Cameroon, the Ivory Coast), and in Asia (Vietnam), as well as from French overseas departments and territories such as the Comoro Islands, Guadeloupe, Martinique, and Réunion.

As you prepare to meet the people from Besançon, think about the topics that might come up in conversation when you meet another student for the first time. List at least five of these topics.

EXPRESSION-VOCABULAIRE (1)

PHYSICAL DESCRIPTIONS, AGE, AND LEISURE-TIME ACTIVITIES

In this chapter, some of your new friends from Besançon will introduce themselves and tell you their age, what they look like, and a little about the leisure-time activities they enjoy. Here is some vocabulary that will help you understand what they are saying.

10 dix	20 vingt	30 trente	40 quarante
11 onze	21 vingt et un	31 trente et un	41 quarante et un
12 douze	22 vingt-deux	32 trente-deux	42 quarante-deux
13 treize	23 vingt-trois	33 trente-trois	43 quarante-trois
14 quatorze	24 vingt-quatre	34 trente-quatre	44 quarante-quatre
15 quinze	25 vingt-cinq	35 trente-cinq	45 quarante-cinq
16 seize	26 vingt-six	36 trente-six	46 quarante-six
17 dix-sept	27 vingt-sept	37 trente-sept	47 quarante-sept
18 dix-huit	28 vingt-huit	38 trente-huit	48 quarante-huit
19 dix-neuf	29 vingt-neuf	39 trente-neuf	49 quarante-neuf

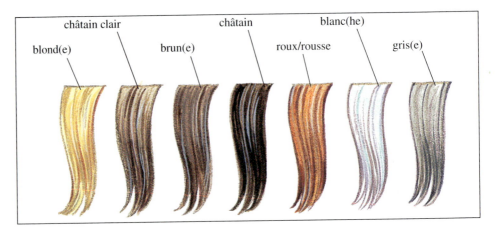

blond(e)   châtain clair   brun(e)   châtain   roux/rousse   blanc(he)   gris(e)

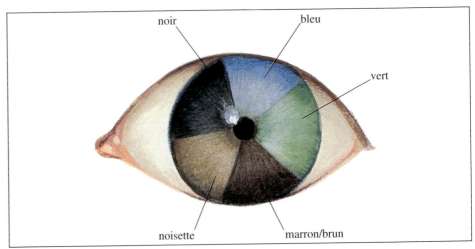

noir   bleu   vert   noisette   marron/brun

QUEL ÂGE AS-TU ?

J'ai trois ans.

J'ai vingt ans.

COMMENT ES-TU ?

Je suis blond aux yeux bruns.

J'ai les cheveux longs, châtain et bouclés. J'ai les yeux marron.

QUEL ÂGE AVEZ-VOUS ?

J'ai quarante-six ans.

J'ai quarante-trois ans.

COMMENT ÊTES-VOUS ?

J'ai les cheveux courts, raides et gris. J'ai les yeux bruns.

Je suis châtain aux yeux marron.

In French, when words for fruits and nuts are used to describe colors, they are invariable. The words **marron** and **châtain** both refer to *chestnuts*. When you want to say someone has brown hair and eyes, you say, "**Il/Elle est châtain aux yeux marron.**"

QUELS SONT TES LOISIRS PRÉFÉRÉS ?

J'aime (+)...

Je n'aime pas (−)...

   Sébastien

   Arnaud

danser

le cinéma

   Maud

   Nathalie

la musique

la randonnée

   André

   Renaud

le ski

le jogging

Michèle

Delphine

Benjamin

Hamid

Gilbert

Clara

1. JE SUIS BLONDE AUX YEUX VERTS

Look at the palette of hair and eye colors on page 18 and describe the people pictured above.

Modèle :   MICHÈLE :   Je suis _____ aux yeux _____.
Je suis blonde aux yeux verts.

1. DELPHINE :   Je suis _____ aux yeux _____.
2. BENJAMIN :   Je suis _____. J'ai les yeux _____.
3. HAMID :   J'ai les cheveux _____. J'ai les yeux _____.
4. GILBERT :   Je suis _____ aux yeux _____.
5. CLARA :   J'ai les cheveux _____. J'ai les yeux _____.

2. QUI SUIS-JE ?

Take on the identity of one of your classmates and describe yourself to a third classmate who will try to guess who you are.

Modèle :   —Je suis blonde aux yeux bleus. J'ai les cheveux bouclés.
—Tu t'appelles Amy ?
—Oui, je m'appelle Amy.
   or
—Non, je m'appelle Elizabeth.

3. QUEL ÂGE AS-TU ?

Ask several classmates how old they are. How many of them are the same age as you?

Modèle :   —Quel âge as-tu ?
—J'ai 18 ans.
—Moi aussi !
   or
—Moi, non. J'ai 19 ans.

 In English we shorten a lot of words in everyday speech. For example, we often refer to the television as the "TV," bicycles as "bikes," hamburgers and french fries as "burgers and fries," and mathematics as "math." French speakers abbreviate words much more than we do in English. If **le volleyball** is often shortened to **le volley** and **le football** to **le foot,** can you guess how a French speaker would abbreviate the words **le handball, le racketball,** and **le basketball?**

4. J'AIME/JE N'AIME PAS

Categorize the following sports and leisure-time activities to indicate how you feel about doing them. Try to find at least two activities for each category.

le ski	le football américain	les sorties
le hand-ball	le tennis	la musique
le foot (*soccer*)	le VTT (*mountain-biking*)	le cinéma
le basket	le cyclisme	la télévision
les randonnées (*hiking*)	le tennis de table	
le base-ball	la lecture	

Modèle :   Le foot, j'adore ça !
Le ski, je n'aime pas beaucoup ça !

++ _____, j'adore ça !   – _____, je n'aime pas beaucoup ça !
 + _____, j'aime bien ça !   – – _____, je n'aime pas du tout ça !

5. TU AIMES ÇA ?

With a classmate, take turns asking about each other's likes and dislikes. Then share your findings with the class.

Modèle :   —Le ski, tu aimes ça ?
—Oui, le ski, j'adore ça !

Mon/Ma camarade de classe adore _____ et _____.
Il/Elle aime bien _____ et _____.
Il/Elle n'aime pas beaucoup _____.
Il/Elle n'aime pas du tout _____.

Action

SÉBASTIEN LACHAUD

PRÉPARONS-NOUS

1. QUEL ÂGE ONT-ILS (*HOW OLD ARE THEY*) ?

Sébastien, Arnaud, Nathalie, Maud, Lionel, Jean-Baptiste, Renaud, and André Somé are all between fifteen and thirty years old. Look at their photos again and try to guess their approximate ages. Which of the following age groups do you think each one belongs to?

15–18 ans   18–21 ans   21+ ans

2. JE SUIS AU LYCÉE (I'M IN HIGH SCHOOL)

In France, most students finish high school (**le lycée**) when they are about 18 years old. In order to go to the university (**l'université** or **la fac**) they have to pass an exam called **le baccalauréat,** or **le bac** for short. All of the eight people you are meeting in this chapter are students. You do not know their ages yet, but from their pictures try to guess which ones attend **le lycée** and which ones attend **la fac.**

Modèle :   André est au lycée.
ou
André est à la fac.

1. André
2. Arnaud
3. Jean-Baptiste
4. Lionel
5. Maud
6. Nathalie
7. Renaud
8. Sébastien

REGARDONS ENSEMBLE

One of the ways you will get to know your friends from Besançon better is to watch them on video as they go about their daily lives. Because the videos in *Portes ouvertes* were not scripted, but spoken in natural French, there will often be expressions that you as a first-year language student will not understand. Don't worry! Just *relax* and *concentrate on listening for the specific information you have been asked to find.* As you progress through the program and get to know all of your **Bisontin** friends better, you will find that you are able to understand more and more. Listening and understanding will be easier and more enjoyable if you check to see what information you have been asked to find *before* viewing the video.

JE M'APPELLE SÉBASTIEN

Now, let's meet Sébastien Lachaud. While you are watching the video, note his age, whether he is in high school or college, his hair color, eye color, and the leisure-time activities he likes. Fill out the following table as you watch.

SÉBASTIEN LACHAUD	
Âge	J'ai _____ ans.
Études	Je suis _____ . (au lycée / à la fac)
Cheveux/Yeux	Je suis _____ aux yeux _____ .
Loisirs	J'aime _____ .

EXPANSION

1. UN ÉTUDIANT ÉTRANGER (A FOREIGN STUDENT)

Sébastien and his family are going to host a foreign student for the summer. To get acquainted with the family, the foreign student sends an audiotape asking questions about the members of the Lachaud family. Here are the questions the student asked Sébastien. Play the role of Sébastien while a classmate asks the foreign student's questions.

L'ÉTUDIANT ÉTRANGER :	Comment t'appelles-tu ?
SÉBASTIEN :	_____
L'ÉTUDIANT ÉTRANGER :	Quel âge as-tu ?
SÉBASTIEN :	_____
L'ÉTUDIANT ÉTRANGER :	Tu es au lycée ou à la fac ?
SÉBASTIEN :	_____
L'ÉTUDIANT ÉTRANGER :	Tu as les cheveux de quelle couleur ?
SÉBASTIEN :	_____
L'ÉTUDIANT ÉTRANGER :	Tu as les yeux de quelle couleur ?
SÉBASTIEN :	_____
L'ÉTUDIANT ÉTRANGER :	Quels sont tes loisirs préférés ?
SÉBASTIEN :	_____

2. SÉBASTIEN POSE DES QUESTIONS

Now Sébastien records his own questions for the foreign student. Imagine that you are the student who will be staying with Sébastien's family and write down your answers to his questions. After you have written down your answers, take turns with a partner asking and answering Sébastien's questions.

SÉBASTIEN :	Comment t'appelles-tu ?
VOUS :	_____
SÉBASTIEN :	Quel âge as-tu ?
VOUS :	_____
SÉBASTIEN :	Tu es au lycée ou à la fac ?
VOUS :	_____
SÉBASTIEN :	Tu as les cheveux de quelle couleur ?
VOUS :	_____
SÉBASTIEN :	Tu as les yeux de quelle couleur ?
VOUS :	_____
SÉBASTIEN :	Quels sont tes loisirs préférés ?
VOUS :	_____

ACTION-APPROFONDISSEMENT (1)

D'AUTRES JEUNES BISONTINS

REGARDEZ

Find out more about the other young **Bisontins** and **Bisontines** whom you have met. Watch as they introduce and describe themselves, and make an information chart for each person like the following one. Be sure to bring your answers to class!

(NAME)	
Âge	J'ai _____ ans.
Études	Je suis _____ . (au lycée / à la fac)
Cheveux/yeux	Je suis _____ aux yeux _____ .
Loisirs	J'aime _____ .

For several of the young people, you will have to rely on visual cues to be able to fill in information about their hair and eye color. One student doesn't mention leisure-time activities. Who is it?

EXPANSION

QUI EST-CE ?

Using the charts you made on the young people in the video, take on the identity of one of them and describe yourself to classmates, who will try to guess who you are.

Modèle :   —J'ai quinze ans. J'ai les cheveux châtain clair et les yeux marron.
J'ai les cheveux courts. J'aime le basket.
—Tu t'appelles _____ !

EXPRESSION-STRUCTURE (1)

ÊTRE AND NEGATION

You have already used several forms of the verb **être.** In the **Leçon préliminaire** you used it to name objects (**C'est un stylo. Ce sont des livres.**). In this chapter, you have used it to describe what you look like (**Je suis blond(e).**). What does the highlighted form of the verb **être** mean in each of the following examples?

NATHALIE :	Je **suis** étudiante en philosophie.
SÉBASTIEN :	Je **suis** blond aux yeux verts.
ANDRÉ :	Je **suis** très sportif. En général, je **suis** optimiste.
JEAN-BAPTISTE :	Je **suis** de Besançon.

As you were probably able to figure out, **je suis** means *I am.*

 Before each structure is presented in *Portes ouvertes,* you will be asked several questions and told to look for the answers as you study the accompanying explanations and examples. These questions are designed to help you stay focused on the major points as you read. After you have finished reading the explanations and examples, the **Vérifiez** section will then ask you to answer your questions without looking at the textbook.

As you study the verb **être,** ask yourself:

What does it mean?
When is it used?
What are its forms?
What does the subject **on** mean?
How do I make the verb **être** negative in French?

Here are all the forms of the verb **être** (*to be*):

ÊTRE					
je	**suis**	*I am*	nous	**sommes**	*we are*
tu	**es**	*you are*	vous	**êtes**	*you are*
il/elle	**est**	*he/she/it is*	ils/elles	**sont**	*they are*
on	**est**	*one/you/they/we/*			
		people (in general) are			

- Remember, in French there are two ways to say *you,* depending on the person to whom you are speaking. The subject pronoun **tu** is always singular and is used with classmates, children, family members, and people you know well. Use the **vous** form when you are speaking with a person or people you do not know well. If you are speaking to more than one person, you must use **vous** because **tu** can be used only in the singular.

- **Il/ils** can replace any masculine noun that is the subject, and **elle/elles** can replace any feminine noun.

Le livre	est intéressant.	Les étudiants	sont sérieux.
Il	est intéressant.	Ils	sont sérieux.
Maud	est sportive.	Les salles de classe	sont grandes.
Elle	est sportive.	Elles	sont grandes.

- The subject pronoun **on** is frequently used to mean *one, we, you, they,* or *people,* depending on the context. However, whatever its meaning, the verb is *always in the third person singular form.*

  En Amérique, on parle anglais.   *In America, one/you/we/they/people speak English.*

  Dans ma famille, on est sportif.   *In my family, we are athletic.*

- To make a verb negative, add **ne** before the verb and **pas** directly after the verb. Change **ne** to **n'** before a vowel or vowel sound.

je	**ne** suis **pas**	nous	**ne** sommes **pas**
tu	**n'**es **pas**	vous	**n'**êtes **pas**
il/elle/on	**n'**est **pas**	ils/elles	**ne** sont **pas**

MAUD ET NATHALIE :   Nous sommes de Besançon. Nous **ne** sommes **pas** de Paris.

SÉBASTIEN :   Arnaud est brun. Il **n'**est **pas** blond.

VÉRIFIEZ The **Vérifiez** section has two functions: First, it will show you right away if you have understood the structure. If not, you know that you need to review it again before class! Second, writing or saying the answers to your questions without looking at the book is a very effective way to increase your retention of the material. Let's give it a try.

Can you answer your questions about the verb **être** without looking at the book? If not, you may want to review the material or ask your instructor for help. Test yourself on the verb **être** by covering the conjugation of the verb in the affirmative so that you can see only the subject pronouns (**je, tu, nous,** etc.). Write the conjugation and say it aloud, then check your work by uncovering the chart. If you do this several times over the next few days, you will have no difficulty remembering it.

1. QUI PARLE ?

Using what you have learned about the young people you have met in this chapter, write down the names of those to whom the following statements apply. You may want to look at their pictures on page 16 to refresh your memory.

> **Modèle :**   Nous sommes à la fac.
> Noms: Nathalie, Renaud, Nathalie et André.

1. Il est blond aux yeux verts.
2. Elles ne sont pas blondes.
3. Ils sont au lycée.
4. Ils sont bruns aux yeux marron.
5. Nous sommes sportifs.
6. Il est châtain clair aux yeux marron.

2. C'EST VRAI (IT'S TRUE)/C'EST FAUX (IT'S FALSE)

Your instructor will divide your class into groups. Look at the other people in your group and try to remember their eye and hair color. When your instructor tells you to, close your eyes. With everyone's eyes closed, each student in turn will tell his or her own eye and hair color. The other members of the group will try to remember what you look like and whether or not you are telling the truth about your appearance.

> **Modèle :**   —Je suis roux/rousse aux yeux bleus.
> —C'est vrai !
>   *or*
> —Je suis brun(e) aux yeux verts.
> —C'est faux ! Tu es roux/rousse aux yeux bleus.

3. D'OÙ ES-TU (WHERE ARE YOU FROM) ?

Circulate in the classroom and find out which city at least five of your classmates are from. Are any of them from the same city as you?

> **Modèle :**   —D'où es-tu ?
> —Je suis de Minneapolis. Et toi ?
> —Je suis de Minneapolis aussi !
>   *or*
> —Je ne suis pas de Minneapolis. Je suis d'Omaha.

EXPRESSION-STRUCTURE (2)

ADJECTIVES

Adjectives are words that describe people and things. Now you will learn adjectives related to nationality, personality, physical appearance, and age. In French, you sometimes have to use a different form of the adjective when talking about a man, a woman, or more than one person. The adjectives below can be used to describe some of your **Bisontin** friends. As you read about the following people, see if you can deduce four rules for forming feminine adjectives.

COMMENT EST RENAUD ?

Il est...
intelligen**t**
françai**s**
gran**d** (*tall*)
extraverti
jeune (*young*)
sporti**f**
studieu**x**

COMMENT EST MAUD ?

Elle est...
intelligen**te**
françai**se**
gran**de**
extraverti**e**
jeune
sporti**ve**
studieu**se**

As you study the charts that follow, ask yourself these questions about the formation of adjectives in French: How can most masculine adjectives be made feminine? What happens when the masculine form of the adjective ends in **-e**? **-if**? **-x**? **-ien**? How are most adjectives made plural? For which group of adjectives do the rules for forming plurals not apply?

COMMENT EST...		COMMENT SONT...		
Renaud ?	**Maud ?**	**Jean-Baptiste et Clara ?**	**André et Arnaud ?**	**Nathalie et Maud ?**
intelligent	intelligente	intelligents	intelligents	intelligentes
français	française	français	français	françaises
extraverti, fatigué	extravertie, fatiguée	extravertis, fatigués	extravertis, fatigués	extraverties, fatiguées
jeune	jeune	jeunes	jeunes	jeunes

• In general, add an **e** to the masculine adjective to get the feminine form.

  Renaud est **intelligent.** Maud est **intelligente.**

• When the masculine adjective already ends in **-e**, there is no change to form the feminine.

  Renaud est **jeune.** Maud est **jeune.**

• To form most plurals, add **s** to the masculine or feminine form. However, when the masculine singular adjective ends in **-s**, there is no change in the masculine plural form.

> Renaud est français. Renaud et Arnaud sont français.
> Maud est française. Maud et Nathalie sont françaises.

• In the plural, if any one of the people being described is a male, the masculine plural adjective is used.

> Renaud, Maud et Nathalie sont intelligents.

There are exceptions to these rules, some of which are presented in the table below.

WHEN A MASCULINE ADJECTIVE	ENDS WITH	DO THE FOLLOWING…	TO FORM THE FEMININE ADJECTIVE.
sportif	**-f**	*change* **f** to **v**, and *add* **e**	sporti**ve**
joyeux	**-x**	*change* **x** to **s**, and *add* **e**	joyeu**se**
canadien	**-ien**	*add* **ne**	canadie**nne**

VÉRIFIEZ   Are you able to answer your questions about agreement of adjectives without looking at the book? If you are, you have a good grasp of agreement with adjectives. To help yourself remember the formation of adjectives, cover up the charts, leaving only the masculine singular form uncovered. Try to write out the feminine and plural forms. Then uncover the chart and check your answers.

1. VOICI DES MOTS APPARENTÉS

Here are some cognates that will help you to describe personality traits. On a sheet of paper, write down their masculine, feminine, and plural forms in French and what they mean in English.

sportif	réservé	ambitieux	romantique
extraverti	joyeux	artiste	organisé

2. COMMENT SONT VOS CAMARADES DE CLASSE ?

How well do you know your classmates? On a separate sheet of paper, write down five of the personality traits taken from the list in the preceding activity. Next to each of the five character traits you have selected, write the name of a classmate to whom you think it applies. When you have finished, ask them if they agree with you.

Modèle :   —Tu es sportif/sportive ?
—Oui, je suis sportif/sportive.
  or
—Non, je ne suis pas sportif/sportive.

3. JE SUIS...

From the list of adjectives in the **J'ai appris** section of this unit (pages 74–75), choose three adjectives that describe you and three that don't.

Je suis ＿＿＿＿＿, ＿＿＿＿＿ et ＿＿＿＿＿.
Je ne suis pas ＿＿＿＿＿, ＿＿＿＿＿ ou ＿＿＿＿＿.

4. CIRCULEZ

Circulate in the classroom and try to find one classmate who has three of the same characteristics that you listed in the preceding activity. Write down the person's name and the three things you have in common.

Modèle :   Nous sommes optimistes et sportifs.
Nous ne sommes pas timides.

Sometimes, words with similar forms in English and French have very different meanings. These words are known as **faux amis,** or *false friends.* A few such adjectives are **sympathique,** which means *nice, warm,* and *friendly;* **sensible,** which means *sensitive;* and **grand,** which means *big, tall,* or *great.*

EXPRESSION-VOCABULAIRE (2)

HEIGHT AND WEIGHT

There is more to describing what people look like than their hair and eye color. You can also mention their height and weight. You have already learned the numbers from 0 to 49. To tell your height and weight, you may need the numbers from 50 to 200.

WEIGHTS AND MEASURES   In the United States, we measure in feet and inches and we weigh in pounds, but in France and in all but five countries in the world, the metric system of weights and measures is used. The metric system was invented in France during the French Revolution. The equivalences between the two systems are as follows:

1 inch = 2.54 centimeters (2,54 **centimètres** or **cm**)
1 foot = 30.48 centimeters (30,48 **centimètres** or **cm**)
1 pound = 454 grams (454 **grammes** or **g**)
2.2 pounds = 1 kilogram (1 **kilo** or **kg**)

50 cinquante	69 soixante-neuf	88 quatre-vingt-huit
51 cinquante et un	70 soixante-dix	89 quatre-vingt-neuf
52 cinquante-deux	71 soixante et onze	90 quatre-vingt-dix
53 cinquante-trois	72 soixante-douze	91 quatre-vingt-onze
54 cinquante-quatre	73 soixante-treize	92 quatre-vingt-douze
55 cinquante-cinq	74 soixante-quatorze	93 quatre-vingt-treize
56 cinquante-six	75 soixante-quinze	94 quatre-vingt-quatorze
57 cinquante-sept	76 soixante-seize	95 quatre-vingt-quinze
58 cinquante-huit	77 soixante-dix-sept	96 quatre-vingt-seize
59 cinquante-neuf	78 soixante-dix-huit	97 quatre-vingt-dix-sept
60 soixante	79 soixante-dix-neuf	98 quatre-vingt-dix-huit
61 soixante et un	80 quatre-vingts	99 quatre-vingt-dix-neuf
62 soixante-deux	81 quatre-vingt-un	100 cent
63 soixante-trois	82 quatre-vingt-deux	200 deux cents
64 soixante-quatre	83 quatre-vingt-trois	
65 soixante-cinq	84 quatre-vingt-quatre	
66 soixante-six	85 quatre-vingt-cinq	
67 soixante-sept	86 quatre-vingt-six	
68 soixante-huit	87 quatre-vingt-sept	

Some numbers are different in Switzerland and Belgium: **septante** = 70 (Switzerland and Belgium); **huitante** = 80 (Switzerland); **octante** = 80 (Belgium); **nonante** = 90 (Switzerland and Belgium).

Je pèse 68 kilos.   Hadrien mesure 95 centimètres.

1. JE MESURE...

Listen to your instructor and match the height that you hear to the correct person.

_____ 1. Lionel		a. « Je mesure 1 mètre 85. »
_____ 2. Arnaud		b. « Je mesure 1 mètre 80. »
_____ 3. Jean-Baptiste		c. « Je mesure 1 mètre 50. »
_____ 4. Nathalie		d. « Je mesure 1 mètre 76. »
_____ 5. Renaud		e. « Je mesure 1 mètre 62. »
_____ 6. Sébastien		f. « Je mesure 1 mètre 79. »

2. ET VOUS ?

Figure out about (**environ**) how tall you are in meters and centimeters and then tell your partner.

Modèle :   —Je mesure 1 mètre 50 environ.

—Ah oui ? Moi, je mesure 1 mètre 60 environ.

ACTION-APPROFONDISSEMENT (2)

ANDRÉ SOMÉ

PRÉPAREZ-VOUS !

In Burkina Faso, the country in Africa where André Somé comes from, people some-times express age and weight differently than in France. For example, you might hear "**Je suis âgé de 18 ans,**" instead of "**J'ai 18 ans.**" Or you might hear "**J'ai un poids de 40 kilos**" instead of "**Je pèse 40 kilos.**"

REGARDEZ

1. ANDRÉ SOMÉ

Now André Somé is going to tell us about himself. He will give his age, height, and weight, tell what he likes to do, and use a few adjectives to describe his personality. Listen and complete his **portrait.**

Bonjour, je _____ André Somé. Euh, je suis âgé de _____ ans et je mesure _____ environ. J'ai un poids d'environ _____. Alors, euh, je suis très _____. Je fais beaucoup de _____, un peu de _____, un peu de _____, un peu de _____, qu'on appelle aussi le tennis de table, et en général, je suis _____, parfois sceptique.

2. LE BUREAU D'ANDRÉ

Look at the picture of André Somé's desk and write four sentences describing what additional information it reveals about his personality and leisure-time activities.

Modèle :   Il aime le tennis.

Prononciation

LIAISON (1) AND FINAL CONSONANTS

Écoutez

Listen carefully to the following sentences, paying special attention to the highlighted final consonants. As you listen, try to answer these questions about French pronunciation:

1. When is the last consonant in a word generally pronounced and when is it silent?

ANDRÉ :	Alor**s**, je sui**s** très conten**t**.	MAUD :	Alor**s**, je sui**s** très content**e**.
JEAN-BAPTISTE :	Je suis blon**d**.	MICHÈLE :	Je suis blon**de**.

2. How is a final **s** pronounced when the word that follows begins with a vowel?

ANDRÉ:	Je sui**s** optimiste.	SÉBASTIEN :	Tu e**s** intelligent.
SÉBASTIEN :	Vou**s** êtes amusant.		

Vérifiez

- As a general rule, final consonants are silent in French.

    ANDRÉ :   Alor$\cancel{s}$, je sui$\cancel{s}$ trè$\cancel{s}$ conten$\cancel{t}$.

- When the last consonant in a word is followed by an **e**, the consonant is pronounced.

    MAUD :   Je suis très conten**te**.

- A final **s** preceding a word beginning with a vowel is usually pronounced **z**.

    SÉBASTIEN :   Vous‿êtes sérieux.
    　　　　　　　　　z

- When a final consonant is followed by a word beginning with a vowel or silent **h,** it is usually pronounced as if it were the first letter of the following word. This is called *liaison* in both French and English.

    Il‿est‿étudiant. Nous sommes‿optimistes.
    　l　t　　　　　　　　　　　z

Prononcez

1. Read the following sentences and strike through final consonants that should not be pronounced, underline those that should be pronounced, and draw a link where there should be a liaison.

Continued

Modèle :   Je suis_intelligent.
                 Tu es_intelligente.

1. **Il** est intelligen**t.**
2. Tu e**s** optimiste.
3. Vous êtes amusant**e.**
4. Je sui**s** rou**x.**
5. Nous somme**s** impatient**s** !
6. Je sui**s** blon**de.**

2. Now listen to the audio CD and check your answers to activity 1. Then listen to the sentences again, repeating them aloud.

EXPRESSION-STRUCTURE (3)

NOUNS AND DEFINITE ARTICLES

Nouns name people, places, or things. In French all nouns have gender (they are either masculine or feminine) and number (they are singular or plural). The definite article (the) agrees in gender and number with the noun it precedes. Look at what Renaud and Sébastien said about their leisure-time activities and find the four forms of the definite article.

RENAUD :   J'aime le sport, le tennis, le basket, la planche à voile, la natation. J'aime beaucoup la musique. J'adore la bonne nourriture.

SÉBASTIEN :   J'aime la musique, les sorties, les discothèques, le cinéma et l'équitation.

Did you find **le, la, l',** and **les**?

 As you study the following examples and explanations, ask yourself: When are definite articles used? What are their forms? How is a noun pluralized?

NOUNS AND DEFINITE ARTICLES				
SITUATION, USAGE	**SINGULAR**	**EXAMPLE**	**PLURAL**	**EXAMPLE**
with masculine nouns	**le**	J'aime **le** cinéma.	**les**	J'aime **les** films.
with feminine nouns	**la**	J'aime **la** natation.	**les**	J'aime **les** sorties.
with masculine and feminine nouns that begin with a vowel	**l'**	J'aime **l'équitation** (*horseback riding*).	**les**	J'aime **les** animaux.

- In French, the article matches the gender (masculine or feminine) and number (singular or plural) of the noun it precedes.

  RENAUD : J'aime **le** tennis, **la** musique et **les** sorties.

- The definite article is used:

  a. To show that you are referring to a *particular* person, place, thing, or idea.

  NATHALIE : J'aime la ville de Besançon. (*a specific city*)

  b. To refer to people, places, things, or ideas you like, dislike, or prefer *in general*.

  RENAUD : Je n'aime pas le golf. (*the sport in general*)
  RENAUD : Je n'aime pas le football. Je préfère le tennis. (*in general, not just today*)

- To make most nouns plural, add an **s** to the singular, just as you do to form plural adjectives. Nouns ending in **s, x,** or **z** in the singular keep the same form in the plural, as with adjectives.

  Maud et Nathalie sont étudiante**s** à la fac. Maud et André sont sportif**s**.
  Arnaud et Renaud ont les cheveu**x** bruns. Ils sont françai**s**.

VÉRIFIEZ Were you able to answer the questions in the suggestion box on page 33? If not, you may want to review the material.

- Most people have a good memory for colors. When trying to memorize nouns, many students find it helpful to color code them. For example, when making up flash cards or practicing writing words, write all masculine nouns and their definite articles in one bright color and all feminine nouns and their corresponding articles in a different color. Later, even if you have forgotten whether a noun is masculine or feminine, you will remember in what color it was written.

  le sport   la natation
                    l'équitation

- Most often in French, the only way to tell if a noun is masculine or feminine is by the article that precedes it. Therefore, it is very important to memorize a definite or indefinite article along with the word. Memorize le basket, not just **basket,** la table, not just **table.**

---

1. LES VACANCES

Look at the ad for a vacation on page 35. For each of the following words in the ad, decide if it is masculine, feminine, singular, or plural.

activités	entrée	pension	taxe
carte	nature	randonnées	VTT

**SÉJOUR EN FAMILLE
A PRÉNOVEL**

*Découverte de la nature et activités
sportives comme tir à l'arc, le VTT, l'escalade, les randonnées pédestres, des
visites touristiques... Activités organi-
sées pour les enfants à partir de 12 ans.*

Du 10 juillet au 28 août 94 - 7 jours

**SÉJOUR EN CENTRE DE VACANCES
Tarif par personne**

Adulte et + de 10 ans ——————	**1.420 F**
de 6 à 9 ans ——————	**1.090 F**
de 2 à 5 ans ——————	**890 F**

Comprenant
• la pension complète en Centre de Vacances
  (lavabo, douche, WC dans chaque chambre)
  avec bar, sauna, piscine de plein air
• les activités (matériel et encadrement)
• l'entrée de la piscine

Ne comprend pas
• la carte ANCEF
• la taxe de séjour

SÉJOUR EN HÔTEL
• Possibilité de séjourner en hôtel Logis de
  France ** à partir de 1.550 F en pension
  complète pour 1 semaine.

Réf. J 3

2. MAUD

Maud was in a hurry when she wrote the following paragraph about herself and
left out some of the definite articles. Read the paragraph and then complete it with
the appropriate definite articles.

J'aime _____ cinéma, je suis assez sentimentale et alors, j'aime
_____ films romantiques. J'aime aussi _____ bonne nourriture et
surtout _____ desserts: _____ pâtisseries à la crème comme les
éclairs au chocolat, j'adore ça !
      Heureusement, je suis sportive, donc je ne suis pas grosse. J'aime beaucoup
_____ sports pratiqués à l'extérieur comme _____ cyclisme et
_____ randonnées en montagne. _____ nature est très belle autour
de Besançon.

3. TU AIMES... ?

On a piece of paper write three activities you enjoy doing and three you do not.
Do not put your name on the paper. Your instructor will collect the papers and
then give one to each student. Go around the class and ask questions to try and
find the student whose paper you have.

Modèle :   —Tu aimes la natation ?
              —Non, je n'aime pas la natation.
              —Tu aimes la bonne nourriture ?
              —Oui, j'aime la bonne nourriture.

INTERACTION

QUI CHOISIR ?

André Somé is a graduate student at the University of Besançon and is presently living in the **résidences universitaires.** They are a bit far from the center of Besançon, so he would like to move to the **centre ville** and share an apartment with another student. Read the ad that he put in the weekly classified paper, *Le Gab.*

Because it is not common for young people to share an apartment in France, André was surprised to get three replies. One student looks at the response from Alain on page 731; another has the information about Thomas on page 741; and a third has the information about Jean-Pierre on page 751. Using the following words, ask your partners questions to find out about each respondent. Then decide who will be the best roommate for André.

Personnalité : calme, sérieux, extraverti, intelligent, organisé, optimiste, sociable, studieux

Loisirs : la nature, la musique, la lecture

Modèle :   —Jean-Pierre est sportif ?
             —Oui, il est sportif.
             —Thomas aime les animaux ?
             —Non, il n'aime pas les animaux.

LECTURE

COGNATES By identifying cognates as you read in French, you will greatly increase your comprehension of texts. You will be able to guess the meaning of cognates more accurately if you look closely at the context in which they are used.

PRÉPARATION À LA LECTURE

1. The city of Besançon is located in the region of France called **la Franche-Comté.** The region of the Franche-Comté has numerous forests, rivers, and lakes as well as the Jura mountain range, so it has much to offer sports enthusiasts. Study the map of the region and indicate in which of the cities listed you could participate in the following activities.

1. le ski/le VTT

   a. Métabief   b. Gray   c. Dole   d. Les Rousses

2. canoë-kayak/pêche (*fishing*)

   a. Besançon   b. Arc-et-Senan   c. Belfort   d. Montbéliard

3. le golf
   a. Vouglans   b. Montbéliard   c. Arbois   d. Les Rousses

4. les sports aériens
   a. Métabief   b. Vésoul   c. Besançon   d. Belfort

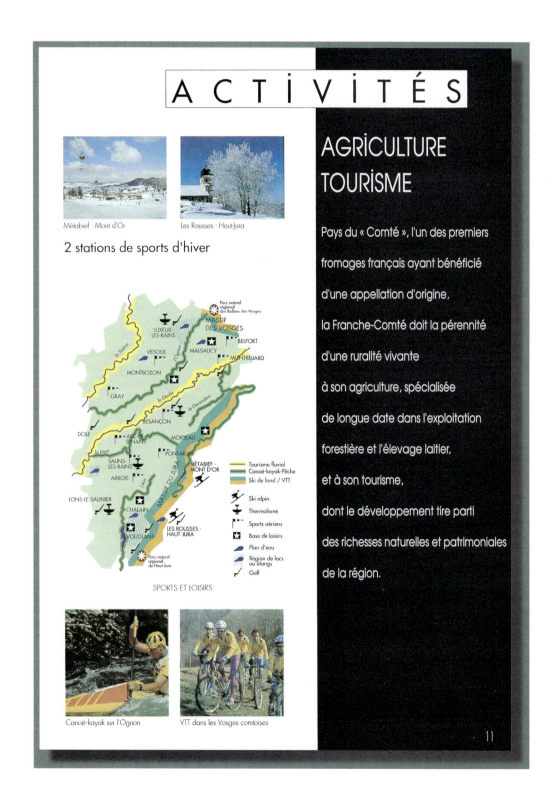

11

2. You are going to read a notice from *Topo*, a regional newspaper. Read through the notice and circle all the cognates you find.

⚫ **AUTOMOBILE– la course de côte** internationale de Vuillafans-Echevannes se déroulera les 16 et 17 juillet.
Renseignements : 81.59.20.28.

⚫ **TOUR DE FRANCE – étape Morzine - lac Saint-Point**, le 23 juillet. Arrivée d'étape prévue à Malbuisson.

⚫ **SKI NAUTIQUE – Coupe d'Europe** de ski nautique, aux Etangs de Brognard près de Montbéliard, les 23 et 24 juillet.

⚫ **KAYAK – le 11 septembre,** en Haute-Saône, marathon international de canoë-kayak, de Gray à Savoyeux.

⚫ **MONTGOLFIERES – le deuxième week-end** de septembre, Montgolfiades internationales à Belfort.
Renseignements : 84.28.12.23.

⚫ **RANDONNÉE – " les voies du sel "**, randonnée à pied, à VTT et à cheval à travers la Franche-Comté aura lieu du 12 au 15 août.
Renseignements: 84.44.22.54.

⚫ **VTT – rallye du Mont d'Or** à Métabief, le 14 août.
Renseignements: 8152.17.13.

⚫ **MONTAGNE – le championnat de France** de randonnée en montagne auront lieu à Métabief, les 14 et 15 août prochain.
Renseignements: 81.46.66.00.

⚫ **VTT– du 18 au 21 août** à Métabief, organisation des championnats d'Europe de la discipline.
Renseignements : 81.49.13.81.

⚫ **TRIATHLONS – une course internationale** aura lieu au lac de Vouglans, le 21 août. Un autre triathlon se tiendra à Vesoul, les 27 et 28 août.

⚫ **SEMI MARATHON – les championnats de France** ont lieu à Belfort (Arsenal-place de la Révolution française).
Renseignements : 84.54.24.24.

⚫ **PORTES OUVERTES – les 17 et 18 septembre prochain,** journées portes ouvertes dans les monuments historiques francs-comtois. Ouverture de tous les monuments classés d'Etat. Ainsi que quelques monuments appartenant à des propriétaires privés.
Renseignements : 81.65.72.00.

⚫ **RÉTROFOLIE 94 – à Ronchamp,** rencontres internationales de voitures, de motos anciennes et de véhicules de prestige, le 18 septembre.
Renseignements : 84.63.55.01.

⚫ **MICRONORA – salon international des microtechniques,** au parc des Expositions de Micropolis, à Besançon. Du 20 au 24 septembre.

AVEZ-VOUS COMPRIS (*HAVE YOU UNDERSTOOD*) ?

1. Choose the most appropriate title for the newspaper notice you have just read.

_____ le Guide touristique de Franche-Comté

_____ le Guide des monuments historiques de Franche-Comté

_____ l'Agenda sports et loisirs de Franche-Comté

2. Look closely at the newspaper notice again and decide in which season the activities mentioned are most likely to take place.

3. All of the activities listed in the notice take place during three months of the year—**juillet, août, septembre.** Taking into consideration your answer to question number 2, can you infer which three months **juillet, août,** and **septembre** correspond to in English?

4. Using context as your guide, can you infer the meaning of **renseignements**?

EXPANSION

1. Several of the students from Besançon whom you have met are interested in some of the activities mentioned in the newspaper. Fill in the form for them, providing the requested information for the activities in which they are interested. There may be more than one possibility for some of the activities!

NOM	ACTIVITÉ	LIEU (*PLACE*)	DATE	NUMÉRO DE TÉLÉPHONE
Maud	le semi-marathon			
Arnaud	le ski nautique			
Sébastien	les randonnées en montagne			
Renaud	le golf			
Nathalie	la visite des monuments historiques			
Sébastien	le VTT			

2. Write down information about the activity that interests you the most and then compare your answer with several classmates. How many of you chose the same activity?

1

Voici ma famille

MES OBJECTIFS COMMUNICATIFS

Name family members
Tell how family members are related
Name some professions and describe them

LES CLÉS CULTURELLES

The French family
Professions

REGARDONS LE TABLEAU

Look at the painting on the opposite page closely. What view of the family does the painter try to capture? Although many families of today resemble those of the past, many others do not. What are some differences? What accounts for those differences?

1. QUEL TYPE DE FAMILLE ?

Decide if the following statements are more often true of **une famille traditionnelle** or **une famille moderne.**

C'est une famille nombreuse.
Les parents sont divorcés.
Les membres de la famille sont souvent ensemble (*together*).
La mère s'occupe (*takes care of*) seule (*alone, by herself*) des enfants.
Les membres de la famille dînent toujours ensemble.
Les grands-parents sont souvent (*often*) là.
Le père travaille en dehors de la maison (*works outside the home*).
La mère travaille en dehors de la maison.
Le père prépare les repas (*meals*).

2. REGARDEZ LE TABLEAU

Is the family in the painting on the opposite page probably **une famille traditionnelle** or **une famille moderne**?

EXPRESSION-VOCABULAIRE (1)

THE FAMILY

Jean-Baptiste is going to describe his family. The expressions he uses will also help you to describe your own family relationships.

VOICI MA FAMILLE...

Voilà ma mère—elle s'appelle Anne-Marie—et mon beau-père, Maurice. Dans la photo, il y a aussi ma demi-sœur, Clara, et mes demi-frères, Dorel et Benjamin. Mes grands-parents maternels s'appellent Colette et Albert Vidonne.

Mon oncle François (le frère de ma mère) est programmeur et ma tante Julie est psychologue. Ils ont deux enfants—ma cousine Claire et mon cousin Cédric.

Mon oncle Yves (l'autre frère de ma mère) n'est pas marié. Il est célibataire. Sa fiancée s'appelle Eve. Les deux enfants dans la photo sont sa nièce Corine et son neveu André.

Voici mon père Jean-Pierre Voitot avec ma belle-mère Dorine (mes parents sont divorcés) et les beaux-parents de mon père, Marie-Thérèse et Henri Delavenne.

Ma grand-mère paternelle s'appelle Marie Voitot. Elle est veuve parce que mon grand-père est récemment décédé.

When learning vocabulary items, it is often helpful to associate the new words you are learning with people or things with which you are familiar. As you learn the terms for family relationships, try associating them with members of your own family.

1. LA FAMILLE DE JEAN-BAPTISTE

Use the information given about Jean-Baptiste's family to fill in his family tree.

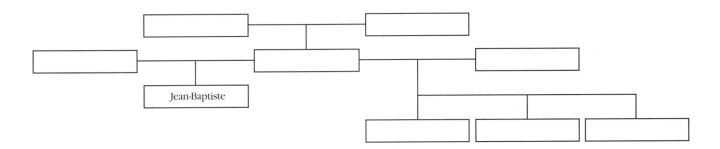

Jean-Baptiste

2. VRAI OU FAUX (*TRUE OR FALSE*) ?

Look at the photos of Jean-Baptiste's family and decide if the following statements are true or false. Correct the false statements.

VRAI   FAUX

_____ _____ 1. Les deux demi-frères de Jean-Baptiste s'appellent Dorel et Benjamin.

_____ _____ 2. Jean-Baptiste est l'oncle de Cédric et de Claire.

_____ _____ 3. Jean-Baptiste a deux demi-frères et deux demi-sœurs.

_____ _____ 4. La grand-mère paternelle de Jean-Baptiste est décédée.

_____ _____ 5. Jean-Baptiste a quatre cousins.

_____ _____ 6. Jean-Baptiste est le neveu de Julie et de François.

_____ _____ 7. Les oncles de Jean-Baptiste s'appellent Yves et François.

_____ _____ 8. Le beau-père de Jean-Baptiste s'appelle Albert.

_____ _____ 9. Le grand-père de Jean-Baptiste s'appelle Yves.

_____ _____ 10. François est célibataire.

_____ _____ 11. Le père et la mère de Jean-Baptiste sont divorcés.

_____ _____ 12. Jean-Baptiste a deux tantes.

ACTION

LES PARENTS DE SÉBASTIEN ET D'ARNAUD

PRÉPARONS-NOUS

In this video segment, two of the young people you met in **Leçon 1** are going to introduce you to members of their family. In order to understand what they say, you will need a few additional expressions.

1. LES PROFESSIONS

One of the things the young people will tell you about their relatives is their profession. Use the visual clues in the pictures and cognates to figure out the meaning of the professions listed below. Then match up each person with his or her profession to make logical sentences.

Daniel Vandeputte

Michèle Lachaud

Christiane Vandeputte

Maurice Dumont

Gérard Lachaud

Anne-Marie Vidonne-Dumont

Christiane Vandeputte est	institutrice.
Daniel Vandeputte est	secrétaire.
Michèle Lachaud est	formateur.
Gérard Lachaud est	médecin.
Anne-Marie Vidonne-Dumont est	militaire.
Maurice Dumont est	représentant commercial.

The students whom you met in **Leçon 1** told you about what they like to do. When they introduce members of their family to you they will also tell you about their relatives' likes and dislikes. Here are some of the activities they enjoy.

la pêche

les mots croisés

la lecture

le patchwork

la musique

peindre

faire du jardinage

faire la cuisine

2. TU AIMES... (DO YOU LIKE…)?

Ask your partner if he or she enjoys the same activities as the family members.

Modèle :   —Toi aussi, tu aimes la pêche ?
—La pêche, j'adore ça ! (++)
j'aime bien ça ! (+)
je n'aime pas beaucoup ça ! (−)
je n'aime pas du tout ça ! (−−)

LISTEN SELECTIVELY Before viewing the video, read to see what information you are to find. As you listen, concentrate on the task you have been given. Don't let yourself become distracted or worried by words you don't understand.

REGARDONS ENSEMBLE

MICHÈLE ET GÉRARD

Now, Arnaud and Sébastien Lachaud will each introduce you to one of their parents. As you listen to both introductions, circle all of the information that applies to each of them. You will have to supply some information about their parents' physical description from your own observations of the video.

	GÉRARD	MICHÈLE
âge	il a 44 ans 43 ans 41 ans 47 ans	elle a 43 ans 44 ans 46 ans 48 ans
description physique	il est petit grand brun aux yeux bruns roux aux yeux bleus blond aux yeux bleus	elle est petite blonde aux yeux verts brune aux yeux marron blonde aux yeux bleus brune aux yeux noisette
personnalité	il est généreux agréable intelligent gentil calme	elle est gentille sévère sérieuse travailleuse aimable
loisirs	il aime faire la fête le basketball les plantes le ski la pêche	elle aime les mots croisés la grande musique le golf le tennis la lecture
profession	il est militaire instituteur représentant commercial serveur de restaurant	elle est coiffeuse architecte employée de maison institutrice

EXPANSION

COMPLÉTEZ

The **Centre de Linguistique Appliquée (le CLA)** has many students from all over the world who stay with families in Besançon. Matching students with a host family is always a difficult task. Based on what they wrote about themselves on their applications, help the coordinator of housing at the CLA decide which student would feel most at home with the Lachaud family.

Kurt

Bonjour, je m'appelle Kurt. J'habite avec ma mère à Munich en Allemagne. Je suis enfant unique. Je suis assez sérieux et réservé. J'adore la lecture et je n'aime pas beaucoup le sport.

Justin

Bonjour, je m'appelle Justin. J'habite à Austin au Texas. J'ai deux sœurs. Je suis très sportif. J'aime tous les sports—le golf, le vélo, le basket et les randonnées à pied. J'aime beaucoup la nature. J'aime aussi les sorties et la musique.

Mitsouko

Bonjour, je m'appelle Mitsouko. J'habite à Tokyo au Japon. J'ai une sœur plus jeune. Elle a seize ans. Ma mère est institutrice et mon père est architecte. J'aime le jardinage, les petits enfants et la musique. J'aime aussi beaucoup peindre.

ACTION-APPROFONDISSEMENT (1)

D'AUTRES FAMILLES BISONTINES

REGARDEZ

Find out more about some of the other families in Besançon. Watch as Maud, Lionel, and Jean-Baptiste introduce members of their families. Use the following chart as a model to make an information chart about each one. Bring your answers to class and compare them with those of your classmates.

	(NAME)	(NAME)
âge	a...	a...
description physique	est...	est...
personnalité	est...	est...
loisirs	aime...	aime...
profession	est...	est...

EXPANSION

ET VOTRE FAMILLE ?

Can you describe a member of your family or a friend? Write the same type of information that Sébastien and Arnaud did about their parents. Bring your description to class and describe your relative or friend to a classmate. Hint: Use **ma** before a girl or woman and **mon** before a boy or man.

Modèle :   C'est mon père. Il a 57 ans. Il est grand aux cheveux bruns. Il est optimiste. Il aime la pêche. Il est médecin.

Prononciation (1)

LE RYTHME

Écoutez

1. Listen to the pronunciation of the sentences in English and French on your audio CD and answer the following questions: What differences do you hear between the rhythm of the English sentences and the French sentences? Does one set seem more even than the other?

Voici ma mère.	*Here is my mother.*
Elle est brune.	*She has brown hair.*
Elle a les yeux marron.	*She has brown eyes.*
Elle a quarante ans.	*She is forty years old.*
Elle est très dynamique.	*She's very active.*
Elle s'appelle Christiane.	*Her name is Christiane.*
Elle est secrétaire.	*She is a secretary.*

2. Listen to the sentences again and underline the stressed syllables in the English and French sentences. Can you find a pattern to indicate where the stress should fall?

3. Are syllables stressed in English by putting more force on the accented syllable or by lengthening it? How about in French?

Vérifiez

- The rhythm of spoken French is very different from English. In spoken English the stress can fall on any syllable and it combines long and short syllables. Both the irregular stress pattern and combination of long and short syllables give English a sing-song rhythm.
- The rhythm of spoken French is very even, giving equal stress to all but the last syllable in a word group (e.g., subject + verb; subject + verb + adjective).
- In English, stressed syllables are pronounced with more force. In French, the last syllable in a word group is longer than the other syllables.
- You may have also noticed that in English each word is usually pronounced separately. In French, however, single words are linked with the others in the same word group.

Prononcez

Read the following sentences and underline the stressed syllables, strike out the final consonants that are silent, and draw a line to show where liaison should occur.

Voici ma mère.	Elle est très dynamique.
Elle est brune.	Elle s'appelle Christiane.
Elle a les yeux marron.	Elle est secrétaire.
Elle a 40 ans.	

Pronounce each sentence aloud several times. Listen to the audio CD to verify your pronunciation.

EXPRESSION-STRUCTURE (1)

POSSESSIVE ADJECTIVES AND EXPRESSING POSSESSION WITH *DE*

Possessive expressions will allow you to talk about your family and family relation-ships. In English, if you want to express relationships or possession, you can use words such as *my, your, his, her, our,* or *their.* These are called possessive adjec-tives and precede nouns, as in *my uncle, his aunt, our sister.* In English, you can also use *'s* to signal possession—"the woman's children." When Jean-Baptiste intro-duced his family, he used three different forms of the possessive adjective *my* in French. Can you find them in the text below? Why do you think there are several ways to say *my* in French? Try to figure out how to decide which form to use.

> JEAN-BAPTISTE : Voici **ma** mère, Anne-Marie Vidonne-Dumont et **mon** beau-père, Maurice Dumont. Et voilà **mes** deux frères Dorel et Benjamin et **ma** sœur Clara.

As you study the examples, ask yourself: When will I need to use possessive adjectives? Can I identify the different forms of the pos-sessive adjectives? Do I know when to use each of the different forms of the possessive adjectives? Besides possessive adjectives, what is a second way to express possession and relationships?

POSSESSIVE ADJECTIVES

As you probably deduced, **ma, mon,** and **mes** are three forms of the possessive adjective *my.* In French, there are three forms of each possessive adjective (*my, his, our,* etc.) because they agree in number (singular/plural) and gender (masculine/feminine) with the nouns that *follow* them, that is, with the *person or thing pos-sessed.* In the example below, Maud says **mon père** because the word **père** is mas-culine singular, Lionel says **ma mère** because the word **mère** is feminine singular, and Clara and Jean-Baptiste say **notre grand-mère** because the word **grand-mère** is feminine singular.

> MAUD : Je vais vous présenter **mon** père. *I'm going to introduce **my** father to you.*
>
> LIONEL : Je vais vous présenter **ma** mère. *I'm going to introduce **my** mother to you.*
>
> SÉBASTIEN : Arnaud est **mon** frère. *Arnaud is **my** brother.*
>
> CLARA ET JEAN-BAPTISTE : Voici **notre** grand-mère. *Here is **our** grandmother.*

The chart below will help you to understand when to use the various forms of possessive adjectives.

POSSESSIVE ADJECTIVES				
IF, IN ENGLISH, YOU SAY...	THEN, BEFORE A SINGULAR NOUN IN FRENCH, YOU SAY...			AND BEFORE A PLURAL NOUN...
	(masculine noun)	(feminine noun beginning with a consonant)	(feminine noun beginning with a vowel)	(masculine or feminine)
my *your (familiar)* *his/her/its* *our* *your (formal/plural)* *their*	**mon** frère **ton** frère **son** frère **notre** frère **votre** frère **leur** frère	**ma** sœur **ta** sœur **sa** sœur **notre** sœur **votre** sœur **leur** sœur	**mon** amie **ton** amie **son** amie **notre** amie **votre** amie **leur** amie	**mes** parents **tes** parents **ses** parents **nos** parents **vos** parents **leurs** parents

- Notice that if a possessive adjective is followed by a feminine singular noun beginning with a vowel or vowel sound, you use the **masculine** form of the possessive adjective.

EXPRESSING POSSESSION WITH *DE*

In addition to using possessive adjectives, you can also express relationships and possession by using **de.** Notice that you must repeat the **de** in front of each possessor.

Arnaud est le frère **de** Sébastien.
Maud et Lionel sont les enfants **de** Christiane et **de** Daniel Vandeputte.

Arnaud is Sébastien's brother.
Maud and Lionel are Christiane and Daniel Vandeputte's children.

VÉRIFIEZ Can you answer your questions about how to express possession in French? If not, review the explanation and examples before attempting your homework assignments.

1. DÉCRIVEZ LA FAMILLE DE JEAN-BAPTISTE

You already know something about Jean-Baptiste's family. Use the information contained in Jean-Baptiste's family tree to describe relationships among the members of his family and to give their names.

Modèle : Le mari de sa mère est son beau-père. Il s'appelle Maurice.

1. La femme de son père est _____. Elle s'appelle _____.
2. Les enfants de son beau-père Maurice et de sa mère sont _____. Ils s'appellent _____, _____ et _____.
3. Les parents de Dorine sont _____ de son père. Ils s'appellent _____ et _____.
4. Les parents de sa mère sont _____. Ils s'appellent _____ et _____.
5. Les enfants de son oncle François sont _____. Ils s'appellent _____ et _____.

2. JE PRÉSENTE...

The Lachaud family is giving a large party and the guests include Michèle and Gérard's friends as well as those of their sons Arnaud and Sébastien. Play the roles of the members of the Lachaud family and introduce your friends to your family.

Modèle :

MICHÈLE ET GÉRARD :	Voici _____ enfants, Sébastien et Arnaud.
MICHÈLE ET GÉRARD :	Voici <u>nos</u> enfants, Sébastien et Arnaud.
SÉBASTIEN :	Voici _____ parents, Michèle et Gérard.
SÉBASTIEN :	Voici <u>mes</u> parents, Michèle et Gérard.

MICHÈLE :	Voici _____ fils, Sébastien et Arnaud.
ARNAUD :	Je te présente _____ parents, Michèle et Gérard.
GÉRARD :	Je te présente _____ femme, Michèle.
SÉBASTIEN :	Voici _____ frère, Arnaud.
MICHÈLE :	Je te présente _____ mari, Gérard.
ARNAUD :	Je te présente _____ mère. Elle s'appelle Michèle.
SÉBASTIEN :	Voici _____ père, Gérard.

3. VOICI LA FAMILLE LACHAUD

Now introduce the members of the Lachaud family to your friends.

Modèle :   Voici Michèle. Sébastien et Arnaud sont <u>ses</u> fils.

1. Voici Michèle et Gérard. Sébastien et Arnaud sont _____ fils.
2. Voici Sébastien et Arnaud. Michèle est _____ mère.
3. Voici Gérard. Michèle est _____ femme.
4. Voici Arnaud et Sébastien. Michèle et Gérard sont _____ parents.

4. C'EST MON BABAR !

Madame Vidonne-Dumont, **la maman** (*mom* or *mommy*) **de Benjamin,** is reading in the living room while Benjamin and his friend Chloë are playing with the stuffed elephant Babar. Complete the conversation she overhears using the appropriate possessive adjectives. (Hint: **Babar** is masculine in French.) Notice that in informal conversational French, the **ne** element of the negation is often dropped.

BENJAMIN :	Touche pas à _____ Babar !
CHLOË :	C'est pas _____ Babar, c'est _____ Babar !
BENJAMIN :	C'est pas vrai, c'est _____ Babar, je vais le dire à ma maman que tu touches à _____ Babar.
CHLOË :	_____ Babar, il est là sur la chaise, idiot !
BENJAMIN :	Ah, _____ Babar, ils sont pareils (*exactly alike*).

EXPRESSION-STRUCTURE (2)

AVOIR

You have already used the verb **avoir** to tell how old someone is:

Arnaud **a** 19 ans.

You have also used it to describe what people look like:

Maud **a** les yeux marron et les cheveux longs.

The verb **avoir** can be used in other situations as well. Read the conversation below between Michèle Lachaud, who teaches the **C. P. (cours préparatoire** or *first grade*) in the **École Rivotte,** and one of her pupils. Can you guess what **tu as...** means in this conversation?

MADAME LACHAUD :	Fanta, tu **as** des frères et des sœurs ?
FANTA :	Mamadou, 5 ans. Et Mamadou Lamine.
MADAME LACHAUD :	Tu **as** un frère Mamadou et un frère Mamadou Lamine.

As you probably guessed, in this context, **tu as** means *you have*, if it is used in a statement (**Tu as un frère Mamadou**), and *do you have* if it is used in a question (**Tu as des frères et des sœurs ?**).

Ask yourself the following questions as you study the verb **avoir:** What does the verb **avoir** mean? When will I use it? What are the different forms of the verb? How will I remember these irregular forms? What happens to **un, une,** and **des** in the negative after the verb **avoir**?

Here is the complete conjugation of the verb **avoir** (*to have*).

AVOIR	
j' ai	nous avons
tu as	vous avez
il/elle/on a	ils/elles ont

Un, une (*a, an*), and **des** (*some, any*) change to **de** after a negative form of the verb **avoir.** In fact, this change will occur after almost all verbs. An exception to this rule is the verb **être.**

MADAME LACHAUD:	Tu **as** un frère Mamadou et un frère Mamadou Lamine.
	Tu n'**as** pas **de** sœurs.
	Fanta **a** des frères mais elle n'**a** pas **de** sœurs.

VÉRIFIEZ Can you answer your questions about the verb **avoir?** If not, be sure to review the explanations and examples. Research has shown that singing is an excellent way to memorize words and ideas. For example, you can still remember the ABC song that helped you learn the alphabet as a child. Singing can also help you memorize verb conjugations. Think of or make up a simple tune (you do not have to be a good singer!) and learn the conjugations by singing them. You'll find that you will not forget them. During an exam, you will be able to "hear" the conjugations in your head. Try it with the verbs **être** and **avoir.**

1. LES FAMILLES

André Somé has been invited to a dinner party at the Lachauds' home along with the Vidonne-Dumont and Vandeputte families. Because he does not know them very well, he is making notes to help himself remember who the different family members are. Use the charts you made for the **Action-approfondissement (1)** section on page **46** to help André complete his notes. Remember: **un, une,** and **des** change to **de** in negative sentences with **avoir.**

Modèle :   Arnaud Lachaud : frères ?
                Il a un frère, Sébastien.

1. Michèle et Gérard Lachaud : fils ?
2. Michèle et Gérard Lachaud : filles ?
3. Clara Vidonne-Dumont : frères ?
4. Clara Vidonne-Dumont : sœurs ?
5. Maurice et Anne-Marie Vidonne-Dumont : enfants ?
6. Maud Vandeputte : sœurs ?
7. Lionel Vandeputte : sœurs ?
8. Lionel Vandeputte : frères ?

2. CONTINUEZ !

With a partner, add four more entries to André's notes.

9.   11.
10.   12.

3. ET VOS CAMARADES DE CLASSE ?

Find out more about the families of your classmates. Circulate in the class and, within the time limit set by your instructor, ask as many students as possible the questions on the survey below.

1. Tu as des frères ?   3. Tu as des sœurs ?
2. Il a/Ils ont quel âge ?   4. Elle a/Elles ont quel âge ?

Families tend to be close-knit and are the core of French society. Half of all married couples live no more than 20 kilometers (about 13 miles) from their parents, and there is frequent interaction among family members. Families gather for birthdays, weddings, baptisms, holidays, and frequently for Sunday dinners. A recent poll shows that 77% of teenagers say they have an excellent relationship with their parents and consider their family to be one of the most important elements in their lives.

Nevertheless, as in all industrialized countries, both family structure and roles of individual family members have undergone considerable change in the last two generations. Today one-third of all marriages end in divorce and there are increasing numbers of **familles mosaïques,** those in which spouses live together with children from previous marriages. For example, Nathalie's parents are divorced, and Jean-Baptiste and Renaud are members of **familles mosaïques.** In addition, approximately 7% of the population live in single-parent families, and many couples choose not to marry, opting instead for **la cohabitation**—living together. One of the reasons for change is the massive influx of women into the work force in the last 20 to 30 years, whether by choice or from economic necessity. Today 75% of French women between 25 and 39 years of age work outside the home, and 70% have at least two children. Despite change, however, family ties remain very strong.

In what ways is the French family the same or different from families in your country?

ACTION-APPROFONDISSEMENT (2)

LES ENFANTS DANS LA CLASSE DE MICHÈLE LACHAUD PARLENT DE LEUR FAMILLE

REGARDEZ

QUEL ÂGE A-T-IL ?

Now watch the video as Madame Lachaud asks Fanta and other students in her class the names and ages of their brothers and sisters. Write the name of the sister or brother in the sentence that correctly states his or her age.

Study the model below and look at the names and ages in the questions *before* you watch the video so you know precisely what information you are trying to find.

Voici les noms des frères et des sœurs :
Mamadou Claire Pauline Laetitia Arthur

Modèle : ＿＿＿＿＿ a cinq ans.
Mamadou a cinq ans.

1. ＿＿＿＿＿ a quinze ans.
2. ＿＿＿＿＿ a seize mois (*months*).
3. ＿＿＿＿＿ a quatre ans et demi (4 1/2).
4. ＿＿＿＿＿ a vingt-deux mois.

EXPANSION

RÉPONDEZ

Here are the names of several students in Madame Lachaud's class: Fanta, Paul, Rosalie, and Pauline. Using the information you learned about their sisters and brothers, answer the following questions. Some questions may have more than one answer.

1. Qui a deux frères ? ＿＿＿＿＿＿＿＿＿＿＿＿＿＿＿＿＿＿＿＿＿＿＿
2. Qui a une grande (*older*) sœur ? ＿＿＿＿＿＿＿＿＿＿＿＿＿＿＿
3. Qui a un frère et une sœur ? ＿＿＿＿＿＿＿＿＿＿＿＿＿＿＿
4. Qui n'a pas de sœur ? ＿＿＿＿＿＿＿＿＿＿＿＿＿＿＿＿＿
5. Qui a une sœur ? ＿＿＿＿＿＿＿＿＿＿＿＿＿＿＿＿＿＿＿
6. Qui a une petite (*younger*) sœur ? ＿＿＿＿＿＿＿＿＿＿＿

Prononciation (2)

LIAISON (2)

As you learned in **Leçon 1,** liaison occurs when the silent final consonant of a word is followed by a vowel sound. In this case, the consonant is pronounced as if it were the *first letter of the following word.* Here are some examples:

> Nathalie? Elle‿est‿étudiante.
> Gérard? C'est‿un bel‿homme.
> Clara? Elle‿a sept‿ans.

Écoutez

When liaison occurs, the pronunciation of some consonants is not the same as when the letter is pronounced alone. Listen carefully to the following sentences and see if you can determine how the letters **s, f,** and **x** are pronounced when they are followed by a vowel sound.

> Nous avons deux enfants.
> Clara, tu as neuf ans ? Non, j'ai sept ans.
> Et ton père ? Il a cinquante-deux ans ? Non, il a quarante-neuf ans.

Vérifiez

- The letters **s** and **x** are pronounced as **z.**
- The letter **f** is pronounced as **v** when followed by a vowel sound.

Prononcez

Read the sentences below, crossing out final consonants that should not be pronounced, circling those that should be pronounced, and drawing links where there should be liaison. Write in a **z** when the letter **s** or **x** is followed by a vowel sound. Write in a **v** when the letter **f** is followed by a vowel sound. Practice saying the sentences aloud, then listen to the audio CD, and check your answers.

Modèle :   Nous‿avons deux‿enfants.
                Ils‿ont neuf‿ans.

1. Clara n'a pas neuf ans.
2. Ils n'ont pas trois enfants.
3. Elle a deux enfants.
4. Vous avez trente-neuf ans ?
5. Il est ambitieux.
6. Les trois enfants ont deux ans.

EXPRESSION-VOCABULAIRE (2)

JOBS AND PROFESSIONS

You have already learned some names of jobs and professions (page 44). Here are some more:

avocate

infirmière

caissière

entraîneur

fonctionnaire (*government employee*)

femme d'affaires

ingénieur/femme ingénieur

Many other names of jobs are cognates. You can guess the meaning of the following:

agriculteur/agricultrice	dentiste	programmeur/programmeuse
acteur/actrice	hôtelier/hôtelière	représentant(e)
architecte	journaliste	secrétaire
coiffeur/coiffeuse	musicien(ne)	serveur/serveuse

Just as adjectives are sometimes spelled differently depending on gender, nouns of professions may also change according to whether you are talking about a man or a woman. Review the changes that you have already learned (on pages 33–34).

WHEN A MASCULINE NOUN OF PROFESSION	ENDS WITH...	DO THE FOLLOWING...	TO FORM THE FEMININE.
hôtelier	**-er**	change **-er** to **-ère**	hôteli**ère**
musicien	**-en**	double the **-n** and add **-e**	musicie**nne**
danseur	**-eur**	change **-r** to **-se**	danseu**se**
acteur	**-eur**	change **-teur** to **-trice**	ac**trice**

You will find it easier to learn these endings if you do not try to memorize them separately but rather within a word. Many people also find it helpful to associate the words and endings with people they know. For example, when learning the endings of nouns that end in **eur**, think of a male elementary school teacher you once had and then visualize him holding up a sign that says **instituteur**. Then visualize a female teacher you had holding up a sign that says **institutrice**.

- To form the plural of the professions listed on the previous page, just add an **s** to the singular form.
- Some professions have only one form, such as **écrivain** (*author*) or **ingénieur** (*engineer*). When a woman has one of these professions, the word **femme** can be used before the profession: **une femme écrivain; une femme ingénieur**. In Canada, there are often feminine forms even though none exist in France (**professeure, écrivaine,** etc.).

1. CLASSEZ

Think of at least one job that fits each of the following categories:

amusant	difficile	mal payé	stimulant
bien payé	fatigant	manuel	stressant
dangereux	intéressant	monotone	

2. RENDEZ-VOUS AVEC LE CONSEILLER D'ORIENTATION

In French high schools, students choose a specialization according to their academic performance and interests. The exam that students take at the end of secondary school (**le bac**) varies from one specialization to another. Lionel, Sébastien, and Jean-Baptiste need to choose a specialization, but they have no idea of what they want to do, so they have appointments with the **conseiller d'orientation** to discuss their future. The **conseiller** has asked each of them to write down a few things about themselves. Read what each wrote, and with a partner select two professions that each might find interesting.

	LIONEL	SÉBASTIEN	JEAN-BAPTISTE
je suis	organisé, sportif, patient et ambitieux	sociable, enthousiaste, ouvert et dynamique	ambitieux, sérieux, persévérant et idéaliste
j'aime	la nature et tous les sports, surtout le basketball	la musique, les sorties, les discothèques, le sport, les voyages et l'aventure	la lecture, le cinéma, le sport, les jeux vidéos
mes cours préférés sont	l'éducation physique et les sciences naturelles	l'anglais, l'espagnol, l'économie et le français	les mathématiques et les sciences naturelles

3. LES PROFESSIONS

Select two professions and then write down a description of the personality and interests usually associated with people in those professions.

Modèle :   Profession : agent de voyage
Personnalité : il/elle est sociable; patient(e); extraverti(e)
Intérêts : il/elle aime les voyages; la géographie; les langues
(*languages*)

a. Profession : _____
    Personnalité : il/elle est...
    Intérêts : il/elle aime...

b. Profession : _____
    Personnalité : il/elle est...
    Intérêts : il/elle aime...

4. ET VOS CAMARADES DE CLASSE ?

Interview your classmates and then choose the best candidate for each of the professions you selected in activity 3. Do those students you selected agree with you?

Modèle :   Profession : agent de voyage
          Personnalité : Tu es sociable ? Tu es patient(e) ? Tu es extraverti(e) ?
          Intérêts : Tu aimes les voyages ? Tu aimes la géographie ? Tu aimes
              les langues ?

5. *LE GAB*

Le Gab, Besançon's weekly classified newspaper, carries ads for jobs in addition to personal ads. Read the following ads and complete them by filling in the type of job being advertised.

 Don't forget! There are many words that are similar in French and English. In fact, one out of every three words in English is of French origin. If you make it a point to look for them, you will greatly increase your reading comprehension.

Salon **HAIR CLUB**
rue Bersot—Besançon
recherche _____
experimenté,
bonne présentation.
Téléphoner au 81.94.20.25.

Restaurant **BARTHOD**
à Besançon
recherche _____
à temps complet.
Téléphoner au 81.55.51.06.

Recherchons _____
bilingue anglais + français
expérience Windows,
Excel, Pagemaker,
âge 25/35 ans.
Travail temporaire.
tél: 81.28.44.81.

Urgence-Handicap international
recherche _____
pour action urgence
en camps de réfugiés.
Expérience souhaitable.
Téléphoner au 81.12.06.18.

<table>
<tr><td>

Agence recherche d'urgence

_____

pour séries TV et films.
Téléphoner à Informations
CINETOP 81.55.46.71.

.
</td><td>

Association sportive
Promo Sport
recherche _____
de football experimenté,
patient pour travailler
avec enfants de 8 à 12 ans.
Téléphoner au 81.09.11.57.
</td></tr>
</table>

 # INTERACTION

LA FAMILLE LACHAUD

One student looks at page 731 while another looks at page 741. Each one has different information about Arnaud's and Sébastien's aunts and uncles. Without showing your information, ask each other questions to learn more about the Lachaud family.

Modèle :   Comment s'appelle l'oncle de Sébastien et d'Arnaud ?
Quel âge a-t-il ?
Quelle est sa profession ?
Il est marié ?
Il a des enfants ?

EXPRESSION-STRUCTURE (3)

ADJECTIVES: FORMS AND PLACEMENT

You have already learned several descriptive adjectives, words that you use to describe relationships, things, a person's age, and physical appearance.

Read the descriptions of Arnaud and his brother in the paragraph below. In the paragraph, the nouns are underlined and the adjectives that describe them are highlighted. You will see that some adjectives are placed before the nouns they describe and some are placed after. As you read, decide whether the adjectives in the following categories are placed before the nouns they modify or after them: colors; nationalities; size; personality traits; age; beauty; goodness.

Voici Arnaud. Il a les cheveux **bruns** et les yeux **marron.** C'est un **jeune** homme **sérieux.** Il aime la musique **américaine** et la **bonne** nourriture **française.** Son **petit** frère s'appelle Sébastien. Il a les cheveux **blonds** et les yeux **verts.** C'est un **beau jeune** homme **sportif** et **dynamique.**

Ask yourself: Which adjectives are irregular? What are their forms? Which adjectives are placed before the nouns they describe? How will I remember them?

- Most adjectives are placed after the words they describe. Adjectives that refer to color, nationality, and personality traits fall into this group.

> Arnaud a les cheveux **bruns** et les yeux **marron.**
> Il aime la musique **américaine.**
> C'est un jeune homme **sérieux.**

- Some adjectives frequently used to describe things, people, and relationships are placed in front of the nouns they describe. The most common adjectives of this type are: **jeune, joli(e), grand(e), petit(e), bon(ne)** (*good*), **mauvais(e)** (*bad*).

> Lionel est un **jeune** homme sportif.
> Maud a de **grands** yeux.
> Jean-Baptiste a une **petite** sœur et deux **petits** frères.
> Nathalie est une **bonne** étudiante.

- Three frequently used adjectives are irregular. These adjectives precede the nouns they describe. Study the following chart carefully.

IRREGULAR ADJECTIVES			
SINGULAR			
masculine + consonant	beau	vieux	nouveau
masculine + vowel sound	bel	vieil	nouvel
feminine	belle	vieille	nouvelle
PLURAL			
masculine	beaux	vieux	nouveaux
feminine	belles	vieilles	nouvelles

- Compare these examples.

Gérard a les cheveux **gris** et les yeux **bleus.**
Gérard has gray hair and blue eyes.

Gérard est un **bel** homme.
Gérard is a handsome man.

Nathalie est une femme **sérieuse.**
Nathalie is a serious woman.

Nathalie est une **belle** femme.
Nathalie is a beautiful woman.

Albert est un homme **intelligent.**
Albert is an intelligent man.

Albert est un **vieil** homme.
Albert is an old man.

La tante de Jean-Baptiste est une femme **dynamique.**
Jean-Baptiste's aunt is an active woman.

Elle a un **nouveau** job.
She has a new job.

> **VÉRIFIEZ** Can you answer your questions about descriptive adjectives? If not, make sure you go back and review the material. Hint: When learning which adjectives precede nouns, some students find it helpful to remember that these adjectives describe the following characteristics: beauty (**joli/beau**), age (**jeune/nouveau/vieux**), goodness (**bon/mauvais**), and size (**grand/petit**). You can remember this with the acronym BAGS.

1. SÉBASTIEN ET ARNAUD

Justin, a foreign exchange student, is spending the summer with the Lachaud family. Because Sébastien and Lionel will pick him up at the train station, Arnaud has sent him a note with a description of the two of them. Fill in the missing parts of the description. Hints: the first blank refers to Sébastien's hair, the second to Sébastien's eyes, the third to Sébastien's body type, the fourth to Arnaud's hair and eyes, and the fifth to Arnaud's body type.

> Besançon, le 7 juillet
>
> Cher Justin,
>   Bonjour! Je suis ton frère français.
> Je m'appelle Arnaud. Mon frère Sébastien a
>   . Il a   . Il est
>   . Moi, j'ai   et
>   . Je suis
>
>
> À bientôt!
>
>   Amicalement,
>   Arnaud

2. LA FAMILLE DE JUSTIN

Justin has also sent a photo of himself and his family. Read the following description and with a partner decide which of the three photos is of Justin and his family. Indicate which clues helped you make your choices.

Chère famille Lachaud,

Voici une photo de ma famille. Le vieil homme et la vieille femme sur la photo sont mes grands-parents. Mon arrière-grand-père a 84 ans et mon arrière-grand-mère a 81 ans. Mon père est assez petit et il a les cheveux bruns. Mon oncle John est grand et il est chauve. Il a une barbe aussi. Ma tante Betty a les cheveux châtain clair et elle porte des lunettes. Ma mère est petite et mince. Elle a les cheveux bruns et les yeux verts. Ma tante Margaret est de taille moyenne et a les cheveux courts et raides et les yeux bleus. Mes grandes sœurs sont blondes et elles ont les cheveux assez longs et raides. Ma sœur cadette est rousse et elle a les cheveux longs et bouclés. Moi, je mesure 1 m 60 et j'ai les cheveux courts et châtain clair.

À bientôt !

Amicalement,
Justin

3. QUELLE FAMILLE INTÉRESSANTE !

Write two interesting things about your family, including aunts, uncles, and other family members, on separate pieces of paper. Do not put your name on the papers. Your instructor will collect and redistribute them. Ask questions to find the person who has described his or her family on the paper(s) the instructor gives you, such as: **Ta tante a 12 enfants ? Ta cousine est pilote pour Air France ?**

4. MAMAN ET PAPA, COMME VOUS AVEZ CHANGÉ !

Arnaud and Sébastien are looking through family photo albums and run across their parents' wedding photos. Look at the photos of Gérard and Michèle. With a partner, find differences between the way they looked then and now.

LECTURE

INTRODUCTION

21.40

UNE NUIT À MONTE-CARLO

Jordy.

Divertissement proposé par Claude Carrère, Didier et Frank Marouani. **Présentation : Michel Drucker et Claudia Schiffer.** Cette année a eu lieu à Monte-Carlo la remise des «World Music Awards» sous le haut patronnage du Prince Albert de Monaco. Cette manifestation récompense les artistes ayant vendu le plus grand nombre de disques dans leur propre pays. De nombreuses personnalités remettront aux artistes les fameux «World Music Awards», parmi elles : **S.A.S. Caroline de Monaco, David Copperfield, Ursula Andress, Kylie Minogue, Bill Wyman, Michael Hutchence, Helena Christiansen.** Parmi les artistes récompensés : **Whitney Houston, Prince, Placido Domingo, Ray Charles, Kenny G., Ace of Base, 2 Unlimited, Dr Alban, Scorpions, Eros Ramazzotti, Miguel Bose, Stephan Eicher, Jordy.** 6928753

Jordy is a French child who has recorded several songs that have been popular in France and abroad. The title of the song you are about to read is "**Dur dur d'être bébé**," which he has recorded in both English and French. In this song **ne** in the negation **ne... pas** is omitted as it often is in conversational French and in small children's language, such as in the argument on page 50 between Benjamin and Chloë over the stuffed animal Babar.

ANTICIPATE CONTENT: Anticipating what a text is about will greatly increase your comprehension. To do this, take special note of the title, any large or bold print, and any pictures or graphics that accompany the text. Next, quickly read the text to get a general idea of the information it contains. After you have determined the topic of the text, take a few minutes to think about what you already know about the subject. The questions in the **Préparation à la lecture** section of each reading (**Lecture**) are designed to help you anticipate the content of the reading.

PRÉPARATION À LA LECTURE

1. Look at the picture of Jordy. How old do you think he is?

2. Think about the title of the song "**Dur dur d'être bébé.**" Knowing that **dur** is a synonym for **difficile,** can you guess what the song will be about?

3. Think back to when you were a very small child, and list at least five things your parents would often tell you to do or not do.

4. Name three things your parents would say or do that annoyed you the most.

5. Here are some of the commands that Jordy's mother often uses:

Fais dodo !	*Beddy-bye!/Go to sleep (children's talk).*
Lave tes dents !	*Brush your teeth!*
Enlève les doigts du nez !	*Take your fingers out of your nose!*
Reste assis !	*Stay in your seat!*
Fais comme çi !	*Do this!*
(Ne) fais pas cela !	*Don't do that!*
(Ne) touche pas ça !	*Don't touch!*

6. Write down the two expressions from the list above that you heard most often when you were a child. Then compare your answers with those of a classmate. Did you have the same answers?

Notice in the examples above that in French, as in English, the subject is omitted in the imperative or command form of the verb (*"Leave!" "Eat!" "Don't talk!"*). Also, the commands used in Jordy's song are colloquial and thus are not always grammatically correct. For example, "**Lave-toi les dents**" is the correct form. "**Lave tes dents**" is not correct French.

Dur dur d'être bébé

Reste assis
Va pas là
Fais comme ci, fais comme ça
Patati et patata *   *And so on*
Pourquoi ci, pourquoi ça *   *Why this, why that?*
Pourquoi c'est comme ci
Pourquoi ci, pourquoi ça
Pourquoi c'est comme ça
Oh là là bébé, dur dur d'être bébé
Et maman qu'est-ce que tu dis *   *What are you saying?*

Fais dodo
Lave tes dents
Enlève les doigts du nez
Fais pas ci, fais pas ça
Patati et patata
Pourquoi ci, pourquoi ça
Pourquoi c'est comme ci
Pourquoi ci, pourquoi ça
Pourquoi c'est comme ça
Reste assis, pas d'accord
Touche pas ça, pas d'accord
Va pas là, pas d'accord
T'auras pas de dessert
Et mamie... Et papy... Et maman...
Dur dur d'être bébé

AVEZ-VOUS COMPRIS ?

1. Read the song once to get a general idea of the subject of the song lyrics. Then decide which of the sentences below best summarizes the main idea of the song.

   a. Les bébés ne sont pas toujours sages (*well-behaved*).

   b. Les enfants ont besoin (*need*) de beaucoup de discipline.

   c. Les adultes imposent beaucoup de restrictions.

2. Reread the lyrics and answer the questions below.

   a. What are two *orders* Jordy's mother often gives him?

   b. What are two of the *questions* Jordy's mother often asks him?

   c. What will be Jordy's punishment if he doesn't behave?

EXPANSION

1. Look at the three drawings of Benjamin, Dorel, and Clara and match what Anne-Marie is probably saying in each instance.

(Ne) fais pas comme ça. Fais comme ci !   Reste assis !
Enlève les doigts de ta bouche (*mouth*) !   Lave-toi les mains (*hands*) !
Fais dodo !   Ne va pas là !
(Ne) touche pas ça !

2. Benjamin, Dorel, and Clara are not feeling very cooperative. When Anne-Marie tells them what to do, they respond with one of the expressions below. For each of the expressions given, play the role of Anne-Marie and give one of the children an order. Your classmate will play the part of the children and respond to your order with one of the following expressions:

Patati et patata...   Pas d'accord !
C'est dur d'être enfant !   Pourquoi pas ?

UNITÉ 1
Leçon 3

La famille moderne

INTRODUCTION

In France the extended family is very important. Even though the divorce rate has increased, as it has in much of the industrialized world, and even though there are more and more nontraditional families, the attachment of children to their parents, grandparents, uncles, aunts, and cousins remains strong.

In addition to the words that you have already learned, there are a number of colloquial expressions that are often used when talking about family members. Children use the following words when talking about their aunts and uncles:

une tata—une tante
un tonton—un oncle

Grandparents are sometimes called **Mamie** and **Papy.**

VIDÉO-ENGAGEMENT (1)

PHOTOS DE FAMILLE

REGARDEZ

Jean-Baptiste has already introduced his immediate family to you. Now, his younger sister, Clara, will show you some family photos. We can tell grandparents are important from what she says and we can also tell that French families spend holidays together, because she talks about **Noël** (*Christmas*) and **Pâques** (*Easter*).

1. ÉCOUTEZ CLARA

Listen to what Clara says and, in the grid below, check off each family member (**membre de la famille**) who is mentioned:

MEMBRE DE LA FAMILLE	MENTIONNÉ(E)	MEMBRE DE LA FAMILLE	MENTIONNÉ(E)
la grand-mère		l'oncle	
le grand-père		le cousin	
le frère		la cousine	
la sœur		la mère	
la tante		le père	

2. LA FAMILLE DE CLARA

Listen to Clara a second time and write down the family members who are in each photo that she describes.

   Modèle :   Photo 1 : son grand-père (le papa de son papa)

EXPANSION

ET VOUS ?

Bring in two or three photos of family or friends to show classmates, explaining each one with a short sentence, as Clara did.

VIDÉO-ENGAGEMENT (2)

LA FAMILLE DE RENAUD

REGARDEZ

Renaud Peuteuil's family reflects how French families have changed. His parents were divorced when Renaud was quite young, and both of them have remarried. Now he has a rather complicated family and a complicated family tree, which he will try to explain to you.

Listen to the entire segment once or twice before attempting the activities that follow. By first identifying the context and the subject of the video, you will greatly increase your comprehension of the segment and will find the activities easier to complete.

1. UNE FAMILLE MOSAÏQUE

Listen to Renaud's explanation and fill in the missing names or relationships in the blanks.

Et maintenant je vais essayer (*try*) de vous présenter ma famille. Je vais donc essayer parce que c'est très compliqué.

Tout d'abord, mes _____, Annie Peuteuil, Lucien Peuteuil qui sont mes _____ paternels. Monique Le Naour et Christian Le Naour qui sont mes _____ maternels. Donc Annie Peuteuil et Lucien Peuteuil ont eu (*had*) mon père, Pierre Peuteuil, mais aussi deux _____, Marie-Claire et Françoise, qui sont mes _____. Mes _____ sont mariées et ont des enfants. Monique Le Naour et Christian Le Naour ont eu ma mère, Sophie Clément, et un fils, Wilfrid. Wilfrid est mon _____. Il est marié et a des _____.

Mes _____ se sont donc mariés et m'ont eu, moi. Je suis le seul (*only*) _____ de ce couple. Puis mes parents ont divorcé et se sont mariés chacun de son côté. Mon _____ s'est remarié avec Nancy Peuteuil. Nancy est la _____ de Georgeann Reeves et de Monsieur Richardson. Ces deux personnes ont donc eu Nancy, ma _____, mais aussi un autre _____ qui est marié et qui a des enfants. Puis le père de ma _____, M. Richardson, est décédé. Donc sa _____, la _____ de Nancy, s'est remariée avec Rivers Reeves qui lui-même avait déjà un (*who already had one*) _____, qui est marié et qui a des enfants.

Mon _____ et Nancy ont eu trois _____: Martin, Simon et Alex, qui sont mes _____. Voilà pour mon _____.

Maintenant, ma _____ s'est remariée avec Jean Clément. Jean Clément est le fils de Marie Clément et de Louis Clément. Marie et Louis ont eu six enfants, Jean et cinq autres _____ et _____ qui sont tous mariés et qui ont tous des _____. Jean a été marié une première fois mais sa femme est décédée, et avec cette personne il a eu deux _____, Lucille et Raphaëlle. Ma mère et Jean Clément ont eu deux enfants, Pierre-Antoine et Jean-Bastien, qui sont tous mes _____. Je suis donc le seul _____ de Pierre Peuteuil et de Sophie Clément et j'ai sept _____ et _____.

2. ÉCOUTEZ !

Renaud's name and the names of his grandparents are already written in his family tree. Listen to his description of his family a second time and fill in the other names.

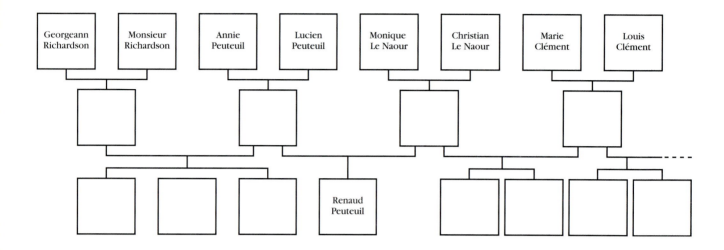

3. ET VOUS ?

After seeing Renaud's family tree, draw your own, starting with your grandparents. You can mention where your parents or grandparents are from, if you wish. (Example: **Ma grand-mère est d'origine italienne. Mon grand-père est d'origine portoricaine.**) Bring your family tree into class and present it to your classmates, using Renaud's description as a model.

LECTURE

INTRODUCTION

*A*nnie Duperey is a French actress who has starred in both films and stage plays. In addition, she is an author of three published books, including **Le voile noir** (The Black Veil), *which is about her family and from* *which the following passage is adapted. Her parents died in an accident when she was eight years old, and she was raised by her grandmother and an aunt who was widowed at a young age. Recently, Duperey found some old family photos, taken by her father, which inspired her to write* **Le voile noir,** *in which she talks about her parents and lifts the "black veil" with which she had covered all memory of them since their death.*

PRÉPARATION À LA LECTURE

REMEMBER! Anticipating what a text is about will greatly increase your comprehension. To do this, quickly read the text to determine the information it contains. As you skim the text, note the title, any large or bold print, and any accompanying pictures. After you have determined the topic of the text, take a few minutes to think about what you already know about the subject. This technique will allow you to understand both the main ideas and important details of texts without having to know every word.

Les images

a. Look at the picture that accompanies the text. From the clothes and hairstyles, when do you think this photo was taken? Can you identify the relationships among individuals in the photo? Can you find the grandmother? the children? grandchildren?

b. When does your family usually take family pictures? What is your favorite family picture? How old is it? Are you in it? If so, how old were you? What other family members appear in the picture? On what occasion was the picture taken?

c. How large is your family? How often do you get together with your immediate family? With your extended family? On what occasions?

Le vocabulaire

You have learned a number of expressions for family members. Here are two more that will help you understand the relationship among the people pictured in the photo:

le conjoint *spouse*   veuf/veuve *widower, widow*

The following prepositions will also make it easier for you to talk about the photo and to read the text.

devant *in front of*	en bas de *at the bottom of*
après *after*	à l'arrière *in the back*
avec *with*	à côté (de) *next to*
derrière *behind*	

Now read the text to see the relationships among the people in the photo.

Don't get bogged down trying to understand every word. Focus on identifying the various family members.

Le voile noir

J'aime beaucoup cette photo. Elle représente toute ma famille paternelle... Ce jour-là, ma grand-mère a avec elle ses deux filles, ses deux garçons, leur conjoint... À son côté, il y a [son mari] qui n'est pas le père de ses quatre enfants, nés de mariages précédents...

C'est après le déjeuner... Je suis assise devant mon oncle... J'ai un nœud dans les cheveux... et mes chaussettes tombent sur mes sandales. Mon cousin [est] devant moi... [Il a cinq ans mais il est habillé comme un petit enfant !]... Ma mère... tient la main de mon deuxième cousin encore bébé, en bas de la photo...

Derrière elle, ma tante... Déjà veuve... elle est revenue vivre avec sa mère, et c'est la seule sur cette photo à ne pas être « en couple ». Elle est à l'arrière. Elle sourit.

Annie Duperey. *Le voile noir.* Paris: Editions du Seuil, 1992. The passage is adapted from pages 33–34.

AVEZ-VOUS COMPRIS ?

1. Which of the following would be the best title for this short text?

    a. « Photo de famille »

    b. « Souvenirs d'enfance » *(Childhood memories)*

    c. « Ma famille paternelle »

2. Now that you have read the text, go back and verify if your guesses about family relationships were correct.

3. Answer the following questions.

   a. La grand-mère d'Annie Duperey a
1. un enfant	3. trois enfants
2. deux enfants	4. quatre enfants

   b. Annie Duperey a
1. un cousin	3. trois cousins
2. deux cousins	4. quatre cousins

   c. Qui est la femme sur la photo qui n'est pas « en couple » ? Pourquoi n'est-elle pas « en couple » ? Elle est

1. célibataire	3. veuve
2. divorcée	4. fiancée

EXPANSION

Avec un(e) camarade, décrivez les personnes sur la photo qu'Annie Duperey ne mentionne pas.

ÉCRITURE

Write about your immediate and extended family. In the first paragraph say how many people there are and how they are related to each other. Then describe several family members in detail. Say how old they are, what they look like, and talk about their personality, likes, dislikes, and activities. You can also mention where they come from.

You will find writing in a foreign language a bit easier if you use these strategies:

- Before writing, jot down all of your ideas about the topic. At this point, don't worry about putting them in order or writing complete sentences.
- When you can think of no more ideas, eliminate the ideas that are neither interesting nor relevant.
- Number the remaining ideas in the order in which you want to present them.
- Once you have an ordered list of ideas, make a list of the French words you already know that will express what you want to say, and then begin writing.
- After you have finished writing, reread your work to check for logic and grammar. (Remember that good writers *always write more than one draft*!)
- Write a final draft.
- Check the spelling and gender of the words you have used in the glossary, your textbook, or a dictionary.

Dans Leçon 1

TO ASK OR TELL HOW OLD SOMEONE IS

Quel âge avez-vous ? *How old are you? (formal/plural)*
Quel âge as-tu ? *How old are you? (informal)*
J'ai... ans. *I'm . . . years old.*

NUMBERS FROM 10 TO 200

See pages 18 and 30.

TO DESCRIBE PEOPLE

Comment êtes-vous ? *What do you look like? (formal/plural)*
Comment es-tu ? *What do you look like? (informal)*

Je suis... *I'm . . .*
  un(e) enfant *a child*   une (jeune) fille *a girl*
  un garçon *a boy*   une femme *a woman*
  un homme *a man*

      blond(e) *blond*
      brun(e) *brown-haired (a brunette)*
      chauve *bald*
      roux/rousse *red-headed*

J'ai les cheveux...
blancs	*I have white hair.*
bouclés	*I have curly hair.*
châtain	*I'm brown-haired (a brunette).*
châtain clair	*I have light brown hair.*
courts	*I have short hair.*
gris	*I have gray hair.*
longs	*I have long hair.*
raides	*I have straight hair.*

J'ai les yeux...
bleus	*I have blue eyes.*
bruns/marron	*I have brown eyes.*
noirs	*I have black eyes.*
noisette	*I have hazel eyes.*
verts	*I have green eyes.*

Je mesure... *I am . . . tall.*

Je pèse... *I weigh . . .*

TO DESCRIBE AGE, PERSONALITY, NATIONALITY, AND PHYSICAL APPEARANCE

Je suis... *I am . . .*
blond(e) *blond*
français(e) *French*
intelligent(e) *intelligent*
jeune *young*
joyeux/joyeuse *happy, cheerful*
sportif/sportive *athletic*

COGNATES

actif/active	intelligent(e)
affectueux/affecteuse	joyeux/joyeuse
aimable	musicien(ne)
ambitieux/ambiteuse	optimiste
amusant(e)	organisé(e)
artiste	réservé(e)
calme	romantique
content(e)	sceptique
dynamique	sentimental(e)
extraverti(e)	sévère
généreux/généreuse	studieux/studieuse
impatient(e)	timide
impulsif/impulsive	tolérant(e)

TO TELL WHAT SPORTS AND LEISURE-TIME ACTIVITIES YOU DO AND DON'T ENJOY

Quels sont tes loisirs préférés ? *What leisure-time activities do you like?*

J'aime/je n'aime pas... *I like/I don't like . . .*
le cyclisme *cycling*
le VTT (vélo tout terrain) *mountain-biking*
la lecture *reading*
la natation *swimming*
les randonnées *(f) hiking*
les sorties *going out*

COGNATES

le basketball	la danse
le cinéma	les discothèques *(f)*
le football	la musique
le golf	la télévision
le hand-ball	
le jogging	
le rugby	
le ski	
le tennis	
le volleyball	

VERB

être *to be*

Continued

Dans Leçon 2

TO IDENTIFY FAMILY MEMBERS

Je vous présente/Je te présente... *Let me introduce you to...*

mon grand-père (paternel/ maternel) *my (paternal/ maternal) grandfather*

mon père *my father*

mon fils *my son*

mon frère *my brother*

mon oncle *my uncle*

mon neveu *my nephew*

mon/ma cousin(e) *my cousin*

mon demi-frère *my half brother*

mon beau-père *my father-in-law; my stepfather*

mon petit-fils *my grandson*

ma grand-mère (paternelle/ maternelle) *my (paternal/ maternal) grandmother*

ma mère *my mother*

ma fille *my daughter*

ma sœur *my sister*

ma tante *my aunt*

ma nièce *my niece*

ma demi-sœur *my half sister*

ma belle-mère *my mother-in-law; my stepmother*

ma petite-fille *my granddaughter*

Voici... *Here are...*

mes arrière-grands-parents *(m) my great-grandparents*

mes grands-parents *(m) my grandparents*

les membres *(m)* de ma famille *my family members*

mes parents *(m) my parents*

mes petits-enfants *(m) my grandchildren*

TO STATE MARITAL STATUS

Mon oncle/Ma tante est... *My uncle/aunt is...*

célibataire *single*

divorcé(e) *divorced*

marié(e) *married*

remarié(e) *remarried*

TO ASK FOR INFORMATION ABOUT FAMILY MEMBERS

Comment s'appelle votre oncle/ tante ?   *What's your uncle's/aunt's name?*

Il/Elle est marié(e) ? *Is he/she married?*

Il/Elle a des enfants ? *Does he/she have children?*

Quel âge a-t-il/elle ? *How old is he/she?*

Quelle est sa profession ? *What is his/her profession?*

MORE LEISURE-TIME ACTIVITIES

J'aime... *I like...*

faire la cuisine *to cook*

faire du jardinage *to do gardening*

peindre *to paint*

les mots *(m)* croisés *crossword puzzles*

le patchwork *patchwork*

la lecture *reading*

la musique *music*

la pêche *fishing*

Continued

PROFESSIONS

un(e) avocat(e) *a lawyer*
un(e) caissier/caissière *a cashier*
un(e) coiffeur/coiffeuse *a hairdresser*
un(e) danseur/danseuse *a dancer*
un entraineur *a coach*
un fonctionnaire *a government employee*
un(e) formateur/formatrice *a corporate trainer*
un(e) homme/femme d'affaires *a business man/woman*
un(e) infirmier/infirmière *a nurse*
un(e) ingénieur/femme ingénieur *an engineer*
un(e) instituteur/institutrice *a teacher*
un(e) représentant(e) *a sales representative*
un(e) serveur/serveuse *a waiter/waitress*

COGNATES

un(e) acteur/actrice
un(e) agriculteur/agricultrice
un(e) architecte
un(e) hôtelier/hôtelière
un(e) journaliste
un(e) médecin/femme médecin
un(e) musicien(ne)
un professeur
un(e) programmeur/programmeuse

VERB

avoir *to have*

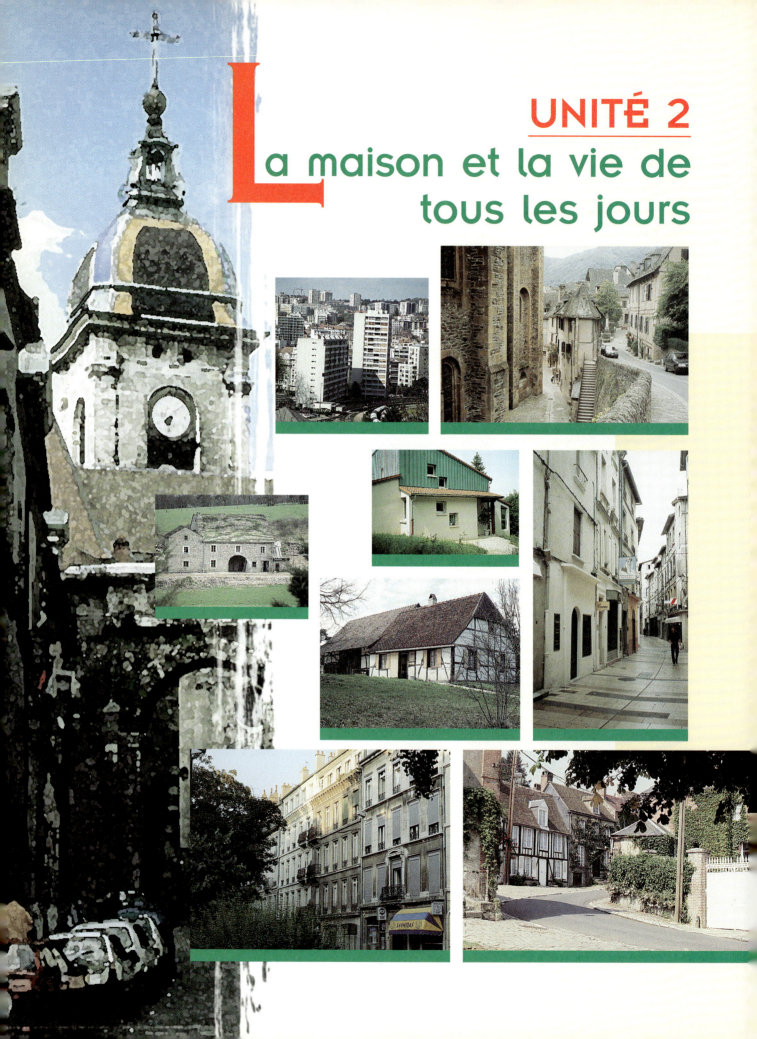

UNITÉ 2

La maison et la vie de tous les jours

MES OBJECTIFS COMMUNICATIFS

Name rooms and furnishings

Name household tasks

Say where things are located

Say how much things cost

Tell the date and time

Make appointments

Describe and ask about daily **activities and schedules**

Offer, accept, and refuse **invitations and make excuses**

LES CLÉS CULTURELLES

Homes and furnishings

Daily life

Porte d'entrée

Types of housing vary from country to country and even within countries. What is your home like? Do you live in an apartment? a condominium? a single-family home? What is it made of (wood, brick, siding, etc.)? Where is it located (city, country, suburbs)? Are there any distinctive features in the architecture or building materials used in your community? What are they? What types of architecture or building materials are characteristic of homes in other parts of your country? Can you think of any major differences among homes in the city, the suburbs, and the country? Name at least three reasons that might account for these differences.

la Porte Noire et la Cathédrale St. Jean

REGARDONS LES PHOTOS

1. Are the houses in the photos in the country (**à la campagne**), in the suburbs (**en banlieue**), or in the city (**à la ville**)? What were your clues?
2. What are the similarities and differences between French houses and houses in your country (**chez vous**)?
3. What are the differences between French houses in the city, in the suburbs, and in the country? Do the same differences exist in your country?

À la maison

MES OBJECTIFS COMMUNICATIFS

Name rooms and furnishings
Name household tasks
Say where things are
    located
Say how much things cost

LES CLÉS CULTURELLES

Homes and furnishings

REGARDONS LES TABLEAUX

Before looking at the paintings on the opposite page, visualize your home and answer the following questions: What does the inside of your home look like? What kinds of rooms do you have? Which rooms have doors that close? Which doors inside the house do you normally keep closed? How are the various rooms connected? In which rooms do you spend the most time? Which rooms are open to guests? Are there any rooms reserved for family members only? In which rooms do you do household tasks?

Now look at the paintings presented here, showing different types of home activities from the past. What are these tasks and are they still done in the same way today? Who is doing the tasks in the paintings and who does them today?

EXPRESSION-VOCABULAIRE (1)

HOMES AND FURNITURE

The Lachaud family lives in a single-family home a few kilometers from Besançon.

Voici leur maison.

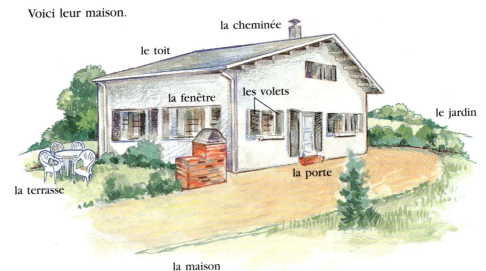

la cheminée

le toit

la fenêtre   les volets

le jardin

la porte

la terrasse

la maison

Les Lachaud habitent une maison individuelle dans un village à la campagne à quelques kilomètres de Besançon. Ils ont une terrasse et un grand jardin.

Unlike the Lachaud family, Anne and Patrick Chevreteau live in low-cost housing called an **HLM** in the suburbs of Besançon.

Voici l'appartement d'Anne et Patrick.

Dans le salon, il y a...

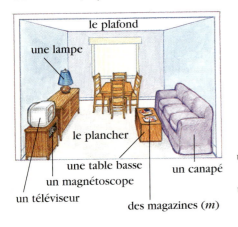

le plafond

une lampe

le plancher

une table basse

un magnétoscope

un téléviseur

un canapé

des magazines (m)

Dans la chambre, il y a...

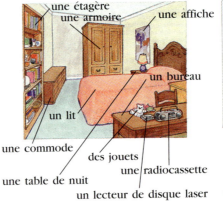

une étagère
une armoire

une affiche

un bureau

un lit

une commode

des jouets

une table de nuit

une radiocassette

un lecteur de disque laser

Dans la cuisine, il y a...

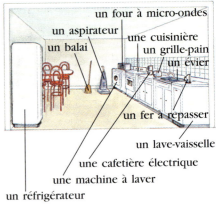

un four à micro-ondes

un aspirateur

une cuisinière

un balai

un grille-pain

un évier

un fer à repasser

un lave-vaisselle

une cafetière électrique

une machine à laver

un réfrigérateur

Dans la salle de bains, il y a...

une serviette

une douche

une baignoire

un savon

un lavabo

Dans la salle à manger, il y a...

une table

un buffet

des chaises

Dans les toilettes (les W.-C.), il y a...

des toilettes (les W.-C.)

 Visualization is an effective memory strategy. Try to picture the *objects* in your mind while learning vocabulary words.

---

1. LA MAISON D'ARNAUD LACHAUD

Arnaud is describing his house. Look at the drawing of his house on the previous page and the floor plan below to complete his description. (Hint: **à gauche**—*on the left;* **à droite**—*on the right;* **tout droit**—*straight ahead*)

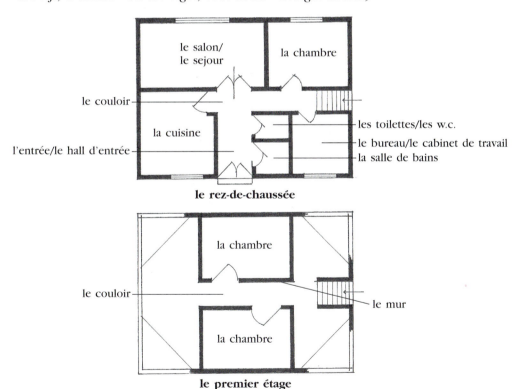

le salon/ le sejour

la chambre

le couloir

les toilettes/les w.c.

le bureau/le cabinet de travail

la cuisine

la salle de bains

l'entrée/le hall d'entrée

le rez-de-chaussée

la chambre

le couloir

le mur

la chambre

le premier étage

J'habite _____ individuelle avec un grand jardin. La maison a _____ étage(s). Quand vous entrez dans la maison, vous passez par l'entrée. À gauche, dans l'entrée, il y a une grande _____ moderne et à droite il y a _____ et _____. Tout droit, il y a _____ et _____. Au rez-de-chaussée, il y a aussi _____ de mon père et _____ de mes parents. Au premier étage, il y a _____ pièces (*rooms*). Ma _____ est à gauche et _____ de Sébastien est à droite.

2. MA MAISON

Now draw a floor plan of your own house or apartment without labeling the rooms. Then describe your plan to your partner, indicating the name of each room. If you live in a house, say whether you have a yard or garden.

3. LES PIÈCES ET LES MEUBLES

With a partner, make a chart showing the way homes are built and furnished by asking and answering the following questions:

Quelles pièces ont : un téléphone ? un bureau ? un téléviseur ? un canapé ? un lecteur de disques compacts ? un lavabo ? des fenêtres avec des volets ? une porte ?

Quelles pièces sont : au rez-de-chaussée ? au premier étage ? au sous-sol ? reservées aux membres de la famille ? pour les membres de la famille et les invités ? n'ont pas de porte ?

ACTION (1)

JEAN-FRANÇOIS, ARCHITECTE, EXPLIQUE LE PLAN D'UNE MAISON

PRÉPARONS-NOUS

L'APPARTEMENT IDÉAL

With a partner, decide what your ideal apartment would be like and what furnishings it would or would not have.

Dans notre appartement idéal, il y a...

REGARDONS ENSEMBLE

1. LE PLAN D'UNE MAISON

Watch as Jean-François Perretant, an architect, describes a house he has designed. You will hear his voice as he points to each room or area of the house and says where it is and what is in it. Listen and look to check off rooms or areas of the house on the following chart as he mentions them.

 Don't worry if you don't recognize every word. Just listen for the names of the rooms of the house. Watch the video carefully for visual cues to help you understand what Jean-François is saying.

PIÈCE	MENTIONNÉE	PIÈCE	MENTIONNÉE
une cuisine		une chambre pour les enfants	
un séjour		une salle de bains	
une salle à manger		un bureau	
un hall d'entrée		un jardin d'hiver	
un escalier		les W.-C.	
un garage		une piscine *(a swimming pool)*	
une chambre d'amis		une buanderie *(a laundry room)*	
une chambre pour les parents		une terrasse	

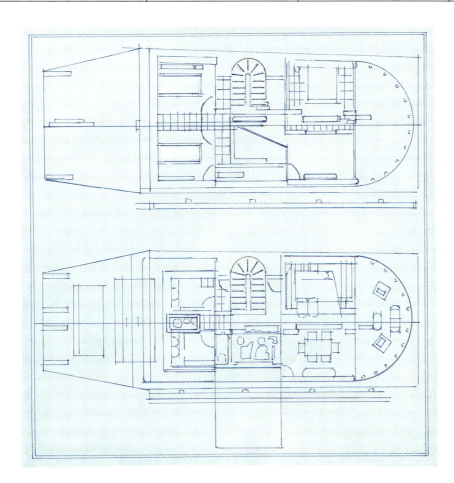

2. LA MAISON DE L'ARCHITECTE

Listen and look a second time, labeling as many rooms on the floor plan above as you can.

ACTION (2)

LA CHAMBRE DE SÉBASTIEN

REGARDONS ENSEMBLE

1. QU'EST-CE QU'IL Y A DANS SA CHAMBRE ?

Now you are going to see Sébastien's bedroom. As you watch, identify the following pieces of furniture in the drawing below: **le lit, le bureau, la chaise, la lampe, l'étagère, l'affiche, la chaîne-stéréo.**

2. COMMENT EST SA CHAMBRE ?

Watch the video again and check off the adjectives that best describe his room. Do your classmates agree?

EST-CE QUE SA CHAMBRE EST...	OUI	NON	EST-CE QUE SA CHAMBRE EST...	OUI	NON
confortable			simple		
romantique			bien organisée		
sombre			petite		
ensoleillée (*sunny*)			grande		
en désordre			claire		
bien rangée			triste		
spacieuse			moderne		
calme			ancienne		

EXPANSION

1. COMMENT EST-IL ?

Homes can reveal a great deal about the people who live in them. List two personality traits and two leisure-time activities that Sébastien's bedroom, as shown in the video, reveals about him. Compare your answers with those of the class. Which personality traits and leisure-time activities were mentioned most often?

Personnalité : 1. _____ 2. _____
Loisirs : 1. _____ 2. _____

2. ET VOUS ?

What does your room reveal about you?

1. Ma chambre révèle que je suis... (traits de personnalité)
2. Ma chambre révèle que j'aime... (loisirs)

3. ET VOS CAMARADES DE CLASSE ?

Now compare your answers in activity 2 with those of a classmate. Say in what ways you and your classmate are alike or different.

Je suis/Je ne suis pas _____. Mon/Ma camarade de classe est/n'est pas _____.

J'aime/Je n'aime pas _____. Mon/Ma camarade de classe aime/n'aime pas _____.

EXPRESSION-STRUCTURE (1)

INDEFINITE AND DEFINITE ARTICLES

You have already used indefinite articles to talk about objects in the classroom (**un stylo, une craie, des livres**) and to talk about your family members (**J'ai un frère et une sœur.**). As you read Maud's description of her bedroom, identify the masculine, feminine, and plural forms of the indefinite article. The highlighted words are indefinite articles.

MAUD : Dans ma chambre il y a **un** lit, **un** bureau, **une** chaise, **une** petite table, **une** lampe et **une** armoire. Il y a aussi **une** chaîne-stéréo, **des** cassettes et **des** animaux en peluche (*stuffed animals*).

As you study the following examples and explanations, ask yourself: What are indefinite articles? What are their forms? How do they change in the negative? How are they different from definite articles?

The indefinite articles **un, une** (*a, an*), and **des** (*some, any*) are used in French when referring to unspecified objects, people, places, and ideas. Here are all the forms of the indefinite article.

THE INDEFINITE ARTICLES: *UN, UNE, DES*			
THE INDEFINITE ARTICLE	IS USED BEFORE . . .	IN AN *AFFIRMATIVE* SENTENCE	BUT NOT IN A *NEGATIVE* SENTENCE
un	a *singular masculine* noun	Il y a **un** lit et **un** bureau.	Il n'y a pas **de** lecteur de disques compacts.
une	a *singular feminine* noun	Il y a **une** petite table et **une** lampe.	Il n'y a pas **de** télévision.
des	a *plural* noun, *masculine* or *feminine*	Il y a **des** animaux en peluche et **des** cassettes.	Il n'y a pas **de** plantes. Il n'y a pas **d'**animaux en peluche.

- **Un, une,** and **des** change to **de** in the negative after all verbs *except* **être** and a few others. Compare the examples below. Remember that **de** becomes **d'** before a word beginning with a vowel or silent **h**.

  C'est une chaise, ce n'**est** pas **un** fauteuil.
  but . . .
  Dans la chambre de Maud, il y une chaise, mais il n'y a pas **de** fauteuil.

- In English, *some* and *any* are sometimes omitted, but the equivalent French words—**des** or **de**—must always be used.

Il y a **des** cassettes mais il n'y a pas **de** disques laser.	*There are (some) cassettes but there aren't any CDs.*

Remember that in **Unité 1,** you learned that the definite articles **le, la, l',** and **les** correspond to *the* in English. Unlike the indefinite article, which is used to refer to *unspecified* people, objects, places, and ideas, the definite article is used:

- To refer to a *specific* person, place, object, or idea.

  NATHALIE :   J'aime la ville de Besançon.   *I love the city of Besançon.*

- To refer to people, places, things, or ideas you like, dislike, or prefer *in general.*

  RENAUD :   Je n'aime pas le football; je préfère le tennis.   *I don't like soccer; I prefer tennis.*

VÉRIFIEZ   Are you able to answer your questions? If not, you may want to review the material.

Don't forget! When trying to memorize nouns, color code them according to gender. Later, on a quiz, even if you have forgotten if a noun is masculine or feminine, you will remember in what color it was written.

Modèle :   un canapé   une table

1. DES COMPARAISONS

Compare Jean-Baptiste's desk to André's desk.

le bureau de Jean-Baptiste

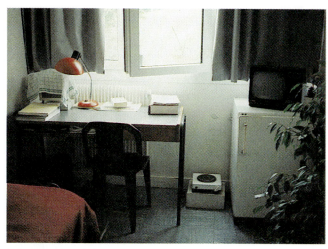

le bureau d'André

Modèle :   Sur le bureau de Jean-Baptiste, il y a des photos, mais il n'y a pas de livres.
Sur le bureau d'André, il y a une lampe, mais il n'y a pas de photos.

2. MA CHAMBRE

Describe your bedroom to a partner. Be sure to mention its size, the pieces of furniture you have, the color of the walls, and how many doors and windows there are. Then, compare what you each have.

Modèle :   —Moi, j'ai un(e)... et toi, tu as un(e)...

3. MA MAISON

You have already talked about your bedroom and what it reveals about you. Now describe other rooms in your home. For each of the following rooms, write down five items that you have in your own home and two items that you do not have. Don't forget to use indefinite articles in your answers.

1. Ma cuisine
Dans ma cuisine, il y a _____, _____, _____, _____ et _____. Il n'y a pas _____. Il n'y a pas _____ non plus.
2. Mon salon
Dans mon salon, il y a _____, _____, _____, _____ et _____. Il n'y a pas _____. Il n'y a pas _____ non plus.
3. Ma salle de bains
Dans ma salle de bains, il y a _____, _____, _____, et _____. Il n'y a pas _____. Il n'y a pas _____ non plus.

4. COMPARONS !

Now, compare your responses to the preceding activity with the answers of a class-mate. How many of the same pieces of furniture and appliances did you both have?

Prononciation (1)

UNE, UN, DES, ET DE

To be able to indicate if a word is singular or plural, masculine or feminine, it is important to be able to distinguish the differences in pronunciation between the words **un** and **une** and **des** and **de**.

Écoutez

Listen to the following sentences and indicate

    a. if the highlighted **u** is pronounced like the **u** in the word **une** or like the nasal sound **un**.

    b. if the highlighted **e** is pronounced like the **e** in the word **les** or like the **e** in the word **le**.

Which sound do you hear?	U as in UN	U as in UNE	E as in LE	E as in LES
1. Dans leur salon, les Lachaud ont **u**n canapé et **u**n fauteuil.				
2. Devant l**e** canapé, il y a **u**ne table basse.				
3. Dans son bureau, Gérard a **u**n ordinateur et **u**n téléphone.				
4. Il n'a pas d**e** répondeur automatique dans son bureau.				
5. Dans la salle à manger les Lachaud ont **u**ne table.				
6. Ils ont d**e**s chaises aussi.				
7. Dans leur chambre, Gérard et Michèle ont d**e**s livres.				
8. Ils n'ont pas d**e** téléviseur dans leur chambre.				

Carefully study the position of the highlighted letter **u** in the previous sentences and try to figure out the rules governing its pronunciation. Fill in the following chart with your observations.

Continued

	U AS IN UNE	U AS IN UN
u + a vowel		
u + a consonant sound		

Vérifiez

- The **n** in **une** is always pronounced and is linked to a following vowel sound (a, e, i, o, u, y) even when the sound is preceded by a silent (unaspirated) **h.**

  Dans la chambre de Maud, il y a une chaîne-stéréo et une‿armoire.

- **Un** represents a single nasal sound. The **n** in **un** is pronounced only when it is followed by a word beginning with a vowel sound or a silent **h.**

  Dans la chambre de Maud, il y a aussi un lit.
  Sur le lit il y a un‿animal en peluche.

- The **s** in **des** is pronounced only when it precedes a word beginning with a vowel sound or a silent **h.**

  Il y a des‿animaux en peluche sur le lit.
  Il y a des livres sur le bureau et des‿affiches au mur.

- Pronounce the difference between **des** and **de** carefully.

  Il y a des cassettes mais il n'y a pas de disques compacts.

Prononcez

Listen to the following sentences and fill in the missing words.

1. Hamid habite _____.
2. Dans sa chambre, il y a _____, _____ et
   _____.
3. Dans la salle de séjour, il y a _____ et _____.
4. Sur l'étagère, il y a _____ mais _____.
5. Les Vandeputte habitent _____.
6. Maud a _____ et _____ et il y a _____ sur
   son lit.
7. Dans la salle à manger, il y a _____ et _____.
8. Il y a _____ et _____ dans le salon.
9. Ils ont _____, mais il n'ont pas _____.

EXPRESSION-VOCABULAIRE (2)

PREPOSITIONS

Prepositions will help you describe where things are located. Look at the illustrations of Anne Chevreteau's apartment on pages 82–83 to see where different items of furniture are located.

Chez Anne...

La table basse est **devant** le canapé.
Les magazines sont **sur** la table basse.
La table est **entre** le réfrigérateur et le mur.
L'aspirateur est **par terre.**
Les étagères sont **contre** le mur.
Le canapé est **derrière** la table basse.
Les chaises sont **sous** la table.

1. LA SALLE DE SÉJOUR CHEZ MAUD

Look at the photo of the Vandeputtes' living room. With a partner, see how many statements you can make about the location of the furniture.

Modèle :   Dans le salon, la table basse est devant le canapé.
Les magazines sont sur la table.

2. DES ERREURS !

Maud Vandeputte's friend Pauline, who is studying art, decided to make a drawing of Maud's room, but she made some mistakes. Compare the photo of Maud's room with her friend's drawing and find five mistakes.

la chambre de Maud

EXPRESSION-STRUCTURE (2)

STRESSED PRONOUNS

Michèle Lachaud is talking with the students in her class about where they live. Can you figure out what the highlighted words mean and why they are used?

MICHÈLE : **Moi,** j'habite une maison. (*À toute la classe*) Et **vous,** où habitez-vous ?

PAULINE : Mes parents sont divorcés. Alors, **moi,** j'habite un appartement avec ma maman. Mon papa, **lui,** il habite dans un autre appartement.

MICHÈLE : Et **toi** et ta famille, Paul ?

PAUL : **Nous** aussi, nous habitons un appartement au centre ville, mais mes grands-parents habitent à la campagne. Ils ont un grand jardin et même une piscine chez **eux.**

You probably realized that **moi** means *me,* **vous** means *you,* and **nous** means *us.* Did you figure out that **lui** means *him,* **toi** means *you,* and **eux** means *them?* **Moi, toi, lui, eux, nous,** and **vous** are all stressed pronouns (**des pronoms toniques**) and are often used for emphasis.

While studying stressed pronouns, ask yourself: How many forms of stressed pronouns are there, and what are they? In what types of situations are stressed pronouns used?

You have already learned the subject pronouns—**je, tu, il, elle, on, nous, vous, ils, elles**—that are always used with a verb. **Les pronoms toniques** are another type of pronoun. The stressed pronouns are:

STRESSED PRONOUNS	
SINGULAR	**PLURAL**
moi *me*	**nous** *we, us*
toi *you (informal)*	**vous** *you (formal/plural)*
lui *he, him*	**eux** *they, them (m)*
elle *she, her*	**elles** *they, them (f)*

The uses of stressed pronouns are given in the table below.

USAGE	EXAMPLE
1. for emphasis of the subject of a verb	**Toi,** tu as une belle maison !
2. after a preposition	Ma grand-mère habite avec **nous.**
3. in compound subjects	Anne et **lui** habitent à Planoise.
4. after the expression **c'est**	Qui est l'architecte ? C'est **lui.**
5. as single-word answers to questions	Qui habite à Besançon ? **Moi.**

One important characteristic to remember about stressed pronouns is that they are used to represent people, not things or places.

> **VÉRIFIEZ** Can you remember the forms of the stressed pronouns and when to use them? If not, you may want to review the material.

1. TOI, TU AS UNE GRANDE MAISON

Clara is playing with her friend Sophie. Fill in the missing pronouns.

SOPHIE : _____, tu as une grande maison.
CLARA : Tu trouves ? (*Do you think so?*)
SOPHIE : Oh oui ! _____, j'habite un appartement au centre ville et chez _____, ce n'est pas très grand.
CLARA : La maison de mes grands-parents est vraiment grande. Chez _____, il y a une grande entrée, une grande cuisine et cinq chambres.
SOPHIE : Chez _____, il y a trois chambres, une pour mes parents et une pour ma sœur et _____.
CLARA : Et la troisième chambre ?
SOPHIE : C'est pour mon grand frère. Mais _____, il est à la fac à Lyon.

2. QUI HABITE… ?

The whole class will prepare a list of questions to ask each other about their homes, such as: **Qui habite à Baltimore ?**; **Ta maison a combien de chambres ?**; **Qui habite un appartement ?** Students will circulate in the classroom, asking these questions to as many students as possible. Then write down several comparisons using stressed pronouns.

Modèle :   Eric et moi, nous habitons un appartement.
Rosalie et lui habitent chez leurs parents.

ACTION-APPROFONDISSEMENT

LE STUDIO DE NATHALIE

REGARDEZ

Sébastien's bedroom revealed a lot about his personality and interests. Now you will see Nathalie's studio and what it reveals about her.

> In French, you can often add **-et** to masculine nouns or **-ette** to feminine nouns to convey the idea that the person or thing being talked about is "little" or "small." For example, Nathalie says that her studio is **une chambrette**—a little room. Clara is **une fillette**—a little girl.

1. DANS MON STUDIO, IL Y A…

Watch as Nathalie describes her studio to you. On a piece of paper, write down the pieces of furniture that you see and put a check by those that she mentions. Do you and your classmates agree about what you have seen and heard?

2. COMPARONS !

Look at the video again and fill in the information below about Nathalie and her studio. Compare your answers with those of your classmates to see if you all have the same impressions.

(*description*) Le studio de Nathalie est _____ et

_____.

(*personnalité*) Nathalie est _____ et _____.

(*loisirs*) Elle aime _____ et _____.

3. DES MEUBLES POUR LE STUDIO DE NATHALIE

Nathalie's mother thinks the studio apartment where Nathalie lives is not very well furnished and wants to buy several things for her. Try to remember what Nathalie's studio looks like and then help her decide what her mother should buy for her. Look at the ads from a mail-order catalogue and rank the appliances and pieces of furniture according to how useful you think are for a student.

très utile (*very useful*)   utile (*useful*)   pas utile (*not useful*)

Modèle :   Un bureau est très utile pour un étudiant.

EXPRESSION-VOCABULAIRE (3)

NUMBERS FROM 100 TO 10,000

    100   **cent** (no number is used before **cent** for *one hundred*)
    200   **deux cents**
    250   **deux cent cinquante** (**cent** does not take an **s** when followed by another number)
  1 000   **mille** (no number is used before **mille** for *one thousand*)
  9 000   **neuf mille** (**mille** never takes an **s**)
10 000   **dix mille**

1. NOTRE APPARTEMENT

You and a friend are spending the year studying at the **Centre de Linguistique Appliquée** in Besançon, and you rent a studio apartment (see the following floor plan). Because you want everything to be ready when you get there, you decide to order some furniture and appliances by mail. Using the ads presented on page 95, decide what you would like to order. Then, write down what you would like to buy, remembering that you can't spend more than a total of 10 000 F for the two of you.

    Modèle :   **J'aime** le bureau à 750 F.
                    I like the desk at 750 F.
                    or
                    Je voudrais le canapé à 2 990 F.
                    I would like the sofa at 2,990 F.

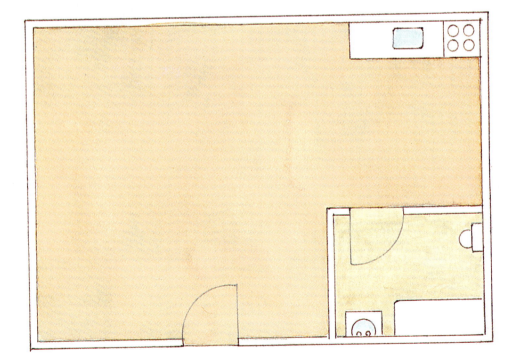

2. QU'EST-CE QUE VOUS ACHETEZ ?

Share your choices with another pair of students. For each item, tell them:

Nous achetons (*we're buying*) _____ (*item*).
Ça coûte _____ (*price*).

And finally, tell them:

Le total est de _____.

INTERACTION

LA FACTURE EST INCOMPLÈTE (*THE BILL IS INCOMPLETE*)

When Christiane and Daniel Vandeputte moved into their apartment in Chalezeule last September, they needed many things, which they ordered from a mail-order catalogue. Unfortunately, the company kept making mistakes with the bill (**la facture**), which was resent twice without all of the prices. With a partner, help them to straighten out this mess. Student A will look at **la facture** on page 731. Student B will look at **la facture** on page 741. Without showing your **facture** to your partner, ask him or her for the prices you are missing. He/she will ask you similar questions, which you will answer in French.

Modèle :   —C'est combien, le lit ?
                  —Il coûte 995 F.

FRENCH HOMES There are several differences between French and American homes. The floors in French homes and buildings are numbered differently than in the United States. What we call the "first" or "ground" floor is called **le rez-de-chaussée** in France. Our "second" floor is called **le premier étage,** the next floor is **le deuxième étage,** and so on. (When a house has only two stories, the second floor is called **l'étage.**) Inside, living and dining rooms of American houses are usually connected to a central hallway by an archway; there is rarely a door that leads into those rooms. In France, however, the living room and dining room often have doors, allowing them to be completely shut off from the rest of the house. On the other hand, in many newer French houses, the living room and dining room are often combined into one room, which is called a **salle de séjour.** The toilet (**les toilettes** or **les W.-C.**) is often separate from the room that contains the bathtub and sink (**la salle de bains**).

Unlike American homes, a traditional French house is separated from the street and sidewalk by a stone or cement wall, or an iron fence; a more modern house may have a low fence or a row of shrubbery. While American houses may have decorative shutters, nearly all French houses have functional shutters that are closed at night.

EXPRESSION-VOCABULAIRE (4)

HOUSEHOLD CHORES

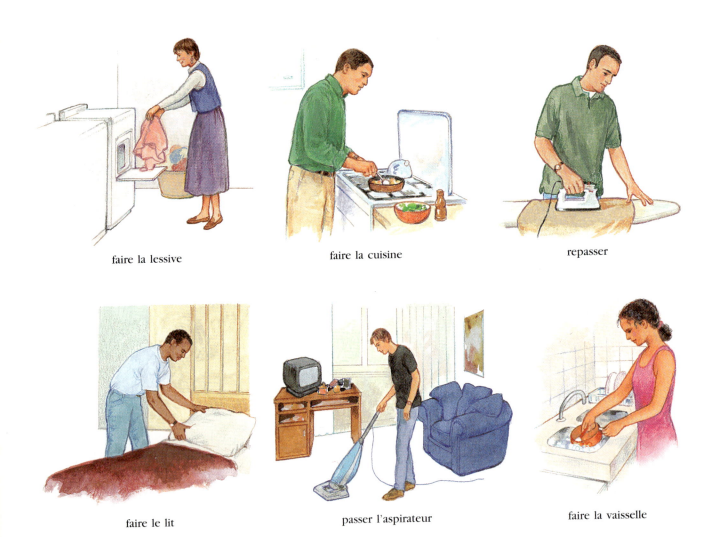

faire la lessive

faire la cuisine

repasser

faire le lit

passer l'aspirateur

faire la vaisselle

ON FAIT LE MÉNAGE

Using the infinitive form of the verbs listed above, categorize the different household tasks to indicate how you feel about doing them. Use the following expressions:

++   **j'adore** (*I love*)
 +   **j'aime** (*I like*)
 −   **je n'aime pas**
−−   **je n'aime pas du tout**

Then compare your answers with those of your partner.

EXPRESSION-STRUCTURE (3)

FAIRE (TO DO OR MAKE)

The verb **faire** will allow you to say what household chores people do or avoid doing. What chores are Maud, Anne-Marie, and Anne talking about?

MAUD :	Mon père fait la cuisine.
ANNE-MARIE :	Jean-Baptiste ne fait pas son lit.
ANNE :	Patrick et moi, nous faisons les courses ensemble.

As you study the following chart, ask yourself: What are the forms of the verb **faire**? Which forms end in **s**? in **t**? How is the **vous** form different from that of most other verbs?

FAIRE
Je fais la vaisselle.   *I do the dishes.*
Tu fais le ménage.   *You do the housework.*
Il/Elle/On fait le lit.   *He/She/One makes the bed.*
Nous faisons la cuisine.   *We do the cooking.*
Vous faites la lessive.   *You do the laundry.*
Ils/Elles font les courses.   *They run errands.*

VÉRIFIEZ   Can you answer your questions about the verb **faire**?

1. QUI FAIT...?

Look at the illustration of the **tâches ménagères** on the previous page and say who is doing each task and where he or she is doing it.

2. PIERRE, TU FAIS...

The Peuteuil family is leaving for vacation at noon and they have to get ready, so after breakfast Nancy assigns tasks. Supply the appropriate form of the verb **faire**.

NANCY :	Pierre, tu _____ les courses. Martin, toi et moi, nous _____ le ménage. Puis, je _____ la vaisselle et toi, tu _____ ton lit.
MARTIN :	Mais Simon et Alex, eux, qu'est-ce qu'ils (*what*) _____ ?
SIMON ET ALEX :	Oui, qu'est-ce que nous _____ ?
NANCY :	Vous _____ la cuisine ! Vous _____ des sandwichs.

EXPRESSION-STRUCTURE (4)

ADVERBS

Not all household tasks or other activities are done with the same regularity; there are some things that you do often, whereas you do others seldom or never. Read Anne-Marie's description of Jean-Baptiste's habits; adverbs (**adverbes**) are highlighted.

 As you study the following examples and explanations, ask yourself: When will I use these adverbs? Where are they placed in relation to the verb? Do they have more than one form? How are they different from adjectives?

ANNE-MARIE :   Dans la chambre de Jean-Baptiste, il y a beaucoup de livres, beaucoup de papiers et beaucoup de magazines de sport. Il fait ses devoirs (*does his homework*) **tous les jours,** et il joue **souvent** au basket. Mais il range **rarement** ses vêtements (*clothes*), et il **ne** fait **jamais** son lit. Sa chambre est **toujours** en désordre !

As you saw in the example above, adverbs may be made up of more than one word and do not always occur in the same place in a sentence. But the good news is that they have only one form! Use the five adverbs presented as follows:

ADVERBS			
ADVERB	**ENGLISH**	**EXAMPLE**	**PLACEMENT**
tous les jours	*every day*	Il fait du sport **tous les jours.**	after the verb and its object
souvent	*often*	Il joue **souvent** au basket.	immediately after the verb
rarement	*rarely*	Il range **rarement** ses vêtements.	immediately after the verb
ne… jamais	*never*	Il **ne** fait **jamais** son lit.	**ne** precedes the verb and **jamais** follows, like **ne… pas**
toujours	*always*	Sa chambre est **toujours** en désordre.	immediately after the verb

VÉRIFIEZ   Do you understand the meaning of the adverbs and where to place them? If not, study the explanation again.

1. JE FAIS...

On a piece of paper, classify the following household chores according to how often you do them. Then, compare your answers with those of a classmate to find out who does the most work around the house.

tous les jours	souvent	ne... jamais
toujours	rarement	

> **Modèle :**   Moi, je fais mon lit tous les jours.
> Lui, il ne fait jamais la lessive.

1. faire le lit
2. faire la lessive
3. faire les courses

4. faire la cuisine
5. faire la vaisselle

2. TROUVEZ DES CAMARADES DE CHAMBRE

Imagine that you are looking for several roommates. To make sure the apartment you will share gets cleaned regularly, you want to choose roommates who don't mind doing the chores that you do not like to do. Using the information you filled out about yourself above, circulate in the class trying to find students who are willing to do the chores that you seldom or never do. Write their names next to the chore.

> **Modèle :**   —Tu fais souvent la cuisine ?
> —Oui, je fais souvent la cuisine.
> —Non, je fais rarement la cuisine.

Prononciation (2)

FAIRE

Écoutez

Listen to the following sentences and decide if the letter combination **ai** you hear sounds like the **ai** in the word **m*ai*son** or like the **e** in **le** and **de**. The first has been done for you.

	MAISON	LE/DE
1. Chez moi, mon père f**ai**t souvent la cuisine.	✔	
2. Tu f**ai**s la v**ai**sselle chez toi ?		
3. Chez moi, nous f**ai**sons le ménage le samedi.		
4. Généralement moi, je f**ai**s la vaisselle à la maison.		
5. Tu ne f**ai**s jamais de jardinage chez toi.		
6. Ma mère f**ai**t les courses chez nous.		

Continued

Study the position of the letter combination **ai** in the previous examples carefully and try to deduce the rules governing its pronunciation. Fill in the chart below with your observations. Which form is the exception?

	AI AS IN **M***AI***SON**	**E** AS IN **L***E*/**D***E*
ai + r		
ai + s		
ai + t		
Exception:		

Vérifiez

In French, when the letter combination **ai** is followed by **r**, **s**, or **t**, it is pronounced as a single vowel sound, as in the following forms of the verb **faire** : je f**ai**s, tu f**ai**s, il f**ai**t (and in words like **m***ai***son** and **jam***ai***s**). An exception to this rule is the pronunciation of **ai** in the first person plural of the verb **faire**. In **nous f***ai***sons**, **ai** is pronounced like the **e** sound in **le** or **de**.

Prononcez

Fill in the correct form of **faire** in the sentences below and indicate if the letter combination **ai** should represent the **ai** sound as in **m***ai***son** (by circling the letters) or the **e** sound as in **le** (by crossing out the **ai**). Then, listen to the sentences on your audio CD and check your answers. Finally, repeat each sentence aloud, being careful to pronounce the letter combination **ai** correctly.

1. Chez nous, ma mère _____ la cuisine et moi, je _____ la vaisselle.
2. Mes sœurs et moi, nous ne _____ jamais la lessive.
3. Ma grande sœur adore _____ le repassage.
4. Nous _____ les courses ensemble.
5. Bien sûr, je _____ mon lit moi-même.
6. Et toi, est-ce que tu _____ le ménage chez toi ?

LECTURE

le château de Moncley

le château de Joux

PRÉPARATION À LA LECTURE

The region of **la Franche-Comté,** like all the regions in France, is divided into several administrative units called **départements.** Besançon is located in the **département du Doubs,** so called because the Doubs River runs through it. The following magazine article describes several **châteaux** in the **département du Doubs** that have recently opened their doors to visitors.

1. Look at the text and decide in which of the following publications it could logically be found. More than one response may be correct.

a. un magazine de sport　　　　c. un magazine touristique
b. un magazine d'architecture　　d. un magazine de bricolage

2. Read the title of each section and match the name of each **château** with its architectural style.

___ 1. le château Pertusier　　　a. style médieval
___ 2. le château de Moncley　　b. style Renaissance
___ 3. le château de Joux　　　　c. style classique
___ 4. le château Vaire-le-Grand　d. style néoclassique

3. Many architectural terms in French and English are cognates. Read through the text and underline all the cognates that refer to some aspect of architecture.

Les Châteaux du Doubs: Leçon d'histoire

Le château de Joux: 10 siècles° d'histoire

centuries

Cette forteresse, dont les premières constructions remontent à 1034, commandait les routes vers Neuchâtel et Lausanne en Suisse. Trois fossés° équipés de leurs pont-levis° gardent un monde de prison. Un riche musée d'armes des XVIIIᵉ et XIXᵉ siècles complète la visite.

moats
drawbridge

Renaissance au château Pertusier

Bâti à Morteau vers 1570 par le Suisse Guillaume Cuche, ce château dénote l'influence de l'art de la Renaissance italienne sur l'architecture comtoise...° ainsi, ses façades s'ornent de nombreux éléments décoratifs inspirés de l'art antique: colonnes,... frises, balustres... Le souci d'élégance et d'harmonie guide nettement la composition de cet édifice, qui constitue un rare exemple de l'architecture de la Renaissance dans le Haut-Doubs.° Ce château est actuellement occupé par un

characteristic of la Franche-Comté

upper part of the département du Doubs

musée d'horlogerie,° qui retrace la naissance et le développement de cette industrie dans la région.

clock making

Classicisme À Vaire-le-Grand

Élevé en 1713 pour Jean-Antoine Boisot dans un site exceptionnel, ce château est un édifice de style classique, typique de la sobre architecture de la première moitié° du XVIIIᵉ siècle... La plus grande richesse du château de Vaire-le-Grand est son jardin à la française.

half

Néoclassicisme au château de Moncley

Le château de Moncley, construit de 1778 à 1791 par l'architecte bisontin Bertrand, pour le marquis de Terrier-Santans, dénote du goût de l'époque pour... l'antique. Une visite guidée permet de découvrir plusieurs pièces qui ont gardé leur décor de la fin du XVIIIᵉ siècle. Notons que les spécialistes considèrent cet édifice comme l'un des plus beaux spécimens de l'architecture néoclassique en France.

AVEZ-VOUS COMPRIS?

1. Which of the following sentences best summarizes the subject of the article?

    a. Les châteaux dans le département du Doubs datent de la Renaissance.

    b. La visite des châteaux est normalement réservée aux chercheurs
       (*researchers*).

    c. Les châteaux du Doubs retracent l'histoire du département du Doubs et ont
       des styles différents.

2. Find the century during which each of the **châteaux** was built. Then indicate which **château** is the oldest and which one was constructed most recently.

3. For each **château,** find at least three words that describe its architectural style, location, or original function.

EXPANSION

Castles appear in many children's stories and movies. With a partner, think of three movies or children's stories in which there are castles. Then describe the atmosphere of the castles. Here are some vocabulary words that you may find helpful:

imposant	froid	austère	sombre	menaçant	grand
fortifié	beau	magnifique	luxueux	ancien	énorme

    Modèle :   Film/Livre :   Cendrillon
                    Ambiance :   Le château du prince est magnifique, beau et imposant.

La vie de tous les jours

MES OBJECTIFS COMMUNICATIFS

Tell the date and time
Make appointments
Describe and ask about daily activities and schedules
Offer, accept, and refuse invitations and make excuses

LES CLÉS CULTURELLES

Daily life

REGARDONS LES PHOTOS

In this chapter we will see our friends from Besançon involved in some of their routine activities. How about you? What are the routine activities and the weekly schedules of people in your country? Do they vary according to region of the country, setting (large city, small town, or village), or profession? How many hours a day and which days of the week do schoolchildren attend class? At what time and where do people usually have lunch during the week? How do they get to school? What kinds of activities do grade school, high school, and college students do after class? What type of activities do you do on weekends?

1. LES MOIS

Quelle photo correspond...

au mois d'avril ?   au mois de septembre ?
au mois de juillet ?   au mois de décembre ?

2. LES ACTIVITÉS

Quelles photos présentent une activité de week-end ? une activité qu'on fait pendant la semaine ?

EXPRESSION-VOCABULAIRE (1)

DAYS OF THE WEEK AND TIMES

In this chapter you will see Anne-Marie (Jean-Baptiste's mother) and Nancy Peuteuil (Renaud's stepmother) make an appointment with Marie-Jo, who owns the beauty salon "Marie-Joëlle." Also, though you have not met him yet, you will see Monsieur Decorbez make an appointment. In order to understand when they would like to schedule their appointments, you will need to learn how to tell time in French.

Look at Marie-Jo's appointment book to see the days of the week, except for Sunday, **dimanche,** when the salon is not open. Notice that in French the days of the week do not begin with a capital letter and that on the French calendar Monday is the first day of the week. Note also that the 24-hour clock is used for formal appointments (business, hairdresser, and medical appointments) and for official time schedules (such as train, plane, and TV schedules).

> When using the 24-hour clock, each hour (**heure**) is numbered from 0 to 23. You use **zéro heure** for midnight, **une heure** for 1:00 A.M., **13 heures** for 1:00 P.M., and **23 heures** for 11:00 P.M. To convert times to the 24-hour clock, simply add 12 to any time between 1:00 P.M. and 11:00 P.M. For example, 3 + 12 = 15, so 3:00 P.M. is **15 heures;** 6 + 12 = 18, so 6:00 P.M. is **18 heures.** In French, **heures** is often abbreviated to **h** (9 h, 10 h 10, 15 h 30).

LES JOURS DE LA SEMAINE

	lundi	mardi	mercredi	jeudi	vendredi	samedi
9						
10	10 h 30 Christiane Vandeputte Lionel		Gérard Lachaud			
11	Vandeputte					
12						
13		14 h 30 Nathalie Gartner		14 h 30 Anne Chevreteau		
14				Arnaud Lachaud		
15			16 h 30 Maud Vandeputte		16 h 45 Madeleine Lafaurie	
16						17 h 30 Daniel Vandeputte
17				18 h 15 Renaud Peuteuil		
18						

1. J'AI RENDEZ-VOUS À 10 H 30

Christiane Vandeputte came in and made hair appointments for her whole family, but she has forgotten when the appointments are. Look at Marie-Jo's appointment book and take turns with your partner saying what days and times Christiane, Daniel, Maud, and Lionel have appointments. You can use **trente** for an appointment on the half-hour. For example, an appointment at 2:30 P.M. would be at **quatorze heures trente.** Use the expression **avoir rendez-vous** + day + **à** + time.

Modèle :   Christiane a rendez-vous lundi à dix heures trente.

2. IDENTIFIEZ

Do you recognize any other names in Marie-Jo's appointment book? With a partner, look for the names of other **Bisontins** you have met and tell what days and times they have hair appointments.

ACTION

JOËL DECORBEZ PREND RENDEZ-VOUS CHEZ MARIE-JOËLLE

PRÉPARONS-NOUS

Here are some new expressions to help you understand what Marie-Jo's customers need done.

une coupe   une grosse natte   un shampooing

un brushing et une manucure   une coloration

TRANSFORMATIONS

When we go to the hairdresser's, we often have great expectations of how we will look when we come out. Look at the following pictures of the people and how they imagine they will be transformed after their visit to Marie-Jo's salon. Take turns with your partner playing the part of each person and tell Marie-Jo what you would like done.

Modèle :   CHRISTIANE à MARIE-JO :   J'aimerais un rendez-vous pour une coupe et un brushing.

REGARDONS ENSEMBLE

 Don't forget! Identify the information you are listening for before viewing the segment.

M. DECORBEZ PREND RENDEZ-VOUS

Now you will see M. Decorbez make a hair appointment at Marie-Jo's salon. While you are watching the video, fill out an appointment card for him indicating the date and time he has an appointment and what he is having done.

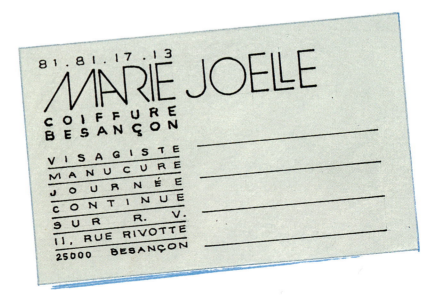

EXPANSION

JEUX DE RÔLE

Look at the cards on which Marie-Jo has written down the times that various customers have appointments. Play the role of Marie-Jo. A classmate will play the role of a person whose name appears on one of the appointment cards and will make an appointment for the date and time indicated and tell Marie-Jo what he or she wants to have done. Then switch roles and play the part of another customer while your partner plays the role of Marie-Jo.

Modèle :

MARIE-JO :	Bonjour (Monsieur, Madame, Mademoiselle) !
CLIENT(E) :	J'aimerais un rendez-vous pour _____ (soin/service).
MARIE-JO :	Pour quand ?
CLIENT(E) :	_____ (date) à _____ (heure). C'est possible ?
MARIE-JO :	Oui, pas de problème. Voilà donc. Vous avez rendez-vous _____ (date) à _____ (heure). Au revoir, (Monsieur, Madame, Mademoiselle).

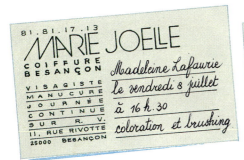

ACTION-APPROFONDISSEMENT

NANCY ET ANNE-MARIE PRENNENT RENDEZ-VOUS CHEZ MARIE-JOËLLE

REGARDEZ

Now you will see Nancy Peuteuil and Anne-Marie Vidonne-Dumont make hair appointments at Marie-Jo's. Anne-Marie needs to make hair appointments not only for herself, but also for Clara, Dorel, and Benjamin.

RENDEZ-VOUS

Listen carefully. On a piece of paper, write down each customer's name, the day, date, and time of their appointments, and what each person is having done. Choose from: **un shampooing, une coupe, un brushing, une permanente, une natte, une manucure.** Bring your notes to class and compare your answers with those of your classmates.

Modèle :   Clara, le samedi 6 juillet, à 11 h, une natte

When watching video segments, always try to identify where people are—at the bank, at the hairdresser, at the supermarket, for example—and observe their expressions, gestures, and actions closely. The context of the action will give you valuable clues as to what is being said. If you watch Nancy's gestures carefully you can probably figure out what she wants Marie-Jo to do with her hair even if you don't understand all the words.

EXPANSION

1. C'EST COMBIEN, UNE COUPE ?

Look at the prices of services at Marie-Jo's salon and finish writing up a bill for Anne-Marie and Nancy. Indicate what services she did and their total bill. Of course, Anne-Marie will be paying for her children. The first entry has been done for you.

MARIE-JOELLE COIFFURE		TARIFS
COUPE	entretien	54,00 F
	transformation	80,50 F
	enfant	38,00 F
SHAMPOOING		22,00 F
BAIN		29,00 F
COLORATION	tenace	82,50 F
	temporaire	55,00 F
	glossing, rénovative,	
	farandole	67,00 F
	fugace	16,50 F
	diacolor	78,00 F
DECOLORATION		87,50 F
BALAYAGE . FLASH		63,50 F
GLACAGE . GIVRAGE		81,00 F
MECHES	bonnet	111,00 F
	papier, coton	134,00 F à 185,00 F
PERMANENTE	traitante, mèches	167,00 F
	dulcia vital ou texture	134,00 F
	équa . ph	214,00 F
	jetting	98,00 F
	défrisage	104,00 F
	supplément	
	cheveux longs	60,00 F
FIXATEUR		22,50 F
TRAITEMENT		33,00 F
DEMELANT		18,00 F
NATTES	(la natte)	19,50 F
COIFFAGE	cheveux courts	27,50 F
	cheveux longs	43,00 F

MISE EN PLIS	cheveux courts	36,50 F
	cheveux longs	47,50 F
BRUSHING	cheveux courts	51,00 F
	cheveux longs	74,00 F
BAIN et MISE EN PLIS	cheveux courts	66,00 F
	cheveux longs	77,00 F
BAIN et BRUSHING	cheveux courts	78,00 F
	cheveux longs	103,50 F
MANUCURE		49,50 F
EPILATION SOURCILS		22,00 F
SHAMPOOING . COUPE . COIFFAGE		159,00 F
SHAMPOOING . COUPE . ASSOUPLISSANT . COIFFAGE		293,00 F
SHAMPOOING . COUPE . EQUA PH . COIFFAGE		373,00 F
SHAMPOOING . COUPE . COIFFAGE HOMME		82,00 F
COUPE CLASSIQUE (sans shampooing)		33,00 F
SHAMPOOING . COUPE ENFANT . COIFFAGE		101,00 F
SHAMPOOING . COUPE ENFANT . SECHAGE		64,00 F à 74,00 F
SHAMPOOING . COUPE ENFANT . BRUSHING		132,00 F

Carte de Fidélité,
Tarifs Techniques   Hommes Identiques aux Tarifs Dames
T.V.A. et Service 15 % compris

NOM	SOIN/SERVICE	TARIF (*PRICE*)	TOTAL
Benjamin	coupe	80 F	80 F
Anne-Marie			
Dorel			
Clara			
Nancy			

2. LA BOÎTE À COUPE

Now look at this ad for Boîte à Coupe, another hair salon in Besançon, and decide which of the following sentences is true.

1. Les soins au salon de Marie-Jo sont plus (+) chers (*more expensive*) qu'à la Boîte à Coupe.
2. Les soins au salon de Marie-Jo sont moins (−) chers (*less expensive*) qu'à la Boîte à Coupe.

EXPRESSION-STRUCTURE (1)

TIME

You have already seen that the French use the 24-hour clock for official schedules and to make appointments. In everyday conversation they often use the 12-hour clock. To tell more precisely what time of day it is, they will add **du matin** (*in the morning*), **de l'après-midi** (*in the afternoon*), and **du soir** (*in the evening*) after the time.

As you study this section, ask yourself the following questions: How do I ask what time it is? How do I say "in the morning," "in the afternoon," "in the evening"? How do I say the time on the hour? What difference do I see in French between the spelling of "one o'clock" and all the other times? How do I say quarter past, half past, and quarter to the hour? How is the spelling of "half past midnight" or "half past noon" different from half past the other hours?

- To ask what time it is you say **Quelle heure est-il ?**

Il est 8 heures du matin.

Il est une heure de l'après-midi.

Il est 3 heures 10 de l'après-midi.

Il est 5 heures et quart du soir.

Il est midi et demi.

Il est 4 heures moins 10 du matin.

Il est 8 heures moins le quart du soir.

Il est minuit.

TIME		
on the hour	1:00	Il est une **heure.** (*singular*) *It's one o'clock.*
	3:00	Il est trois **heures.** (*with s, because it's plural*) *It's three o'clock.*
	noon	Il est **midi.** *It's noon.*
	midnight	Il est **minuit.** *It's midnight.*
after the hour	1:12	Il est **une heure douze.** *It's twelve past one.*
	6:19	Il est **six heures dix-neuf.** *It's six nineteen.*
quarter past the hour	9:15	Il est neuf heures **et quart.** *It's quarter past nine.*
before the hour	10:40	Il est onze heures **moins vingt.** *It's twenty to eleven.*
	5:57	Il est six heures moins trois. *It's three minutes to six.*
quarter to the hour	8:45	Il est neuf heures **moins le quart.** *It's quarter to nine.*
on the half hour	3:30	Il est trois heures **et demie.** *It's half past three.*
	12:30 P.M.	Il est midi et **demi.** (*without e*) *It's half past noon.*
	12:30 A.M.	Il est minuit et **demi.** (*without e*) *It's half past midnight.*

With the 24-hour clock, use the number of minutes between one and fifty-nine.

> Il est quatorze heures **trente.**
> Il est vingt heures **quarante-cinq.**

- To express at what time something takes place, use **à** + time of day.

> Nancy Peuteuil a rendez-vous **à** neuf heures **du matin.**
> M. Decorbez a rendez-vous **à** deux heures et demie **de l'après-midi.**
> Jean-Baptiste a rendez-vous avec ses copains **à** huit heures **du soir.**

VÉRIFIEZ Can you tell what time it is at any point of the day or night? If not, reread the previous explanation.

1. QUELLE HEURE EST-IL ?

Take turns with your partner saying what time it is on each of the clocks below.

2. OUVERT OU FERMÉ ?

Look at the ads for several hair salons in Besançon and take turns with your partner saying whether the hair salon indicated is open (**ouvert**) or closed (**fermé**) at the time specified.

Modèle : —Est-ce que le salon de coiffure « Cléopâtra » est ouvert le samedi à 2 heures de l'après-midi ?

—Oui, le salon de coiffure « Cléopâtra » est ouvert le samedi à 2 heures de l'après-midi.

—Est-ce que le salon de coiffure « Cléopâtra » est ouvert le dimanche à 9 heures du matin ?

—Non, le salon de coiffure « Cléopâtra » est fermé le dimanche à 9 heures.

1. Cléopâtra : le samedi à 2 h de l'après-midi
2. Cléopâtra : le dimanche à 9 h du matin
3. Coiffurama : le mercredi à 8 h du soir
4. Mod's hair : le jeudi à 11 h du matin
5. Coiffurama : le mardi à 3 h de l'après-midi
6. Mod's hair : le samedi à 7 h 30 du matin
7. Coiffurama : le lundi à 8 h 15 du matin
8. Harmonie Coiffure : le mardi à 5 h 30 de l'après-midi
9. Harmonie Coiffure : le samedi à 6 h 45 du soir
10. Mod's hair : le jeudi à 8 h 15 du soir

3. FESTIVAL INTERNATIONAL DE LA MUSIQUE

La Franche-Comté is having its annual **Festival de la musique.** Marie-Jo and her husband Jean-François want to go to several concerts, but they don't have a brochure. You and a partner can help them out by giving them information about the festival. Write down the time at which the following concerts will be held. Then note the names of the musicians, the type of music they play, and the prices. Finally, add at least two words from the ads that describe each musician's style.

Remember, you don't have to understand every word. Just look for the information requested. Don't forget to look for cognates!

21 h. - THÉÂTRE

▶ LIZ MC COMB

Liz Mc COMB est une des plus belles voix du gospel et du blues, qui, à l'instar des plus grandes divas noires américaines, est née à la musique de l'église. Premières parties de James Brown et de Ray Charles, consécration unanime de la presse et du public, cette passionaria jonglant sur les octaves d'une voix tantôt douce et suave, tantôt rauque et excitée, détient cette présence scènique, cette force de conviction et cette si naturelle capacité de transe et d'extase qu'il devient facile de croire aux anges.
■ 110 F / 130 F - Possibilité abonnement.

France Telecom
Fondation
Fondation d'entreprise

Yann Arthus Bertrand

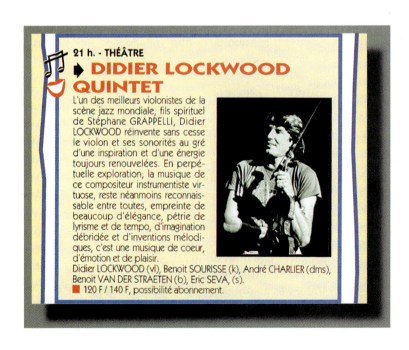

21 h. - THÉÂTRE

▶ DIDIER LOCKWOOD QUINTET

L'un des meilleurs violonistes de la scène jazz mondiale, fils spirituel de Stéphane GRAPPELLI, Didier LOCKWOOD réinvente sans cesse le violon et ses sonorités au gré d'une inspiration et d'une énergie toujours renouvelées. En perpétuelle exploration, la musique de ce compositeur instrumentiste virtuose, reste néanmoins reconnaissable entre toutes, empreinte de beaucoup d'élégance, pétrie de lyrisme et de tempo, d'imagination débridée et d'inventions mélodiques, c'est une musique de coeur, d'émotion et de plaisir.
Didier LOCKWOOD (vl), Benoit SOURISSE (k), André CHARLIER (dms), Benoit VAN DER STRAETEN (b), Eric SEVA, (s).
■ 120 F / 140 F, possibilité abonnement.

	CONCERT 1	CONCERT 2	CONCERT 3
heure			
nom du musicien			
type de musique			
prix d'un billet			
description			

4. VIVE LA MUSIQUE !

Tell your partner about your music preferences. Here are several types of music:

le folk	la musique de chambre	le reggae
le jazz	la musique western	le rock
la musique alternative	l'opéra	le rock progressif
la musique classique	le rap	la salsa

Je préfère _____ (type de musique).
J'aime _____ (nom de la personne ou du groupe).
Je n'aime pas _____ (nom de la personne ou du groupe).

EXPRESSION-VOCABULAIRE (2)

MONTHS OF THE YEAR AND EXPRESSIONS OF TIME AND FREQUENCY

To make appointments, talk about your daily activities, and schedule events you also need to be able to say when things happen. To help her pupils learn the months of the year, Madame Lachaud made the following wall decoration for her classroom. Note that the months of the year, like the days of the week, are not capitalized.

LES MOIS DE L'ANNÉE

- In the United States, dates are usually said with ordinal numbers (*first, second, third*). In French, the ordinal number **premier,** or *first,* is used for the first day of the month, but the dates of all of the other days are said with cardinal numbers—*two, three, four,* etc. Also, in France, as in many other countries, the day is placed before the month.

> le premier octobre (01/10) *October 1st*
> le 8 octobre (08/10) *October 8th*

- To say that you do something habitually, use **le** (or **l'** if the following noun begins with a vowel or silent **h**) before the expression of time.

Le matin, Maud est à la fac.	*Mornings/In the morning Maud is in class.*
L'après-midi, elle fait ses devoirs.	*Afternoons/In the afternoon she does her homework.*
Le soir, ⌐lle dîne avec sa famille.	*Evenings/In the evening she has dinner with her family.*
Le week-end, elle joue au basketball avec des amies.	*Weekends/On weekends she plays basketball with friends.*
Le lundi, Maud fait la lessive.	*Mondays Maud does the laundry.*

- To say that you do something during the week, use the expression **pendant la semaine.**

Pendant la semaine, Maud quitte la maison à huit heures du matin.	*During the week, Maud leaves the house at 8:00 A.M.*

- To say that you do an activity a certain number of times during a specific unit of time, use NUMBER OF TIMES + **FOIS** + **PAR** + UNIT OF TIME.

> **une fois par jour** *once a day*
> **trois fois par semaine** *three times a week*
> **deux fois par mois** *twice a month*
> **une fois par an** *once a year*

1. L'ANNÉE SCOLAIRE

Madame Lachaud is making a poster for her classroom that will show important dates in the school year. Look at the calendar and help her by writing out the day and month for each date listed. The first date has been written for you.

LE CALENDRIER DES VACANCES	
rentrée	10/9
Toussaint	24/10 au 2/11
Noël	19/12 au 4/1
hiver	27/2 au 15/3
printemps	24/4 au 10/5
été	7/7 au 9/9

la rentrée : le 10 septembre
Noël _____
les vacances de printemps (*spring break*) _____
les vacances d'hiver (*winter vacation*) _____
les vacances d'été (*summer vacation*) _____
Toussaint (la fête des morts) _____

2. L'EMPLOI DU TEMPS

Here is the weekly schedule for Madame Lachaud's class. Which subjects do the children study at the same time each week?

le lundi   le mercredi   le vendredi
le mardi matin   le jeudi après-midi

3. COMBIEN DE FOIS ?

Now look at the schedule and say which activities they do the following number of times a week.

une fois par semaine   trois fois par semaine   cinq fois par semaine

EXPRESSION-STRUCTURE (2)

-ER VERBS

To be able to talk in more detail about your family, daily activities, and schedule, you need to add more verbs to your vocabulary. Most verbs in French are *regular,* that is, they follow a predictable pattern. The largest group of regular verbs are **-er** verbs, so called because their infinitive forms (in English, *to work, to sing, to dance,* etc.) all end in **er.** When looking up verbs in the dictionary you will find the infinitive form. You have already used several **-er** verbs such as **aimer, détester, travailler,** and **présenter.**

When you want to say what you and other people do, you must change the form of the subject and verb, just as you do in English. For example, in English the infinitive of the verb *work* is *to work,* but to talk about what Nathalie does you need to change the subject and the verb ending—*Nathalie works.* In the following paragraph all the highlighted words are **-er** verbs with which you are already familiar. As you read the paragraph, see if you can figure out the ending of the first (**je**) and third person (**il/elle/on**) singular forms of regular **-er** verbs.

> SÉBASTIEN : Je vous **présente** mon père, Gérard Lachaud. Il a 44 ans. Il est représentant et il **travaille** à la maison. Il est gentil, agréable, un bel homme pour son âge. Il **adore** la pêche, les plantes. Il **pratique** les sports parfois quand il a le temps.

Were you able to figure out that the first and third person singular of regular **-er** verbs end in **e**?

As you study the examples, ask yourself: What are the different endings for **-er** verbs? How do I make an **-er** verb negative? The present tense of French verbs can have three meanings in English. What are they? What are some of the **-er** verbs that are often followed by an infinitive? What is different about the spelling of the verbs **préférer** and **manger**?

Look at the chart from Madame Lachaud's classroom on the following page. You will see that in order to use a verb that ends in **-er**, you remove the **-er** from the infinitive and add the endings **-e, -es, -e, -ons, -ez, -ent.** The verb **dessiner** means *to draw.*

• To make **-er** verbs negative, add **ne** before the verb and **pas** after the verb, just as you do with the verbs you already know.

GÉRARD LACHAUD : Je travaille à Besançon. Je **ne** travaille **pas** à Paris.

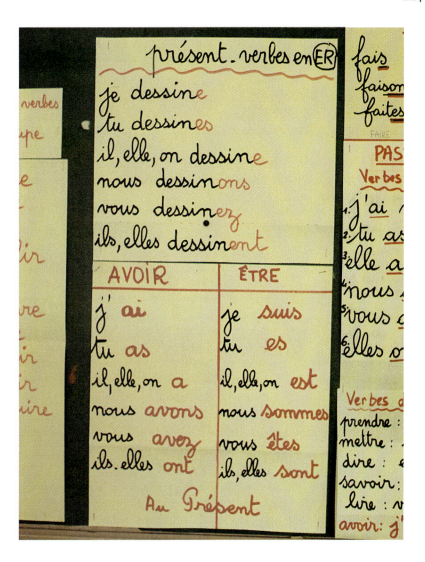

• **Je** and **ne** become **j'** and **n'** before a vowel or a silent **h.**

GÉRARD LACHAUD : J'habite à Besançon. **Je n'**habite **pas** à Paris.
J'aime la pêche, les plantes et le sport. Je **n'**aime **pas** l'opéra.

• The present tense in French is used to tell what is happening at the present time as well as what you do regularly. There is only one form in French for the three English forms of describing an action or activity in the present tense.

Gérard Lachaud **travaille** à Besançon.	*Gérard Lachaud **works** in Besançon.*
Il **travaille** aujourd'hui.	*He **is working** today.*
Il **travaille** beaucoup, n'est-ce pas ?	*He **does work** a lot, doesn't he?*

• Some **-er** verbs, such as **aimer, détester,** and **préférer,** are often followed by an infinitive.

Daniel Vandeputte aime **bricoler.**	*Daniel Vandeputte likes **to tinker.***
Nathalie préfère **étudier** à la bibliothèque.	*Nathalie prefers **to study** at the library.*

• The verb **préférer** has regular **-er** verb endings, but the second accent changes in all but the **nous** and **vous** forms of the present tense.

PRÉFÉRER

je	préf**è**re	nous	préf**é**rons
tu	préf**è**res	vous	préf**é**rez
il/elle/on	préf**è**re	ils/elles	préf**è**rent

- When the verb stem ends in **g**, as in **voyager, manger,** and **ranger,** an **e** is added before **-ons** in the **nous** form of the present tense: **nous mang*e*ons, nous rang*e*ons.**
- Here are some **-er** verbs that will help you talk about your daily activities.

aider *to help*
aimer *to like, to love*
assister à *to attend*
bricoler *to tinker*
chercher *to look for*
danser *to dance*
déjeuner *to eat lunch*
détester *to detest*
dîner *to eat dinner*
discuter *to discuss*
donner *to give*
écouter *to listen to*

entrer (dans) *to enter*
étudier *to study*
habiter *to live*
jouer *to play*
laver *to wash*
manger *to eat*
montrer *to show*
parler *to speak*
préparer *to prepare*
présenter *to introduce*
proposer *to suggest*
quitter *to leave*

ranger *to tidy/ straighten up*
regarder *to look at*
rencontrer *to meet*
rentrer *to go back*
rester *to stay*
téléphoner à *to telephone*
travailler *to work*
trouver *to find*
voyager *to travel*

> **VÉRIFIEZ** Can you answer the questions about **-er** verbs without looking at the textbook? If not, you may want to review the section for **-er** verbs.

1. VIENS À LA FÊTE (*COME TO THE PARTY*)!

Renaud is on the phone with his girlfriend, Muriel. He is trying to persuade her to come to a party by telling her how much fun everyone is having. Look at the picture and then complete his description of what everyone at the party is doing using **-er** verbs in the present tense.

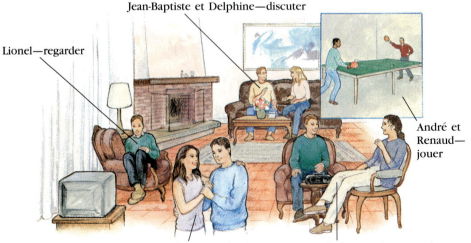

Jean-Baptiste et Delphine—discuter

Lionel—regarder

André et Renaud— jouer

Maud et Arnaud—danser

Nathalie et Sebastien—écouter

aimer   danser   discuter   écouter   jouer   regarder

Écoute, Muriel. Viens (*come*) à la fête. C'est amusant. Sébastien et Nathalie
_____ de la musique. Maud et Arnaud _____. André et moi,
nous _____ au ping-pong. Lionel _____ la finale du match de
football Besançon/Belfort. Jean-Baptiste _____ de politique avec Delphine. Tu _____ danser, n'est-ce pas ? Alors, tu viens ?

2. L'EMPLOI DU TEMPS DE JEAN-BAPTISTE

Look at a page from Jean-Baptiste's schedule that represents a typical week for him.
With a partner, indicate how often each week he does the activities listed.

Modèle :   Jean-Baptiste dîne en famille tous les soirs.

	LUNDI	MARDI	MERCREDI	JEUDI	VENDREDI	SAMEDI	DIMANCHE
9 h	anglais	français	anglais	français	anglais	français	
10 h	maths	maths	histoire-géographie	maths	étudier	histoire-géographie	jouer avec Benjamin et Dorel
11 h	gym	physique	chercher Benjamin à l'école	physique	chercher Benjamin à l'école	physique	jouer au basket
12 h	gym	téléphoner à Nathalie —— déjeuner avec Renaud au café du Commerce	déjeuner à la maison	déjeuner avec Maud au Quick	déjeuner avec Delphine—à la Crêperie Express	déjeuner avec André à Pizza Hut	jouer au basket
13 h	déjeuner avec Loïc—au MacDo	jouer au basket avec des copains	travailler à l'Association sportive	jouer à des jeux vidéo avec Sébastien	jouer au basket avec des copains	travailler à l'Association sportive	déjeuner avec Mamie et Papi
14 h	espagnol	physique	travailler à l'Association sportive	gym	espagnol	travailler à l'Association sportive	déjeuner avec Mamie et Papi
15 h	étudier	étudier	étudier	étudier	étudier	travailler à l'Association sportive	regarder un match de foot à la télé
16 h	étudier	étudier	étudier	étudier	étudier	regarder un match de rugby à la télé	regarder un match de foot à la télé
17 h	jouer au basket	jouer au basket	jouer au basket	jouer au basket	jouer au basket	regarder un match de rugby à la télé	regarder un match de foot à la télé
18 h	jouer au basket	jouer au basket	accompagner Clara à sa leçon d'accordéon	aider Clara avec ses maths	jouer avec Benjamin et Dorel	regarder un match de rugby à la télé	regarder un match de foot à la télé
19 h	dîner en famille	dîner en famille	dîner en famille	dîner en famille	dîner en famille	dîner en famille	dîner en famille
20 h	étudier	étudier	étudier	étudier	rendez-vous avec des copains au cinéma Rex	inviter des copains chez moi	étudier
21 h	étudier	étudier	étudier	étudier	cinéma	fête chez moi	étudier
22 h	regarder la télé	regarder la télé	regarder la télé	regarder la télé	regarder la télé	fête chez moi	regarder la télé

3. COMMENT EST-IL ?

Based on what you have learned about Jean-Baptiste from his schedule, what conclusions can you make about his lifestyle? With a partner, write about Jean-Baptiste using the expressions below. The first one has been done for you.

toujours	souvent	rarement
trop souvent (*too often*)	assez souvent (*pretty often*)	ne... jamais

> **Modèle :** jouer avec Benjamin et Dorel
> Il joue rarement avec Benjamin et Dorel.

1. déjeuner au café
2. ranger sa chambre
3. regarder la télé
4. jouer au basketball
5. aider ses parents à faire le ménage
6. rencontrer des copains
7. téléphoner à ses copains
8. étudier
9. dîner en famille
10. accompagner Clara à sa leçon de musique

4. ET VOUS ?

Write down how often you do the following activities. Then compare your answers with a classmate. As you listen to your partner, write down three things both of you do and three things that you do differently.

> **Modèle :** Moi, je déjeune dans un restaurant fast-food trois fois par semaine.
> Ma camarade de classe, elle ne déjeune jamais dans un restaurant fast-food.

LA SANTÉ

déjeuner dans un restaurant fast-food	manger des légumes (*vegetables*)
faire du sport	consommer des boissons alcoolisées
manger des fruits	manger une pizza

À LA MAISON

faire la cuisine	laver la vaisselle
ranger ma chambre	bricoler
passer l'aspirateur	aider ma mère ou mon père
faire la lessive	

LA VIE SOCIALE

écouter de la musique	dîner au restaurant
inviter des amis	rester à la maison avec ma famille le week-end
regarder la télévision	
regarder des films	

5. ET VOTRE CAMARADE DE CLASSE ?

Based on what you've learned about your partner, give him or her your opinion about his or her activities and lifestyle using the following adverbs. Make at least two comments for each category.

toujours	souvent	rarement
trop souvent	assez souvent	ne... jamais

> **Modèle :** Tu regardes trop souvent la télévision. Tu ne travailles pas assez ! Tu ne ranges jamais ta chambre !

Prononciation
LES VERBES EN -ER

Écoutez

Listen carefully to the following sentences, paying special attention to the highlighted letters. As you listen, try to determine when liaison occurs between subject pronouns and **-er** verbs.

Nou**s é**tudions à la fac.	Il**s a**iment la lecture.
Il**s p**réfèrent bricoler.	Ell**e r**egarde la télé.
Vou**s a**imez la musique.	Vou**s d**iscutez ensemble.
T**u a**dores le jazz.	T**u p**asses l'aspirateur.
Nou**s r**angeons la maison.	

Listen to the conjugation of the verb **bricoler.** Which **-er** verb endings are silent?

Je bricol**e.**	Nous bricol**ons.**
Tu bricol**es.**	Vous bricol**ez.**
On bricol**e.**	Elles bricol**ent.**

Vérifiez

As you have already seen, liaison describes what happens when a word's final consonant sound, which is usually silent, is pronounced with the first sound of the following word. With **-er** verbs, liaison occurs with the plural pronoun subjects with verbs beginning with a vowel or a silent **h.** The final **s** of the pronouns **nous, vous,** and **ils** is pronounced like an English **z** and is said with the first syllable of the following word.

Nous‿étudions à la fac. (Nou zétudions…)
Vous‿habitez à Besançon. (Vou zabitez…)
Ils‿aiment le basket. (Il zaiment…)

The endings of singular forms and of the third person plural form of **-er** verbs are not pronounced. In the following sentences, all of the verbs sound exactly alike!

Arnaud **regarde** le match de rugby.
Tu **regardes** le match de rugby.
Lionel **regarde** le match de rugby.
Ils **regardent** le match de rugby.

Continued

Prononcez

In the sentences below, indicate where liaison occurs and cross out the verb endings that are not pronounced.

1. Nous aimons danser mais Jean-Baptiste ne danse jamais.
2. Sébastien et Arnaud mangent beaucoup. Ils adorent la pâtisserie.
3. Vous étudiez à Besançon mais vous n'étudiez pas au CLA.
4. Tu habites à Paris, et nous habitons en Franche-Comté.
5. Ils aiment la musique mais ils n'écoutent pas la radio.

Now listen to the audio CD and check your answers. Listen to the sentences again, repeating them aloud.

EXPRESSION-STRUCTURE (3)

QUESTIONS

You have already practiced asking "yes or no" questions with intonation, such as: **Tu étudies souvent ? Tu as des frères et des sœurs ?** There are, however, other ways to ask questions, especially when you are looking for specific information. Read these questions that Anne Chevreteau asks an exchange student who is staying with her and her husband, Patrick. See if you can figure out the meaning of the highlighted interrogative expressions before looking at their definitions.

> Tu es stagiaire au CLA, **n'est-ce pas ? Est-ce que** tu as des cours (*courses*) tous les jours ? **Qu'est-ce que** tu étudies ce semestre ? **Combien de** cours **est-ce que** tu as ce semestre ? **Pourquoi est-ce que** tu n'as pas beaucoup de devoirs (*homework*) ? **Quand est-ce que** tu as ton cours de conversation ? **Où** est le CLA ? **Où est-ce que** tu déjeunes ? **À quelle heure est-ce que** tu déjeunes ? **Avec qui est-ce** que tu déjeunes ? **Combien** coûte le déjeuner au restaurant universitaire ? **Comment est-ce que** tu trouves tes camarades de classe ?

 Ask yourself the following questions: What are three ways to ask questions? What is the order of words when forming questions with **est-ce que**? What interrogative words are used to ask for specific information? What is different about questions with **où,** **comment,** and **combien** when the subject of the verb is a noun rather than a pronoun?

- Any statement can be transformed into a "yes or no" question by placing the expression **est-ce que** before the subject:

> Statement: Tu as des cours tous les jours.
> Question: **Est-ce que** tu as des cours tous les jours ?

- You can also make "yes or no" questions by adding **n'est-ce pas** to the end of a sentence. **N'est-ce pas** is used when you are expecting a confirmation of what you've said.

> Tu es américain, **n'est-ce pas** ? *You are American, aren't you?*
> Tu étudies le français, **n'est-ce pas** ? *You study French, don't you?*

- To ask for specific information—what, when, why, where, how—you use question words and the expression **est-ce que.**

QUESTION WORD + *EST-CE QUE* + SUBJECT + VERB	ENGLISH EQUIVALENT
Qu'est-ce que tu étudies ce semestre ?	*What are you studying this semester?*
Combien de cours **est-ce que** tu as ?	*How many courses do you have?*
Pourquoi est-ce que tu n'as pas beaucoup de devoirs ?	*Why don't you have a lot of homework?*
Quand est-ce que tu as ton cours de français ?	*When do you have your French class?*
Où est-ce que tu déjeunes ?	*Where do you eat lunch?*
À quelle heure est-ce que tu déjeunes ?	*At what time do you eat lunch?*
Avec qui est-ce que tu déjeunes ?	*With whom do you eat lunch?*
Comment est-ce que tu trouves tes camarades de classe ?	*How do you find (What do you think of) your classmates?*

- Questions can also be formed by omitting the expression **est-ce que** and inverting the subject-pronoun and the verb. Except in rare instances, inversion is not used with the subject pronoun **je.**

> **Où est-ce que** tu déjeunes ? *or* **Où déjeunes-tu ?**
> **Combien** de cours **est-ce que** vous avez ? *or* **Combien** de cours **avez-vous ?**
> **À quelle heure est-ce que** Nathalie dîne ? *or* **À quelle heure** Nathalie **dîne-t-elle ?**

- Except after **pourquoi,** the verb and a noun subject may be inverted in short sentences in the present tense.

> Où est Nathalie ? *but* Pourquoi Maud est-elle absente ?
> Combien coûte une coupe ?
> Comment va Maud ?

VÉRIFIEZ Can you answer your questions about asking questions? What are three different ways to ask questions? How many expressions do you know for asking for specific information? Do you remember the word order in forming questions? Test yourself by covering up the left-hand column of the chart above and translating the English examples into French.

1. À L'ÉCOLE

It's a new school year, and Monsieur and Madame Vidonne, Clara's grandparents, are asking her about her routine at school. Here are Clara's anwers. Write down their questions.

J'arrive à l'école à 8 heures.
Les cours commencent à 8 heures et demie.
Il y a 33 élèves dans ma classe.
J'aime beaucoup ma maîtresse.
Oui, j'ai un cours de maths tous les matins.
La récréation commence à 10 heures et demie et se termine à 11 heures.
Je joue avec Pauline et Fanta.
Je ne joue pas avec Paul parce qu'il n'est pas gentil.
On déjeune à midi.
Je déjeune à la cantine (*school cafeteria*).
Je déjeune avec mes amies Pauline et Fanta.
Non, parce que les déjeuners à la cantine ne sont pas très bons.
Je rentre à 4 heures et demie.

2. QU'EST-CE QU'IL A DIT ?

André and Maud had planned to do something together today. André called and left a telephone message for Maud telling her what his plans for the day were and what times he was free. Unfortunately, when Lionel took the message he spilled something on it, so Maud can't read everything. With a partner, write down the questions she needs to ask André in order to understand what he said.

Modèle :   À quelle heure est-ce que tu as cours ?

Chère Maud,
Je suis au centre ville ce matin. J'ai un cours à la fac à _____
heures. Je déjeune avec des amis au café _____ à midi. À trois
heures, je joue au tennis avec _____. Je suis libre à
_____ heures mais j'ai rendez-vous chez le dentiste à
_____ heures.

À bientôt.
ANDRÉ

3. PENDANT LA SEMAINE, JE FAIS...

Complete the following examples to write sentences about yourself and your schedule.

Modèle :   Je préfère faire mes devoirs le soir.

Je préfère étudier... (seul(e) [*alone*]/avec des copains)
En général, je fais mes devoirs... (où)
En général, je travaille... (heures par jour)
Ce semestre j'ai... cours. (combien)
Le lundi mon premier cours commence à... (heure)
Le mardi mon premier cours commence à... (heure)
Le lundi mon dernier (*last*) cours se termine à... (heure)
Le mardi mon dernier cours se termine à... (heure)
Généralement, je déjeune avec... (qui)
La nourriture (*food*) au restaurant universitaire est... (comment)

4. ET VOTRE CAMARADE DE CLASSE ?

Find out how your classmate completed the previous preference list by asking information questions with **est-ce que.** Then write down the things you have in common and one thing you do not have in common.

5. D'AUTRES OCCUPATIONS

Write down one thing that you will do this week while your partner does the same. Ask each other at least four questions to find out more details about the activities each of you has planned.

6. D'AUTRES QUESTIONS

Write five questions for a student in the class you do not know well and then ask him or her your questions.

EXPRESSION-STRUCTURE (4)

VOULOIR, POUVOIR AND *DEVOIR*

The verbs **vouloir, pouvoir,** and **devoir** are irregular verbs that are very useful when talking about what you want to do, can do, should do, or must do. Look at how they are used in the conversations at Marie-Jo's hair salon. Can you guess what the highlighted words mean?

MARIE-JO ET ANNE-MARIE

ANNE-MARIE :	Bonjour.
MARIE-JO :	Bonjour, Anne-Marie. Bonjour, les enfants !
LES ENFANTS :	Bonjour.
MARIE-JO :	Bon, qu'est-ce que je **peux** faire pour vous ?

MARIE-JO ET NANCY

MARIE-JO :	Dis-moi, qu'est-ce que tu **veux** faire, Nancy ?
NANCY :	On **doit** couper un petit peu.
MARIE-JO :	Tu **veux** venir (*to come*) quand ?
NANCY :	Alors, fais voir. Qu'est-ce que tu as ?
MARIE-JO :	Bon, cette semaine, c'est un peu chargé (*busy*). Je **peux** te proposer au début (*at the beginning*) de la semaine prochaine (*next week*), mardi, par exemple.
NANCY :	Mardi, je **veux** bien.

Were you able to guess that in this context, **je peux** means *I can*, **je veux** means *I want to,* and **on doit** means *one/we ought to*?

> Ask yourself: What do the verbs **vouloir, pouvoir,** and **devoir** mean? What are their different written forms? Try singing the verbs or color coding the conjugation endings.

VOULOIR	**POUVOIR**	**DEVOIR**
je veux	je peux	je dois
tu veux	tu peux	tu dois
il/elle/on veut	il/elle/on peut	il/elle/on doit
nous voulons	nous pouvons	nous devons
vous voulez	vous pouvez	vous devez
ils/elles veulent	ils/elles peuvent	ils/elles doivent

- **Vouloir, pouvoir,** and **devoir,** like the verbs **aimer, détester,** and **préférer,** are often followed by an infinitive. However, when **devoir** is used without an infinitive, it means *to owe*.

  > Tu *veux* **venir** quand ? *When do you want to come?*
  > Bon, qu'est-ce que je *peux* **faire** pour vous ? *What can I do for you?*
  > Je dois 80 F pour une coupe. *I owe 80 F for a haircut.*

- When making requests, it is more polite to use the expressions **j'aimerais** and **je voudrais** (*I would like*) rather than **je veux** (*I want*).

  > **J'aimerais** un rendez-vous pour demain. *I would like an appointment for tomorrow.*

- Don't forget! The subject pronoun **on** is used to represent people in general, just as the collective pronouns *one* and *you* and the noun *people* are used in English. **On** is often used instead of **nous** in everyday French.

On aimerait quatre rendez-vous.	*We would like four appointments.*
Au salon de coiffure de Marie-Jo, **on** doit prendre rendez-vous.	*At Marie-Jo's beauty salon, you have to make an appointment.*
On va chez Marie-Jo pour une coupe et un shampooing.	*People go to Marie-Jo's for a haircut and a shampoo.*

1. AU SALON DE COIFFURE DE MARIE-JO

Maurice and Jean-Baptiste arrive at Marie-Jo's to make appointments. Complete the conversation using **vouloir, pouvoir, devoir,** and the expressions **on aimerait, j'aimerais,** and **je voudrais.**

MARIE-JO : Bonjour Maurice, bonjour Jean-Baptiste ! Qu'est-ce que je _____ faire pour vous ?

MAURICE : On _____ deux rendez-vous pour des coupes.

MARIE-JO : Quand est-ce que vous _____ venir ? Je _____ vous proposer mardi à 14 h.

MAURICE : 14 h ? Ah, non. On ne _____ pas venir. Jean-Baptiste _____ préparer un examen et moi, je _____ travailler. Est-ce que vous avez quelque chose le soir ?

MARIE-JO : Dans ce cas-là, je _____ vous proposer mercredi à 18 h 30 et à 19 h.

MAURICE : D'accord. Ça va.

MARIE-JO : Alors, un rendez-vous mercredi à 18 h 30 et un autre à 19 h.

MAURICE : C'est parfait. Au revoir, Marie-Jo.

MARIE-JO : Au revoir !

2. JE VEUX, JE PEUX, JE DOIS...

Using the verbs **vouloir, pouvoir,** and **devoir,** write down two things that you want to do this week, two things you are able to do, and two things you must do this week.

3. COMPARONS !

With a partner, take turns asking questions to find out what each of you has put on your list in the previous activity. How many of your answers were the same?

Modèle :   —Qu'est-ce que tu veux faire cette semaine ?
          —Je veux jouer au tennis et dîner au restaurant avec des amis.

EXPRESSION-VOCABULAIRE (3)

INVITATIONS

The verbs **vouloir, pouvoir,** and **devoir** are also useful for offering, accepting, and refusing invitations. Here are some additional expressions that you can use.

INTERACTION

PRENDRE RENDEZ-VOUS

Bring in a schedule on which you have blocked out all your classes and all the activities you plan to do for the next three days. Without showing your schedule to your classmates, make appointments to do things with at least six other members of the class. Your classmates will do the same. When you make an appointment, write the classmate's name on your schedule and block off the amount of time the activity would actually take. You may not cancel any classes or activities you already have planned. Additionally, do not accept any invitation for an activity that you would not enjoy. If you must refuse a classmate's invitation, be sure to apologize and say why you are not free.

LECTURE

PRÉPARATION À LA LECTURE

In 1794 a group of Swiss watchmakers established a national watch- and clock-making factory in Besançon. Under the direction of the Geneva-born Laurent Mégevand, the watchmaking industry (**l'horlogerie**) changed the face of the city. Until that time, Besançon had been a military base and a commercial and religious center, but with the success of the new factory, it became the **capitale de l'horlogerie française.** In recent years, because of the competition in the watchmaking industry from Asian countries and Switzerland, much of the expertise originally developed for watchmaking has been adapted to the microtechnology industry for which Besançon and **la Franche-Comté** have become well known.

SKIMMING AND SCANNING   We often read texts in different ways, depending on the type of text and why we are reading it. In some cases, we may skim a text, that is, read through it quickly, if we only want to get a general idea of what it is about. For example, you may skim a recipe to see if you have the necessary ingredients or to see if it looks too complicated to make. At other times, we may simply scan a text in order to locate specific information. For example, you would scan a telephone directory if you were looking for a phone number, you might scan an ad for a movie theater to find out what films are showing or the time of a particular movie, or you might scan a newspaper article about a sporting event to find out the final score.

Imagine that you are in Besançon and have some free time to go to an exhibition, but you don't have a lot of money. You are looking through *L'Est Republicain,* the local newspaper, to see what exhibitions are currently on display in Besançon's museums (**musées**).

Look carefully at the picture that accompanies the article and skim the headlines to determine what kind of exhibition is being described.

1. an exhibition celebrating the bicentennial of the clock- and watchmaking industry
2. an exhibition about the city of Besançon from its earliest days
3. an exhibition about the historic **palais Granvelle**

EXPOSITION

A Granvelle, le temps suspend son vol

Besançon, capitale de l'horlogerie, fête le bicentenaire de la création de cette industrie. Occasion pour le musée du temps de retracer son évolution.

L'exposition a pour nom " quelle heure est-il Monsieur Mégevand ? " Tous les Bisontins connaissent la rue qui a pris son nom. Peut-être plus que l'homme lui-même.

Ce Genevois est pourtant reconnu comme le fondateur de l'industrie horlogère bisontine. Laquelle fait rapidement la gloire de la ville, mais pas celle de Mégevand : réduit à la misère, il est tué lors du siège de Besançon par les Autrichiens, en 1814.

Le musée du temps lui rend aujourd'hui hommage.

Et retrace par la même occasion l'évolution de l'horlogerie, du XVIème siècle à nos jours : production en France, puis développement en Franche-Comté, avec l'essor magnifique de la fin du XIXème siècle.

Essor tel qu'il a donné à Besançon le cachet Ville des microtechniques, jusqu'à aujourd'hui.

Voir l'exposition, c'est voir l'identité de la ville, contempler avec nostalgie une époque glo-

Née au XVIᵉ siècle, la montre ne nous a plus quitté

rieuse à travers montres et horloges mais aussi gravures, affiches et photos.

Voir figé tout ce qui a servi à mesurer le temps, depuis bientôt 5 siècles. Avec le chef d'oeuvre du musée : " la montre la plus

compliquée du monde ".Exposition ouverte jusqu'au 31 octobre au palais Granvelle, tous les jours sauf le mardi, de 9 h 30 à 12h et de 14h à 18h. Entrée gratuite.

S.P.

AVEZ-VOUS COMPRIS ?

Now scan the entire article to find out the following additional information about the exhibition.

    a. Où se trouve l'exposition ?
    b. Jusqu'à quand (*until when*) est-ce qu'on peut visiter l'exposition ?
    c. Quelles sont les heures d'ouverture (*operating hours*) ?
    d. Quel jour de la semaine est-ce que le musée est fermé ?
    e. Quel est le prix d'entrée ?

EXPANSION

1. Look at the map of Besançon at the front of the textbook and find the **palais Granvelle.** On which street is it located? Find two other museums in Besançon.

    a. Le palais Granvelle est situé dans _____.
    b. _____ et _____ sont deux autres musées qui se trouvent à Besançon.

2. Look at the ads for several other exhibitions and events being held in Besançon. Choose one and invite your partner to go with you. He or she will accept, refuse, or suggest an alternative depending on his or her likes and dislikes. Then change roles.

BESANÇON

-**Bob Dylan,** ce soir à 20 h 30, au Palais des Sports.

- **Visite guidée** de la ville à pied. rendez-vous à 15 h à l'hôtel de Ville, place du 8 septembre.

- **Circuit des remparts** de la citadelle, à 14 h 30, 15 h 30 et 16 h 30. Départ à la boutique de la citadelle. Tarif : 10 F par personne.

-**Citadelle** (zoo, musée de la résistance, musée populaire comtois, musée d'histoire naturelle et insectarium). De 9 h 15 à 18 h 15.

-**Musée des Beaux-Arts**, place de la Révolution. De 9 h 30 à 11 h 50 et de 14 h à 17 h 50.

SAINT-VIT

Les petits chanteurs à la Croix de bois, ce soir à 20 h 45, à la salle des fêtes.

ARC-ET-SENANS

Musée Ledoux et Saline Royale. De 9 à 19 h.

MONTBELIARD

Musée du Château. De 10 à 12 h et de 14 à 18 h.

SOCHAUX

Musée Peugeot. De 10 à 18 h.

MORTEAU

Musée de l'horlogerie du haut Doubs au château Pertusier. De 10 à 12 h et de 14 à 18 h.

ORNANS

Musée Courbet. De 10 à 12 h et de 14 à 18 h.

CHARBONNIERES-LES-SAPINS

Parc préhistorique animalier dino-zoo. De 10 à 18 h.

La maison

INTRODUCTION

As in every country, there are a variety of types of housing in France. Some people live in apartments and others in private homes. Many French people own their apartments, like owners of condominiums in North America. There are also government-subsidized low- and moderate-income apartment complexes—**les HLM (habitations à loyer modéré).** According to recent statistics, 53% of the French live in private houses, as opposed to only 48% in 1982 (*Francoscopie,* 1993). This proportion is, of course, lower in France's largest cities (Paris, Marseille, and Lyon, in that order) and higher in the smaller cities, where land is less expensive, and where the countryside is closer to the urban center.

In **Leçon 1** of **Unité 2,** you saw a video of Nathalie's studio, and you saw photos or drawings of places where people live. In this lesson, you will visit the home of Monsieur and Madame Vidonne.

VIDÉO-ENGAGEMENT

CHEZ LES VIDONNE

REGARDEZ

Albert Vidonne vous invite à visiter sa maison. C'est une grande maison moderne sur une colline (*on a hill*). Entrez par la porte principale et faites la visite avec lui et sa femme !

1. DANS LA MAISON D'ALBERT VIDONNE

Regardez la maison d'Albert Vidonne et cochez (*check off*) les pièces et les autres choses que vous voyez.

PIÈCE	OUI	NON	PIÈCE	OUI	NON
une cuisine			une chambre (Combien ?)		
un salon			une salle de bains		
une salle à manger			un cabinet de travail		
un hall d'entrée			un atelier de bricolage		
un escalier			les toilettes		
un garage			une cave à vin (*a wine cellar*)		
une chambre d'amis			une terrasse		

2. VRAI OU FAUX ?

Regardez encore une fois la maison d'Albert Vidonne et dites si les phrases suivantes sont vraies ou fausses.

_____ 1. Il y a une table et quatre chaises dans le hall d'entrée.
_____ 2. Il y a un alambic (*a still*) dans la cave à vin.
_____ 3. Le salon est situé (*is located*) au rez-de-chaussée.
_____ 4. Le chat aime le cabinet de travail.
_____ 5. Il y a des patchwork dans la chambre d'amis.
_____ 6. Madame Vidonne fait ses patchwork dans l'atelier de bricolage.
_____ 7. Il y a un lavabo dans la chambre d'amis.
_____ 8. Cette maison a deux étages.

3. LA « CHASSE AU TRÉSOR » (*TREASURE HUNT*)

Avec un(e) camarade de classe, dites dans quelles pièces de la maison des Vidonne se trouvent les objets suivants.

un patchwork	une bouteille de vin d'Arbois	un bureau ancien
un lit d'enfant	une grande table	une photo de Grèce
une plante verte	un téléviseur	des fleurs
un dessin de Clara	une armoire bretonne	un lavabo

EXPANSION

DANS CETTE MAISON, IL Y A...

Avec un(e) camarade de classe, écrivez un paragraphe sur la maison d'Albert Vidonne.

Modèle : Albert Vidonne habite dans une maison. La maison a...

LECTURE

INTRODUCTION

Georges Perec (1936–1982) was a French novelist who was primarily interested in writing style. He was fascinated by words and details. In **Les choses,** Perec's first well-known novel, he begins by describing the surroundings and life of a hypothetical happy couple. The text you will read is a free adaptation of the first few paragraphs of the book, with a description of the couple's apartment.

PRÉPARATION À LA LECTURE

Les idées

• When you describe a room, what do you mention? Before reading the following text, make a list of all the objects and details that you would talk about. Write the words in French, if possible. If you don't know how to say the word in French, ask your instructor for the appropriate word or look it up in the **Portes ouvertes** glossary.

- What is your favorite room in your house? Is it big or small? What are the predominant colors? Why do you like this room?
- Scan the text below and pick out all of the cognates. Then identify all of the words you have already learned.

Le vocabulaire

la moquette *wall-to-wall carpeting*	en face de *opposite*
un parquet *a wooden floor*	de bois *of wood*
presque *nearly*	recouvert(s) de *covered with*
environ *about*	au fond *in the back*
un divan de cuir (*m*) *a leather couch*	on aperçoit *one sees, you can see*
entassé *piled up*	de chêne *of oak*
un cendrier en argent *a silver ashtray*	un havre de paix *a peaceful haven*

When reading, remember to:

- anticipate and predict by using what you know (in this case, you know what is usually in a room, so you know what to expect to find there);
- look for cognates (in this text you will recognize the words **corridor, orange,** and **table,** among others);
- adapt the way you read to the type of text: in a description, like this one, look for both the general impression and the details of what is being described.

Les Choses

On voit un long corridor, haut et étroit, avec une moquette beige. Puis la moquette laisse place à un parquet presque jaune. C'est la salle de séjour, longue de sept mètres environ, large de trois. À gauche, un gros divan de cuir brun avec, de chaque côté, une étagère où des livres et des objets rares sont entassés pêle-mêle. Sur une petite table basse, juste en face du divan, il y a des livres d'art et un cendrier en argent. De l'autre côté de la table, il y a deux fauteuils de bois recouverts de coussins orange. Au fond, à gauche de la porte, on aperçoit une vieille armoire de chêne. De la fenêtre, où pendent des rideaux blancs et bruns, on découvre quelques arbres, un parc minuscule, une petite rue. Dans cette pièce, où tout est brun, ocre et jaune, l'orange des coussins surprend. C'est une pièce du soir : un havre de paix et de tranquillité.

AVEZ-VOUS COMPRIS ?

1. What is your impression of this room? Are the following sentences true or false? If you can, explain your answers.

a. La salle de séjour est grande.
b. Il y a beaucoup de lumière.

c. Les personnes qui habitent cette maison ou cet appartement sont riches.

d. Les personnes qui habitent cette maison ou cet appartement sont jeunes.

e. Les personnes qui habitent cette maison ou cet appartement sont cultivées.

f. La maison ou l'appartement se trouve en ville.

g. L'auteur aime cette salle de séjour.

2. Check the objects that were mentioned in the text you just read. Write the name of each object in English in the appropriate column.

OBJET	OBJET (EN ANGLAIS)	OUI	NON
un divan			
un lit			
des livres d'art			
une lampe électrique			
une armoire			
des fauteuils			
un poste de télévision			
une moquette			
un tableau			
des rideaux			

3. Can you draw a picture of the room described in the text? Do it by yourself, and then compare your drawing with one done by a classmate.

ÉCRITURE

MY ROOM, MY APARTMENT, MY HOUSE

Write about your immediate surroundings: your dormitory room, your apartment, or your house. Think about the way in which Nathalie Gartner and Albert Vidonne described where they live. Use adjectives to make the objects you describe more interesting. As in the text that you have just read, start by introducing your reader to the location, and try to end by describing the general atmosphere.

BEFORE WRITING   Good writers think about what they are going to write before they start writing. Writing is a three-step process in which the actual writing comes last. The first step is brainstorming, or putting down any ideas you may have about your subject in any order; it's a good idea to do this with a classmate. The second step consists of organizing the ideas resulting from the brainstorming; eliminate redundancy and list the ideas in a logical order. Once you have brainstormed and organized your ideas, you are ready to begin writing.

AFTER WRITING   Rather than simply rereading what you have written, scan your text a number of times, each time checking that you have made all of the necessary agreements of a specific type. For example, find all of the verbs and make sure they agree with their subject in number and gender.

J'habitons un appartement.

Then, find all of the nouns and check that all of the articles and adjectives that modify them agree in number and gender.

Mon famille habite une grande maison moderne.

When you have verified all of these details, put yourself in the place of someone who is reading your writing for the first time and decide if it is well organized and if its meaning is clear.

J'AI APPRIS...

Dans Leçon 1

TYPES OF HOUSING AND THE PARTS OF A HOUSE

un couloir *a hall*
un escalier *a staircase*
un étage *a floor (story) of a house*
un jardin *a yard*
un mur *a wall*
un placard *a cabinet/closet*
un plafond *a ceiling*
un plancher *a floor*
le rez-de-chaussée *the ground floor*
un toit *a roof*
des volets *(m pl) shutters*

une cheminée *a fireplace*
une fenêtre *a window*
une porte *a door*
une terrasse *a patio*

THE ROOMS OF A HOUSE

un atelier de bricolage *a workshop*
un bureau *an office*
un salon/un séjour *a living room*
des W.-C. *(m pl) a toilet*

une buanderie *a laundry room*
une chambre (d'amis) *a (guest) bedroom*
une cuisine *a kitchen*
une entrée *an entrance*
une salle à manger a *dining room*
une salle de bains *a bathroom*

THE FURNITURE AND APPLIANCES IN A HOME

Dans la chambre, il y a... *In the bedroom, there is/are...*
  des jouets *(m) toys*
  un lecteur de disque laser *a CD player*
  un lit *a bed*

  une affiche *a poster*
  une armoire *a wardrobe*
  une commode *a dresser*
  une étagère *a bookshelf*
  une table de nuit *a night table*

Dans la cuisine, il y a... *In the kitchen, there is/are...*
  un aspirateur *a vacuum cleaner*
  un balai *a broom*
  un évier *a sink*
  un fer à repasser *an iron*
  un four à micro-ondes *a microwave oven*
  un grille-pain *a toaster*
  un lave-vaisselle *a dishwasher*

  une cafetière électrique *a coffee maker*
  une cuisinière *a stove*
  une machine à laver *a washing machine*

Continued

Dans le salon, il y a... *In the living room, there is/are...*

un canapé *a couch*   une table basse *a coffee table*
un fauteuil *an armchair*
un magnétoscope *a VCR*
un téléviseur *a TV set*

Dans la salle à manger, il y a... *In the dining room, there is/are...*

des chaises (*f*) *straight chairs*

Dans la salle de bains, il y a... *In the bathroom, there is/are...*

un lavabo *a sink*   une baignoire *a bathtub*
un savon *a bar of soap*   une douche *a shower*
                                       une serviette *a towel*

COGNATES (*LES MOTS APPARENTÉS*)

un appartement   une armoire
un buffet   une lampe
un garage   une radiocassette
des magazines (*m*)   une table
un réfrigérateur   la télévision
un studio   des toilettes (*f pl*)

TO SAY WHERE THINGS ARE LOCATED

à droite (de) *to the right (of)*
à gauche (de) *to the left (of)*
chez *at the home of*
contre *against*
devant *in front of*
derrière *behind*
entre *between*
par terre *on the ground/floor*
sous *under*
sur *on*
tout droit *straight ahead*

TO NAME HOUSEHOLD TASKS

HOUSEHOLD TASKS WITH THE VERB *FAIRE*

faire du jardinage *to garden*
faire la cuisine *to cook*
faire la lessive *to do laundry*
faire la vaisselle *to wash dishes*
faire le lit *to make the bed*
faire le ménage *to do housecleaning*
faire les courses *to run errands*

OTHER HOUSEHOLD TASKS

bricoler *to tinker around the house*

Continued

passer l'aspirateur *to vacuum*
repasser *to iron*

TO TELL HOW OFTEN THINGS OCCUR

ne... jamais *never*
rarement *rarely*
souvent *often*
toujours *always*
tous les jours *every day*

TO SAY HOW MUCH THINGS COST

numbers 100–10 000 (see page 96)

VERB

faire *to do, to make*

Dans Leçon 2

LES JOURS DE LA SEMAINE *THE DAYS OF THE WEEK*

lundi *Monday*
mardi *Tuesday*
mercredi *Wednesday*
jeudi *Thursday*
vendredi *Friday*
samedi *Saturday*
dimanche *Sunday*

TO TELL HOW OFTEN YOU DO SOMETHING

une fois par jour/semaine/mois *once a day/week/month*
le matin *the morning; mornings (in the morning)*
l'après-midi *(m or f) the afternoon; afternoons (in the afternoon)*
le soir *the evening; evenings (in the evening)*

LES MOIS DE L'ANNÉE *THE MONTHS OF THE YEAR*

janvier *January*
février *February*
mars *March*
avril *April*
mai *May*
juin *June*
juillet *July*
août *August*
septembre *September*
octobre *October*
novembre *November*
décembre *December*

Continued

TO TELL THE DATE AND THE PARTS OF THE YEAR

le premier février *February 1st*
le vingt-huit février *February 28th*

un an/une année *a year*   une semaine *a week*
un jour *a day*
un mois *a month*

TO TELL TIME

une heure *an hour*
une minute *a minute*

À quelle heure... ? *At what time . . . ?*
Quelle heure est-il ? *What time is it?*

TO MAKE APPOINTMENTS

J'aimerais/Je voudrais un rendez-vous pour... *I would like an appointment for...*
le 8 juillet *July 8th*
le mercredi 3 août *Wednesday, August 3rd*
vendredi à 15 h *Friday at 3 P.M.*

TO ASK QUESTIONS

avec qui *with whom*
combien de *how many, how much*
comment *how* (Comment est ton prof ? *What is your teacher like?*)
est-ce que + sujet + verbe (*expression used to make a "yes or no" question*)
n'est-ce pas ? *isn't it? doesn't she?*
où *where*
pourquoi *why*
quand *when*
Que... ? *What . . . ?*

TO USE -ER VERBS

aider quelqu'un *to help someone*
aimer *to like, to love*
assister à *to attend*
bricoler *to tinker*
chercher *to look for*
danser *to dance*
déjeuner *to eat lunch*
détester *to hate, to detest*
dîner *to dine, to eat dinner*
discuter *to discuss*
donner *to give*

Continued

écouter *to listen to*
entrer (dans) *to enter*
étudier *to study*
habiter *to live (in a place)*
jouer au basketball *to play basketball*
laver *to wash*
manger *to eat*
montrer *to show*
préférer *to prefer*
préparer *to prepare*
présenter *to present, to introduce*
proposer *to propose, to suggest*
ranger *to straighten up*
regarder *to look at*
rencontrer *to meet*
rentrer (à la maison) *to go back (home)*
rester (à la maison) *to stay (home)*
téléphoner *to phone*
travailler *to work*
trouver *to find*
voyager *to travel*

IRREGULAR VERBS

devoir *to have to, to owe*
pouvoir *to be able to*
vouloir *to want to*

TO INVITE, ACCEPT, AND REFUSE INVITATIONS AND TO MAKE EXCUSES

Tu es libre ? (Vous êtes libre ?) *Are you free?/Are you not busy?*
Avec plaisir. *Gladly. (With pleasure.)*
Je regrette. *I'm sorry.*
Désolé(e). *Sorry.*
Une autre fois peut-être. *Another time, perhaps.*

UNITÉ 3
La ville et le quartier

MES OBJECTIFS COMMUNICATIFS

Ask and give directions

Give commands and offer suggestions

Describe homes and neighborhoods

Identify buildings and stores in a neighborhood

Ask prices, select and purchase nonfood items

LES CLÉS CULTURELLES

Besançon

Homes and neighborhoods

Shopping

une maison individuelle

Porte d'entrée

In which region of your country do you live? Do you identify strongly with your region? How would you describe it? Are there special products and foods that characterize your region? Which features would you point out to someone who has never visited it?

France is divided into twenty-two **régions** and ninety-four **départements.** The **régions** were created in the 1970's to encourage decentralization and economic development outside of Paris. Each **département** is headed by the **préfet,** whose administrative offices are called **la préfecture.** In this unit you will learn more about the city of Besançon and the region in which it is located—**la Franche-Comté.** As you progress through this unit, notice the ways Besançon and **la Franche-Comté** are similar to or different from the region in which you live.

REGARDONS LES PHOTOS

DESCRIPTION DE VILLES ET DE PAYSAGE COMTOIS

First, choose words from the following list that best describe the cities, towns, and countryside in your area. Next, choose words that best describe the cities, towns, and countryside in **la Franche-Comté** that are depicted in the photos on the opposite page.

agréable à vivre	calme	industrialisé(e)	pollué(e)
ancien(ne)	charmant(e)	isolé(e)	surpeuplé(e) *(overpopulated)*
animé(e)	dangereux/dangereuse	moderne	tranquille
beau/belle	dynamique	pittoresque	vert(e)
bien situé(e)	historique		

149

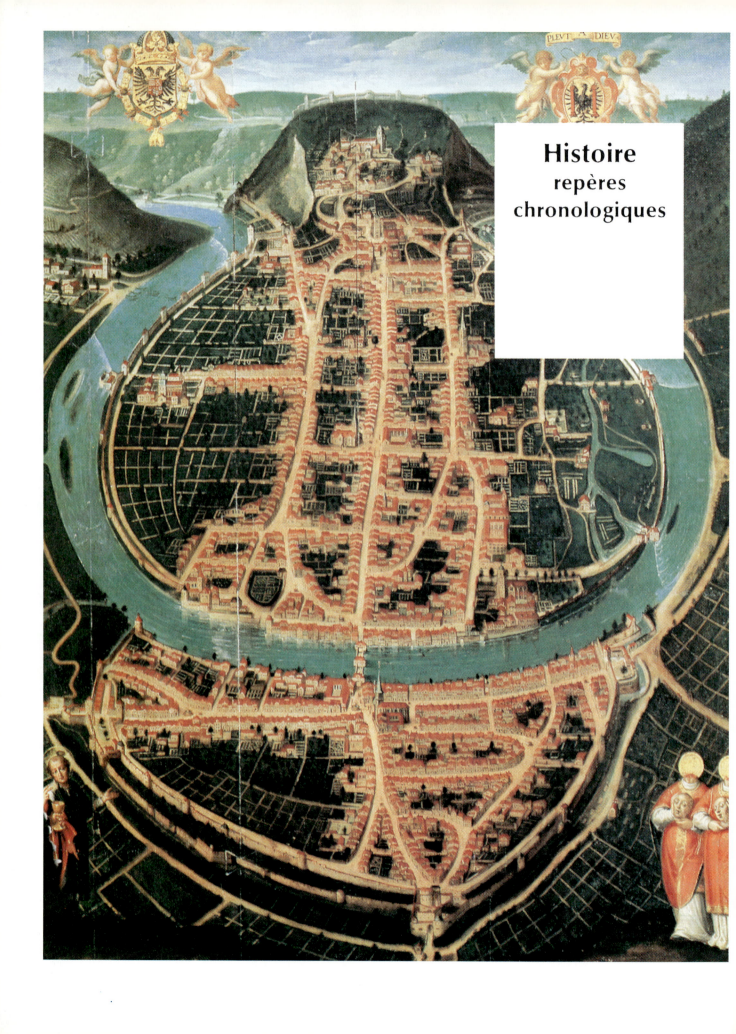

Histoire
repères
chronologiques

Où se trouve...?

MES OBJECTIFS COMMUNICATIFS	LES CLÉS CULTURELLES
Ask and give directions Give commands and offer suggestions	Besançon

REGARDONS LES IMAGES

1. LA FORME DE LA VILLE

Look at the map of seventeenth-century Besançon on the opposite page. Which geographical feature influenced the city's shape?

un lac	des rochers (*rock formations*)
une montagne	une rivière

2. BESANÇON AU DIX-SEPTIÈME SIÈCLE

Which of the following structures can you see in the map of Besançon on the opposite page?

une citadelle (*a fortress*)	un musée
une église (*a church*)	une place publique

EXPRESSION-VOCABULAIRE

ASKING FOR DIRECTIONS

When you are traveling, you may need to ask for directions. Here are some expressions to help you.

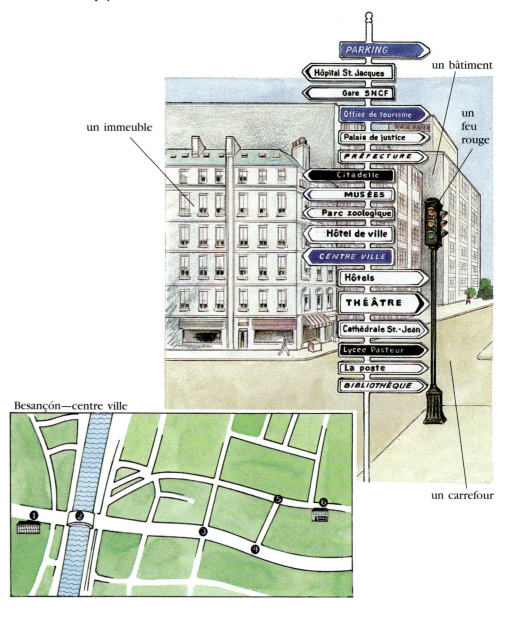

un bâtiment

un feu rouge

un immeuble

un carrefour

Besançón—centre ville

—Pardon, Monsieur. Savez-vous où se trouve le bureau de tabac le plus proche ?

—Un bureau de tabac ? Voyons... En sortant du magasin, tournez à droite. Traversez le pont Battant et la place du Huit Septembre. Tournez à gauche dans la rue Moncey. Continuez tout droit jusqu'à la rue des Granges.

—Tournez à droite au coin. Le bureau
de tabac est sur votre droite et la
rue Bersot est sur votre gauche.

—Merci, Monsieur.

Je vous en prie.

> When asking directions, be sure to phrase your request politely. After all, how would you react if someone asked you for directions by saying "Hey, you! Where's the closest bus stop?" One way to make any request more polite is by adding **Monsieur, Madame,** or **Mademoiselle.**
>
> The general term for a map is **une carte.** However, if you need a city map, ask for **un plan de la ville.**

1. BIENVENUE À BESANÇON

Look at the map of Besançon at the front of your textbook and locate the places listed below.

C-2	1. le square St. Amour	_____	7. la rue Bersot
_____	2. la place Jean Cornet	_____	8. la rue Proudhon
_____	3. la place Victor Hugo	_____	9. la Citadelle
_____	4. l'hôtel de ville (*city hall*)	_____	10. le musée des Beaux Arts
_____	5. la cathédrale St. Jean	_____	11. le pont Battant
_____	6. la rue Rivotte	_____	12. le palais Granvelle

2. POUR ALLER À LA FAC

Nathalie lives on **la rue d'Arènes** and she walks to her classes at the **Faculté des Lettres.** Look at the map of Besançon and locate Nathalie's studio and the **Faculté des Lettres.** For each sentence, decide which statement accurately reflects the route she takes.

1. En sortant de son studio, elle tourne à gauche dans la rue d'Arènes.

   a. Elle continue tout droit jusqu'à la synagogue.
   b. Elle va (*goes*) tout droit jusqu'au coin.
   c. Elle va tout droit jusqu'à la place Marulaz.

2. Ensuite,

   a. elle continue tout droit dans la rue Battant.
   b. elle tourne à gauche dans la rue de la Madeleine.
   c. elle tourne à droite et traverse le pont Battant.

3. Après,

   a. elle tourne à gauche et traverse la place de la Révolution.
   b. elle va tout droit dans la Grande Rue.
   c. elle tourne à droite sur le quai Vauban.

4. Puis,

   a. elle monte la Grande Rue jusqu'à la rue de la Préfecture.
   b. elle tourne à gauche dans la rue Moncey.
   c. elle continue tout droit dans la Grande Rue jusqu'à la cathédrale St. Jean.

5. Ensuite,

   a. elle prend la rue de la Préfecture et continue tout droit jusqu'à la rue Charles Nodier.
   b. elle descend la rue de la Préfecture et tourne à gauche dans la rue Mégevand.
   c. elle tourne à droite dans la rue de la Préfecture et à droite dans la rue du Lycée.

6. Finalement, elle arrive à la Faculté des Lettres.

   a. La fac est sur sa gauche.

   b. La fac est tout droit.

   c. La fac est sur sa droite.

3. UN RENDEZ-VOUS SECRET

You have an appointment with Nathalie. Trace the directions she has given you on the map of Besançon to discover where you are to meet her.

NATHALIE : En sortant de la préfecture, continuez tout droit dans la rue de la Préfecture. Tournez à gauche dans la rue Mégevand. Prenez la rue Pasteur et allez tout droit. Traversez la place Pasteur. Tournez à droite dans la rue Luc Breton. Tournez à gauche dans la rue des Granges et vous arrivez à la place de la Révolution. Le bâtiment est sur votre droite.

VOUS : J'ai rendez-vous avec Nathalie _____.

4. REGARDEZ LE PLAN DE BESANÇON

Explain to your partner how to get from **l'église Notre Dame** to **le Palais de Justice** while he or she traces the route on the map of Besançon. Then listen to your partner explain how to go from **la place Victor Hugo** to the theater as you trace the route on your map of Besançon.

VOUS : En sortant de l'église Notre Dame, tu tournes _____ dans la rue Mégevand. Traverse la rue de la Préfecture et continue _____ jusqu'à la rue du Palais. Tourne _____ dans la rue du Palais. Le Palais de Justice est sur ta _____.

VOTRE CAMARADE DE CLASSE : Tu es sur la place Victor Hugo. Alors, descend _____ la Grande Rue. Continue _____ jusqu'au coin. Tourne _____ dans la rue Ronchaux. Ensuite tourne _____ dans la rue Mégevand. Le théâtre est sur ta _____.

ACTION

AU BUREAU DE TABAC

PRÉPARONS-NOUS

> The vast majority of public phone booths (**des cabines téléphoniques**) in France do not accept coins. Instead, people use a prepaid calling card called **une télécarte** to make calls. These cards are sold in denominations of 50 or 120 **unités**, each **unité** being worth a certain amount of telephone time. The cards can be purchased in a **bureau de tabac**, at the post office, and at other licensed dealers. **Les télécartes** are printed with different designs and have become collectors' items.

JEU DE RÔLE

In addition to **télécartes,** there are a lot of things you can buy in a **bureau de tabac.** With a classmate, play the roles of the customer and the **buraliste** (*tobacconist*) buying and selling these items.

un timbre
3 F

des cigarettes 16 F 80

un journal 2 F

un magazine 12 F

Modèle :	LE/LA BURALISTE :	Bonjour, (Monsieur, Madame, Mademoiselle).
	CLIENT(E) :	Bonjour, (Monsieur, Madame, Mademoiselle) ! Je voudrais une télécarte de 50 unités, s'il vous plaît.
	LE/LA BURALISTE :	Oui, ça fait 46 francs.
	CLIENT(E) :	Voilà 46 francs.
	LE/LA BURALISTE :	Merci. Au revoir, (Madame, Monsieur, Mademoiselle).

REGARDONS ENSEMBLE

Remember: Listening and understanding will be easier and more enjoyable if you check to see what information you are to find before viewing the video.

1. QU'EST-CE QUE RENAUD ACHÈTE ?

Renaud Peuteuil is in a **bureau de tabac.** Watch the video and circle the items he buys.

un magazine	un paquet de cigarettes	un journal (*a newspaper*)
des timbres (*stamps*)	une carte postale	un briquet (*a cigarette lighter*)
une carte d'anniversaire	une télécarte	

2. C'EST COMBIEN ?

Now circle the number that corresponds to the amount Renaud paid for his purchases.

   a. 100 F   b. 44 F 60   c. 45 F 50   d. 50 F

3. OÙ SE TROUVE LA CABINE TÉLÉPHONIQUE LA PLUS PROCHE ?

Renaud asks the **buraliste** for directions to the closest phone booth. Watch the video again and trace the route she indicates on the map of Besançon to discover where it is located.

EXPANSION

VALÉRIE ARRIVE À BESANÇON

Valérie Joubert is a friend of Renaud's from Paris who is spending several days in Besançon. Renaud explains to Valérie how to get to her hotel. Use the brochure from the Hôtel Régina to complete Renaud's letter. Be careful! There are a lot of one-way streets (**rues à sens unique**) and pedestrian streets (**rues piétonnes**).

Besançon, le 26 juin

Chère Valérie,

J'ai fait une réservation pour toi à l'Hôtel Régina. Voici comment tu arrives à l'hôtel. En arrivant à Besançon, tu traverses le pont Charles de Gaulle...

Bonne route ! À bientôt.

Grosses bises,
RENAUD

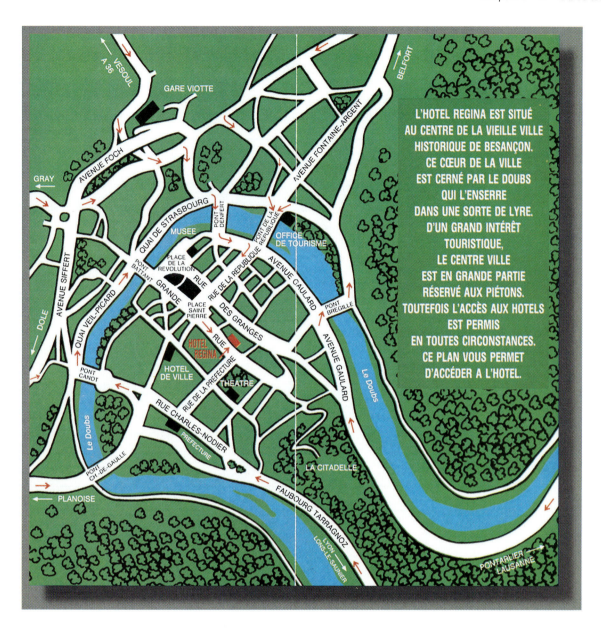

L'HOTEL REGINA EST SITUÉ
AU CENTRE DE LA VIEILLE VILLE
HISTORIQUE DE BESANÇON.
CE CŒUR DE LA VILLE
EST CERNÉ PAR LE DOUBS
QUI L'ENSERRE
DANS UNE SORTE DE LYRE.
D'UN GRAND INTÉRÊT
TOURISTIQUE,
LE CENTRE VILLE
EST EN GRANDE PARTIE
RÉSERVÉ AUX PIÉTONS.
TOUTEFOIS L'ACCÈS AUX HOTELS
EST PERMIS
EN TOUTES CIRCONSTANCES.
CE PLAN VOUS PERMET
D'ACCÉDER A L'HOTEL.

Expression-Structure (1)

ALLER AND ALLER + THE INFINITIVE

To give directions, you will often use the irregular verb **aller,** which means *to go.*
Read the following excerpt and see if you can find two forms of the verb **aller.**

MAUD À ARNAUD :   Alors, on va tout droit, Arnaud.
Doucement. Tourne à droite, toujours à droite...
Tu vas à gauche.

 As you study the examples, ask yourself: Which forms of the verb **aller** are "regular" (like other **-er** verbs)? Which forms are irregular? What happens when the preposition **à** is followed by **le** or **les**? When do I use the present tense of **aller** + the infinitive? Do I know how to make a sentence negative with **aller** + the infinitive?

Here is the complete conjugation of the verb **aller.**

ALLER			
je	vais	nous	allons
tu	vas	vous	allez
il/elle/on	va	ils/elles	vont

- The verb **aller** is often followed by the preposition **à** to say where you are going.

As the following chart illustrates, **à** contracts with the articles **le** and **les.**

À + THE DEFINITE ARTICLE		EXAMPLES
à + le	au	D'abord, Valérie et Renaud vont **au** café Au Pied de Cochon.
à + la	à la	Ensuite, Valérie va **à la** porte Noire.
à + l'	à l'	Après, elle va **à l'**université.
à + les	aux	Finalement, elle va **aux** différents musées de la Citadelle.

- To talk about things you will do in the near future, use the present tense of **aller** + **l'infinitif.** In the negative, **ne** and **pas** are placed around **aller.**

Valérie **va visiter** la Citadelle.	*Valérie is going to visit the Citadelle.*
Elle **ne va pas aller** à la cathé- drale St. Jean aujourd'hui.	*She is not going to go to the **cathé- drale St. Jean** today.*
Valérie et Renaud **vont dîner** ensemble.	*Valérie and Renaud are going to have dinner together.*

VÉRIFIEZ Can you answer your questions about **aller**? Don't forget: Putting irregular verbs to a tune and singing it will help you remember them.

1. VALÉRIE PASSE SA DEUXIÈME JOURNÉE À BESANÇON

Look at Valérie's agenda and write out the order in which she will do the activities she has planned. Renaud will be participating with her in several activities. These expressions will help you: **d'abord** (*first*), **ensuite** (*next*), **puis** (*then*), **après** (*after- wards*), **finalement** (*last*). The first one has been done for you.

Modèle :   D'abord, je vais au musée Comtois. Ensuite...

 9 h   le musée Comtois
10 h   les remparts de la Citadelle
11 h   le musée de la Résistance et de la Déportation
13 h   au café Au Pied de Cochon
15 h   l'horloge astronomique
16 h   les fontaines de la place Pasteur
17 h   l'hôtel de ville
18 h   l'église Ste. Madeleine
19 h   le restaurant Au Petit Polonais avec la famille de Renaud
21 h   le cinéma avec Renaud
23 h   la Brasserie du Commerce
24 h   l'Hôtel Régina

2. VALÉRIE ÉCRIT À SES PARENTS

Valérie has also written a postcard to her family in Paris to tell them what she has planned for the same day. Complete her postcard using the expressions **d'abord, ensuite, puis, après, finalement** to clarify the order in which she will do the activities she has planned.

Besançon, le 15 juillet

Chère maman, cher papa,

Il y a deux jours que je suis à Besançon. Aujourd'hui je vais faire beaucoup de choses. D'abord, je vais au musée Comtoise...

Je vous embrasse tous les deux très fort,
VALÉRIE

3. CE QUE JE VAIS FAIRE AUJOURD'HUI

Take a moment to think about your schedule for the rest of the day. Then tell your partner where you are going today. Don't forget the expressions that can help you explain in what order you will be going to different places—**d'abord, ensuite, puis, après, finalement.** Besides French class, are there any other times of the day when you and your partner will be in the same place?

4. ET VOUS ?

Write down three things you are going to do next weekend (**le week-end prochain**) and three things you definitely are not going to do. Circulate in the class and ask others about their weekend plans. Talk to as many students as possible within the time limit set by your instructor to find: 1) the two most popular activities for the coming weekend, and 2) a classmate who will do at least three of the same activities as you. Use **aller** + infinitive in your questions and answers.

INTERACTION

À QUELLE HEURE EST-CE QU'ON PEUT LUI TÉLÉPHONER ?

Valérie left a message for each of her parents at their offices asking them to call her. In each message she left different information about her plans for the day. Student A has the information she left in the message to her father on page 732, and

Student B has the information she left in the message to her mother on page 742. Ask each other questions to find out exactly what Valérie will be doing, at what time, and where. Be sure to use **aller** + infinitive in your questions and answers. After you have completed the chart, decide what time her parents will be able to call Valérie and find her at the hotel.

ACTION-APPROFONDISSEMENT

À GAUCHE, À DROITE, TOUT DROIT... ?

REGARDEZ

TOURNE À GAUCHE !

Maud is sitting on the hood of Arnaud's car for the short ride from a nearby basketball court to her home. But don't worry! There are no other cars on the road! Listen to Maud's directions and trace the route on the map. Bring your map to class and compare it with your classmates' maps.

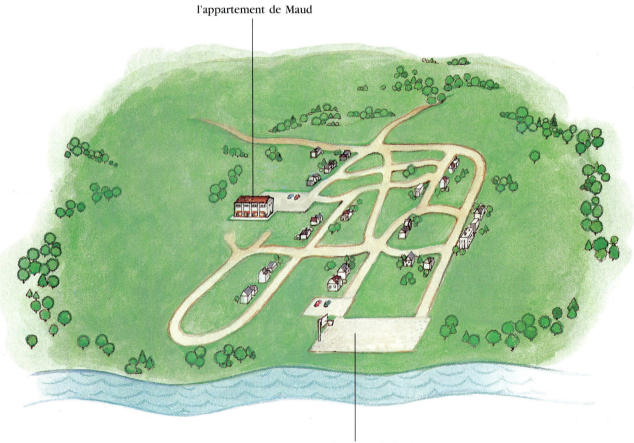

l'appartement de Maud

le court de basket

EXPRESSION-STRUCTURE (2)

THE VERBS *PRENDRE, SAVOIR,* AND *SUIVRE*

The irregular verbs **prendre, savoir,** and **suivre** are useful when asking and giving directions. Read the following conversation and use the context to infer the meaning of the highlighted words.

Renaud stops a passerby on the **place du 8 septembre** to ask for directions.

RENAUD : Excusez-moi, Madame. **Est-ce que vous savez** où se trouve la poste ?
DAME : **Vous suivez** la rue de la République jusqu'au feu rouge. Au feu rouge, **vous prenez** la rue Proudhon. La poste est sur votre gauche.
RENAUD : Merci beaucoup, Madame.
DAME : Je vous en prie.

Did you guess that **est-ce que vous savez** means *do you know,* **vous suivez** means *you follow,* and **vous prenez** means *you take*?

As you study the following examples, ask yourself: With which letter do the **je** and **tu** forms of the verbs **savoir** and **suivre** end? With which letter does the **il/elle/on** form of these two verbs end? With what letter do the **je** and **tu** forms of the verb **prendre** end? And the **il/elle/on** form? How many **n**'s are there in the third person plural of the verb **prendre**? How many **n**'s are there in the other forms of the verb? What other verb is conjugated like the verb **prendre**? What does it mean? What associations or classifying techniques can I use to remember the forms of these verbs?

Here are the complete conjugations of these three verbs.

SAVOIR (*TO KNOW*)	PRENDRE (*TO TAKE*)	SUIVRE (*TO FOLLOW*)
je sais	je prends	je suis
tu sais	tu prends	tu suis
il/elle/on sait	il/elle/on prend	il/elle/on suit
nous savons	nous prenons	nous suivons
vous savez	vous prenez	vous suivez
ils/elles savent	ils/elles prennent	ils/elles suivent

The verb **comprendre** (*to understand*) is conjugated like the verb **prendre.**

VÉRIFIEZ Can you answer the questions about the verbs **prendre, savoir,** and **suivre**? If not, you may want to review them before class.

Hint: Intend to learn! Students will often highlight important points in their textbooks, thinking "I will come back and learn this for the quiz." Actually, doing so tells the brain "Don't learn this now," and the brain listens! If you study this way, you will find that you retain very little. To correct this problem, every time you sit down to study, tell yourself, "I intend to learn this now!"

1. OÙ SE TROUVE L'HÔTEL RÉGINA ?

Valérie is at the tourist office. Use the map of Besançon to tell her how to return to her hotel. Use the appropriate form of the following verbs:

prendre   savoir   suivre   tourner   traverser

VALÉRIE :   Pardon, Monsieur. _____-vous où se trouve l'Hôtel Régina ?

PASSANT :   En sortant de l'Office de Tourisme, vous _____ à gauche et vous _____ le pont de la République. Vous _____ la rue de la République jusqu'à la rue des Granges. Vous _____ la rue des Granges et continuez tout droit jusqu'à la rue Moncey. Vous _____ la rue Moncey et vous _____ jusqu'à la Grande Rue. Vous _____ à gauche dans la Grande Rue et vous _____ la Grande Rue jusqu'à l'Hôtel Régina.

VALÉRIE :   Merci beaucoup, Monsieur.

2. VISITE TOURISTIQUE DE BESANÇON

You are in Besançon and you want to visit the city; however, you don't have a city map, so you will need to ask passersby for directions. You have a list of tourist sites that you want to visit. Without looking at the map of Besançon, ask your partner for directions from each site you want to visit to the next. Your partner may look at the map. Write down his/her directions.

Vous êtes à l'Hôtel Régina. Vous voulez visiter :

1. les fontaines (B-2)
2. la tour de Chamar (B-4)
3. l'église Ste. Madeleine (B-2)
4. la porte Noire (D-3–4)
5. le Palais de Justice (C-3)

Votre camarade de classe est au Palais de Justice. Il/Elle veut visiter :

1. l'église St. Pierre (C-2)
2. la porte Rivotte (D-3–4)
3. la Citadelle (D-4)
4. la Promenade Micaud (D-1–2)
5. l'Hôtel Régina (C-3)

3. JE VAIS DANS LA BONNE DIRECTION ?

Now check your written directions against the map to verify that you correctly understood the directions your partner gave you.

EXPRESSION-STRUCTURE (3)

THE IMPERATIVE

The imperative, or command form, is often used when giving directions. In the following conversation, Valérie asks a passerby for directions. Look at the highlighted verbs carefully. Can you infer one of the rules for forming the imperative in French?

VALÉRIE :   Pardon, Madame. L'Hôtel Régina, s'il vous plaît.
UNE PASSANTE : L'Hôtel Régina ? **Prenez** la première rue à gauche. **Continuez** tout droit jusqu'à la Grande Rue. **Tournez** à droite au coin et **montez** la Grande Rue. L'hôtel est sur votre gauche.
VALÉRIE :   Merci bien, Madame.

Did you notice that the subject of the verb is not used in the imperative?

 As you study the examples that follow, ask yourself: When will I use the imperative? How is it formed? How is the **tu** form of **-er** verbs in the imperative different from the present tense? Which two verbs are irregular in the imperative and how are they formed?

• To give orders, directions, and advice, or to make suggestions, use the imperative. In most cases, the imperative is simply the present tense of the verb without the subject. Note, however, that **-er** verbs drop their **s** in the **tu** form. For example:

> **Tournez** à gauche ! **Continuez** dans la rue Bersot.
> **Tourne** à droite. **Continue** dans la rue des Granges.

• To make the imperative negative, add **ne** before the verb and **pas** after the verb.

> **Ne tourne pas** à droite ! Continue tout droit !

• Verbs have only three forms in the imperative: **tu, vous,** and **nous.** The **nous** form of the imperative can be used to make suggestions.

> **N'allons pas** au Musée des   *Let's not go to the Musée des Beaux*
>   Beaux Arts !   *Arts!*
> **Allons** à la Citadelle !   *Let's go to the Citadelle!*

The verbs **être** and **avoir** are irregular in the imperative.

ÊTRE	AVOIR
sois	aie
soyons	ayons
soyez	ayez

For example:

Anne-Marie à Jean-Baptiste :	
Jean-Baptiste, **sois** à l'heure !	*Jean-Baptiste, be on time!*
Anne-Marie à Benjamin et à Clara :	
Chut ! Jean-Baptiste parle au	*Shush! Jean-Baptiste is on the phone.*
téléphone. **Soyons** silencieux !	*Let's be quiet!*
Anne-Marie à Benjamin, à Dorel	
et à Clara :	
Soyez sages !	*Be good!*
Anne-Marie à Benjamin, qui va	
chez le dentiste :	
N'**aie** pas peur, ce dentiste est	*Don't be afraid, this dentist*
très gentil.	*is very nice.*

> **VÉRIFIEZ** Can you answer your questions about the **impératif** without looking at the explanations and examples? If not, you may want to review the material, or ask your instructor or a classmate for help.

1. AU PIED DE COCHON

Valérie is supposed to meet Renaud for lunch at the café Au Pied de Cochon on the rue Bersot. He has left her a note at the Hôtel Régina telling her how to get there, but unfortunately some of the words were smudged, so she can't make them all out. With a partner, fill in the correct words for her. (Because Renaud and Valérie are friends, use the **tu** form of the imperative.) Consult the map of Besançon to help you.

Hôtel Régina ★★

Besançon, le 10 juillet

En sortant de l'Hôtel Régina, ▨▨▨▨▨ ▨▨▨▨ ▨▨ rue à droite dans la grande rue. ▨▨▨▨▨▨▨▨ dans la rue jusqu'à la rue Morcey. ▨▨▨▨ ▨▨▨▨▨▨ tout droit jusqu'au coin. Morcey. ▨▨▨▨▨▨▨▨▨ dans la rue des Ensuite, ▨▨▨▨▨▨▨ ▨▨▨▨▨▨ jusqu'à la rue granges. ▨▨▨▨▨▨ ▨▨▨▨▨▨ dans la rue Bersot. Bersot. ▨▨▨▨▨▨▨▨▨ dans la rue Bersot. Le café Au Pied de Cochon est sur ta droite.

À bientôt,

Renaud

2. VALÉRIE VISITE LA RÉGION

Valérie is planning to do some sightseeing. With a partner, read the ads for what she plans to do and then suggest to her what time to arrive, how much money to bring, where to go, and what number to call. Conjugate the infinitives in parentheses in the appropriate form of the imperative to complete your suggestions.

Vedettes Bisontines

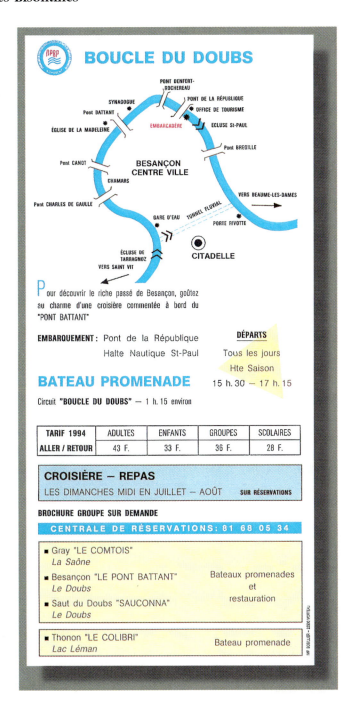

_____ (aller) au pont de la République. _____ (être) bien à l'heure.
_____ (téléphoner) au _____ (numéro de téléphone) pour avoir d'autres renseignements (*information*).

Visite de la vieille ville

> ### Visite de Besançon à pied
>
> Exposé sur la formation de la ville à travers les âges,
> suivi d'un circuit à pied, au cœur de la boucle du Doubs.
> *Durée de la visite :* 2H.
> *Tarifs :* 30F et 20F pour étudiants et moins de 18 ans.
> *Prise des billets et départ :*
> 15H, Hôtel de Ville, place du 8 Septembre.

_____ (aller) à l'Hôtel de Ville. _____ (arriver) à _____ (l'heure). _____ (apporter) _____ (francs).

Visite du musée des Beaux-Arts

> ### musée des beaux-arts et d'archéologie
> Place de la Révolution - Tél. 81.81.44.47   Q12
> **OUVERTURE** : de 9 h 30 à 12 h et de 14 h à 18 h
> **TARIF 93** : Entrée gratuite mercredi, dimanche et jours fériés
> ADULTES .... 16 F
> DEMI-TARIF .... 7,50 F
>
> SCOLAIRES, ÉTUDIANTS .... Gratuit
> GROUPES : moins de 10 personnes : 16 F par personne
>   plus de 10 personnes : 7,50 F par personne
> (Pour les groupes, visites commentées sur demande adressée au Conservateur du Musée : 200 F)
> **FERMETURE** : le mardi et les 1er janvier, 1er mai, 1er novembre, 25 décembre

_____ (aller) au musée des Beaux-Arts sur la place de la Révolution. _____ (arriver) entre _____ et _____ (l'heure) de l'après-midi.

Le petit-train

_____ (aller) au Faubourg Rivotte. _____ (être) bien à l'heure. _____ (apporter) _____ (francs).

3. DES CONSEILS

Give advice to new students at your university. Using the imperative, write three qualities they should have to be a good roommate and three things they should avoid doing.

Modèle :   Aie de la patience ! Ne sois pas rigide.

4. UN SONDAGE

Circulate in the class to find out what advice your classmates had for new students. What items were most frequently mentioned by other students?

5. DES CONSEILS TOURISTIQUES

What advice would you give to tourists visiting your area? With a partner, write down four places in your locality that a tourist should visit. Then, while your partner plays the role of a tourist, tell him or her which sites to visit, using the imperative.

EXPRESSION-STRUCTURE (4)

THE PREPOSITION *DE* AND CONTRACTIONS WITH THE DEFINITE ARTICLE

You have already learned some prepositions (**dans, sur, devant, derrière, entre**). The highlighted words that follow are prepositions that end with **de**. Remembering what you know about how **à** contracts with the definite article, what rules can you come up with about contractions with **de** + **l'article défini**?

le magasin de fleurs

le bureau de tabac

la pharmacie

l'école Rivotte

le café

le salon de Marie-Jo

La pharmacie est **à côté du** (*next to*) bureau de tabac.
L'école Rivotte est **en face du** salon de Marie-Jo.
Le salon de Marie-Jo est **au coin de** (*at the corner of*) **la** rue Rivotte.
Le café est **près de** (*near*) l'école Rivotte.
L'école Rivotte est **loin du** (*far from*) magasin de fleurs.

What changes, if any, are needed when the preposition **de** is followed by **le**? **la**? **l'**? **les**? Which expressions are followed by **de**?

DE + L'ARTICLE DÉFINI		EXEMPLES
le	du	La Faculté des Lettres est **en face du** théâtre.
la	de la	La Faculté de Médecine est **au coin de la** rue de l'Orme de Chamars et **de la** rue Charles Nodier.
l'	de l'	La Faculté de Médecine est **en face de l'**Hôpital St. Jacques.
les	des	L'Hôtel Régina **n'est pas loin des** musées à Besançon.

VÉRIFIEZ Can you answer your questions about contractions of **de** + **l'article défini**? How will you remember which expressions are followed by **de** and which ones are not?

1. LA VUE DE LA CITADELLE

The guide at the Citadelle is pointing out some of the spots of interest in Besançon. Look at the map of Besançon at the front of the book and complete the guide's commentary using a preposition and, if necessary, **de** or a contraction of **de** and the definite article.

Voilà l'Hôpital St. Jacques dans la rue de L'Orme de Chamars. Le bâtiment _____ Hôpital St. Jacques, c'est la Faculté de Médecine et de Pharmacie. Le palais Granvelle est _____ rue de la Préfecture et de la Grande Rue. La bibliothèque se trouve _____ rue des Granges et la Grande Rue. Le Palais de Justice est _____ hôtel de ville. La cathédrale St. Jean est _____ porte Noire. Le fort Griffon se trouve de l'autre côté de la ville. Comme vous voyez, c'est _____ de la Citadelle.

2. D'AUTRES SITES TOURISTIQUES

Now add to the guide's commentary by using the prepositions on page 167 to describe the location of four additional sites in Besançon.

3. RENDEZ-VOUS À LA CITADELLE

Renaud is going to meet Valérie at the Citadelle to visit the meteorological and astronomical observatory. He wants to leave her a note at the hotel telling her exactly how to get to the observatory. Using the different buildings at the Citadelle as sign posts for her to follow, write the note to Valérie from Renaud.

Chère Valérie,

En entrant dans la Citadelle, le restaurant « Le Vauban » est sur ta gauche et le musée agraire sur ta droite. Continue tout droit jusqu'a/jusqu'au _____

_____

_____

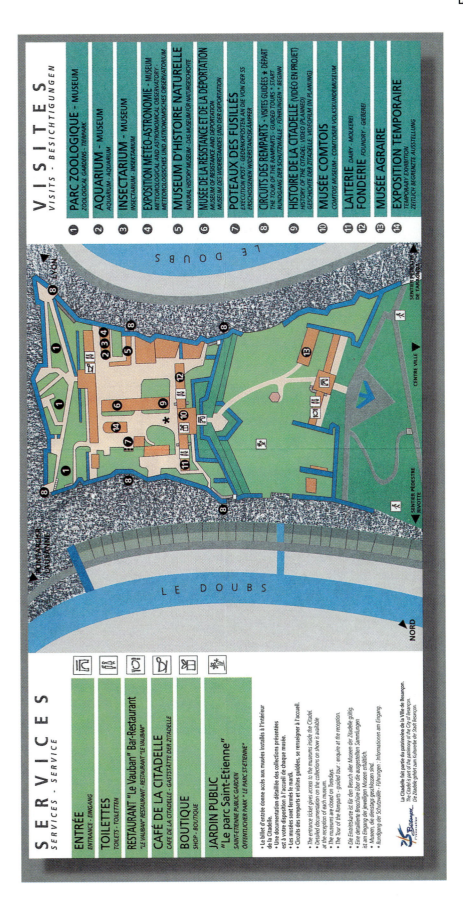

S E R V I C E S
SERVICES · SERVICE

ENTRÉE
ENTRANCE · EINGANG

TOILETTES
TOILETS · TOILETTEN

RESTAURANT "Le Vauban" Bar-Restaurant
"LE VAUBAN" RESTAURANT · RESTAURANT "LE VAUBAN"

CAFÉ DE LA CITADELLE
CAFÉ DE LA CITADELLE · GASTSTÄTTE DER ZITADELLE

BOUTIQUE
SHOP · BOUTIQUE

JARDIN PUBLIC
"Le parc Saint-Etienne"
SAINT-ETIENNE PUBLIC GARDEN
ÖFFENTLICHER PARK " LE PARC ST-ETIENNE"

- Le billet d'entrée donne accès aux musées installés à l'intérieur de la Citadelle.
- Une documentation détaillée des collections présentées est à votre disposition à l'accueil de chaque musée.
- Les musées sont fermés le mardi.
- Circuits des remparts et visites guidées, se renseigner à l'accueil.

- The entrance ticket gives access to the museums inside the Citadel.
- Detailed documentation on the collections on show is available at the reception of each museum.
- The museums are closed on Tuesdays.
- The Tour of the Ramparts - guided tour : enquire at the reception.

- Die Eintrittskarte ist für den Besuch aller Museen der Zitadelle gültig.
- Eine detaillierte Broschüre über die ausgestellten Sammlungen ist am Eingang der jeweiligen Museen erhältlich.
- Museen, die dienstags geschlossen sind.
- Rundgang der Schutzwälle - Führungen : Informationen am Eingang.

La Citadelle fait partie du patrimoine de la Ville de Besançon.
The Citadel is part of the patrimony of the City of Besançon.
Die Zitadelle gehört zum Kulturerbe der Stadt Besançon.

V I S I T E S
VISITS · BESICHTIGUNGEN

① **PARC ZOOLOGIQUE - MUSEUM**
ZOOLOGICAL GARDENS · TIERPARK

② **AQUARIUM - MUSEUM**
AQUARIUM · AQUARIUM

③ **INSECTARIUM - MUSEUM**
INSECTARIUM · INSEKTARIUM

④ **EXPOSITION MÉTÉO-ASTRONOMIE - MUSEUM**
METEOROLOGICAL AND ASTRONOMICAL OBSERVATORY ·
METEOROLOGISCHES UND ASTRONOMISCHES OBSERVATORIUM

⑤ **MUSEUM D'HISTOIRE NATURELLE**
NATURAL HISTORY MUSEUM · DAS MUSEUM FÜR NATURGESCHICHTE

⑥ **MUSÉE DE LA RÉSISTANCE ET DE LA DÉPORTATION**
MUSEUM OF RESISTANCE AND DEPORTATION ·
MUSEUM DES WIDERSTANDES UND DER DEPORTATION

⑦ **POTEAUX DES FUSILLÉS**
EXECUTION POST · GEDENKPOSTEN AN DIE VON DER SS
ERSCHOSSENEN WIDERSTANDSKÄMPFER

⑧ **CIRCUITS DES REMPARTS - VISITES GUIDÉES ★ DÉPART**
THE TOUR OF THE RAMPARTS - GUIDED TOURS ★ START
RUNDGANG DER SCHUTZWÄLLE - FÜHRUNGEN · BEGINN

⑨ **HISTOIRE DE LA CITADELLE (VIDÉO EN PROJET)**
HISTORY OF THE CITADEL: VIDEO (PLANNED)
GESCHICHTE DER ZITADELLE: VIDEOFILM (IN PLANUNG)

⑩ **MUSÉE COMTOIS**
COMTOIS MUSEUM · COMTOISER VOLKSKUNDEMUSEUM

⑪ **LAITERIE** DAIRY · MOLKEREI
⑫ **FONDERIE** FOUNDRY · GIEßEREI

⑬ **MUSÉE AGRAIRE**

⑭ **EXPOSITION TEMPORAIRE**
TEMPORARY EXHIBITION ·
ZEITLICH BEGRENZTE AUSSTELLUNG

LE DOUBS

LE DOUBS

NORD

Prononciation

LA PRÉPOSITION *DE* ET LES CONTRACTIONS AVEC L'ARTICLE DÉFINI

English speakers of French often fail to distinguish between the pronunciation of the preposition **de** and the contracted articles **du** and **des.**

Écoutez

Listen to the following sentences and fill in the missing words.

La Citadelle est loin _____ fort Griffon.
La Faculté _____ Lettres est en face _____ théâtre.
Pour aller _____ Faculté _____ Médecine et de Pharmacie au Palais _____ Justice, vous prenez la rue de l'Orme de Chamars.

Vérifiez

Now, check your answers and then repeat each sentence aloud, making sure you pronounce the highlighted words carefully.

La Citadelle est loin **du** fort Griffon.

La Faculté **des** Lettres est en face **du** théâtre.

Pour aller **de la** Faculté **de** Médecine et de **de** Pharmacie au Palais **de** Justice, vous prenez la rue de l'Orme de Chamars.

Prononcez

First, fill in the correct form of the preposition **de** in the following sentences and then pronounce the sentences aloud. Finally, listen to the sentences and verify your answers and pronunciation.

1. L'école Rivotte est près _____ salon de Marie-Jo.
2. L'église Ste. Madeleine est près _____ pont Battant.
3. Le fort Griffin est loin _____ Citadelle.

Continued

4. Le square Castan est au coin _____ Grande Rue et _____ rue du Chapitre.
5. L'église St. Pierre est en face _____ hôtel de ville.
6. La porte Rivotte est loin _____ fontaines.

LECTURE

Identifying the type of text you are going to read is another way to anticipate the information it contains. Is it a recipe? a weather report? a telephone book? a train schedule? You will often be able to recognize the type of text simply by the layout on the page. Remember! The more you can predict about the topic and type of text before you read, the more you will understand.

PRÉPARATION À LA LECTURE

1. Regardez le texte et les photos. Est-ce que le texte est probablement :

   a. un article de journal ?
   b. une brochure touristique ?
   c. une brochure pour un concours de beauté (*beauty pageant*) ?

2. Regardez bien les photos et les titres. Quels sont les atouts (*good points*) de la ville de Besançon ?

3. Quel est le but (*goal*) de ce texte ? (Plusieurs réponses sont possibles.)

   a. encourager le tourisme
   b. critiquer le surdéveloppement de cette région
   c. exposer les inconvénients de la ville
   d. combattre la pollution
   e. critiquer le gouvernement régional
   f. encourager des investissements économiques

"Miss France verte"

La "Boucle" de Besançon, un centre ville protégé, particulièrement agréable à fréquenter, cosmopolite, commerçant et reposant; c'est le point de départ de visites, guidées ou non, de promenades en bateaux-mouches qui permettent de faire le tour complet de la ville en passant sous le tunnel de la Citadelle.

Belle, cultivée et sportive

■ Ville universitaire, ville pilote pour l'enseignement des langues étrangères, Besançon avec le Centre de Linguistique Appliquée accueille des milliers de stagiaires venus du monde entier.

■ La rivière, les sept collines vertes, les forêts qui entourent Besançon sont des espaces naturels convoités pour les parcours de golf, les randonnées sportives, à pied, à vélo, à cheval, en canoë.

■ Besançon accueille au mois de septembre le Festival de Musique et le prestigieux Concours International des Jeunes Chefs d'Orchestre.

■ A Besançon, vous êtes au centre de la Comté touristique. Circuits de pleine nature, destinations culture, pauses gastronomiques sincères et rustiques, le choix vous étonnera. Renseignez-vous!

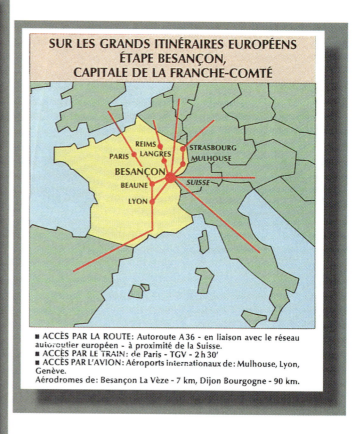

SUR LES GRANDS ITINÉRAIRES EUROPÉENS ÉTAPE BESANÇON, CAPITALE DE LA FRANCHE-COMTÉ

■ ACCÈS PAR LA ROUTE: Autoroute A 36 - en liaison avec le réseau autoroutier européen - à proximité de la Suisse.
■ ACCÈS PAR LE TRAIN: de Paris - TGV - 2 h 30'
■ ACCÈS PAR L'AVION: Aéroports internationaux de: Mulhouse, Lyon, Genève.
Aérodromes de: Besançon La Vèze - 7 km, Dijon Bourgogne - 90 km.

AVEZ-VOUS COMPRIS ?

1. Identifiez les mots apparentés dans le texte.

2. Quelle est l'idée principale du texte ?

    a. Besançon est une belle ville historique.

    b. Besançon est une ville commerciale importante à cause de sa situation géographique.

    c. Tout le monde aime Besançon.

3. Relisez le texte et puis répondez aux questions.

   a. Pourquoi est-ce que Besançon s'appelle « Miss France Verte » ?

   b. Quelles activités est-ce qu'il y a pour les personnes qui aiment la nature ?

   c. Où est-ce que les étudiants étrangers (*foreign*) peuvent étudier à Besançon ?

   d. Nommez des activités culturelles qui ont lieu à Besançon chaque année.

   e. Dans quelle ville près de Besançon est-ce qu'on trouve un aéroport international ?

   f. À quelle heure est-ce que le TGV venant de Paris arrive à Besançon ?

Le train à grande vitesse (le TGV) is a high-speed French train that can travel over 300 miles an hour. It links Paris to many cities in France and Europe, including London by way of a tunnel under the English Channel (**le tunnel sous la Manche**).

EXPANSION

1. Est-ce que vous voulez visiter Besançon ? Expliquez pourquoi.

2. Dans cet article, Besançon est appelée « Miss France Verte ». Pouvez-vous penser à un nom pour votre ville ou pour votre région ?

GRANDE-RUE

LE·BERSOT

la Grande Rue

un café

CORPS-ACCORD

un magasin de vêtements

un cinéma

une pharmacie

un magasin de fleurs

une banque

Je préférerais quelque chose au centre ville

MES OBJECTIFS COMMUNICATIFS

Describe homes and
  neighborhoods
Identify buildings and stores
  in a neighborhood
Ask prices, select and
  purchase nonfood items

LES CLÉS CULTURELLES

Homes and neighborhoods
Shopping

REGARDONS LES IMAGES

1. À VOTRE AVIS, COMMENT EST LA GRANDE RUE ?

Est-ce que la Grande Rue est...

OUI NON

____ ____ dans un quartier résidentiel ?
____ ____ dans un quartier commercial ?
____ ____ calme ?
____ ____ animée ?

OUI NON

____ ____ au centre ville ?
____ ____ en banlieue ?
____ ____ sombre ?
____ ____ ensoleillée (*sunny*) ?

2. DANS QUEL COMMERCE ?

Avec quel commerce à la page 174 est-ce que vous associez les objets suivants ?

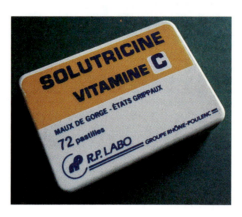

EXPRESSION-VOCABULAIRE (1)

WHERE DO YOU LIVE?

Nathalie: Moi, j'habite un studio au centre ville. J'aime bien mon quartier—il est très animé et à proximité de la fac et des commerces. Bon, d'accord, mon studio est petit et un peu sombre, mais le grand avantage c'est que le loyer n'est pas cher.

Daniel: Pour l'instant, nous louons un appartement en banlieue. Ce n'est pas l'idéal, mais notre immeuble est assez neuf, et le loyer est modéré. Les pièces sont spacieuses et claires, et il y a un parking devant la maison. En plus, nous sommes à proximité d'un court de basket et d'une piscine. Comme Maud et Lionel sont sportifs, c'est très pratique.

Madeleine: Nous habitons une maison individuelle à la campagne. Notre maison est assez grande, claire et ensoleillée, et nous avons un grand jardin. Quand il fait beau, nous faisons souvent des barbecues. Est-ce qu'il y a des inconvénients ? Je ne crois pas. Nous n'avons pas de commerces ou de restaurants à proximité, mais nous adorons la verdure et le calme de la campagne.

WHAT FLOOR DO YOU LIVE ON?

J'habite...

au sous-sol	au cinquième étage (5e ét.)
au rez-de-chaussée	au sixième étage (6e ét.)
au premier étage (1er ét.)	au septième étage (7e ét.)
au deuxième étage (2e ét.)	au huitième étage (8e ét.)
au troisième étage (3e ét.)	au neuvième étage (9e ét.)
au quatrième étage (4e ét.)	au dixième étage (10e ét.)

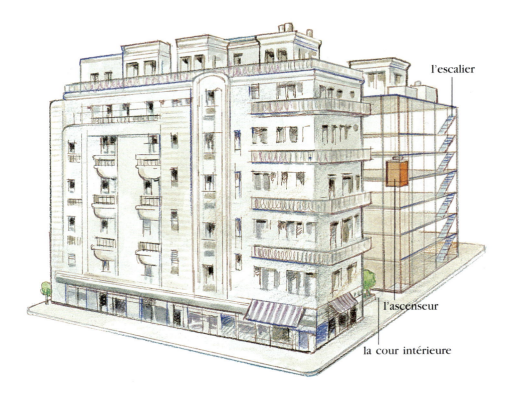

l'escalier

l'ascenseur

la cour intérieure

1. SONDAGE (*SURVEY*)

Interview several classmates to find out where they live.

Tu habites...

une maison individuelle ?	un appartement ?
un studio ?	une résidence universitaire ?

Tu habites...

au centre ville ?	à la campagne ?
en banlieue ?	

🔑 In classified ads for apartments in France, the size of an apartment is often indicated by **F** + the number of rooms it has, excluding the kitchen and bathroom. For example, Nathalie's one-room studio is an **F1**. The Vandeputtes live in an **F5**, that is, a five-room apartment.

2. APPARTEMENT À LOUER (*FOR RENT*) !

Use the following words and expressions to write four lines you might see in an ad for an apartment for rent.

adorable	clair	pas cher
avec une vue splendide	ensoleillé	recemment rénové
bien situé	grand	spacieux
calme	luxueux	
charmant	neuf	

> **Modèle :** appartement **adorable** à louer

3. QUELLES SONT VOS PRIORITÉS ?

You are looking for an apartment to rent in Besançon. Classify the following criteria in order of their importance to you: **essentiel, important, pas très important, pas du tout important.**

L'APPARTEMENT	L'IMMEUBLE	LE QUARTIER
le nombre de pièces	un parking ou un garage	à proximité des commerces
spacieux	un ascenseur (*an elevator*)	à proximité des transports en commun
un loyer modéré	une piscine (*a swimming pool*)	au centre ville
neuf		à la campagne
le nombre de salles de bains		à proximité de la fac
clair		la sécurité du quartier
meublé		en banlieue
		la verdure

4. SONDAGE

Circulate in the class and find a classmate who has the same priorities as you in two of the categories.

5. ILS HABITENT À QUEL ÉTAGE ?

Look at the doorbells and say on what floor each person or family lives.

Les Akar	Les Martin	Marie-Thérèse Rouquette	Sylvie Merlier
Justine Perreira	Les Yeh	Olivier Gazio	

> **Modèle :** Le gardien habite au rez-de-chaussée.

6. APPARTEMENTS À VENDRE (*FOR SALE*)

Look at the ads for apartments for sale in Besançon and say on what floor each apartment is located.

Modèle : L'appartement est situé au... étage.

a.

N°534 FONTAINE-ECU
T4
75 m2, 4e ét., av. asc.
entièr. refait, gd séjour,
cuis. équipée
43 u.
PLURIEL'S

c.

Appartement F1

■ BESANCON Faubourg Rivotte,
vds F1 33m2, rénové tout
confort 1er étage 260000F

e.

■ BESANCON LES GRAS F4 RdC
cave parking

f.

■ Vds F4 gd confort Velotte RDC 3
chb. prox. école bus, libre de suite 62
U

d.

■ A VOIR I Part. vd agréable 3/4
pièces à SCHILTIGHEIM 82 m2 +
2 balcons, ensoleillé, rénové,
parquet, chauff. fuel, ds petit
collectif 2ème et dernier étage,
cave, grenier, garage, 550.000f
possibilité   garage

g.

■ F4, Rue Lucien FEBVRE, 1°ét., cave,
garage, AGENCE DU SQUARE

b.

■ Vds Rue de Chalezeule F4,
66m2, Gd Living 2Chbr Cuis SB
WC 2ét Pl Park Esp verts 30U,
Achat   Garage   poss

ACTION

RENAUD CHERCHE UN APPARTEMENT

PRÉPARONS-NOUS

Before viewing the video, look at the map of Besançon at the front of your book. In Besançon, the center of the city is located within the river. This section is called **la Boucle** (*the loop*) because of the way the river Doubs winds. Locate the following streets: **rue de la Madeleine, rue Bersot,** and **rue Proudhon.** Which of these streets are located within the **Boucle**? Which are located outside of the **Boucle** in the **quartier Battant,** so named because of its proximity to the **pont Battant**?

Next, glance over the chart that follows to identify the information you are to find, and check the meaning of any expression you don't understand.

REGARDONS ENSEMBLE

APPARTEMENTS À LOUER

Renaud is looking for an apartment to rent that is not too expensive (**pas trop cher**). He calls a number in the **Appartements à louer** section of *L'Est,* and he receives information about three apartments. Put a check by the information that applies to each apartment. Then circle the street name of the apartment he decides to visit and indicate the rent.

	APPARTEMENT RUE D'ARÈNES	APPARTEMENT RUE BERSOT	APPARTEMENT RUE PROUDHON
au centre ville			
trop sombre			
la verdure			
clair			
trop cher (*too expensive*)			
le loyer :			

EXPANSION

1. ALLÔ ?

Here is a modified version of Renaud's call about the apartments for rent. Complete his conversation by filling in the logical answer to each of his questions from the choices given. Then practice the conversation with a partner.

RENAUD AU TÉLÉPHONE

—Allô oui, bonjour, Madame. Je vous appelle à propos de l'annonce concernant un F2. C'est dans quel quartier, l'appartement ?

—_____

—Quel est le loyer ?

—_____

—Est-il possible de visiter... ?

—_____

—Quelle est l'adresse de l'appartement ?

—_____

—D'accord. Alors à 6 heures. Je vous remercie beaucoup. Au revoir.

RÉPONSES

—Oui, à 18 heures.
—2 500 F.
—15, rue Proudhon.
—Au centre ville.

> In apartment buildings in France, tenants pay fees (**les charges**) for the upkeep of the building and the salary of a **gardien/gardienne** who looks after the building. When an ad says **les charges sont comprises,** the fees are included in the rent. If the charges are **non comprises,** the tenant will have to pay additional fees. The **charges** do not include utilities.

2. LES ABRÉVIATIONS

In ads there are often abbreviations. Link each word to its abbreviation. The first one has been done for you.

1. <u>i</u> cple.	a. libre
2. ____ cuis.	b. ascenseur
3. ____ prox.	c. appartement
4. ____ ap.	d. charges comprises
5. ____ quar.	e. maximum
6. ____ cv.	f. étage
7. ____ lib.	g. à proximité de
8. ____ maxi.	h. chauffage (*heating*)
9. ____ ascen.	i. couple
10. ____ enft.	j. centre ville
11. ____ chauf.	k. cuisine
12. ____ ét.	l. quartier
13. ____ ch. comp./CC	m. enfant

3. LES ANNONCES IMMOBILIÈRES

With a classmate, read the ads and then fill out the chart below.

■ Loue Grand F1 BIS 42m2, terrasse RDC Avenue Observatoire 2600F, + charges

■ Loue F1 centre ville tt cft 36m2, chauff électr 1850F, mens + 150 charges

■ Centre ville rue des granges STUDIO neuf de 25m2 avec mezz et kitch. 1900F, par mois CC

■ loue STUDIO Neuf Equipé, Bas Rue Battant 1er étage 1 8 0 0 F + c h a r g e s

	ANNONCE 1	ANNONCE 2	ANNONCE 3	ANNONCE 4
Quel est le loyer ?				
Est-ce que les charges sont comprises ?				
Dans quel quartier est-ce que l'appartement est situé ?				

 **INTERACTION**

JEU DE RÔLE

Using Renaud's questions in activity 1 on page 181 as a model, take turns with a partner asking for and giving information about apartments for rent in Besançon. Student A has information about one apartment that is for rent on page 732. Student B has information about a different apartment on page 742. One student will phone the other and ask about his or her apartment. Begin your conversation with **"Allô oui, Bonjour, Madame (Monsieur). Je vous appelle à propos de l'annonce concernant un F2."** As you listen to the responses, fill in the chart. After you have finished your conversation, read the information that you have filled in back to your partner to verify that you have understood. Then, switch roles.

 **ACTION-APPROFONDISSEMENT (1)**

LA CONVERSATION CONTINUE...

REGARDEZ

1. OÙ SE SITUE L'APPARTEMENT ?

You have found out which apartment Renaud wants to visit (page 181). Now watch the video, listening for the time he can visit it and for the directions. Write down the time of his appointment and the number of the apartment.

Rendez-vous à _____ heures, appartement _____.

2. RENAUD VISITE L'APPARTEMENT

Listen to the directions again and decide which of the following Renaud must do to get to the right apartment.

traverser la cour

monter au 4ᵉ étage

prendre l'ascenseur

suivre un couloir

EXPANSION

LE QUARTIER

Renaud also wants to explore the neighborhood in which the apartment is located, and he asks the owner of the Café Bersot for directions to interesting places nearby. The Café Bersot is located on the northeast corner of **rue des Granges** and **rue Bersot.** Using the map of Besançon, match the directions the café owner gives Renaud with the name of the street he will visit. Remember: For each set of directions, Renaud leaves from the café. There are two streets that Renaud does not visit.

____ 1. rue Pasteur

____ 2. rue Proudhon

____ 3. place Victor Hugo

____ 4. rue Ernest Renan

____ 5. avenue Droz

____ 6. rue Morand

____ 7. rue Luc Breton

____ 8. rue Gustave Courbet

____ 9. rue Charles Nodier

____10. rue Rivotte

a. En sortant du café, allez à gauche dans la rue des Granges. Continuez tout droit jusqu'à la rue Victor Hugo. Tournez à droite et continuez jusqu'au coin.

b. En sortant du café, allez à droite dans la rue des Granges. Prenez la deuxième rue sur la gauche. Allez tout droit et traversez la Grande Rue. Continuez jusqu'au coin. C'est la rue sur votre droite.

c. En sortant du café, allez à droite dans la rue des Granges. Tournez à gauche dans la rue de la République, et c'est la troisième rue sur votre gauche.

d. En sortant du café, allez à droite dans la rue des Granges, et c'est la première rue à droite.

e. Tournez à droite dans la rue Bersot. Prenez la première rue à gauche. Ensuite, prenez la deuxième rue à droite. Traversez le pont, et c'est la première rue à droite.

f. En sortant du café, tournez à droite dans la rue Bersot. C'est la quatrième rue sur la droite.

g. En sortant du café, allez à droite dans la rue des Granges et prenez la première rue sur votre gauche. Tournez à droite, et c'est la deuxième rue sur la droite.

h. En sortant du café, allez à droite dans la rue Bersot, et c'est la première rue à gauche.

EXPRESSION-STRUCTURE (1)

THE INTERROGATIVE ADJECTIVE QUEL

The following excerpt is from Renaud's phone conversation asking about the apartment for rent. Read what Renaud says and see if you can determine what **quel** means.

Rue Proudhon ? C'est dans **quel** quartier, la rue Proudhon ?
Oui, d'accord. Je vois. C'est très bien là.
C'est bien parce que j'aime beaucoup la verdure.
Quel est le loyer ? 3 000 francs, c'est très bien.
Est-il possible de visiter l'appartement ?

As you were probably able to guess, **quel** means *which* or *what*.

While studying the following examples, ask yourself: How many forms of **quel** are there, and what are they? What determines which form is used? Where can **quel** be placed? When is it possible to hear the differences between forms of **quel** (you may want to read the examples aloud!)?

FORM OF *QUEL*	+	EXAMPLE
quel	masculine noun	**Quel** appartement est-ce que tu aimes ?
quelle	feminine noun	**Quelle** chambre est-ce que tu aimes ?
quels	masculine plural noun	**Quels** quartiers est-ce que tu préfères ?
quelles	feminine plural noun	**Quelles** maisons est-ce que tu préfères ?

- **Quel** agrees in number and gender with the noun it modifies.
- **Quel** can be placed directly in front of the noun it modifies.

> C'est dans **quel quartier,** la rue Proudhon ?

- **Quel** can also precede the verb **être** and be separated from the noun it modifies, but it still must agree with the noun in number and gender.

> **Quel** est le **loyer** ? **Quelle** est l'**adresse** de l'appartement ?

- All four forms of **quel** sound alike when they are followed by a consonant. If they are followed by a vowel sound, you can distinguish between singular and plural forms (because of **liaison**), but not between masculine and feminine ones.

> **Quel** appartement préfères-tu ?   **Quelle** adresse est-ce que tu cherches ?
> **Quels** appartements préfères-tu ?   **Quelles** adresses est-ce que tu cherches ?

VÉRIFIEZ Can you answer your questions about **quel** without looking at the explanations? If not, you may want to review the questions and examples.

1. TROUVEZ UN APPARTEMENT À BESANÇON

You have decided to spend a year studying at the CLA in Besançon, and you want to rent an apartment. Upon arriving in Besançon, you go to the center to arrange for housing. Before speaking with the housing coordinator, take a minute to look at the map of Besançon and your answers to activity 3 on page 179 where you ranked your priorities. Keep in mind how much rent you could realistically pay as a student. Your partner will play the role of housing coordinator at the CLA, asking you questions and filling in the following housing form based on your answers. Then switch roles and fill out a housing form for your partner.

Modèle : Quel est votre nom ? Quelle est votre adresse ?

Nom : _____ Numéro de téléphone : _____

Adresse : _____

1. Quelle sorte de logement est-ce que vous cherchez ?

_____ une chambre _____ un studio _____ un F2 _____ un F3

2. Est-ce que vous cherchez un appartement :

_____ meublé _____ vide°

3. Vous désirez :

_____ partager° un appartement

_____ habiter seul(e)

_____ habiter avec une famille française

4. Quel quartier préférez-vous ?

_____ Battant _____ Rivotte _____ Bersot

_____ Planoise

5. Qu'est-ce que vous voulez payer comme loyer ? _____

6. Est-ce que vous voulez être près des transports en commun ?

_____ Oui _____ Non

7. Avez-vous d'autres exigences° ?

---

unfurnished

to share

requirements

2. LES ANNONCES IMMOBILIÈRES

On a separate piece of paper, write a **demande d'appartement** for housing you would like to find in your city. Next, write an **offre d'appartement** for the house, apartment, or dorm room where you are currently living.

3. LOUER UN APPARTEMENT

Circulate among your classmates and try to convince someone to rent the place where you are presently living. At the same time, look for an apartment to rent. Talk to as many students as possible in the time limit set by your instructor to make sure you find the apartment that best fits your priorities!

Here are some expressions you may want to use when discussing the merits and drawbacks of the apartments.

C'est trop cher ! *It's too expensive!*
C'est une affaire ! *It's a bargain!*
C'est un vol ! *It's highway robbery!*
C'est parfait ! C'est super ! C'est génial ! *It's great!*
C'est fantastique ! C'est chouette ! *It's great!*
Je le prends ! *I'll take it!*

4. EST-CE QUE VOUS CONNAISSEZ (*KNOW*) BIEN LE QUARTIER ?

How well do you know the neighborhood where your university is located? In groups of four, ask each other the following questions. Then share your answers with the other groups to see which group knows the neighborhood best.

1. Quels restaurants fast-food est-ce qu'il y a près de l'université ?
2. Quels restaurants étrangers (*foreign*) est-ce qu'il y a ?
3. Quels supermarchés est-ce qu'il y a ?
4. Quelles banques est-ce qu'il y a ?
5. Quels cinémas est-ce qu'il y a ? Quel cinéma a les meilleurs (*the best*) films ? Quel cinéma a les meilleurs prix (*prices*) ?

EXPRESSION-VOCABULAIRE (2)

THE VERB *ACHETER* AND NEIGHBORHOOD BUSINESSES AND BUILDINGS

In order to talk about the things you want to buy, you will need to know the verb **acheter** (*to buy*). Look closely at the forms of the verb. **Acheter** has regular -**er** verb endings, but notice that there are accents in the **je, tu, il,** and **ils** forms in the present tense.

ACHETER			
j'	achète	nous	achetons
tu	achètes	vous	achetez
il/elle/on	achète	ils/elles	achètent

At the beginning of this **leçon,** you saw photos of several stores, businesses, and buildings in Besançon. Here are a few more that are located in Besançon and in Paris.

un grand magasin

un marchand de vin

un magasin de chaussures

une librairie-papeterie

un hôpital

un hôtel de ville

une église

un kiosque

1. CLASSEZ

Classify each building pictured according to the following categories:

édifice public   religieux   commercial

2. IDENTIFIEZ

Link the merchandise with the store in which it is sold.

Modèle :   On achète du vin chez le marchand de vin.

____ 1. On achète du champagne
____ 2. On achète des jeans
____ 3. On achète des hamburgers et des frites
____ 4. On achète des crayons et du papier
____ 5. On achète des télécartes
____ 6. On achète des disques laser
____ 7. On achète des sandales
____ 8. On achète des fruits

a. dans un magasin de musique.
b. au bureau de tabac.
c. dans un magasin de chaussures.
d. à la librairie-papeterie.
e. dans un restaurant fast-food.
f. au supermarché.
g. chez le marchand de vin.
h. dans un magasin de vêtements.

EXPRESSION-STRUCTURE (2)

VENDRE AND -RE VERBS

You have already learned that the largest group of regular verbs are called **-er** verbs. There is another group of regular verbs that end in **-re.** Like **-er** verbs, **-re** verbs follow a predictable pattern, but their endings are different from those of **-er** verbs. Read the conversation between Arnaud and Maud and see if you can determine what the **-re** verbs **vendre** and **descendre** mean. What differences do you see between the endings of **-re** verbs and those of **-er** verbs?

MAUD :   Dis, Arnaud. Où est-ce qu'**on vend** le meilleur chocolat à Besançon ?
ARNAUD :   Ça, c'est facile. **On vend** des chocolats vraiment délicieux chez Baud. Si **tu descends** la Grande Rue c'est sur la gauche juste avant le pont Battant.

Were you able to guess that **vendre** means *to sell* and **descendre** means *to go down*?

As you study the following examples, ask yourself: How are **-re** verbs formed? Which endings are the same as the **-er** endings? Which ones are different? How will you remember the conjugations? Hint: When you practice writing the conjugation of **-re** verbs, try writing the endings in a bright color. What differences are there between the conjugation of the irregular verb **prendre** and regular **-re** verbs?

- To conjugate an **-re** verb, drop the **-re** and add the endings that are highlighted on the chart.

VENDRE			
je	vend**s**	nous	vend**ons**
tu	vend**s**	vous	vend**ez**
il/elle/on	ven**d**	ils/elles	vend**ent**

- Several other useful **-re** verbs are **rendre** (*to take back or return something*), **perdre** (*to lose*), **répondre** (*to answer*), **attendre** (*to wait for*), **entendre** (*to hear*), and **rendre visite à** (*to visit [someone]*).

VÉRIFIEZ   Can you give the endings of regular **-re** verbs without looking at the verb chart? What will help you to remember them? Although **prendre** ends in **-re** it is an *irregular* verb. You may want to review its conjugation so you don't confuse it with regular **-re** verbs.

LA BRADERIE   Every summer, merchants in **la Boucle** in Besançon hold a **braderie,** which is a sidewalk sale. Items on sale are displayed on tables in front of the stores. The **braderie** attracts a good crowd because everything is **en solde** (*on sale*), so you can find **des affaires** (*bargains*). **Braderies** are common throughout France in the summer.

1. OÙ EST-CE QU'ON VEND... ?

Look at the photos below and on the following page of items that were on sale and decide which store sells them.

Modèle :   On **vend** des bottines au magasin de chaussures.

2. LA JOURNÉE DE JEAN-BAPTISTE

Complete the paragraph describing Jean-Baptiste's day. Use these verbs:

rendre   répondre   vendre   rendre visite

Regardez Jean-Baptiste : À 9 heures le téléphone sonne. Il _____ et c'est Sébastien. Il invite Jean-Baptiste à l'accompagner à la braderie. Jean-Baptiste donne rendez-vous à Sébastien à 11 heures. Il quitte la maison à 10 heures et ensuite, il _____ à ses grands-parents, Monsieur et Madame Vidonne. Après, il _____ des livres à la bibliothèque pour sa grand-mère. À 11 heures, il rencontre Sébastien et ils vont dans un magasin de sports parce qu'il y a des soldes. On _____ des baskets Nike à seulement 250 francs. Ensuite, ils vont dans le magasin de musique de la Grande Rue parce qu'on y _____ le nouveau disque laser de Céline Dion moins cher qu'ailleurs (*cheaper than anywhere else*).

3. UN MOT (*A NOTE/MESSAGE*)

Jean-Baptiste left his mother a telephone message at work. Unfortunately, the secretary didn't write down the entire message. Complete his message explaining why he can't meet her for lunch as planned.

Maman,

Je ne peux pas te rencontrer à 12 h comme prévu. Désolé ! Voici toutes les choses que je vais faire ce matin. D'abord, je _____ visite à Mamie et Papy, comme tous les jeudis. Après, je _____ des livres à la bibliothèque pour Mamie. À 11 h, je rencontre Sébastien et nous allons à la braderie ensemble. On _____ des baskets Nike à 250 francs ! C'est une affaire, non ?

À ce soir,
JEAN-BAPTISTE

4. LE VENDEUR REND LA MONNAIE (*THE SALESCLERK MAKES CHANGE*)

Jean-Baptiste and Sébastien buy several things. Decide how much change the salesclerk should give them. Use the verb **rendre.**

Modèle :   Jean-Baptiste achète des baskets Nike à 250 francs. Il donne un billet de 500 francs au vendeur. Le vendeur <u>lui rend 250 francs.</u>

1. Sébastien achète un disque compact à 90 francs. Il donne un billet de 200 francs au vendeur. Le vendeur _____.
2. Sébastien achète une casquette de base-ball à 120 francs. Il donne 150 francs au vendeur. Alors, le vendeur _____.
3. Jean-Baptiste achète un livre à 72 francs, et il donne 100 francs au vendeur. Le vendeur _____.
4. Sébastien achète un magazine à 35 francs, et il donne 50 francs au vendeur. Le vendeur _____.

5. À VENDRE

Several students at the CLA have things to sell. Read the ads and then fill in the table that follows.

> 🔑 Just as in English, ads in French have numerous abbreviations. In these ads, for example, you'll see: **an**—an abbreviation for **année** and **vacc.**—an abbreviation for **vacciné** (*vaccinated*). You may not be familiar with **un chiot,** which means *a puppy.*

À vendre

Difficultés financières. Je vends collection très rare de disques de Jacques Brel. Très bon état. Prix sacrifiés. N'hésitez pas.
Téléphonez-moi 81.92.34.56.

À vendre

Très belle Renault Turbo D, 2 portes, an 96, 70 000 km, bleu métallique avec toutes options, alarme, tr. bon état, prix intéressant. Tél. ap. 19 h. 81.42.12.24.

À vendre

Superbes chiots Yorkshire. Mâles, vacc., pure race mère et père. Disponible mi-juillet. Affectueux, joueurs, tr. doux avec les enfants. Prix raisonnable.
Tél. 81.90.55.26.

PETITE ANNONCE	OBJET À VENDRE	LES ATTRAITS (*SELLING POINTS*) DE L'OBJET	POUR PRENDRE CONTACT
1.			
2.			
3.			

6. VOTRE PETITE ANNONCE

Write an ad for something you own that you would like to get rid of (**une affiche, un livre,** etc.).

7. C'EST SUPER !

Circulate in the class and try to sell your item to a classmate for a good price.

> 🗝 Here are a few expressions that might help you sell your item: **C'est chouette** (*It's great*) ! **C'est super ! C'est très « cool » ! C'est très utile ! C'est très pratique ! C'est une affaire ! C'est donné** (*It's a steal*) !

ACTION-APPROFONDISSEMENT (2)

NANCY VA À LA POSTE

PRÉPAREZ-VOUS

un aérogramme

une fiche de douane (*a customs form*)

une carte postale

une lettre

une colis/un paquet

un timbre (de collection)

1. NANCY VA AU BUREAU DE POSTE

Order the sentences below to make a logical conversation. Then act out the dialogue with a classmate.

Bonjour, Madame.
4 F 40 plus 10 F 30, ça fait 14 F 70.
C'est tout.
Merci, Monsieur. Bonne journée.
Bon. Un paquet pour Paris. Ça fait 10 F 30.
Voilà. Une lettre aux États-Unis. Ça coûte 4 F 40.
Et je voudrais envoyer ce paquet à Paris.
C'est tout, Madame ?
Bonjour, Monsieur. Je voudrais envoyer une lettre aux États-Unis par avion.

2. VOUS VOYAGEZ EN FRANCE

Imagine that you're spending the summer in France. Write the names of the people to whom you absolutely must send postcards, letters, or a souvenir.

CARTES POSTALES	LETTRES/AÉROGRAMMES	UN COLIS/ UN PAQUET
1. _____	1. _____	1. _____
2. _____	2. _____	
3. _____		

3. LA POSTE

Play the role of the customer while your partner plays the role of the post office employee and mail your postcards, letters, and packages. Then switch roles with your partner. The post office employee should consult the **tarifs postaux.**

LA POSTE

PRINCIPAUX TARIFS COURRIER
Juillet 1993

FRANCE

	SERVICES RAPIDES				SERVICES ECONOMIQUES		
Poids jusqu'à	LETTRES	COLISSIMO pour le département J+1	COLISSIMO régional J+1(1)	COLISSIMO national J+2	ECOPLI lettre tarif réduit	JOURNAUX	COLIECO hors département
20g	2,80				2,40	2,40	
50g	4,40				3,50	3,50	
100g	6,70				4,20	4,20	
250g	11,50	13,00	17,00	17,00	8,00	8,00	9,00
500g	16,00	18,00	25,00	25,00		18,00	18,00
1000g	21,00	22,00	32,00	32,00		22,00	22,00
2000g	28,00	28,00	40,00	40,00		28,00	28,00
3000g	33,00	33,00	47,00	47,00		33,00	33,00
5000g		41,00	53,00	53,00		41,00	41,00
7000g		51,00	62,00	62,00			51,00
10 000g		60,00	70,00	70,00			60,00

(1) Vers certains départements de proximité.

DOM-TOM

LETTRES PAR AVION

Poids jusqu'à	Guadeloupe, Guyane Française, Martinique, Reunion, St Pierre et Miquelon, Mayotte	Nouvelle Calédonie, Polynésie Française, Wallis et Futuna, Terres Australes et Antarctiques Françaises
20 g	2,80	2,80
30 g	5,30	6,50
40 g	5,60	7,20
50 g	5,90	7,90

ETRANGER

SERVICE PRIORITAIRE

Poids jusqu'à	CEE Autriche Suisse Liechtenstein	Autres pays d'Europe Algérie Maroc Tunisie	Autres pays d'Afrique	USA Canada Proche Orient Moyen Orient Asie Centrale	Amérique Centrale Amérique du Sud Caraïbes · Asie	Océanie
20g	2,80	3,70	3,70	4,30	4,70	5,10
40g	4,50	6,70	7,50	7,90	8,70	9,50
60g	6,20	10,80	11,00	12,50	14,00	15,20
80g	6,60	11,00	11,40	13,40	15,00	16,60
100g	7,50	11,00	12,00	14,00	16,00	18,00
200g	20,00	20,00	26,00	26,00	30,00	34,00
300g	32,00	32,00	37,00	41,00	47,00	53,00
400g	32,00	32,00	40,00	44,00	52,00	60,00
500g	32,00	32,00	43,00	47,00	57,00	67,00
750g	53,00	53,00	61,00	76,00	91,00	106,00
1000g	53,00	53,00	68,00	83,00	103,00	123,00

CEE: Allemagne, Belgique, Danemark, Espagne, Grande-Bretagne, Grèce, Irlande, Italie, Luxembourg, Pays-Bas, Portugal, Saint-Marin.
Proche-Orient: Arabie Saoudite, Bahreïn, Emirats Arabes Unis, Iran, Iraq, Israel, Koweït, Jordanie, Liban, Qatar, Oman, Syrie, Yémen.
Asie Centrale: Kazakhstan, Kirghizistan, Ouzbékistan, Tadjikistan, Turkménistan.

REGARDEZ

Regardez la vidéo et indiquez la réponse correcte.

1. Nancy envoie

   a. un paquet aux États-Unis.
   b. deux paquets aux États-Unis.
   c. un paquet à Paris.
   d. deux paquets au Canada.

2. Pour envoyer le paquet, ça coûte ____ francs.

   a. 31   b. 45   c. 41   d. 52

3. Nancy achète

   a. un aérogramme.
   b. deux aérogrammes et deux timbres.
   c. un aérogramme et un timbre.
   d. deux aérogrammes.

4. Combien est-ce que Nancy doit payer au total ?

   a. 57 francs
   b. 56 francs 40
   c. 40 francs 57
   d. 58 francs

Prononciation

INTONATION

Écoutez

Listen to the following sentences and for each one, choose the pattern that you hear.

1. Vous désirez un timbre ?

   a.
   b.
   c.

2. Quels timbres préférez-vous ?

   a.
   b.
   c.

3. Je voudrais un aérogramme, deux timbres à 1 F 40 et trois timbres à 2 F 60.

   a.
   b.
   c.

Continued

4. Je voudrais une carte postale.

a. ⟶
b. ⟶
c. ⟶

Vérifiez

In short sentences, intonation falls.

In longer sentences, intonation rises after each word group to indicate that the sentence is not finished and then falls at the end of the last word group.

In "yes or no" questions, intonation rises.

When a question word begins a sentence, the question word is the highest point of the sentence, then the intonation falls.

Prononcez

Read the following sentences and mark the intonation pattern. Then, listen to the sentences on your audio CD and check your answers. Finally, repeat each sentence, being careful to use the correct intonation.

1. Bonjour.
2. Bonjour, Monsieur.
3. Que désirez-vous ?
4. Un timbre, trois cartes postales et deux aérogrammes, s'il vous plaît.
5. C'est tout ?
6. C'est tout.

EXPRESSION-STRUCTURE (3)

THE DEMONSTRATIVE ADJECTIVES CE, CET, CETTE, AND CES

You can use the demonstrative adjectives **ce, cet, cette,** and **ces** to point out people or objects. Study the dialogue below and see if you can figure out what **cette** means. Why do you think **cette** is used instead of one of the other forms?

JEAN-BAPTISTE :	Je voudrais envoyer **cette** lettre et **cette** carte postale aux États-Unis.
L'EMPLOYÉE DES POSTES :	Ça fait deux fois 4 F 40. 8 F 80, s'il vous plaît.

As you may have guessed, **ce, cet,** and **cette** all mean *this* or *that.* The plural **ces** means *these* or *those.* As you may also have guessed, **cette** is the feminine form, and it was used because both **lettre** and **carte** are feminine nouns.

 What are the two meanings of **ce, cet,** and **cette**? What are the two meanings of **ces**? What changes can be made to distinguish between the two meanings? What determines which form of the demonstrative adjective to use?

Study the following examples.

FORM OF *CE*	+	EXAMPLE
ce	masculine noun	Je voudrais envoyer **ce** colis aux États-Unis.
cet	masculine noun beginning with a vowel sound	Je voudrais envoyer **cet** aérogramme aux États-Unis.
cette	feminine noun	Je voudrais envoyer **cette** lettre aux États-Unis.
ces	plural masculine or feminine noun	Je voudrais envoyer **ces** colis aux États-Unis. Je voudrais envoyer **ces** aérogrammes aux États-Unis. Je voudrais envoyer **ces** lettres aux États-Unis.

• In French you use the same words to say both *this* and *that, these* and *those,* so when you need to distinguish between the two you can do so by adding **-ci** to the noun to say *here* and **-là** to say *there.*

> Je voudrais envoyer **cette lettre-ci.** *I would like to mail **this** letter.*
> Est-ce que vous préférez **ces** *Do you prefer **these** stamps or **those***
> **timbres-ci** ou **ces timbres-là** ? *stamps?*

• When you want to indicate something or someone that is far from both the speaker and the person being spoken to, you can use the noun + **là-bas.**

> Ils coûtent combien, **ces jolis** *How much are **those** pretty stamps*
> **timbres là-bas** ? ***over there**?*

VÉRIFIEZ Can you answer your questions about **ce, cet, cette,** and **ces**? To remember which form goes with which gender and number, many people find it helpful to associate each with a word whose gender they have no trouble remembering. For example, if you have no trouble remembering that **livre** is masculine, learn the combination **ce livre.** If you have no difficulty remembering that **table** is feminine, learn the combination **cette table.**

AU BUREAU DE POSTE

Jean-Baptiste, André, and Nancy are at the post office. Complete each conversation with **ce, cet, cette,** or **ces.** Then act out the conversation with a classmate.

A. Jean-Baptiste au bureau de poste

L'EMPLOYÉE DES POSTES :	Bonjour, Monsieur.
JEAN-BAPTISTE :	Je voudrais envoyer _____ carte postale et _____ lettre aux États-Unis.
L'EMPLOYÉE DES POSTES :	Vous voulez des timbres de collection ?
JEAN-BAPTISTE :	Oui, s'il vous plaît.

(Elle lui montre différents timbres.)

JEAN-BAPTISTE :	Je préfère _____ timbre-ci pour la carte postale et _____ timbre-là pour la lettre.
L'EMPLOYÉE DES POSTES :	Ça fait deux fois 4 F 40. 8 F 80, s'il vous plaît.
JEAN-BAPTISTE :	Voilà, merci.
L'EMPLOYÉE DES POSTES :	Je vous remercie. Au revoir, Monsieur.
JEAN-BAPTISTE :	Au revoir, Madame.

B. André au bureau de poste

L'EMPLOYÉE DES POSTES :	Monsieur ?
ANDRÉ :	Je voudrais envoyer _____ deux paquets et _____ lettres au Burkina-Faso en Afrique.
L'EMPLOYÉE DES POSTES :	Par avion ou par bateau *(boat)* ?
ANDRÉ :	Je veux envoyer _____ paquet-ci et _____ lettres-là par avion. C'est combien ?
L'EMPLOYÉE DES POSTES :	Ça fait 120 F.
ANDRÉ :	Voilà...

(Il donne un billet de 200 francs à l'employée des postes.)

L'EMPLOYÉE DES POSTES :	Merci, Monsieur. Et voici votre monnaie, 80 F.
ANDRÉ :	Je vous remercie. Au revoir, Madame.
L'EMPLOYÉE DES POSTES :	Au revoir, Monsieur.

C. Nancy au bureau de poste

NANCY :	Bonjour, Madame ! J'aimerais envoyer _____ aérogramme, _____ lettre et _____ deux cartes postales aux États-Unis.
L'EMPLOYÉE DES POSTES :	Vous voulez des timbres de collection pour les cartes postales ?
NANCY :	Je veux bien. Je vais prendre _____ timbres-ci pour les cartes postales et _____ timbre-là pour la lettre. C'est combien ?
L'EMPLOYÉE DES POSTES :	Ça fait 18 F.
NANCY :	Attendez, je crois que j'ai de la monnaie. Oui, voilà. 18 F.
L'EMPLOYÉE DES POSTES :	Merci. Au revoir, Madame.
NANCY :	Au revoir.

EXPRESSION-STRUCTURE (4)

THE DIRECT OBJECT PRONOUNS
LE, L', LA, AND *LES*

DIRECT OBJECTS Most sentences have a subject, verb, and direct object. The person or thing that performs the action is the subject, the verb tells what the subject does, and the direct object is a noun or pronoun that receives the action of the verb. The direct object answers the question *who* or *what* and can refer to a *person* or a *thing*.

For example,

John saw (*what?*) the movie. John saw (*whom?*) the teacher.

Try to identify the subject, verb, and direct object in the English and French sentences that follow.

Sébastien knows Jean-Baptiste well.
They buy tennis shoes at the sidewalk sale.
Then they eat lunch at a café.

Michèle Lachaud : Je fais mes courses dans la rue Rivotte.
Nathalie : J'aime le nouveau CD de Pearl Jam.
Jean-Baptiste : Je voudrais cette affiche de Charles Barkley.

In French, as in English, you can avoid much unnecessary and boring repetition by substituting direct object pronouns for direct object nouns. For example, read the following passage in English. What changes would you make to improve it?

Sébastien needs to buy tennis shoes, so he goes to a sports store. He tries on some tennis shoes. He likes the tennis shoes, so he buys the tennis shoes. He purchases the tennis shoes with a credit card. Sébastien decides to wear the tennis shoes home so that his friends will see the tennis shoes.

To improve the paragraph, you probably substituted the direct object pronoun *them* for many of the references to the tennis shoes. Now read the following exchange between Nathalie and a salesclerk and see if you can figure out what the boldfaced words refer to.

À la librairie-papeterie « Maison de la Presse »

VENDEUSE : Vous désirez Mademoiselle ?
NATHALIE : Je cherche un agenda (*appointment book*). Il coûte combien, cet agenda-là ?
VENDEUSE : Soixante francs.
NATHALIE : C'est pas cher. Je **le** prends. Vous acceptez les cartes de crédit ?
VENDEUSE : Mais bien sûr, on **les** accepte. Ça fait soixante francs, Mademoiselle.
NATHALIE : Merci beaucoup. Au revoir.

As you may have guessed, **le** refers to the appointment book and **les** to credit cards.

As you study this section, ask yourself: Why would I want to substitute direct object pronouns for direct object nouns? How do I know which form of the direct object pronoun I should use? Where are direct object pronouns placed in the present tense? in infinitive constructions? in the imperative? What is different about the placement of the direct object pronoun in the negative?

- The direct object pronouns in French reflect the number and gender of the nouns they replace. Study the following examples.

DIRECT OBJECT PRONOUNS		
THE DIRECT OBJECT PRONOUN	**REPLACES**	**EXAMPLE**
le	masculine singular noun	Renaud loue l'appartement. Il **le** loue.
la	feminine singular noun	Renaud préfère la rue Proudhon. Il **la** préfère.
l'	any singular noun before a vowel sound	Renaud achète le journal. Il **l'**achète. Renaud achète la *Revue de la presse*. Il **l'**achète.
les	plural masculine or feminine noun	Sébastien aime ses baskets. Il **les** aime. Jean-Baptiste envoie ses lettres. Il **les** envoie.

- In the *present tense,* the direct object pronoun goes directly in front of the verb.

Renaud n'aime pas le quartier Battant.	Il ne **l'**aime pas.
Renaud préfère la rue Proudhon.	Il **la** préfère.

- In the *infinitive construction,* the direct object pronoun goes directly in front of the infinitive.

Il va visiter l'appartement dans la rue Proudhon.	Il va **le** visiter.
Il ne veut pas visiter les appartements dans le quartier Battant.	Il ne veut pas **les** visiter.

- In the *imperative,* the direct object pronoun comes in front of the verb in the negative, but it follows the verb in the affirmative, attached to the verb with a hyphen.

Louez l'appartement dans la rue Proudhon.	Louez-**le** !
Ne louez pas l'appartement dans le quartier Battant.	Ne **le** louez pas !

> **VÉRIFIEZ** Can you answer your questions about direct object nouns and pronouns?

1. COMMENT EST-CE QUE TU TROUVES... ?

Ask a classmate about university life and note his/her answers. Here are some expressions you may want to use.

agréable	ennuyeux	studieux
bien/mal équipé	excellent	sympathique
bruyant (*noisy*)	gentil	travailleur
calme	insuffisant	trépidant (*hectic*)
cher	mauvais	trop grand/petit
compétent/incompétent	moderne	

A. Comment est-ce que tu trouves...

Modèle :   le campus
—Comment est-ce que tu trouves le campus ?
—Je le trouve moderne mais trop grand !

la vie estudiantine (*student life*)	les salles de classe
la nourriture à la cafétéria	les professeurs
les résidences universitaires	les parkings
la bibliothèque	les autres étudiants
le coût des livres	le coût de la scolarité (*tuition*)
les cours (*classes*)	autre chose ? _____

B. Classez.

Classify your classmates' answers according to the following criteria:

positif   neutre   négatif

2. QUI VA LE FAIRE ?

Nancy and her husband have three children—Simon, Alex, and Martin. Nancy teaches English at the CLA and her husband is a psychiatrist, so they are both very busy. With a classmate, look at the list of places each must go and decide who will do each errand listed below. Use **le, l', la,** or **les** in your answers.

NANCY VA	**PIERRE VA**
au grand magasin	à la poste
chez l'opticien	à la librairie-papeterie
à la parfumerie	au magasin de sports
à la bibliothèque	chez le fleuriste
à la station-service	

Modèle :   chercher les lunettes de Nancy
C'est Nancy qui va les chercher (*Nancy is the one who will get them*).

1. acheter cinq timbres
2. rendre le livre de Pierre à la bibliothèque
3. acheter des chaussures de foot pour Simon

4. acheter le parfum favori de la mère de Nancy
5. chercher la voiture (*car*) qu'on vient de réparer
6. acheter le dernier numéro (*the last issue*) du *Gab*
7. acheter les fleurs que les garçons vont offrir à leur grand-mère pour son anniversaire
8. chercher la robe commandée (*ordered*) la semaine dernière

3. DES CONSEILS POUR VOS CAMARADES DE CLASSE

Give your classmates the benefit of your experience. Think of three purchases you have made that you have been very satisfied with and three that you have been unhappy with. Then tell your classmates where they should or should not buy the items you listed.

Modèle :   les tee-shirts
Achète-les à Tee-shirt Haven. Ne les achète pas à Tee-shirt World.

POSITIF   **NÉGATIF**
1. _____   1. _____
2. _____   2. _____
3. _____   3. _____

LECTURE

PRÉPARATION À LA LECTURE

1. You are going to read an article from the newspaper ***Les Clés de l'actualité.*** Look at the title of the article and the chart that accompanies it. What do you think the article will be about?

2. Which of the categories listed would also appear on a chart of your expenses? Which categories would be different?

3. Look at the chart and calculate French students' average monthly expenses for each of the following categories.

   Ils dépensent _____ francs par mois pour

   a. l'apparence physique.   d. le tabac.
   b. les loisirs.   e. le transport.
   c. les restaurants et les cafés.

4. Before reading the article, think about how you spent your money when you were in high school. Have your spending habits changed since you have been in college? What do you spend less on? more on?

 A French high-school student is **un(e) lycéen(ne)** and a college student is **un(e) étudiant(e).**

Je consomme, donc je suis

Dépenses des 15/20 ans

sur une somme moyenne mensuelle de 500 F.

- **Vêtements-chaussures: 110F**
- **Cassettes-CD: 60F**
- **Sorties: 48F**
- **Cinéma: 46F**
- **Livres-magazines: 46F**
- **Transports: 45F**
- **Café: 36F**
- **Sport: 33F**
- **Tabac: 30F**
- **Restaurant: 25F**
- **Hygiène, maquillage: 21F**

L'argent ne sert pas encore à vivre, mais à ouvrir les portes d'un univers de loisirs: sorties, cinéma, musique, maquillage et surtout habillement. Soucieux de leur style et de leur image, les ados consacrent 20 % de leur budget aux vêtements et accessoires. Ils sont prêts à investir des sommes importantes pour revêtir les symboles du jour: Adidas, Kookaî, Levi's, Naf Naf, Swatch.

Du côté des étudiants, les dépenses importantes sont affectées à l'indispensable. C'est la rançon de l'indépendance. Ainsi le loyer ponctionne 20 % de leur budget. La nourriture en engloutit 17 %, principalement répartis entre le restaurant universitaire et les sandwichs. Parmi les dépenses superflues, il en est de plus vitales que d'autres. Ainsi, les sorties et les loisirs bénéficient d'une part importante du budget : 12 %. En revanche, l'habillement, si cher aux lycéens, ne suscite plus de sacrifices financiers. ■

AVEZ-VOUS COMPRIS ?

1. Which statement is most accurate?

   a. Pour les lycéens, les grandes marques (*brands*) de vêtements ne sont pas importantes.

   b. Les étudiants consacrent une partie importante de leur budget au logement et à la nourriture.

   c. Les étudiants n'ont pas de temps pour les loisirs et les sorties.

2. Read for these facts.

   a. Quel pourcentage de leur budget est-ce que les adolescents dépensent pour les vêtements ?

   b. Quelles sont les marques de vêtements très populaires parmi les adolescents ?

   c. Quel pourcentage de leur budget est-ce que les étudiants dépensent pour le loyer ?

   d. Quel pourcentage de leur budget est-ce que les étudiants dépensent pour la nourriture ?

   e. Quel pourcentage de leur budget est-ce que les étudiants dépensent pour les sorties et les loisirs ?

EXPANSION

1. Which of the categories listed above are also in your budget? Which ones are not?

2. In general, do you spend a lot more or less than French adolescents? If so, in which categories?

3. The following chart shows the percentage of French people between the ages of fifteen and twenty-five who have certain items. Circulate in the classroom and find out how many of your classmates have the same items. Then calculate the percentage of students owning each item. Are your results the same as or significantly different from those of the French students?

ÉQUIPEMENT DES 15–25 ANS	
un walkman/baladeur	59%
une télé	53%
une chaîne-stéréo	52%
une voiture	36%
un magnétoscope	19%
un micro-ordinateur	16%
un lecteur de CD	14%

Une promenade dans le quartier Rivotte

INTRODUCTION

According to *Le Petit Robert,* one of the two most-used dictionaries in France (the other one is *Le Petit Larousse*), **un quartier** is a part of a city "**ayant sa physionomie propre et une certaine unité**" (*having its own character and a certain unity*). In other words, a **quartier** is a *neighborhood,* a limited geographic area sometimes encompassing only a few streets.

Besançon, like most French cities, has many types of **quartiers,** both within **la Boucle** and outside the center of the city (**le centre ville**). Across **le Doubs**—the river that defines **la Boucle**—to the west, there is the oldest quarter of the city, **le quartier Battant,** and further out, a neighborhood with private homes. On the eastern side of the city, toward Switzerland, the countryside is quite close.

A **quartier** is homogeneous: Anne Chevreteau lives in Planoise, which has many modern, but not luxurious, apartment buildings, a school, and a shopping center. It is far from the center of Besançon. Created and financed by the government, it is called a **ZAC (zone d'aménagement concerté)**. On the other hand, Marie-Jo lives in the **quartier Rivotte,** which you will visit in this chapter. Although the **quartier Rivotte** consists of just a few streets, it is rich in history and has a variety of stores and businesses.

VIDÉO-ENGAGEMENT

UNE PROMENADE DANS LE QUARTIER DE L'ÉCOLE

Just before summer vacation, Michèle Lachaud reviews with her class what they learned during the school year. They started by talking about themselves and their families, and then they explored the **quartier Rivotte,** in which their school—**l'École Rivotte**—is located. Listen and watch as Michèle describes their walk, mentioning the various streets they took and the things they saw.

1. LE QUARTIER RIVOTTE

As you watch the video and listen, look in your book at the **plan du quartier** and trace the path taken by the class. Also, circle all the names Michèle mentions. While you are listening, pay attention to the proper names, but don't be upset if you don't understand some of the verbs, which refer to actions in the past. These verbs usually occur after the pronoun subjects **nous** and **on.**

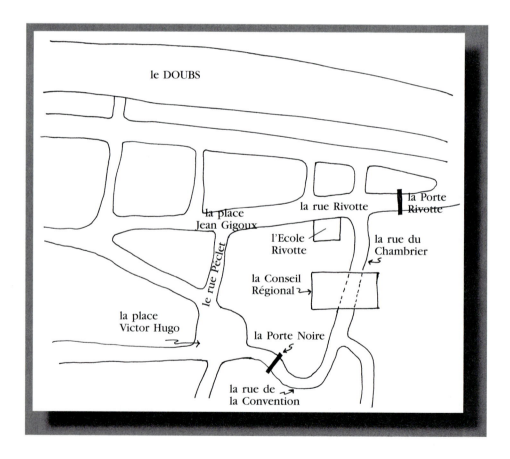

2. LE BON PLAN

Now, compare your **plan du quartier** with that of a classmate and see if you have traced the same path. Listen and watch again, and decide which one of your **plans** best corresponds to what Michèle has said.

3. DES ASSOCIATIONS

Look at the following lists and decide which names go together according to the descriptions given by Michèle and her class. The first column has names of places, the second has names of people, and the third has something with which the places or people are associated. Write the letter of the place beside the appropriate items in the other columns.

a. porte Noire   _____ Louis XIV   _____ cinéma

b. porte Rivotte   _____ les frères Lumière   _____ poète

c. place Victor Hugo   _____ les Romains   _____ soleil (sun)

4. LES COMMERCES DE LA RUE RIVOTTE

The following **plan** gives the names of the **commerces** (*stores*) and businesses on the **rue Rivotte.** With a partner, imagine the ones Michèle Lachaud frequents. Imagine why she chooses those stores (**le propriétaire est gentil; ce n'est pas cher; la qualité est bonne; le décor est beau; la patronne est une amie;** etc.) and why she doesn't choose others (**elle préfère le salon de Marie-Jo; elle n'aime pas les pizzas**). After viewing the outside of the store on the video or on the computer screen, say where you would like to shop.

l'école Rivotte · Besançon Accessoires Moto · Audio-Vision · Bora-Bora Coiffures · Bar de l'Intendance · Le Grenier d'Abondance · Traîteur Gérard Mougin · Chrono-Pizza · Coiffure Brigitte · Allenbach, fleuriste

← vers la porte Rivotte **LA RUE RIVOTTE** vers le centre ville →

Parking Rivotte · immeuble d'appartements (où habite Marie-Joëlle) · Salon Marie-Joëlle · Le Pavé Rivotte · Vidéo Club · Vêtements Professionnel Roussey · Le Caveau · Rôtisserie de Rivotte · Casino (superette)

LECTURE

INTRODUCTION

Les *Bisontins et les Bisontines*—the people of Besançon—like people all over the world, are proud of native sons and daughters from their city or region who have become famous either nationally or beyond the country's boundaries. Also, they recognize their fellow **Bisontins** or **Francs-Comtois** who were important locally. Many streets are named after these people known for their contributions to art, literature, industry, science, and politics. Often streets are named for historical events.

*Since guidebooks about Besançon and **la Franche-Comté** (as is true of guidebooks to other cities, regions, and countries) mention street names, they are often a good source of cultural or historical information. **Besançon, ses rues, ses maisons,** the book from which the following explanations are taken, reveals **Bisontin** history while explaining the origin of the street names and the past of its buildings.*

PRÉPARATION À LA LECTURE

Les idées

- In the town where you live, can you identify streets, parks, public buildings, or monuments named after famous people? Make a list of these people and say when they lived and why they are well known. Do the same for any events about which streets in your town may have been named.
- Look at the map of Besançon. Do you recognize any of the street names? Do any of them refer to people you have heard about? If you can, say when each person lived and why he or she was famous.

Le vocabulaire

depuis *since*	un siècle *a century*	autrefois *in the past*
le meilleur *the best*	vient *comes*	un physicien *a physicist*
né *born*	devient *becomes*	un théoricien *a theorist*
mort *died*	pendant *during*	

Before reading the following text, think about what you already know about Besançon, and then scan for details. Remember that when you read a guidebook, you are usually looking for information.

Besançon, ses rues, ses maisons

La rue Luc Breton

La rue porte depuis 1904 le nom du sculpteur Luc Breton, né et mort à Besançon (1731–1800). Après des études à Rome, de retour dans sa ville natale, Breton fonde en 1773, avec le peintre Melchior Wyrsch, l'école de peinture et de sculpture de Besançon. Il est considéré comme le meilleur sculpteur franc-comtois du XVIIIᵉ siècle.

La rue Gustave Courbet

La rue porte le nom du grand peintre franc-comtois Gustave Courbet, né à Ornans en 1819. La rue Courbet est bordée de maisons des XVIIᵉ, XVIIIᵉ et XIXᵉ siècles.

La rue Léon Deubel

Rue minuscule, sans caractère particulier... Son nom vient du poète franc-comtois Léon Deubel, né en 1879, mort en 1913.

La rue des Fusillés de la Résistance

Son nom rappelle, depuis 1948, le souvenir des résistants° français exécutés par les Allemands dans la Citadelle pendant la dernière guerre.

Portrait de Charles Fourier, *Jean Gigoux (peintre bisontin)*

*During the Second World War, French citizens who were opposed to the Nazi occupation joined the **Résistance** and were called **résistants**.*

La place Jean Gigoux

Depuis 1879 on attribue à cette place le nom de Jean Gigoux, peintre romantique né au no. 2 en 1806.

La place Victor Hugo

Elle devient la place Victor Hugo en 1896, à la mémoire du plus illustre de ses enfants, né, peut-être ici, en 1802. Il faut remarquer la vue très pittoresque qu'on a de cette place sur les colonnes romaines du square Castan, la porte Noire et la cathédrale Saint-Jean.

La place du Huit-Septembre

La Troisième République, or the Third Republic in France, began in 1870 and ended with the beginning of the Second World War in 1940.

Place de la Loi pendant la Révolution, place du 4-Septembre (1870) en 1904, pour rappeler la fondation de la IIIe République,° elle est officiellement nommée, depuis la fin de la guerre, place du 8-Septembre (1944), en souvenir de la libération de la ville par les troupes américaines.

La rue Mégevand

C'est, avec la Grande Rue et la rue des Granges, l'une des longues artères très anciennes qui traversent la Boucle du nord au sud. Autrefois appelée la rue Saint-Vincent, du nom d'une abbaye bénédictine fondée au XIe siècle, elle devient la rue Mégevand en 1893 pour perpétuer la mémoire du Genevois, Mégevand, premier fabricant industriel de la montre à Besançon.

La rue Morand

Napoléon was the emperor of France from 1804 to 1815. The Second Empire, under Louis Napoléon, was founded in 1852 and ended with the Franco-Prussian War in 1870.

La rue Morand porte le nom du général Louis Morand (1771–1835), officier comtois des armées de Napoléon. Les immeubles dans cette rue datent du second Empire.°

La rue Claude Pouillet

La rue porte depuis 1804 le nom du physicien Claude Pouillet (1790–1868), professeur à l'École polytechnique puis à la Sorbonne, spécialiste de l'énergie solaire et de la compressibilité des gaz.

La rue Pierre-Joseph Proudhon

La rue porte le nom du théoricien socialiste Pierre-Joseph Proudhon, né à Besançon en 1809 et mort en 1865.

Lyonel Estavoyer et Jean-Pierre Gavignet. *Besançon, ses rues, ses maisons.* Besançon : Cêtre, 1989.

AVEZ-VOUS COMPRIS ?

Quelle rue porte le nom d'un...
poète ? _____
militaire ? _____
groupe de patriotes ? _____
physicien ? _____
peintre ? _____
socialiste ? _____
sculpteur ? _____
industriel ? _____

Quelle rue...
est très petite ? _____
a des maisons anciennes ? _____
a une signification historique ? _____
traverse la Boucle du nord au sud ? _____
est sans caractère particulier ? _____

ÉCRITURE

Describe the life of a neighborhood. Imagine a **quartier** and say what goes on there or who lives or works there, giving their profession and age. Is it a **quartier animé**? Are there people in the street early in the morning? Is there a lot going on at night?

Dans Leçon 1

LE QUARTIER ET LA VILLE *NEIGHBORHOOD AND CITY*

LE CENTRE VILLE *THE CITY CENTER*

un bâtiment *a building*

un carrefour *an intersection*

un coin *a corner*

un feu rouge *a red light*

un immeuble *a residential building*

un lycée *a high school*

un magasin *a store*

un musée *a museum*

un plan de la ville *a city map*

un pont *a bridge*

un quartier *a neighborhood*

une bibliothèque *a library*

une carte *a road map*

une gare *a railroad station*

une place *a city square*

une poste *a post office*

une rue *a street*

une ville *a city*

LES MOTS APPARENTÉS

un boulevard

un hôpital

un hôtel

un office de tourisme

un square

un théâtre

une avenue

une cathédrale

une rivière

DEMANDER SON CHEMIN
TO ASK FOR DIRECTIONS

Pardon, Monsieur/Madame/
Mademoiselle. Savez-vous où
se trouve... ?

*Excuse me, Sir/Ma'am/Miss. Do
you know where... is located?*

INDIQUER LE CHEMIN
TO GIVE DIRECTIONS

à côté de *next to*

au coin de *at the corner of*

continuer tout droit/ jusqu'à *continue straight ahead/to*

en face de *across from*

loin de *far from*

monter la rue/le boulevard/l'avenue *go up the street/boulevard/avenue*

Continued

prendre la rue/le boulevard/l'avenue *take the street/boulevard/avenue*
près de *near to*
tourner à gauche/à droite/au coin *turn left/right/at the corner*
traverser le pont/la place/le square *cross the bridge/square*

AU BUREAU DE TABAC

un(e) buraliste *person who works in or is the owner of* **un bureau de tabac**

Je voudrais... *I would like* ...
  un briquet *a cigarette lighter*
  un journal *a newspaper*
  un timbre *a stamp*

  une carte d'anniversaire *a birthday card*
  une télécarte *a prepaid calling card*

LES MOTS APPARENTÉS

un magazine
un paquet de cigarettes

une carte postale

INDIQUER LA CHRONOLOGIE

d'abord *first*
ensuite *then*
puis *then, next*
après *afterwards*
finalement *last, lastly*

LES VERBES

aller *to go*
comprendre *to understand*
prendre *to take*
savoir *to know a thing, to know how to*
suivre *to follow*

Dans Leçon 2

TO DESCRIBE HOMES AND NEIGHBORHOODS

Moi, j'habite... *I live (in)* ...
  une maison individuelle *a private house*
  en banlieue *in the suburbs*
  au centre ville *in the city center*
  à la campagne *in the country*

LES MOTS APPARENTÉS

un appartement
un studio

Continued

animé(e)
calme
residentiel(le)

À QUEL ÉTAGE HABITEZ-VOUS ?
WHAT FLOOR DO YOU LIVE ON?

J'habite au... *I live on the* ...
  sous-sol *basement floor*
  rez-de-chaussée *ground (first) floor*
  premier étage (1er ét.) *second floor*
  deuxième étage (2e ét.) *third floor*
  troisième étage (3e ét.) *fourth floor*
  quatrième étage (4e ét.) *fifth floor*
  cinquième étage (5e ét.) *sixth floor*
  sixième étage (6e ét.) *seventh floor*
  septième étage (7e ét.) *eighth floor*
  huitième étage (8e ét.) *ninth floor*
  neuvième étage (9e ét.) *tenth floor*
  dixième étage (10e ét.) *eleventh floor*

DANS MON IMMEUBLE, IL Y A... *IN MY BUILDING THERE IS* ...

un ascenseur *an elevator*　　　　　une cour intérieure *a courtyard*
un escalier *a staircase*

TO DESCRIBE APARTMENTS

ancien(ne) *old*
clair(e) *light*
ensoleillé(e) *sunny*
neuf/neuve *new*
près de/à proximité de/d' *near*
  un court de basket *an outside*　　　une piscine *a swimming pool*
　　basketball court*

Le loyer est modéré/cher. *The rent is moderate/expensive.*

LES MOTS APPARENTÉS

un parking

énorme
pratique
sombre
spacieux/spacieuse

Continued

TO NAME TYPES OF STORES AND BUILDINGS
LES COMMERCES *COMMERCIAL ENTERPRISES*

Je vais...

au bureau de tabac *to a* **bureau de tabac**

dans un grand magasin *to a department store*

à l'hôtel de ville *to city hall*

à un magasin *to a store*

de chaussures *to a shoe store*

de musique *to a music store*

de vêtements *to a clothing store*

chez un marchand de vin *to a wine store*

à une église *to a church*

à une librairie-papeterie *to a book/stationery store*

LES MOTS APPARENTÉS

un fast-food

un hôpital

un restaurant

un supermarché

une cathédrale

une synagogue

TO PURCHASE NONFOOD ITEMS

(rendre) la monnaie *(to make) change*

en solde *on sale*

C'est trop cher ! *It's too expensive!*

C'est une affaire ! *It's a bargain!*

C'est un vol ! *It's highway robbery!*

C'est génial ! *It's great!*

C'est chouette ! *It's great!*

Je le prends ! *I'll take it!*

LES MOTS APPARENTÉS

C'est parfait !

C'est super !

C'est fantastique !

LE BUREAU DE POSTE

un colis/un paquet *a package*

un timbre (de collection) *a stamp (collector's stamp)*

THE POST OFFICE

une étiquette de douane *a customs declaration form stating the contents of the package*

LES MOTS APPARENTÉS

un aérogramme

une carte postale

une lettre

Continued

LES VERBES

acheter *to buy*
habiter *to live*
louer *to rent*
partager *to share*

-re verbs
attendre *to wait (for)*
entendre *to hear*
rendre *to take back or return something*
rendre visite à *to visit (someone)*
répondre *to answer*

UNITÉ 4

Qu'est-ce que tu veux manger ?

MES OBJECTIFS COMMUNICATIFS

Name food items and describe what you like and dislike

Order food and drinks in a café or restaurant

Buy food and drinks in a store or market

Offer, accept, and refuse food and drinks

Compare people and things

Say what you just did

LES CLÉS CULTURELLES

Restaurants and cafés in France

Eating customs in France

Restaurant etiquette

Etiquette when you are invited to someone's home for a meal

Table settings

une maison individuelle

Porte d'entrée

En France, traditionnellement, on prend trois repas par jour. Le matin, au petit déjeuner, les Français prennent du café ou du thé avec des toasts. Le déjeuner, à midi, reste un repas important. Si les Parisiens mangent quelquefois un sandwich pour le déjeuner, dans les villes de province, c'est plutôt rare. La plupart des gens rentrent chez eux à midi ou prennent un vrai repas dans un restaurant ou à la cantine de leur lieu de travail s'il y en a une. Quand il n'y a pas de cantine, les employeurs donnent des « tickets restaurants » qui permettent aux employés de déjeuner dans un restaurant à prix réduit. On prend le dîner assez tard, vers les huit heures du soir. Quand la mère de famille travaille en dehors de la maison—ce qui est de plus en plus fréquemment le cas—le dîner est le repas principal.

Dans cette unité, vous allez voir vos amis bisontins faire des achats de nourriture, aller dîner au restaurant ou chez des amis.

REGARDONS LES IMAGES

LA CUISINE FRANÇAISE

Aujourd'hui beaucoup de Français mangent des hamburgers et boivent du coca-cola. De même, aux États-Unis et au Canada la cuisine française fait partie de notre alimentation. Est-ce que vous reconnaissez les plats sur les photos à la page précédente ? Associez les photos avec leur légende. Ensuite, ajoutez deux plats français que vous connaissez.

1. _____ une quiche lorraine
2. _____ un soufflé
3. _____ des crêpes
4. _____ un croissant
5. _____ de la mousse au chocolat
6. _____ un coq au vin
7. _____ du pâté de foie gras
8. _____ du fromage français
9. _____ une baguette
10. _____ du champagne
11. ?? _____
12. ?? _____

Allons au restaurant

MES OBJECTIFS COMMUNICATIFS

Name food items and describe what you like and dislike
Order food and drinks in a café or restaurant

LES CLÉS CULTURELLES

Restaurants and cafés in France
Eating customs in France
Restaurant etiquette

REGARDONS LES IMAGES

LES RESTAURANTS

En France, en plus des restaurants où on peut déguster la cuisine bourgeoise traditionnelle ou la cuisine gastronomique, il y a aussi beaucoup de restaurants où on peut savourer des cuisines étrangères. Comme aux États-Unis, il y a des restaurants chinois et italiens. Dans d'autres restaurants on trouve des cuisines des anciennes colonies françaises (des restaurants vietnamiens ou marocains, par exemple).

Quels types de restaurants y a-t-il sur les photos ? Associez les photos de la page précédente au type de restaurant correspondant.

des restaurants fast-food
des restaurants ou des cafés traditionnels
des restaurants étrangers

LES CAFÉS   En France, les cafés ont une longue tradition. Le premier café, « Le Procope », a été fondé au 18ᵉ siècle à Paris au Quartier latin (où se trouvent les universités). À ce moment-là, les cafés étaient des centres de discussions politiques, littéraires et artistiques réservés aux hommes. Depuis, les cafés ont pris de nombreuses formes : « le bistro du coin », où les ouvriers (*workers*) vont pour oublier leurs problèmes, les « guinguettes au bord de la Seine », fréquentées par les Impressionnistes, les cafés à la mode sur les Grands Boulevards au 19ᵉ siècle et les cafés littéraires dans le Quartier latin et Montparnasse au moment de la Seconde Guerre mondiale. On va au café pour manger et boire, bien sûr, mais aussi pour lire le journal, rencontrer des amis et étudier. Les étudiants passent des heures dans les cafés à discuter, à manger des sandwichs et à boire de nombreux cafés crèmes ou cafés express.

Quelques nostalgiques regrettent la disparition des cafés traditionnels ou leur modernisation pour faire concurrence aux fast-food qui sont très populaires parmi les jeunes. Mais quand il fait beau, il y a beaucoup de monde aux terrasses des cafés et il est évident que la vie de café existe toujours.

EXPRESSION-VOCABULAIRE (1)

COMMENT COMMANDER LES BOISSONS ET LES REPAS

In this **leçon,** you will find out how to order a meal or a beverage in cafés and restaurants. Here are the names of the meals of the day (**les repas**), some drinks found on many menus, and some expressions to use when ordering.

Le matin, on prend **le petit déjeuner.** Vers (*around*) une heure de l'après-midi, on prend **le déjeuner.** Vers quatre heures de l'après-midi, c'est **le goûter** pour les enfants. Et enfin vers huit heures du soir, on prend **le dîner.**

COMMANDER LES BOISSONS (*TO ORDER DRINKS*)

Je vais prendre...

Je voudrais...

un thé/au citron/au lait (*with milk*)
un express
un café/au lait/noir
de l'eau minérale (*mineral water*)
une bière/un demi (*beer/draft beer*)
un jus de fruits
du vin rouge/blanc/rosé

une limonade (*lemon-lime drink*)
un coca-cola
un chocolat chaud
un Orangina
un citron pressé (*lemonade*)
une tisane (*herbal tea*)

COMMANDER LES REPAS

LE PETIT DÉJEUNER DANS UN CAFÉ
J'aimerais...

LE DÉJEUNER DANS UN CAFÉ
Je voudrais...

du thé   du sucre
de la confiture
du lait
du beurre
une tartine
un croissant   du café

un sandwich au pâté
un croque-monsieur
un sandwich au jambon
une salade mixte : la laitue, les tomates
un sandwich au saucisson
une omelette au jambon et au fromage
un sandwich au fromage
de la glace au chocolat, à la vanille, aux fraises

1. CLASSEZ LES BOISSONS

Regardez la liste à la page précédente. Quelles sont les boissons alcoolisées et quelles sont les boissons non alcoolisées ?

2. MOI, JE PRENDS...

Quelles boissons prenez-vous avec vos repas ?

Modèle :   Je prends du thé au petit déjeuner.

1. au petit déjeuner
2. au déjeuner
3. au dîner

3. AU CAFÉ

Plusieurs personnes déjeunent dans un café. Regardez les dessins et complétez leurs commandes. Après, jouez les dialogues avec des camarades de classe.

SERVEUR :   Vous avez choisi ?
ARNAUD :   Je voudrais
_____.

SERVEUR :   Vous désirez ?
ANDRÉ :   _____,
s'il vous plaît.

SERVEUR :   Qu'est-ce que vous désirez ?
CHRISTIANE ET DANIEL :   On va prendre
_____.

SERVEUR :   Qu'est-ce que je vous sers ?
NATHALIE :   J'aimerais
_____.

4. VOUS DÉSIREZ ?

Imaginez que vous et un(e) de vos camarades de classe êtes à Besançon dans le café Au Pied de Cochon. Jouez alternativement le rôle du/de la client(e) et du serveur/de la serveuse et commandez un repas et une boisson.

LE CAFÉ PRÉFÉRÉ DE MAUD   Maud est au Café Central, son café préféré. Elle nous explique ce qu'elle commande normalement.

Alors, l'hiver en général, je prends une boisson chaude. Le matin, quelquefois je prends mon petit déjeuner au café. Je prends un café crème ou un café au lait, avec un croissant. J'aime aussi de temps en temps prendre un chocolat. Je vous recommande le chocolat chaud du Café Central. C'est un chocolat viennois absolument délicieux !

L'été ou quand j'ai très soif, je prends une boisson glacée : du coca, un citron pressé, un jus de fruits ou un diabolo menthe (c'est-à-dire du sirop de menthe avec de l'eau), ça c'est très rafraîchissant. Comme dans tous les cafés, ici on sert aussi des boissons alcoolisées. Comme apéritif, on peut prendre un verre de vin du Jura ou de vin d'Arbois. On peut boire aussi toutes sortes de bière. Ici, vous n'avez que l'embarras du choix !

ACTION

RENAUD ET SON AMIE MURIEL PRENNENT UN POT À LA BRASSERIE DU COMMERCE

PRÉPARONS-NOUS

Voici quelques boissons que beaucoup de jeunes bisontins aiment :

un panaché *mixture of beer and lemon-lime soft drink*
un demi-pomme/pêche *mixture of beer and fruit-flavored syrup such as apple or peach*

When listening in our native language, we constantly use visual clues, such as gestures and facial expressions, to help us make sense of what is being said. In the foreign language, we often become so involved with trying to understand each word that we may forget to use these valuable visual clues. Remember that being observant and using visual clues can often help you to understand a great deal about what is being said even if you don't understand many of the words.

And don't forget! Always read the questions to identify the information you are looking for, *before* viewing the video.

REGARDONS ENSEMBLE

1. À LA BRASSERIE DU COMMERCE

Renaud vient de passer un examen. Il va au café avec Muriel pour prendre un pot (*to have a drink*) et pour discuter. Regardez la vidéo sans le son (*without the sound*) et répondez aux questions.

1. Où se trouvent Muriel et Renaud ? _____
2. Qu'est-ce qu'ils font ? _____
3. Renaud veut commander des boissons. Imaginez la conversation entre Renaud et la serveuse.

   RENAUD : _____
   SERVEUSE : _____
   RENAUD : _____
   SERVEUSE : _____

2. REGARDEZ

Regardez encore une fois, cette fois avec le son, et répondez aux questions.

1. Est-ce que cette scène se passe...

   _____ le matin ?
   _____ à midi ?
   _____ le soir ?

2. Décidez si c'est Renaud (R), la serveuse (S) ou Renaud et la serveuse (R&S) qui prononcent les phrases suivantes. Puis, mettez les phrases dans le bon ordre pour faire une conversation logique.

QUI PARLE ?	LE BON ORDRE
_____ Voilà.	_____
_____ C'est moi qui vous remercie.	_____
_____ Alors, on prend deux demi-pommes.	_____
_____ Merci.	_____
R & S Bonsoir.	1

3. Quand Renaud utilise l'expression « On y va », qu'est-ce qu'il veut probablement dire ?

   _____ Are you ready to go?
   _____ Hurry up!
   _____ What do you want to do now?

EXPANSION

COMMANDONS DES BOISSONS

Avec un(e) camarade de classe, jouez le rôle du/de la client(e) et du/de la serveur/serveuse. Commandez une boisson que vous n'avez pas encore goûtée (*that you have not yet tasted*).

EXPRESSION-STRUCTURE (1)

BOIRE

Read the excerpts from interviews with André, Christiane, and Nathalie when they were asked what they normally drink for breakfast. As you read, see if you can determine what the highlighted words mean. Can you guess what the underlined word means?

NOM	BOISSONS HABITUELLES
André Somé	Ce que je prends au petit déjeuner ? Normalement, je **bois** du thé et du jus d'orange.
Christiane Vandeputte	Daniel et moi, nous **buvons** du café au lait. Maud et Lionel **boivent** du chocolat chaud.
Nathalie Gartner	Généralement, je ne prends pas de petit déjeuner. Donc, je ne **bois** <u>rien</u>.

As you were probably able to guess, the highlighted words are from the verb **boire,** which means *to drink*. **Je ne bois <u>rien</u>** means *I don't drink anything*.

While you study the following conjugation of the verb **boire,** ask yourself: How many forms of the verb **boire** are there, and what determines which form is used? Which forms end in **s**? Which forms end in **t**? Which forms have a different stem from the others? What memory techniques will best help me remember the different forms? (Visualizing the forms in my head? Color coding the endings? Writing the conjugation of the verb while repeating it aloud?)

BOIRE	
je bois	nous buvons
tu bois	vous buvez
il/elle/on boit	ils/elles boivent

VÉRIFIEZ   Can you answer your questions without looking at the conjugation of **boire**? If not, you may want to review the conjugation.

1. QUE BOIVENT LES FRANÇAIS ?

Est-ce que les Français boivent les mêmes boissons qu'on boit dans votre pays ? Michèle Lachaud explique ce que les membres de sa famille boivent. Utilisez le verbe **boire** pour compléter son commentaire.

Ce que nous buvons habituellement ? Le matin, je _____ du thé au lait et Arnaud et Sébastien _____ du jus d'orange et quelquefois ils _____ du chocolat chaud. Gérard _____ du café noir. Quand je suis à l'école, je _____ un café vers 11 heures du matin. Normalement, toute la famille déjeune ensemble à la maison. Avec notre déjeuner, nous _____ de l'eau minérale plate, c'est-à-dire non gazeuse. Après le déjeuner, Gérard et moi, nous prenons toujours un café express. L'après-midi, après le travail, je _____ un thé au citron. Si Arnaud et Sébastien sont à la maison ils _____ un Orangina ou un coca. Quelquefois à l'heure de l'apéritif Gérard et moi, nous _____ un pastis (*licorice-flavored alcoholic drink*). Au dîner, nous _____ beaucoup d'eau minérale et un peu de vin. Après le dîner, nous prenons un café décaféiné ou nous _____ une tisane (*herbal tea*) pour aider la digestion.

LES BOISSONS Les Français et les Américains ne boivent pas tout à fait la même chose au même moment. La plupart des Français boivent du vin avec les repas : un petit peu de vin semble indispensable avec le plat principal (en particulier s'il comporte de la viande) et avec le fromage. Cependant, la consommation de vin a énormément diminué depuis 30 ans. On boit de moins en moins de vin ordinaire et de plus en plus de vin de qualité. Les Français sont aussi de grands consommateurs d'eau minérale (d'eau non gazeuse comme l'eau d'Évian ou d'eau gazeuse comme l'eau de Vichy, le Badoit et le Perrier).

Les Français ont des idées préconçues sur ce que boivent les Américains. Ils pensent que les Américains boivent constamment des cocas et des boissons sucrées. Ils trouvent que ce n'est pas « correct » (gastronomiquement parlant) de boire du coca-cola ou du lait avec de la viande ou du fromage.

---

2. ET VOUS, QUE BUVEZ-VOUS ?

Décrivez les boissons qu'on boit dans votre pays. Voici quelques boissons :

du lait (*milk*)	du thé	du thé glacé (*iced tea*)	du jus de fruits
du coca	du vin	de l'eau (minérale)	du chocolat chaud
de la bière	du café		

Modèle : Chez moi, on <u>boit du lait</u> au petit déjeuner.

VOUS : Qu'est-ce que nous buvons chez nous ? Bien sûr, les coutumes de chaque famille sont différentes. Mais souvent, on _____ au petit déjeuner. Au déjeuner, beaucoup de personnes _____. L'après-midi, on _____. Au dîner, beaucoup de gens _____. En général, les petits enfants _____ avec les repas. En regardant la télévision après le dîner, nous _____. À un repas de fêtes (*parties*), on _____.

3. ET VOS CAMARADES DE CLASSE ?

Circulez dans la classe et demandez à cinq camarades de classe quelles sont leurs boissons préférées.

Qu'est-ce que tu bois...

1. au petit déjeuner ?
2. au déjeuner ?
3. entre les classes ?
4. au dîner ?
5. en regardant la télévision ?
6. à une fête ?
7. dans un restaurant élégant ?
8. dans un restaurant fast-food ?
9. à un match de football américain ?
10. au repas de Thanksgiving ?

EXPRESSION-VOCABULAIRE (2)

LES PLATS (*DISHES/COURSES*)

Here are some expressions to help you order in a restaurant.

LES HORS-D'ŒUVRE / LES ENTRÉES

les crudités : les tomates, les carottes, les concombres (*cucumbers*)

la charcuterie : le jambon (*ham*), le pâté, le saucisson (*dry sausage*)

LE PLAT PRINCIPAL

le steak frites, le vin rouge (*red wine*)

la sole meunière, les pommes de terre (*potatoes*), les petits pois (*green peas*), le vin blanc

LA SALADE

la salade verte (*green salad*), du pain

LE FROMAGE

le brie, le camembert, le comté, le
roquefort, le fromage de chèvre

LE DESSERT

la mousse au chocolat, la crème caramel, un
gâteau (*a cake*), une tarte (*a pie*)

LES FRUITS

les abricots (*apricots*), les fraises
(*strawberries*), les pêches
(*peaches*), les cerises (*cherries*),
les raisins (*grapes*), les pommes
(*apples*), les oranges, le pamplemousse
(*grapefruit*), l'ananas (*pineapple*), le
kiwi, la pastèque (*watermelon*)

UN REPAS FRANÇAIS TYPIQUE   Un repas typique français se compose dans cet ordre :

- d'une entrée froide (comme des crudités, de la charcuterie) ou d'une entrée chaude (comme un potage [*soup*])
- d'un plat principal (de la viande ou du poisson) avec des légumes
- d'une salade verte
- du fromage
- d'un dessert (gâteaux, crèmes ou fruits)

1. LE DÎNER CHEZ LES VANDEPUTTE

Voici ce que les Vandeputte vont servir au dîner. Avec un(e) camarade de classe, indiquez dans quel ordre on va servir chaque plat.

des haricots verts
une tarte aux abricots
du rosbif
du vin rouge

du comté
des (pommes de terre) frites
une salade verte

du pâté de campagne
de l'eau minérale
du roquefort
du café

	PLAT	BOISSON
l'entrée		
le plat principal		
la salade		
le fromage		
le dessert		

2. ÉLABORONS UN MENU : QU'EST-CE QUE VOUS AIMEZ ?

Avec un(e) camarade de classe, recombinez les plats et les boissons de la section **Expression-vocabulaire** pour composer deux menus que vous aimez tous/toutes les deux. Écrivez vos deux menus sur une feuille de papier.

> **Modèle :**   —Mangeons des haricots verts.
> —Non, je n'aime pas les haricots verts.
> *ou*
> —D'accord. J'aime bien les haricots verts.

EXPRESSION-STRUCTURE (2)

L'ARTICLE PARTITIF (*THE PARTITIVE*)

There are two ways to talk about unspecified quantities in French. One way, which you have already learned, is to use the indefinite articles **un, une,** and **des.** You can also use the partitive articles **du, de la,** and **de l'.** Read what Nancy and her husband Pierre have for breakfast and see if you can figure out which form of the highlighted partitive articles is used in front of a masculine noun, a feminine noun, a plural noun, and in the negative. Then see if you can infer the meaning of the partitive articles from the context.

NANCY : Normalement, le matin je bois **du** café et je mange **des** toasts avec **de la** confiture. Je ne prends pas **de** beurre.

PIERRE : Moi, je ne bois jamais **de** café. Je bois **du** thé au lait et je mange **du** pain avec **du** beurre et **de la** confiture.

Were you able to figure out that the partitive articles mean *some* or *any*? Verify the forms of the partitive articles in the charts that follow.

Ask yourself: What is the partitive? When will I use the partitive (**l'article partitif**)? How do I know when I will use the partitive and when I will use the indefinite articles **un, une,** and **des**? How many forms of the partitive are there, and what are they? What determines which form is used? How do the partitive and indefinite articles change in the negative? After which verb do they not change?

There are *three* forms of the partitive article. The form you use depends on the gender of the noun it precedes and whether or not the noun begins with a vowel.

THE PARTITIVE ARTICLE	+ A NOUN	EXAMPLES
du	masculine singular	**du** sucre
de la	feminine singular	**de la** confiture
de l'	masculine or feminine singular before a vowel	**de l'**eau **de l'**alcool

How do you know when to use the indefinite article or the partitive article? The key difference is that you use the indefinite article when you are talking about things that you *can count*—**une pomme, trois pommes,** etc. You will use the partitive with things that normally *can't be counted*—**du sel** (*some salt*), **de l'eau** (*some water*), **du pain** (*some bread*)—and to designate part of something. Because nouns like these are not countable, they are usually not plural, which is why there is usually no plural partitive article, although there is a plural indefinite article, **des**. (See the following table.)

THE INDEFINITE ARTICLE	+ A NOUN	EXAMPLES
un	masculine singular	**un** œuf
une	feminine singular	**une** pizza
des	masculine or feminine plural	**des** frites **des** toasts

Remember two important rules about the partitive and indefinite articles, both of which are illustrated in the table that follows.

- First, the partitive articles and the plural indefinite article **des** can be translated as *some* or *any,* or they may not be translated at all because, in English, the use of *some* and *any* is often optional. It is equally correct to say, for example, "I'm having coffee" or "I'm having *some* coffee." You can also say, "I don't want toast" or "I don't want any toast." In French, however, you don't have these choices; the partitive articles (*some, any*) must always be included.
- Second, in the negative, both the indefinite articles (**un, une, des**) and the partitive articles (**du, de la, de l'**) normally change to **de,** except after the verb **être.**

JEAN-BAPTISTE :	Tu prends du pain ?
DELPHINE :	Non merci, je ne veux pas de pain.
JEAN-BAPTISTE :	C'est un express ?
DELPHINE :	Mais non ! Ce n'est pas un express. C'est un café au lait.
JEAN-BAPTISTE :	C'est du roquefort ?
DELPHINE :	Mais non ! Ce n'est pas du roquefort. C'est du comté.

AFFIRMATIVE		NEGATIVE	
Je prends **de la** confiture.	*I am having jam.* *I am having **some** jam.*	Je **ne** prends **pas de** confiture.	*I am not having jam.* *I am not having **any** jam.*
Je bois **du** café.	*I drink (am drinking) coffee.* *I am drinking **some** coffee.*	Je **ne** bois **pas de** café.	*I do not drink (am not drinking) coffee.* *I am not drinking **any** coffee.*
Je bois **de l'**eau.	*I am drinking water.* *I am drinking **some** water.*	Je **ne** bois **pas d'**eau.	*I am not drinking water.* *I am not drinking **any** water.*
Il boit **de l'**alcool.	*He drinks (is drinking) alcohol.* *He drinks (is drinking) **some** alcohol.*	Il **ne** boit **pas d'**alcool.	*He does not drink (is not drinking) alcohol.* *He does not drink (is not drinking) **any** alcohol.*
Je mange **des** chips.	*I am eating potato chips.* *I am eating **some** potato chips.*	Je **ne** mange **pas de** chips.	*I do not eat potato chips.* *I am not eating **any** potato chips.*
Je veux **des** œufs.	*I want eggs.* *I want **some** eggs.*	Je **ne** veux **pas d'**œufs.	*I do not want eggs.* *I do not want **any** eggs.*
Tu as **des** œufs ?	*Do you have **any** eggs?*	Tu **n'**as **pas d'**œufs ?	*Don't you have eggs?* *Don't you have **any** eggs?*

VÉRIFIEZ   Can you answer the questions about the partitive and indefinite articles without looking at the examples and explanations? If not, you may want to review the material.

	COUNTABLE NOUNS		NON-COUNTABLE NOUNS	
	affirmative	negative	affirmative	negative
	un, une	de	du, de la, de l'	de
Sing.	Au petit déjeuner, je mange **un** croissant et **une** pomme.	Je ne mange pas **de** toasts.	Je mange **du** pain avec **de la** confiture.	Je ne bois pas **de** café.
Plural	des	de	Non-countable nouns cannot be plural. The partitive articles (with rare exceptions) precede only singular, non-countable nouns.	
	Au déjeuner, nous mangeons **des** frites.	Nous ne mangeons pas **de** sandwichs.		

1. LES ASSOCIATIONS

Sur une feuille de papier, indiquez quelle boisson vous prenez avec ces plats. Ensuite, comparez vos réponses avec les réponses d'un(e) camarade de classe.

Je prends _____ avec des céréales.
Je prends _____ avec une pizza.
Je prends _____ avec des hamburgers.
Je prends _____ avec de la salade.
Je prends _____ avec un steak.
Je prends _____ avec des sandwichs.
Je prends _____ avec un dessert.

2. UN PETIT DÉJEUNER SAIN (*HEALTHY*) ET FORTIFIANT

On vous demande de préparer un petit déjeuner sain et fortifiant. Avec un(e) camarade de classe, faites une liste de ce qu'il y a et de ce qu'il n'y a pas dans ce petit déjeuner modèle.

IL Y A...

_____ du jus d'orange. _____
_____
_____
_____
_____

IL N'Y A PAS...

_____ de gâteau. _____
_____
_____
_____
_____

3. QU'EST-CE QU'IL FAUT MANGER ?

Qu'est-ce que les personnes suivantes doivent prendre au déjeuner ? au dîner ? Qu'est-ce qu'elles ne doivent pas manger ?

Quelqu'un

qui est au régime (*on a diet*)
qui est végétarien
qui est très sportif

qui est allergique aux produits laitiers
  (lait, yaourt, glace, etc.)
qui est anémique

LES ALIMENTS DE FRANCHE-COMTÉ Nancy aime beaucoup la cuisine française : son mari et elle sont de fins gourmets et ils apprécient particulièrement la gastronomie de la Franche-Comté. Ils vont souvent chez Barthod, marchand de vin, marchand de produits régionaux et aussi propriétaire du bar à vin dans la rue Bersot. Dans le paragraphe suivant, Nancy parle du bar à vin.

Barthod

Nous aimons beaucoup ce bar à vin parce qu'on y trouve de bons vins—des vins de la région, comme les vins du Jura et d'Arbois—mais aussi d'autres vins comme les vins de Cahors, du Ventoux, du Pouilly ou des vins doux et sucrés comme le muscat de Beaumes-de-Venise.

C'est un endroit idéal pour goûter les spécialités locales comme la saucisse de Morteau, la cancoillotte, le comté, le morbier et les mousses de canard (*duck*) et d'oie (*goose*), la salade de gésiers (*gizzards*) que j'adore... et puis les desserts... oh les desserts—ils sont délicieux !

L'été, on peut manger dehors, j'aime beaucoup ça, et ce n'est pas trop cher. Si vous êtes à Besançon, cela mérite un détour.

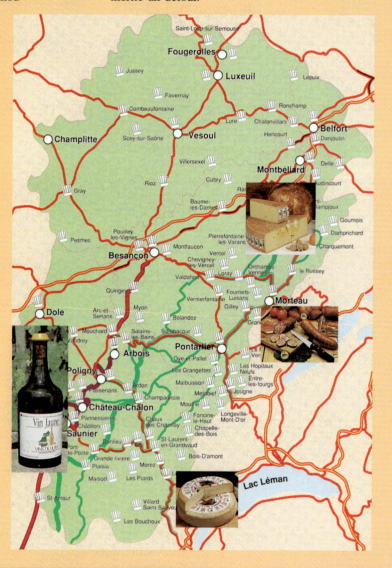

ACTION-APPROFONDISSEMENT

ON DÎNE AU RESTAURANT ENTRE AMIS

PRÉPAREZ-VOUS

1. CHEZ BARTHOD

Nancy Peuteuil organise un dîner avec des amies demain à 7 heures du soir chez Barthod. Avec un(e) camarade de classe, regardez le menu du bar à vin chez Barthod et ensuite répondez aux questions suivantes.

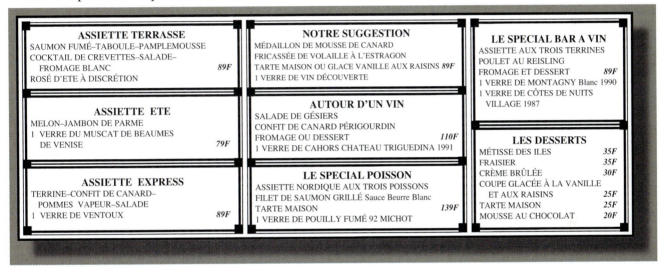

ASSIETTE TERRASSE
SAUMON FUMÉ–TABOULE–PAMPLEMOUSSE
COCKTAIL DE CREVETTES–SALADE–
FROMAGE BLANC *89F*
ROSÉ D'ETE À DISCRÉTION

ASSIETTE ETE
MELON–JAMBON DE PARME
1 VERRE DU MUSCAT DE BEAUMES
DE VENISE *79F*

ASSIETTE EXPRESS
TERRINE–CONFIT DE CANARD–
POMMES VAPEUR–SALADE
1 VERRE DE VENTOUX *89F*

NOTRE SUGGESTION
MÉDAILLON DE MOUSSE DE CANARD
FRICASSÉE DE VOLAILLE À L'ESTRAGON
TARTE MAISON OU GLACE VANILLE AUX RAISINS *89F*
1 VERRE DE VIN DÉCOUVERTE

AUTOUR D'UN VIN
SALADE DE GÉSIERS
CONFIT DE CANARD PÉRIGOURDIN
FROMAGE OU DESSERT *110F*
1 VERRE DE CAHORS CHATEAU TRIGUEDINA 1991

LE SPECIAL POISSON
ASSIETTE NORDIQUE AUX TROIS POISSONS
FILET DE SAUMON GRILLÉ Sauce Beurre Blanc
TARTE MAISON *139F*
1 VERRE DE POUILLY FUMÉ 92 MICHOT

LE SPECIAL BAR A VIN
ASSIETTE AUX TROIS TERRINES
POULET AU REISLING
FROMAGE ET DESSERT *89F*
1 VERRE DE MONTAGNY Blanc 1990
1 VERRE DE CÔTES DE NUITS
VILLAGE 1987

LES DESSERTS
MÉTISSE DES ILES *35F*
FRAISIER *35F*
CRÈME BRÛLÉE *30F*
COUPE GLACÉE À LA VANILLE
ET AUX RAISINS *25F*
TARTE MAISON *25F*
MOUSSE AU CHOCOLAT *20F*

1. Quels sont les différents plats dans chaque menu à prix fixe ?

MENU	VIANDE (*MEAT*)	VOLAILLE (*POULTRY*)	POISSON ET FRUITS DE MER (*SHELLFISH*)	FRUITS/LÉGUMES/FÉCULES (*FRUITS/ VEG./ STARCHES*)	DESSERT ET/OU FROMAGE
Assiette terrasse			saumon fumé crevettes	salade taboulé pamplemousse	fromage blanc
Assiette été					
Assiette express					
Notre suggestion					
Autour d'un vin					
Le spécial poisson					
Le spécial bar à vin					

2. Quels menus ne limitent pas le nombre de verres de vin ?

3. Calculez le prix de chaque menu en dollars (5 francs = +/− $1.00). Est-ce que ces repas sont plus ou moins chers que ceux des bons restaurants de votre ville ?

Voici des expressions qu'on utilise souvent dans un café ou dans un restaurant.

SERVEUR/SERVEUSE	**CLIENT(E)**
Vous avez choisi ? (*Have you decided yet?*)	Bon appétit !
	(À votre) santé ! (*To your health!*)
Vous avez terminé ?	L'addition, s'il vous plaît ! (*The check, please!*)

2. QUI PARLE ?

Lisez la conversation suivante. Avec un(e) camarade de classe, dites qui parle : le serveur (S) ou le client (C).

  C   1. Oui, je voudrais un vin mûres, s'il vous plaît.

  S   2. Vous avez choisi ?

_____ 3. Oui, un express et l'addition, s'il vous plaît !

_____ 4. C'est un fondant au chocolat avec de la crème vanillée et un coulis de caramel.

_____ 5. Pas de fromage pour moi, merci.

_____ 6. Vous avez terminé ? Vous désirez un fromage ?

_____ 7. Oui, merci. De l'Évian, s'il vous plaît.

_____ 8. Merci. C'est joli !

_____ 9. « Autour d'un vin » c'est pour vous ? Bon appétit !

_____ 10. Qu'est-ce que c'est que la « Métisse des Îles » ?

_____ 11. Bonjour, Madame. Voici la carte. Vous désirez un apéritif ?

_____ 12. Vous désirez de l'eau avec votre dessert ?

_____ 13. Oui, je voudrais le menu « Autour d'un vin ».

_____ 14. Vous désirez un dessert ?

_____ 15. Oh, c'est bon ça ! Je vais prendre la « Métisse des Îles ».

_____ 16. Vous voulez un café ?

3. JEU DE RÔLES

Mettez les phrases dans un ordre logique. Ensuite, jouez la conversation avec un(e) camarade de classe.

REGARDEZ

Vous allez accompagner Anne, Anne-Marie, Nancy, Christiane et Michèle chez Barthod. Un repas français dure longtemps et pour cette raison ce dîner au restaurant est divisé en plusieurs parties.

LE GARÇON (*WAITER*) PREND LA COMMANDE

Regardez la scène *Le garçon prend la commande.*

1. RECONNAISSEZ-VOUS TOUT LE MONDE ?

Indiquez sur le dessin suivant la place occupée par chaque femme autour de la table.

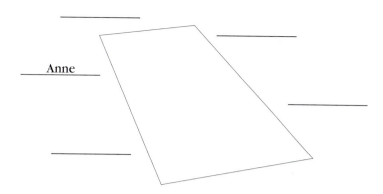

2. QU'EST-CE QU'ELLES CHOISISSENT ?

À côté de chaque nom, écrivez le menu que cette personne a commandé. Les trois menus sont *Autour d'un vin, Notre suggestion,* et l'*Assiette terrasse.*

LA PERSONNE	LE MENU
Anne	
Anne-Marie	
Christiane	
Michèle	
Nancy	

ON PREND L'APÉRITIF, L'ENTRÉE ET LE PLAT PRINCIPAL

1. REGARDEZ

Regardez les parties du repas qui ont pour titre *On leur offre l'apéritif, Le garçon apporte l'entrée, Elles terminent l'entrée, On apporte le plat principal, Un peu plus tard* et *« Vous avez terminé ? »* Pendant que vous regardez, identifiez la personne qui prononce chaque phrase. Attention ! Il est possible que plusieurs personnes prononcent la même phrase.

	LE SERVEUR	ANNE-MARIE	NANCY	MICHÈLE	ANNE	CHRISTIANE
a. Ça va, Nancy ? T'as pas la fumée ?						
b. Je vous offre un petit vin mûres comme apéritif ?						
c. Allez, santé !						
d. Une salade de gésiers ?						
e. Bon appétit, mesdames.						
f. Ça va faire du bien.						
g. Vous avez terminé ?						
h. Très copieux.						
i. Tout se passe bien ?						
j. C'est joli !						

2. OBSERVEZ BIEN !

Regardez cette partie de la vidéo encore une fois et notez :

la femme qui parle le plus _____

la femme qui parle le moins _____

la femme qui est la plus facile à comprendre _____

la femme qui est la plus difficile à comprendre _____

les femmes qui fument _____

LA FIN DU REPAS

Ici, les trois parties de la vidéo sont *Fromage ou dessert ?*, *Elles commandent le dessert* et *Les desserts sont délicieux*.

1. FROMAGE OU DESSERT ?

Complétez les questions que pose le garçon.

Est-ce qu'une personne désire _____ ?

Vous voulez choisir _____ ?

2. LES DESSERTS SONT DÉLICIEUX

Identifiez la/les personne(s) qui commande(nt) chaque dessert.

	LA MÉTISSE DES ÎLES	LA TARTE AUX POMMES	LA COUPE GLACÉE À LA VANILLE ET AUX RAISINS	LA MOUSSE AU CHOCOLAT
Anne				
Anne-Marie				
Christiane				
Michèle				
Nancy				

L'ADDITION

MICHÈLE DEMANDE L'ADDITION

Regardez les scènes *Michèle demande l'additon* et *Le garçon apporte l'addition* et répondez aux questions.

1. Qu'est-ce que Michèle dit au garçon pour demander l'addition ?
2. Qui va payer avec une carte de crédit ?
3. Combien est-ce que chaque femme doit payer ?

> 🗝 En France, la plupart du temps, le service est compris mais on laisse souvent « un petit quelque chose » quand on est satisfait du repas et du service.

EXPANSION

1. ET VOUS ?

Comment est-ce que vous payez quand vous dînez dans les restaurants suivants ?

En espèces (*cash*) ?   Par chèque ?   Avec une carte de crédit ?

Dans une pizzeria _____
Dans un restaurant fast-food _____
Dans un restaurant élégant _____
À la caféteria de votre université _____
Dans un restaurant quand vous voyagez _____

2. JEU DE RÔLES : CHEZ BARTHOD

Imaginez que vous et trois de vos camarades de classe êtes à Besançon et que vous décidez de dîner chez Barthod. Regardez la carte du bar à vin à la page 235 et commandez votre repas. Un étudiant joue le rôle du serveur.

EXPRESSION-STRUCTURE (3)

CHOISIR ET LES VERBES EN -IR

There are three groups of regular verbs in French. You have already studied verbs that end in **-er** (**parler, manger,** etc.) and in **-re** (**attendre, descendre**). The third group of verbs are those that end in **-ir,** and, like the other two groups of regular verbs, their forms follow a predictable pattern.

Read the following conversation between the women at Barthod's and see if you can guess what the **-ir** verbs **choisir, réflechir,** and **finir** mean.

MICHÈLE :	Alors, les filles, qu'est-ce que **vous choisissez** comme dessert ? Moi, je vais prendre la « Métisse des Îles ».
ANNE :	Moi, **je choisis** la mousse au chocolat.
ANNE-MARIE ET CHRISTIANE :	Nous deux, **nous choisissons** la coupe glacée.
NANCY :	Attends, **je réfléchis** ! C'est si difficile de **choisir.** Je crois que je vais prendre... la mousse... non, après tout, la tarte aux pommes.
MICHÈLE :	Et **on finit** avec un petit café pour tout le monde ?
NANCY :	Bien sûr.

Were you able to guess that **choisir** means *to choose,* **réfléchir** *to think about,* and **finir** *to finish*?

As you study the examples illustrating **-ir** verbs, ask yourself:
How are **-ir** verbs formed?
Which forms have the same endings?
How will I remember the conjugations?
What are several **-ir** verbs?

To conjugate **-ir** verbs, drop the **-ir** ending and add the endings **-is, -is, -it, -issons, -issez,** and **-issent** as indicated in the following chart.

CHOISIR	
je chois**is**	nous chois**issons**
tu chois**is**	vous chois**issez**
il/elle/on chois**it**	ils/elles chois**issent**

Two other **-ir** verbs often used when talking about food and restaurants are **grossir** (*to gain weight*) and **maigrir** (*to lose weight*).

Je **grossis** si je mange souvent dans des restaurants fast-food.
Je **maigris** quand je ne prends pas de desserts !

VÉRIFIEZ   Can you answer the questions about **-ir** verbs without looking at the explanations? If not, you may want to review the questions and examples.

Dans les déjeuners du dimanche ou les dîners entre amis, les Français prennent généralement un dessert—une tarte, un gâteau, de la glace, par exemple. Dans les dîners de tous les jours, le dessert peut être un yaourt ou un fruit.

1. LES DESSERTS

Qu'est-ce qu'on prend comme dessert dans votre pays dans les situations suivantes ?
Utilisez le verbe **finir.**

Modèle :   toi et ta famille / le repas de Thanksgiving
—Toi et ta famille, avec quel dessert est-ce que **vous finissez** le repas de Thanksgiving ?
—**Nous finissons** le repas de Thanksgiving avec **une tarte à la citrouille** (*pumpkin pie*).

1. toi et ta famille / le repas de Noël
2. tu / un pique-nique
3. on / un barbecue
4. ta famille / un dîner en famille
5. toi et tes ami(e)s / un déjeuner ordinaire
6. on / une réception de mariage

2. CHACUN A SON GOÛT

Quelques Bisontins que vous connaissez vont dîner au restaurant ce soir. Regardez les publicités de quelques restaurants à Besançon et, avec un(e) camarade de classe, dites quel restaurant ils choisissent. Utilisez le verbe **choisir** dans vos réponses.

Modèle :   Nathalie aime la cuisine japonaise.
Nathalie choisit le restaurant Le Tokyo parce qu'elle aime la cuisine japonaise.

1. Arnaud et Sébastien aiment la cuisine marocaine.
2. Christiane et Daniel aiment la cuisine régionale.
3. André aime les crêpes.
4. Nancy et Pierre Peuteuil aiment la grande cuisine française.
5. Clara, Dorel et Benjamin aiment les pizzas.
6. Michèle et Gérard aiment la cuisine chinoise.
7. J'aime...
8. Mon/Ma camarade de classe aime...

 **INTERACTION**

AU RESTAURANT

André, Renaud, Nathalie, Jean-Baptiste et Maud dînent au restaurant. L'étudiant(e) A regarde à la page 733 pendant que l'étudiant(e) B regarde à la page 743, et ensuite répondez aux questions à la page suivante.

1. Posez des questions à votre camarade de classe pour découvrir ce que tout le monde commande.
2. Regardez les publicités et décidez dans quel restaurant chaque personne dîne.
3. Quelles personnes dînent ensemble ? Qui dîne seul ?

Prononciation

LA LETTRE S

Écoutez

Listen to the following sentences and put a check to indicate if the highlighted letters have an **s** sound (as in **saumon**), **z** sound (as in **fraise**), or are silent (as in **glaces**).

	(S)	(Z)	(S̸)
1. Arnaud commande des pizza**s**.			
2. Sebastien boit **s**ouvent du coca.			
3. Gérard prend du sauci**ss**on en entrée.			
4. Il choi**s**it un bon vin blanc.			
5. Tu fini**s** ton café ?			
6. Vous achetez un beau gâteau au chocolat.			

Continued

Vérifiez

Study the position of the letter **s** in the previous examples and try to deduce when it is pronounced as an **s,** as a **z,** or when it is silent. Fill in the following chart with your observations.

	(S)	**(Z)**	**(S̸)**
s at the beginning of a word			
s at the end of a word + consonant			
s between two vowels			
s in liaison			
double **s—ss**			
s at the end of a sentence			

Prononcez

Read the following sentences and circle the letter **s** when it represents an **s** sound, underline it when it represents a **z** sound, and put a line through it when it is silent. Then, listen to the sentences on your audio CD and check your answers. Finally, repeat each sentence aloud, being careful to pronounce the letter **s** correctly.

1. Comme dessert, Arnaud prend du gâteau aux fraises.
2. En entrée, Michèle prend de la mousse au saumon.
3. Tu ne finis pas ta salade ?
4. Nous achetons des haricots verts au supermarché.
5. Dans ma famille, quand nous dînons au restaurant, nous choisissons toujours un restaurant japonais.
6. Clara, Dorel et Benjamin choisissent toujours une pizzeria.
7. Vous avez choisi, Mademoiselle ?

LECTURE

le couscous à l'agneau (*lamb couscous*), les courgettes (*zucchini*), le vin rosé (*rosé wine*)

PRÉPARATION À LA LECTURE

 Les immigrants d'Afrique du Nord des années 60 et 70 ont introduit le couscous en France. Maintenant, on trouve des restaurants qui servent du couscous dans la plupart des villes françaises.

Dans le couscous, un plat traditionnel d'Afrique du Nord, il y a de la viande (du bœuf, de l'agneau, des merguez° ou du poulet), des légumes et du couscous (c'est à dire de la semoule). Il est servi avec une sauce très épicée°—la harissa.

spicy sausages made of beef or lamb
spicy, hot

1. Quels restaurants exotiques est-ce qu'il y a dans votre ville ou près du campus de votre université ?

Knowing the type of text you are reading (newspaper article, recipe, weather report, etc.) will allow you to identify its purpose (to sell a product, to inform, to entertain, etc.) and intended audience. This information will enable you to anticipate the type of information the text will contain.

2. Vous allez lire la critique d'un restaurant à Besançon. Pourquoi est-ce qu'on lit des critiques gastronomiques ? Quels sont les renseignements que vous voulez trouver dans une critique de restaurant ? Écrivez-en cinq.

Modèle : l'adresse du restaurant

Chez Achour

A peine à Besançon avez-vous prononcé le mot "couscous" que l'on vous répond Achour. Depuis 1981, rue de l'Ecole, Achour Ziamni et sa jeune femme Hannah ont su faire de leur restaurant le haut lien du plat national de l'Afrique du Nord. Il est vrai qu'Achour avait appris son métier chez son père qui tenait de 1963 à 1987 le restaurant "le Kabyle" très réputé place du Marché.

Ainsi depuis plusieurs décennies, cette famille authentique de Kabylie a-t-elle donné au couscous ses lettres de noblesse gourmandes. "Chez Achour" c'est Monsieur qui est en salle et Madame au piano. Ici pas de mystère, pas d'entourloupe. Comme tous les clients, d'Egar Faure - un fidèle jadis - aux hommes politiques d'aujourd'hui - sans clivage idéologique aucun - en passant par les étudiants, les journalistes... et monsieur Tout le monde, vous viendrez déguster dans une ambiance bon enfant le couscous royal... au poulet, au mouton, au bœuf accompagné de merguez, de brochettes d'agneau, avec de la semoule cuite à point, des légumes toujours frais, des pois chiches - achetés en sacs et non en boites - arrosés des grands crûs du Maghreb et précédant les pâtisseries orientales. C'est bon, c'est très bon et on y revient d'autant plus volontiers que les prix sont raisonnables (de 55 à 70 F), l'accueil chaleureux et les portions copieuses.

Ouvert tous les jours même le dimanche et les jours de fête (mardi seul jour de fermeture), Achour mérite le détour. On peut même emporter son couscous et le manger chez soi... entre amis. Une bonne adresse qui sent bon les vacances. Restaurant chez Achour 30 rue de l'Ecole, tél. 81.81.40.45

AVEZ-VOUS COMPRIS ?

1. Lisez l'article et choisissez la phrase qui résume le mieux les idées présentées dans l'article.

1. Le couscous est le plat national d'Afrique du Nord.
2. « Chez Achour » est un restaurant familial.
3. Si vous désirez manger un bon couscous, allez au restaurant « Chez Achour ».

2. Relisez l'article et répondez aux questions suivantes.

1. Quelle est la spécialité du restaurant ?
2. Quelles expressions décrivent la qualité de la cuisine dans ce restaurant ?
3. Quel est le prix des repas ?
4. Le restaurant est fermé (*closed*) quel jour ?
5. Quelle est l'adresse et le numéro de téléphone du restaurant ?

EXPANSION

1. Avec un(e) camarade de classe, faites une liste de plats étrangers (la pizza, les tacos, etc.) que vous connaissez. Après, mettez ces plats dans les catégories indiquées.

1. salé (*salty*)   3. épicé (*spicy*)
2. sucré (*sweet*)   4. lourd (*heavy*)

2. Interviewez des camarades de classe pour découvrir quels plats ils préfèrent. Quels sont les plats les plus populaires ? les moins populaires ?

1. À quels restaurants exotiques est-ce que vous allez régulièrement ?
2. Quelles sont les trois cuisines nationales que vous préférez ? (Mettez-les par ordre de préférence.)
3. Quel est votre plat étranger favori ?
4. Quelle cuisine nationale est-ce que vous n'aimez pas beaucoup ? Pourquoi ?

une poissonnerie

un marchand de fromages

une boulangerie-pâtisserie

BARTHOD

un marchand de vin

SUPERMARCHÉ G20

une épicerie/un supermarché

Charcuterie Alimentation
Produits Régionaux

FOIES GRAS
G.A. BESSE

BOISSONS
FRAICHES

une charcuterie

BOUCHERIE

une boucherie

un marché

Dînons à la maison

MES OBJECTIFS COMMUNICATIFS

Buy food and drinks in a
  store or market
Offer, accept, and refuse
  food and drinks
Compare people and things
Say what you just did

LES CLÉS CULTURELLES

Etiquette when you are
  invited to someone's home
  for a meal
Table settings

REGARDONS LES IMAGES

Dans cette leçon, quelques-uns de vos amis bisontins vont faire des achats de nourriture. Certains préfèrent faire leurs achats dans un supermarché ou dans un hypermarché. D'autres préfèrent faire leurs achats dans les petits commerces du quartier et au marché où le contact avec les commerçants est plus personnalisé.

LES MAGASINS D'ALIMENTATION

Avec quel magasin d'alimentation associez-vous les produits suivants ?

MAGASINS

____ 1. une boucherie
____ 2. une boulangerie-pâtisserie
____ 3. un marché
____ 4. un marchand de fromages
____ 5. une poissonnerie
____ 6. un marchand de vin
____ 7. une épicerie/un supermarché
____ 8. une charcuterie (*a delicatessen*)

PRODUITS

a. du roquefort
b. un bifteck
c. des soles
d. du pâté
e. du champagne
f. des produits surgelés (*frozen foods*)
g. des croissants
h. des légumes et des fruits frais

EXPRESSION-VOCABULAIRE (1)

LES EXPRESSIONS DE QUANTITÉ (1)

When you go food shopping, you will need to be able to indicate the quantities you want. Expressions of quantity will help you do this.

> **LE SYSTÈME MÉTRIQUE** En France, comme partout en Europe, on utilise le système métrique. Voici les équivalences :
>
> **une livre** (*one pound*) = 454 **grammes** (*454 grams*)
> **un kilo(gramme)** = 2,2 **livres** (*2.2 pounds*)
>
> On utilise l'article défini devant les expressions de quantité quand le prix est indiqué. Par exemple : 15 F **la livre** (*15 francs per pound*) or 20 F **le kilo** (*20 francs per kilo*).

 Expressions of quantity are followed by the preposition **de.**

un kilo de pommes de terre   une livre d'épinards   250 grammes de champignons

une botte de poireaux   un bouquet de fleurs

un morceau de fromage   une tranche de jambon   une douzaine d'œufs

1. ANNE-MARIE FAIT LE MARCHÉ

Notez le prix de chaque produit et la somme d'argent qu'elle donne à la marchande.
Quelle quantité a-t-elle achetée (200 grammes, 1 livre, etc.) ?

Modèle : Les cerises coûtent 39,00 F le kilo.
Anne-Marie doit 19, 50 F.
Donc, elle achète 500 grammes de cerises.

PRODUITS	PRIX (LE KILO, LE BOUQUET, ETC.)	SOMME PAYÉE	QUANTITÉ ACHETÉE
pois mange touts (*sugar peas*)	_____ F le kilo	2,00 F	
tomates	_____ F le kilo	7,50 F	
oignons	_____ F la botte (*bunch*)	18,00 F	
carottes	_____ F la botte	9,00 F	
melons	_____ F la pièce	18,00 F	
merlu (poisson)	_____ F le kilo	147,00 F	
cerises	_39_ F le kilo	19,50 F	

> 🔑 Le comté, un fromage fabriqué en Franche-Comté, est uti-
> lisé dans beaucoup de plats régionaux. C'est un fromage
> dense et délicat au léger goût de noisettes (*hazelnuts*) : il est apparenté au
> gruyère. Il a une tradition très ancienne qui remonte au 12e siècle. Il faut une
> très grande quantité de lait pour produire ce fromage, approximativement
> 500 litres pour une meule (*a wheel*) de comté de 48 kg.

2. JEU DE RÔLES

Anne-Marie et Arnaud ont plusieurs choses à acheter au marché. Regardez la liste
d'Anne-Marie et complétez sa conversation avec la marchande. Ensuite, changez de
rôle avec votre camarade de classe et complétez la conversation d'Arnaud avec la
marchande.

LA LISTE D'ANNE-MARIE

un kilo de pommes de terre
une douzaine d'œufs
une demi-livre de haricots verts
une botte de poireaux

LA LISTE D'ARNAUD

500 grammes d'oignons
une botte de radis
un bouquet de fleurs
un kilo d'asperges

MARCHANDE :	Bonjour, Madame !
ANNE-MARIE :	Bonjour ! Je vais prendre _____ et _____.
MARCHANDE :	Avec ceci ?
ANNE-MARIE :	_____ et _____.
MARCHANDE :	Ce sera tout ?
ANNE-MARIE :	Ce sera tout. Je vous dois combien ?
MARCHANDE :	Alors 20 et 33,50 F font 53,50 F.
ANNE-MARIE :	Voilà 50 F, attendez, j'ai la monnaie, 3 F et 50 centimes.
MARCHANDE :	Merci. Au revoir, Madame. Bonne journée !
ANNE-MARIE :	Merci. À la semaine prochaine !

3. J'AI BESOIN DE...

Sur une feuille de papier, écrivez de quoi vous avez besoin (quels ingrédients ?
quelle quantité ?) pour faire votre sandwich ou dessert préféré. Ensuite, expliquez
à votre camarade comment le préparer. Ne dites pas le nom du sandwich ou du
dessert ! Votre camarade de classe doit deviner (*guess*) ce que c'est.

ACTION

RENAUD ACHÈTE DU PAIN AU GRENIER D'ABONDANCE DANS LA RUE RIVOTTE

PRÉPARONS-NOUS

Vous pouvez acheter plusieurs sortes de pain et de gâteaux Au Grenier d'Abondance, une **boulangerie** dans la rue Rivotte où les Lachaud et les Peuteuil achètent
leur pain. Marcel, le boulanger, a des clients fidèles parce qu'il prépare son pain à
l'ancienne.

Traditionnellement, le pain français est fait sans produits conservateurs, alors la plupart des Français achètent leur pain tous les jours. Les enfants mangent souvent du pain et du chocolat ou un pain au chocolat (un croissant qui a du chocolat à l'intérieur) pour le goûter vers quatre heures de l'après-midi après l'école.

Marcel sort les baguettes du four.

un pain de campagne, des baguettes au seigle, des croissants, des petits pains au chocolat

des pizzas

des tartes

une baguette au seigle, une baguette (normale) et un petit pain au chocolat

1. JEU DE RÔLES

Quelquefois Madeleine Lafaurie va aussi Au Grenier d'Abondance. Regardez les dessins pour voir ce qu'elle achète et complétez sa conversation avec Monique, la vendeuse. Puis, jouez la conversation avec un(e) camarade de classe.

MONIQUE : Bonjour, Madame !
MADELEINE : Bonjour ! Je vais prendre _____.
MONIQUE : Et avec ceci ?
MADELEINE : _____ et _____, s'il vous plaît.
MONIQUE : Ce sera tout ?
MADELEINE : Ce sera tout pour aujourd'hui.
MONIQUE : 25 francs, s'il vous plaît.
MADELEINE : Voilà 25 francs.
MONIQUE : 20 et 5 qui font 25. Au revoir, Madame, bonne journée.
MADELEINE : Au revoir, Madame. À demain.

un pain de campagne

des baguettes

une tarte aux pommes

En France, comme dans tous les autres pays, on utilise des salutations. Voici quelques expressions utiles :

À demain ! *See you tomorrow!*
À la semaine prochaine ! *See you next week!*
À vendredi prochain ! *See you next Friday!*
Bon après-midi ! *Have a good afternoon!*
Bonne journée ! *Have a nice day!*
Bonne nuit ! *Good night!*
Bonne soirée ! *Have a good evening!*
Bon week-end ! *Have a good weekend!*

2. QU'EST-CE QU'ON DIT ?

Avec un(e) camarade de classe, indiquez ce qu'Anne-Marie et Maurice disent dans les circonstances suivantes.

> **Modèle :**　Jean-Baptiste va à un concert et il va rentrer à deux heures du matin.
> ANNE-MARIE ET MAURICE :　Bonne soirée ! À demain !

1. Il est neuf heures du soir, et Benjamin va se coucher.
2. C'est le matin, et Clara et Dorel vont à l'école.
3. Maurice va faire un voyage en Suisse pendant une semaine.
4. Clara va passer le week-end chez ses grands-parents.
5. Dorel va faire un pique-nique avec son école cet après-midi.
6. Jean-Baptiste va passer mercredi et jeudi prochains chez son père. (Souvenez-vous que Maurice est son beau-père.)

REGARDONS ENSEMBLE

RENAUD AU GRENIER D'ABONDANCE

Renaud fait ses courses Au Grenier d'Abondance. Écrivez dans le tableau ce qu'il achète (la quantité) et la somme qu'il doit payer. Après, indiquez à quelle heure il achète son pain.

Renaud achète...

QUANTITÉ	DE	PRIX
	baguette(s)	
	baguette(s) de seigle	
	demi-baguette(s)	
	pain(s) de campagne	
	petit(s) pain(s) au chocolat	
	croissant(s)	
	tarte(s) aux pommes	
	galette(s)	
	gâteaux secs (*cookies*)	
prix total		

Quand Renaud achète son pain, il est probablement :

_____ 9 heures du matin　_____ 14 heures　_____ 17 heures

EXPANSION

JEU DE RÔLES

Avec un(e) camarade de classe, jouez les rôles de Renaud et de Monique. Faites le dialogue deux fois, d'abord vous êtes Monique et votre camarade de classe est Renaud et, ensuite, vous jouez l'autre rôle. Enfin, jouez la même scène mais achetez ce que vous voulez.

EXPRESSION-VOCABULAIRE (2)

LES EXPRESSIONS DE QUANTITÉ (2)

Here are some additional ways to express quantities and types of packaging. Notice that each expression is followed by **de** + a noun. No article is used before the noun.

trop de sucre	***too much*** *sugar*
beaucoup de moutarde	***a lot of*** *mustard*
assez de vinaigre et **d'**huile	***enough*** *oil and vinegar*
peu de sel	***little*** *salt*
plus de poivre	***more*** *pepper*
moins de mayonnaise	***less*** *mayonnaise*
moins de fraises	***fewer*** *strawberries*
une carafe d'eau	***a pitcher of*** *water*
un litre de lait	***a liter of*** *milk*
une bouteille de vin	***a bottle of*** *wine*
un sac d'oignons	***a sack of*** *onions*
un paquet de biscuits	***a package of*** *cookies*
un pot de confiture	***a jar of*** *jam*
une boîte de petits pois	***a can of*** *peas*
un pack de coca	***a six-pack of*** *Coke*
une tasse de café	***a cup of*** *coffee*
un tube de sauce tomate	***a tube of*** *tomato sauce*
une cuillerée de vinaigre	***a spoonful of*** *vinegar*

1. AVEZ-VOUS BONNE MÉMOIRE ?

Vous allez au supermarché. Indiquez un produit que vous voulez acheter. Un(e) camarade de classe va mentionner le produit que vous achetez et va en ajouter encore un autre. Répétez ce que chaque étudiant a dit et ajoutez encore une chose à la liste.

> **Modèle :** ÉTUDIANT(E) #1 : Au supermarché, je vais acheter un sachet de chips.
>
> ÉTUDIANT(E) #2 : Au supermarché, je vais acheter un sachet de chips et une boîte de petits pois.

Au supermarché, je vais acheter...

2. ET VOS CAMARADES DE CLASSE ?

Avec plusieurs camarades de classe, complétez ces phrases. Puis, comparez vos réponses avec les réponses de la classe.

> **Modèle :** Je mange trop de chocolat.
> Je bois beaucoup de boissons sucrées (*soft drinks*).

1. Je mange trop d(e)...
2. Je bois beaucoup d(e)...
3. Je ne mange pas assez d(e)...
4. Je mange peu d(e)...

5. En général, dans mon pays, on mange trop d(e)...
6. En général, dans mon pays, on mange peu d(e)...
7. En général, dans mon pays, on boit beaucoup d(e)...
8. En général, dans mon pays, on boit peu d(e)...
9. Quand on est au régime, on doit manger beaucoup d(e)...
10. Quand on est au régime, on doit manger peu d(e)...

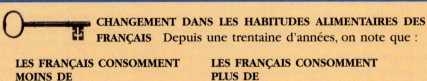

CHANGEMENT DANS LES HABITUDES ALIMENTAIRES DES FRANÇAIS   Depuis une trentaine d'années, on note que :

LES FRANÇAIS CONSOMMENT MOINS DE	LES FRANÇAIS CONSOMMENT PLUS DE
légumes secs comme les lentilles	poisson
viande de bœuf et de veau	plats préparés surgelés
lapin (*rabbit*)	légumes frais
pommes de terre	yaourts
beurre et huile	crèmes glacées
sucre et confiture	produits diététiques
vin ordinaire	vin de qualité
pain	

3. SONDAGE : LES HABITUDES ALIMENTAIRES

Découvrez les habitudes alimentaires de vos camarades de classe. Demandez-leur combien de ces produits ils consomment *par jour.*

boissons sucrées (le Pepsi, le coca, etc.)
boissons alcoolisées
portions de viande rouge
portions de légumes
verres de lait
fruits
portions d'aliments sucrés
portions de féculents (pâtes, pommes de terre)

Modèle :   Combien de boissons sucrées est-ce que tu bois par jour ?
    Je bois deux boissons sucrées par jour.

4. LES CONCLUSIONS

Écrivez cinq phrases qui reflètent les habitudes alimentaires de vos camarades de classe. Utilisez les expressions suivantes : trop de, beaucoup de, (pas) assez de, peu de, trop peu de.

Modèle :   Nous mangeons peu de viande rouge. Nous buvons trop de coca.

 **INTERACTION**

TROUVEZ LES DIFFÉRENCES

L'étudiant(e) A a une image de l'intérieur du frigo de Monsieur et Madame Vidonne à la page 733. L'étudiant(e) B a une image de l'intérieur du frigo des Lachaud à la page 743. Sans montrer vos images, trouvez dix différences.

ACTION-APPROFONDISSEMENT (1)

UNE VINAIGRETTE À LA MANIÈRE FRANÇAISE

PRÉPAREZ-VOUS

Daniel Vandeputte va nous montrer comment faire une vinaigrette à la manière française. Daniel va au supermarché et achète les produits que vous voyez sur les photos. Indiquez le nom et la quantité de chaque produit.

> Daniel suggère qu'on ajoute des « fines herbes » à la vinaigrette. Voici le nom de quelques fines herbes : la ciboulette (*chives*), le persil (*parsley*), le cerfeuil (*chervil*), l'estragon (*tarragon*). On peut aussi ajouter de l'ail (*garlic*) et de l'échalote (*shallot*).

REGARDEZ

1. LES QUANTITÉS
Quelle quantité Daniel utilise-t-il ?

1. 1 petite cuillerée de moutarde; 1 cuillerée de vinaigre; 3 cuillerées d'huile
2. 2 petites cuillerées de moutarde; 1 cuillerée de vinaigre; 3 cuillerées d'huile
3. 1 petite cuillerée de moutarde; 2 cuillerées de vinaigre; 2 cuillerées d'huile

2. MÉTHODE DE PRÉPARATION
Indiquez dans quel ordre Daniel ajoute les ingrédients pour faire la vinaigrette :

_____ l'échalote et l'ail	__1__ le poivre
_____ l'huile	_____ la moutarde
_____ le sel	_____ le vinaigre

3. UNE VINAIGRETTE
La vinaigrette que Daniel prépare est pour combien de personnes ?

1. 2–4   2. 4–6   3. 6–8   4. 8–10

4. VOILÀ. LA VINAIGRETTE EST PRÊTE
La vinaigrette peut accompagner beaucoup de plats. Quels plats est-ce que Daniel mentionne ? (Attention ! Plusieurs réponses sont correctes !)

1. les carottes   3. les salades vertes   5. les artichauts
2. les tomates   4. les asperges   6. les concombres

EXPANSION

FAITES LA CUISINE CHEZ VOUS
Préparez une sauce vinaigrette chez vous pour accompagner votre salade verte, une salade de tomates, ou des concombres ou des champignons.

EXPRESSION-STRUCTURE (1)

LE COMPARATIF DES ADJECTIFS

Whether you are shopping, deciding where to go to school, what job to take, or where to live, or making other decisions, you will make comparisons. Read the following examples and see if you can figure out the meaning of the highlighted comparisons. Which word appears in all three comparisons?

> Le Coca Light (*Diet Coke*) est **moins sucré que** le coca ordinaire.
> Le Pepsi est **aussi sucré que** le Coca-Cola.
> Un Coca-Cola est **plus sucré qu'**un citron pressé.

As you probably guessed, **moins sucré que** means *less sweet than,* **aussi sucré que** means *as sweet as,* and **plus sucré que** means *sweeter than.* **Que** is used in all three comparisons.

Ask yourself the following questions as you study the comparisons. What expressions do you use to compare people and things in French? With what element of the comparison does the adjective agree? When is there **liaison** with **plus** and **moins**? What are the forms of the comparative of **bon**?

• To compare people and things in French, use the following pattern.

THE COMPARATIVE	
+ = −	**plus** **aussi** } + adjectif + **que** **moins**

> La pomme est **plus** acide **que** la banane. *Apples are more acidic than bananas.*
> L'orange est **aussi** acide **que** la clémentine. *Oranges are as acidic as tangerines.*
> L'orange est **moins** acide **que** le citron. *Oranges are less acidic than lemons.*

• In comparisons, the adjectives agree in gender and number with the first element of the comparison.

> **Le fromage** comté est plus **cher** (*expensive*) que le Boursin.
> **Les poireaux** sont moins **chers** que les asperges.
> **Les pommes et les bananes** sont moins **chères** que les fraises.

• Liaison occurs when **plus** or **moins** is followed by an adjective that begins with a vowel sound.

> Les framboises sont plus‿appétissantes que les bananes.
> Les pommes sont moins‿acides que les citrons.

- The comparative form of **bon** is irregular. Just as you say *better* in English instead of *gooder,* you say **meilleur(e)** in French. However, you do say **aussi bon(ne) que** and **moins bon(ne) que.**

> Le pain qu'on vend à la boulangerie est **meilleur** que le pain qu'on vend au supermarché.
> La baguette de seigle est **meilleure** pour la santé que la baguette normale.
> Les petits pains au chocolat à la boulangerie sont **meilleurs** que les petits pains au chocolat au supermarché.

1. AU GÉANT CASINO

Regardez les réclames du Géant Casino ci-dessous et à la page suivante et comparez les prix des divers articles.

Modèle : Les brochettes de bœuf sont plus chères que les brochettes de porc.

1. le yaourt « Yoplait »/le yaourt « Danone »
2. le vin blanc/le vin rouge
3. le roquefort/l'emmental
4. la pizza « Louis Lemoine »/la pizza « Tex Mex Arizona »
5. les chips « Sibell »/les chips « Pringles »

2. COMPAREZ !

Comparez les produits suivants selon (*according to*) les critères donnés.

Modèle :   sain : les bonbons/les fruits
Les bonbons sont moins sains que les fruits.

1. riche en vitamines : les oranges/les pommes
2. sucré : le yaourt/la glace
3. bon pour la santé : le lait/le thé
4. mauvais pour la santé : les cigarettes/l'alcool
5. riche en calories : les bonbons/le pain
6. bon pour la santé : le jus de fruits/le coca

3. PUBLICITÉ

Avec votre camarade de classe, préparez une annonce publicitaire pour ces produits. Utilisez des comparatifs.

Adjectifs : économique, bon(ne), facile à préparer, rapide, sain(e), riche en vitamines, etc.

EXPRESSION-STRUCTURE (2)

LE SUPERLATIF

LES SANDWICHS			LES BOISSONS	
croque-monsieur	30 F		le Gini	10 F
sandwich au jambon	15 F		l'Orangina	15 F
sandwich à l'américaine	20 F		le coca	15 F
sandwich au pâté	20 F		la bière	15 F
sandwich au poulet	25 F		le citron pressé	20 F

Look carefully at the menu above and see if you can guess what the following highlighted expressions mean.

> Le croque-monsieur est **le** sandwich **le plus** cher **du** menu.
> Le Gini est **la** boisson **la moins** chère **du** menu.
> À mon avis, le sandwich au jambon est **le meilleur** sandwich **de la** liste.

Did you guess that **le plus** means *the most,* **la moins** *the least,* and **le meilleur** *the best?*

Ask yourself the following questions as you study the **superlatif.** What is a **superlatif?** Which expressions do you use to make a superlative in French? What similarities and differences do you see between the ways in which the comparative and the superlative are formed? In a **superlatif,** with what element does the definite article agree? What is the word order when the adjective precedes the noun? What is the word order when the adjective follows the noun? What do **de la, de l', du, des** mean in superlative constructions?

- When the adjective precedes the noun, the word order is:

$$
\left.\begin{matrix} \mathbf{le} \\ \mathbf{la} \\ \mathbf{les} \end{matrix}\right\} + \left\{\begin{matrix} \mathbf{plus} \\ \mathbf{moins} \end{matrix}\right\} + \text{adjectif} + \text{nom}
$$

C'est **la plus** belle ville.

- When the adjective comes after the noun, the more common structure, the definite article is used twice and the word order is:

$$
\left.\begin{matrix} \mathbf{le} \\ \mathbf{l'} \\ \mathbf{la} \\ \mathbf{les} \end{matrix}\right\} + \text{nom} + \left\{\begin{matrix} \mathbf{le} \\ \mathbf{la} \\ \mathbf{les} \end{matrix}\right\} + \left\{\begin{matrix} \mathbf{plus} \\ \mathbf{moins} \end{matrix}\right\} + \text{adjectif}
$$

C'est **la** boisson **la moins** chère.

- Both superlative constructions are followed by **de** (**de la, de l', du, des**) + noun. In this case, **de** means *in*.

> Ce marchand de légumes a **les** légumes **les plus** frais **du** marché.
> C'est **le plus** grand supermarché **de** Besançon.
> C'est **le plus** grand supermarché **de la** ville.

1. CHEZ ACHOUR

Regardez la carte du restaurant Chez Achour et répondez à ces questions.

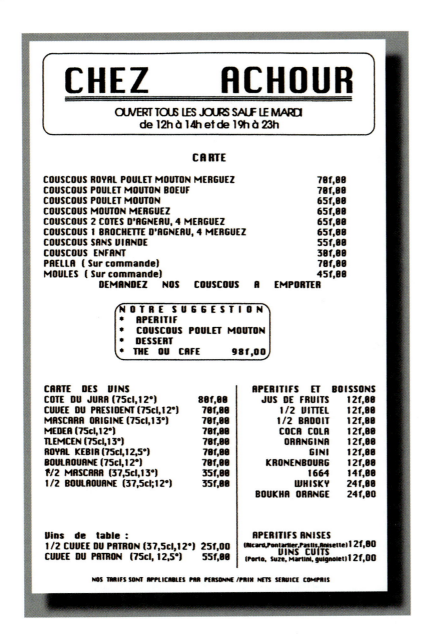

1. Quels sont les couscous les plus chers ?
2. Quel est le couscous le moins cher ?
3. Quel est le vin le plus cher ?
4. Quels sont les vins les moins chers ?
5. Quelles sont les boissons les moins chères ?

2. LES PIZZAS

Avec un(e) camarade, comparez plusieurs pizzas.

Modèle : économique

—Quelle est la pizza la plus économique ?

—La pizza au fromage et aux olives noires est la pizza la plus économique.

Quelle est la pizza...

chère	savoureuse
riche en vitamines	nourrissante
bonne pour la santé	riche en matières grasses

3. OÙ SE TROUVE LE MEILLEUR...

Quand Christiane est arrivée à Besançon, elle a rencontré Michèle qui connaît bien la ville, et elle lui a posé les questions suivantes. Jouez le dialogue avec un(e) camarade de classe.

Modèle : les vins (bon) + / chez Barthod

CHRISTIANE : Où trouve-t-on les meilleurs vins ?

MICHÈLE : On trouve les meilleurs vins chez Barthod.

1. les produits (frais) + / au marché
2. les croissants (bons) + / Au Grenier d'Abondance
3. le choix (bon) de poissons + / au marché
4. les produits (typiques) de la région + / chez Barthod
5. la pâtisserie (bon) + / chez Baud
6. le comté (cher) − / chez le marchand de fromage du quartier Battant
7. le café (cher) − / au Géant Casino
8. les thés (aromatique) + / chez le marchand de thé et de café de la Grande Rue

4. SONDAGE : QUELS PRODUITS PRÉFÉREZ-VOUS ?

Formez des questions avec les éléments suivants et posez-les à vos camarades de classe.

Modèle :   —Quelle est, d'après toi, la meilleure glace ?
—D'après moi, la meilleure glace est la glace à la vanille de Häagen-Dazs.

1. glace/bon (+)
2. pizza/cher (−)
3. légume/riche en vitamine A (+)
4. fruit/riche en vitamine C (+)
5. restaurant fast-food/bon (+)

6. restaurant fast-food/bon (−)
7. boisson/rafraîchissant (+)
8. boisson/riche en vitamine C (+)
9. chips/croustillant (*crispy*) (+)

LES VOYELLES NASALES

Écoutez

In French, a vowel followed by an **n** or **m** is often pronounced as a nasal vowel, that is, air passes through the nasal cavities when the sound is being pronounced. There are three nasal vowel sounds in French:

in as in **v*in***   **on** as in **b*on*b*on***   **am** as in **p*am*plemousse**

1. There are several spellings that correspond to each nasal sound. Listen to the following words and mark the nasal vowel you hear that corresponds to the nasal sounds as in **v*in*, b*on*bon,** and **p*am*plemousse.**

The highlighted letters are pronounced like	*VIN*	*BONBON*	*PAMPLEMOUSSE*
1. mel**on**		✔	
2. p**ain**			
3. c**on**com**bre**			
4. boul**an**gerie			
5. **en**trée			
6. plat itali**en**			
7. **un** dessert			
8. **in**croyable			
9. **am**ple			
10. oign**on**			
11. f**aim**			

Continued

2. Carefully study the spellings that correspond to each nasal vowel in the previous examples and try to deduce which letter combinations produce each nasal vowel. Fill in the following chart with your observations.

NASAL SOUNDS	LETTER COMBINATIONS
vin	
bonbon	
pamplemousse	

Vérifiez

- Notice that the vowel + **n** or **m** produces a nasal sound only when it occurs at the end of a word or is followed by a consonant. When the combination is followed by a vowel or another **m** or **n,** the sound is generally *not* nasal.

tom<u>a</u>te   pom<u>m</u>e
ban<u>a</u>ne   bon<u>n</u>e
from<u>a</u>ge   une<u> </u>
gram<u>m</u>es

Prononcez

Read the following sentences and indicate whether the highlighted letters should represent the nasal sounds as in **vin** (1), **bon** (2), or **pample-mousse** (3), or should not be nasalized (4). Then, listen to the sentences on your audio CD and check your answers. Finally, repeat each sentence aloud, being careful to pronounce the nasal sounds correctly.

Modèle :   Au marché, N**an**cy (3) achète du mel**on** (1), des t**om**ates (4), des or**an**ges (3) et des oign**on**s (1).

1. Au supermarché, Arnaud pr**en**d deux tr**an**ches de pâté et c**in**q c**en**ts gr**am**mes de vi**an**de hâchée.
2. Chez le march**an**d de v**in**, Gérard pr**en**d **un**e bouteille de v**in** bl**an**c et du ch**am**pagne.
3. À la poiss**on**nerie, André achète du saum**on**.
4. À la boul**an**gerie, Renaud achète un p**ain** de c**am**pagne, un croiss**an**t et un p**ain** au chocolat. Il a f**aim** !

EXPRESSION-VOCABULAIRE (3)

UN DÎNER CHEZ DES AMIS

REGARDEZ LA TABLE

une bouteille de vin

une bouteille d'eau

un verre à vin

une corbeille à pain

un couteau

une cuillère

une assiette

une fourchette

une serviette

Here are polite ways to offer, accept, and refuse food and drinks.

LES QUESTIONS	LES RÉPONSES AFFIRMATIVES	LES RÉPONSES NÉGATIVES
Qui veut du pain ? Je vous/te sers ? (*May I serve you?*) Vous prenez/tu prends (encore) de la salade ? Vous voulez/tu veux (encore) du vin ?	Volontiers. Oui, avec plaisir. Je veux bien. S'il vous/te plaît.	Non, merci. Non, merci. Je n'ai plus faim. (*I'm no longer hungry.*) Non, merci. J'ai bien mangé. (*I've had enough to eat.*) Non, merci. Je n'ai plus soif. (*I'm no longer thirsty.*) Non, merci. J'ai assez bu. (*I've had enough to drink.*)

1. ALEX MET LA TABLE

Regardez la table et répondez aux questions suivantes.

1. Qu'est-ce qu'il y a à gauche de l'assiette ?
2. Qu'est-ce qu'il y a au milieu de la table ?
3. Qu'est-ce qu'il y a à droite de l'assiette ?

2. AVEC QUOI EST-CE QU'ON MANGE...
Indiquez l'ustensile avec lequel on mange les choses suivantes.

Modèle :   —Avec quoi est-ce qu'on mange le poulet (*chicken*) ?
            —On mange le poulet avec une fourchette.

1. la mousse au chocolat
2. la glace
3. la viande
4. la salade
5. les céréales
6. le poisson
7. les haricots verts
8. la soupe

ACTION-APPROFONDISSEMENT (2)

UNE INVITATION À DÎNER

PRÉPAREZ-VOUS

Nancy Peuteuil et son mari invitent des amis à dîner chez eux. Ils commencent la soirée avec un apéritif et ensuite on passe à table. Comme c'est l'habitude en France, on commence par l'entrée, suivie du plat principal, la salade, le fromage et le dessert. Enfin, on termine par le café, pris après le dessert.

L'APÉRITIF   Rappelez-vous qu'avant le dîner, on sert d'habitude un apéritif à ses invités pour leur ouvrir l'appétit. Un apéritif peut être une boisson alcoolisée ou non alcoolisée; il est accompagné d'amuse-gueule (des noix, des gâteaux salés, etc.).

Voici ce que l'on trouve généralement sur le plateau apéritif :
Parmi les boissons non alcoolisées—

- de l'eau minérale gazeuse comme de l'eau Perrier
- des jus de fruits (du jus de tomate ou du jus d'orange)

Parmi les boissons alcoolisées—

- du whisky
- du pastis (surtout dans le Midi de la France)
- une variété de vin sucré doux comme du muscat (muscat de Beaumes-de-Venise), du porto ou des vins blancs (Mâcon blanc) et rouges mélangés à du sirop de fruit (un kir : vin blanc et sirop de Cassis), un vin mûres, etc.

LE PLATEAU DE FROMAGES   On sert le fromage traditionnellement après la salade et avant le dessert. On sert le fromage avec du vin rouge et du pain.

Il y a de très nombreuses sortes de fromage en France. Pour bien assortir son plateau de fromages, il faut mettre des fromages à pâte molle (*soft cheeses*) comme le brie, le camembert, certains fromages de chèvres et des fromages à pâte dure (*hard cheeses*) comme le cantal, le comté, le gruyère, etc. Il y a des fromages doux (*mild cheeses*) comme le port-salut, des fromages forts comme le roquefort et les fromages de chèvre.

REGARDEZ

Le repas chez les Peuteuil dure toute la soirée. Ici, vous n'allez pas voir tout le repas mais seulement quelques minutes de chaque partie; vous allez voir neuf « clips » qui vont vous donner une idée de ce que c'est qu'un dîner chez des Français. Avant de voir la vidéo, regardez le dessin de la table pour voir où tous les invités sont assis. Notez aussi qu'Amicar, que vous ne connaissez pas, est un collègue de Jean-François. Il est architecte comme Jean-François. Il est d'origine portugaise mais il travaille et habite à Lyon.

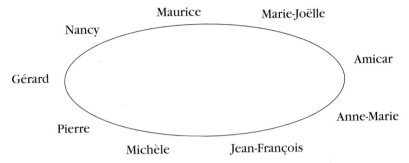

1. D'ABORD, ON PREND L'APÉRITIF AU SALON

1. Quel vin est-ce que Michèle et Anne-Marie choisissent ?

   a. du Mâcon blanc
   b. du muscat de Beaumes-de-Venise
   c. du vin rouge

2. Quand tous sont servis, à quoi est-ce qu'ils portent un toast ?

   a. à la santé de tous
   b. à la joie d'être ensemble (comme chez Barthod)
   c. aux vacances

2. ON PASSE À TABLE

Que dit Nancy quand elle veut que tous se mettent à table ?

   a. Venez à table.
   b. Vous venez, vous autres ?
   c. Vous venez, mes amis ?

3. L'ENTRÉE

Qu'est-ce que Nancy sert comme entrée ?

   a. du melon au porto
   b. une salade de tomates
   c. un pâté aux pistaches

4. LE PLAT PRINCIPAL

1. Nancy apporte le plat principal, du poulet rôti. Qui va servir le poulet ?

   a. Marie-Joëlle
   b. Maurice
   c. Michèle

2. Quelle partie du poulet Pierre prend-il ?

   a. une aile (*a wing/light meat*)
   b. une cuisse (*a thigh/dark meat*)

5. LE PLAT PRINCIPAL TERMINÉ, ON ENLÈVE LES ASSIETTES

Qui enlève les assiettes ? (Vous n'êtes pas limité(e) à une seule réponse.)

a. Nancy
b. Pierre
c. Anne-Marie
d. Maurice
e. Michèle
f. Gérard

6. LA SALADE ET LE PLATEAU DE FROMAGES

1. Qui va tourner la salade ? (Vous n'êtes pas limité(e) à une seule réponse.)

a. Nancy
b. Pierre
c. Anne-Marie
d. Maurice
e. Michèle
f. Gérard

2. Quelles sortes de fromage Nancy offre-t-elle ? (Vous n'êtes pas limité(e) à une seule réponse.)

a. du comté
b. du gruyère
c. du chèvre
d. du brie
e. du roquefort
f. du camembert

7. ON REGARDE LA VUE

1. Quelles lumières est-ce qu'on voit ?

a. les lumières du Fort Griffon
b. les lumières de Montfaucon
c. les lumières de Besançon
d. les lumières de la Citadelle

2. Quels adjectifs utilise-t-on pour décrire la vue ? (Vous n'êtes pas limité(e) à une seule réponse.)

a. fantastique
b. excellente
c. terrible
d. super
e. jolie
f. extraordinaire
g. belle

8. COMME DESSERT, UNE TARTE AUX POMMES

1. Qui a dit chaque phrase ?

a. Marcel (le patron de la boulangerie Au Grenier d'Abondance) est passé par là.
b. Non, c'est moi.
c. Bravo !

2. À votre avis, qui a vraiment fait la tarte ?

9. APRÈS LE DESSERT, ON PREND UN CAFÉ OU UNE TISANE

1. Qui prend une tisane ? un café ? un déca (du café décaféiné) ?
2. Qui va préparer le thé et le café ?

EXPRESSION-STRUCTURE (3)

VENIR DE + L'INFINITIF

Nathalie arrives at the Vidonne-Dumont house at 8 AM to babysit Benjamin. Before she leaves for the clinic, Anne-Marie offers her something to eat and drink. Study the highlighted words carefully and see if you can guess what they mean.

ANNE-MARIE :   Tu veux une tartine ?

NATHALIE :   Non, merci. Je **viens de prendre le petit déjeuner** chez moi.

ANNE-MARIE :   Alors, un thé ou un jus de fruits ?

NATHALIE :   Merci, non. Je **viens de boire** un café.

Did you guess that **je viens de** + the infinitive means *I have just done something*?

> As you study the examples below, ask yourself the following questions: How is **venir** conjugated? Which forms have the same endings? What does the expression **venir de** + **infinitif** mean? What example can I learn that will help me remember that **venir de** is always followed by an infinitive?

• The verb **venir** by itself means *to come*.

VENIR

je viens	nous venons
tu viens	vous venez
il/elle/on vient	ils/elles viennent

• The present tense of **venir** + **de** + the infinitive expresses something that has happened recently or *just* happened.

VENIR + *DE* + THE INFINITIVE

Je viens de déjeuner.	*I have **just** eaten lunch.*
Tu viens de dîner.	*You have **just** eaten dinner.*
Il/Elle/On vient de boire un café.	*He/She/We have **just** had coffee.*
Nous venons de faire le marché.	*We have **just** done the grocery shopping.*
Vous venez de manger un croissant.	*You **just** ate a croissant.*
Ils/Elles viennent de prendre le petit déjeuner.	*They **just** had breakfast.*

1. NON, MERCI

Plusieurs personnes vous offrent à boire et à manger. Refusez en choisissant la phrase logique. Après, jouez la conversation avec un(e) camarade de classe.

Modèle :   —Tu veux un sandwich ?
—Non, merci, je n'ai pas faim. Je viens de manger une omelette.

TU VEUX...	NON, MERCI.
un sandwich ?	Je viens de boire un jus de tomate.
un petit porto ?	Je viens de manger une salade composée.
un morceau de gâteau ?	Je viens de prende un apéritif.
un jus de fruits ?	Je viens de prendre un express.
du café ?	Je viens de prendre un coca.
un Orangina ?	Je viens de manger une glace.
un croque-monsieur ?	Je viens de manger une omelette.

2. JE PEUX AIDER ?

Le frère jumeau d'Alex, Simon, est arrivé trop tard à la maison pour aider ses parents à préparer le dîner. Avec un(e) camarade de classe, jouez le dialogue entre Simon et les membres de sa famille. Suivez le modèle.

Modèle :   SIMON : Est-ce que je peux t'aider à mettre la table ?
ALEX :   Non, merci, je viens de le faire !

1. Simon (à son père)/déboucher le vin rouge
2. Simon (à sa mère)/couper les melons
3. Simon (à sa mère)/préparer le plateau de fromages
4. Simon (à son père)/préparer l'apéritif
5. Simon (à sa mère)/ranger le salon
6. Simon (à sa mère)/passer l'aspirateur
7. Simon (à sa mère)/couper le pain
8. Simon (à sa mère)/laver les verres

3. MIMEZ !

Mimez des actions et demandez à un(e) camarade de classe ce que vous venez de faire.

Modèle :   —Qu'est-ce que je viens de faire ?
—Tu viens de regarder ta montre.

—Qu'est-ce que je viens de faire ?
—Tu viens d'écrire ton nom sur une feuille de papier.

EXPRESSION-STRUCTURE (4)

CONNAÎTRE

Arnaud and Justin, the American exchange student staying with his family, are talking about food. Read their conversation and see if you can figure out the meaning of the highlighted forms of the verb **connaître.**

ARNAUD : Tu dînes encore au restaurant ce soir ?

JUSTIN : Oui, je veux bien **connaître** la cuisine européenne. Ce soir je dîne dans un restaurant suisse. **Tu connais** un peu la cuisine américaine ?

ARNAUD : Non, pas bien. **Je connais** les hamburgers, les milkshakes et les brownies.

JUSTIN : Il y a beaucoup plus de plats que ça ! **Tu connais** l'autre étudiant américain au CLA ? Et bien, lui et moi nous voulons préparer un bon repas américain pour toi et ta famille.

ARNAUD : Super !

Did you figure out that the highlighted words mean *to know* in the sense of *to be familiar with a place or a thing*?

While studying the additional examples that follow, ask yourself: What are the different forms of the verb **connaître**? Which singular forms end in **s** and which forms end in **t**? When is it possible to *hear* differences among the different forms of **connaître**? (You may want to read the examples aloud!) When will I use the verb **connaître** and when will I use the verb **savoir**? What is a verb that has **connaître** as its root?

CONNAÎTRE	
je connais	nous connaissons
tu connais	vous connaissez
il/elle/on connaît	ils/elles connaissent

- You will use the verb **connaître** when you want to say that you are acquainted with someone or are familiar with a place or thing. In English, we often use the verb *to know* to convey these same meanings.

Jean-Baptiste connaît Hamid et Delphine.	*Jean-Baptiste knows (is acquainted with) Hamid and Delphine.*
Jean-Baptiste connaît le café Au Pied de Cochon.	*Jean-Baptiste knows (is familiar with because he has been there) the café Au Pied de Cochon.*
Beaucoup d'Américains connaissent la cuisine française.	*A lot of Americans are familiar with (know something about) French cooking.*

SAVOIR AND CONNAÎTRE

- Both **savoir** and **connaître** mean *to know*. As a general rule, use the verb **connaître** with people and places. In most other cases, use the verb **savoir**. The verb **savoir** is also used to express *to know how to do something*.

  Je sais faire la cuisine. *I know how to cook.*
  Je sais parler français. *I know how to speak French.*

- The verb **reconnaître**, which means *to recognize*, is conjugated like **connaître**.

  Tu reconnais cette personne ? *Do you recognize this person?*
  Mais, bien sûr, c'est Arnaud Lachaud. *Of course, it's Arnaud Lachaud.*

- As you have probably noticed, the **je, tu,** and **il** forms of **connaître** sound alike. You can distinguish between the **il** and **ils** forms because the letters **ss** are pronounced in the plural.

VÉRIFIEZ Can you answer your questions about the verbs **connaître** and **savoir** without looking at the explanations? If not, you may want to review the questions and examples.

1. CONNAISSEZ-VOUS... ?

Répondez à ces questions pour testez vos connaissances de cuisine. **Attention !** Il y a peut-être plusieurs réponses correctes pour chaque question.

1. Est-ce que vous connaissez un fromage français ? Mais bien sûr, je connais

   a. le camembert.   c. le gouda.
   b. le cheddar.   d. le comté.

2. Est-ce que les Américains connaissent des plats typiquement français ? Mais bien sûr, nous connaissons

   a. le steak au poivre.   c. les crêpes.
   b. la pizza.   d. la sole meunière.

3. Est-ce que beaucoup de Français connaissent des plats et des boissons américains ? Mais bien sûr, ils connaissent

   a. les hamburgers.   c. les milkshakes.
   b. les hot-dogs.   d. le coca-cola.

4. Est-ce que les Américains connaissent des boissons typiquement françaises ? Mais bien sûr, nous connaissons

   a. le champagne.   c. le lait.
   b. le thé glacé.   d. le Perrier.

5. Est-ce que vous connaissez les plats qu'on trouve souvent sur la carte des cafés français ? Mais bien sûr, je connais

   a. le croque-monsieur.   c. les enchiladas.
   b. les sandwichs.   d. les céréales.

2. UN WEEK-END À PARIS

Nancy va passer un long week-end à Paris avec son mari. Elle demande des renseignements sur Paris à Marie-Jo. Complétez leur conversation en utilisant la forme appropriée du verbe **connaître.**

NANCY : Nous allons passer le week-end à Paris. Tu _____ un hôtel pas trop cher ?

MARIE-JO : Je _____ un petit hôtel dans le quartier du Marais. Il n'est pas cher, et il est très propre.

NANCY : Tu me donnes l'adresse ! C'est un quartier que je ne _____ pas bien et que j'aimerais mieux connaître. Tu _____ des restaurants à Paris ?

MARIE-JO : Jean-François et moi, nous _____ un petit bistro fantastique ! Il y a beaucoup d'ambiance, et ils font une cuisine bourgeoise traditionnelle vraiment délicieuse. Nous y dînons toujours quand on va à Paris. Écoute ! Ma cousine et son mari habitent là-bas. Ils _____ très bien Paris ! Alors, si tu as des questions ou des problèmes, n'hésite pas à les appeler.

NANCY : Merci beaucoup.

3. ET VOUS ?

Est-ce que vous connaissez bien votre ville et votre région ?

1. Quel bon restaurant est-ce que vous connaissez dans votre ville ?
2. Quels bons restaurants étrangers connaissez-vous ?
3. Connaissez-vous le nom d'un bon hôtel pas cher? Quel hôtel ?
4. Quels endroits intéressants à visiter connaissez-vous dans votre ville ? dans votre région ?
5. Quels musées connaissez-vous dans votre ville ? dans votre région ?

LECTURE

PRÉPARATION À LA LECTURE

1. Regardez le texte.

   a. Comment qualifiez-vous ce genre de texte ?
   b. Pourquoi est-ce qu'on lit ce genre de texte généralement ?
   c. Normalement, ce type de texte est divisé en deux parties. Quelles sont ces deux parties ?

2. Trouvez tous les verbes qui sont à l'impératif. Pourquoi est-ce qu'il y a beaucoup de verbes à l'impératif ?

In French, many words belong to word families that have a common root. If you know the meaning of the family root, you will be able to guess the meaning of the other words in the same family. By training yourself to look for roots, you will quickly increase your vocabulary and your comprehension. For example, if you know that **beurre** means *butter,* you can probably guess that the verb **beurrer** means *to butter something.*

Le Gratin Dauphinois

1 kg de pommes de terre
250 gr de crème
250 gr de beurre
1 verre de lait
sel et poivre
1 gousse d'ail haché

Beurrez **un plat** à four peu profond et large. Disposez une couche de pommes de terre **épluchées** et coupées en très fines **rondelles. Ajoutez** de l'ail haché et des petits morceaux de beurre. Salez et poivrez. Recommencez ainsi couche par couche jusqu'à **l'épuisement** de toutes les pommes de terre.

Versez alors dans le plat la crème et le verre de lait. Mettez à four chaud. **Faites cuire** pendant une heure.

AVEZ-VOUS COMPRIS ?

1. L'ingrédient principal du gratin Dauphinois est :

   a. la crème   c. les pommes de terre   e. l'ail
   b. le lait   d. le beurre

2. Vous allez préparer un gratin Dauphinois. Mettez les actions dans le bon ordre.

   _____ a. Ajoutez de petits morceaux de beurre.
   _____ b. Achetez les ingrédients au marché.
   _____ c. Salez et poivrez.
   _____ d. Coupez les pommes de terre en rondelles.
   _____ e. Faites cuire pendant une heure.
   _____ f. Épluchez (*peel*) les pommes de terre.
   _____ g. Beurrez le plat.
   _____ h. Versez le lait et la crème dans le plat.
   _____ i. Disposez les pommes de terre couche par couche.

3. Utilisez le contexte de la recette et votre expérience pour deviner le sens des mots **en caractères gras.**

4. Cherchez dans le texte des mots de la même famille.

   sel _____   produits laitiers _____
   poivre _____   une crémerie _____
   rond _____   poser _____
   commencer _____

EXPANSION

1. Vous allez préparer un repas français pour des amis. Vous allez servir un gratin Dauphinois. Complétez votre menu. Ensuite, faites une liste des produits que vous devez acheter au supermarché.
2. Écrivez la recette de votre plat préféré.

Faisons le marché

INTRODUCTION

The following text includes words you may not know. They are defined in the **Vérifiez** box following the text, *but* try to avoid looking at the definitions until you have read the text several times. Remember all of the reading strategies you have learned. Look at the title of **Leçon 3** and the photo above it to establish the context before beginning to read, and look for cognates while reading. For example, can you guess what the expressions **parkings énormes** and **la relation commerçant/client** mean?

Ces dernières années, le plus grand nombre de femmes qui travaillent en dehors de la maison a modifié la façon dont les Français font leurs achats de nourriture. On ne fait plus ses courses tous les jours, sauf pour le pain; on va, comme aux États-Unis, dans des supermarchés ou des hypermarchés. Ces géants de la distribution qui ont pour nom Casino, Mammouth, Carrefour, etc., sont situés en général à la périphérie des villes et ont des parkings énormes où il est facile de se garer. Ils offrent une grande variété de produits à des prix plus compétitifs que ceux des petits commerces traditionnels.

On trouve toujours dans les villes la boulangerie, la pâtisserie, la charcuterie, la boucherie, la crémerie, le marchand de fromages, la poissonnerie, l'épicerie, etc. Dans ces magasins, la relation commerçant/client est plus personnalisée. Souvent le commerçant connaît le nom, les préférences et les habitudes de ses clients qu'il voit quelquefois tous les jours. Mais ces petits commerces ont du mal à survivre. Ils sont en général plus chers et leurs heures d'ouverture ne sont pas aussi pratiques que celles des supermarchés. De nombreux petits commerces ne sont pas ouverts le dimanche et ferment pendant deux heures à l'heure du déjeuner, surtout en province.

À Besançon, comme dans de nombreuses villes en France, il y a le marché. Il se tient seulement le matin et certains jours de la semaine. Là, des commerçants, des cultivateurs et des éleveurs ont des stands en plein air ou dans le marché couvert. Ils proposent des produits frais et des spécialités locales à des prix généralement inférieurs à ceux des magasins. Le marché est toujours un endroit très animé et très pittoresque.

> **VÉRIFIEZ**   Were you able to guess the meaning of the following words?
>
> | un supermarché/un hypermarché | a supermarket (officially, a store occupying an area under 2 500 m²)/ a hypermarket (any store bigger than 2 500 m²) |
> |---|---|
> | la distribution | retailing |
> | se garer | to park |
> | commerçant/client | merchant/customer |
> | avoir du mal à survivre | to have trouble surviving |
> | un éleveur | a livestock raiser |

VIDÉO-ENGAGEMENT

AU MARCHÉ ET AU GÉANT CASINO

Madeleine travaille au centre ville, et elle fait ses courses au marché très tôt le vendredi matin. Anne habite à Planoise à la limite nord-ouest de la ville de Besançon; elle va au Géant Casino, un énorme hypermarché dans un centre commercial où il y a beaucoup d'autres petits magasins et un parking pour des centaines de voitures, comme aux États-Unis.

1. CHOISISSEZ UN MENU ET FAITES LE MARCHÉ !

Maintenant, avec un(e) camarade de classe, lisez les deux menus présentés ici. Quel menu préférez-vous ? Choisissez un menu et, ensuite, faites le marché avec Anne et avec Madeleine pour acheter les aliments nécessaires à la préparation d'un repas.

MENU 1

asperges vinaigrette	épinards à la vapeur
truite aux crevettes	plateau de fromages
pommes de terre	sorbet de pamplemousse

MENU 2

mousse de canard	poireaux au beurre
poulet rôti	salade de mâche (*a type of lettuce*)
gratin Dauphinois	salade de fruits

2. MADELEINE ET ANNE FONT LE MARCHÉ

Dans le tableau, inscrivez d'abord le numéro du menu que vous allez préparer. Puis, accompagnez Madeleine et Anne au marché et au Géant Casino, respectivement. Notez où chaque femme va et ce qu'elle achète et, ensuite, indiquez si vous allez l'acheter aussi.

MENU NO. _____			VOUS?	
RAYON/STAND	**ANNE AU GÉANT CASINO**	**MADELEINE AU MARCHÉ**	OUI	NON
fromage				
poisson				
volaille				
fruits				
légumes				
charcuterie				

3. VOTRE REPAS

Maintenant, avec votre camarade de classe, regardez encore une fois tous les segments où Anne ou Madeleine achète quelque chose que vous devez acheter pour votre repas. Remplissez (*fill out*) le tableau ci-dessous avec autant de détails que possible (*as many details as possible*). Dans quelle partie du repas allez-vous utiliser ce que vous achetez ? Quelles quantités de chaque produit allez-vous acheter ? Quel va être le prix ? (Attention : tous ces détails ne sont pas toujours donnés.)

PRODUITS ACHETÉS	QUANTITÉ/ POIDS	COÛT	PLAT	PARTIE DU REPAS

4. REGARDEZ

Si vous voulez, regardez les images d'autres rayons du Géant Casino et d'autres stands au marché que vous n'avez pas encore vus (*that you haven't seen yet*) pour acheter des choses qui n'apparaissent pas (*that don't appear*) dans les deux menus. Faites une liste de ce que vous achetez en plus.

5. COMPAREZ

Comparez le repas que vous et votre partenaire préparez avec les repas de vos camarades de classe. Quel repas préférez-vous ? Quel repas est le plus facile à préparer ? Quel repas est le plus sain ?

LECTURE

INTRODUCTION

En 1918, Tristan Tzara a écrit le Manifeste dada: *le « dadaïsme » est un mouvement intellectuel qui a combiné une révolte contre la bourgeoisie et un désir d'authenticité. Le nom « Dada », choisi par hasard dans le dictionnaire, illustre l'approche anarchiste du mouvement à la vie et à l'art. Ce mouvement recherche la libération complète de l'individu. On trouve les idées du mouvement dada dans la poésie de Tzara, un poète qui refuse de suivre les règles traditionnelles de la poésie.*

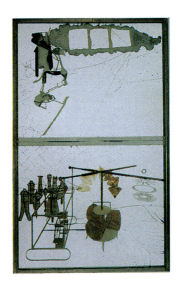

PRÉPARATION À LA LECTURE

Les idées

Le mot **recette** dans le titre du poème veut dire *recipe.* Le plus souvent on parle de recette quand on parle de la cuisine, mais pas toujours. Connaissez-vous des expressions en anglais qui incluent le mot **recette** mais qui n'ont rien à voir avec la cuisine ? Faites une liste de ces expressions.

Le vocabulaire

un mot *a word*   chauffer *to heat*   saupoudrez de *sprinkle with*
sens (*m*) *sense, logic*   à petit feu *on a low heat*   voiles (*f*) *sails*

Recette fantaisiste: Poème dadaïste

Pour un art poétique
Prenez un mot prenez-en deux
Faites-le cuire avec des œufs
Prenez un petit bout de sens
Puis un grand morceau d'innocence
Faites chauffer à petit feu
Au petit feu de la technique
Versez la sauce énigmatique
Saupoudrez de quelques étoiles
Poivrez et puis mettez les voiles
Où voulez-vous en venir ?
À écrire
Vraiment ? À écrire ?

Raymond Queneau, "Pour un art poétique (suite)" in Le chien à la mandoline, © Éditions Gallimard.

AVEZ-VOUS COMPRIS ?

1. Faites trois listes de mots du poème :

   la cuisine   les expressions de quantité
   l'expression artistique

2. Selon le poète, en quoi consiste l'art poétique ? Des mots ? Du sens ? De l'innocence ? De la technique ? De la subtilité ?

ÉCRITURE

Écrivez le même genre de poème—une « recette fantaisiste » pour quelque chose que vous voudriez faire ou que vous aimez faire. Par exemple : une recette pour l'amitié, le bonheur, l'amour, etc.

The beauty and the meaning of a poem come from the rhythm and sounds of the language, as well as from the actual meaning of the words. For this reason, when attempting to write a poem in French, avoid thinking about it or writing a first draft in English.

In this writing task, first identify the activity you would like to do and then make a list of verbs and nouns from this unit that you could use to describe it. Then, with the help of your instructor or a dictionary, make another list of words—as few as possible—associated with the activity itself. Before writing down each line, say the words aloud to hear how they sound and to identify rhythms and rhymes that satisfy you.

Dans Leçon 1

LES REPAS *MEALS*

le petit déjeuner *breakfast*
le déjeuner *lunch*
le goûter *snack*
le dîner *dinner*

L'ÉTIQUETTE AU RESTAURANT *RESTAURANT ETIQUETTE*

J'aimerais... *I would like...*
Je prends... *I'm having...*
Je voudrais... *I would like...*
On va prendre... *We're having/going to have...*
À votre santé ! *To your health! (a toast)*
Vous avez choisi ? *Have you chosen your meal yet? (Are you ready to order?)*
Vous avez terminé ? *Have you finished?*
L'addition, s'il vous plaît ! *The check, please!*

LES MOTS APPARENTÉS

Bon appétit !

LES BOISSONS *DRINKS*

un café au lait/noir *coffee with milk/black coffee*
un chocolat chaud *hot chocolate*
un citron pressé *lemonade*
un demi *a draft beer*
un Orangina *a carbonated orange soda*
un panaché *a mixture of beer and lemon-lime soft drink*
un thé au citron/au lait/glacé *tea with lemon/milk/iced tea*
un vin rouge/blanc/rosé *red/white/rosé wine*

une bière *a beer*
de l'eau minérale (*f*) *mineral water*
une limonade *lemon-lime soft drink*
une tisane *herbal tea*

LES MOTS APPARENTÉS

un coca-cola
un jus de fruits

Continued

LE PETIT DÉJEUNER AU CAFÉ

le beurre *butter*
le pain *bread*
le sucre *sugar*

la confiture *jam*
une tartine *buttered bread*
  (baguette)

LE DÉJEUNER AU CAFÉ

un croque-monsieur *a grilled ham-and-cheese sandwich*
un sandwich au fromage/au jambon/au pâté/au saucisson-cornichon
a cheese/ham/pâté (liverwurst)/sausage-and-pickle sandwich

LES MOTS APPARENTÉS

un croissant
un sandwich

une omelette

AU RESTAURANT

un plat *a dish/course*
des hors-d'œuvre *(m) first*
  course/starter

les crudités *(f) raw vegetables in*
  a vinaigrette sauce
la charcuterie *cold cuts*
l'entrée *(f) first course/starter*

LE PLAT PRINCIPAL *MAIN DISH/COURSE*

l'agneau *(m) lamb*
le bœuf *beef*
des haricots verts *(m) green beans*
un légume *a vegetable*
des petits pois *(m) peas*
le poisson *fish*
le poulet *chicken*
le riz *rice*

les asperges *(f) asparagus*
les frites *(f) French fries*
la pomme de terre *potato*

LES MOTS APPARENTÉS

un steak/bifteck

la carotte
une sole

LA SALADE

la laitue *lettuce*
une salade mixte *a salad with*
  lettuce and tomatoes
une salade verte *a green salad*

Continued

LE FROMAGE *CHEESE*

le brie
le camembert
le comté
le fromage de chèvre (*goat cheese*)
le roquefort

LE DESSERT

un gâteau *a cake*   de la glace *ice cream*
                                      une tarte *a pie*

LES MOTS APPARENTÉS

                                      une mousse au chocolat

DES FRUITS (*M*)

un ananas *a pineapple*   une clémentine *a tangerine*
un pamplemousse *a grapefruit*   une cerise *a cherry*
des raisins (*m*) *grapes*   une fraise *a strawberry*
                                      une pastèque *a watermelon*
                                      une pêche *a peach*
                                      une pomme *an apple*

LES MOTS APPARENTÉS

un abricot   une orange
un kiwi

LES ASSAISONNEMENTS *SEASONINGS*

le poivre *pepper*
le sel *salt*

LES VERBES

boire (*irregular*) *to drink*
commander *to order*

les verbes en **-ir** *regular* **-ir** *verbs*
  choisir *to choose/select*
  finir *to finish*
  grossir *to gain weight*
  maigrir *to lose weight*
  réfléchir *to think/reflect*

Dans Leçon 2

LES MAGASINS D'ALIMENTATION *FOOD STORES*

un hypermarché *a very large discount store*

un marchand de vin *a wine store/ a wine merchant*

un marché *a market*

une boucherie *a butcher shop*

une boulangerie-pâtisserie *a bakery-pastry shop*

une charcuterie *a delicatessen*

une épicerie *a small grocery store*

une poissonnerie *a fish store*

À LA BOULANGERIE-PÂTISSERIE

un croissant

un gâteau (au chocolat) *a (chocolate) cake*

un pain au chocolat *a chocolate-filled croissant*

un pain de campagne *country bread*

un petit gâteau *a cookie*

une baguette de seigle *a rye baguette*

une tarte (aux pommes, aux abricots) *a pie (apple, apricot)*

LES SALUTATIONS

À demain ! *See you tomorrow!*

À la semaine prochaine ! *See you next week!*

À vendredi prochain ! *See you next Friday!*

Bon après-midi ! *Have a good afternoon!*

Bonne journée ! *Have a nice day!*

Bonne nuit ! *Good night!*

Bonne soirée ! *Have a good evening!*

Bon week-end ! *Have a good weekend!*

LES EXPRESSIONS DE QUANTITÉ

un morceau de *a piece of*

un pot de *a jar of*

une boîte de *a can of*

une botte de *a bunch of*

une bouteille de *a bottle of*

une carafe de *a pitcher of*

une cuillerée de *a spoonful of*

une livre de *a pound of*

une tranche de *a slice of*

assez de *enough of*

beaucoup de *a lot of*

peu de *little*

trop de *too much*

Continued

LES MOTS APPARENTÉS

un bouquet de   une douzaine de
un gramme de
un kilo de
un litre de
un pack de
un paquet de
un sac de
un tube de

LES ALIMENTS *FOODS*

un champignon *a mushroom*
des épinards (*m*) *spinach*
un oignon *an onion*
un poireau *a leek*
un poivron vert/rouge *a (green/red) pepper*
un radis *a radish*

LES ASSAISONNEMENTS

l'ail (*m*) *garlic*   l'huile (*f*) (d'olive) *(olive) oil*
le vinaigre *vinegar*   les fines herbes (*f*) *mixed herbs*

LES MOTS APPARENTÉS

le ketchup   la mayonnaise
                                       la moutarde (de Dijon)

POUR OFFRIR, ACCEPTER OU REFUSER DE LA NOURRITURE ET DES BOISSONS

POUR OFFRIR

Je vous (te) sers ? *May I serve you?*
Qui veut… ? *Who wants…?*
Vous prenez/tu prends encore… ? *Will you have any more…?*
Vous voulez/tu veux encore… ? *Do you want any more…?*

POUR ACCEPTER

Je veux bien. *Yes, I would.*
Oui, avec plaisir. *With pleasure.*
Volontiers ! *Gladly! Sure!*

Continued

POUR REFUSER

Non, merci. *No thanks.*

Non, merci. J'ai bien mangé. *No thanks. I've had enough to eat. (I'm full.)*

Non, merci. J'ai assez bu. *No thanks. I've had enough to drink.*

Non, merci. Je n'ai plus faim. *No thanks. I've had enough to eat. (I'm full.)*

Non, merci. Je n'ai plus soif. *No thanks. I'm not thirsty.*

LA TABLE

un couteau *a knife*
un verre (à vin) *a (wine) glass*

une assiette (à soupe) *a (soup) plate*
une corbeille à pain *a bread basket*
une cuillère (à soupe) *a (soup) spoon*
une fourchette *a fork*
une nappe *a tablecloth*
une serviette *a napkin*
une tasse *a cup*

LES VERBES

connaître *to know*
reconnaître *to recognize*
venir *to come*
venir de + infinitive *to have just (done something)*

UNITÉ 5
Les vacances

MES OBJECTIFS COMMUNICATIFS

Buy a train ticket

Name countries, nationalities, and
languages

Describe the weather and seasons

Describe travel needs and means
of transportation

Make hotel reservations

Tell about past activities and
events

Describe clothing

Describe places you have visited

LES CLÉS CULTURELLES

Means of transportation

Traveling

Vacations

Paris

5

la porte Rivotte

Porte d'entrée

Où et avec qui passez-vous vos vacances en général ? En quelle saison préférez-vous prendre des vacances ? Qu'est-ce que vous faites pendant les vacances ? Combien de jours, de semaines de vacances est-ce que vous avez chaque année ?

La destination favorite des Français est la France ! (87% des Français ne sortent pas de leur pays.) Où vont les Français quand ils restent en France ? Dans leurs résidences secondaires, chez un membre de leur famille, à l'hôtel, dans un camping ou dans une maison ou un appartement qu'ils ont loué. Ce sont surtout les jeunes et les catégories sociales aisées qui passent leurs vacances à l'étranger.

À quoi servent les vacances ? Essentiellement à faire autre chose, à changer de rythme. Pour certains, c'est le moment où on essaie d'être moins stressé, de se reposer; pour d'autres, c'est le moment où on peut visiter d'autres pays, faire de nouvelles expériences, sortir du quotidien (*change one's daily routine*).

REGARDONS LES PHOTOS

1. LES VACANCES IDÉALES

Pour vous, qu'est-ce qui caractérise les vacances idéales ?

| le calme | l'aventure | le soleil | les sports | être avec des amis | être avec la famille |
| les sorties | le repos | le bricolage | les voyages | la lecture | autre chose ? |

2. QUEL ENDROIT PRÉFÉREZ-VOUS ?

Regardez les photos sur la page d'en face. Dans quel endroit est-ce que vous préféreriez passer vos vacances ? Quelles photos correspondent aux endroits où vous aimez aller ?

Prenons le TGV

**MES OBJECTIFS
COMMUNICATIFS**

**LES CLÉS
CULTURELLES**

Buy a train ticket
Name countries,
   nationalities,
   and languages
Describe the weather and
   seasons
Describe travel needs and
   means of transportation

Means of transportation
Traveling

REGARDONS LES PHOTOS

1. REGARDONS !

Liez les photos à la page ci-contre avec les titres suivants :

La France sur les rails du succès

La technologie ferroviaire française vient de remporter un nouveau succès
aux États-Unis avec l'annonce de l'achat de 12 trains canado-français par
Amtrak, la société de chemin de fer américaine qui a également pris une
option sur 6 trains supplémentaires.

« *Et si Paris roulait à bicyclette* »

La mairie de Paris a mis en place des « *voies cyclables* » pour ses habitants,
et entend convertir de nouveaux « *vélomanes* » par des actions concrètes.

Le métro gratuit jusqu'à demain

Aéronautique
L'américain General Electric commande 45 Airbus

Concorde Paris-New York : 50 000 passagers par an

La mort sur la route : presque jamais une fatalité !

2. LES MOYENS DE TRANSPORT

Classez les moyens de transport sur les photos à la page 288 selon les critères suivants.

transport individuel   transport en commun

LES TRANSPORTS EN FRANCE La France a depuis long-temps des réseaux (*networks*) de routes et de chemins de fer très denses et très efficaces. La France a maintenant beaucoup de grandes autoroutes qui permettent des communications rapides entre les grandes métropoles, mais elles n'ont pas le charme des routes nationales ou secondaires. Le train est un des moyens de transport favoris des Français. Les trains de la SNCF (Société nationale des chemins de fer français) sont fréquents et à l'heure. Le TGV (train à grande vitesse), qui date des années 80, est une des grandes réalisations technologiques de la France. Le transport aérien est continuellement en expansion et on pense ouvrir un troisième aéroport dans la région parisienne. La compagnie Air France est la première ligne aérienne d'Europe. Le vélo est un sport national : le Tour de France, qui a lieu au mois de juillet, est un événement qui passionne encore de nombreux supporters.

EXPRESSION-VOCABULAIRE (1)

LES MOYENS DE TRANSPORT

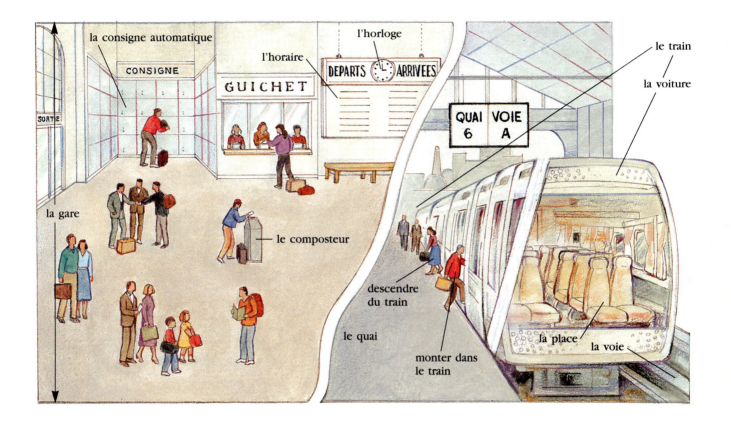

À la gare, j'achète un billet de train...

un aller simple *a one-way ticket*   un aller-retour *a round-trip ticket*

Quand je suis en vacances, je préfère voyager...

en train   en avion *by plane*
en bateau *by boat*   en car *by long-distance bus*
en voiture *by car*

En ville, je circule...

à pied *on foot*   en bus *by (city) bus*
à/en vélo *by bike*   en métro
à moto

En France, il faut composter (*stamp*) son billet avant de monter dans le train. Il y a des composteurs (*machines that stamp your ticket with the date*) à l'entrée des quais. Si vous oubliez de composter votre billet, vous risquez de payer une amende (*a fine*) importante !

1. MAUD ET ARNAUD PRENNENT LE TRAIN

Décidez dans quel ordre Maud et Arnaud doivent faire les choses suivantes. La première chose est indiquée.

___8___ Ils montent dans le train.
___7___ Ils compostent leurs billets.
___3___ Ils achètent deux billets aller-retour Besançon-Paris.
___10__ Ils descendent du train à Paris.
___2___ Ils vont à la gare de Besançon.
___6___ Ils attendent le train sur le quai.
___4___ Ils cherchent la voie.
___9___ Ils trouvent leurs places.
___5___ Ils trouvent la voie.
___1___ Ils vont à une agence de la SNCF.

2. LES TRANSPORTS

Quels moyens de transport est-ce que vous utilisez le plus souvent ? Utilisez le verbe **aller** et commencez chaque phrase avec une expression telle que **normalement, d'habitude** et **en général.**

Modèle :   à l'université ?
                    —Normalement, je vais à l'université à pied.

1. au centre commercial ?   4. chez votre meilleur(e) ami(e) ?
2. chez vos parents ?   5. à la bibliothèque ?
3. au cinéma ?   6. à la poste ?

3. SONDAGE

Quels moyens de transport est-ce que vous et vos camarades de classe utilisez le plus souvent ? Posez les questions de l'activité précédente à vos camarades de classe.

Modèle :   —En général, comment est-ce que tu vas à l'université ?
                    —Normalement, je vais à l'université à pied.

ACTION (1)

MAUD ET ARNAUD ACHÈTENT DES BILLETS DE TGV DANS UNE AGENCE DE LA SNCF

PRÉPARONS-NOUS

Arnaud et Maud vont passer le week-end à Paris, et ils vont prendre le TGV. Ils vont dans une agence de la SNCF pour acheter leurs billets.

LE CARRISSIMO

Le Carrissimo permet à Arnaud et à Maud d'obtenir une réduction importante sur leurs billets de train. Lisez la description du Carrissimo dans la brochure de la SNCF et ensuite, répondez aux questions.

Pour les 12 - 25 ans

Pour voyager à prix réduits, la SNCF vous propose :
• **Carrissimo** si vous pensez voyager souvent ;
• **les prix Joker** si vous pensez voyager peu et que vous n'êtes pas sûr d'amortir un Carrissimo.

AVEC CARRISSIMO : JUSQU'À 50 % DE RÉDUCTION SUR TOUTE LA FRANCE [1]

Carrissimo existe en deux formules, valables 1 an, en 1re comme en 2e classe :
• Carrissimo 4 trajets : 190 francs [2].
• Carrissimo 8 trajets : 350 francs [2].

Avec Carrissimo, vous pouvez voyager à prix réduit, seul ou accompagné de 1, 2 ou 3 amis, âgés de 12 à 25 ans (un aller simple pour une personne équivaut à 1 trajet ; un aller simple pour 4 personnes ou un aller-retour pour 2 personnes équivalent à 4 trajets).

DANS LES TGV : LE CALENDRIER VOYAGEURS NE S'APPLIQUE PLUS.

Désormais, votre Carrissimo vous permet d'obtenir :

• 50% de réduction sur le prix de base [3] dans tous les TGV de niveaux 1 et 2 en 2e classe et de niveaux 1 et 3 en 1re classe ;

• des places à 50% en nombre plus limité dans les autres TGV. S'il ne reste plus de places à 50%, vous pourrez vous voir proposer une place à 20%.

DANS LES AUTRES TRAINS : IL N'Y A PLUS DE JOURS ROUGES.

Votre Carrissimo vous permet d'obtenir une réduction sur le prix de base [3] de 50% si vous partez en période bleue, et de 20% si vous partez en période blanche du Calendrier Voyageurs.

Désormais, votre Carrissimo est donc utilisable sur tous les trains, tous les jours, même le week-end. Plus aucun train n'est interdit. Si vous souhaitez emprunter un TGV très demandé, n'oubliez pas de réserver à l'avance.

OU BIEN SUR, AVEC JOKER : JUSQU'À 60% DE RÉDUCTION SUR 369 RELATIONS.
En réservant au moins 8 jours à l'avance : jusqu'à 40% de réduction.
En réservant au moins 30 jours à l'avance : jusqu'à 60% de réduction.
Reportez-vous page 3.

[1] A l'exception des parcours intérieurs à la Région des transports parisiens.
[2] Prix au 29/05/1994.
[3] Prix normal de niveau 1 dans tous les TGV.
Hors compléments éventuels (réservation, supplément,...) dans tous les autres trains.

4

1. Qui peut acheter le Carrissimo ?
2. Quel est le montant de la réduction qu'on peut avoir avec le Carrissimo ?
3. Quel est le prix du Carrissimo 4 trajets ? 8 trajets ?
4. Le Carrissimo est valable pour combien de temps ?
5. Est-ce que le Carrissimo est individuel ou est-ce que plusieurs étudiants peuvent l'utiliser ?
6. Sur quels trains est-ce qu'on peut utiliser le Carrissimo ?

REGARDONS ENSEMBLE

À L'AGENCE DE LA SNCF

Maud et Arnaud vont à une agence de la SNCF pour acheter des billets de train. Écoutez les premières et deuxième parties et de leur conversation et indiquez la date et l'heure du train qu'ils choisissent, ainsi que les autres détails concernant leur voyage et le type de billet qu'ils prennent.

Destination : _____

Heure du départ : _____

Heure d'arrivée : _____

Classe :

_____ première (1ère)

_____ seconde (2e)

Prix du Carrissimo : _____

EXPANSION

ANDRÉ VA RENDRE VISITE À DES AMIS À LYON

Il indique les détails de son voyage dans son agenda. Utilisez ses notes pour compléter ce dialogue. Après, jouez le dialogue avec un(e) camarade de classe.

Départ pour Lyon le 16 juin dans l'après-midi. Acheter billet seconde classe. Retour à Besançon le 21 juin au matin.

ANDRÉ :   Bonjour, Madame. Je voudrais un billet Besançon–Lyon pour le _____ (date) en TGV direct.

EMPLOYÉE : Vous voulez un aller simple ou un aller-retour ?

ANDRÉ :   Je voudrais _____.

EMPLOYÉE : En première ou en seconde classe ?

ANDRÉ :   En _____.

EMPLOYÉE : Vous voulez partir de bonne heure ? À 7 h du matin ?

ANDRÉ :   C'est un peu tôt !

EMPLOYÉE : Je peux vous proposer un départ de Besançon à 12 h 12 avec arrivée à Lyon à 13 h 26. Ça vous convient ?

ANDRÉ :   Oui, ça va.

EMPLOYÉE : Et pour le retour ?

ANDRÉ : Je veux rentrer le _____ (date).

EMPLOYÉE : Vous préférez partir le matin ou le soir ?

ANDRÉ : Je préfère partir _____ .

EMPLOYÉE : Il y a un train avec départ à 7 h 14 du _____ et arrivée à Besançon à 9 h 46.

ANDRÉ : D'accord.

EMPLOYÉE : Voilà votre billet. Ça fait 230 francs. N'oubliez pas de composter votre billet !

ANDRÉ : Merci. Au revoir, Madame.

EMPLOYÉE : C'est moi qui vous remercie. Au revoir, Monsieur.

ACTION-APPROFONDISSEMENT (1)

MAUD ET ARNAUD CHOISISSENT LA DATE ET L'HEURE DU RETOUR

Before viewing, read the directions and accompanying activities carefully to identify the information for which you will be listening.

REGARDEZ

UN MESSAGE

Maud et Arnaud sont encore à l'agence de la SNCF. Maintenant, ils choisissent l'heure de leur retour à Besançon et ils achètent les billets. Regardez les troisième et dernières parties de la vidéo et dites quel message (1, 2 ou 3) Arnaud va laisser à ses parents.

1.

samedi matin

Chère maman, cher papa,
Comme vous le savez, Maud et moi,
nous allons passer le week-end à
Paris. Nous partons vendredi soir
à 10 h 37 et nous comptons
retourner à Besançon dimanche
soir à 18 h 45. Avec le Carrissimo,
nos deux billets ont coûté
604 francs aller-retour. J'ai
payé par chèque.
Grosses bises, Arnaud

2.

Samedi matin

Chère maman, cher papa,
Comme vous le savez, Maud et moi,
nous allons passer le week-end à
Paris. Nous partons samedi matin à
10 h 37 et nous comptons rentrer à
Besançon lundi après-midi à
14 h 54. Avec le Carrissimo, le
prix de nos deux billets est de
854 francs aller-retour.
J'ai acheté les billets avec votre
carte de crédit !
        Grosses bises,
                Arnaud

3.

Samedi matin

Chère maman, cher papa,
Comme vous le savez, Maud et moi,
nous allons passer le week-end à
Paris. Nous partons samedi matin
à 10 h 37 et nous comptons rentrer
à Besançon lundi matin vers les
7 heures. Avec le Carrissimo, nos
deux billets ont coûté 740 francs.
J'ai acheté les billets avec votre
carte de crédit !
        Grosses bises, Arnaud

EXPANSION

NATHALIE REND VISITE À UN AMI

Nathalie veut rendre visite à son ami Jean-Pierre qui habite à Paris. Utilisez les renseignements indiqués sur son billet pour compléter sa conversation avec l'employée de la SNCF au moment de l'achat. Ensuite, jouez cette conversation avec un(e) camarade de classe.

```
SNCF    BILLET        BESANCON VIOTTE  → PARIS GARE LYON
        Valable 24 heures maximum après compostage
        Maximum term of validity : 24 hours after punching.   01 ADULTE

Dép 03/07 à 10H37 de BESANCON VIOTTE   Classe 2   VOIT 16:  PLACE NO  27
Arr       à 13H08 à PARIS GARE LYON    01 ASSIS FUMEUR
A UTILISER DANS LE TRAIN    772 TGV    SALLE                 01 COULOIR
TARIF NORMAL

Dép       à       de ***               Classe *
Arr       à       à

Prix par voyageur :       240.00                        Prix  FRF   **240.00

        KM0406    RS 0      :        : DV 492206525  BESANCON VIOTTE
  235                                : CB999999999   020794   12H30
BP NIV.1   87492206525253            : 50E1E8   Dossier : QURCDA   Page  1/1
           773889452
```

NATHALIE : _____
AGENT :   Bonjour, Mademoiselle.
NATHALIE : Je voudrais aller à Paris le 3 juillet en TGV.
AGENT :   _____
NATHALIE : Un aller simple.
AGENT :   _____
NATHALIE : En seconde classe.

AGENT :	Fumeur ou non fumeur ?
NATHALIE :	_____
AGENT :	Voici votre billet. Vous êtes dans la voiture
	_____, place _____.
NATHALIE :	Quel est le prix du billet ?
AGENT :	_____

 # INTERACTION

L'AGENCE DE VOYAGES

Un(e) étudiant(e) à Besançon veut acheter un billet pour voyager en Europe pendant les vacances de Noël. L'étudiant(e) A, qui va jouer le rôle de l'étudiant(e), regarde à la page 734 pour voir les destinations indiquées; l'étudiant(e) B, qui va jouer le rôle de l'agent(e) de voyages, regarde à la page 744 pour voir les prix et les horaires de train. Après, changez de rôle.

EXPRESSION-STRUCTURE (1)

PARTIR, SORTIR ET DORMIR

The verbs **partir, sortir,** and **dormir** are useful verbs when talking about leisure-time activities, vacations, and vacation plans. The three verbs are conjugated alike. Read the following conversation between Arnaud and his mother and see if you can tell from the context what these verbs mean. Which forms of these verbs end in **s** and which in **t**?

MICHÈLE :	Qu'est-ce que tu fais ce soir ?
ARNAUD :	**Je sors** avec mes copains et **Sébastien sort** avec nous, aussi. On va aller au cinéma et après, probablement chez Jean-Baptiste pour regarder un match de foot.
MICHÈLE :	N'oublie pas que **tu pars** pour Paris demain. Ne rentre pas trop tard !
ARNAUD :	Ne t'inquiète pas ! Demain, si je suis fatigué je peux **dormir** dans le train.

 As you study the examples of the uses of **partir, sortir,** and **dormir,** ask yourself the following questions: How are they conjugated? Which forms end in **s**? Which forms end in **t**? How will I remember the endings of these verbs? What is the difference in meaning between **partir de** and **partir pour**? Which expression is the opposite of **sortir**? Which expression means the opposite of **partir**? What is the difference between **sortir de** and **sortir avec**?

Were you able to figure out that **je sors** means *I'm going out;* that **tu pars** means *you're leaving;* and that **dormir** means *to sleep?* Here are the complete conjugations of these verbs.

PARTIR	SORTIR	DORMIR
je pars	je sors	je dors
tu pars	tu sors	tu dors
il/elle/on part	il/elle/on sort	il/elle/on dort
nous part**ons**	nous sort**ons**	nous dorm**ons**
vous part**ez**	vous sort**ez**	vous dorm**ez**
ils/elles part**ent**	ils/elles sort**ent**	ils/elles dorm**ent**

USES OF THE VERB *PARTIR*

partir *to leave*

> Nous partons à neuf heures.
> *We are leaving at nine o'clock.*

partir pour *to leave for*

> Arnaud et Maud partent pour Paris.
> *Arnaud and Maud are leaving for Paris.*

partir de *to leave from*

> Le TGV pour Paris part de la voie 8.
> *The TGV for Paris leaves from track 8.*

USES OF THE VERB *SORTIR*

sortir *to go out*

> Nous sortons à midi.
> *We are going out at noon.*

sortir de *to go out of (a place)*

> Je sors de la maison.
> *I am leaving the house.*

sortir avec *to go out with (people)*

> Je sors avec des copains.
> *I'm going out with friends.*

• Notice that **partir** is the opposite of **arriver,** and that **sortir** is the opposite of **entrer.**

DORMIR AND SOME COMMON EXPRESSIONS RELATED TO SLEEP

dormir bien *to sleep well*
dormir comme un bébé *to sleep like a baby*
un cauchemar *a nightmare*
un réveil (matin) *an alarm clock*

Bonne nuit ! *Good night!*
Fais/faites de beaux rêves ! *Pleasant dreams!*
faire la grasse matinée *to sleep in/late*
faire la sieste *to take a nap*

1. PARTONS EN VACANCES !

La famille Vidonne-Dumont passe le mois d'août à St.-Malo, une petite ville en Bretagne où habite la famille de la mère d'Anne-Marie. Anne-Marie montre ses photos de vacances à son amie Marie-Jo. Complétez son commentaire en utilisant les verbes **sortir, dormir** et **partir.**

Modèle : Sur la première photo, nous voilà tous dans la voiture : nous <u>partons</u> pour la Bretagne.

1. Ici, nous ____*partons*____ du restaurant.
2. Sur cette photo, Jean-Baptiste a un beau tee-shirt pour _____ au cinéma avec ses amis.
3. Ici, Benjamin _____ sur la plage.
   Là, Clara et Maurice _____ à la pêche.
   Regarde ! Je _____ dans une chaise-longue à la plage.
   Dorel et Sébastien _____ de l'eau.
4. Sur la dernière photo, les vacances sont finies : nous _____ pour Besançon !

Les vacances sont très importantes pour les Français. Depuis 1982, chaque salarié a droit à cinq semaines de congés payés (*paid leave*) par an. En fait, la plupart d'entre eux ne prennent en moyenne que deux à trois semaines de vacances par an, et un peu plus de la moitié (51,6%) ne part jamais en vacances. Quand on pense aux vacances, on pense surtout aux vacances d'été pendant le mois de juillet et le mois d'août, mais les départs en vacances d'hiver sont assez fréquents, en particulier pour les jeunes qui aiment faire du ski.

2. RÉUNION DE FAMILLE

La famille Vandeputte va organiser une grande réunion de famille à Besançon. Tous les autres membres de la famille de Daniel habitent à Paris. Malheureusement, ils ne peuvent pas arriver à la même heure. Le frère de Daniel écrit une lettre pour dire à quelle heure tous les différents membres de la famille vont arriver à Besançon. Consultez l'horaire des trains Paris-Besançon à la page suivante et complétez sa lettre. Indiquez à quelle heure ils partent de Paris et le numéro de leur train.

Paris, le 20 août

Chère Christiane et cher Daniel,

Voici un petit mot pour expliquer l'itinéraire de toute la famille : c'est un peu compliqué! Mamie et Papy partent à 7 h 14 et ils arrivent à Besançon à 9 h 49. Le numéro de leur train est le 771.

Anne, moi et les enfants, nous _____ à _____ h _____ et nous arrivons à Besançon à 14 h 54. Le numéro de notre train est le _____ . Patrick doit travailler toute la journée, alors il va arriver très tard. Son train _____ à _____ h _____ et il arrive à Besançon à 23 h 49. Le numéro de son train est le _____ . Paul, Marianne et Simon _____ à _____ h _____ et ils arrivent à Besançon à 19 h 06. Le numéro de leur train est le _____ . Et finalement, tante Émilie _____ à _____ h _____ et elle arrive à Besançon à 20 h 17. Le numéro de son train est le _____ .
Nous sommes ravis de pouvoir venir voir tous et de passer un peu de temps avec la famille.

Grosses bises,
Marc

(Paris)-DIJON-DOLE-BESANCON-(Belfort)

SNCF RENSEIGNEMENTS TELEPHONES VOYAGEURS BELFORT 84-28-50-50
BESANCON 81-53-50-50 LONS LE SAUNIER 84-47-50-50

SEMAINE

Paris (Lyon)	25	26	27	28					29	TGV 30	TGV 30				TGV 30		TGV 31	TGV 32			TGV 2	TGV	TGV 33	TGV 2			TGV 34	TGV 34				TGV 34	TGV 35	TGV 14	14
Dijon	A				A					7.14	7.14		7.05	8.00				12.21		9.28	10.32	14.23	16.17	15.57	17.19	17.19		18.06	18.44		18.53	19.46		20.12	21.08	21.03
Dijon		0.05	1.28	4.21	4.28	4.36			6.04	8.51	8.51		9.56	9.42				13.57		12.00	12.05		17.55	17.29	18.03	18.01		19.44	21.06		21.34	21.24		22.43	22.46	23.51
Neuilly-les-Dijon							6.35	7.39	7.39	8.23	8.57	8.57	9.02	10.09	11.40		12.20	13.42	14.05	16.11	16.11		16.40	16.43	16.54	17.36	17.36	18.05	18.35	20.00				21.27	21.41	17.48
Genlis							6.16	6.47	7.51	7.51	8.34			9.13	10.21	11.51		12.31	13.54		16.24	16.24		16.57		17.46	17.46		18.42	20.13					22.56
Collonges							6.20									11.55									17.50	17.54		18.17	18.50						23.07
Villers-les-Pots				1.51					6.57	7.51	8.00	8.00														17.53	17.57		18.53						23.16
Auxonne							6.29				8.43			10.31	12.03		12.40	14.05						18.03	18.07	19.00								
Villers-Rotin	A	0.32	2.02		5.06		6.37	7.08	8.08	8.08	8.51	9.17	9.30	10.40	12.11		12.49	14.16	14.27	16.34	16.34		18.01	18.07	18.26	19.03	19.07		20.23						
Dole		0.33	2.04		5.08	6.04	6.48	8.08	8.10	8.52	9.24	9.33	10.42	11.16	12.13		12.59	14.13	14.29	15.09	16.43	16.45		18.09	18.15	18.34	19.15		20.32	21.36		21.49	22.08	23.15	23.24
Orchamps					5.88	6.13	6.58	6.56	8.19	9.02	9.42			12.23			14.44		17.11	17.43		18.11	18.17	18.35			20.33				21.57	22.11		23.25
Labarre						7.01	7.01						12.27							17.43		18.20	18.26	18.45		19.54	19.54					22.21		
Ranchot					6.17	7.05	7.05			9.50		12.33								17.48	17.48		18.49			19.59	19.59				22.25			
St-Vit					6.24	7.12	8.23	8.28		9.10			12.38		13.07	14.57				17.56	17.56		18.55		20.04	20.04		20.50			22.31			
Franois					6.29	7.17	8.30	8.34					12.44							18.01					20.09	20.09					22.36			
Besançon		0.56	2.31	5.16	5.34	6.34	7.22	7.22		9.23			12.50		13.17	15.16	14.54	15.33	17.07	17.12			18.40	18.53		19.55	20.17	20.17	21.01			22.52			23.49
Danemarie-Velesmes							7.17	7.25		8.39	8.43		11.07	11.42	12.50					18.10	17.54		19.06			20.09	20.09								
Besançon		1.00	2.33	5.42	5.38	6.49			8.45	9.11	11.45			13.19		15.36		17.17		17.56		18.42	18.55		20.19										
Montbéliard		1.54	3.26	6.41	6.12	6.33	7.48		9.40	9.00	12.40			14.18		16.34		17.40		18.51		19.47	20.10		21.17										
Belfort		2.06	3.42	6.56	6.25	6.46	8.02		9.54	10.12	12.52			14.33		16.46		18.46		19.03		20.00	20.24		21.32										

Légende:

○ du lundi au vendredi
○ le samedi
◉ du lundi au samedi
⚑ TGV : réservation obligatoire.
⚑ horaires en italiques : train soumis à des conditions d'emprunt, ou à supplément : renseignements dans les gares.

2 Circule du lun au ven jusqu'au 1er juillet et à partir du 29 août
14 circule les ven et le 13 juil. Ne circule pas le 15 juil.
18 circule du 26 juin au 4 sept
21 ne circule pas les 14 juil et 14 août.
24 ne circule pas le 14 août

25 circule les lun et le 16 août. Ne circule pas le 16 août.
26 circule les lun et les 15 juil et 16 août.
27 circule du 27 juin au 29 août : les lun.
28 circule jusqu'au 25 juin et à partir du 5 sept : du lun au sam ; circule aussi du 28 juin au 3 sept : du mar au sam

29 Arrêt à Dannemarie-Velesr
30 ne circule pas le 15 juil
31 Arrêt à Dannemarie-Velesr
32 circule du 1er juil au 6 sept

3. SONDAGE : DORMEZ-VOUS ASSEZ ?

Répondez à ces questions par écrit, puis circulez dans la classe et posez ces mêmes questions à vos camarades de classe.

1. Est-ce que tu dors bien ou mal en général ?
2. Combien d'heures par nuit est-ce que tu dors pendant la semaine ?
3. Fais-tu souvent la sieste ?
4. D'habitude, jusqu'à quelle heure est-ce que tu dors le samedi ? le dimanche ?
5. Est-ce que tu parles quand tu dors ?
6. Est-ce que tu ronfles (*snore*) quand tu dors ?
7. Est-ce que tu es somnambule (*a sleepwalker*) ?
8. Est-ce que tu as souvent des cauchemars quand tu dors ?
9. Est-ce que tu sors du lit tout de suite quand le réveil sonne ?
10. Est-ce que tu dors en classe quelquefois ?
11. Combien de fois par semaine est-ce que tu sors le soir ? Quels soirs ?

4. LES RÉSULTATS DES SONDAGES !

Regardez les résultats de votre sondage. Parmi (*among*) vos réponses, écrivez trois réponses qui sont similaires aux réponses de vos camarades et trois qui sont différentes.

	RESSEMBLANCES	**DIFFÉRENCES**
Modèle :	Maureen et moi, nous dormons bien.	Derek dort jusqu'au 11 h le samedi matin, mais moi, je dors jusqu'à midi !

Prononciation

LA LETTRE *O*

Écoutez

The letter **o** represents two different sounds in French. Listen to the following sentences and put a check to indicate that the highlighted **o** sound you hear is similar to 1) the **o** in the words **notre** and **votre** or 2) the **o** in the words **vos** and **nos.**

	O AS IN NOTRE/VOTRE	*O* AS IN NOS/VOS
1. Arnaud **s**o**rt** avec ses amis ce soir.		
2. S'il est fatigué demain, il va d**o**rmir dans le train.		

Continued

O AS IN NOTRE/VOTRE   O AS IN NOS/VOS

3. Maud et Arnaud vont prendre beaucoup de photos à Paris.
4. À Paris, ils vont circuler en métro.
5. Ils vont visiter l'Hôtel de Ville.

Vérifiez

The usual pronunciation of the letter **o** is similar to that of the **o** in the words **votre** and **notre** (open **o**).

> Arnaud sort avec ses amis ce soir.
> S'il est fatigué demain, il va dormir dans le train.
> Et vous, est-ce que vous dormez assez ?

The pronunciation of the letter **o** is more closed and similar to the **o** in **nos** and **vos** in the following situations: 1) as the last sound in a syllable (**photo**), 2) before **s** + vowel (**chose**), and 3) with a circumflex (**bientôt, hôpital, hôtel**).

> À Paris, Maud et Arnaud vont souvent prendre le métro.
> Il vont prendre beaucoup de photos aussi.

Prononcez

Read the following sentences and circle the letter **o** when it represents a closed **o** sound (**chose, photo**) and underline it when it represents an open **o** sound (**notre, votre**). Then, listen to the sentences on your audio CD and check your answers. Finally, repeat each sentence, being careful to pronounce the letter **o** correctly.

1. À Paris, ils vont visiter beaucoup de sites historiques.
2. Ils vont visiter le musée Rodin et l'opéra.
3. Maud achète une carte postale de la cathédrale Notre Dame de Paris.
4. Samedi soir, ils sortent avec des amis parisiens.
5. En rentrant à Besançon, ils dorment dans le train.

EXPRESSION-STRUCTURE (2)

LES NOMS GÉOGRAPHIQUES

Like all nouns in French, countries (**les pays**) have gender. Look closely at the endings of the following countries. Can you guess the general rule for determining if a country or continent is masculine or feminine?

LES PAYS FÉMININS

l'Algérie
l'Allemagne (*Germany*)
l'Autriche (*Austria*)
la Belgique
la Chine
l'Égypte
l'Espagne
la Finlande
la France
la Grèce
l'Italie
la Norvège
la Suède
la Suisse (*Switzerland*)
la Tunisie

LA NATIONALITÉ

algérien(ne)
allemand(e)
autrichien(ne)
belge
chinois(e)
égyptien(ne)
espagnol(e)
finlandais(e)
français(e)
grec/grecque
italien(ne)
norvégien(ne)
suédois(e)
suisse
tunisien(ne)

LES PAYS MASCULINS

le Brésil
le Burkina Faso
le Cameroun
le Cambodge (*Cambodia*)
le Canada
le Danemark
les États-Unis
Israël
le Japon
le Luxembourg
Madagascar
le Maroc (*Morocco*)
les Pays-Bas (*the Netherlands*)
le Portugal
le Sénégal
le Vietnam

brésilien(ne)
burkinabé(e)
camerounais(e)
cambodgien(ne)
canadien(ne)
danois(e)
américain(e)
israélien(ne)
japonais(e)
luxembourgeois(e)
malgache
marocain(e)
néerlandais(e)
portugais(e)
sénégalais(e)
vietnamien(ne)

LES CONTINENTS

l'Afrique (*f*)
l'Amérique du Nord (*f*)
l'Amérique du Sud (*f*)
l'Asie (*f*)
l'Australie (*f*)
l'Europe (*f*)

africain(e)
nord-américain(e)
sud-américain(e)
asiatique
australien(ne)
européen(ne)

As you study the following examples, ask yourself: How do I determine if a country or continent is masculine or feminine? What are two common exceptions to the gender rule?

• As you probably guessed, most countries and continents that end in the letter **e** are feminine and all others are masculine. Some exceptions are **le Cambodge,** and **le Mexique,** which are masculine even though they end in **e.**

VÉRIFIEZ   Were you able to answer your questions? One way to remember new vocabulary items is to organize them in a web or diagram, like the one in Activity 1 on the following page. The web or diagram makes a vivid picture in your mind and will help you remember the new words.

1. OÙ SE TROUVE... ?

Regardez la carte et indiquez sur le diagramme dans quel continent se trouvent les pays francophones suivants.

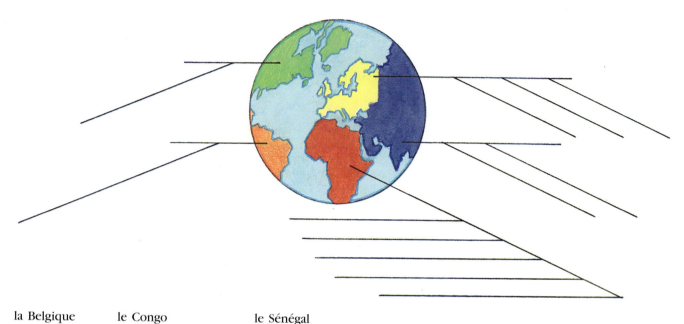

la Belgique	le Congo	le Sénégal
le Cambodge	la Guyane française	la Suisse
le Cameroun	le Luxembourg	la Tunisie
le Canada	le Mali	le Vietnam

2. VIVENT LES VACANCES !

C'est le mois d'août et vos amis de Besançon partent en vacances. Lisez les annonces et puis indiquez quel pays de la liste suivante chaque famille va visiter.

l'Angleterre	les États-Unis	la Martinique	la Tunisie
le Canada	la Grèce	les Pays-Bas	le Vietnam

> *Dans le sud, vers la mer des Caraïbes, c'est toute la beauté des Antilles que l'on retrouve avec la magie de ses fonds sous-marins, mais surtout la succession de ses plages de sable clair, qui représente la douceur de vivre des Antilles.*

1. Daniel et Christiane Vandeputte vont visiter _____ .

> *Ce n'est pas simplement le parler et l'accent qui surprendront nos voyageurs français, mais bien plus, le ton simple, direct et amical des québécois; ici on a oublié d'être compliqué ce qui facilite grandement les contacts.*
> *La nature conjuguée au superlatif permettra aux jeunes de découvrir un pays fabuleux et ne pourra que leur donner l'envie d'y retourner!*

2. Les Peuteuil vont visiter _____ .

Régions arides, vallées fertiles, vastes plaines, imposantes montagnes, villes modernes et villes fantômes...
L'Ouest américain est un véritable kaléidoscope où l'on trouve tout ce que la nature et l'homme ont créé.
Suivez les traces des pionniers de l'Ouest, partagez le quotidien de vos héros télévisés, vivez les mythes des années 60...
A côté d'un Ouest dynamique et vivant du présent et de l'avenir, jouxte celui du passé plus nostalgique.
Venez découvrir ces contrastes et laissez vous séduire par "l'Ouest Doré".

3. Nathalie va visiter _____.

Des paysages d'une somptueuse beauté, une civilisation riche et lourde
d'histoire attendent le voyageur dans l'ambiance d'un pays renaissant, encore
peu visité, dont la population a conservé sa spontanéité et sa gentillesse.
Vous apprécierez le charme et le confort des maisons coloniales françaises qui
ont été restaurées et aménagées en hôtels.
Du delta du Mékong à la baie d'Halong, le Vietnam authentique sait séduire
le visiteur.

4. André va visiter _____.

Pays des fleurs et des tulipes, des moulins, du fromage, mais aussi, à quelques
heures de la France, un pays de campagnes, de forêts, où vous découvrirez au
long de la route, de charmants petits châteaux et manoirs.
Différents aspects des Pays Bas sont rapidement accessibles : le bord de mer,
les plages, les polders et aussi Amsterdam, ville presque mythique de liberté
mais aussi d'art avec son célèbre Rijksmuseum.

5. La famille Vidonne va visiter _____.

C'est une terre de contrastes qui vous est offerte : ocre et rudesse des déserts,
vertes et rafraîchissantes palmeraies dans les oasis, animation joyeuse des
souks, activités intenses dans les médinas... pour découvrir la vie du Maghreb,
ses traditions, venant d'un passé où les traces des anciennes cultures sont tou-
jours présentes.

6. Sébastien va visiter _____.

3. ET VOUS ?

Vous et votre camarade de classe allez partir en vacances ensemble. Lisez les publicités encore une fois et choisissez le pays que vous voulez visiter. Indiquez par écrit 1) cinq raisons pour lesquelles vous et votre camarade de classe désirez visiter ce pays 2) et en quelle saison vous voulez voyager.

4. LA GÉOGRAPHIE

Avec un(e) camarade de classe, identifiez ces pays européens.

1. Ce pays est situé entre la France et l'Autriche. C'est _____.
2. Ce pays est situé au sud de la Suisse. C'est _____.

3. La capitale de ce pays est Londres. C'est _____.
4. Ce sont les quatre pays scandinaves. Ce sont _____.
5. Dans ce pays on parle français, romanche, allemand et italien. C'est

_____.
6. La capitale de ce pays est Athènes. C'est _____.
7. Dans ce pays européen on parle portugais. C'est _____.
8. Ce pays est à l'est de la Belgique et à l'ouest de la Pologne. C'est

_____.
9. Ces pays ont des frontières communes avec la France. Ce sont _____.
10. Dans ces pays d'Europe on parle français. Ce sont _____.

EXPRESSION-STRUCTURE (3)

LES NOMS GÉOGRAPHIQUES ET LES PRÉPOSITIONS

André is describing his summer plans to Sébastien. As you read about his plans, notice that he uses different prepositions to say which city or country he is going to, is staying in, or is coming from. As you read, see if you can determine which prepositions are used to show movement: 1) toward a masculine country; 2) away from a masculine country; 3) toward a feminine country; 4) away from a feminine country.

ANDRÉ : Cet été, je vais beaucoup voyager. Au mois de juillet, je vais chez mes parents **au** Burkina Faso. Je reviens **du** Burkina Faso le 2 août. Ensuite, je vais rendre visite à des amis **en** Allemagne. Je rentre **d'**Allemagne le 20 août et puis dix jours après, je vais **en** Espagne pour faire du camping avec des amis.

Were you able to pick out a pattern for determining when to use each preposition?

 As you study the chart below, ask yourself: How do I say that I am going to, am in, or come from a city? a masculine or feminine country, state, region in France, province in Canada, or continent?

The following chart will help you know which preposition and which form of the preposition to use.

	CITY	MASCULINE COUNTRY	FEMININE COUNTRY	PLURAL COUNTRY
je visite	Paris	le Canada	la France	les États-Unis
je vais	à Paris	au Canada	en France	aux États-Unis
je viens	de Paris	du Canada	de France	des États-Unis

- **En** is used in front of masculine countries beginning with a vowel, such as **en Israël.**
- Generally, you can follow the same rules for continents, Canadian provinces, and regions in France. The map at the front of the textbook gives the names of the twenty-two regions into which France is divided.

> Françoise vient du Québec—plus précisement de Montréal. Elle va passer un mois en Franche-Comté cet été. Ensuite, elle va passer trois semaines au Sénégal en Afrique.

- American states that are feminine follow the same rules. (All states ending in **e** in French are feminine, except **le Maine** et **le New Hampshire.**)

la Californie	la Floride	la Pennsylvanie
la Caroline du Nord	la Géorgie	la Virginie
la Caroline du Sud	la Louisiane	la Virginie-Occidentale

> Elle habite **en** Californie. Elle vient **de** Californie.

- There are different rules for some masculine American states and special cases.

  a. Masculine states that begin with a consonant.

le Connecticut	le Kansas	le Maine
le Delaware	le Kentucky	le New Hampshire

> Je vais **au** Kansas. Je viens **du** Connnecticut (*ou* **de l'état du** Connecticut).

  b. Masculine states that begin with a vowel.

l'Alabama	l'Arkansas	l'Indiana	l'Oklahoma
l'Alaska	l'Idaho	l'Iowa	l'Oregon
l'Arizona	l'Illinois	l'Ohio	l'Utah

> Nous voyageons **en** Utah. *ou :* Nous voyageons **dans l'état de l'**Utah.
> Nous venons **d'**Alaska.

- For the states of New York and Washington, the expression **dans l'état de** must be used.

> Mon université se trouve **dans l'état de** New York.

> **VÉRIFIEZ**   Can you answer your questions about the prepositions that are used with geographical locations without looking at your book? If not, you may want to review the examples and the chart.

1. UN PEU DE GÉOGRAPHIE

Avec un(e) camarade de classe, regardez les cartes au début du livre et dites dans quels pays sont situées les villes suivantes.

Modèle :   Genève se trouve en Suisse.

1. Rabat
2. Québec
3. Dakar
4. Alger
5. Bruxelles
6. Abidjan

2. DONNEZ DES CONSEILS

Dites où il faut aller pour voir ou faire les choses suivantes.

Modèle :   Arnaud veut faire du ski.
   Arnaud veut faire du ski, par conséquent il va en Suisse.

1. André veut perfectionner son allemand.
2. Marie-Jo veut visiter Venise, Rome et Florence.

3. Michèle et Gérard veulent aller au bord de la mer.
4. Jean-Baptiste veut apprendre le portugais.
5. Les enfants de Nancy Peuteuil veulent rendre visite à leur grand-mère à Houston.
6. Jean-François veut visiter le Parthénon.
7. Benjamin, Clara et Dorel veulent rencontrer Mickey et Pluto.
8. Sébastien et Arnaud veulent aller dans un endroit où il fait chaud.
9. Nathalie désire aller à un festival de musique.
10. Maud adore le chocolat !
11. Anne Chevreteau veut voir les Pyramides.

3. LES PRODUITS RÉGIONAUX

Regardez les cartes de France ci-dessous et au début du livre et indiquez de quelle région viennent les produits suivants.

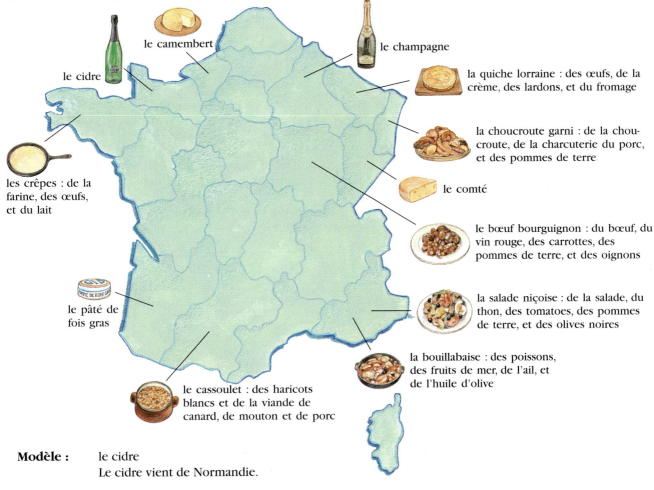

le camembert

le champagne

le cidre

la quiche lorraine : des œufs, de la crème, des lardons, et du fromage

la choucroute garni : de la choucroute, de la charcuterie du porc, et des pommes de terre

le comté

les crêpes : de la farine, des œufs, et du lait

le bœuf bourguignon : du bœuf, du vin rouge, des carrottes, des pommes de terre, et des oignons

le pâté de fois gras

la salade niçoise : de la salade, du thon, des tomatoes, des pommes de terre, et des olives noires

la bouillabaise : des poissons, des fruits de mer, de l'ail, et de l'huile d'olive

le cassoulet : des haricots blancs et de la viande de canard, de mouton et de porc

Modèle :   le cidre
              Le cidre vient de Normandie.

1. la choucroute garnie
2. le camembert
3. le champagne
4. les crêpes
5. la salade niçoise
6. la quiche lorraine
7. le pâté de foie gras
8. le cassoulet
9. le comté
10. le bœuf bourguignon
11. la bouillabaisse

a. la Normandie
b. la Provence
c. la Bretagne
d. la Franche-Comté
e. la Champagne
f. l'Alsace
g. les midi-Pyrénées
h. la Lorraine
i. la Bourgogne
j. l'Aquitaine

4. JE VIENS DE...

Des étudiants américains qui passent l'année au CLA expliquent d'où ils viennent et où ils font leurs études.

> **Modèle :** Floride/New York
> Je viens de Floride, mais je fais mes études dans l'état de New York.

1. Virginie/Maine
2. Kansas/Caroline du Sud
3. Californie/New Jersey

4. Texas/Pennsylvanie
5. Illinois/Oregon
6. Utah/Minnesota

ACTION (2)

D'OÙ VIENNENT LES ÉTUDIANTS ÉTRANGERS QUI LOGENT CHEZ ANNE CHEVRETEAU ?

REGARDONS ENSEMBLE

J'AI DES AMIS DANS LE MONDE ENTIER

Chaque année, Anne Chevreteau héberge (*hosts*) un(e) étudiant(e) étranger/étrangère qui apprend le français au CLA. Elle a hébergé des étudiants de nombreux pays : sur une carte du monde, elle va nous indiquer les pays d'où viennent les étudiants. Écoutez ce qu'elle dit et cerclez les pays que vous entendez.

1. le Japon
2. l'Angleterre
3. la Suisse
4. les États-Unis
5. l'Italie

6. le Canada
7. l'Autriche
8. la Suède
9. l'Allemagne
10. l'Australie

EXPANSION

1. JEU DE RÔLES

Comparez vos réponses aux réponses de votre camarade de classe. Ensuite, imaginez un dialogue où vous jouez le rôle d'Anne.

> **Modèle :** —D'où viennent tes étudiants ?
> —Ils viennent...

2. D'OÙ VIENNENT VOS ANCÊTRES ?

Indiquez par écrit d'où vient la famille de votre mère et de votre père.

3. ET VOTRE CAMARADE DE CLASSE ?

Demandez à un(e) camarade de classe de quels pays viennent ses ancêtres.

> **Modèle :** —D'où vient la famille de ta mère ?
> —La famille de ma mère vient de Pologne, d'Angleterre et du Danemark.

1. la famille de ta mère
2. la famille de ton père

4. SONDAGE

Circulez dans la classe et interrogez d'autres étudiants pour voir d'où viennent leurs ancêtres. Combien de pays sont représentés ? Quels pays sont mentionnés le plus souvent ?

EXPRESSION-VOCABULAIRE (2)

LE TEMPS ET LES SAISONS

QUEL TEMPS FAIT-IL ?

En hiver
Il fait froid.
Il fait gris.
Il gèle.
Il neige.

En été
Il fait beau.
Il fait chaud.
Il fait du soleil.

Au printemps
Il fait du vent.
Il pleut.
Il y a des orages.

En automne
Il fait frais.
Il y a des nuages.
Il y a du brouillard.

> In France, to say it is raining cats and dogs, you say **Il pleut à verse** or **Il pleut des cordes** (*It's raining string*); in Canada you say, **Il pleut des clous** (*It's raining nails*).

1. J'ADORE VOYAGER

Regardez les photos suivantes. Avec un(e) camarade de classe, indiquez la saison et dites quel temps il fait dans chaque lieu. Ensuite, décidez quel lieu vous préférez visiter.

Modèle : Il fait très froid et il neige en Suisse en hiver.

Château-d'Œx, Suisse

Seine-et-Marne, France

Saint-Brevin-les-Pins, France

Baume-les-Messieurs, France

Québec, Canada

Fontainebleau, France

2. QUELLE SAISON PRÉFÉREZ-VOUS ?

Décidez quelle saison vous préférez et donnez cinq raisons par écrit pour justifier votre réponse (le temps, les activités). Après, dites pourquoi vous n'aimez pas une autre saison.

3. COMPAREZ

Comparez vos réponses avec celles d'un(e) camarade de classe. Préférez-vous la même saison ? Pour les mêmes raisons ?

4. LE TEMPS SUR LA FRANCE

Regardez la météo et avec votre camarade de classe, dites quel temps il fait dans les villes indiquées.

Carte Météo de L'EST RÉPUBLICAIN, Quotidien Régional imprimé à Houdemont.

Modèle :   À Paris, il pleut et il fait 26 degrés.

1. Lille	4. Rennes
2. Nice	5. Biarritz
3. Nancy	6. Bordeaux

In France, as in most of the world, temperatures are measured in degrees Celsius. If you are in another country and want to determine the equivalent temperature in Fahrenheit, use the following formula: (⅖ × temperature in Celsius) + 32 = temperature in Fahrenheit. For example, if it's 25°C in Paris, it would be 77°F [⅖ × 25 = 45; 45 + 32 = 77].

5. ÊTES-VOUS BON(NE) EN MATHÉMATIQUES ?

Regardez la carte de nouveau, faites les conversions en Fahrenheit et dites s'il fait chaud, frais ou froid.

VILLE	TEMPÉRATURE EN CELSIUS	TEMPÉRATURE EN FAHRENHEIT	QUEL TEMPS FAIT-IL ?
Besançon	$(9/5 \times 31) + 32$	86	Il fait chaud.
Lille			
Paris			
Nancy			
Rennes			
Brest			
Lyon			

ACTION-APPRONFONDISSEMENT (2)

LE BEAU TEMPS ARRIVE...

REGARDEZ

Valérie est à Besançon pour la réunion de la famille Vandeputte (voir l'Unité 5, Leçon 2). Elle retient une chambre à l'Hôtel Régina. Vers huit heures du soir, elle sort pour dîner. Mais, avant de sortir, elle parle avec la patronne de l'hôtel. Elle lui pose des questions sur le temps.

1. LE BULLETIN MÉTÉOROLOGIQUE

Voici le bulletin météorologique qu'on a annoncé à la radio. Pouvez-vous le compléter d'après la conversation entre Valérie et l'hôtelière ?

Aujourd'hui nous avons enfin de bonnes nouvelles. Comme d'habitude, l'hiver a été assez _____ et peu _____. Nous n'avons pas eu un beau _____. Mais pour demain—et voilà la bonne nouvelle—nous annonçons _____.

2. LA CONVERSATION

Regardez la vidéo encore une fois et complétez la conversation entre Valérie et l'hôtelière.

VALÉRIE :	Je voulais vous demander (*I wanted to ask you*), aussi, si vous savez quel temps il va faire demain.
L'HÔTELIÈRE :	_____
VALÉRIE :	Oui. Et en général, quel temps fait-il dans la région... ?
L'HÔTELIÈRE :	_____
VALÉRIE :	...à Besançon, dans les environs ?
L'HÔTELIÈRE :	_____
VALÉRIE :	Oui.
L'HÔTELIÈRE :	En hiver, disons...
VALÉRIE :	Oui.
L'HÔTELIÈRE :	Nous n'avons pas eu...

EXPANSION

1. JEU DE RÔLES

Apportez vos réponses à l'activité précedente en classe. Avec un(e) camarade de classe, jouez la conversation entre l'hôtelière et Valérie.

2. CHEZ MOI IL FAIT...

Demandez à un(e) camarade de classe d'où il/elle vient et, ensuite, posez-lui la question, « En général, quel temps fait-il chez vous en hiver ? au printemps ? en été ? en automne ? »

LECTURE

PRÉPARATION À LA LECTURE

1. Regardez le titre du texte et les photos qui l'accompagnent. Quel est le sujet du texte ?

2. Avec un(e) camarade de classe, décrivez en détail toutes les photos qui accompagnent le texte.

3. Avec un(e) camarade de classe, indiquez quatre idées que vous allez probablement trouver dans le texte. Basez vos réponses sur les photos.

4. Lisez rapidement le texte. Est-ce que vous trouvez vos réponses de l'activité 3 ? Quelles réponses est-ce que vous trouvez ? Quelles réponses est-ce que vous ne trouvez pas ?

Les services à bord

Le bar

Pour une restauration rapide, une pause-café, ou à l'heure du thé, un bar (non fumeur) est à votre disposition à bord de tous les TGV, entre les voitures de première et seconde classes.

Vous y trouverez un large choix de boissons chaudes ou froides, de sandwiches, plats chauds et salades. Vous pourrez également vous y procurer des télécartes, magazines…

Pour vous diriger vers le bar, suivez le logo 🍸 présent dans toutes les voitures.

Restauration

Aux heures du déjeuner ou du petit-déjeuner, un service de restauration « à la place » vous est proposé en 1ʳᵉ classe dans la plupart des TGV ayant un temps de parcours supérieur à une heure.

Le repas, régulièrement renouvelé, comprend hors d'œuvre, plat chaud ou froid, dessert, boisson et café.

Le téléphone

A n'importe quel moment du voyage, et sur la plupart des TGV, vous pouvez utiliser les cabines téléphoniques à votre disposition en première et seconde classes et appeler n'importe quelle partie du monde.

Ces téléphones fonctionnent avec une télécarte habituelle ou une carte « France Télécom ».

Voyageur à mobilité réduite

Vous vous déplacez en fauteuil roulant ? Un espace a été spécialement aménagé en 1ʳᵉ classe :

- un siège à assise relevable vous permet de vous installer,

- les toilettes ont été adaptées pour vous être accessibles.

Renseignez-vous en gare et agence de voyage ou demandez le « Guide du voyageur à mobilité réduite ».

AVEZ-VOUS COMPRIS ?

1. À quels passages du texte associez-vous les symboles suivants ?

 You saw earlier in this chapter that making a visual map can help you memorize and remember vocabulary. Visual maps are also an effective way to organize and remember what you read.

2. Faites un résumé de ce que vous venez de lire sur le schéma suivant.

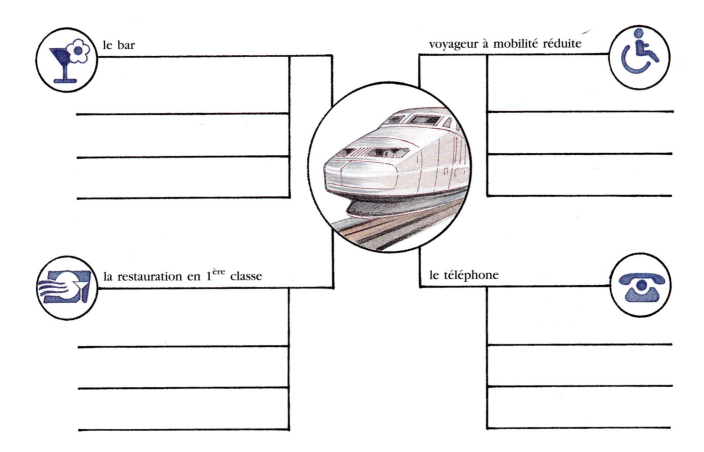

le bar

voyageur à mobilité réduite

la restauration en 1ère classe

le téléphone

EXPANSION

1. Quand vous voyagez, qu'est-ce qui est important pour vous ? Formez des groupes de trois et mettez la liste suivante par ordre de priorité.

    a. le confort

    b. la vitesse

    c. les services (restauration, bar, etc.)

    d. le prix

    e. les réductions pour les jeunes

    f. l'exactitude des moyens de transport

    g. la sécurité

2. Travaillez en groupe de trois. Imaginez que vous allez passer un mois en Europe. Regardez la carte d'Europe au début du livre.

    a. Établissez votre itinéraire par écrit. Où voulez-vous aller ? Combien de jours est-ce que vous allez passer dans chaque ville/pays ? Qu'est-ce que vous voulez faire (visiter des sites historiques, aller aux musées, etc.) ?

    b. Décidez quels moyens de transport vous voulez utiliser pendant votre voyage en Europe. Allez-vous voyager en train ? en avion ? en voiture ? en vélo ? en bateau ? faire de l'auto-stop (*hitch-hiking*) ? Justifiez vos choix.

En vacances !

MES OBJECTIFS COMMUNICATIFS

Make hotel reservations
Tell about past activities and events
Describe clothing
Describe places you have visited

LES CLÉS CULTURELLES

Vacations
Paris

REGARDONS LES IMAGES

1. CONNAISSEZ-VOUS PARIS ?

Qu'est-ce qui est représenté sur les photos à la page ci-contre ?

la tour Eiffel
l'Assemblée nationale
l'Arc de Triomphe
l'obélisque de la place de la Concorde

le Louvre
la Seine
la Grande Arche de la Défense
Notre-Dame

2. QU'EST-CE QUE C'EST ?

Classez chaque endroit dans les catégories suivantes :

monument
musée

édifice réligieux
bâtiment civil

EXPRESSION-VOCABULAIRE (1)

RÉSERVER UNE CHAMBRE D'HÔTEL

Quand vous voyagez en France, vous allez peut-être descendre dans un hôtel. Voici quelques expressions utiles pour réserver une chambre d'hôtel.

QUEL TYPE DE LOGEMENT EST-CE QUE VOUS PRÉFÉREZ ?

Je préfère descendre dans...

une auberge (*inn*)

une auberge de jeunesse (*youth hostel*)

un hôtel

une pension (*boarding house*)

un camping (*campgrounds*)

POUR RÉSERVER UNE CHAMBRE, VOUS ALLEZ À LA RÉCEPTION ET VOUS DITES...

J'aimerais une chambre...
    pour une personne (une chambre simple) avec douche (*shower*) et télévision.
    pour deux personnes avec bains, télévision et téléphone.

Je vais rester...
    trois nuits.
    du 22 au 25 juin.

Le petit déjeuner est-il compris dans le prix de la chambre ?
    Oui, c'est compris/inclus.
    Non, il y a un supplément de 30 francs.

Je vais régler...
    avec un chèque de voyage.
    avec une carte de crédit.
    en espèces.

1. LIEZ

Liez les expressions de la colonne A avec les expressions de la colonne B pour faire des phrases logiques. Puis, indiquez qui parle—le client (C) ou l'hôtelier (H).

A		B
1. _f_ _C_ Je voudrais réserver une chambre		a. avec un chèque de voyage.
		b. du 15 juillet au premier août.
2. ___ ___ Combien de nuits		c. dans le prix de la chambre ?
3. ___ ___ Je vais rester		d. allez-vous rester ?
4. ___ ___ Vous allez régler		e. il y a un supplément de 25 francs.
5. ___ ___ Si possible, je voudrais payer		f. pour deux personnes avec douche.
		g. avec une carte de crédit ?
6. ___ ___ Le petit déjeuner est-il compris		
7. ___ ___ Non, pour le petit déjeuner		

2. REGARDEZ

Regardez le plan d'un hôtel et décidez si les phrases sont vraies (V) ou fausses (F). Corrigez les phrases qui sont fausses.

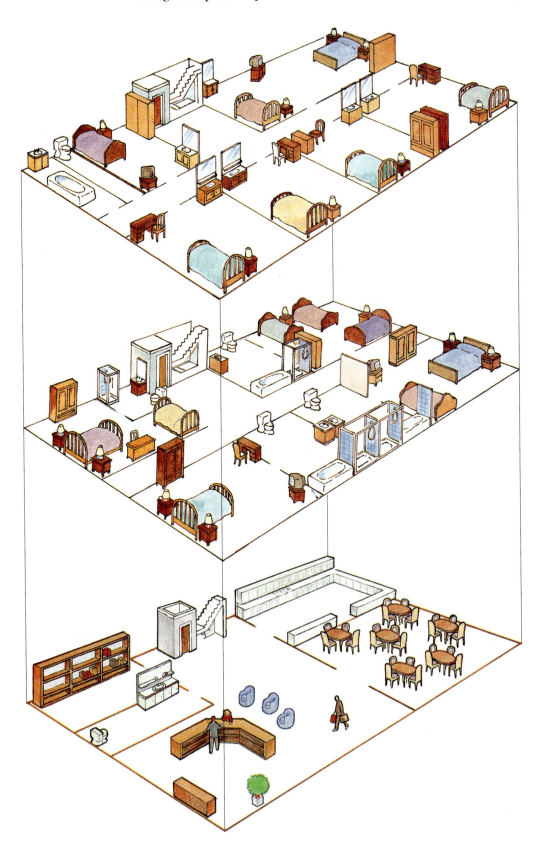

_____ L'hôtel a trois étages.

_____ La réception est au 1ᵉʳ étage.

_____ Il y a une bagagerie au rez-de-chaussée.

_____ Il y a un restaurant au 1ᵉʳ étage.

_____ Il y a une toilette au rez-de-chaussée.

_____ Il y a un ascenseur.

_____ Il y a quatre chambres pour une personne.

_____ Il y a trois chambres avec un grand lit.

_____ Il y a deux chambres pour trois personnes.

_____ Il y a trois chambres avec bains.

_____ Il y a quatre chambres qui n'ont pas de bains.

_____ Au 2ᵉ étage, les toilettes sont dans le couloir (*hall*).

_____ Toutes les chambres ont deux lampes.

_____ Il y a un lavabo (*sink*) dans chaque chambre.

_____ Toutes les chambres ont un téléviseur.

ACTION

À L'AUBERGE DE JEUNESSE

PRÉPARONS-NOUS

Maud et Arnaud arrivent à Paris. Pendant le week-end, Arnaud va rester chez son oncle qui habite à Paris, mais Maud va descendre dans une auberge de jeunesse.

> **LES AUBERGES DE JEUNESSE** Les auberges de jeunesse sont une catégorie d'hôtels reservés aux jeunes.
>
> Dans une auberge de jeunesse, généralement on partage sa chambre avec d'autres personnes, mais il est quelquefois possible d'avoir une chambre à une personne. On sert le petit déjeuner mais pas les autres repas. Une autre condition est qu'il faut rentrer dans sa chambre avant 1 heure du matin.
>
> L'auberge de jeunesse où Maud va descendre est située au centre de Paris dans un vieux bâtiment rénové plein de charme, et c'est certainement une bonne adresse à connaître quand on va à Paris.

À L'AUBERGE DE JEUNESSE

Voici quelques services offerts à l'auberge de jeunesse, située rue du Pont-Louis-Philippe à Paris. Associez les symboles à droite avec la description des services offerts.

toutes informations sur Paris

douches dans toutes les chambres; toilettes à chaque étage

bagagerie gratuite

petit déjeuner inclus

ouvert (*open*) de 7 h à 1 h du matin

métro: « Saint Paul » ou « Pont Marie » à 100 mètres

distributeurs automatiques de boissons

chambres de trois, quatre et huit lits

téléphone international

restaurant

REGARDONS ENSEMBLE

Regardez la vidéo et complétez cette fiche.

Nom : Maud VANDEPUTTE

Adresse : Besançon, France

Prix :   118 francs   128 francs   148 francs

Petit déjeuner :   compris   non-compris

Mode de paiement :   en espèces   avec carte de crédit   avec chèque de voyage

Nuits :   1   2   3   4   5

Numéro de la chambre :

Numéro du lit :

EXPANSION

À LA RÉCEPTION

Voici la version modifiée de la conversation entre Maud et le réceptionniste. Utilisez les informations de la fiche dans l'activité précédente pour jouer le rôle du réceptionniste. Choisissez les réponses logiques. Puis, jouez le dialogue avec un(e) camarade de classe.

RÉCEPTIONNISTE : _____

MAUD : Bonjour, Monsieur. J'aimerais une chambre avec bains pour une personne pour deux nuits.

RÉCEPTIONNISTE : _____

MAUD : Oui, ça va. Et une autre question. Est-ce que le petit déjeuner est compris dans le prix de la chambre ?

RÉCEPTIONNISTE : _____

MAUD : À quelle heure est-ce qu'on sert le petit déjeuner ?

RÉCEPTIONNISTE : _____

MAUD : Très bien. Je dois régler maintenant ?

RÉCEPTIONNISTE : _____

MAUD : Voilà 118 francs. Quel est le numéro de la chambre ?

RÉCEPTIONNISTE : _____

MAUD : Je vous remercie.

RÉCEPTIONNISTE : _____

Réponses

a. Entre 7 h 30 et 10 h du matin.
b. Vous êtes donc dans la chambre numéro 11, lit numéro 3. Bonne soirée !
c. Toutes nos chambres sont avec lavabo et douche. Il y a des toilettes à chaque étage. Ça vous convient ?
d. Bonjour, Mademoiselle.
e. Je vous en prie.
f. Oui. Alors, pour deux nuits. C'est 118 francs par nuit.
g. Oui, c'est compris.

INTERACTION

FAITES UNE RÉSERVATION

Des ami(e)s partent en voyage à Paris et vont réserver une chambre. L'étudiant(e) A, qui va jouer le rôle du/de la touriste, regarde à la page 734 pendant que l'étudiant(e) B, qui va jouer le rôle du/de la réceptionniste, regarde à la page 744. Ensuite, changez de rôle.

A CTION-APPROFONDISSEMENT

À L'HÔTEL RÉGINA

REGARDEZ

Comme vous le savez déjà, Valérie est à Besançon pour une réunion de famille et elle descend à l'Hôtel Régina.

1. VALÉRIE RETIENT UNE CHAMBRE

Écoutez bien sa conversation avec l'hôtelière et choisissez la description de la chambre qu'elle va occuper.

CHAMBRE 1	CHAMBRE 2	CHAMBRE 3
pour une personne	pour une personne	pour Valérie et son ami
pour deux nuits	pour une nuit	pour une nuit
prix de la chambre : 188 F	prix de la chambre : 198 F	prix de la chambre : 198 F
avec douche, toilettes, télévision, téléphone	avec douche, toilettes, télévision, téléphone	avec bains, toilettes, télévision, téléphone
vue sur la verdure	vue sur la verdure	vue sur la rue
la chambre 16 au 2e étage	la chambre 15 au 2e étage	la chambre 14 au 2e étage

2. VALÉRIE RÈGLE LA NOTE D'HÔTEL

Au moment de partir, Valérie passe à la réception de l'hôtel pour régler sa note. Pourriez-vous aider l'hôtelière à la calculer ? Complétez la note pour elle.

Hôtel Régina
91, Grande Rue
25000 Besançon

Nom du/de la client(e) _____ JOUBERT Valérie _____ Date ___ 03/07 ___

Chambre _____ : _____ FF par nuit pour _____ nuits _____

Petit déjeuner : _____ petit(s) déjeuner(s) à _____ _____

Supplément petit déjeuner : _____ à _____ _____

TOTAL _____

Mode de paiement : _____ espèces _____ carte de crédit _____ chèque

---

EXPANSION

1. PARMI CES QUATRE HÔTELS, LEQUEL EST L'HÔTEL RÉGINA ?

Quelle description correspond à l'Hôtel Régina ? (Si nécessaire, regardez la vidéo encore une fois.)

Nbre chambres	Parking	Accès handicapés	Prix chambres	Prix petit déjeuner	Restaurant	Capacité salon séminaires	Ascenseur	Accueil - groupe restaurant
59	oui	oui	165 F à 305 F	34 F	non	40p	non	oui
27		non	130 F à 290 F	28 F	non	non	non	non
7	oui	non	100 F à 200 F	22 F	non	50p	non	non
21	oui	non	194 F à 225 F	26 F	non	non	non	oui

2. LA RÉSERVATION

Imaginez que vous allez rester à Besançon du 10 au 20 juillet prochain. Vous écrivez à l'Hôtel Régina pour faire une réservation. Complétez la lettre suivante.

Hôtel Régina
91, Grande Rue
25000 Besançon
France

votre ville, la date

Madame/Monsieur,

J'aimerais réserver une chambre pour _____ avec _____,

_____, _____. Je vais rester du _____ au _____.

   J'aimerais savoir si le petit déjeuner est _____. Est-il possible d'avoir le _____ dans la chambre ? Faut-il _____ un petit supplément pour cela ?

   Est-ce que l'hôtel est _____ de la gare ? Pour régler la note, est-ce que vous acceptez _____ ?

   Je vous prie d'agréer, Madame/Monsieur, l'expression de mes sentiments les meilleurs.

votre signature

EXPRESSION-STRUCTURE (1)

LE PASSÉ COMPOSÉ AVEC *AVOIR*

So far you have learned to talk about the present and about the near future. You have also learned to talk about what you have just done. In French, as in English, there are several ways to talk about the past. One of the most common is to use the compound past, called the **passé composé.** The compound past has two parts: the helping verb (**le verbe auxiliaire**) and the past participle (**le participe passé**).

   Maud and Arnaud are buying souvenirs in Paris for the members of their family. Read the following conversation between Maud, Arnaud, and the salesclerk of Galeries Lafayette, a large department store. Look closely at the highlighted words, which are in the **passé composé,** and identify the helping verb. Then see if you can figure out the rule for forming the past participle of regular -**er,** -**ir,** and -**re** verbs.

MAUD :	Alors, Arnaud, est-ce que **tu as acheté** des cadeaux pour ta famille ?
ARNAUD :	Oui, **j'ai trouvé** un livre pour mes parents et une affiche pour Sébastien.
VENDEUSE :	**Vous avez choisi,** Mademoiselle ?
MAUD :	Oui, je vais prendre ce tee-shirt-ci.
VENDEUSE :	Bon, alors. Ça fait 110 francs.
MAUD :	Oh zut! Où est ma carte de crédit ? Je ne la trouve pas ! **J'ai perdu** ma carte de crédit !
ARNAUD :	Cherche bien, c'est pas possible !

As you can see, **avoir** is used as a helping verb for verbs in the **passé composé.** Look on page 328 to see if you correctly inferred how to form the past participle.

The **passé composé** is a compound tense because it has two parts. What are the two parts? How are the past participles of **-er, -ir,** and **-re** verbs formed? What is the negative form of the **passé composé**? What common verbs have irregular past participles? How are these irregular past participles spelled? What are the three meanings of the **passé composé** in English? What are some expressions of time that are often used with the **passé composé**?

FORMATION OF *LE PARTICIPE PASSÉ*

L'INFINITIF		LE PARTICIPE PASSÉ
achet**er**	→	achet**é**
chois**ir**	→	chois**i**
vend**re**	→	vend**u**

LE PASSÉ COMPOSÉ

SUJET + VERBE AUXILIAIRE + PARTICIPE PASSÉ

J'**ai choisi** un hôtel à Paris.
Tu **as voyagé** en TGV.
Il/Elle/On **a réservé** une chambre d'hôtel.
Nous **avons visité** Paris.
Vous **avez acheté** un billet de TGV.
Ils/Elles **ont attendu** à la gare.

LE PASSÉ COMPOSÉ À LA FORME NÉGATIVE

SUJET + *NE* + VERBE AUXILIAIRE + *PAS* + PARTICIPE PASSÉ

Je **n'ai pas choisi** d'hôtel à Paris.
Tu **n'as pas voyagé** en TGV.
Il/Elle/On **n'a pas réservé** de chambre d'hôtel.
Nous **n'avons pas visité** Paris.
Vous **n'avez pas acheté** de billet de TGV.
Ils/Elles **n'ont pas attendu** à la gare.

• The **passé composé** can be translated into English in three ways.

Arnaud et Maud ont visité Paris.
{ *Maud and Arnaud visited Paris.*
Maud and Arnaud have visited Paris.
Maud and Arnaud did visit Paris.

• Several very common verbs have irregular past participles.

avoir—j'ai **eu**	pouvoir—j'ai **pu**
connaître—j'ai **connu**	voir (*to see*)—j'ai **vu**
être—j'ai **été**	prendre—j'ai **pris**
faire—j'ai **fait**	savoir—j'ai **su**
boire—j'ai **bu**	vouloir—j'ai **voulu**

• Here are some expressions that will help you talk about the past.

hier/avant-hier *yesterday/the day before yesterday*
hier matin/après-midi/soir ***yesterday*** *morning/afternoon/
evening*
il y a trois jours/une semaine/un mois/un an *three days/a week/
a month/a year* ***ago***
la semaine **dernière** ***last*** *week*
vendredi/le week-end/le mois **dernier** ***last*** *Friday/weekend/
month*

VÉRIFIEZ Can you answer your questions about the **passé composé** without looking at the book? If not, go back and study the examples and explanations carefully. Hint: Do you really understand the **passé composé**? Test yourself—try to explain the formation of the **passé composé** and its meaning to a friend—or to yourself aloud. If you cannot do so clearly, you do not have a good grasp of the **passé composé**. Explaining concepts aloud will also help you remember them better.

---

1. L'AGENDA D'ARNAUD

On est le vendredi 12 juillet. Regardez ces pages de l'agenda d'Arnaud et dites si les phrases à la page suivante sont vraies ou fausses.

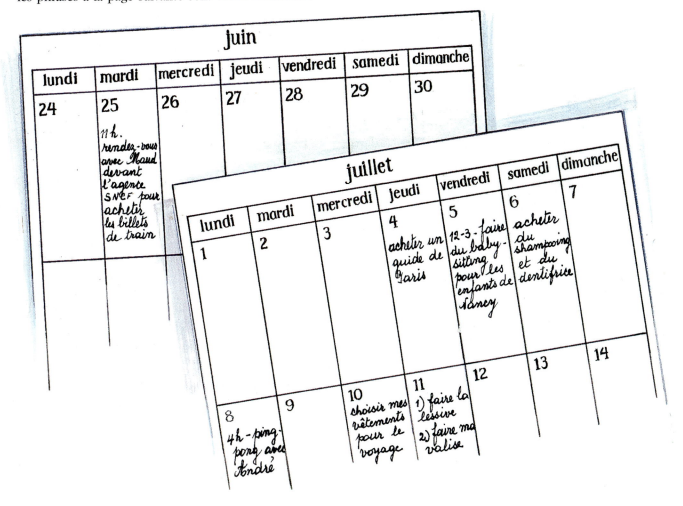

—— 1. Maud et Arnaud ont acheté leurs billets de train le mois dernier.
—— 2. Arnaud a fait ses bagages hier soir.
—— 3. Arnaud a attendu Maud devant l'agence de voyages mardi dernier.
—— 4. Arnaud a lavé ses vêtements (*clothes*) la semaine dernière.
—— 5. Il a choisi ses vêtements pour le voyage hier après-midi.
—— 6. Arnaud a acheté un guide de Paris avant-hier.
—— 7. Arnaud a fait ses préparatifs pour le voyage il y a quatre jours.
—— 8. Il a acheté du shampooing et du dentifrice le week-end dernier.
—— 9. Arnaud a fait du babysitting pendant trois heures mercredi dernier.
—— 10. Arnaud a fait du sport il y a trois jours.

2. L'ITINÉRAIRE

Marie-Jo et Jean-François vont faire un voyage au Canada. Lisez leur itinéraire et ce qu'ils vont visiter chaque jour.

CANADA

Un pays inattendu de contrastes. Un véritable nouveau monde où se marient, en un tout harmonieux, le passé et le présent. Une nature saisissante transformée au fil des jours par la magie des couleurs. Sans oublier l'accueil exceptionnel, chaleureux et la joie de vivre de ses habitants. Une histoire passionnante, des espaces à l'infini, une nature grandiose, le Canada a décidément beaucoup à offrir aux voyageurs...

PARIS/MONTRÉAL/QUÉBEC Envol à destination de Montréal. Accueil par votre guide accompagnateur francophone. Transfert à Québec. Nuit.

QUÉBEC Visite guidée de Québec, capitale de la "belle province", l'université Laval, les édifices gouvernementaux, le château Frontenac, la vieille ville et ses remparts... Déjeuner dans la vieille ville. Après-midi libre pour "magasiner" ou pour profiter de cette charmante ville qu'est Québec. En fin d'après-midi, départ pour l'île d'Orléans. Tour de l'île. Dîner dans une cabane à sucre sur l'île. Nuit.

QUÉBEC/RÉGION DE TADOUSSAC Départ pour Tadoussac par la rive nord du St-Laurent à travers le beau comté de Charlevoix... Vous traverserez les plus beaux villages du Québec : baie St-Paul, St-Joseph de la Rive... Déjeuner au Café du Fjord où vous dégusterez les meilleurs fruits de mer du Québec. Après-midi libre avec possibilité d'effectuer une croisière d'observation des baleines. Dîner et nuit.

RÉGION DE TADOUSSAC/CHICOUTIMI Matinée disponible dans la région de Tadoussac pour profiter de cette magnifique région (balades, ...). Déjeuner. Après-midi départ pour Chicoutimi en passant par Ste-Rose du Nord. Dîner et nuit.

ROBERVAL/FAMILLES Vous longerez la rivière St-Maurice : le pays des bûcherons et des draveurs qui s'occupent du flottage du bois. Déjeuner. Visite du village des Bûcherons de Grandes Piles. Départ pour les familles. Accueil par nos "cousins québécois". Dîner dans les familles qui vous permettra de comprendre et d'apprécier le mode de vie au Québec. A la salle communale, vous assisterez et participerez à une soirée traditionnelle québécoise. Nuit.

FAMILLES/MONTRÉAL Départ en direction de Montréal. Déjeuner. Montréal est une ville à échelle humaine qui cultive l'art du "bien-vivre". Visite guidée de la ville : le vieux Montréal, la place d'armes, la place Jacques Cartier, l'église Notre-Dame, le Mont-Royal, le Stade Olympique et la plus haute tour inclinée au monde (190 m), le centre ville où de vieux édifices élégants côtoient des gratte-ciel aux lignes modernes... Dîner de homard. Nuit.

3. UN VOYAGE AU CANADA

Lisez les phrases suivantes tirées d'une carte postale que Marie-Jo a envoyée à Nancy. Utilisez l'itinéraire de Marie-Jo et de Jean-François pour mettre ces phrases dans le bon ordre.

____ 1. Nous avons dîné avec une famille canadienne extrêmement sympathique. On a mangé de la tourtière, un plat typiquement canadien.

____ 2. On a vu le célèbre et magnifique château Frontenac.

____ 3. Jean-François a pris beaucoup de photos de petits villages québécois.

____ 4. On a participé à une soirée folklorique typiquement québécoise.

____ 5. J'ai fait des achats dans la vieille ville, et j'ai choisi un tee-shirt pour Hadrien.

____ 6. Nous avons été très frappés par la variété des édifices modernes et anciens.

__1__ 7. Nous avons fait la connaissance de notre guide qui heureusement parle bien français !

____ 8. Nous avons fini la journée dans un bon restaurant. J'ai mangé du homard (*lobster*)—quel luxe !

4. QUEL VOYAGE MAGNIFIQUE !

Utilisez les renseignements dans l'activité précédente pour compléter la carte postale de Marie-Jo.

Chère Nancy,

Quel voyage magnifique !
Le premier jour …

Le deuxième jour …

Le troisième jour …

À bientôt ! Je t'embrasse,

Marie-Jo

5. ENQUÊTE SUR LES VACANCES

Trouvez des personnes qui ont fait les choses suivantes l'année dernière.

TROUVEZ QUELQU'UN QUI

1. a fait du camping.
2. a visité un pays étranger (*foreign country*).
3. n'a pas été satisfait de ses vacances.
4. a voyagé en avion.
5. a passé les vacances à la mer.
6. a dormi très tard tous les jours.
7. a visité une grande ville.
8. a rendu visite à des amis.
9. a vu un monument historique très intéressant.

EXPRESSION-VOCABULAIRE (2)

LES COULEURS ET LES VÊTEMENTS

Voici les noms de quelques couleurs.

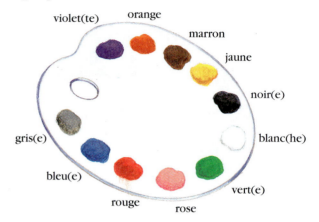

Quand on voyage, il est important de choisir les vêtements appropriés. Voici quelques vêtements et accessoires.

JE PORTE...

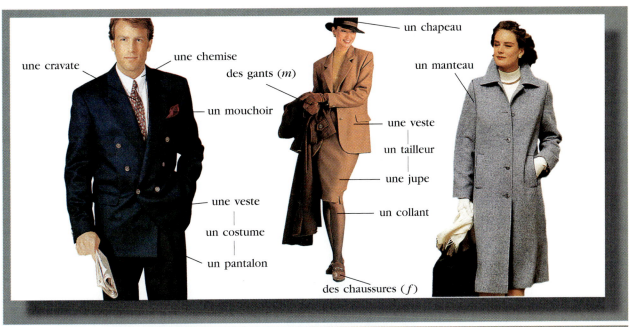

une cravate
une chemise
des gants (m)
un chapeau
un mouchoir
une veste
un tailleur
un manteau
une jupe
une veste
un collant
un costume
un pantalon
des chaussures (f)

des tennis (m)

des sandales (f)

des baskets (m)

un anorak

des bottes (f)

un jean

une ceinture

une casquette

une écharpe

des chaussettes (f)

un jacket/un blouson

un tee-shirt

un short

1. QU'EST-CE QU'ON PORTE ?

Répondez aux questions suivantes en regardant les images.

1. Qui porte un pantalon, un anorak et des bottes ?
2. Qui porte un pantalon, un pull-over et des bottes ?
3. Qui porte un manteau et des gants ?

2. ARNAUD ET MAUD À PARIS

Quels vêtements et accessoires est-ce que Maud et Arnaud portent ? N'oubliez pas d'indiquer la couleur de leurs vêtements !

Modèle :   Arnaud porte un jean noir.

3. UN VOYAGE D'AFFAIRES

Madeleine Lafaurie et son mari Philippe vont faire un voyage d'affaires pour voir des clients de l'entreprise où travaille Philippe. Regardez le temps qu'il fait dans les villes où ils vont aller et faites la liste des vêtements qu'ils doivent porter dans chacune de ces villes.

LES VILLES	LE TEMPS	TEMPÉRATURE FAHRENHEIT	TEMPÉRATURE CELSIUS
Chicago	pluie	47	8
Londres	averses	56	13
Oslo	neige	28	−2
Mexico	soleil	85	29

Modèle :   À Chicago, Philippe doit porter un imperméable et un chapeau.
À Chicago, Madeleine doit porter un manteau et apporter son parapluie.

1. Londres
2. Oslo
3. Mexico

4. ET VOUS ?

Regardez la météo pour votre région pour aujourd'hui et demain. Qu'est-ce que vous allez porter ?

EXPRESSION-STRUCTURE (2)

LE VERBE *METTRE*

Mettre is a very useful verb that has several meanings. The verb is highlighted in the following description of the clothes Anne-Marie's children are planning to take with them on their vacation to Brittany (**Bretagne**) tomorrow morning. As you read the dialogue, can you figure out one meaning of the verb **mettre**?

CLARA :	Maman, est-ce que **je mets** mes tennis ou mes sandales bleues dans la valise ?
ANNE-MARIE :	**Tu mets** les sandales dans la valise parce qu'elles prennent moins de place.
JEAN-BAPTISTE :	**Nous mettons** les valises dans la voiture ce soir ou demain matin ?
ANNE-MARIE :	Ce soir et comme ça nous allons pouvoir partir de bonne heure.

Did you guess that **mettre** means *to put*?

As you study the following chart, ask yourself: How is the verb **mettre** conjugated? How are the **je** and **tu** forms of the verb different from the **il/elle/on** form? In which forms does the verb have two **t**'s? What technique can I use to remember its spelling?

Here is the complete conjugation of the verb **mettre.**

	METTRE *(TO PUT)*		
Présent	je mets	tu mets	il/elle/on met
	nous mettons	vous mettez	ils/elles mettent
Passé composé	j'ai mis		

The verb **mettre** also means *to put on (clothing)*. Note that it is different from the verb **porter,** which means *to wear*.

Aujourd'hui, c'est samedi et Dorel et Benjamin vont rester à la maison. Dorel et Benjamin **mettent** un jean. Dorel **met** un tee-shirt blanc et Benjamin **met** un tee-shirt vert. Clara va aller chez une copine ; elle **met** une jupe écossaise et un pull bleu-marine.

VÉRIFIEZ Were you able to answer your questions about the meaning and the formation of the verb **mettre**?

1. LES VACANCES DE FÉVRIER

Sébastien, Renaud et André vont passer les vacances de février dans trois endroits différents : Arnaud en Martinique, Renaud à Oslo en Norvège, et André à Londres en Angleterre. Pour chacun, nommez quatre choses qu'il doit mettre dans sa valise pour le voyage.

Modèle : Arnaud doit mettre un maillot de bain dans sa valise.

2. LES VACANCES D'AOÛT

La famille d'Anne-Marie passe le mois d'août en Bretagne. Choisissez le temps qu'il fait quand ils se lèvent (*get up*) et l'activité que chacun va faire ce jour-là. Ensuite, dites les vêtements que chacun va mettre.

Modèle : Maurice va faire des courses. Il fait frais. Alors, il met un pantalon, une chemise et une veste.

Anne-Marie	aller à la plage	il y a du vent
Maurice	faire du vélo	il fait beau
Jean-Baptiste	faire des courses	il fait chaud
Clara	faire de la marche	il pleut
Dorel	faire du bateau	il fait frais
Benjamin	rendre visite à des amis	le ciel est couvert

EXPRESSION-STRUCTURE (3)

LE PASSÉ COMPOSÉ AVEC *ÊTRE*

While most verbs in French use **avoir** as their helping (auxiliary) verb, a few do not. Read the following description of Maud and Arnaud's itinerary for their week-end in Paris. Which verb is used as the helping verb? What changes do you notice in the past participle? Can you guess why these changes take place?

> **Maud est allée** à Paris avec Arnaud. **Ils sont montés** dans le train à Besançon. **Ils sont descendus** du train à la gare de Lyon à Paris. À Paris, **Maud est restée** dans une auberge de jeunesse. **Arnaud est allé** chez son oncle.

As you probably guessed, some verbs use **être** as their helping verb. With these verbs, the past participle agrees with its subject.

 As you study the following examples, ask yourself: What do the past participles of verbs that have **être** agree with? Which verbs use **être** as a helping verb? How will I remember which verbs are conjugated with **être** in the **passé composé**?

LE PASSÉ COMPOSÉ AVEC *ÊTRE*

SUJET + VERBE AUXILIAIRE + PARTICIPE PASSÉ

Je suis arrivé (arrivée).
Tu es arrivé (arrivée).
Il/Elle/On est arrivé (arrivée).
Nous sommes arrivés (arrivées).
Vous êtes arrivé (arrivée, arrivés, arrivées).
Ils/Elles sont arrivés (arrivées).

Here are some of the most common verbs conjugated with **être.**

- The past participles of verbs conjugated with **être** agree with their subjects.

  Maud est all**é**e à Paris avec Arnaud.
  Ils sont mont**é**s dans le train à Besançon.
  Ils sont descendu**s** du train à la gare de Lyon à Paris.

- The following verbs have irregular past participles.

devenir *to become*	Il/Elle est devenu(e) riche.
mourir *to die*	Il/Elle est mort(e).
naître *to be born*	Il/Elle est né(e).
venir	Il/Elle est venu(e).

• Remember! The verb **rester** is *not* a cognate of the English word *to rest*; it means *to stay*. The verb **rentrer** means *to return/to go home/to return to one's own city or country.*

VÉRIFIEZ Can you answer your questions without looking at your textbook? Suggestion: To help yourself remember which verbs are conjugated with **être**, try to visualize the actions in the picture of the train on page 338 and the French verb that describes each action. You may also find it helpful to classify **être** verbs as follows: Many of the verbs conjugated with **être** can be paired with verbs that are opposite in meaning. How many pairs of opposites can you find? Which five verbs do not have opposites on the list? Which letter of the alphabet do four of the five verbs without opposites begin with? Alternatively, some students find it helpful to memorize *Dr. and Mrs. Vandertrampp,* names that contain the first letter of each verb conjugated with **être** in the **passé composé.**

1. MARIE-JO À PARIS

Arnaud et Maud ne sont pas les seuls à être allés (*to have gone*) à Paris. Marie-Jo et son assistante, Suzanne, sont allées à Paris à un congrès de coiffure. Mais elles n'ont pas travaillé tout le temps ; elles ont fait du tourisme aussi. Avec un(e) camarade de classe, dites dans quel ordre elles ont fait les choses suivantes. Utilisez les expressions **d'abord, ensuite, après, puis** et **finalement.** Attention ! Certains verbes se conjuguent avec **être** et d'autres avec **avoir.**

Modèle : arriver à la gare de Lyon
D'abord, elles sont arrivées à la gare de Lyon.

1. dîner au Petit Bedon
2. monter au sommet de la tour Eiffel pour voir le coucher du soleil
3. laisser les bagages à l'hôtel
4. rentrer à l'hôtel a minuit
5. déjeuner dans un café sur les Champs Elysées
6. visiter le Musée d'Orsay le matin

Le métro parisien est très utilisé par les Parisiens eux-mêmes et par les touristes. C'est un moyen de transport efficace, bon marché et dans lequel on se sent en relative sécurité.

La première station de métro a été inaugurée lors de l'Exposition universelle de 1900, et les anciennes stations de métro conservent l'architecture « art nouveau » de l'époque.

Le métro est facile à utiliser. Il comprend 18 lignes avec un réseau de correspondances. Depuis 1969, il y a des lignes de métro qui relient la grande banlieue à Paris. On a mis en service le RER (Réseau express régional) qui effectue des liaisons très rapides entre des villes de l'Île de France (la région où se trouve Paris) et Paris.

2. VISITONS PARIS !

Imaginez que vous et un(e) camarade de classe avez passé deux jours à Paris. Lisez dans le Guide Michelin et dans la guide de la Carte musées et monuments la description de quelques monuments et musées célèbres. Décrivez ce que vous avez fait et l'ordre dans lequel vous avez fait ces visites.

Modèle :   D'abord, nous sommes allé(e)s à la tour Eiffel... Ensuite...

LES CHAMPS-ÉLYSÉES★★★

Une belle promenade, une avenue qui est à la fois une perspective grandiose, un lieu de divertissement et un centre du commerce de luxe : tels se présentent les Champs-Élysées.

Musée National d'Art Moderne★★★

C'est le plus grand musée d'art moderne du monde; il permet de suivre l'évolution artistique depuis le fauvisme et le cubisme jusqu'à l'hyperréalisme. Ses collections composent un ensemble exceptionnel de peintures et de sculptures. La majorité provient du musée naguère installé dans le palais de Tokyo *(p. 172);* mais des acquisitions et donations récentes l'ont encore enrichi.

CATHÉDRALE NOTRE-DAME★★★

Depuis le parvis ou le square Viviani, la cathédrale de Paris, purifiée et rajeunie par un heureux ravalement, se dresse dans toute sa gloire, au centre d'un admirable paysage. Bien peu d'églises atteignent la perfection de Notre-Dame, le merveilleux équilibre de ses proportions, l'harmonie de sa façade, où se combinent pleins et vides, horizontales et verticales. C'est le plus bel édifice religieux de la capitale, un des sommets de l'art français.

TOUR EIFFEL★★★

C'est la vigie de la capitale, le monument parisien le plus universellement connu. Quand elle fut construite, c'était, avec ses 300 m, le plus haut édifice du monde. Depuis, plusieurs gratte-ciel et tours de télécommunication l'ont dépassée. Les aménagements de la cabine de télévision ont porté sa hauteur à 320,75 m.

Musée du Louvre

Un des plus grands et
des plus complets musées
du monde : antiquités
orientales, égyptiennes,
grecques, étrusques
et romaines, peintures,
sculptures, mobilier
et objets d'art, arts
graphiques.

Conciergerie

Cet important vestige
du palais des Capétiens
offre un remarquable
témoignage sur
l'architecture civile du
XIVème siècle : salle
de gardes, salle des gens
d'armes, cuisines...
On peut encore voir
dans les anciennes
prisons, le cachot de
Marie-Antoinette, et des
souvenirs de
la Révolution.

Musée Carnavalet

Ce musée est consacré à
l'histoire de Paris des
origines à nos jours. Dans
les salles qui restituent
l'atmosphère des demeures
parisiennes privées du
XVIe siècle au XIXe siècle,
il présente une collection
exceptionnelle d'objets
d'art, peintures, dessins,
maquettes et vues de Paris.

Panthéon

Chef-d'œuvre de Soufflot
(1713-1780), l'ancienne
église Sainte-Geneviève a
été transformée, à la
Révolution, en un
Panthéon des grands
hommes.

Arc de Triomphe

Symbole de l'épopée
Napoléonienne, l'Arc de
Triomphe offre un
panorama exceptionnel sur
les Champs-Elysées
et sur Paris. Un petit musée
raconte l'histoire du
monument.

Musée d'Orsay

Une des plus belles
collections de peintures
impressionnistes du
monde, illustrant la
création artistique de 1848
à 1914, présentée dans
l'ancienne gare d'Orsay.

3. LES MEILLEURES VACANCES DE MA VIE

Écrivez cinq questions que vous allez poser à un(e) camarade de classe au sujet des
meilleures vacances qu'il/elle a jamais passées.

Prononciation

AVOIR ET ÊTRE

To avoid having people misunderstand you, it is very important to pronounce the helping verbs **avoir** and **être** carefully.

Écoutez

Listen to the following sentences and fill in the missing words.

1. Maud et Arnaud _____ le TGV.
2. Ils _____ à Paris.
3. Ils _____ vers midi.
4. Ils _____ du train à la gare de Lyon.
5. Maud _____ dans une auberge de jeunesse.
6. Arnaud _____ la nuit avec son oncle.
7. Ils _____ beaucoup de monuments et de musées.

Vérifiez

Now, check your answers below and then repeat each sentence, being careful to pronounce the highlighted form of **être** or **avoir** correctly.

1. Maud et Arnaud **ont** pris le TGV.
2. Ils **sont** allés à Paris.
3. Ils **sont** arrivés vers midi.
4. Ils **sont** descendus du train à la gare de Lyon.
5. Maud **est** restée dans une auberge de jeunesse.
6. Arnaud **a** passé la nuit avec son oncle.
7. Ils **ont** visité beaucoup de monuments et de musées.

Prononcez

Read the following conversation between Sébastien and Jean-Baptiste and fill in the correct form of **être** or **avoir.** Next, pronounce the sentences. Finally, listen to the sentences and verify your answers and pronunciation.

JEAN-BAPTISTE :	Arnaud et Maud _____ déjà partis pour Paris ?
SÉBASTIEN :	Oui, ils _____ partis samedi matin.
JEAN-BAPTISTE :	Ils _____ pris la voiture ?
SÉBASTIEN :	Non, ils _____ pris le train.
JEAN-BAPTISTE :	Tu n'_____ pas allé avec eux ?
SÉBASTIEN :	Non, je/j' _____ resté à Besançon ce week-end. Je/J' _____ travaillé. Je/J' _____ révisé mes notes d'Histoire. N'oublie pas que je passe mon bac la semaine prochaine !

LECTURE

PRÉPARATION À LA LECTURE

Est-ce que vous êtes déjà tombé(e) amoureux(euse) de quelqu'un ? Comment est-ce que vous avez communiqué votre amour ? En personne ? Au téléphone ? Par lettre ? Avec une chanson ? Avec un poème ? À votre avis, quelle est la façon la plus romantique de communiquer votre amour ? la moins romantique ?

Notre auteur a choisi d'exprimer son amour dans un poème.

> A writer must choose one of many types of texts when beginning to work, depending on the purpose for writing. For example, the purpose of a text may be to explain how to do something, to sell a product, to make a complaint, to express thanks, to say hello to a friend, or to tell a story or express emotions. Different types of writing are called **genres.** When you recognize the genre of a text, you can determine its structure and the author's purpose in writing it.
>
> Poetry is a genre that is often very personal and subjective. The poet may use sounds, rhyme, and rhythm to tell a story or simply to express his or her feelings and emotions.
>
> In French, you use **le poète** for both men and women.

1. Quelles villes ou quels pays est-ce que vous associez à l'amour ?

2. Faites une liste d'endroits dans votre ville ou dans votre région que vous associez à l'amour (par exemple, un restaurant romantique).

3. Faites une liste de phénomènes naturels que vous associez à l'amour (par exemple, la lune).

4. Pensez aux poèmes d'amour que vous connaissez. Est-ce que la poésie exprime toujours le bonheur ? Quelles autres émotions est-ce que les poètes expriment dans les poèmes d'amour ?

Le Jardin

Des milliers et des milliers d'années
Ne sauraient suffire°   *would not suffice*
Pour dire
La petite seconde d'éternité
Où tu m'as embrassé
Où je t'ai embrassée
Un matin dans la lumière de l'hiver
Au parc Montsouris à Paris
Sur la terre
La terre qui est un astre.

Jacques Prévert. *Paroles*

AVEZ-VOUS COMPRIS ?

1. À votre avis (*in your opinion*), quelles émotions est-ce que le poème exprime ?
  a. la tristesse
  b. la mélancolie
  c. le désespoir
  d. la joie de vivre
  e. le bonheur

2. À votre avis, est-ce que ces deux personnes
  a. sont en train de se séparer ?
  b. se connaissent depuis longtemps ?
  c. viennent de se rencontrer ?

3. Où sont le poète et la personne qu'il aime ?

4. Cette scène se passe en quelle saison ?

5. Cette scène se passe à quel moment de la journée ?

EXPANSION

1. Avec un(e) camarade de classe, faites le portrait du poète et de la personne qu'il aime. Quel âge ont-ils ? Qui sont-ils ? Où et comment est-ce que le poète a connu l'autre personne ? Qu'est-ce qu'ils ont fait avant d'aller dans le parc ?

2. Avec un(e) camarade de classe, décrivez l'avenir (*future*) de ce couple.

3. Écrivez un poème d'amour en imitant ce modèle.

> **Modèle :**   mon amour
>   fort, doux, chaleureux
>   comme un rayon de soleil
>   l'intensité

nom
adjectif, adjectif, adjectif (pour décrire)
comme + nom (pour faire une comparaison)
nom (pour résumer)

UNITÉ 5
Leçon 3

Un week-end à Paris

INTRODUCTION

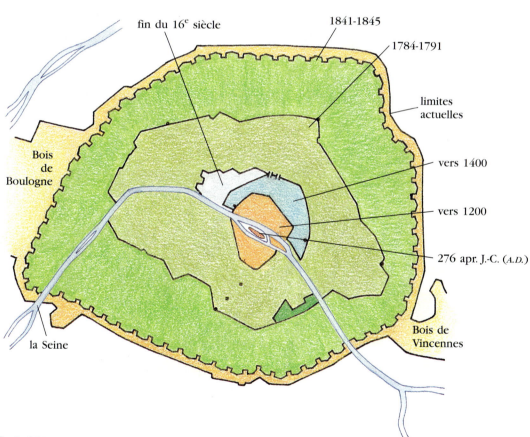

Paris hier

Les premiers habitants de Paris, selon l'histoire, sont les Parisii; ils s'y sont installés au troisième siècle avant Jésus-Christ. En 52 avant Jésus-Christ, les Romains sont venus et ont fondé la ville gallo-romaine de Lutèce. Mais en 280, Lutèce a été détruite par les Barbares. En 360, Lutèce est devenue Paris. Avec les années, Paris s'est agrandie et on a construit des murs autour de la ville, comme il est indiqué sur le plan de Paris ci-dessus. Les limites actuelles (*present*) de Paris ont été fixées entre 1925 et 1930.

345

Paris aujourd'hui

Paris est la plus grande ville de France, avec environ deux millions d'habitants. Plus de dix millions de Français, ou presque vingt pour cent de la population, habitent la région parisienne. En plus, c'est le centre économique, intellectuel et artistique du pays, et c'est, bien sûr, le centre politique, puisque c'est la capitale. Pour beaucoup de Français, « monter à Paris » veut dire réussir dans la vie. Pour d'autres, la ville représente le pouvoir, un lieu de divertissement ou un trésor national.

VIDÉO-ENGAGEMENT

QU'EST-CE QU'ILS ONT FAIT À PARIS ?

Maud et Arnaud sont revenus à Besançon après leur week-end à Paris, mais comme ils étaient fatigués, ils n'ont pas parlé de leur voyage. Leurs parents voudraient tout de même savoir ce qu'ils ont fait. Pourriez-vous les aider ? Voici des endroits touristiques à Paris. Regardez la vidéocassette pour savoir quels endroits Maud et Arnaud ont visités.

1. LA VISITE

Pendant que vous regardez, prenez des notes sur tous les aspects de la visite—ce que vous voyez et ce que Maud et Arnaud disent (y compris les détails historiques). Ensuite, préparez une description (utilisant le passé composé) que vous allez présenter aux Lachaud et aux Vandeputte.

L'ENDROIT	VISITÉ ?	DÉTAILS DE LA VISITE
1. l'Arc de Triomphe		
2. la Grande Arche de la Défense		
3. la place de la Concorde		
4. le Panthéon		
5. le Sacré-Cœur		
6. le Louvre		
7. Notre-Dame		
8. le Centre Beaubourg		
9. la tour Eiffel		
10. le Musée d'Orsay		
11. les Champs-Élysées		
12. les Invalides		

2. COMMENT EST-CE QU'ILS ONT PASSÉ LE WEEK-END ?

Maintenant, écrivez un petit mot à M. et Mme Lachaud et à M. et Mme Vandeputte pour leur dire où et comment leurs enfants ont passé le week-end.

LECTURE

INTRODUCTION

You have already read a poem by Jacques Prévert (1900–1977), who was a many-faceted writer. He wrote screenplays for some classic French films made in the 1930's and 1940's—Drôle de drame, Quai des brumes, Les Enfants du paradis—but today he is probably best remembered for his poems, often about everyday situations and basic values. In a subtly humorous and bittersweet style, using plays on words and **la langue populaire** (language of ordinary people), Prévert makes fun of middle-class values and reveals his antagonism to social prejudice and war. Prévert was influenced by the surrealist movement of the 1920's, which may account for the somewhat whimsical or imaginary quality of many of his poems.

A number of Jacques Prévert's poems were put to music and sung in the 1950's and 1960's by many famous French singers, such as Juliette Greco and Yves Montand. However, the poem that you are going to read, "Chanson de la Seine," has the word song in the title. Can you imagine why?

PRÉPARATION À LA LECTURE

La géographie

Vous savez déjà que la Seine divise Paris en deux parties, mais savez-vous où se trouvent sa source et son embouchure (*mouth*) ? Elle prend sa source en Bourgogne, à environ 150 kilomètres à l'ouest de Besançon. Puis, elle monte vers le nord en passant par Paris, et, enfin, elle se jette dans la Manche (*the English Channel*) au Havre.

Le style

As suggested in the introduction, Jacques Prévert uses the language of ordinary people (**la langue populaire**) and word plays (**des jeux de mots**) in his writing. For example, he uses the expression **se la couler douce,** which means *to lead a happy, uncomplicated life,* to describe a river, **la Seine.** This is a play on words because **couler** also means *to flow.* Another example is **s'en balancer,** an **expression populaire** meaning *not to care;* the standard definition of **se balancer** implies a constant alternate movement, which can also be applied to water. A third example is another **expression populaire—se faire de la mousse. La mousse** means *foam,* but **se faire de la mousse** means *to worry.* In this case, la Seine does not make **mousse** because it is a calm river, and, for the same reason, it does not **se faire de la mousse.**

Remember to look for cognates. Knowing that Prévert likes to use plays on words, think of several meanings in English for the French words in the poem.

Le vocabulaire

avoir de la chance *to be lucky*
avoir des soucis *to have worries, cares*
la mer *the sea*
se promène (se promener) *takes a walk*

jalouse (*m*, jaloux) *jealous*
de travers *at an angle; figuratively, with animosity or suspicion*
un rêve *a dream*

 Note that in French a poem is divided into **des vers** (**un vers** = *a line or a verse*) and **des strophes** (**une strophe** = *a stanza*). **Combien de vers et de strophes y a-t-il dans le poème de Prévert ?**

Chanson de la Seine

La Seine a de la chance
Elle n'a pas de souci
Elle se la coule douce
Le jour comme la nuit
Et elle sort de sa source
Tout doucement, sans bruit, sans sortir de son lit
Et sans se faire de mousse,
Elle s'en va vers la mer
En passant par Paris.
La Seine a de la chance
Elle n'a pas de souci

Et quand elle se promène
Tout au long de ses quais
Avec sa belle robe verte et ses lumières dorées,
Notre-Dame jalouse, immobile et sévère,
Du haut de toutes ses pierres
La regarde de travers.
Mais la Seine s'en balance,
Elle n'a pas de souci,
Elle se la coule douce
Le jour comme la nuit
Et s'en va vers le Havre, et s'en va vers la mer
En passant comme un rêve
Au milieu des mystères
Des misères de Paris

Jacques Prévert, extrait de "Aubervilliers" recueilli dans *Spectacle,* © Éditions Gallimard.

AVEZ-VOUS COMPRIS ?

1. Quels sont les vers qui se répètent ? À votre avis, pourquoi Prévert a-t-il choisi de répéter ces vers ?

2. Quels sont les mots qui décrivent la Seine ? Est-ce un fleuve turbulent ou calme ?

3. Selon vous, quels sont les « mystères » et quelles sont les « misères » de Paris ?

4. Quelle est l'image de la Seine présentée dans le poème ? Est-ce que ce sont les mots, les rimes ou le rythme qui vous donnent cette impression ?

ÉCRITURE

Dans votre ville, ou une autre ville que vous connaissez ou que vous avez visitée, y a-t-il un fleuve, un parc ou un monument important ? Par exemple, dans la ville de New York, il y a Central Park; à Chicago, il y a la promenade le long du lac Michigan; à San Antonio, il y a l'Alamo. Choisissez un élément géographique ou monumental de votre ville et décrivez-le. Écrivez quelques paragraphes ou un poème où vous mettez en évidence la caractéristique la plus frappante (*striking*) de l'endroit.

Dans Leçon 1

À LA GARE *AT THE TRAIN STATION*

un billet de train (un aller simple/
un aller-retour) *a train ticket
(one way/round trip)*
un composteur *a stamping machine
to validate ticket*
un horaire *a train schedule*
un quai *a platform*

une consigne automatique
a coin-operated locker for luggage
une place *a seat*
une valise *a suitcase*
une voie *a track*
une voiture *a car*

acheter un billet (en première/seconde classe) *to buy a ticket
(in first/second class)*
composter le billet *to stamp/validate the ticket*
demander des renseignements *to ask for information*
descendre du train *to get off the train*
monter dans le train *to get on the train*

LES MOYENS DE TRANSPORT
MEANS OF TRANSPORTATION

circuler *to get around/to go*
voyager *to travel*
en avion *by plane*
en bateau *by boat*
en bus *by (city) bus*
en car *by long-distance bus*
en métro *by subway*
à moto *by motorcycle*
à pied *on foot*
en train *by train*
à/en vélo *by bike*
en voiture *by car*

LES NOMS GÉOGRAPHIQUES ET LES NATIONALITÉS

LES PAYS FÉMININS

l'Algérie
l'Allemagne *Germany*
l'Autriche *Austria*
la Belgique
la Chine

LA NATIONALITÉ

algérien(ne)
allemand(e)
autrichien(ne)
belge
chinois(e)

Continued

L'Égypte	égyptien(ne)
l'Espagne	espagnol(e)
la Finlande	finlandais(e)
la France	français(e)
la Grèce	grec/grecque
l'Italie	italien(ne)
la Norvège *Norway*	norvégien(ne)
la Suède	suédois(e)
la Suisse *Switzerland*	suisse
la Tunisie	tunisien(ne)

LES PAYS MASCULINS	**LA NATIONALITÉ**
le Brésil	brésilien(ne)
le Burkina Faso	burkinabé(e)
le Cambodge *Cambodia*	cambodgien(ne)
le Cameroun	camerounais(e)
le Canada	canadien(ne)
le Danemark	danois(e)
les États-Unis	américain(e)
Israël	israélien(ne)
le Japon	japonais(e)
le Luxembourg	luxembourgeois(e)
Madagascar	malgache
le Maroc *Morocco*	marocain(e)
le Mexique	mexicain(e)
les Pays-Bas *the Netherlands*	néerlandais(e)
le Portugal	portugais(e)
le Sénégal	sénégalais(e)
le Vietnam	vietnamien(ne)

LES CONTINENTS	
l'Afrique (*f*)	africain(e)
l'Amérique du Nord (*f*)	nord-américain(e)
l'Amérique du Sud (*f*)	sud-américain(e)
l'Asie (*f*)	asiatique
l'Australie (*f*)	australien(ne)
l'Europe (*f*)	européen(ne)

LE TEMPS ET LES SAISONS

QUEL TEMPS FAIT-IL EN FRANCE ?
WHAT IS THE WEATHER LIKE IN FRANCE?

En hiver... *In the winter...*
  il fait froid. *it is cold.*
  il fait gris. *it is overcast.*
  il gèle. *it freezes.*
  il neige. *it snows.*

Continued

Au printemps... *In the spring...*
  il fait du vent. *it is windy.*
  il pleut. *it rains.*
  il y a des orages. *there are storms.*
En été... *In the summer...*
  il fait beau. *the weather is nice.*
  il fait chaud. *it is hot.*
  il fait du soleil. *it is sunny.*
En automne... *In the fall...*
  il fait du brouillard. *it is foggy.*
  il fait frais. *it is cool.*
  il y a des nuages. *there are clouds.*

LES MOTS APPARENTÉS

                    la géographie
                    la météorologie (la météo)
                    la température

LES VERBES

dormir *to sleep*
partir *to leave*
sortir *to go out*

Continued

Dans Leçon 2

RÉSERVER UNE CHAMBRE D'HÔTEL
TO MAKE HOTEL RESERVATIONS

Je préfère descendre dans... *I prefer to stay in*...
  une auberge. *an inn.*
  une auberge de jeunesse. *a youth hostel.*
  une pension. *a boarding house.*
J'aimerais une chambre pour une personne/pour deux personnes.
  I would like a room for one person/two people.
Quel est le prix de la chambre ? *What is the room rate?*
Le petit déjeuner est compris/n'est pas compris. *Breakfast is*
  included/not included.
Le petit déjeuner est en supplément. *Breakfast is extra.*
Je vais régler... *I am going to settle my bill* . . .
  avec un chèque de voyage. *with a traveler's check.*
  avec une carte de crédit. *with a credit card.*
  en espèces (*f*). *in cash.*

LES MOTS APPARENTÉS

un camping
un hôtel

PARLER DU PASSÉ *TELLING ABOUT THE PAST*

hier/avant-hier *yesterday/day before yesterday*
hier matin/après-midi/soir *yesterday morning/afternoon/evening*
il y a trois jours/une semaine/un mois/un an *three days/a week/a*
  month/a year ago
la semaine dernière *last week*
vendredi/le week-end/le mois dernier *last Friday/weekend/month*

LES COULEURS

blanc(he) *white*
gris(e) *gray*
jaune *yellow*
marron *brown*
noir(e) *black*
rouge *red*
vert(e) *green*

LES MOTS APPARENTÉS

bleu(e)
orange
rose
violet(te)

Continued

LES VÊTEMENTS *CLOTHING*

LES VÊTEMENTS DE FEMMES *WOMEN'S CLOTHING*

un chemisier *a blouse*

un collant *pantyhose*

un tailleur *a woman's suit*

une jupe *a skirt*

une robe *a dress*

LES VÊTEMENTS D'HOMMES *MEN'S CLOTHING*

un costume *a suit*

une chemise *a shirt*

une cravate *a tie*

LES VÊTEMENTS D'HOMMES ET DE FEMMES

un anorak *a parka*

des baskets (*m*) *basketball shoes, sneakers*

un imperméable *a raincoat*

un jacket/un blouson *a jacket (outdoor wear)*

un maillot de bain *a bathing suit*

un manteau *a coat*

un pantalon *pants*

des tennis (*m*) *tennis shoes*

des bottes (*f*) *boots*

des chaussettes (*f*) *socks*

des chaussures (*f*) *shoes*

des sandales (*f*) *sandals*

une veste *a jacket/blazer*

LES ACCESSOIRES

un chapeau *a hat*

des gants (*m*) *gloves*

un mouchoir *a handkerchief*

un parapluie *an umbrella*

un sac *a purse*

une casquette *a cap/baseball-type hat*

une ceinture *a belt*

une écharpe *a scarf*

LES MOTS APPARENTÉS

un jean

un pull-over (un pull)

un short

un tee-shirt

LE PASSÉ COMPOSÉ AVEC *ÊTRE*

aller *to go*

arriver *to arrive*

descendre (dans un hôtel) *to go down (to stay at a hotel)*

devenir (participe passé : devenu[e]) *to become*

entrer *to enter*

monter *to go up*

mourir (participe passé : mort[e]) *to die*

Continued

naître (participe passé : né[e]) *to be born*
partir *to leave*
passer *to pass*
rentrer *to go back*
rester *to stay*
retourner *to return*
revenir (participe passé : revenu) *to come back*
sortir *to go out*
tomber *to fall*
venir (participe passé : venu) *to come*

LES VERBES

mettre *to put, to put on*
porter *to wear*

UNITÉ 6

Souvenirs...

MES OBJECTIFS COMMUNICATIFS

Describe holidays and family celebrations

Offer and receive gifts

Describe the way things used to be, what people looked like, how they felt, where they were and when

LES CLÉS CULTURELLES

Holidays and family celebrations

Narrate events from the past

Porte d'entrée

Nous avons tous des souvenirs d'enfance—le premier jour d'école ou un anniversaire, par exemple. Nos souvenirs sont souvent centrés sur les jours de fêtes ou les traditions familiales. Quelles sont les fêtes civiles qu'on célèbre dans votre pays ? Quelles sont les fêtes familiales et religieuses que votre famille célèbre ? Est-ce qu'il y a des traditions spéciales associées à ces fêtes ?

l'École Rivotte

REGARDONS LES PHOTOS

1. UN CHANGEMENT POSITIF OU NÉGATIF ?

Regardez la salle de classe. Trouvez au minimum quatre choses dans la salle de classe qui ne sont plus les mêmes aujourd'hui et puis décidez si c'est un changement positif ou négatif.

AUTREFOIS (*IN THE PAST*)	AUJOURD'HUI	CHANGEMENT POSITIF OU NÉGATIF ?	JUSTIFIEZ VOTRE JUGEMENT

2. QUI SONT CES PERSONNES ?

Regardez la deuxième photo. Où sont ces personnes ? Qu'est-ce qui se passe ? Imaginez le passé de ces deux personnes. Quels sont leurs sentiments en ce moment ?

Quelle belle fête !

MES OBJECTIFS COMMUNICATIFS

Describe holidays and family celebrations
Offer and receive gifts

LES CLÉS CULTURELLES

Holidays and family celebrations

REGARDONS LES IMAGES

À QUELLES OCCASIONS ?

Regardez les photos à la page d'en face et établissez des correspondances entre les photos et le nom de la fête.

_____ 1. un mariage
_____ 2. une fête nationale
_____ 3. un anniversaire (*birthday*)

_____ 4. un baptême
_____ 5. Mardi gras/le Carnaval

Depuis 1905, la France est officiellement un pays laïque, c'est-à-dire, qu'il ne peut y avoir de signes religieux dans les endroits publics. On ne peut pas avoir, comme aux États-Unis, la phrase « *In God We Trust* » sur la monnaie. Cependant, 82% des Français se déclarent catholiques. Pour cette raison, beaucoup de fêtes chrétiennes et catholiques—comme Noël (*Christmas*), Pâques (*Easter*), la Pentecôte et l'Ascension (le 15 août)—sont des jours fériés (des jours où l'on ne travaille pas), même si aujourd'hui, très peu de Français (12%) sont des catholiques pratiquants.

Ces dernières années, la population française, comme la population d'autres pays européens, est devenue plus diversifiée. Aujourd'hui, il y a un nombre très important de Musulmans (environ 3 000 000). En fait, l'Islam est la deuxième religion en France. Pourquoi ? La grande majorité des travailleurs immigrés depuis les trente dernières années vient des pays Musulmans : l'Afrique du Nord et l'Afrique noire. Il y a aussi une minorité de protestants et de juifs (à peu près 1 million pour chaque groupe). La communauté juive de France est très dynamique : elle est la plus importante d'Europe.

Les fêtes de ces diverses religions ne sont pas des jours fériés, et certaines coutumes comme le port du voile (*wearing a veil*) à l'école pour les jeunes filles musulmanes posent problème dans un état laïque et républicain. Mais il y a un effort pour intégrer ces traditions dans la culture française.

EXPRESSION-VOCABULAIRE (1)

LES JOURS DE FÊTES

Voici quelques jours de fêtes en France :

LE 14 JUILLET

On célèbre la fête nationale française le 14 juillet. Il y a des défilés militaires, des feux d'artifice et des bals populaires.

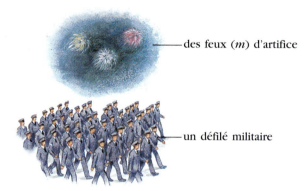

des feux (*m*) d'artifice

un défilé militaire

MARDI GRAS/LE CARNAVAL

Pendant le Carnaval juste avant la période d'austérité qui est le Carême (*Lent*), il y a des bals costumés et des défilés : c'est le moment du carnaval. Traditionnellement, on mange des crêpes le jour de Mardi gras.

un bal costumé

un déguisement

LES ANNIVERSAIRES DE NAISSANCE

Pour fêter leur anniversaire, les enfants invitent des amis qui leur apportent des cadeaux. Et bien sûr, il y a un gâteau d'anniversaire et il faut souffler les bougies.

des bougies (*f*)

un gâteau

des cadeaux (*m*)

un jouet

LA SAINT-SYLVESTRE ET LE NOUVEL AN

Le 31 décembre, le jour de la Saint-Sylvestre, on fait la fête, on danse et on boit du champagne. Pour le Nouvel An, on se retrouve aussi en famille et entre amis. On offre des étrennes, c'est-à-dire de petits cadeaux ou de l'argent, aux membres de la famille ou aux amis. On se souhaite la bonne année et on échange ses meilleurs vœux pour la nouvelle année.

faire la fête

le champagne

PÂQUES

Selon la légende, les cloches qui viennent de Rome apportent des œufs en chocolat ou en sucre, ou des œufs peints. On cache des œufs dans le jardin, par exemple, et les enfants doivent les trouver.

des cloches (*f*)

des œufs en chocolat

un panier

NOËL

Dans les familles catholiques pratiquantes, on va à la messe de minuit (*midnight mass*) le 24 décembre. La veille de Noël, petits et grands laissent leurs chaussures devant la cheminée pour que le père Noël y dépose des cadeaux. Le jour de Noël se passe en famille. Au repas de midi, il y a traditionnellement une dinde (*turkey*) aux marrons (*chestnuts*) et un gâteau (une bûche de Noël [*cake in the form of a Yule log*]) comme dessert.

le père Noël

le traîneau

une cheminée

un sapin de Noël

les rennes (*m*)

Voici encore deux jours de fêtes : la Toussaint et la fin du Ramadan. Le premier novembre, on fête la Toussaint. On va au cimetière pour mettre des fleurs sur les tombes des membres de sa famille ou des amis qui sont morts. On dépose en général des chrysanthèmes : c'est pour cette raison que le chrysanthème est associé à la mort. Le Ramadan est le neuvième mois du calendrier islamique. C'est une période de jeûne (*fasting*) et d'abstinence qui est importante pour les 3 000 000 Musulmans en France.

1. VIVE LA DIFFÉRENCE !

Lisez la description des fêtes encore une fois avec un(e) camarade de classe. Indiquez quelles coutumes sont les mêmes et quelles coutumes sont différentes dans votre pays.

FÊTE	COUTUMES SIMILAIRES	COUTUMES DIFFÉRENTES
la fête nationale	Dans mon pays, la fête nationale est un jour férié comme en France. Il y a aussi des défilés et des feux d'artifice.	En France, la fête nationale est le 14 juillet. Dans mon pays, c'est le 4 juillet. Dans mon pays, on fait souvent un barbecue ou un pique-nique.
Pâques		
Noël		
Mardi gras/le Carnaval		
les anniversaires		
la Saint-Sylvestre		

2. QUEL JOUR DE FÊTE ?

Avec quel jour de fête associez-vous les choses et les activités suivantes ?

_____ 1. la Saint-Sylvestre (le Nouvel An)
_____ 2. la fête nationale
_____ 3. Mardi gras/le Carnaval
_____ 4. Noël
_____ 5. Pâques
_____ 6. un anniversaire

a. les œufs en chocolat
b. les bougies
c. les défilés
d. les déguisements
e. les étrennes et le champagne
f. la crèche (*manger*) ou le sapin

3. REGARDONS LE CALENDRIER OFFICIEL

Avec un(e) camarade de classe, trouvez tous les jours fériés indiqués sur le calendrier officiel à la page suivante. Après, dites quels jours sont des fêtes civiles et quels jours sont des fêtes religieuses.

4. BONNE FÊTE !

En regardant ce calendrier, avez-vous remarqué que chaque jour porte le nom d'un saint ? La plupart des Français portent le nom d'un saint (jusque très récemment c'était obligatoire). On célèbre son anniversaire et aussi le jour de son saint. Avec un(e) camarade de classe, cherchez les jours de fêtes de vos amis bisontins.

Modèle : —C'est quand la fête d'Arnaud ?
—C'est le 10 février.

Sébastien   André   Delphine   Daniel
Nathalie   Renaud   Gérard   Jean-Baptiste

JANVIER	FEVRIER	MARS	AVRIL	MAI	JUIN
1 L J. de l'An	1 J Ella	1 V Aubin	1 M Hugues	1 M F. du Travail	1 S Justin
2 M Basile	2 V Présentation	2 S Charles	2 M Sandrine	2 J Boris	2 D Blandine
3 M Geneviève	3 S Blaise	3 D Guénolé	3 M Richard	3 V Phil., Jacq.	3 L Kevin
4 J Odilon	4 D Véronique		4 J Isidore	4 S Sylvain	4 M Clotilde
5 V Antoine		4 L Véronique	5 V Irène	5 D Judith	5 M Igor
6 S Mélaine	5 L Agathe	5 M Olive	6 S Marcellin		6 J Norbert
7 D Epiphanie	6 M Gaston	6 M Colette	7 D PÂQUES	6 L Prudence	7 V Gilbert
	7 M Eugénie	7 J Félicité		7 M Gisèle	
8 L Lucien	8 J Jacqueline	8 V Jean de Dieu	8 L Julie	8 M VICT. 1945	8 S Médard
9 M Alix	9 V Apolline	9 S Françoise	9 M Gautier	9 J Pacôme	9 D Fête-Dieu
10 M Guillaume	10 S Arnaud	10 D Vivien	10 M Fulbert	10 V Fête J.-d'Arc	
11 J Paulin	11 D N. D. Lordes		11 J Stanislas	11 S Estelle	10 L Landry
12 V Tatiana		11 L Rosine	12 V Jules	12 D Achille	11 M Barnabé
13 S Yvette	12 L Félix	12 M Justin	13 S Ida		12 M Guy
14 D Nina	13 M Béatrice	13 M Rodrigue	14 D Maxine	13 L Rolande	13 V Antoine de P.
	14 M Valentin	14 J Mathilde		14 M Matthias	14 V Elisée
15 L Rémi	15 J Claude	15 V Louise de M.	15 L Paterne	15 M Denise	15 S Germaine
16 M Marcel	16 V Julienne	16 S Bénédicte	16 M Benoît-J.	16 J ASCENSION	16 D F. des Pères
17 M Roseline	17 S Alexis	17 D Patrice	17 M Anicet	17 V Pascal	
18 J Prisca	18 D Bernadette		18 J Parfait	18 S Eric	17 L Hervé
19 V Marius		18 L Cyrille	19 V Emma	19 D Yves	18 M Léonce
20 S Sébastien	19 L Gabin	19 M Joseph	20 S Odette		19 M Romuald
21 D Agnès	20 M Mardi gras	20 M PRINTEMPS	21 D Anselme	20 L Bernardin	20 J ÉTÉ
	21 M Cendres	21 J Clémence		21 M Constantin	21 V Aloïse
22 L Vincent	22 J Isabelle	22 V Léa	22 L Alexandre	22 M Emilie	22 S Alban
23 M Barnard	23 V Lazare	23 S Victorien	23 M Georges	23 J Didier	23 D Audrey
24 M Fr. de Sales	24 S Modeste	24 D Cath. de Su.	24 M Fidèle	24 V Donatien	
25 J Conv. S. Paul	25 D Carême		25 J Marc	25 S Sophie	24 L Jean Bapt.
26 V Paule		25 L Annonciation	26 V Alida	26 D Pentecôte/F.Mères	25 M Prosper
27 S Angèle	26 L Nestor	26 M Larissa	27 S Zita		26 M Anthelme
28 D Th. d'Aquin	27 M Honorine	27 M Habib	28 D Jour du Souv.	27 L Augustin	27 J Fernand
	28 M Romain	28 J Gontran		28 M Germain	28 V Irénée
29 L Gildas	29 J Auguste	29 V Gwladys	29 L Catherine	29 M Aymard	29 S Pierre, Paul
30 M Martine		30 S Amédée	30 M Robert	30 J Ferdinand	30 D Martial
31 M Marcelle		31 D Rameaux		31 V Visitation	

JUILLET	AOUT	SEPTEMBRE	OCTOBRE	NOVEMBRE	DECEMBRE
1 L Thierry	1 J Alphonse	1 D Gilles	1 M Th. de l'E.J.	1 V Toussaint	1 D Avent
2 M Martinien	2 V Julien-Ey		2 M Léger	2 S Défunts	
3 M Thomas	3 S Lydie	2 L Ingrid	3 J Gérard	3 D Hubert	2 L Viviane
4 J Florent	4 D J.M. Vianney	3 M Grégoire	4 V Fr. d'Assise		3 M Xavier
5 V Antoine		4 M Rosalie	5 S Fleur	4 L Charles	4 M Barbara
6 S Mariette	5 L Abel	5 J Raïssa	6 D Bruno	5 M Sylvie	5 J Gérald
7 D Raoul	6 M Transfiguration	6 V Bertrand		6 M Bertille	6 V Nicolas
	7 M Gaëtan	7 S Reine	7 L Serge	7 J Carine	7 S Ambroise
8 L Thibaut	8 J Dominique	8 D Nativité N. D.	8 M Pélagie	8 V Geoffroy	8 D I. Concept.
9 M Armandine	9 V Amour		9 M Denis	9 S Théodore	
10 M Ulrich	10 S Laurent	9 L Alain	10 J Ghislain	10 D Léon	9 L P. Fourier
11 J Benoît	11 D Claire	10 M Inès	11 V Firmin		10 M Romaric
12 V Olivier		11 M Adelphe	12 S Wilfried	11 L ARMISTICE 18	11 M Daniel
13 S Henri, Joël	12 L Clarisse	12 J Apollinaire	13 D Géraud	12 M Christian	12 J Jeanne F.C.
14 D F. NATIONALE	13 M Hippolyte	13 V Aimé		13 M Brice	13 V Lucie
	14 M Evrard	14 S La Ste Croix	14 L Juste	14 J Sidoine	14 S Odile
15 L Donald	15 J ASSOMPTION	15 D Roland	15 M Th. d'Avila	15 V Albert	15 D Ninon
16 M N.D. Mt.-Carmel	16 V Armel		16 M Edwige	16 S Marguerite	
17 M Charlotte	17 S Hyacinthe	16 L Edith	17 J Baudouin	17 D Elisabeth	16 L Alice
18 J Frédéric	18 D Hélène	17 M Renaud	18 V Luc		17 M Gaël
19 V Arsène		18 M Nadège	19 S René	18 L Aude	18 J Gatien
20 S Marina	19 L Jean Eudes	19 J Emilie	20 D Adeline	19 M Tanguy	19 V Urbain
21 D Victor	20 M Bernard	20 V Davy		20 M Edmond	20 S Abraham
	21 M Christophe	21 S Matthieu	21 L Céline	21 J Prés. de Marie	21 D HIVER
22 L Marie Mad.	22 J Fabrice	22 D AUTOMNE	22 M Elodie	22 V Cécile	22 D Fr. Xavier
23 M Brigitte	23 V Rose de L.		23 M Jean de C.	23 S Clément	
24 M Christine	24 S Barthélemy	23 L Constant	24 J Florentin	24 D Flora	23 L Armand
25 J Jacques	25 D Louis	24 M Thècle	25 V Crépin		24 M Adèle
26 V Anne, Joa.		25 M Hermann	26 S Dimitri	25 L Catherine L.	25 M NOËL
27 S Nathalie	26 L Natacha	26 J Côme. Dam.	27 D Emeline	26 M Delphine	26 J Etienne
28 D Samson	27 M Monique	27 V Vinc. de Paul		27 M Séverin	27 V Jean
	28 M Augustin	28 S Venceslas	28 L Sim., Jude	28 J J. de la M.	28 S Innocents
29 L Marthe	29 J Sabine	29 D Michel	29 M Narcisse	29 V Saturnin	29 D David
30 M Juliette	30 V Fiacre		30 M Bienvenue	30 S André	
31 M Ignace de L.	31 S Aristide	30 L Jérôme	31 J Quentin		30 L Roger
					31 M Sylvestre

5. ET VOTRE FÊTE ?

Est-ce que vous pouvez trouver votre nom ou le nom d'un(e) ami(e) sur le calendrier ? Quand est la fête de votre professeur ?

ACTION

CLARA PARLE DES FÊTES ET DES VACANCES PASSÉES

PRÉPARONS-NOUS

> Before viewing the video, look at the following photos carefully. Do you think they were taken in a special place or at a special time? Thinking about the context of what you will hear will help you to understand the video clip.

REGARDEZ LES PHOTOS !

Indiquez quel événement on célèbre sur chaque photo.

REGARDONS ENSEMBLE

DES PHOTOS DE FAMILLE

Sur la vidéo, Clara montre des photos de famille et parle des fêtes et des vacances. Cochez les fêtes et vacances mentionnées.

_____ la Toussaint	__✓__ son anniversaire
_____ la fête nationale	__✓__ Mardi gras/le Carnaval
__✓__ les grandes vacances	__✓__ Pâques
__✓__ Noël	_____ le Nouvel An

EXPANSION

1. MARDI GRAS/LE CARNAVAL !

Aujourd'hui, c'est Mardi gras ! Voilà les déguisements de Clara, Dorel et Benjamin.
Avec un(e) camarade de classe, décrivez leurs costumes.

2. ET VOUS ?

Demandez à plusieurs camarades de classe d'indiquer en quoi ils se sont déguisés
pour « Halloween » ou pour Mardi gras dans le passé.

    Modèle :   Je me suis déguisé(e) en Batman, en clown et en Peter Pan.

ACTION-APPROFONDISSEMENT (1)

CLARA A FÊTÉ SON ANNIVERSAIRE

Remember! Anticipating the content and vocabulary of a video segment *before* viewing it will greatly increase your comprehension. Use what you know about birthday parties to help you predict what Clara will say about her own birthday.

PRÉPAREZ-VOUS

QU'EST-CE QUE LES ENFANTS ONT FAIT ?

Clara vient de fêter son anniversaire. À votre avis, qu'est-ce qui s'est passé ? Regardez la liste et décidez si Clara et ses invités ont probablement fait les choses suivantes.

EST-CE QU'ON A FAIT CES ACTIVITÉS ?	PROBABLEMENT	PROBABLEMENT PAS
Les enfants ont joué dehors (*outside*).	✓	
Ils ont mangé du gâteau.		
Ils ont bu du coca.		
Ils ont mangé du coq au vin.		
Ils ont mangé des bonbons.		
Ils ont joué à cache-cache (*hide and seek*).		
Clara a soufflé les bougies.		
Les invités ont offert des cadeaux (*gave gifts*) à Clara.		
Ils ont bu du vin.		
Ils ont fait un patchwork.		
Clara a offert des petits cadeaux à ses invités.		
Ils ont regardé une vidéo-cassette.		
Ils ont mangé une salade.		
Ils ont fait du jardinage.		

REGARDEZ

1. L'ANNIVERSAIRE DE CLARA

Écoutez la description que Clara fait de ses deux fêtes d'anniversaire et choisissez les bonnes réponses. Attention ! Chaque question peut avoir plusieurs réponses.

1. Clara a fêté son anniveraire avec

   a. ses copines.   b. ses cousines.   c. ses grands-parents.

2. On a mangé du gâteau

   a. la première fois.   b. la deuxième fois.   c. la première et la deuxième fois.

3. Clara a reçu des cadeaux de

   a. ses copines.   b. ses cousines.   c. ses grands-parents.

4. Clara a caché de petits cadeaux pour

   a. ses copines.   b. sa meilleure amie.   c. ses cousines.

5. Elle a joué dehors avec

   a. ses grands-parents.   b. ses copines.   c. ses cousines.

6. Une personne est arrivée en retard. C'était

   a. sa grand-mère.   b. sa copine.   c. sa cousine.

2. MON ANNIVERSAIRE

Clara a écrit une composition où elle a décrit son anniversaire. Quelle composition est-ce que Clara a écrite ? Regardez la vidéo une deuxième fois si vous ne pouvez pas faire cette activité.

Mon anniversaire

Pour mon anniversaire, Maman a fait un bon dîner et mes grands-parents et mes cousins sont venus à la maison. Quelques jours après, j'ai invité des copines chez moi. Elles sont toutes arrivées en même temps. Chacune m'a offert un cadeau. On a beaucoup mangé — on a mangé de la pizza, du gâteau et des glaces. On m'a offert des cadeaux. Nous avons joué ensemble. Après, on a joué dehors.

Clara Dumont

Mon anniversaire

Pour mon anniversaire, mes grands-parents sont venus à la maison. Nous avons mangé un gâteau et j'ai soufflé les bougies. Quelques jours après, j'ai invité des copines. Chacune avait un paquet caché dans la maison qu'elles ont toutes trouvé. On a mangé un gâteau et on a mangé des bonbons. On m'a offert des cadeaux. On a joué ensemble. Et puis, nous sommes toutes allées jouer dehors.

Clara Dumont

EXPANSION

1. BON ANNIVERSAIRE

Vous passez l'année à Besançon. Écrivez une lettre à votre professeur de français dans votre pays et expliquez-lui comment s'est passé votre anniversaire en France.

Besançon, (date)

Cher Monsieur/Chère Madame,
Tout va bien ici à Besançon. Hier c'était mon anniversaire...

Mon meilleur souvenir,

2. SONDAGE : VOTRE ANNIVERSAIRE

Répondez par écrit aux questions suivantes. Comparez vos réponses à celles de cinq camarades de classe. Qui a eu l'anniversaire le plus intéressant ?

1. Qu'est-ce que vous avez fait pour votre anniversaire ?
2. Avec qui avez-vous fêté votre anniversaire ?
3. Qu'est-ce que vous avez mangé ? bu ?
4. Quels cadeaux avez-vous reçus ?

EXPRESSION-STRUCTURE (1)

OFFRIR ET RECEVOIR

Holidays and celebrations are often a time when friends and family members exchange gifts. Read the following description of what Arnaud usually buys for his parents for **la fête des Mères** and **la fête des Pères.** Can you guess what the verbs **offrir** and **recevoir** mean?

ARNAUD : Pour la fête des Mères normalement, **j'offre** un petit cadeau à ma mère. Elle adore **recevoir** du parfum, des livres ou des albums de mots croisés. Comme mon père adore faire du jardinage, **je lui offre** souvent des gadgets pour le jardin. Il aime bien **recevoir** des orchidées, sa fleur préférée.

As you were probably able to guess, **offrir** means *to give* or *to offer* and **recevoir** *to receive.*

As you study the following charts, ask yourself: How are the verbs **offrir** and **recevoir** conjugated in the present? Which forms of **recevoir** have a **ç**? Which forms do not? What is the past participle of **offrir**? of **recevoir**?

OFFRIR			
PRÉSENT		**PASSÉ COMPOSÉ**	
j'offre	nous offrons	j'ai offert	nous avons offert
tu offres	vous offrez	tu as offert	vous avez offert
il/elle/on offre	ils/elles offrent	il/elle/on a offert	ils/elles ont offert

RECEVOIR			
PRÉSENT		**PASSÉ COMPOSÉ**	
je reçois	nous recevons	j'ai reçu	nous avons reçu
tu reçois	vous recevez	tu as reçu	vous avez reçu
il/elle/on reçoit	ils/elles reçoivent	il/elle/on a reçu	ils/elles ont reçu

Lionel et Maud **offrent** un beau bouquet de fleurs à leur mère pour la fête des Mères.

Lionel and Maud give their mother a beautiful bouquet of flowers for Mother's Day.

Michèle **reçoit** un album de mots croisés comme cadeau.

Michèle receives a book of crossword puzzles as a gift.

• Note that the *c* in the verb **recevoir** has a **cédille (ç)** when it is followed by an *o* or *u*, so that it will always have a "soft *c*" sound (like an *s*).

> **VÉRIFIEZ** Were you able to answer your questions about **offrir** and **recevoir** without looking at the book? If not, look over the verbs again.

1. OFFRIR OU RECEVOIR ?

Dans les circonstances suivantes, est-ce qu'on offre ou reçoit des cadeaux ?

Modèle : J'offre toujours un cadeau à ma mère pour son anniversaire.

1. À Noël, les enfants _____ des cadeaux du père Noël.
2. Madame Vidonne _____ un patchwork à Anne-Marie pour son anniversaire.
3. Pour la fête des Mères, Arnaud et Sébastien _____ des bonbons à leur mère.
4. Benjamin adore les camions (*trucks*). Chaque année, Jean-Baptiste _____ un nouveau camion à son petit frère pour son anniversaire.
5. À Pâques, les enfants _____ des œufs en chocolat.
6. Pour le Nouvel An, Marie-Jo et Jean-François _____ beaucoup de cartes de vœux de leurs amis.
7. Les enfants de Nancy Peuteuil _____ toujours un beau cadeau de leurs grands-parents américains pour leur anniversaire.
8. Pour sa fête, Nathalie _____ toujours un livre de sa marraine (*godmother*).

2. UNE LETTRE DE REMERCIEMENT

Madeleine Lafaurie vient de fêter son anniversaire. Elle écrit une lettre de remerciement à sa sœur qui habite à Paris. Complétez sa lettre en utilisant les verbes **recevoir** et **offrir** au passé composé.

Besançon, le 16 août

Ma très chère Claire,

J'(e) _____ ton paquet hier. Le chemisier est vraiment magnifique! Il va parfaitement avec mon nouveau tailleur. J'ai été gâtée par toute la famille cette année. Philippe m'_____ un tableau de Jacques Richard, un peintre bisontin que j'aime beaucoup. Hubert et David m'_____ du parfum et j'(e) _____ une lettre et un paquet d'Alexandra qui passe six semaines aux États-Unis cet été. Elle m'_____ un beau livre d'art qu'elle a acheté à Boston. Dans sa lettre, elle dit qu'elle fait beaucoup de progrès en anglais. Tant mieux! Est-ce que tu _____ une carte postale d'elle? Il faut dire qu'en général, elle n'aime pas beaucoup écrire – comme sa mère! Encore une fois, merci d'avoir pensé à moi.

Je t'embrasse.

Madeleine

3. CONNAISSEZ-VOUS BIEN VOS AMIS BISONTINS ?

À votre avis, qui a reçu chaque cadeau ? Avec un(e) camarade de classe, tracez des lignes entre les personnes et les cadeaux et ensuite expliquez votre choix à d'autres étudiants.

> **Modèle :** Christiane a reçu un disque laser parce qu'elle aime la musique classique.

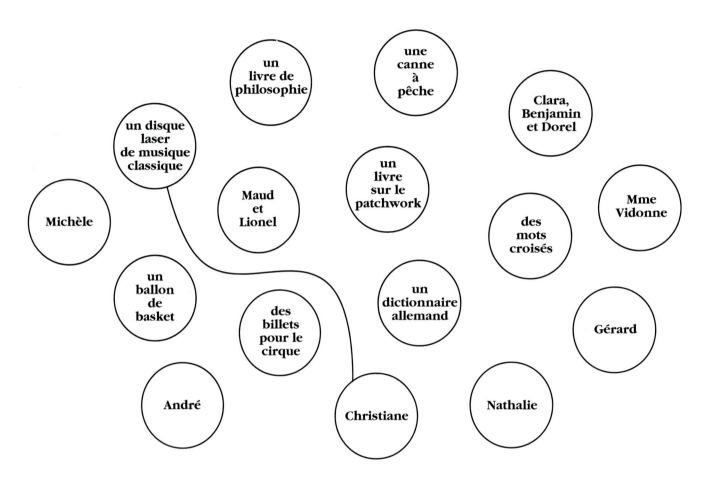

4. LES CADEAUX

Un magazine français fait un sondage pour savoir quels cadeaux on aime offrir et recevoir. Écrivez vos réponses à ces questions.

1. Dans votre famille, à quelles occasions est-ce qu'on offre des cadeaux ?
2. Le plus beau cadeau que vous avez reçu, ça a été...
3. En général, quel genre de cadeau n'aimez-vous pas recevoir ?
4. Qu'est-ce qu'on vous a offert comme cadeau d'anniversaire l'année dernière ?
5. Qu'est-ce que vous aimeriez recevoir comme cadeau cette année ? (J'aimerais recevoir...)

5. ET VOS CAMARADES DE CLASSE ?

Circulez dans la classe et posez les questions de l'activité 4 à quelques camarades de classe. Est-ce qu'ils ont répondu comme vous ?

Prononciation

G ET C

Écoutez

In French, the pronunciation of the letters **g** and **c** is usually determined by the letter that follows them.

The letter **g** can have a hard sound, as in the word **gâteau,** or a soft sound, as in the verb **manger.** Look at the letter that follows each of the **g**'s in the words below. Then listen carefully to the pronunciation of the words on your audio CD and answer the following questions.

1. Which letters follow the letter **g** when it is a hard sound?

2. Which letters follow the letter **g** when it is a soft sound?

une bougie   manger   goûter   regarder   un déguisement

The letter **c** is also pronounced as a soft sound (**cimetière**) or hard sound (**condoléances**), depending on the letter that follows it. As you did with the letter **g,** look first at the letter that follows each of the **c**'s in the words below. Then listen to the pronunciation of the words on your audio CD and answer the following questions.

1. Which letters follow the letter **c** when it is a hard sound?

2. Which letters follow the letter **c** when it is a soft sound?

feux d'artifice   cimetière   cuisiner   copine   calendrier

Vérifiez

In French, **c** and **g** are hard sounds (like **c** in *cat* and **g** in *go*) before another *consonant* or an **a, o, u.** They have a soft sound before **i, e, y.** The letter **c** also has a soft sound when it has a **cédille (ç).**

CONSONANT	HARD SOUND	SOFT SOUND
c	calendrier, copine, cuisiner, crêpe	cimetière, Maurice, français
g	gâteau, Marguerite, Margot, Mardi gras	Gérard, Georges, Gilles

- A silent **e** is added in some verb forms in order to retain the soft **g** sound of the infinitive.

> Nous mangeons une bûche au chocolat le jour de Noël.
> Nous voyageons souvent en France.

Continued

Prononcez

Read the following sentences and underline the **g** or **c** when it is pronounced as a hard **c** or **g.** Put two lines under the **g** or **c** when it should be pronounced as a soft **c** or **g.**

Modèle : Quand <u>C</u>lara a fêté son anniversaire, elle a re<u>ç</u>u des <u>c</u>adeaux.

1. Clara fête son anniversaire avec des copines.
2. Elle a caché de petits cadeaux dans la maison et dans le jardin pour ses copines.
3. Clara a soufflé les bougies.
4. Après, Clara et les copines ont mangé du gâteau et de la glace.
5. Elles ont bu de l'Orangina et du coca.
6. Clara a reçu des cadeaux de ses copines et de ses grands-parents.

Now listen to the audio CD and correct your answers. Then listen to the sentences again, repeating them aloud.

EXPRESSION-STRUCTURE (2)

LES PRONOMS COMPLÉMENTS D'OBJET INDIRECT : *LUI* ET *LEUR*

In order to talk about gifts, you will need to say who is giving the gift to whom. The person to whom something is given is the *indirect object* of the verb. To avoid needless repetition, you will sometimes want to replace indirect object nouns with indirect object pronouns. In English, the third-person indirect object pronouns are *him, her,* and *them*; in French, they are **lui** and **leur,** which mean *to him/to her* and *to them*. In the following conversation, where could you replace a person's name with **lui** or **leur** to make it less repetitious?

LIONEL : Qu'est-ce que tu offres à papa pour son anniversaire ?
MAUD : Je vais offrir ce tableau de la cathédrale de Notre-Dame à papa. Et toi ?
LIONEL : Moi, j'offre un livre de cuisine à papa. Mais j'ai une autre idée ! Tu sais que ça fait longtemps que papa et maman n'ont pas dîné au restaurant. Offrons à papa et à maman un dîner au restaurant. Ils adorent le couscous, alors, allons « Chez Achour ».

Did you figure out from the context where the indirect object pronouns **lui** and **leur** should replace the indirect objects? Look at the following text to see if you were right.

LIONEL : Qu'est-ce que tu offres à **papa** pour son anniversaire ?
MAUD : Je vais **lui** offrir ce tableau de la cathédrale de Notre-Dame. Et toi ?
LIONEL : Moi, je **lui** offre un livre de cuisine. Mais j'ai une autre idée ! Tu sais que ça fait longtemps que **papa** et **maman** n'ont pas dîné au restaurant.

Offrons-**leur** un dîner au restaurant. Ils adorent le couscous, alors, allons
« Chez Achour ».

Did you recognize that the first mention of **papa** could not be replaced because
otherwise you would not have known what the pronoun was referring to, and that
papa et maman was not replaced because it is the subject of the verb **n'ont pas
dîné**? Notice also that the indirect object pronouns replaced **à** + a noun.

As you study the following examples, ask yourself: What is an indirect object? When would I want to replace an indirect object noun
with an indirect object pronoun? What are its third-person singular and plural forms? Where are object pronouns placed in the present tense? in the verb + infinitive construction? in the **passé composé**? in the imperative? in the negative? What clue can I look for
to recognize that a noun is an indirect object?

	PRONOUNS	**EXAMPLES**	
singular	lui	Lionel offre un livre de cuisine **à son père.**	Il **lui** offre un livre de cuisine.
		Lionel offre un disque laser **à sa mère.**	Il **lui** offre un disque laser.
plural	leur	Maud offre un dîner au restaurant **à ses parents.**	Elle **leur** offre un dîner au restaurant.

	EXAMPLE	**WITH A PRONOUN**	**IN THE NEGATIVE**
verb + infinitive	Gérard va offrir ces boucles d'oreilles **à Michèle.**	Gérard va **lui** offrir ces boucles d'oreilles.	Gérard ne va pas **lui** offrir ces boucles d'oreilles.
passé composé	Clara a offert ce dessin **à sa mère.**	Clara **lui** a offert ce dessin.	Clara ne **lui** a pas offert ce dessin.
imperative	Offrons cette voiture **à nos enfants.**	Offrons-**leur** cette voiture.	Ne **leur** offrons pas cette voiture.

- To avoid confusion, review the direct object pronouns—**la**, **le**, **l'**, and **les**,
presented on page 199—and compare their use with the indirect object
pronouns. Remember that the indirect object is always preceded by **à**. The
following table points out the differences between the two types of pronouns.

NO OBJECT PRONOUNS	DIRECT OBJECT PRONOUNS	INDIRECT OBJECT PRONOUNS
J'offre **ce tableau à papa.**	Je **l'**offre à papa.	Je **lui** offre ce tableau.
Nous offrons **cette voiture aux enfants.**	Nous **l'**offrons aux enfants.	Nous **leur** offrons cette voiture.
Ils offrent **ces livres aux étudiants.**	Ils **les** offrent aux étudiants.	Ils **leur** offrent ces livres.

VÉRIFIEZ   Can you answer your questions about indirect object pronouns without looking at the book? If not, you may want to review the previous examples. If you are still not clear about when to use indirect object pronouns, ask a classmate or your instructor.

1. QUESTION D'ÉTIQUETTE

Comment allez-vous réagir (*react*) dans les circonstances suivantes ? Choisissez *a, b,* ou *a* et *b.*

1. Vous avez passé le week-end chez des amis français.

   a. Vous leur envoyez une lettre de remerciement.
   b. Vous leur envoyez le double des photos que vous avez prises pendant le week-end.

2. Des amis se marient.

   a. Vous leur envoyez une lettre de condoléances.
   b. Vous leur envoyez un cadeau.

3. Des amis vous annoncent la naissance de leur premier enfant.

   a. Vous leur offrez un petit cadeau pour le bébé.
   b. Vous leur envoyez une carte de vœux.

4. Un ami vous rend service.

   a. Vous lui donnez un pourboire.
   b. Vous lui offrez une bouteille de vin.

5. Des amis vous invitent à dîner chez eux.

   a. Vous leur apportez un bouquet de chrysanthèmes.
   b. Vous leur apportez des bonbons.

6. Vous voulez inviter un ami à une fête.

   a. Vous lui téléphonez pour l'inviter.
   b. Vous lui envoyez une invitation par fax.

7. C'est l'anniversaire d'un ami.

   a. Vous lui envoyez une carte de vœux.
   b. Vous lui offrez un petit cadeau.

2. QUEL CADEAU CHOISIR ?

André veut envoyer des cadeaux à sa famille au Burkina Faso. Regardez les images et décidez quel cadeau il offre à chaque membre de sa famille. Utilisez des pronoms compléments d'objet indirect.

un baladeur   un livre sur Paris   un moulin à café électrique

des chaussures de tennis   un livre sur le patchwork   un dictionnaire français-anglais

un cadre pour mettre
des photos   un puzzle   une poupée

Modèle : à sa tante qui fait du patchwork
André lui offre un livre sur le patchwork.

1. à sa sœur Lilianne qui est très sportive
2. à son neveu qui a 3 ans
3. à ses parents qui ont très envie de visiter Paris
4. à sa sœur Sarah qui étudie l'anglais
5. à son frère qui a 16 ans
6. à ses grands-parents qui ont beaucoup de petits-enfants
7. à sa sœur et à son beau-frère qui viennent de se marier
8. à sa nièce qui a 8 ans

3. SONDAGE

Interrogez cinq camarades de classe pour savoir quel cadeau ils ont offert à leur meilleur(e) ami(e) pour son anniversaire. Utilisez des pronoms compléments d'objet indirect quand c'est possible. Écrivez leurs réponses.

Modèle : Le meilleur ami de Thomas s'appelle David. Thomas lui a offert un livre pour son anniversaire.

4. LES RÉSULTATS DU SONDAGE

Comparez vos réponses aux réponses de vos camarades de classe et puis répondez aux questions suivantes.

1. Quel est le cadeau le plus pratique ?
2. Quel est le cadeau le moins pratique ?
3. Qui a offert le plus beau cadeau ?
4. Quel cadeau est-ce que vous aimeriez recevoir ? (J'aimerais recevoir...)

EXPRESSION-STRUCTURE (3)

LES PRONOMS COMPLÉMENTS D'OBJETS DIRECT ET INDIRECT : *ME, TE, NOUS ET VOUS*

You have already learned to use the third-person pronouns **le, la,** and **les** (third-person direct object pronouns) and **lui** and **leur** (indirect object pronouns) to avoid repeating the names of people or things that have already been mentioned.

	NOUN	PRONOUN
direct object pronouns	Tu connais **Arnaud** ?	Je **le** connais bien.
	*Do you know **Arnaud**?*	*I know **him** well.*
indirect object pronouns	Tu as parlé **à Arnaud** ?	Je **lui** ai parlé.
	*Did you speak **to Arnaud**?*	*I spoke **to him**.*

Here are some additional ways to refer to people who have already been mentioned. Try to figure out the meaning of the highlighted words in the following conversation.

CLARA :	Regarde, maman ! Mamy **m**'a offert ce patchwork qu'elle vient de terminer.
ANNE-MARIE :	Elle **t**'a offert ce beau patchwork ?
DOREL ET BENJAMIN :	Elle **nous** a offert des patchworks aussi !
ANNE-MARIE :	Elle **vous** a offert des patchworks aussi ! Dites donc ! Vous êtes bien gâtés ! Il est évident que votre grand-mère **vous** aime beaucoup.

• As you were probably able to figure out, **me (m')** means *me;* **te (t')** means *you;* **nous** means *us;* and **vous** means *you* (plural or formal).

As you study the following chart and examples, ask yourself these questions: What are the direct object pronouns? What are the indirect object pronouns? Which pronouns have the same form when they are direct and indirect object pronouns? Where are the pronouns placed 1) in the present tense, 2) in the **passé composé,** 3) with an infinitive, 4) in negative sentences, 5) in affirmative commands, and 6) in negative commands? When does the object pronoun **me** become **moi**?

• Unlike the third-person pronouns that you have already learned, *the first- and second-person object pronouns are identical for direct and indirect objects.*

- The following table presents a comparison of the direct object (**complément d'objet direct**) and indirect object (**complément d'objet indirect**) pronouns.

OBJECT PRONOUNS			
DIRECT OBJECT PRONOUNS		**INDIRECT OBJECT PRONOUNS**	
me (m')	*me*	me (m')	*to me*
te (t')	*you*	te (t')	*to you*
le (l')	*him, it*	lui	*to him, to her*
la (l')	*her, it*		
nous	*us*	nous	*to us*
vous	*you*	vous	*to you*
les	*them*	leur	*to them*
Arnaud **me** connaît. Arnaud **le** connaît.		Arnaud **me** parle. Arnaud **lui** parle.	

PLACEMENT

- **Me, te, nous,** and **vous** follow the same pattern as the third-person object pronouns.

PLACEMENT OF OBJECT PRONOUNS		
	AFFIRMATIVE	**NEGATIVE**
present	Arnaud **m'**invite.	Arnaud ne **m'**invite pas.
passé composé	Arnaud **m'**a invité.	Arnaud ne **m'**a pas invité.
with an infinitive	Arnaud va **m'**inviter.	Arnaud ne va pas **m'**inviter.

- You can also use direct and indirect object pronouns with the imperative. With a negative command, the order is exactly the same as with the present tense.

ne + pronoun + verb + **pas**

Ne **nous** parlez pas !

- However, in an affirmative command, the verb comes first, followed by a hyphen and the pronoun.

verb + hyphen + pronoun

Parlez-**nous** !

- Note that in an *affirmative* command, the pronoun **moi** is used, rather than **me**:

Parlez-**moi** !

AGREEMENT IN THE *PASSÉ COMPOSÉ*

- In the **passé composé**, the past participle of verbs conjugated with **avoir** agrees in gender and number with the preceding direct object.

MAUD : Où sont les jolies fleurs que tu as **achetées** hier ?

NATHALIE : Je les ai **offertes** à ma mère.

> **VÉRIFIEZ**   Are you able to answer your questions about direct and indirect object pronouns without looking at the book? If you are having difficulty deciding when to use object pronouns or if you are confused about their placement, ask your instructor or a fellow student for help.

1. QU'EST-CE QU'ON DIT DANS LES SITUATIONS SUIVANTES ?

Choisissez la bonne réponse dans la colonne des « réponses possibles » et indiquez votre choix dans la colonne « votre réponse ».

SITUATIONS	VOTRE RÉPONSE	RÉPONSES POSSIBLES
1. Vous rencontrez des amis de Christiane Vandeputte pour la première fois.	j	a. Je vous souhaite un joyeux Noël !
2. Vous arrivez en retard à un rendez-vous.	f	b. Toutes nos félicitations !
3. C'est le 25 décembre et vous téléphonez à des amis français.	a	c. Je vous remercie beaucoup, c'est très gentil.
4. Michèle Lachaud vous offre un dictionnaire anglais-français pour votre anniversaire.	c	d. Je te souhaite une bonne et heureuse année.
5. Vous et une copine rencontrez des amis qui viennent d'avoir un bébé.	b	e. Non, merci. J'ai bien mangé.
6. Vous arrivez chez des amis qui vous ont invité(e) à dîner.	i	f. Excusez-moi! J'ai raté le bus.
7. C'est le premier janvier et vous rencontrez un ami.	d	g. Je suis désolé(e) mais j'ai complètement oublié de t'appeler.
8. On vous offre une deuxième portion de dinde.	e	h. Je te souhaite un bon anniversaire.
9. Un copain fête ses vingt et un ans.	h	i. Je vous ai apporté ce petit bouquet de fleurs.
10. Vous avez oublié de téléphoner à une copine.	g	j. Je suis ravi(e) de faire votre

2. LES VIDONNE VOUS ONT INVITÉ(E) POUR PÂQUES AVEC UN(E) AMI(E)

Avec un(e) camarade, décidez s'il est correct de dire les choses suivantes aux personnes indiquées. Sinon, essayez de dire la même chose de façon polie.

Modèle :   « Passez-moi les petits pois. »
Ce n'est pas correct. Il est plus poli de dire : « J'aimerais des petits pois, s'il vous plaît. »

1. « Montre-moi ton dessin (*drawing*). Il est très beau ! » (à Clara)
2. « Donnez-moi encore du gigot ! J'ai faim ! » (à Madame Vidonne)
3. « Ne nous servez pas de haricots verts. Nous n'aimons pas les légumes. » (à Monsieur Vidonne)
4. « Passe-moi l'eau, s'il te plaît. » (à votre ami)
5. « Allez ! Va chercher la balle ! » (au chien [*dog*] des Vidonne)
6. « Ne viens pas avec nous au cinéma. » (à Jean-Baptiste)
7. « Raconte-nous ton histoire préférée. » (à Benjamin)
8. « S'il vous plaît, donnez-nous la recette de votre tarte au citron. Elle est délicieuse ! » (à Madame Vidonne)

3. QU'EST-CE QU'ON FAIT CHEZ VOUS ?

Vous êtes toujours chez les Vidonne, et Clara vous pose des questions au sujet des coutumes de votre pays. Comment répondez-vous ? Jouez cette conversation avec un(e) camarade de classe.

CLARA : Est-ce qu'on vous offre des cadeaux pour votre anniversaire ?
VOUS : _____

CLARA : Les cloches vous apportent-elles des œufs en chocolat pour Pâques ?
VOUS : _____

CLARA : Vous regardez souvent la télé ?
VOUS : _____

CLARA : Vous aimez les hamburgers ?
VOUS : _____

CLARA : On vous invite à des bals costumés pour fêter Mardi gras ?
VOUS : _____

CLARA : Est-ce que le père Noël vous apporte des cadeaux ?
VOUS : _____

4. UNE FÊTE D'ANNIVERSAIRE CHEZ LES PEUTEUIL

Alexandre et Simon, les fils jumeaux (*twin sons*) de Nancy Peuteuil, viennent de fêter leur anniversaire et ils ont reçu des cadeaux. Ils doivent donc écrire quelques cartes de remerciement. Complétez ces cartes avec un pronom complément d'objet direct ou indirect.

1.

Chère Bonne-maman et cher Bon-papa,
Nous _____ remercions beaucoup des tee-shirts que vous _____ avez envoyés. Ils sont parfaits pour jouer au basket ! Merci aussi pour les livres américains. Maman _____ envoie une photo de nous deux qu'elle a prise le jour de notre anniversaire. Nous sommes grands, n'est-ce pas ? Nous sommes sûrs que vous _____ trouvez changés depuis l'année dernière.
Toute la famille _____ envoie de grosses bises et nous attendons avec impatience le moment de votre prochaine visite.
Bisous, Simon

2.

Cher oncle Stéphane,

Je _____ remercie pour le puzzle.
Tu sais bien que je les adore!
Est-ce que tu as reçu la carte
que je _____ ai envoyée pour
ton anniversaire? Quand est-ce que
tu vas venir _____ rendre visite?
J'ai beaucoup de choses à _____
montrer. D'abord, notre petit chat?
Tigre. Papy _____ a donné ce petit
chat qu'il a trouvé dans son garage.
Depuis qu'il est à la maison, il
_____ suit partout jusque dans
mon lit. J'ai aussi beaucoup de
nouveaux disques laser que je
vais _____ montrer.
    Téléphone-_____ bientôt

                    Alex

INTERACTION

QUEL CADEAU OFFRIR ?

Maud et Lionel ne savent pas quels cadeaux offrir à leur famille pour Noël. Alors ils demandent à leurs amis de décrire les cadeaux qu'ils ont choisis pour leur propre famille (*their own family*). Avec un(e) camarade de classe, jouez les rôles de Maud (regardez à la page 735) et de Lionel (regardez à la page 745) pour compléter leurs listes.

Modèle :   MAUD :   Qu'est-ce que Céline va offrir à sa mère ?
            LIONEL :   Elle va lui offrir du parfum.
            LIONEL :   Qu'est-ce que Céline va offrir à ses grands-parents ?
            MAUD :   Elle va leur offrir des bonbons.

EXPRESSION-VOCABULAIRE (2)

LES EXPRESSIONS DE TEMPS ET DE FRÉQUENCE

Voici des expressions qui sont très utiles pour parler des actions habituelles :

autrefois *in the past*
à cette époque-là *back then/at that time*
chaque (année) *each (year)*
tout le temps *all the time*
tous les jours *every day*
toujours *always*
normalement *normally/usually*
souvent *often*
d'habitude *usually*
généralement *generally*

le + les jours de la semaine

le samedi *Saturdays, every Saturday*
le lundi *Mondays, every Monday*

le + les saisons

l'été *summers, every summer*
l'hiver *winters, every winter*

le + les moments de la journée

le matin *mornings, every morning*
le soir *evenings, every evening*

1. PÂQUES

Clara décrit comment sa famille fête traditionnellement Pâques. Mettez son explication dans un ordre logique.

_____ Quand tous les membres de la famille sont arrivés, les enfants cherchent des œufs en chocolat dans le jardin.

_____ On mange souvent une tarte au dessert.

_____ Chaque année, on fête Pâques chez Mamy.

__1__ À Pâques, il y a toujours du gigot. On en mange avec des haricots verts comme plat principal.

_____ Après le déjeuner, les enfants ont le droit de manger des bonbons.

_____ Pendant le repas, les grandes personnes boivent du vin et les enfants boivent de l'eau minérale.

_____ En entrée, il y a souvent du saumon fumé et des huîtres (*oysters*).

_____ À midi, tous mes oncles, tantes et cousines arrivent pour déjeuner avec nous chez Mamy.

_____ Normalement, les grandes personnes prennent un apéritif et les petits boivent des jus de fruits ou du coca avant le déjeuner.

_____ Après le repas, les adultes restent toujours longtemps à table à discuter.

_____ Quand les enfants ne trouvent pas les œufs en chocolat, leurs parents les aident à les trouver.

2. LES VACANCES ET LES WEEK-ENDS
Indiquez si les phrases suivantes sont vraies ou fausses pour vous.

1. Normalement, je dors tard le matin.
2. Le week-end, je dois travailler.
3. L'été, je vais souvent à la plage.
4. Généralement, je dîne avec ma famille le soir.
5. Je regarde la télévision chaque jour.
6. Je sors souvent avec mes amis le samedi soir.
7. Je fais du sport régulièrement.
8. L'après-midi, je fais la sieste.
9. L'hiver, je fais du ski chaque week-end.
10. Je pars en vacances avec ma famille chaque été.

3. FAITES DES COMPARAISONS
Comparez vos réponses à l'activité 2 avec les réponses d'un(e) camarade de classe. Ensuite, écrivez quatre comparaisons.

Modèle :   Pendant les vacances, Amy et moi, nous regardons la télévision chaque jour.

Pendant les vacances, Amy regarde la télévision chaque jour, mais moi, je regarde la télévision seulement le week-end.

ACTION-APPROFONDISSEMENT (2)

LA VEILLE DE NOËL CHEZ LES VANDEPUTTE QUAND MAUD ÉTAIT PETITE

PRÉPAREZ-VOUS

Maud a de beaux souvenirs de la veille de Noël (le 24 décembre) quand elle était petite. Elle va nous raconter comment on fêtait Noël chez elle autrefois.

Remember! Don't skip the **Préparez-vous** activities that precede the video segment. They are designed to help you anticipate the content of the video segment so you will understand it more easily. In this case, **Préparez-vous** will remind you of what you already know about Christmas. As you watch the video, be alert to the many visual clues Maud uses in her description of Christmas Eve. Finally, don't forget that you are listening to French as it is really spoken, so as a first-year student you are not expected to understand every word.

1. LA FÊTE DE NOËL

Avant de regarder la vidéo, réfléchissez un instant. Quels sont les divers aspects de la fête de Noël ?

ASPECTS DE LA FÊTE	OUI ?	NON ?
le père Noël	'	
un traîneau et des rennes	ˏ	
des feux d'artifice		˒
un grand repas	ˏ	
un gâteau		ˏ
des bals costumés		ˏ
l'église	ˏ	
des œufs en chocolat		ˏ
un sapin décoré	ˏ	
une réunion de famille	ˏ	
des cadeaux	ˏ	
une dinde	ˏ	
des défilés militaires		ˏ
des bonbons	ˏ	
jouer dans la neige	ˏ	

2. AUJOURD'HUI TU AS LE DROIT DE... (*TODAY YOU ARE ALLOWED TO . . .*)

Les jours de fêtes, les enfants ont souvent le droit de faire des choses exceptionnelles. Indiquez trois privilèges qui sont accordés aux enfants les jours de fêtes.

Modèle :   Les enfants ont le droit de manger des bonbons.

REGARDEZ

1. MAUD RACONTE...

Maintenant, regardez et écoutez Maud. Mettez les phrases dans le bon ordre. La première phrase est indiquée.

_____ a. Les enfants jouent ensemble.

_____ b. Les enfants ouvrent leurs cadeaux.

_____ c. D'autres membres de la famille arrivent.

_____ d. Les enfants font dodo.

_____ e. Le père Noël laisse des cadeaux pour les enfants.

_____ f. La mère ou la grand-mère de Maud voit (*sees*) le traîneau et les rennes du père Noël par la fenêtre.

_____ g. La famille dîne ensemble.

__1__ h. Les Vandeputte arrivent chez leurs parents (*relatives*).

2. VRAI OU FAUX ?

Indiquez si les phrases suivantes sont vraies ou fausses. Si elles sont fausses, indiquez la bonne réponse.

_____ 1. Maud et sa famille fêtent Noël chez les grands-parents.

_____ 2. L'oncle et les deux tantes de Maud sont invités chez les grands-parents pour Noël.

_____ 3. Maud et Lionel ont seulement un cousin.

_____ 4. Les grands prennent l'apéritif avant le dîner.

_____ 5. La veille de Noël, la famille dîne à neuf heures environ.

_____ 6. Ils mangent du jambon avec des marrons.

_____ 7. Les enfants ont le droit de boire du champagne.

_____ 8. Pour le dessert, il y a toujours une grande tarte aux pommes.

_____ 9. Avant le dîner, les enfants jouent ensemble dans la neige.

_____ 10. Le grand-père de Maud se déguise en père Noël.

_____ 11. Le père Noël descend par la cheminée.

_____ 12. Les enfants ont le droit de regarder le père Noël.

_____ 13. Le père Noël est silencieux.

_____ 14. Les enfants ouvrent leurs cadeaux le matin de Noël.

EXPANSION

LA VEILLE DE NOËL

Utilisez vos réponses dans l'activité précédente pour décrire par écrit la veille de Noël chez Maud. Mettez les verbes *au présent*. Utilisez six expressions de la liste suivante pour indiquer des actions habituelles :

toujours	chaque année
normalement	le soir
souvent	d'habitude
tous les ans	généralement

Modèle :   **Chaque année,** Maud et sa famille fêtent Noël chez les grands-parents...

EXPRESSION-STRUCTURE (4)

L'IMPARFAIT

As you already know from **Unité 5**, the **passé composé** is used to refer to actions completed in the past. However, the **passé composé** is not the only past tense in French; another very important past tense is the **imparfait** (*imperfect*). Like the **passé composé**, the **imparfait** can be translated in more than one way into English. While reading Christiane Vandeputte's description of Christmas when she was a child, pay special attention to the highlighted words. Can you figure out from the context one of the uses of the **imparfait**?

CHRISTIANE : Quand j'étais enfant, on fêtait **toujours** Noël en famille. **Chaque année,** ma mère, mon père, mon frère et moi, mes oncles, mes tantes et mes cousins, allions tous chez mes grands-parents. **D'habitude,** nous arrivions vers sept heures. **Normalement,** les grands prenaient l'apéritif avant le dîner. Nous, les enfants, on buvait du jus de fruits et on jouait. On mangeait **souvent** des huîtres ou du saumon fumé en entrée. **Habituellement,** ma grand-mère préparait une dinde aux marrons. **Généralement,** on terminait le repas avec une bûche de Noël au chocolat.

As you were probably able to figure out, one of the uses of the imperfect, or **imparfait,** is to describe habitual actions in the past, actions that you *used to do regularly.* You will learn other uses of the imperfect in **Leçon 2.**

As you study the following examples, ask yourself: What is one important use of the imperfect? How is the imperfect formed: what is the stem for the imperfect? What are its endings? Which endings are pronounced exactly alike? What is the one verb that has an irregular stem in the imperfect? What is its irregular stem?

- To form the **imparfait,** replace the **-ons** ending of the **nous** form of the present tense with the imperfect endings: **-ais, -ais, -ait, -ions, -iez, -aient.** The verb **parler** is used as an example in the following table.

PARLER—NOUS PARLONS			
SUBJECT	**STEM**	**ENDING**	**IMPERFECT**
je		**-ais**	je parl**ais**
tu		**-ais**	tu parl**ais**
il/elle/on	**parl-**	**-ait**	elle parl**ait**
nous		**-ions**	nous parl**ions**
vous		**-iez**	vous parl**iez**
ils/elles		**-aient**	ils parl**aient**

- With the exception of **être,** *all* French verbs—even those that are irregular in the present—follow the same pattern for forming the imperfect tense. Here are some examples.

	INFINITIVE	*NOUS* **FORM OF PRESENT TENSE**	*JE* **FORM OF THE IMPERFECT**	*NOUS* **FORM OF THE IMPERFECT**
regular	donner	nous **donn**ons	je donnais	nous donnions
	finir	nous **finiss**ons	je finissais	nous finissions
	attendre	nous **attend**ons	j'attendais	nous attendions
irregular	aller	nous **all**ons	j'allais	nous allions
	avoir	nous **av**ons	j'avais	nous avions
	boire	nous **buv**ons	je buvais	nous buvions
	devoir	nous **dev**ons	je devais	nous devions
	dormir	nous **dorm**ons	je dormais	nous dormions
	faire	nous **fais**ons	je faisais	nous faisions
	mettre	nous **mett**ons	je mettais	nous mettions
	prendre	nous **pren**ons	je prenais	nous prenions
	savoir	nous **sav**ons	je savais	nous savions
	venir	nous **ven**ons	je venais	nous venions
	vouloir	nous **voul**ons	je voulais	nous voulions

- The verb **être** has an irregular stem but regular endings.

ÊTRE			
j'	étais	nous	étions
tu	étais	vous	étiez
il/elle/on	était	ils/elles	étaient

- In the **imparfait,** the endings -ai$\cancel{s}$, -ai$\cancel{s}$, -ai$\cancel{t}$, and -ai$\cancel{ent}$ all sound the same: Only the sound **ai** is pronounced for all four endings.
- The **imparfait** is often used in French in cases where English speakers use the expressions *used to* and *would.*

Quand j'étais enfant, **j'allais** en colonie de vacances chaque été.	*When I was a child,* **I used to go/ would go** *to camp every summer.*

- An important point to remember about the imperfect is that it describes actions that have no stated specific beginning or end.

Quand j'étais enfant, j'aimais beaucoup les bonbons.	*When I was a child, I loved candy. (There is no specific mention of when childhood began or ended.)*

> **VÉRIFIEZ** Were you able to answer your questions about the imperfect without looking at the book? Because the **nous** form of the present is used as the imperfect stem, you may want to review the present tense of the irregular verbs that you have learned.

1. QUAND J'ÉTAIS PLUS JEUNE

Qu'est-ce que vous aimiez ou détestiez quand vous étiez plus jeune ? En employant les mots de la liste suivante, dites ce que vous aimiez ou détestiez à l'âge de huit ans et au lycée.

Modèle :   aimer (activité)

—À huit ans, j'aimais jouer au Monopoly.
—À huit ans, j'aimais jouer avec mon GameBoy.
—Au lycée, j'aimais sortir avec mes copains.
—Au lycée, j'aimais jouer au tennis.

aimer (activité)	mon émission de télévision préférée était...
détester (activité)	faire (après l'école)
manger souvent	faire (le samedi matin)
détester (nourriture)	faire (le samedi soir)
boire (aux repas)	aller au lit à (heure)
mettre souvent (vêtements)	dormir (heures par nuit)
écouter les chansons de...	vouloir être (profession)

2. ET VOS CAMARADES DE CLASSE ?

Est-ce que vos camarades de classe faisaient les choses suivantes quand ils étaient petits ? Posez des questions à deux camarades de classe.

Modèle :   —Quand tu étais petit(e), est-ce que tu préparais le petit déjeuner pour ta mère pour la fête des Mères ?
—Oui, je lui servais toujours le petit déjeuner au lit.

1. pour la fête des Mères

   a. préparer/le petit déjeuner pour ta mère
   b. faire/un cadeau à l'école
   c. dessiner/une carte de vœux

2. pour la fête nationale

   a. faire/un pique-nique
   b. manger/un repas spécial
   c. passer la journée/avec des amis
   d. regarder/des défilés militaires
   e. regarder/des feux d'artifice

3. pour « Halloween »

   a. porter/un déguisement
   b. demander/des bonbons aux voisins
   c. faire/de mauvais tours (*play tricks*) aux voisins
   d. recevoir/des choses intéressantes

LECTURE

INTRODUCTION

Comme vous l'avez déjà vu au début de cette leçon, la population française est très diverse. Cependant, quelquefois les groupes minoritaires, surtout les enfants, se sentent (feel) un peu exclus. Dans ce texte, un jeune Maghrébin décrit ses sentiments au moment de Noël quand il était petit.

PRÉPARATION À LA LECTURE

1. Avez-vous des amis qui ne sont pas de la même origine ou de la même religion que vous ?

2. Quelles sont leurs fêtes ?

3. Comment est-ce que ces fêtes ressemblent aux fêtes que vous célébrez ? En quoi sont-elles différentes ?

4. Avez-vous déjà participé à une fête que vous ne célébrez pas dans votre famille ?

Remember to look for cognates! When you come to an unfamiliar word, ask yourself: Is this word like an English word (or a word in my native language)? Beware also of **faux amis.** For example, **les patrons** means *owners* or *employers,* not *customers.*

Le Noël de Béni

le père Noël/never

sparkling stars
lambs

Noël et son père barbu° ne sont jamais° venus chez nous, et pourtant Dieu sait si nous sommes hospitaliers ! Jamais de beau sapin devant la cheminée, de lumières multicolores et d'étoiles scintillantes°, encore moins de crèche avec des petits Jésus et des moutons° en chocolat. Rien du tout. Et tout ça parce que notre chef à nous c'est Mohamed.

Alors, mon père ne voulait pas entendre parler du Noël des Chrétiens. Il disait que nous avions nos fêtes à nous. Mais les fêtes des Arabes n'étaient pas spécialement célébrées pour les enfants.

Heureusement, dans l'entreprise où travaillait mon père, on pensait beaucoup aux enfants des employés et, pendant le mois de décembre, les patrons organisaient une fête, la fête de l'arbre de Noël. Comme elle avait lieu dans le centre de Lyon, place Guichard, nous disions que c'était la fête de la place Guichard.

coupons for a free toy

we felt/close to

Quelques jours avant le grand gala, mon père nous apportait les bons de jouets° à échanger pendant la fête. Il y en avait un pour chacun. C'était le plus grand moment de l'année, celui où, avec mes frères et sœurs, nous nous sentions° vraiment proches° des Français. De leurs bons côtés.

Azouz Begag. *Béni ou le paradis privé.* Paris : Éditions du Seuil, 1989, pp. 7–8 (modifié).

AVEZ-VOUS COMPRIS ?

1. Choisissez la phrase qui résume le mieux l'idée principale du texte.
   a. Le père de Béni refusait de fêter Noël parce qu'il détestait ses patrons.
   b. Béni aimait la fête de Noël à cause des décorations de Noël.
   c. Au moment de Noël, Béni se sentait à la fois (*at the same time*) plus différent et plus proche des Français.

2. Répondez aux questions suivantes.
   a. Comment s'appelle le narrateur ?
   b. Dans quelle ville est-ce que le narrateur habite ?
   c. De quelle fête chrétienne est-ce que le narrateur parle ?
   d. Quels aspects de cette fête est-ce que le narrateur aime ?
   e. Quelle est la religion du narrateur et de sa famille ?
   f. Quelle reproche est-ce que le narrateur fait aux fêtes islamiques ?
   g. Qui organisait une fête chaque année ?
   h. Comment est-ce que les enfants appelaient cette fête ?
   i. Qu'est-ce que les enfants recevaient en échange de leurs bons ?
   j. Pourquoi est-ce que cette fête était le plus grand moment de l'année pour le narrateur ?

3. Utilisez vos réponses à l'activité 2 pour compléter le résumé suivant.

Je m'appelle _____. Quand j'étais enfant, j'habitais avec ma famille dans la ville de _____. Ma famille ne fêtait pas _____ parce que nous ne sommes pas chrétiens. Nous sommes _____. Je trouvais que les fêtes islamiques n'étaient pas faites pour les _____. Je voulais avoir un sapin de Noël, _____, _____, _____, _____ et _____. Heureusement, chaque année _____ organisaient la fête _____, place Guichard. À la fête chaque enfant pouvait échanger un bon pour un _____. C'était un moment important pour moi parce que, à ce moment-là, je me sentais _____.

LA LANGUE

1. Trouvez tous les verbes qui sont à l'imparfait et ensuite, identifiez leurs infinitifs.

2. Pourquoi est-ce que l'auteur utilise l'imparfait presque exclusivement dans ce texte ?

EXPANSION

1. Choisissez votre fête préférée et répondez aux questions suivantes par écrit. Quand est-ce que la fête arrive ? Avec qui est-ce que vous passez cette fête ? Qu'est-ce que vous mangez et buvez ? Quelles activités faites-vous ?

votre anniversaire	le Nouvel An
la fête nationale	Pâques
Hannouka	Thanksgiving
Mardi gras	une autre fête ?

2. Utilisez vos réponses de l'activité précédante pour décrire votre fête préférée à des camarades de classe.

1

2

3

UNITÉ 6
Leçon 2

Quand j'étais enfant...

MES OBJECTIFS COMMUNICATIFS

Describe the way things used to be, what people looked like, how they felt, where they were and when

LES CLÉS CULTURELLES

Narrate events from the past

REGARDONS LES IMAGES

QUI EST-CE ?

Voilà des photos de plusieurs de vos amis bisontins quand ils étaient plus jeunes. Est-ce que vous reconnaissez ces personnes ? Décidez quelle légende correspond à chaque photo.

Clara joue de l'accordéon.
On baptise Hadrien.
Sébastien dort.

EXPRESSION-VOCABULAIRE (1)

AUJOURD'HUI ET AUTREFOIS

Voici des expressions qui vous aideront à parler du présent et du passé.

raconter une histoire/une anecdote/ parler d'un souvenir	*to tell a story/an anecdote/to talk about a recollection*
discuter (d')un événement	*to discuss an event*
expliquer un fait	*to explain a fact*

Il y a 40 ans, la vie était différente. **Au lieu de regarder** la télévision, les gens discutaient et on racontait des histoires.

il y a + period of time elapsed *ago*

Je suis né(e) **il y a 30 ans.**	*I was born 30 years **ago.***
J'ai déjeuné **il y a deux heures.**	*I ate lunch two hours **ago.***
Il y a cent ans, il n'y avait pas de télévision.	*A hundred years **ago**, there was no TV.*

au lieu de + infinitive *instead of*

Aujourd'hui, **au lieu de jouer** dans le jardin, trop d'enfants regardent la télévision.	*Today, **instead of playing** in the yard, too many children watch television.*
Aujourd'hui, **au lieu d'utiliser** des lampes à pétrole, nous avons l'électricité.	*Today, **instead of using** oil lamps, we have electricity.*

1. ANNE-MARIE RACONTE UN SOUVENIR D'ENFANCE

Regardez l'image et utilisez les mots suivants pour compléter l'histoire que raconte Anne-Marie.

la cheminée   discutaient   expliquait   histoires   racontait

Quand j'étais enfant, toute la famille se rassemblait chez mes grands-parents le dimanche pour le déjeuner. Après le déjeuner, au lieu de regarder la télévision, les adultes _____ ensemble. Papy et nous, les enfants, on s'installait devant _____ et Papy _____ des histoires pendant des heures. Sou-

vent il nous _____ comment la vie était autrefois. J'adorais surtout les _____ où il parlait des aventures réelles ou imaginaires de notre famille.
Je garde un très bon souvenir de ces journées passées en famille.

2. AUJOURD'HUI ET AUTREFOIS

De quelles façons est-ce que les choses ont changé ? Dites ce que, à votre avis, les gens faisaient autrefois.

Modèle : Autrefois, au lieu de regarder la télévision, les gens discutaient ensemble.

Autrefois, au lieu de...

boire du coca avec le repas, les gens _____
mettre un jean, les jeunes _____
téléphoner à ses amis, on _____
aller danser le samedi soir dans des discothèques, les jeunes _____
voyager en avion, on _____
jouer à des jeux vidéo, les enfants _____
faire du sport, les jeunes filles _____
utiliser l'ordinateur pour écrire leurs compositions, les étudiants _____
aller au supermarché une fois par semaine, les gens _____

3. CLARA INTERROGE SON GRAND-PÈRE

Clara pose des questions à son grand-père, Albert Vidonne, qui a 76 ans. Complétez ses questions logiquement en utilisant les expressions suivantes avec **il y a** :

il y a 8 ans   il y a 58 ans   il y a longtemps
il y a 14 ans   il y a une heure   il y a 50 ans

Albert Vidonne, 76 ans

Modèle : CLARA : Est-ce que tu as toujours habité à Besançon ?
M. VIDONNE : Non, j'ai habité aussi à St. Malo.
CLARA : C'était quand ?
M. VIDONNE : **Eh bien, il y a longtemps,** quand j'étais à l'école primaire.

CLARA : Quand est-ce que tu as fait ton service militaire ?
M. VIDONNE : J'ai fait mon service militaire _____ quand j'avais 18 ans.
CLARA : Quand est-ce que tu t'es marié avec Mamy ?
M. VIDONNE : On s'est marié quand j'avais 26 ans, c'est-à-dire _____.
CLARA : Depuis combien de temps est-ce que toi et Mamy, vous habitez dans cette maison ?
M. VIDONNE : Bon, on l'a achetée l'année où tu es née, c'est-à-dire _____.
CLARA : Tu sais Papy, je suis contente qu'on habite si près de toi et de Mamy.

4. ET VOUS ?

Demandez à un(e) camarade de classe quand il/elle a fait les choses suivantes.

Modèle : —La dernière fois que tu es allé(e) au cinéma, c'était quand ?
—Je suis allé(e) au cinéma il y a deux semaines.

1. manger une pizza
2. jouer au Candyland
3. boire du lait au chocolat
4. jouer à cache-cache (*hide and seek*)
5. aller à un concert
6. téléphoner à ton/ta meilleur(e) ami(e)
7. sortir avec tes amis au restaurant

ACTION

« AUTREFOIS, IL Y AVAIT LES VEILLÉES... »

PRÉPARONS-NOUS

> **LES VEILLÉES** Autrefois, quand il n'y avait pas de télévision, les relations entre les gens étaient différentes, surtout à la campagne où les distractions étaient plus rares. Les amis et les voisins avaient l'habitude de passer la soirée ensemble : on appelait cela **une veillée.** Toutes les générations étaient présentes. On racontait des histoires, on mangeait, on faisait de petits travaux manuels ensemble. C'était une façon de transmettre oralement les traditions et de maintenir la cohésion dans les communautés.

REGARDONS ENSEMBLE

Daniel et Christiane décrivent une veillée traditionnelle, c'est-à-dire une soirée passée entre amis et membres de la famille. Écoutez leur conversation, et puis répondez aux questions suivantes.

1. LES VEILLÉES TRADITIONNELLES

D'après Daniel, quelles activités étaient caractéristiques des veillées traditionnelles ?

LORS D'UNE VEILLÉE TRADITIONNELLE, EST-CE QU'ON...	OUI	NON
regardait la télé ?		
jouait à des jeux vidéo ?		
discutait ?		
racontait des histoires ?		
buvait du vin ?		
mangeait une pizza ?		
parlait ?		
buvait du coca ?		
regardait des vidéos ?		
écoutait des disques laser ?		
dansait ?		
jouait d'un instrument de musique ?		
jouait au bridge ?		
faisait un barbecue ?		
parlait politique ?		

2. QUELLE EST L'OPINION DE DANIEL ?

D'après la vidéo, quelle phrase résume le mieux l'opinion de Daniel sur les veillées d'autrefois ?

_____ 1. Autrefois, les gens étaient plus proches les uns des autres.

_____ 2. Autrefois, les gens buvaient beaucoup pendant les veillées.

_____ 3. Autrefois, les veillées étaient surtout un phenomène urbain, pas un phenomène rural.

_____ 4. Autrefois, les gens s'ennuyaient (*were bored*) le soir.

_____ 5. Autrefois, les gens se couchaient (*went to bed*) toujours très tôt.

EXPANSION

1. ET VOUS?

Répondez aux questions suivantes. Après, posez ces questions à plusieurs camarades de classe.

Quand vous étiez petit(e)...

1. qui vous racontait des histoires le plus souvent ?
2. quand est-ce qu'on vous racontait des histoires ? (avant de dormir, etc.)
3. où est-ce que vous étiez quand on vous racontait des histoires ? (dans le salon, dans votre chambre, etc.)
4. est-ce que vous préfériez les histoires inventées ou les histoires où l'on parlait des membres de votre famille ?
5. est-ce qu'il y avait un membre de votre famille qui savait bien raconter les histoires ?
6. quel était le titre de votre livre préféré ?
7. quelles sortes d'histoires vous faisaient peur ?

2. LA TÉLÉVISION—UN BIEN OU UN MAL?

Comment est-ce que l'invention de la télévision a changé notre vie ? Avec des camarades de classe, indiquez quatre changements que la télévision a apportés dans notre vie. Après, indiquez si chaque changement est plutôt un bien ou plutôt un mal.

Modèle :   Autrefois, les enfants jouaient dehors (*outside*) après l'école.
             Aujourd'hui, beaucoup d'enfants préfèrent regarder la télévision.
                 C'est plutôt un mal.

AUTREFOIS	AUJOURD'HUI	PLUTÔT UN BIEN	PLUTÔT UN MAL
1.			
2.			
3.			
4.			

EXPRESSION-STRUCTURE (1)

L'IMPARFAIT : ACTION CONTINUE

Have you noticed that not all uses of the imperfect refer to habitual actions? Study the following examples and see if you can figure out another way the imperfect tense is used.

Arnaud wonders why nobody answered the phone when he called home an hour ago.

ARNAUD :   Pourquoi est-ce que vous n'avez pas répondu au téléphone quand j'ai appelé il y a une heure ?
GÉRARD :   Je **bricolais** dans le garage et je n'ai pas entendu le téléphone.
SÉBASTIEN :   Désolé, **je jouais** au basket avec Loïc et Jean-Baptiste.
MICHÈLE :   Et moi, je **faisais** du jardinage et je n'ai pas entendu le téléphone non plus.

As you study the following explanations and examples, ask yourself these questions: In addition to expressing habitual actions, what is another way in which the **imparfait** is used? What tenses do I use to express several actions that are in progress or are continuing at the same time in the past? What tenses do I use when an ongoing action is interrupted by another action?

- As you may have been able to figure out, another use of the imperfect is to describe ongoing activities in the past that were continuous, *with no specific beginning or end.* This use of the **imparfait** is equivalent to the English construction *was/were . . . ing* (*I was eating, we were dancing, they were studying, he was sleeping*). Notice that in French (unlike in English), you do not use the helping verb *to be* in the imperfect.

  À huit heures hier soir, je **dînais.**   *At eight o'clock last night, I **was eating** dinner. (We know the person was in the process of eating at eight, but we don't know when he or she began or finished dinner.)*

  À minuit, je **dormais.**   *At midnight, I **was sleeping.***

- The imperfect can be used with **pendant que** (*while*) to describe several actions that are ongoing *at the same time* in the past. Both verbs are in the **imparfait.**

  Michèle **lisait** un livre **pendant que** Gérard **travaillait** dans son bureau.   *Michèle **was reading** a book **while** Gérard **was working** in his office.*

- The **imparfait** and the **passé composé** can be used in the same sentence to describe a continuous action (**imparfait**) in the past that was *interrupted* by a *specific completed action* (**passé composé**).

L'IMPARFAIT *CONTINUOUS ACTIONS*

ACTIONS	TENSE	LINKING WORDS
one ongoing action in the past	**imparfait**	——
two simultaneous ongoing actions in the past	**imparfait, imparfait**	**pendant que**
one ongoing action interrupted by a specific action	**imparfait, passé composé**	**quand**

Hier matin à neuf heures, Gérard **travaillait** dans son bureau.

*Yesterday morning at nine o'clock, Gérard **was working** in his office.*

À sept heures hier soir, Daniel **préparait** le dîner.

*At seven o'clock yesterday evening, Daniel **was preparing** dinner.*

Arnaud et Sébastien **faisaient** leurs devoirs **pendant que** nous **regardions** la télé.

*Arnaud and Sébastien **were doing** their homework **while** we **were watching** TV.*

Hier, Nathalie **dormait pendant que** le prof de philosophie **parlait** de Freud.

*Yesterday Nathalie **was sleeping while** the teacher **was talking** about Freud.*

Nous **dînions quand** Arnaud **est arrivé.**

*We **were eating** dinner **when** Arnaud **arrived.***

Il **pleuvait quand** je **suis sorti(e)** de chez le coiffeur.

*It **was raining when** I **left** the hair salon.*

Nancy **regardait** la télé **quand** ses parents **ont téléphoné** des États-Unis.

*Nancy **was watching** TV **when** her parents **called** from the U.S.*

VÉRIFIEZ Try to explain to someone else the two uses of the imperfect that you have learned so far. Can you do it without looking at the book? Can you give an example of each use of the imperfect? If not, you may want to review the uses of the **imparfait** before your next class. Don't forget! In French, you don't use the helping verb **être** in the imperfect.

Je **travaillais** (no helping verb).

I was working (helping verb *to be*).

1. QU'EST-CE QU'ILS FAISAIENT ?

Samedi dernier, Anne-Marie a travaillé tout l'après-midi. Regardez les images et dites ce que tout le monde faisait a) au moment où elle est partie, b) pendant son absence et c) quand elle est rentrée.

Modèle :   a. Au moment où Anne-Marie est partie, Jean-Baptiste passait l'aspirateur.

Modèle :   b. Pendant qu'Anne-Marie travaillait, Jean-Baptiste regardait la télé.

Modèle : c. Quand Anne-Marie est rentrée, Jean-Baptiste faisait ses devoirs.

2. QU'EST-CE QUE TU FAISAIS... ?

Trouvez un(e) étudiant(e) qui faisait une des choses suivantes samedi dernier à midi.
Écrivez le nom de la personne qui faisait chaque activité.

Modèle : VOUS : Qu'est-ce que tu faisais samedi dernier à midi ?
SARAH : Je faisais des achats.

QU'EST-CE QUE TU FAISAIS SAMEDI DERNIER À MIDI ?	NOM
Trouvez quelqu'un qui dormait.	
Trouvez quelqu'un qui déjeunait.	
Trouvez quelqu'un qui faisait le ménage.	
Trouvez quelqu'un qui parlait au téléphone.	
Trouvez quelqu'un qui était à la bibliothèque.	
Trouvez quelqu'un qui faisait des achats.	(Sarah)
Trouvez quelqu'un qui regardait la télévision.	
Trouvez quelqu'un qui faisait ses devoirs.	
Trouvez quelqu'un qui faisait du sport.	

ACTION-APPROFONDISSEMENT (1)

QUAND ANDRÉ EST ARRIVÉ EN FRANCE

PRÉPAREZ-VOUS

1. OH LÀ LÀ !

Tout le monde fait des gaffes (*culturally inappropriate actions*) de temps en temps. Imaginez que vous vous trouvez dans les situations suivantes; indiquez votre réaction et la réaction des autres. Voici quelques réactions possibles :

J'étais / Il/Elle était...

gêné(e) (*embarrassed*)	amusé(e)
furieux(euse)	choqué(e)
offensé(e)	surpris(e)

LA SITUATION	VOTRE RÉACTION	LA RÉACTION DES AUTRES
Vous n'êtes pas allé(e) travailler au bureau hier matin parce que vous étiez malade, mais hier soir vous avez rencontré votre patron au cinéma.		
Vous êtes arrivé(e) à une fête où tout le monde était très bien habillé, mais vous, vous portiez un jean.		
Vous avez critiqué quelqu'un, mais après, vous avez découvert que c'était la sœur de la personne à qui vous parliez.		
Pendant l'apéritif, vous avez expliqué à votre hôtesse que vous détestiez le couscous. Quand vous êtes passé(e) à table vous avez découvert que le couscous était le plat principal !		
Vous êtes invité(e) à l'anniversaire d'un(e) ami(e). Vous lui offrez un cadeau, mais vous remarquez que trois autres personnes lui ont déjà offert la même chose.		
Votre professeur de français a invité toute la classe chez lui/elle pour une fête. Vous arrivez à 7 h 00. Vous découvrez alors que vous êtes arrivé(e) une heure à l'avance !		

2. LES COUTUMES DE CHAQUE PAYS SONT DIFFÉRENTES

Imaginez que vous passez quelques jours chez Madeleine Lafaurie et son mari. Indiquez si les actions suivantes sont correctes ou impolies (des gaffes) en France.

	C'EST POLI	C'EST UNE GAFFE
1. Vous êtes invité(e) à dîner chez des amis. Vous leur apportez des chrysanthèmes.		
2. Quand vous rencontrez les membres de la famille Lafaurie ou d'autres Français, vous leur faites un signe de la main (*wave*).		
3. Après votre séjour chez les Lafaurie, vous leur envoyez une lettre de remerciement.		
4. Vous avez faim mais vous ne voulez pas déranger (*bother*) Madeleine ou Philippe. Alors, vous allez chercher du fromage et du pain dans la cuisine, et vous vous préparez un petit snack.		
5. Vous êtes à une soirée. D'abord vous demandez à l'hôte ou à l'hôtesse la permission de fumer et puis vous offrez une cigarette à toutes les personnes avec qui vous parlez.		
6. Vous êtes au restaurant. Vous commandez un coca avec votre repas.		
7. Vous mangez votre cuisse de poulet avec les doigts.		
8. À Besançon, quand vous demandez des renseignements, vous commencez votre phrase par l'expression « Salut ».		
9. Chez les Lafaurie, vous mettez les pieds sur la table basse devant le canapé.		
10. Pendant votre séjour à Besançon, vous avez fait la connaissance d'autres Français. Un après-midi, vous décidez de passer chez eux à l'improviste.		
11. Vous éteignez (*turn off*) la lumière quand vous sortez d'une pièce.		
12. Le matin, vous prenez des douches qui durent vingt minutes.		

REGARDEZ

Maintenant André va vous raconter une gaffe qu'il a faite juste après son arrivée en France.

 Remember! Read the following summaries of André's experience *before* watching the video to identify information you are supposed to find.

1. BONJOUR, BONJOUR !

Choisissez le paragraphe qui résume le mieux l'expérience d'André.

1. Chez nous, on dit bonjour à tout le monde, même aux gens que l'on ne connaît pas. Quand je suis arrivé à Besançon, j'ai fait la même chose. Les gens étaient un peu surpris mais très contents. J'ai compris que c'était une bonne idée et j'ai continué à dire bonjour à tout le monde.

2. Quand je suis arrivé à Besançon, je disais bonjour à tout le monde, même aux gens que je ne connaissais pas. C'est ce que l'on fait dans mon pays. J'ai vu qu'ici les gens trouvaient cela bizarre. J'ai observé ce que les autres faisaient et j'ai compris qu'en France, on dit bonjour seulement aux gens que l'on connaît déjà.

3. Quand je suis arrivé en France, j'ai eu un choc culturel. J'avais peur de rencontrer des gens que je ne connaissais pas, et je ne disais bonjour à personne. On ne me trouvait pas sympathique et on ne me parlait pas. Plus tard, j'ai eu la possibilité de faire du hand-ball à l'université, j'ai rencontré des étudiants sympathiques et je suis devenu moins timide.

2. IL NE FAUT PAS FAIRE DEUX FOIS LA MÊME GAFFE

Qu'est-ce qu'André a appris de cette expérience ? Plusieurs réponses peuvent être correctes.

1. On risque de faire des gaffes quand on ne connaît pas les coutumes d'une autre culture.
2. Il est presque impossible de comprendre les autres cultures.
3. Il faut faire un effort pour comprendre les coutumes des autres pays.
4. Les Français n'aiment pas les étrangers.

EXPANSION

1. DES SUGGESTIONS

Jean-Baptiste va passer trois mois dans une famille dans votre pays. Il ne veut pas faire de gaffes. Dites cinq choses qu'il doit faire et ce qu'il ne doit pas faire.

Modèle :   Il doit faire un effort pour parler la langue de mon pays.

Il doit... / Il ne doit pas...

2. ENCORE DES SUGGESTIONS

Pendant son séjour dans votre pays, Jean-Baptiste va étudier l'anglais dans votre université. Il veut rencontrer d'autres étudiants. Donnez-lui des suggestions.

Modèle :   Tu peux faire partie d'un club sportif.

EXPRESSION-STRUCTURE (2)

COMMENT RACONTER UNE HISTOIRE OU DÉCRIRE UNE SCÈNE OU UN ÉVÉNEMENT

As you study the following examples, ask yourself these questions: In addition to describing habitual and continuous actions, what is another use of the imperfect? How does this use of the imperfect differ from the way in which the **passé composé** is used?

You have already learned two uses of the imperfect: to describe habitual actions in the past and to describe continuous actions in the past. Read Madeleine Lafaurie's description of the day she met her husband. See if you can figure out from the context another use of the **imparfait.**

MADELEINE : Je ne vais jamais oublier le jour où j'ai rencontré mon mari. **C'était** le 24 juillet 1961 et **j'avais** 22 ans. **J'étais** à une fête chez ma cousine Pauline. **Il faisait** beau, alors tout le monde **était** dans le jardin. **J'étais** heureuse d'être enfin en vacances. **Il était** cinq heures de l'après-midi ; à ce moment-là quelqu'un que **je ne connaissais pas** est arrivé. **Il était** grand et **il portait** un pantalon bleu marine et une chemise blanche. **Je le trouvais** très beau ! J'ai demandé à ma cousine de me présenter à ce jeune homme. Il m'a dit bonjour—et ça y est ! Ça a été le coup de foudre (*love at first sight*). On s'est marié un an plus tard.

• As you may have figured out, the **imparfait** is also used to *describe the circumstances surrounding past events*—what people looked like, how old they were, what they were wearing, what the weather was like, what they believed, what they were thinking or feeling. In other words, the **imparfait** is used to describe people and places in the past and the circumstances surrounding past events. It provides the background for actions expressed in the **passé composé,** which is used to express completed actions. The **passé composé** advances the storyline and answers the question: What happened?

Reread Madeleine's story to identify the verbs that describe people, places, or circumstances in the past and the ones that indicate that a specific action has taken place. Then, compare your interpretation with the following table and decide why verbs are in the **passé composé** and others are in the **imparfait.**

DESCRIPTION OF PEOPLE AND CIRCUMSTANCES

imparfait	setting the scene
	date: **C'était le 24 juillet 1961.**
	time: **Il était 5 heures de l'après-midi.**
	weather: **Il faisait beau.**
	circumstances: **J'étais à une fête chez ma cousine Pauline.** **Tout le monde était dans le jardin.**
	describing people
	age: **J'avais 22 ans.**
	physical appearance: **Il était grand.** **Il portait un pantalon bleu marine et une chemise blanche.**
	stating feelings, attitudes, and beliefs
	J'étais heureuse d'être en vacances.
	Je le trouvais très beau.
passé composé	telling what happened, advancing the action in the story
	Un jeune homme... est arrivé.
	J'ai demandé à ma cousine de me présenter au jeune homme.
	Il m'a dit « bonjour ».
	Je suis tombée amoureuse.
	On s'est marié un an plus tard.

VÉRIFIEZ Can you explain the **imparfait** and its uses to someone else without looking at the book? Can you give an example of each use of the **imparfait**? If not, you may want to review the uses of the **imparfait** before your next class.

1. LE PREMIER JOUR DE CLASSE

Nathalie va raconter son premier jour de classe : 1) Identifiez les verbes qui sont au passé composé et les verbes qui sont à l'imparfait; 2) Dites pourquoi Nathalie a choisi d'utiliser l'imparfait ou le passé composé dans chaque cas.

Mon premier jour de classe, c'était le 20 septembre 1974. J'avais 6 ans. Il faisait un peu frais. Je portais une jolie robe bleue et des chaussures noires toutes neuves. J'avais un grand cartable (*bookbag*) pour mes livres. J'étais très inquiète mais en même temps j'étais très contente d'aller à l'école comme

« les grands ». Ma mère m'a accompagnée. Quand nous sommes arrivées à l'école, j'ai embrassé ma mère et elle est partie. La cloche a sonné, et je suis entrée dans ma salle de classe qui était au premier étage. Dans ma salle de classe, il y avait beaucoup de tables en bois, des chaises et un tableau noir. Aux murs il y avait des affiches, des cartes et des photos. À 8 h 30 la maîtresse a fait l'appel et ma première journée à la grande école a commencé !

2. ET VOUS ?

Utilisez des adjectifs pour faire une description de vous-même aux âges indiqués. Comparez vos réponses avec celles de vos camarades de classe. Voici quelques suggestions :

passionné(e) de...	adorable	heureux/heureuse
timide	sympa	anxieux/anxieuse
bavard(e) (*talkative*)	insupportable	travailleur/travailleuse
difficile	amoureux/amoureuse	coléreux/coléreuse (*easily angered*)
impossible	sportif/sportive	coquin(e), espiègle (*mischievous*)
mignon(ne) (*cute*)		

Modèle :   À six ans, j'étais passionné(e) de jeux vidéo. J'étais très bavard(e) et pas du tout sportif(ive).

1. entre neuf et dix ans
2. entre treize et quatorze ans
3. à seize ans

3. DE BONS SOUVENIRS

Discutez avec un(e) camarade de classe et dites de quelle période de votre vie vous avez le meilleur souvenir. Expliquez pourquoi.

4. VOTRE PORTRAIT

Maintenant faites un portrait de vous-même à un âge de votre choix. Sur une feuille de papier, décrivez votre aspect physique, votre personnalité, vos vêtements préférés et vos activités de loisir préférées. Le professeur va ramasser et redistribuer ces feuilles. Vous devez poser des questions pour trouver à qui appartient la feuille qu'on vous a donnée.

EXPRESSION-VOCABULAIRE (2)

LES MOTS DE LIAISON (*TRANSITION WORDS*)

Les expressions suivantes vont vous aider à raconter une histoire de façon claire.

POUR COMMENCER VOTRE HISTOIRE

d'abord, tout d'abord
au début
au commencement
premièrement

POUR INDIQUER UN CHANGEMENT RAPIDE DE CIRCONSTANCES

soudain
tout à coup

POUR INDIQUER LA SUCCESSION DES ÉVÉNEMENTS	POUR CONTRASTER

POUR INDIQUER LA SUCCESSION DES ÉVÉNEMENTS

puis
ensuite
après
plus tard
pendant
pendant que

POUR CONTRASTER

mais
par contre

POUR RÉSUMER OU TERMINER VOTRE HISTOIRE

en somme
bref
donc
enfin
finalement

AVANT ET APRÈS

la veille (*the previous day*)
le lendemain (*the next day*)
le mois/le jour/la semaine précédent(e)
le mois/le jour/la semaine suivant(e)

1. NATHALIE A TRAVAILLÉ DANS UNE COLONIE DE VACANCES

L'été dernier, Nathalie a travaillé tous les samedis et dimanches dans une colonie de vacances près de Besançon. Elle décrit à Maud ce qu'elle faisait habituellement le week-end. À tour de rôle, jouez cette scène avec un(e) camarade de classe. Utilisez les mots de liaison et mettez tous les verbes au passé.

> **Modèle :**   Le samedi matin, les enfants **arrivaient** entre 9 h et 10 h. **Premièrement,** on les **divisait** en deux groupes : les Alouettes (*the larks*) et les Hirondelles (*the swallows*). À dix heures...

SAMEDI	DIMANCHE
9 h les 20 enfants arrivent; on les divise en deux groupes : les Alouettes et les Hirondelles	9 h les enfants arrivent; ils jouent dans le parc
10 h les Alouettes : leçon de natation les Hirondelles : leçon de tennis	10 h les Alouettes : promenade dans la nature les Hirondelles : théâtre
11 h les Alouettes : leçon de tennis les Hirondelles : leçon de natation	11 h les Alouettes : théâtre les Hirondelles : promenade dans la nature
12 h déjeuner à la cantine	12 h compétition sportive : les Alouettes contre les Hirondelles
13 h volley-ball	13 h pique-nique au bord du lac

2. UNE JOURNÉE EXCEPTIONNELLE

Un dimanche n'était pas comme les autres. Regardez les notes de Nathalie ce jour-là. Avec un(e) camarade de classe, à tour de rôle, jouez le rôle de Nathalie et décrivez les événements de ce dimanche à Maud. Utilisez les mots de liaison et mettez tous les verbes au passé.

DIMANCHE	20 JUILLET

9 h l'arrivée des enfants : Albert est en retard

10 h Alouettes : Albert tombe dans le lac ! Il panique. Les autres enfants crient. Un moniteur le sauve.

11 h Alouettes : promenade-nature
On perd Albert. On le cherche partout. On le retrouve 20 minutes plus tard.

12 h Compétition sportive. Albert tombe. Il a mal à la jambe (*His leg hurts*).

13 h Pique-nique au bord du lac. Il pleut des cordes !

14 h Albert rentre chez lui ! Les autres enfants aussi.

3. JUSTIN DÉCRIT SA PREMIÈRE JOURNÉE EN FRANCE

Ajoutez des mots de liaison pour rendre ce paragraphe plus clair et plus intéressant.

Modèle : **Tout d'abord** je suis parti d'Austin à 18 h 30.

Je suis arrivé à Paris le lendemain à 9 h 30 du matin. Je n'étais pas fatigué. J'ai pris le métro jusqu'à la gare de Lyon. Là, j'ai pris le TGV. Trois heures plus tard, je suis arrivé à Besançon. Gérard, Sébastien et Arnaud m'attendaient sur le quai. Michèle n'était pas là. Elle devait travailler. Nous sommes allés chez eux en voiture. Ils m'ont posé beaucoup de questions. Ils parlaient vite. Moi, je parlais lentement. À la maison, Arnaud et Sébastien m'ont montré ma chambre. Michèle est rentrée. Gérard et Michèle ont préparé le dîner. Ils étaient très sympas. On a dîné. On a beaucoup discuté à table. J'étais un peu intimidé. J'étais aussi content d'être en France. Je suis allé au lit. J'ai bien dormi, et le lendemain j'étais beaucoup plus relax.

ACTION-APPROFONDISSEMENT (2)

MAUD RACONTE UN SOUVENIR D'ENFANCE

PRÉPAREZ-VOUS

De temps en temps, il arrive qu'on se dispute avec ses parents, et Maud n'est pas une exception. Elle va vous raconter une dispute qu'elle a eue avec ses parents quand elle était petite. Voici quelques expressions qui vont vous aider à comprendre ce qu'elle dit.

Ne recommence jamais plus ! *Don't ever do that again!*
J'en ai marre ! *I'm fed up!*
Tu te rends compte ! *Do you realize (what you are doing)?!*
Je m'en vais ! *I'm leaving!*
J'ai fugué ! *I ran away!*
J'ai traîné ! *I dawdled, I loafed around!*
J'avais peur. *I was afraid.*
Arrêtez de vous disputer ! *Stop arguing!*
Nous avons fait la paix. *We made up.*
Nous sommes partis bras-dessus bras-dessous. *We left arm in arm.*

1. À MON AVIS

D'après vous, qui utilise ces expressions le plus souvent ?

EST-CE QUE CES EXPRESSIONS SONT UTILISÉES PAR...	MAUD ?	SES PARENTS ?	MAUD ET SES PARENTS ?
J'en ai marre !			
Je m'en vais !			
J'ai fugué !			
J'ai traîné tout le week-end.			
J'avais peur.			
Nous avons fait la paix.			
Nous avons marché bras-dessus bras-dessous.			
Arrêtez de vous disputer !			
Tu te rends compte !			
Ne recommence jamais plus ça !			

2. QUELLE EXPRESSION FAUT-IL UTILISER ?

Quand Anne-Marie est rentrée du travail, elle était fatiguée et de mauvaise humeur. Qu'est-ce qu'elle a probablement dit dans les situations suivantes ? Avec un(e) camarade de classe, à tour de rôle, complétez la conversation avec les espressions appropriées. Quelquefois, plusieurs réponses sont correctes.

a. J'en ai marre !
b. Ne recommence jamais plus ça !
c. Où as-tu traîné tout le week-end ?
d. Tu te rends compte !
e. Arrêtez de vous disputer !

1. Anne-Marie a demandé à Jean-Baptiste et à Dorel de ranger leur chambre mais ils ne l'ont pas fait.

    ANNE-MARIE : Vous n'avez pas rangé vos chambres ! _____ C'est moi qui fais tout ici !

2. Dorel joue au football dans la rue.

    ANNE-MARIE : _____ Quelle idée de jouer dans la rue au milieu de la circulation !

3. Au lieu de faire ses devoirs, Clara a passé l'après-midi devant la télé.

    ANNE-MARIE : _____ Tu regardes trop la télévision ! Ferme la télé tout de suite !

4. Benjamin a donné un coup de pied (*kicked*) à Dorel et puis Dorel a donné un coup de pied à Benjamin.

    ANNE-MARIE : _____ Vous savez bien qu'il ne faut pas se battre !

5. Dorel, Clara et Benjamin n'aiment pas ce qu'Anne-Marie a préparé pour le dîner et ils ne veulent pas manger.

    ANNE-MARIE : Comment ? Vous n'avez pas non plus aimé ce que j'ai préparé hier soir. _____ Je ne sais plus quoi faire à dîner !

6. Au lieu de préparer son examen d'anglais, Jean-Baptiste a passé le week-end à jouer au basket.

ANNE-MARIE : _____ Il faut rester à la maison et revisez !

7. Dorel a caché le Babar de Benjamin parce qu'il est furieux contre lui. Benjamin pleure et veut donner un coup de pied à Dorel.

ANNE-MARIE : Ça suffit ! _____

3. LES PARENTS DE MAUD ÉTAIENT INQUIETS

Maud vient de passer son permis de conduire (*driver's license*). Elle a pris la voiture de ses parents sans leur permission, et elle est rentrée à deux heures du matin. Les parents de Maud étaient très inquiets. Utilisez les expressions données ci-dessous pour compléter la conversation qu'elle a eue avec eux quand elle est rentrée à la maison. Jouez le dialogue avec deux camarades de classe.

J'en ai marre !
Ne recommence plus jamais ça !
Je m'en vais !
Tu te rends compte ! Il est deux heures du matin !
Faisons la paix !

CHRISTIANE : Maud ! _____
MAUD : Je ne savais pas qu'il était si tard. J'ai oublié ma montre.
DANIEL : _____ ou on ne te donnera plus jamais la voiture !
MAUD : _____ J'ai 19 ans. Je ne suis plus un bébé !
CHRISTIANE : Comment veux-tu qu'on te traite en adulte quand tu fais des trucs comme ça ?
MAUD : _____ Je ne veux plus rester ici.
DANIEL : Sois raisonnable, Maud. Où est-ce que tu vas aller à cette heure-ci ? Allons, plus de disputes. _____

REGARDEZ

MAUD RACONTE UNE DISPUTE QU'ELLE A EUE AVEC SES PARENTS QUAND ELLE AVAIT NEUF ANS

1. ÉCOUTEZ L'HISTOIRE DE MAUD

Regardez les images qui illustrent son histoire. Mettez-les dans le bon ordre.

1.

2.

3.

4.

5.

6.

2. L'HISTOIRE EN IMAGES

Associez ce que Maud dit avec l'image appropriée.

____ On a fait la paix, bien sûr.

____ J'en ai marre, je m'en vais.

____ On est partis bras-dessus bras-dessous dans les rues de Paris.

____ Pendant ce temps-là, mes parents m'ont cherchée.

____ Ne recommence plus jamais cela. Tu te rends compte ?

____ Je suis partie, j'ai fugué. Je suis partie une heure, pendant une heure à traîner partout.

EXPANSION

1. UNE DISPUTE

Écrivez les détails d'une dispute que vous avez eue avec un(e) ami(e) ou un membre de votre famille. Indiquez :

votre âge
la cause du conflit
votre point de vue
le point de vue de l'autre personne
la résolution du conflit

Maintenant que vous êtes plus âgé(e), est-ce que votre point de vue a changé ? Pourquoi ou pourquoi pas ?

2. RACONTEZ

Utilisez vos notes pour décrire la dispute que vous avez eue à deux camarades de classe. Est-ce que vous avez tous eu des expériences similaires ?

EXPRESSION-STRUCTURE (3)

VOIR ET DIRE

When you are telling a story or describing a past experience, you often need to say what you saw and what various people said.

Read the following passage where Maud describes the arrival of **le père Noël**. Use the context to figure out the meaning of the highlighted words.

CLARA : **As-tu vu** le père Noël quand tu étais petite ?

MAUD : Non, **je n'ai jamais vu** le père Noël mais je lui ai parlé ! Chaque année nous voulions **voir** le père Noël, mais quand il arrivait, **mes parents disaient** toujours : « Surtout, ne regardez pas ! » Et puis **le père Noël disait :** « Bonjour, les enfants ! » Et chaque année, **nous disions :** « Bonjour père Noël ! » Et puis il demandait : « Vous avez été sages ? » Et bien sûr **nous disions** toujours : « Oui, père Noël, très, très sages. » Et **le père Noël disait :** « Il faut continuer à être sages et à aimer vos parents et à bien travailler à l'école. » **Nous disions :** « D'accord, père Noël, nous allons être très sages. » Et puis, il partait.

As you were probably able to figure out, the highlighted words are forms of the verbs *to see* (**voir**) and *to say* (**dire**).

As you study the following charts, ask yourself: Do I remember what the verbs **dire** and **voir** mean? How are they conjugated in the present? Are they conjugated like another verb? Which forms of **dire** and **voir** end in **s**? Which forms end in **t**? What is the past participle of **dire**? of **voir**?

DIRE		
PRÉSENT	**IMPARFAIT**	**PASSÉ COMPOSÉ**
je dis	je disais	j'ai dit
tu dis	tu disais	tu as dit
il/elle/on dit	il/elle/on disait	il/elle/on a dit
nous disons	nous disions	nous avons dit
vous dites	vous disiez	vous avez dit
ils/elles disent	ils/elles disaient	ils/elles ont dit

Aujourd'hui Michèle dit, « Bonjour, les enfants. »	*Today Michèle says, "Hello, children."*
Hier, les enfants ont dit : « Bonjour, Madame. »	*Yesterday, the children said: "Hello, Mrs. Lachaud."*
Quand j'étais petit, nous disions cela tous les jours à notre maîtresse.	*When I was little, we used to say that to our teacher every day.*

VOIR		
PRÉSENT	**IMPARFAIT**	**PASSÉ COMPOSÉ**
je vois	je voyais	j'ai vu
tu vois	tu voyais	tu as vu
il/elle/on voit	il/elle/on voyait	il/elle/on a vu
nous voyons	nous voyions	nous avons vu
vous voyez	vous voyiez	vous avez vu
ils/elles voient	ils/elles voyaient	ils/elles ont vu

Tu vois le tableau ?	*Do you see the picture?*
Je l'ai déjà vu.	*I have already seen it.*
Je voyais ce tableau tous les jours quand j'étais petit.	*I used to see this picture every day when I was little.*

> **VÉRIFIEZ**   Were you able to answer your questions without looking at the book? If not, look over the verbs again.

1. COMMENT DIT-ON... ?

Sébastien prépare un examen d'anglais sur le vocabulaire des tâches ménagères. Il y a des expressions en anglais qu'il ne connaît pas. Répondez à ses questions. Avec un(e) camarade de classe, posez les questions et répondez-y chacun(e) à votre tour.

Modèle :   SÉBASTIEN :   Comment dit-on « faire le ménage » en anglais ?
VOUS :   On dit « to do housework ».

SÉBASTIEN :   Comment dit-on « faire la vaisselle » en anglais ?
VOUS :   _____
SÉBASTIEN :   Comment dit-on « passer l'aspirateur » en anglais ?
VOUS :   _____
SÉBASTIEN :   Comment dit-on « ranger sa chambre » en anglais ?
VOUS :   _____
SÉBASTIEN :   Comment dit-on « faire la cuisine » en anglais ?
VOUS :   _____
SÉBASTIEN :   Comment dit-on « faire la lessive » en anglais ?
VOUS :   _____
SÉBASTIEN :   Comment dit-on « repasser » en anglais ?
VOUS :   _____

2. UN TEST DE VOCABULAIRE

Préparez un petit test de vocabulaire (dix expressions) pour vos camarades de classe sur le vocabulaire de la maison (différents meubles et pièces). Votre camarade de classe va préparer un petit test (dix expressions) sur la nourriture.

Modèle :   —Comment dit-on « refrigerator » en français ?
—On dit, « un réfrigérateur ».
—C'est juste ! (C'est faux.)

3. QU'EST-CE QU'IL FAUT DIRE ?

Vous êtes en France. Qu'est-ce que vous dites dans les situations suivantes ?

> **Modèle :** C'est l'anniversaire d'Arnaud.
> Je dis : « Bon anniversaire. »

1. C'est Noël. Nathalie rencontre Benjamin. Qu'est-ce qu'elle lui dit ?
2. C'est le 31 décembre et les Lachaud rencontrent les Vandeputte. Qu'est-ce qu'ils leur disent ?
3. Nous rencontrons Maud qui part à Paris. Qu'est-ce que nous lui disons ?
4. C'est le jour de la « Saint André » sur le calendrier officiel. Vous voyez André Somé. Qu'est-ce que vous lui dites ?
5. Marie-Jo a une cliente qui vient d'avoir un bébé. Qu'est-ce qu'elle lui dit ?
6. Anne-Marie vous invite à dîner chez elle, mais vous avez un examen à préparer. Qu'est-ce que vous lui dites ?
7. « Tu arrives en retard à notre rendez-vous comme d'habitude ! Qu'est-ce que tu me dis comme d'habitude ? »

4. AU LIT, BENJAMIN !

Voici la conversation qu'Anne-Marie a eue avec Benjamin hier soir quand elle l'a mis au lit. Indiquez si c'est Anne-Marie ou Benjamin qui parle. Utilisez le verbe **dire** dans votre réponse.

> **Modèle :** Benjamin a dit « Raconte-moi une histoire. »

Ferme la radio.	Ferme les yeux et fais de beaux rêves.
J'ai soif.	J'ai faim.
Va au lit !	Mets ton pyjama.
Raconte-moi encore une histoire, s'il te plaît.	J'ai peur.
Je ne suis pas fatigué.	Bonne nuit !
Je n'ai pas sommeil.	Un autre bisou.

5. SONDAGE

Circulez dans la classe et trouvez une personne qui a vu chaque chose dans la liste suivante. Ensuite, trouvez une personne qui n'a jamais vu ces choses.

> **Modèle :** Est-ce que tu as vu la tour Eiffel ?

1. un TGV
2. l'océan Pacifique
3. les Alpes
4. le Président de la République française à la télé
5. un film français en version originale

EXPRESSION-STRUCTURE (4)

RÉCAPITULATION DES EMPLOIS DU PASSÉ COMPOSÉ ET DE L'IMPARFAIT

You now know two tenses that allow you to talk about the past in French, the **passé composé** and the **imparfait.** When you are describing past events or telling a story, you need to use both tenses, as indicated in the accompanying table. You use the **passé composé** to tell the sequence of events in the story—what happened next. You use the **imparfait** to set the scene of your story, to describe the circumstances surrounding the events in the story as well as the appearance, emotions, and beliefs of the characters.

SUMMARY OF THE USES OF THE *PASSÉ COMPOSÉ* AND THE *IMPARFAIT*

TENSE	USES
passé composé	• to tell what happened • to relate a past event that happened once or a specified number of times • to relate a series of consecutive actions or events, each one completed before the next begins • to describe an action limited in time • to describe an action that advances the storyline in any way
imparfait	• to describe habitual actions in the past—what people used to do or how things were • to describe the circumstances, to set the scene of a past event • to describe people—their physical appearance, age, beliefs, attitudes, and emotions • to describe ongoing actions—what was going on at a certain point in time with no mention of a beginning or end

Le passé composé

André n'est pas allé à la fac ce matin. Il est resté au lit. Il a pris deux fois sa température. Il a téléphoné dix fois au médecin. Le médecin est venu le voir. Il a examiné André. Il lui a donné des médicaments (*medicine*).

L'imparfait

Autrefois, on n'avait pas la télévision. Après le repas, les gens se rassemblaient devant la cheminée et ils parlaient. En hiver, il faisait froid dans la maison, alors on mettait des vêtements chauds. Pendant que les adultes discutaient, les enfants jouaient.

1. MARIE-JO RACONTE UN SOUVENIR D'ENFANCE
Utilisez les actions et les circonstances pour raconter une histoire logique.

Modèle :   Quand j'avais huit ans, je suis allée visiter les châteaux de la Loire avec mes parents.

LES ACTIONS

Je suis allée visiter les châteaux de la Loire avec mes parents.
On a visité Blois, Chenonceau et Chambord, trois châteaux célèbres construits pendant la Renaissance.
À Chambord, on a visité les jardins.
J'ai perdu mes parents.
Je les ai cherchés partout.
Je me suis mise à pleurer.
Finalement je les ai vus !
Ils m'ont embrassée.
On est partis bras-dessus bras-dessous.

LA DESCRIPTION DES CIRCONSTANCES ET DES PERSONNES

Quand j'avais 8 ans...

J'avais peur.

Ces châteaux étaient magnifiques.

Mes parents étaient très inquiets.

Ils étaient si contents de me retrouver enfin.

Les jardins étaient immenses.

Dans les châteaux, il y avait des tapisseries magnifiques et des meubles anciens.

Il y avait aussi beaucoup de cheminées énormes.

Je voulais retrouver mes parents.

Il faisait chaud.

Il y avait de belles fontaines et des jets d'eau.

2. LES PIQUE-NIQUES EN FAMILLE

Michèle parle des pique-niques en famille quand elle était enfant. Pour chaque verbe, expliquez l'emploi du passé composé ou de l'imparfait.

Quand il faisait beau, on faisait un pique-nique chaque dimanche en été. Généralement, on partait vers midi. Souvent on allait dans la forêt de Fouenan qui se trouvait près de chez nous. Normalement, on déjeunait tout de suite en arrivant. On mettait une grande couverture sur l'herbe et on s'asseyait. Mon petit frère n'aimait pas rester assis. Il voulait jouer tout le temps. Après le déjeuner, moi et mon frère, nous jouions ensemble et mes parents discutaient ou faisaient la sieste.

Un dimanche, nous ne sommes pas allés à cet endroit comme d'habitude—nous sommes allés plus loin, jusqu'en Suisse au bord du Lac Léman. Nous n'avons pas fait de pique-nique ce jour-là—nous avons déjeuné dans un bon restaurant. Ce restaurant était très élégant et le repas était délicieux. Après le déjeuner, nous avons mis nos maillots de bain et nous avons nagé dans le lac. Il était très bleu et calme. Quel après-midi merveilleux ! Nous sommes rentrés fatigués mais contents.

3. NANCY RACONTE SON PREMIER VOYAGE EN FRANCE

Complétez son histoire en utilisant le passé composé ou l'imparfait.

La première fois que je/j' _____ (aller) en France, un ami de mes parents, qui _____ (habiter) Besançon, devait venir me chercher à l'aéroport à Paris. Quand je/j' _____ (arriver), il _____ (ne pas être) là. J' _____ (être) très inquiète parce que je ne/n' _____ (connaître) personne d'autre en France. Je/J' _____ (chercher) son numéro de téléphone dans mon carnet d'adresses et je/j' _____ (aller) dans une cabine téléphonique. Quand je/j' _____ (composer) le numéro, j' _____ (entendre) une voix (*voice*) qui _____ (dire) : « Il n'y a pas d'abonné à ce numéro. » Je/J' _____ (recommencer) une autre fois, c'_____ (être) toujours la même chose. J' _____ (avoir) peur. Je _____ (ne pas savoir) quoi faire. J' _____ (avoir) envie de pleurer. Soudain, quelqu'un me/m'_____ (parler) et me/m'_____ (dire) : « Je vous observe depuis un moment et vous avez l'air perdue ! Est-ce que je peux vous aider ? » Sans hésiter, je/j' _____ (raconter) mon histoire à cet inconnu. Il m'_____ (expliquer) quel _____ (être) le problème. Je _____ (ne pas savoir) composer un numéro de téléphone pour la province. J'_____ (ignorer) qu'il fallait faire le 03 avant le numéro. Mais quand j'_____ (essayer) de nouveau, la ligne _____ (être) occupée. J'_____ (être) vraiment désespérée, quand je _____ (sortir) de la cabine. Juste à ce moment-là, je/j'_____ (voir) quelqu'un arriver en courant. Il _____ (regarder) une photo qu'il tenait à la main et en même temps il me/m' _____ (regarder). Je/J'_____ (comprendre) que c'était la personne que j'_____ (attendre). Il _____ (être) désolé d'être en retard. Il me/m'_____ (dire) : « Vous allez voir, la circulation à Paris, c'est épouvantable ! »

INTERACTION

ALIBI !

Quelqu'un a volé l'ordinateur du bureau de votre professeur entre 6 h et minuit hier soir. Le professeur pense que les coupables sont dans sa classe de français. La police veut parler avec tous les suspects. Tournez à la page 735 pour apprendre comment préparer votre alibi.

Prononciation

L'IMPARFAIT ET LE PASSÉ COMPOSÉ

As you have learned, the **passé composé** and the **imparfait** are used to express very different meanings. When reading, you can easily see the difference in the spelling of the two tenses. When you are listening to people speak without having the text in front of you, the context of the message being conveyed often provides clues as to whether a verb is in the **passé composé** or the **imparfait,** but it is sometimes difficult to determine which tense is being used. This is especially true for **-er** verbs, as the following examples illustrate. As you practice saying the two tenses, pronounce them carefully.

Écoutez

Listen to Maud and Lionel talk about gifts they received as children. For each sentence, check whether the verb is in the **passé composé** (PC) or in the **imparfait** (I) tense. Then number the sentences on the next page in the order you hear them.

MAUD	PC	I	LIONEL	PC	I
1	✔				

Continued

Vérifiez

Maud

1. Il m'a laissé une bicyclette rouge !

2. Quand j'étais petite, le père Noël nous laissait toujours de beaux cadeaux.

3. J'ai beaucoup aimé cette bicyclette.

4. Une année, j'ai été très surprise.

Lionel

5. Je passais tous les week-ends à jouer au Monopoly avec mes cousins.

6. J'ai passé tout l'après-midi de mon anniversaire à jouer au basket— c'était ma nouvelle passion.

7. Quand j'avais sept ans, j'adorais jouer au Monopoly.

8. Cette année-là, pour mon anniversaire, mes parents m'ont offert un cadeau que j'ai adoré—un ballon de basket !

Prononcez

Read the sentences in the **Vérifiez** section aloud, being careful to distinguish between the verbs in the **passé composé** and those in the imperfect. Then listen to the sentences again on the audio CD, repeating them and correcting your pronunciation.

LECTURE

INTRODUCTION

Acteur et star de cinéma, Gérard Philipe (1922–1959) a connu un grand succès au théâtre et au cinéma dans les années cinquante. Atteint d'un cancer, il est mort très jeune. Aujourd'hui, il est encore reconnu comme un des plus grands acteurs français.

Après la mort de Gérard Philipe, sa femme, Anne, a écrit le roman Le temps d'un soupir où elle décrit l'année avant la mort de son mari et ses souvenirs de leur vie en couple. Dans le passage que vous allez lire, Anne parle d'une promenade nocturne qu'elle et Gérard ont faite ensemble au commencement de leur amour.

PRÉPARATION À LA LECTURE

1. Comment imaginez-vous une promenade le soir avec un(e) ami(e) ou avec quelqu'un que vous aimez ?

2. Pensez à quelqu'un que vous avez aimé dans le passé—un amour perdu. Quand vous pensez à ce souvenir, quels mots décrivent vos sentiments aujourd'hui à l'égard de cette personne et de cette expérience ? Voici des suggestions :

Je me sens (*I feel*)...

triste	malheureux/malheureuse
nostalgique	coupable (*guilty*)
mélancolique	gêné(e) (*embarrassed*)
heureux/heureuse d'avoir	ému(e) (*moved*)
connu cette personne	d'autres sentiments ?

Le Jardin de Luxembourg

Le temps d'un soupir°

a sigh

Il était minuit. Nous étions sortis les derniers du théâtre. Il neigeait. Nous marchions en nous tenant par la main. Nous n'avions ni envie, ni besoin de parler. Nous allions au hasard mais sans hésitation. Les rares voitures roulaient lentement et sans grand bruit. Les rues, me semble-t-il, étaient désertes mais peut-être était-ce notre amour, qui, ce soir-là, nous isolait. Nous étions proches de la nuit et du ciel, loin de Paris. Sortant de la rue Vavin, nous avons débouché sur le Luxembourg. Tu as dit : « Si nous entrions ? » Nous avons escaladé° les grilles° et pénétré dans un paysage parfait. Nos pas° soulevaient la neige. Nous étions heureux et conscients de l'être. C'était une joie pure, calme, faite de la conviction que tout ne pouvait être que bien.

climbed/the fence/our footsteps

AVEZ-VOUS COMPRIS ?

1. Répondez aux questions suivantes.
   a. Quelle heure était-il ?
   b. D'où venaient Anne et Gérard ?
   c. En quelle saison se passe cette scène ?
   d. Où vont-ils ?
   e. Quel était leur sujet de conversation ?

2. Au moment de la promenade, quels sont les sentiments des deux amoureux ? Justifiez votre réponse avec des exemples tirés du texte.

3. Dans ce passage, Anne pense à un moment du passé. À votre avis, quels sentiments est-ce que ce souvenir évoque en elle ?

LA LANGUE

1. Trouvez les mots qui indiquent les sentiments qu'Anne et que Gérard ont l'un pour l'autre.

2. Trouvez les mots qui montrent leur sentiment d'isolement.

3. Trouvez les mots qui décrivent les éléments de la nature.

4. Trouvez tous les verbes qui sont à l'imparfait et expliquez pourquoi.

5. Pourquoi est-ce que l'auteur utilise l'imparfait presque exclusivement dans ce texte ?

EXPANSION

1. Décrivez votre souvenir préféré. Parlez des aspects suivants.

les circonstances : événement; qui; où; quand
les gens : l'apparence physique des personnes; leurs personnalités; leurs
  attitudes, émotions, désirs; leurs convictions
les actions (par ordre chronologique)
la conclusion/le résumé

2. Utilisez vos notes pour raconter votre souvenir préféré à trois camarades de classe.

Cérémonies

INTRODUCTION

Il y a des rites et des cérémonies qui ont lieu dans toutes les cultures et dans tous les pays. Par exemple, presque partout il y a une cérémonie ou un rite quand un bébé naît, quand on arrive à l'âge adulte, quand on se marie et quand on meurt. Ces événements ont des similarités où qu'ils se passent, mais il y a aussi des coutumes particulières à chaque pays.

Prenons, par exemple, le mariage. Aux États-Unis, d'habitude on obtient un certificat de mariage dans la mairie de sa ville, mais on se marie dans une église, un temple ou une synagogue. Quand le prêtre, le pasteur, le rabbin ou l'immam célèbre le mariage (*officiates at the marriage*), ce mariage est reconnu par l'État. Par contre, en France un mariage religieux n'est pas un mariage légal. Pour être officiellement mariés, il faut aller à la mairie où le maire ou le maire-adjoint célèbre le mariage civil selon des règles établies par le gouvernement. Beaucoup de couples [52% au dernier recensement (*census*)] se marient ensuite dans une église, un temple, une synagogue ou une mosquée, mais ce mariage religieux doit avoir lieu après le mariage civil.

Il faut dire qu'en France il y a moins de mariages aujourd'hui qu'autrefois. En 1982, 60,1% de la population française âgée de 15 ans ou plus étaient mariés; en 1992 ce pourcentage est tombé à 55,2%. En même temps, le nombre de divorces a augmenté; aujourd'hui plus d'un tiers (*one-third*) des mariages se terminent par un divorce. Un autre changement—il y a beaucoup plus de couples qui vivent ensemble (qui « cohabitent ») maintenant : 12,9% en 1993 contre 6,3% en 1980.

Ceci dit, comme vous allez voir, on continue à se marier en France, et, au printemps, on voit toujours de belles mariées en robe blanche au bras d'un marié habillé élégamment pour ce grand événement.

(Statistiques démographiques tirées de *Francoscopie 1995* et de *L'État de la France 95–96*)

Vidéo-engagement

QUELLE INVITATION ACCEPTER ?

Avec un(e) ami(e) qui passe l'année universitaire à Besançon, vous êtes invité(e) à deux mariages pour le même samedi du mois de juillet. Les mariages commencent exactement à la même heure, aussi. Un mariage va avoir lieu dans la partie moderne de la mairie de Besançon—c'est un mariage civil—et l'autre, un mariage religieux, va être célébré dans un temple protestant, un édifice gothique qui date du XIIIᵉ siècle. Vous décidez que l'un(e) d'entre vous va assister au mariage civil et l'autre au mariage religieux.

Alors, maintenant, il faut choisir le mariage auquel (*to which*) vous allez aller et y aller tout de suite (c'est-à-dire, vous allez regarder la vidéo de ce mariage).

Before looking at the videos, think about what you know about weddings. What is the order of events? What do the bride and groom wear, say, and do? What is the general atmosphere? If you have never attended a wedding, have you ever seen a wedding portrayed in a film? If you can recall or imagine what a wedding is like, your familiarity with the context will make it easier for you to understand the videotape.

1. MARIAGE RELIGIEUX OU CIVIL ?

Remplissez la fiche pour le mariage auquel vous assistez et comparez vos notes avec celles d'un(e) autre invité(e).

	MARIAGE RELIGIEUX ____ OU CIVIL ____ ?
Comment est-ce que les mariés sont habillés ?	
Y a-t-il de la musique ?	
Qui célèbre le mariage ?	
Est-ce qu'on mentionne une autorité civile ou religieuse ?	
Y a-t-il un discours (*speech*) ?	
Quelles sont les diverses parties de la cérémonie ?	
Est-ce que les mariés signent un registre ?	
Est-ce qu'ils échangent des alliances (*wedding rings*) ?	
Est-ce que les mariés s'embrassent ?	

2. RACONTEZ
Le lendemain du mariage, vous voyez l'ami(e) qui a accepté l'autre invitation. Racontez-lui ce qui s'est passé au mariage auquel vous avez assisté.

LECTURE

INTRODUCTION

Emma Bovary

L'écrivain Gustave Flaubert a essayé de peindre des personnages et de décrire la vie de son époque de façon réaliste et objective. Pour écrire son grand roman (novel), Madame Bovary, publié en 1857, il a pris comme point de départ (starting point) l'histoire tragique d'une femme (Emma Bovary) qui n'accepte pas les limites de sa vie de bourgeoise de province et qui se lance dans des aventures romantiques et impossibles qui vont la détruire ainsi que son mari. Vous allez lire un extrait de Madame Bovary, une adaptation de la scène décrivant le mariage de Charles et d'Emma. Ce passage va vous donner une idée du soin (care) que Flaubert apportait aux détails dans ses descriptions.

PRÉPARATION À LA LECTURE

Le vocabulaire

pareillement *like*
le sentier *the path*
les cours *the barnyards*
ronflaient *snored*

Est-ce que les mots suivants ressemblent à des mots d'anglais que vous connaissez ? Pouvez-vous en donner une définition ?

incommodés   ondulait   rallongée

Un mariage à la campagne au dix-neuvième siècle

Les dames, en bonnet, avaient des robes à la façon de la ville... Les gamins vêtus pareillement à leurs papas, semblaient incommodés par leurs habits neufs et on voyait à côté d'eux... dans la robe blanche de leur première communion rallongée pour la circonstance, quelque grande fillette de quatorze ou seize ans, leur cousine ou leur sœur aînée sans doute...

La mairie se trouvant à une demi-lieue de la ferme, on y est allé à pied et on est revenu de la même façon, une fois la cérémonie faite à l'église. Le cortège ondulait dans la campagne le long de l'étroit sentier... Le musicien allait en avant avec son violon décoré de rubans; les mariés venaient ensuite, puis les parents, les amis; et les enfants étaient les derniers...

C'était sous le hangar de la charretterie que la table était dressée. Il y avait dessus quatre aloyaux de bœuf, six fricassées de poulets, du veau à la casserole, trois gigots et, au milieu, un joli cochon de lait rôti... Il y avait des carafes d'eau de vie et des bouteilles de vin et de cidre doux...

On a mangé jusqu'au soir. Quand on était trop fatigué d'être assis, on allait se promener dans les cours,... puis on revenait à table. Quelques-uns, vers la fin, dormaient et ronflaient. Mais, au café, tout est devenu plus animé. On chantait, on racontait des histoires, on embrassait les dames.

Gustave Flaubert. *Madame Bovary.* Paris : Garnier, 1961, pp. 25–27.

AVEZ-VOUS COMPRIS ?

1. Pouvez-vous donner un titre à chaque paragraphe de ce texte pour indiquer son sujet ?

2. Quels sont les mots du texte qui indiquent que le mariage a lieu à la campagne ?

3. Quelles étaient les activités des invités à ce mariage ?

ÉCRITURE

Avez-vous déjà assisté à un mariage ou à une autre fête où il y avait beaucoup d'invités, un grand dîner, de la musique, etc. ? Avez-vous vu un film où il y avait une scène de mariage, d'une autre fête ou d'un bal (*a dance*) ? (Par exemple, *Quatre mariages et un enterrement* [a funeral].) Choisissez donc un événement réel ou fictif et décrivez-le, utilisant le passé composé et l'imparfait.

Start by making a list of the different aspects of the party or celebration that you are going to describe, and decide which of the two past tenses will be appropriate for each aspect. Which past tense will you use to describe what people were wearing? Which tense will you use to tell exactly when you arrived? Which tense will you use to say what you did at the party? what you ate and drank?

Dans Leçon 1

LES JOURS FÉRIÉS ET LES JOURS DE FÊTES
LEGAL HOLIDAYS AND OTHER HOLIDAYS AND CELEBRATIONS

UN ANNIVERSAIRE *A BIRTHDAY*
de(s) cadeau(x) (*m*) *present(s)*   une carte de vœux *a greeting card*
un gâteau *a cake*
souffler les bougies *to blow out candles*

MARDI GRAS/LE CARNAVAL
un bal costumé *a masked ball*
un déguisement *a costume, a disguise*

LA FÊTE NATIONALE *NATIONAL HOLIDAY*
un bal (populaire) *a (public) dance, a ball*
un défilé *a parade*
des feux (*m*) d'artifice *fireworks*

LE NOËL *CHRISTMAS*
un traîneau et des rennes *a sleigh*   une poupée *a doll*
 and reindeer
un jouet *a toy*
le père Noël *Santa Claus*
un sapin/arbre de Noël *a Christmas tree*

DES PÂQUES (F) *EASTER*
un gigot *a leg of lamb*   des cloches (*f*) *bells*
des œufs (*m*) en chocolat
 chocolate eggs
un panier *a basket*

LA SAINT-SYLVESTRE/LE NOUVEL AN
NEW YEAR'S EVE/NEW YEAR'S DAY
faire la fête *to party*

Continued

LES MOTS APPARENTÉS
le champagne

LA TOUSSAINT *ALL SAINTS' DAY (NOVEMBER 1)*

des fleurs (*f*) *flowers*

LES MOTS APPARENTÉS
un cimetière   une tombe

LES SOUHAITS *HOLIDAY GREETINGS*

Bon anniversaire ! *Happy Birthday!*
Bonne année ! *Happy New Year!*
Bonne fête ! *Happy Saint's Day!*
Joyeux Noël ! *Merry Christmas!*
Joyeuses Pâques ! *Happy Easter!*

LES EXPRESSIONS DE TEMPS ET DE FRÉQUENCE

autrefois *in the past*   d'habitude *usually*
à cette époque-là *back then,*   généralement *generally*
 at that time   régulièrement *regularly*
chaque année *each year*   normalement *normally*
toujours *always*   souvent *often*
tous les jours *every day*
tout le temps *all the time*

LE + LES JOURS DE LA SEMAINE
LE + *THE DAYS OF THE WEEK*

le lundi *Mondays, every Monday*
le samedi *Saturdays, every Saturday*

LE + LES MOMENTS DE LA JOURNÉE
LE + *THE PARTS OF THE DAY*

le matin *mornings, every morning*
le soir *evenings, every evening*

LE + LES SAISONS (*F***)**
LE + *THE SEASONS*

l'été *summers, every summer*
l'hiver *winters, every winter*

LES VERBES

offrir (un cadeau) *to give (a gift)*
recevoir *to receive*

Continued

Dans Leçon 2

COMMENT RACONTER UNE HISTOIRE
HOW TO TELL A STORY

au lieu de (+ infinitif) *instead of*
faire une gaffe *to make a blunder, to do or say something that is
  socially unacceptable*
il y a + expression de temps *ago*
raconter *to tell, to relate, to narrate*
  un événement *an event,*   une histoire *a story*
    an incident
  un fait *an event, an incident*
  un souvenir *a memory; a souvenir*

LES MOTS APPARENTÉS

une anecdote

discuter (de)
expliquer

LES MOTS DE LIAISON *TRANSITION WORDS*

**POUR COMMENCER
VOTRE HISTOIRE**

**POUR MONTRER UN
CHANGEMENT RAPIDE DE
CIRCONSTANCES**

au commencement *in the beginning* soudain *suddenly*
au début *at the start, beginning* tout à coup *all at once, suddenly*
d'abord *first*
premièrement *first*

**POUR MONTRER L'ORDRE
CHRONOLOGIQUE DE
VOTRE HISTOIRE**

POUR CONTRASTER

après *after*   mais *but*
ensuite *next*   par contre *in contrast*
pendant *for*
pendant que *while*
(un peu) plus tard *(a little) later*
puis *then*

POUR TERMINER VOTRE HISTOIRE

donc *thus, so, therefore*
en bref *in short*
en somme *all in all*
enfin *at last, finally*
finalement *at last, finally*

Continued

AVANT ET APRÈS

le jour/la semaine/le mois précédent(e) *the previous day/week/month*
le jour/la semaine/le mois suivant(e) *the following day/week/month*
le lendemain *the following day*
la veille *the previous day*

UNE DISPUTE ! *A DISAGREEMENT!*

Arrêtez de vous disputer ! *Stop arguing!*
J'ai fugué ! *I ran away!*
J'ai traîné. *I dawdled, I hung around.*
J'avais peur. *I was afraid.*
J'en ai marre ! *(fam) I'm fed up!*
Je m'en vais ! *I'm leaving!*
Ne recommence jamais plus ! *Don't ever do that again!*
Nous avons fait la paix. *We made up.*
Nous sommes partis bras-dessus bras dessous. *We left arm in arm.*
Tu te rends compte ? ! *Do you realize (what you are doing)?!*

LES VERBES

dire *to say*
voir *to see*

UNITÉ 7
Le sport et la santé

MES OBJECTIFS COMMUNICATIFS

Describe symptoms and health problems

Give advice to someone about a minor health problem

Describe routine activities

Buy items in a pharmacy

Ask about and describe sports, exercise, and recreational activities

Express reciprocity

LES CLÉS CULTURELLES

Health care in France

French pharmacies

Sports and leisure activities in France

la Porte Noire et la cathédrale St. Jean

Porte d'entrée

La bonne santé n'est pas simplement une question de bien-être physique. Ce qu'il faut faire pour se sentir bien dans sa peau (*to feel good about oneself*) est différent pour chaque personne. Quelles sont les choses qui sont importantes pour assurer votre bien-être physique et moral ? une bonne santé ? la famille ? les amis ? la sécurité financière ? un travail intéressant ? moins de stress ? le sport ? les loisirs ? l'aventure ? le calme ?

REGARDONS LES IMAGES

1. POSITIF OU NÉGATIF ?

Regardez les tableaux sur la page d'en face. Est-ce qu'ils projettent une image positive ou négative ? Quelle est l'atmosphère de chaque tableau ? Est-ce une ambiance que vous aimez ? Pourquoi ?

2. JE ME SENS BIEN DANS MA PEAU

Imaginez une existence où vous vous sentez bien dans votre peau.

Où êtes-vous ?

Avec qui ?

Comment est-ce que vous passez vos journées ?

Quels adjectifs décrivent vos sentiments ?

431

Vous allez bien ?

MES OBJECTIFS COMMUNICATIFS

Describe symptoms and health problems
Give advice to someone about a minor health problem
Describe routine activities
Buy items in a pharmacy

LES CLÉS CULTURELLES

Health care in France
French pharmacies

REGARDONS LES PHOTOS

Est-ce que vous menez une vie stressante ? Qu'est-ce que vous faites pour diminuer le stress ? Où allez-vous quand vous êtes malade ? Au service d'urgence d'un hôpital ? Dans une clinique ? Au cabinet de votre médecin ? Ou est-ce que le médecin vient chez vous ? Est-ce que « être en forme » (*to be in good shape*) est important dans votre pays ? Est-ce que c'est important pour vous personnellement ? Qu'est-ce que vous faites pour rester en forme ?

1. C'EST BON POUR LA SANTÉ ?

Regardez les produits et les activités sur les photos et décidez s'ils sont bons ou mauvais pour la santé. Pourquoi ?

433

2. LES SERVICES MÉDICAUX

Connaissez-vous les services médicaux offerts par votre université ? Voici un article qui décrit les services offerts gratuitement (*for free*) aux étudiants de l'Université de Franche-Comté. Faites une liste de ces services. Quels services avez-vous dans votre université ? Indiquez par ordre de priorité les trois services que vous jugez essentiels pour les étudiants.

Santé

La visite médicale obligatoire (gratuite) pour tous les étudiants en 1ᵉ année et à laquelle vous serez convoqués, comprend : un examen médical, un contrôle des vaccinations et de la vue, un entretien auprès des infirmières et d'autres prestations gratuites, par exemple : consultation auprès de l'assistante sociale, consultation d'aide psychologique, consultation diététique, radio pulmonaire, contrôle de l'audition, consultation médecine du sport universitaire, accueil des étudiants handicapés. Ces mêmes examens sont proposés à tous les étudiants inscrits à l'Université de Franche-Comté, quelle que soit leur année d'études et selon leur besoin.

Besançon, la Bouloie, du lundi au vendredi de 8 h 15 à 16 h 45. Tél 81 66 61 30

Belfort, 1 place Saget, tél. 84 21 74 33.

Ces prestations sont assurées par le SUMPPS - service universitaire de médecine préventive et de promotion de la santé - dirigé par un médecin directeur et une équipe formée de médecins, d'infirmières, d'un manipulateur radio, d'une assistante sociale, d'une diététicienne et d'une secrétaire.
L'assistante sociale est à l'écoute de vos problèmes et plus spécialement de vos soucis de santé. Elle vous aide à mettre en oeuvre toutes les solutions afin que votre état de santé physique et mental ne soit ni un obstacle à la réussite de vos études ni un obstacle à la réussite de votre vie en général.

Contact : Ghislaine Briot

EXPRESSION-VOCABULAIRE (1)

LA SANTÉ ET LES PARTIES DU CORPS

Tout le monde tombe malade (*gets sick*) de temps en temps, et il est important de pouvoir dire au médecin ou au pharmacien ce qui ne va pas. Voici des mots et des expressions pour parler du corps et pour décrire ses symptômes.

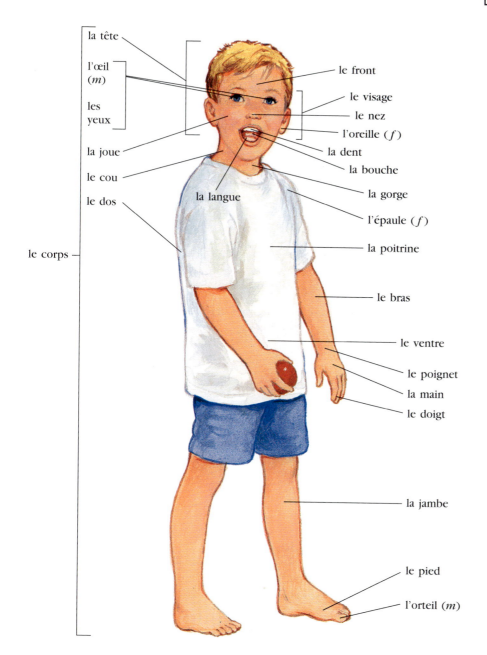

la tête

l'œil (*m*)

les yeux

la joue

le cou

le dos

le corps

le front

le visage

le nez

l'oreille (*f*)

la dent

la bouche

la langue

la gorge

l'épaule (*f*)

la poitrine

le bras

le ventre

le poignet

la main

le doigt

la jambe

le pied

l'orteil (*m*)

Hadrien n'est pas en forme.
Le médecin, le docteur Hakkar, lui demande :
   Où est-ce que tu as mal ? (*Where does it hurt ?*)
Est-ce que tu as mal...
   à la tête ?
   à l'épaule ?
   au ventre ?
   aux oreilles ?

In French, the expression **avoir mal au cœur** means *to feel nauseous.* The term **avoir une crise cardiaque** is used to say *to have a heart attack.* French people also say that they have **mal au foie** the way an English speaker uses the expression *to have a stomach ache* to refer to any discomfort in the intestinal or stomach area.

Le docteur Hakkar demande à Marie-Jo, la mère d'Hadrien : **Qu'est-ce qu'il a, cet enfant ?**

Marie-Jo répond : Hadrien se sent (*Hadrien feels*)...
  malade (*sick*).
  fatigué (*tired*).
  faible (*weak*).
  fébrile (*feverish*).

Il éternue. *He sneezes.*
Il tousse. *He coughs.*
Il a le nez qui coule. *He has a runny nose.*
Il pleure. *He cries.*
Il a de la fièvre. *He has a fever.*
Il fait des cauchemars (*m*). *He has nightmares.*
Il se lève la nuit. *He gets up during the night.*
Il a des frissons (*m*). *He has chills.*
Il a une indigestion. *He has indigestion.*
Il a un rhume. *He has a cold.*

1. OÙ EST-CE QUE TU AS MAL ?

Ce matin Hadrien ne se sent pas bien, il veut rester au lit. Ce n'est pas normal. Il est sûrement malade. Sa maman, Marie-Jo, veut savoir où il a mal. Jouez le rôle de Marie-Jo et demandez à Hadrien où il a mal. Posez six questions. Votre camarade de classe va jouer le rôle d'Hadrien et va commencer sa réponse par *oui* ou *non*.

Modèle :   MARIE-JO :   Est-ce que tu as mal à la tête ?
            HADRIEN :   Oui, j'ai mal à la tête.
                      ou
                      Non, je n'ai pas mal à la tête.

2. CONSÉQUENCES

Les bébés et les petits enfants ne savent pas bien dire où ils ont mal, mais il y a certains symptômes typiques. Reliez les causes (colonne de gauche) aux conséquences (colonne de droite).

Modèle :   Si un bébé a mal aux oreilles, il pleure.

Si un bébé...

_____ 1. a mal au cœur   a. il a le front chaud
_____ 2. a froid   b. il tousse
_____ 3. a mal à la gorge   c. il vomit
_____ 4. a un rhume   d. il se réveille la nuit et il pleure
_____ 5. fait des cauchemars   e. il a le nez qui coule
_____ 6. a de la fièvre   f. il a des frissons

3. SYMPTÔMES

Jean-François, le mari de Marie-Jo, est malade. Voici ses symptômes. Indiquez si avec les maladies suivantes, on a ces symptômes **toujours, quelquefois** ou **jamais.**

	LA GRIPPE (*FLU*)	UN RHUME (*COLD*)	DES ALLERGIES	UNE INDIGESTION
Il éternue.	quelquefois	toujours	toujours	jamais
Il a le nez qui coule.				
Il a de la fièvre.				
Il a mal au cœur.				
Il tousse.				
Il se sent fatigué.				
Il a mal à la tête.				
Il a mal à la gorge.				
Il a des frissons.				
Il a mal partout (*all over*).				

4. QUELLE MALADIE A-T-IL ?

Avec un(e) camarade de classe, faites le diagnostic de la maladie de Jean-François.

Il a probablement _____

ACTION

LA VISITE DU MÉDECIN

PRÉPARONS-NOUS

Quelles sont les expressions utilisées par un médecin ? Voici ce que le docteur Hakkar dit quand il examine Hadrien. Pouvez-vous penser à d'autres expressions utilisées par les médecins ?

Ne bouge pas ! *Don't move!*
Attends. *Wait.*
Respire bien par le nez. *Breathe through your nose.*
Ouvre grand la bouche.
Tousse deux ou trois fois de suite.
Laisse-moi regarder tes oreilles.
Maintenant allonge-toi. *Lie down.*
Ferme la bouche.
Tire la langue. *Stick out your tongue.*

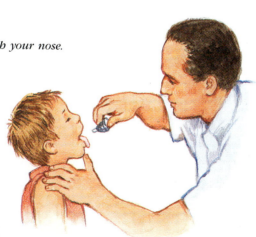

REGARDONS ENSEMBLE

Marie-Jo s'inquiète parce qu'Hadrien ne se sent pas bien. Elle téléphone au cabinet du docteur Hakkar, le médecin d'Hadrien. Le docteur va chez Marie-Jo et il ausculte Hadrien.

Not all communication is done through language. Often, an important aspect of a message is transmitted nonverbally. You can greatly increase your comprehension by paying close attention to nonverbal signals such as facial expressions, gestures, and body position.

1. QU'EST-CE QU'IL A, CET ENFANT ?

Écoutez bien les questions du docteur Hakkar et les réponses de Marie-Jo et d'Hadrien, et remplissez la fiche de diagnostic en cochant *oui* ou *non* à côté de chaque symptôme.

HADRIEN A-T-IL CES SYMPTÔMES ?	OUI	NON
Il a le nez qui coule.	.	
Il a mal à la gorge.	.	
Il a mal à la tête.		
Il a mal aux oreilles.		
Il a vomi.		
Il se lève la nuit.		
Il fait des cauchemars.	.	
Il pleure.	.	
Il a la diarrhée.		
Il a mal au ventre.		
Il se plaint (*He complains*) un peu quand il fait pipi.		
Il a de la fièvre.	.	.
Il tousse.		

2. C'EST GRAVE (*SERIOUS*) ?

Quel est le diagnostic du médecin ?

    a. Est-ce qu'Hadrien a une maladie grave ?
    b. Hadrien a probablement quelle maladie ? une grippe ? un rhume ? une indigestion ? une angine (*strep throat*) ?

VISITES À DOMICILE   En France, on va voir son médecin dans son cabinet pendant ses heures de consultation. En cas d'urgence ou quand le malade est un enfant ou une personne âgée, le médecin fait une visite à domicile, c'est-à-dire qu'il va lui-même chez le patient.

EXPANSION

JEU DE RÔLES

Après avoir vu Hadrien, le docteur Hakkar passe voir Jean-François. Reliez logiquement les questions du docteur Hakkar aux réponses de Jean-François. Après, jouez ce dialogue avec votre camarade de classe. C'est à vous de faire le diagnostic !

LE DR HAKKAR : Comment allez-vous ?

JEAN-FRANÇOIS : _____

LE DR HAKKAR : Quels sont vos symptômes ?

JEAN-FRANÇOIS : _____

LE DR HAKKAR : Où est-ce que vous avez mal ?

JEAN-FRANÇOIS : _____

LE DR HAKKAR : Est-ce que vous avez de la fièvre ?

JEAN-FRANÇOIS : _____

LE DR HAKKAR : Je vais vous ausculter.

JEAN-FRANÇOIS : _____

LE DR HAKKAR : Non, ce n'est pas grave. C'est simplement _____
                                (_diagnostic_).

RÉPONSES DE JEAN-FRANÇOIS

J'ai un peu de fièvre.

J'ai mal à la tête, mal à la gorge et mal au cœur. J'ai mal partout.

J'éternue, j'ai le nez qui coule, j'ai des frissons et je tousse.

C'est grave ?

Je ne suis pas en forme.

> 🗝 **LES ASSURANCES MÉDICALES** Le système de sécurité sociale qui existe en France depuis une cinquantaine (_about fifty_) d'années permet à toutes les personnes affiliées à ce système de consulter le médecin de leur choix. Le prix de la visite est remboursé à 65%, le reste peut être pris en charge par une _mutuelle_ (une assurance privée) à condition de payer la cotisation (_as long as the premium is paid_).

EXPRESSION-STRUCTURE (1)

NE... RIEN; NE... JAMAIS

You have already learned to make negative statements using **ne... pas** and **ne... jamais.** Here you will learn how to make statements negative using the expression **ne... rien,** and you will learn special ways of using both **ne... rien** and **ne... jamais.** Read the following conversation between Dr. Hakkar, Hadrien, and Marie-Jo, and see if you can figure out how these negative expressions are used.

MARIE-JO :   Hadrien tousse et il a le nez qui coule. **Il n'a rien mangé** ce matin.

(_le docteur Hakkar ausculte Hadrien_)

DR HAKKAR :   Ne bouge pas, Hadrien. On regarde tes oreilles. Super ! **Tu n'as rien** aux oreilles. Attends. Ouvre très grand la bouche maintenant.

Très grand. **Tu n'as rien** à la gorge, non plus. C'est très bien, dis donc ! Et **tu n'as rien** au ventre. C'est bien. Très bien. (*À Marie-Jo*) Est-ce qu'Hadrien a des allergies ?

MARIE-JO : Non, **il n'a jamais eu** d'allergies.

DR HAKKAR : Bon, **il n'a rien** de grave. Il a peut-être des allergies. Est-ce qu'il a déjà pris des antihistamines ?

MARIE-JO : Non, non. **Jamais.**

You already knew that **ne... jamais** means *never*. Were you able to figure out that the negation **ne... rien** means *nothing*?

As you study the following chart, ask yourself these questions: When are the expressions **ne... rien** and **ne... jamais** used? Where are they placed in a sentence? Do they have to be used in a complete sentence?

L'EXPRESSION	AU PRÉSENT OU À L'IMPARFAIT	AU PASSÉ COMPOSÉ
ne... rien	Hadrien **n'**avait **rien** aux oreilles. *Hadrien had **nothing** wrong with his ears.*	Hadrien **n'**a **rien** mangé ce matin. *Hadrien **didn't** eat **anything** this morning.*
ne... jamais	Hadrien **ne** fait **jamais** de cauchemars. *Hadrien **never** has nightmares.*	Hadrien **n'**a **jamais** pris d'antihistamines. *Hadrien has **never** taken antihistamines.*

• **Rien** and **jamais** can also be used as one-word answers to questions.

—Qu'est-ce que tu as ? —*What's wrong?*
—Rien ! —*Nothing!*
—Tu es souvent malade ? —*Are you often sick?*
—Moi ? Jamais ! —*Me? Never!*

• In the **passé composé, déjà** is used to ask if something has *ever* happened.

—Est-ce que vous avez déjà eu la rougeole ? —*Have you ever had the measles?*
—Jamais ! —*Never!*

VÉRIFIEZ Were you able to answer your questions about **ne... rien** and **ne... jamais** without looking at the book? If not, try again!

1. UN ACCIDENT

Les membres d'un club sportif de l'Université de Franche-Comté ont eu un accident de voiture en allant à un match. Plusieurs membres sont légèrement blessés (*slightly hurt*). Jouez le rôle de Madeleine Lafaurie, journaliste à l'université, et interrogez-les à leur retour.

Modèle :   MADELEINE : Vous avez quelque chose à la jambe ?
CAMILLE : Non, je n'ai rien à la jambe mais j'ai quelque chose au bras.
MADELEINE : Et vous ?
JULIEN : Moi, je n'ai rien au bras mais j'ai quelque chose au pied.

2. RIEN !

Quand Hadrien est malade, il est très grognon (*grumpy*) et il ne veut rien faire. Avec un(e) camarade de classe, jouez le rôle de Marie-Jo, qui pose des questions, et d'Hadrien, qui dit ce qu'il refuse de faire.

Modèle :   MARIE-JO : Hadrien, tu veux faire quelque chose ?
HADRIEN : Non, je ne veux rien faire !

1. MARIE-JO : Hadrien, tu veux manger quelque chose ?
   HADRIEN : Non, _____
2. MARIE-JO : Hadrien, tu veux boire quelque chose ?
   HADRIEN : Non, _____
3. MARIE-JO : Hadrien, tu veux écouter quelque chose ?
   HADRIEN : Non, _____
4. MARIE-JO : Hadrien, tu veux voir quelque chose ?
   HADRIEN : Non, _____
5. MARIE-JO : Hadrien, tu veux dire quelque chose ?
   HADRIEN : Non, _____
6. MARIE-JO : Hadrien, tu veux dessiner (*draw*) quelque chose ?
   HADRIEN : Non, _____

3. L'ALIMENTATION DES ENFANTS

Chaque mois Anne-Marie écrit un article pour la rubrique santé/forme du journal *L'Est.* Lisez cet article sur l'alimentation des enfants et puis dites si les phrases sont vraies (V) ou fausses (F). La première réponse est indiquée.

N'en faites pas un plat

☐ Voici des petits conseils pour que les repas ne se transforment pas en cauchemars.

- **Apprenez-lui** le plus tôt possible à se servir seul et ne le forcez pas à finir son assiette.

- **Il ne mange pas à table ?** Eh bien tant pis. Mais ne lui donnez rien entre les repas.

- **Habituez-le** dès le plus jeune âge à manger des légumes (crus, cuits, verts, secs...) et variez les saveurs au maximum.

- **Il refuse un plat ?** Encore tant pis, mais encouragez-le à y goûter. - A table, on boit de l'eau ! Réservez coca et sodas aux grandes occasions.

- **Evitez de remplir les placards** de sucreries et de chips. La tentation sera moins grande.

- **Au goûter,** il n'y a rien de mieux que du pain, du chocolat et un fruit.

- **Evitez les sucreries** « récompenses » ou « consolations ».

- **Donnez l'exemple !** C'est le seul moyen de rester crédible.

- **Pas de télé en mangeant,** même si c'est plus difficile pour vous que pour eux.

1. __V__ Si un enfant ne veut pas manger à table, il ne faut rien lui donner entre les repas.
2. _____ Il ne faut jamais forcer un enfant à manger.
3. _____ À table, les enfants doivent boire du lait.

4. _____ Il ne faut jamais servir de Coca-Cola avec les repas.

5. _____ Après l'école, donnez du chocolat, du pain et un fruit aux enfants.

6. _____ Si votre enfant est triste, offrez-lui des sucreries (*sweets, candy*) pour le consoler.

7. _____ Il ne faut jamais regarder la télé pendant les repas.

8. _____ Les parents doivent faire attention à ce qu'ils mangent pour donner un bon exemple à leurs enfants.

9. _____ Il ne faut jamais encourager un enfant à goûter d'un plat s'il refuse de manger.

4. EST-CE BON OU MAUVAIS POUR LA SANTÉ ?

Écrivez au moins trois choses dans chaque catégorie. Justifiez vos réponses.

	BONS POUR LA SANTÉ	MAUVAIS POUR LA SANTÉ
aliments	1.	1.
	2.	2.
	3.	3.
boissons	1.	1.
	2.	2.
	3.	3.

5. SONDAGE

Renseignez-vous sur les habitudes alimentaires de vos camarades de classe. Demandez-leur s'ils boivent et mangent ce que vous avez mis dans le tableau. Ils doivent utiliser les expressions **tous les jours, souvent, quelquefois, rarement, ne... jamais** dans leurs réponses.

6. LES HABITUDES ALIMENTAIRES

Est-ce que les étudiants dans votre classe ont une alimentation saine ? Écrivez cinq phrases qui décrivent les habitudes alimentaires des membres de la classe. Puis donnez-leur trois suggestions pour améliorer (*to improve*) leurs habitudes alimentaires. Partagez vos idées avec la classe.

EXPRESSION-STRUCTURE (2)

LES VERBES PRONOMINAUX RÉFLÉCHIS

To describe many routine daily activities in French, you will need to use pronominal verbs—**les verbes pronominaux.** There is more than one type of pronominal verb in French. In this **leçon,** you will learn about **les verbes réfléchis** (*reflexive verbs*).

Pronominal verbs are always linked to reflexive pronouns. In the following passage, Nathalie talks about her daily routine. As you read, try to identify to whom the highlighted reflexive pronouns refer.

Ce que je fais habituellement ? Eh bien, normalement, je **me** lève (*I get up*) vers huit heures et je vais tout de suite à la cuisine où je prépare une grande tasse de café. Après mon café, je vais à la salle de bains où je **me** lave, je **me** brosse les dents et les cheveux. Ensuite, je **m'**habille (*I get dressed*). Je prends le bus et j'arrive à la fac vers neuf heures. Mon premier cours est à dix heures, alors je **m'**arrête au café pour boire un deuxième café et pour manger un croissant. Si je n'ai pas de cours l'après-midi, je vais à la bibliothèque. Le soir, je rentre vers six heures. Je **me** repose et je dîne normalement à huit heures. Après le dîner, je travaille et puis je **me** couche vers minuit.

As you were probably able to determine, the reflexive pronoun **me** refers to Nathalie, who is using the first person singular to talk about herself.

As you study the following explanation and examples, ask yourself these questions: How can I recognize a pronominal verb? What is the function of reflexive pronouns? What are the different reflexive pronouns? Do I know which reflexive pronoun to use with each subject pronoun? Do I remember where reflexive pronouns are placed in the present tense? in an infinitive construction? in negative sentences?

Do I know what verbs to use to describe my daily routine? Do I know which forms of the verbs **se lever** and **se promener** take **un accent grave**?

- A reflexive verb gets its name because the reflexive pronoun "reflects" the action of the verb back to the subject. The subject of the sentence and the reflexive pronoun refer to the same person.

LES VERBES RÉFLÉCHIS							
À L'AFFIRMATIF			**AU NÉGATIF**				
sujet	pronom réfléchi	verbe au présent	sujet	négation (*ne*)	pronom réfléchi	verbe au présent	négation
je	me	repose	je	ne	me	repose	pas
tu	te	reposes	tu	ne	te	reposes	pas
il/elle/on	se	repose	il/elle/on	ne	se	repose	pas
nous	nous	reposons	nous	ne	nous	reposons	pas
vous	vous	reposez	vous	ne	vous	reposez	pas
ils/elles	se	reposent	ils/elles	ne	se	reposent	pas

- Many verbs can be used reflexively or nonreflexively depending on whether the subject and the object refer to the same person or thing: that is, whether the subject of the verb is doing the action to itself or to someone or something else. The first sentence of each pair of the following sentences is not reflexive because the subject of the verb is doing an action that affects someone or something else—preparing coffee, washing dishes, or getting a baby dressed. In contrast, the second sentence is reflexive because the action of the verb affects the subject, and, in each case, **me** is translated *myself*.

Je prépare un café.	*I fix coffee.*
Je me prépare.	*I get (myself) ready.*
Je lave la vaisselle.	*I wash the dishes.*
Je me lave.	*I wash (myself).*
J'habille mon bébé.	*I get my baby dressed.*
Je m'habille.	*I get (myself) dressed.*

- The verbs **se lever** and **se promener** are conjugated like **acheter.** In the present tense, they have an **accent grave** on the **e** of the verb stem in all forms except **nous** and **vous,** which have no accents.

SE LEVER	SE PROMENER
Je me lève à sept heures.	Je me promène tous les soirs.
Tu te lèves à sept heures.	Tu te promènes tous les soirs.
Il/Elle/On se lève à sept heures.	Il/Elle/On se promène tous les soirs.
Nous nous levons à sept heures.	Nous nous promenons tous les soirs.
Vous vous levez à sept heures.	Vous vous promenez tous les soirs.
Ils/Elles se lèvent à sept heures.	Ils/Elles se promènent tous les soirs.

- When using reflexive verbs with parts of the body, use the definite article, not the possessive adjective (**ma, mon, ta, ton**).

  NATHALIE : Je me brosse **les** dents et je me lave **les** cheveux tous les matins.

  The reflexive pronoun **me** makes it clear that Nathalie is referring to her own teeth and hair, so it is redundant to add the possessive adjective **mes.**
- When a reflexive verb is used in the infinitive form after a verb such as **aller, devoir,** or **espérer,** the reflexive pronoun corresponds to the subject of the conjugated verb and precedes the infinitive.

LES VERBES RÉFLÉCHIS—L'INFINITIF			
SUJET	**VERBE**	**PRONOM RÉFLÉCHI**	**INFINITIF**
je	dois	me	lever
tu	dois	te	coiffer
il/elle/on	doit	se	coucher
nous	devons	nous	réveiller
vous	devez	vous	laver
ils/elles	doivent	se	reposer

 When looking up a reflexive verb in the dictionary, disregard the reflexive pronoun. For example, look under **reposer** to find the meaning of the reflexive verb **se reposer** (*to rest*).

On the next page you will find some common reflexive verbs that will help you to talk about your daily routine.

VOICI UNE JOURNÉE DANS LA VIE DE LA FAMILLE VANDEPUTTE

Daniel et Christiane se réveillent et se lèvent.

Daniel se rase.

Christiane se coiffe et se maquille.

Lionel se brosse les dents.

Lionel est malade et il se soigne.

Maud s'entraîne.

Maud n'a pas de cours, alors elle s'allonge sur le canapé.

Daniel et Christiane s'habillent...

...et ils se dépêchent de partir pour aller travailler.

VÉRIFIEZ Can you answer your questions about reflexive verbs without looking at the book?

1. LA MATINÉE

Anne-Marie a quatre enfants, un travail à temps partiel et en plus, elle continue à aller à la fac. Alors elle doit être très organisée. Elle décrit une de ses matinées à Nancy. Complétez sa conversation en utilisant ces verbes. Attention : Il est possible d'utiliser le même verbe deux fois.

s'allonger	s'endormir (*to fall asleep*)	se laver	se raser
s'arrêter (*to stop*)	s'habiller	se lever	se reposer

Le matin, Maurice et moi, nous _____ à six heures et demie. Je vais à la salle de bains la première, je _____ et je _____. Les enfants _____ vers sept heures. Pendant que je me prépare, Maurice s'occupe (*takes care of*) des enfants et prépare le petit déjeuner. Pendant que les enfants mangent, Maurice _____ et _____. Après, les enfants partent pour l'école et Maurice et moi, nous arrivons au travail à neuf heures. À midi, quand je reviens à la maison, je _____ à l'école pour chercher Dorel et Benjamin. Après le déjeuner, nous _____ un peu. Benjamin aime bien _____ sur le canapé et quelquefois il _____.

2. JE SUIS GRAND, MOI !

Hadrien a trois ans. Avec votre camarade de classe, décidez si Hadrien est assez âgé pour faire tout seul les actions indiquées. S'il n'est pas assez âgé pour faire cette action maintenant, décidez à quel âge un enfant est capable de la faire. Vous pouvez utiliser les verbes **savoir** et **pouvoir** dans vos réponses.

> **Modèle :** se laver les cheveux tout seul
> À trois ans, Hadrien ne sait probablement pas se laver les cheveux tout seul.
> Un enfant de huit ans peut se laver les cheveux tout seul.

1. se brosser les dents tout seul
2. s'habiller tout seul
3. se laver tout seul
4. se coiffer tout seul
5. se préparer son petit déjeuner tout seul

3. QUE FAITES-VOUS... ?

La bonne santé, c'est physique et psychologique. Quand vous ne vous sentez pas bien (*do not feel well*) ou quand vous vous sentez triste, que faites-vous ? Posez cette question à cinq camarades de classe. Comparez vos réponses avec celles de vos camarades. Quelles sont les réponses les plus fréquentes ?

Modèle : —Que fais-tu quand tu ne te sens pas bien ?
—Quand je ne me sens pas bien, je me couche et je prends des vitamines.
—Que fais-tu quand tu te sens triste ?
—Quand je me sens triste, je téléphone à ma sœur.

Voici des possibilités :

QUAND JE ME SENS TRISTE...

je me couche.
je vais chez le médecin.
je téléphone à un(e) ami(e) pour parler de mes problèmes.
je fais du sport.
je sors.
je mange.
je pleure.
je fais des achats.
j'écoute de la musique.
je me promène tout(e) seul(e).
je parle avec mes parents.

4. LES MALADES

Hadrien et Jean-François sont malades, mais Marie-Jo doit travailler. Alors, Jean-François est obligé de s'occuper d'Hadrien et de lui-même (*himself*). Choisissez le verbe simple ou le verbe pronominal pour expliquer ce qu'il fait dans chaque cas.

Modèle : Jean-François arrange les cheveux d'Hadrien. (coiffer/se coiffer)
Jean-François **coiffe** Hadrien.
Jean-François met son pantalon. (habiller/s'habiller)
Jean-François **s'habille.**

1. Après la sieste, Jean-François ouvre les yeux. (réveiller/se réveiller)
2. Jean-François aide Hadrien à enlever son short et son tee-shirt. (déshabiller/se déshabiller)
3. Jean-François met Hadrien au lit. (coucher/se coucher)
4. Jean-François met de l'eau sur son visage. (laver/se laver)
5. Jean-François prend sa température et il prend de l'aspirine, aussi. (soigner/se soigner)
6. Jean-François va au lit. (coucher/se coucher)

 # INTERACTION

QUI A LA MEILLEURE HYGIÈNE DE VIE ?

Vous avez quelques détails sur les habitudes de plusieurs Bisontins que vous connaissez; votre camarade de classe en a d'autres. L'étudiant(e) A regarde à la page 736 pendant que l'étudiant(e) B regarde à la page 745. Utilisez ces renseignements pour décider qui a la meilleure hygiène de vie.

Prononciation

LE *E* MUET

Écoutez

In French, the **e muet**, or silent **e**, may or may not be pronounced, depending on its place in the sentence, the word group (words that are usually pronounced in one breath), and its place in the word. Listen to the following sentences, circling the highlighted letter **e** when it is pronounced and crossing it out when it is silent. Then complete the table that follows.

1. Hadrien est malad**e**.

2. Il touss**e** constamment.

3. L**e** Dr Hakkar l'auscult**e**.

4. L**e** pharmacien lui donn**e** de l'aspirin**e**.

LE *E* MUET
The final **e** in verb endings is/is not pronounced.
The **e** is/is not pronounced at the end of a sentence or word group.
The **e** is/is not pronounced at the beginning of a sentence or word group.

Vérifiez

Now check your answers.

In general, the **e muet:**

1. Is never pronounced when it is a verb ending.

Ils se lav*ent*.

2. Is never pronounced at the end of a sentence or a word group.

Nous nous réveillons de bonne heur*e*.

3. Is always pronounced at the beginning of a sentence or a word group.

L**e** médecin fait des visites à domicil*e*.

4. Is pronounced when preceded by two pronounced consonants and followed by at least one pronounced consonant within a word or a word group.

Ell*e* dépens*e* de l'argent pour des médicaments.
Il n'a pas d*e* fièvr**e** mais il a des maux d*e* têt*e*.

Prononcez

In the following sentences, circle the **e muet** when it is pronounced and cross it out when it is silent. Say the sentences aloud, and then listen to them to verify your answers and pronunciation.

Continued

1. Le mercredi après-midi, Marie-Jo ne travaille pas.

2. Elle reste dans son appartement.

3. Hadrien se repose dans sa chambre.

4. Le samedi soir, elle se couche tard.

5. Le dimanche matin, Jean-François se réveille le premier.

6. Il lui apporte le petit déjeuner au lit.

EXPRESSION-STRUCTURE (3)

LE PASSÉ COMPOSÉ DES VERBES PRONOMINAUX

Arnaud is going to tell you about his day today. As you read, notice which verb is used as an auxiliary with pronominal verbs in the **passé composé.**

Je me suis réveillé à sept heures ce matin. J'avais mal à la gorge et à la tête. Alors, j'ai pris de l'aspirine et **je me suis recouché. Je me suis reposé** toute la journée. Maintenant je me sens beaucoup mieux.

As you study the following examples, ask yourself: What auxiliary verb is used with pronominal verbs in the **passé composé**? Where is the reflexive pronoun placed in the **passé composé**? Do I know how to make pronominal verbs negative when using the **passé composé**?

LES VERBES PRONOMINAUX AU PASSÉ COMPOSÉ	
AFFIRMATIF	**NÉGATIF**
je me suis reposé(e)	je ne me suis pas reposé(e)
tu t'es reposé(e)	tu ne t'es pas reposé(e)
il/elle/on s'est reposé(e)	il/elle/on ne s'est pas reposé(e)
nous nous sommes reposé(e)s	nous ne nous sommes pas reposé(e)s
vous vous êtes reposé(e)(s)	vous ne vous êtes pas reposé(e)(s)
ils/elles se sont reposé(e)s	ils/elles ne se sont pas reposé(e)s

- Pronominal verbs are always conjugated with **être** in the **passé composé.**

- Pronominal verbs agree in gender and number with the preceding direct object. In most cases, the reflexive pronoun is the direct object.

> Michèle **s'**est dépêché**e** ce matin pour arriver à l'École Rivotte à l'heure.
> Michèle et Gérard **se** sont reposé**s.**
> Arnaud ne se sent pas bien. Alors, il **s'**est déshabill**é** et il **s'**est couché tout de suite.

- However, with some verbs the reflexive pronoun is not the direct object. When there is a direct object after the verb, no agreement is made.

> Nathalie **s'**est lav**é** <u>les cheveux</u>. Après, elle **s'**est prépar**é** <u>un bon petit déjeuner</u>.

1. LA JOURNÉE D'ARNAUD

Mettez dans l'ordre chronologique les activités qu'Arnaud a faites aujourd'hui. La première activité est indiquée.

_____ Après son dernier cours, il s'est arrêté au café « Au Pied de Cochon » avec Hamid.

_____ Il s'est levé vers 7 h 30.

_____ Il s'est lavé le doigt et il a mis un pansement (*bandage*).

_____ Après le dîner, il s'est allongé sur son lit et il a écouté son nouveau disque laser.

___9___ L'après-midi, il s'est endormi pendant son cours de maths.

_____ Il s'est habillé en vitesse et puis il est allé à la cuisine.

_____ En rentrant à la maison, il s'est acheté un nouveau disque laser.

_____ Il s'est couché vers minuit.

_____ Vers neuf heures et demie du soir, il s'est installé à son bureau et il a fait ses devoirs.

___7___ Il s'est dépêché parce que son premier cours commence à neuf heures le jeudi.

_____ Il a dîné avec sa famille vers huit heures, et ils ont discuté ensemble.

_____ En aidant sa mère à préparer le dîner, il s'est coupé le doigt.

___1___ Il s'est réveillé à sept heures.

_____ Il est parti au lycée vers 8 h 45.

___5___ Il s'est lavé et s'est brossé les dents après le petit déjeuner.

___4___ Il s'est préparé un toast et du café pour le petit déjeuner.

2. RACONTEZ

Avez-vous mis les activités d'Arnaud dans le bon ordre ? À tour de rôle, racontez ce qu'il a fait. Pour bien marquer la progression, n'oubliez pas d'utiliser les mots de liaison : **d'abord, après, puis, ensuite, finalement.**

3. L'EMPLOI DU TEMPS DE JEAN-BAPTISTE

Servez-vous de l'emploi du temps de Jean-Baptiste pour trouver les réponses aux questions suivantes.

6		15	
7	Jogging	16	
8		17	rendez-vous chez le dentiste
9		18	
10	examen de maths	19	
11		20	dîner chez Delphine
12	examen d'anglais	21	
13		22	
14	fête de Maurice	23	

1. Pourquoi est-ce que Jean-Baptiste s'est réveillé à six heures ce matin ?
2. Pourquoi est-ce qu'il s'est probablement couché très tard hier soir ?
3. Pourquoi est-ce qu'il s'est arrêté pour acheter des fleurs ?
4. Pourquoi est-ce qu'il s'est arrêté dans une librairie ?
5. Pourquoi est-ce qu'il s'est brossé les dents au milieu de l'après-midi ?
6. Pourquoi est-ce qu'il s'est changé à 19 heures pour mettre une chemise et une cravate ?

4. QU'EST-CE QUE TU AS FAIT ?

Faites une liste des étudiants qui, à votre avis, ont fait les activités suivantes. Ensuite, allez voir chaque étudiant(e) pour lui poser la question directement.

Modèle : se lever à six heures ce matin
—Est-ce que tu t'es levé(e) à six heures ce matin ?
—Oui, je me suis levé(e) à six heures pour faire du jogging.
ou
—Non, je me suis levé(e) à huit heures et demie.

1. se réveiller en retard pour son premier cours ce matin
2. se coucher après deux heures du matin
3. se rendre à l'université en voiture
4. s'endormir pendant un cours cette semaine
5. s'entraîner ce matin
6. se détendre avec des copains hier soir

EXPRESSION-VOCABULAIRE (2)

LES MÉDICAMENTS (*MEDICINE*)

Quand on a de jeunes enfants, il est bon d'avoir des médicaments de première urgence dans son armoire à pharmacie (*medicine cabinet*).

Anne-Marie est médecin et une mère de famille très organisée. Voyons ce qu'elle a dans son armoire à pharmacie.

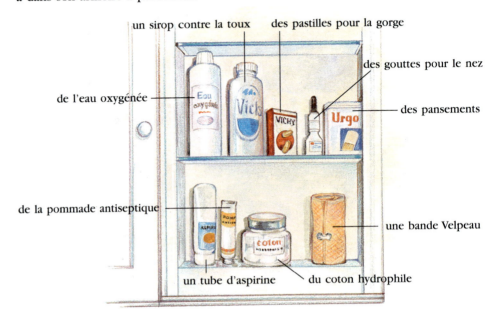

un sirop contre la toux — des pastilles pour la gorge — des gouttes pour le nez — de l'eau oxygénée — des pansements — de la pommade antiseptique — une bande Velpeau — un tube d'aspirine — du coton hydrophile

DES ACCIDENTS ! VOICI CE QUI PEUT ARRIVER. ON PEUT...

se couper (se couper le doigt) *to cut oneself (to cut one's finger)*
se brûler (se brûler la main) *to burn oneself (to burn one's hand)*
se blesser (se blesser au genou) *to hurt oneself (to hurt one's knee)*
se faire mal (se faire mal au dos) *to hurt oneself (to hurt one's back)*
se casser la jambe, le bras *to break one's leg, arm*
se fouler/se tordre la cheville, le poignet *to sprain one's ankle, wrist*

1. MÉDICAMENTS

Anne-Marie a quatre enfants, et il y en a toujours un qui a un petit problème de santé. Et, comme elle est médecin, toutes ses amies l'appellent chaque fois qu'il y a quelque chose qui ne va pas. Regardez bien son armoire à pharmacie (ci-dessus) et aidez-la à choisir un médicament ou un produit pour les cas suivants.

Modèle : Clara s'est coupé le doigt.
Anne-Marie lui met un petit pansement.

1. Michèle Lachaud s'est brûlé la main.
2. Marie-Jo a mal au dos.
3. Nancy a des maux de tête.
4. Jean-Baptiste s'est fait mal à la cheville en jouant au basket avec Hamid.
5. Dorel a le nez qui coule.
6. Benjamin a mal à la gorge.

2. DES ACCIDENTS

Qu'est-ce qui est arrivé à chaque personne ? Quel a été le résultat ?

Modèle : Christiane est tombée dans l'escalier.
Elle s'est tordu la cheville.

1. Daniel a laissé tomber un bol de café très chaud sur sa jambe.
2. Lionel est tombé en jouant au basket.
3. Nancy n'a pas fait attention quand elle a coupé des pommes pour une tarte aux pommes.
4. Clara est tombée d'un arbre.
5. Benjamin a joué avec des allumettes.
6. Jean-Baptiste est tombé sur son bras gauche en faisant du ski.

ACTION-APPROFONDISSEMENT (1)

À LA PHARMACIE

PRÉPAREZ-VOUS

QUEL PRODUIT CONSEILLER ?

À votre avis, quel produit est-ce qu'un(e) pharmacien(ne) va conseiller à un(e) client(e) qui a les symptômes suivants ?

1. J'ai mal à la gorge.
2. J'ai le nez qui coule.
3. J'ai de la fièvre.
4. J'ai mal à la gorge et je tousse.
5. Je me suis foulé la cheville.
6. J'ai une indigestion.
7. Je me suis coupé le doigt avec un bout de verre (*a piece of glass*).

REGARDEZ

1. LA PHARMACIENNE DONNE UN CONSEIL

Sébastien va à la pharmacie parce qu'il a un petit problème. Accompagnez-le afin de pouvoir répondre à ces questions.

1. Sébastien dit

   a. Je me suis coupé.
   b. Je me suis brûlé.
   c. Je me suis foulé la cheville.

2. La pharmacienne lui conseille d'acheter

   a. de la pommade antiseptique et de l'eau oxygénée.
   b. du coton hydrophile et de la pommade antiseptique.
   c. une bande Velpeau et de la pommade antiseptique.

3. Sébastien doit payer

   a. 190 F.
   b. 39 F 90.
   c. 19 F 20.

La profession de pharmacien en France est une profession libérale à laquelle est attaché un certain prestige. Pour devenir pharmacien(ne) en France, il faut faire des études aussi longues et aussi difficiles que pour devenir médecin. Les Français demandent souvent conseil à leur pharmacien dans des cas peu graves—mal à la gorge, etc.— quand ils estiment qu'ils n'ont pas besoin d'aller consulter le médecin.

On exerce la profession de pharmacien en achetant sa propre pharmacie ou en travaillant chez un autre pharmacien. Aujourd'hui, c'est une profession en pleine mutation parce que jusqu'à très récemment, de nombreux produits étaient vendus exclusivement en pharmacie, mais maintenant on peut trouver ces produits dans les supermarchés à des prix plus bas.

Les Français sont les plus gros consommateurs de médicaments du monde. Le prix des médicaments est fixé par le Ministère de la Santé, et il est beaucoup moins élevé que dans les autres pays industrialisés. Une grande proportion de médicaments achetés sont des tranquillisants, antidépresseurs ou somnifères (*sleeping pills*) contre les diverses formes d'anxiété.

2. SÉBASTIEN VA À LA PHARMACIE

Maintenant, pouvez-vous compléter ce dialogue basé sur la vidéo ?

SÉBASTIEN : _____ (description de l'accident).
LA PHARMACIENNE : Vous avez besoin de _____ (produits).
SÉBASTIEN : _____ (prix) ?
LA PHARMACIENNE : _____ (prix).
SÉBASTIEN : Merci beaucoup.
LA PHARMACIENNE : Je vous remercie. Au revoir, Monsieur.
SÉBASTIEN : Au revoir. Bonne journée.

EXPANSION

1. JEU DE RÔLES

Lionel va à la pharmacie parce qu'il s'est fait mal en jouant au basket. Complétez sa conversation avec la pharmacienne en mettant ses répliques (*his lines*), données sur la page d'en face, à la bonne place. Ensuite, jouez cette scène avec un(e) camarade.

LA PHARMACIENNE : Bonjour. Vous désirez ?
LIONEL : _____
LA PHARMACIENNE : Où avez-vous mal ?
LIONEL : _____
LA PHARMACIENNE : Vous avez besoin d'une bande Velpeau et d'un médicament anti-inflammatoire.
LIONEL : _____
LA PHARMACIENNE : Ça fait 230 F.
LIONEL : _____
LA PHARMACIENNE : Bien sûr. Pas de problème.
LIONEL : (*Il donne sa carte de crédit à la pharmacienne.*)
_____
LA PHARMACIENNE : Si votre cheville continue à enfler (*to swell*), je vous conseille d'aller voir un médecin.
LIONEL : _____
LA PHARMACIENNE : C'est moi qui vous remercie. Au revoir, Monsieur.

RÉPONSES DE LIONEL

Vous acceptez les cartes de crédit ?   Je suis tombé en jouant au basket.
Merci beaucoup.   Voilà.
Ça fait combien ?   J'ai très mal à la cheville.

2. À LA PHARMACIE

Avec un(e) camarade de classe, jouez le rôle de la pharmacienne (ou du pharmacien) avec d'autres client(e)s qui ont d'autres problèmes (on s'est coupé..., on s'est
brûlé légèrement, on est tombé en jouant au..., on a une indigestion ou on a mal à
la tête). La pharmacienne (ou le pharmacien) doit poser des questions avant de conseiller au client d'acheter le produit approprié.

EXPRESSION-STRUCTURE (4)

L'IMPÉRATIF DES VERBES PRONOMINAUX

Follow the doctor's orders! When discussing health problems, health professionals,
friends, and family often use the imperative to make suggestions or give orders.

Docteur Hakkar is both a friend and the family doctor of the Lachaud family.
Sébastien goes to see him about an injury. As you read their conversation, see if you
can determine the rule governing the placement of the reflexive pronoun in the
imperative in both affirmative and negative sentences.

LE DR HAKKAR :   Qu'est-ce que tu as, Sébastien ?
SÉBASTIEN :   Je me suis fait mal en jouant au foot.
LE DR HAKKAR :   **Allonge-toi** sur la table. On va regarder ça. Où est-ce que ça fait
                  mal ? Ici ?
SÉBASTIEN :   Aïe ! Oh, oui, ça fait très mal là. Aïe !
LE DR HAKKAR :   Tu t'es tordu la cheville. Rentre à la maison et **couche-toi** ! Il n'y
                  a qu'une chose à faire, c'est de rester au lit. **Ne te lève pas,** jeune
                  homme ! Je vais passer chez toi dans deux jours pour voir com-
                  ment ça va. **Soigne-toi** bien !

As you study the following explanation and examples, ask yourself
these questions: Where is the reflexive pronoun placed in affirmative commands? in negative commands? In the imperative, when
do you drop the **s** at the end of a verb?

L'IMPÉRATIF DES VERBES PRONOMINAUX

FORME	À L'AFFIRMATIF	AU NÉGATIF
2e personne du singulier	Repose-**toi** ! *Rest!*	Ne **te** repose pas ! *Don't rest!*
1ère personne du pluriel	Levons-**nous** ! *Let's get up!*	Ne **nous** levons pas ! *Let's not get up!*
3e personne du pluriel	Habillez-**vous** ! *Get dressed!*	Ne **vous** habillez pas ! *Don't get dressed!*

- In the affirmative command, the reflexive pronoun is placed after the verb and attached with a hyphen. Notice that **te** becomes **toi.** In negative commands, the reflexive pronoun remains in its normal position in front of the verb.
- Remember: In the **impératif,** reflexive and nonreflexive **-er** verbs *drop* the **s** in the **tu** form.

TU FORM OF *-ER* VERBS

IN THE PRESENT	IN THE IMPERATIVE
Tu t'allonges sur la table.	**Allonge**-toi sur la table.
Tu ne te lèves pas.	Ne te **lève** pas.

1. SYMPTÔMES ET CONSEILS

Voici les symptômes les plus fréquents des patients qui consultent le Dr Hakkar et les conseils qu'il leur donne. Avec un(e) camarade de classe, choisissez le conseil qui correspond à chaque symptôme. Ensuite, jouez la scène entre le Dr Hakkar et ses patients.

LES SYMPTÔMES

____ 1. Je me sens fatigué(e).
____ 2. Je me sens très énervé(e).
____ 3. Je suis toujours en retard le matin.
____ 4. Je prends du poids.
____ 5. Je ne suis pas du tout en forme.
____ 6. Je tousse. J'ai de l'asthme.
____ 7. J'ai de la fièvre et j'ai un rhume.

LES CONSEILS

a. Arrêtez-vous de fumer.
b. Mettez-vous au régime !
c. Ne vous levez pas ! Restez au lit.
d. Levez-vous plus tôt !
e. Ne vous couchez pas si tard !
f. Nourrissez-vous sainement et faites du sport !
g. Détendez-vous !

2. LA RUBRIQUE « SANTÉ »

Le Dr Hakkar écrit quelquefois dans la rubrique « Santé » du journal *L'Est*. Il répond aux lettres que les lecteurs du journal lui envoient. Voici des extraits de quelques lettres qu'on a envoyées au journal. Liez la lettre à la réponse.

LETTRES

_____ 1. J'ai beaucoup de mal à m'endormir le soir. Quelquefois je m'endors sans problème, mais je me réveille vers trois heures du matin et je n'arrive pas à me rendormir.

_____ 2. J'ai commencé à faire du jogging il y a six mois et je vais participer à ma première course à pied (*race*) dans trois semaines. Avez-vous des conseils ?

_____ 3. Je suis étudiant et j'ai grossi de dix kilos depuis septembre. Je n'ai pas de cuisine dans ma chambre, et je vais souvent manger dans des restaurants fast-food. Qu'est-ce que je peux faire ?

_____ 4. Je suis une jeune femme divorcée avec deux petits enfants. Je travaille toute la journée, et puis le soir je dois m'occuper des enfants. Souvent, je n'ai pas le courage de me préparer un repas et je prends un petit quelque chose en donnant à manger aux enfants. J'ai perdu l'appétit. Je me sens très fatiguée et découragée. Je ne sors jamais. Je ne fais rien d'intéressant. Qu'est-ce que je peux faire ?

RÉPONSES

a. Faites de l'exercice ! Faites une heure de sport quatre fois par semaine. Évitez les restaurants fast-food. Allez plutôt au restaurant universitaire. Il y a toujours de la soupe et des légumes frais. Comme dessert, évitez les sucreries, prenez plutôt un fruit ou un yaourt. Entraînez-vous régulièrement et nourrissez-vous correctement, et vous allez perdre ces kilos facilement.

b. Détendez-vous ! Trouvez quelqu'un pour s'occuper de vos enfants un soir par semaine et sortez avec vos amis. Essayez de manger à des heures régulières et ne mangez pas entre les repas.

c. Ne vous entraînez pas le jour avant la course et couchez-vous tôt. Buvez beaucoup d'eau et de jus de fruits. Le matin de la course, mangez des toasts ou des céréales et un fruit trois heures avant la course. Évitez les boissons caféinées !

d. Reposez-vous une heure avant de vous coucher. Ne mangez rien de lourd pendant la soirée et évitez les boissons alcoolisées et caféinées. Si vous ne vous endormez pas facilement ou si vous vous réveillez pendant la nuit, ne restez pas au lit. Levez-vous et allez regarder la télé ou lisez un livre. Prenez une tisane. Si vous continuez à avoir des problèmes, consultez votre médecin.

3. TROUVEZ DES REMÈDES

Chacun a ses propres remèdes, souvent donnés par sa mère ou sa grand-mère et qu'on préfère quelquefois aux remèdes plus scientifiques proposés par le médecin. Avec deux autres étudiants, trouvez des remèdes pour les problèmes dans la liste suivante (ou pour d'autres). Écrivez ces remèdes et lisez le meilleur à la classe.

Les problèmes : le hoquet (*hiccups*); un rhume; les brûlures; la migraine; une indigestion; etc.

4. S'ARRÊTER DE FUMER À BESANÇON
Le tabagisme (*smoking*) est un grand problème en France. Lisez les statistiques.

Les Français et la cigarette

Une note optimiste : 100 900 tonnes de tabac achetées en France en 1993, c'est le plus bas niveau de consommation globale de tabac enregistré depuis 9 ans [1]. Même, en 1993, la baisse de consommation est de 2,1 % par rapport à 1992. A noter que le marché des cigarettes légères, brunes et blondes, est à la hausse.

Alors, peut-on se réjouir ? Pas encore car, même si globalement le nombre de fumeurs diminue, ceux qui continuent fument de plus en plus. Certains points noirs demeurent : le tabagisme féminin est en augmentation (tous âges confondus, 48 % des hommes et 33 % des femmes fument), de même que celui des jeunes : « Plus de 60 % des hommes et des femmes de 18 à 24 ans fument », explique le Dr Bernard Milleron, pneumologue à l'hôpital Tenon, Paris [2].

(1) Chiffres donnés par le Centre de documentation et d'information sur le tabac.
(2) Conférence de presse organisée durant le MEDEC.

Quelle statistique a probablement inspiré cette publicité ?

5. PROGRAMMES ANTI-TABAC
Le Dr Hakkar a conseillé à Michèle Lachaud de s'arrêter de fumer. Lisez ce qu'elle a dit au Dr Hakkar et, ensuite, regardez la publicité pour les différents programmes qui aident ceux qui veulent s'arrêter de fumer. Notez les avantages et les inconvénients de chaque programme dans le tableau et, ensuite, choisissez le meilleur programme pour Michèle.

Michèle dit :

J'ai très envie d'arrêter parce que je sais que ce n'est pas bon pour la santé et c'est un mauvais exemple pour les garçons. En plus, je sais que je ne m'occupe pas assez de ma santé en général. Je ne fais pas assez d'exercice et j'adore manger. Je suis toujours très occupée, et je n'ai pas beaucoup de temps libre, surtout pendant l'année scolaire. J'ai déjà essayé d'arrêter plusieurs fois, mais à chaque fois je recommence au bout de deux ou trois jours. Je n'ai vraiment pas beaucoup de discipline. Et quand j'essaie d'arrêter, je suis de mauvaise humeur et je mange constamment. La dernière fois, j'ai grossi de cinq kilos ! Quel programme est-ce que vous me conseillez ?

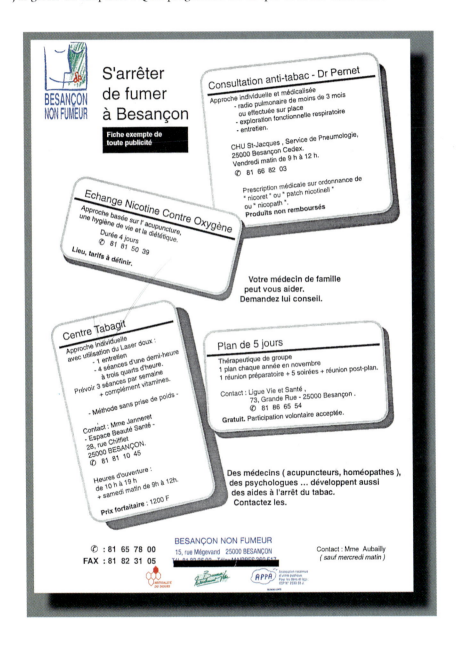

PROGRAMME	ÉCHANGE NICOTINE	CONSULTATION ANTI-TABAC	PLAN DE CINQ JOURS
avantages			gratuit
inconvénients			Gratuit

Vous êtes le Dr Hakkar et votre camarade de classe est Michèle (ou vice versa). Le Dr Hakkar propose un programme anti-tabac (celui que vous avez choisi dans l'exercice 5 à Michèle et il lui donne aussi d'autres conseils pour l'aider à s'arrêter de fumer et à modifier ses habitudes.

> **ÊTRE EN FORME** Les Français se préoccupent de plus en plus de leur santé. Ils veulent être et rester en bonne forme physique. Pour cela, ils s'efforcent de manger sain et surtout de faire de l'exercice.
>
> Les Français ont modifié leurs habitudes alimentaires ces vingt dernières années. Ils consomment moins d'aliments riches en matières grasses (*fat*) et davantage de légumes frais, de fruits et de produits allégés. Ils boivent de plus en plus d'eau minérale et de moins en moins de vin.
>
> Autrefois, la grande majorité des Français s'intéressaient aux sports surtout comme spectateurs, mais maintenant ils pratiquent un sport plus ou moins régulièrement. Les sports les plus populaires sont la natation, la marche à pied, le tennis, le vélo, le football et la gymnastique. On remarque que les sports individuels attirent davantage de participants que les sports collectifs.

ACTION-APPROFONDISSEMENT (2)

JEAN-BAPTISTE S'EST FAIT MAL

PRÉPAREZ-VOUS

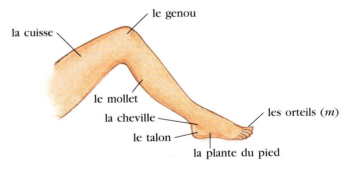

le genou
la cuisse
le mollet
la cheville
le talon
les orteils (*m*)
la plante du pied

LA MÉDECINE DU SPORT

Le docteur Hakkar s'occupe de médecine du sport en milieu universitaire. Quelquefois, des membres des équipes de sport lui écrivent pour parler des problèmes qu'ils peuvent avoir. Complétez cette lettre en mettant les verbes entre parenthèses au passé composé et en faisant les accords s'il le faut.

De Sandrine, membre de l'équipe d'athlétisme :

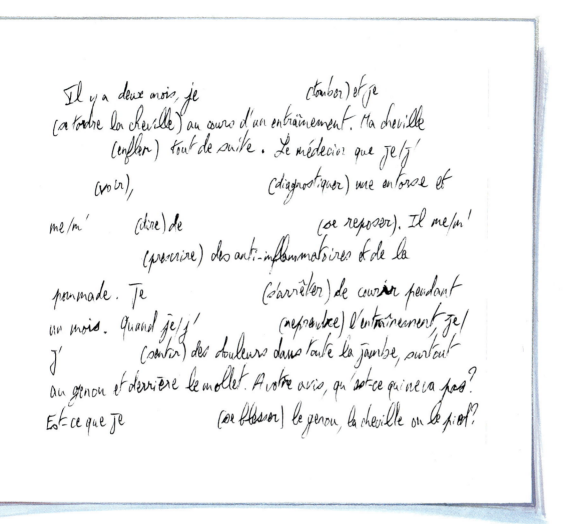

Il y a deux mois, je _____ (tomber) et je _____ (se tordre la cheville) au cours d'un entraînement. Ma cheville _____ (enfler) tout de suite. Le médecin que je/j' _____ (voir), _____ (diagnostiquer) une entorse et me/m' _____ (dire) de _____ (se reposer). Il me/m' _____ (prescrire) des anti-inflammatoires et de la pommade. Je _____ (s'arrêter) de courir pendant un mois. Quand je/j' _____ (reprendre) l'entraînement, je/j' _____ (sentir) des douleurs dans toute la jambe, surtout au genou et derrière le mollet. À votre avis, qu'est-ce qui ne va pas ? Est-ce que je _____ (se blesser) le genou, la cheville ou le pied ?

You will understand a conversation more easily when you know something about the topic. Because you know the following video will be about a sports injury, review the vocabulary for the body on pages 435 and 460 before viewing it.

REGARDEZ

Jean-Baptiste n'est pas membre d'une équipe de sport mais il est très sportif. Quelquefois il se fait mal en jouant et à ce moment-là, c'est sa mère, qui est médecin, qui s'occupe de lui. La consultation médicale a lieu dans la cuisine !

AÏE ! ÇA FAIT MAL

Regardez la vidéo au moins deux fois et répondez aux questions.

1. Qu'est-ce qui est arrivé à Jean-Baptiste ?
2. Comment est-ce qu'il s'est fait mal ?

3. Est-ce qu'il a mal...

à la plante du pied ?

au mollet ?

aux doigts de pied/aux orteils ?

à la cheville ?

au genou ?

au dessus du pied ?

au talon ?

4. Est-ce qu'il s'est cassé quelque chose ?

5. Est-ce qu'il a...

des douleurs dans les cuisses ?

une élongation des ligaments ?

une tendinite ?

des rhumatismes ?

des crampes musculaires ?

des muscles contracturés ?

6. Qu'est-ce qu'Anne-Marie lui recommande ?

de marcher

de garder sa chaussette

de faire un massage

de mettre une bande autour
de son genou

de prendre des anti-
inflammatoires

de mettre une pommade

de garder la jambe en position verticale

de refaire du sport le plus tôt possible

de faire une radio dans quelques jours si
cela ne va pas mieux

EXPANSION

1. DES ORDONNANCES

En groupe, lisez les trois ordonnances suivantes écrites par le docteur Hakkar. Essayez de déterminer ce que peut avoir chaque patient et quels étaient ses symptômes au moment de la consultation.

ORDONNANCE 1

deux comprimés d'Advil toutes les 4 heures pendant deux jours

mettre une bande Velpeau très serrée et renouvelez le bandage deux fois par
jour

mettre de la glace pour éviter que cela enfle

éviter de marcher sur le pied gauche

laisser la jambe en position horizontale le plus longtemps possible

Diagnostic : _____

ORDONNANCE 2

un sirop pour la toux deux fois par jour

des antibiotiques pendant dix jours

des pastilles pour la gorge si nécessaire

Diagnostic : _____

ORDONNANCE 3

mettre un lait calmant trois fois par jour

éviter le soleil

porter un chapeau

ne pas prendre de bain mais des douches très brèves

Diagnostic : _____

2. DEVINETTES

Pour chaque expression, devinez l'expression équivalente en anglais.

_____ 1. avoir la gueule de bois
_____ 2. se casser la figure
_____ 3. être sur les genoux
_____ 4. casser les oreilles à quelqu'un
_____ 5. casser les pieds à quelqu'un
_____ 6. avoir les yeux plus gros que le ventre

a. to have eyes bigger than your stomach
b. to make too much noise for someone
c. to get on someone's nerves
d. to have a hangover
e. to fall down/to fall over
f. to be very tired

3. LA BONNE EXPRESSION

Quelle expression est-ce que vous allez utiliser dans les situations suivantes ?

1. Vous avez étudié jusqu'à trois heures du matin.
2. Votre petite sœur ou votre petit frère vient constamment dans votre chambre pour vous posez des questions.
3. Vous étiez pressé(e) et vous êtes tombé(e) !
4. Vous avez bu un peu trop de champagne pour fêter le Nouvel An.
5. Votre camarade de chambre met la radio très fort.
6. Vous avez commandé une pizza énorme pour vous tout(e) seul(e).

LECTURE

PRÉPARATION À LA LECTURE

1. Étudiez le titre du premier article à la page suivante. Quels sont les adjectifs que vous associez à l'expression « la génération fax » ? Cochez les bonnes réponses.

_____ technique   _____ rapide   _____ utile
_____ nostalgique   _____ efficace   _____ ancien
_____ récent   _____ moderne   _____ traditionnel

2. Lisez le texte et essayez de deviner le sens de « grignoter ». D'après vous, « grignoter » veut dire...

a. manger trop
b. manger un peu mais souvent
c. refuser avec énergie de s'alimenter
d. faire la cuisine
e. suivre un régime

3. Regardez le titre du deuxième article à la page 464. D'après ce que vous savez déjà des liens entre le cancer et la consommation de fruits et de légumes, quelle est probablement la conclusion faite dans cet article ?

a. Une grande consommation de fruits et de légumes peut provoquer certains types de cancer.
b. Une grande consommation de fruits et de légumes peut réduire les risques de beaucoup de cancers.
c. Les liens entre la consommation de fruits et de légumes et les risques de cancer ne sont pas encore établis.
d. Des médicaments à base de fruits et de légumes peuvent guérir certains types de cancer.

Le vocabulaire

pallier à *to compensate for*
portatif *portable*

NOURRIR LA GÉNÉRATION FAX !

Les années 90 ont propulsé l'art de grignoter au bureau au rang de diète nationale. Au lieu de trois repas par jour, ceux qui sont pressés par le temps grignotent à toute heure de la journée.

GRIGNOTER

peut être une bonne façon de pallier vos besoins nutritifs en autant que vous fassiez des choix judicieux. Évitez les aliments

Alimenter son plein d'énergie

du genre croustilles, barres de chocolat et boissons gazeuses. Le yogourt et le fromage figurent en bonne place sur la liste des aliments recommandés. Tous deux, aussi portatifs que votre ordinateur, vous procurent protéines, calcium et plusieurs autres éléments nutritifs essentiels.

Fruits, légumes et cancer

Un nouveau rapport de l'*American Council on Science and Health* affirme qu'il existe maintenant des données substantielles reliant la faible consommation de fruits et légumes à des risques plus élevés de la plupart des types de cancer. Il est maintenant clair qu'une plus grande consommation de fruits et légumes est la décision alimentaire la plus importante que chacun de nous peut prendre pour tenter de réduire les risques de cancer. Le nouveau Guide alimentaire canadien recommande de 5 à 10 portions de légumes et fruits par jour.

CE N'EST PAS TANT CE QUI EST PRÉSENT DANS VOTRE ALIMENTATION QUI IMPORTE MAIS PLUTÔT CE QUI EN EST ABSENT.

Une présentation du Bureau laitier du Canada

AVEZ-VOUS COMPRIS ?

1. Grignoter n'est pas forcément mauvais pour la santé. Il faut faire des choix judicieux. Quels sont les aliments recommandés et les aliments qui sont déconseillés ?

ALIMENTS	CONSEILLÉ(E)S	DÉCONSEILLÉ(E)S
le yaourt		
les petits gâteaux		
les barres de chocolat		
les boissons gazeuses		
le lait		
les céréales		
les fruits		

2. D'apprès le rapport de l'American Council on Science and Health, quels sont les liens entre le cancer et la consommation de fruits et de légumes ?

3. Le guide alimentaire canadien recommande combien de portions de fruits et de légumes par jour ?

EXPANSION

1. Dites comment vous « grignotez » : En classe, faites un sondage pour établir le profil du grignoteur-type.

    a. Pourquoi grignotes-tu ?
        pour passer le temps   parce que je suis énervé(e)
        parce que j'ai faim tout le temps   pour m'occuper
        pour faire comme les autres

    b. Quand grignotes-tu ?
        le matin, en me levant   tard dans l'après-midi
        entre le petit déjeuner et le déjeuner   le soir avant de me coucher

    c. Où grignotes-tu ?
        au bureau   au cinéma
        en classe   dans mon lit
        devant la télé

2. Faites-vous bien attention à votre alimentation ? Pendant une semaine, prenez note de tous les fruits et légumes que vous mangez chaque jour. En mangez-vous assez ?

Faisons du sport

**MES OBJECTIFS
COMMUNICATIFS**

**LES CLÉS
CULTURELLES**

Ask about and describe
sports, exercise, and
recreational activities
Express reciprocity

Sports and leisure activities
in France

REGARDONS LES IMAGES

LES SPORTS ET LES LOISIRS

Est-ce que vous faites du sport ou de l'exercice régulièrement ? Pourquoi est-ce que vous faites du sport ? pour rester en forme ? pour vous amuser ? pour vous détendre ? Est-ce que vous préférez participer à des sports collectifs ou individuels ?

Les noms de beaucoup de sports sont similaires en anglais et en français. Regardez les photos à la page ci-contre et associez chaque sport avec son nom en français. Écrivez le numéro de la photo à côté du sport dans la liste suivante.

_____ le cyclisme   _____ le ski   _____ le tennis   _____ le jogging
_____ le karaté   _____ le rugby   _____ le camping   _____ le kayak

EXPRESSION-VOCABULAIRE (1)

LES SPORTS

À l'Université de Franche-Comté à Besançon, les étudiants jouent...

au basket-ball	au hand-ball
au billard	au tennis de table
au squash	au football (*soccer*—Ils ne jouent
au golf	pas au football américain !)
au rugby	

On fait aussi...

de la danse	de l'aérobic	de la natation (*swimming*)
du judo	de la gymnastique	du patinage (*skating*)

D'autres activités sportives ont des noms que vous n'allez peut-être pas reconnaître :
Vos amis bisontins font...

de l'athlétisme

de l'aviron

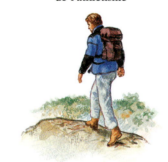

des randonnées (*f*) pédestres

du deltaplane

de la plongée sous-marine

de la planche à voile

> 🔑 En français, on utilise **faire de la marche** quand on veut dire *to walk for exercise*; **faire une promenade à pied** veut dire *to take a walk*. On utilise l'expression **faire une randonnée** pour dire *to hike*. On utilise **faire du ski alpin** quand on veut dire *to downhill ski*. On utilise **faire du ski de fond** pour *to cross-country ski* et **faire du ski nautique** pour *to water ski*.

1. COMPÉTITION

Mettez-vous en équipes et essayez de trouver le plus de noms possibles de pays qui sont renommés pour les sports suivants. L'équipe qui trouve le plus grand nombre de pays gagne.

le football	le ski alpin	le tennis de table	le ski de fond
le basket-ball	la gymnastique	le base-ball	le ski alpin
le cyclisme	le karaté	le hockey sur glace	le patinage sur glace

2. CONNAISSEZ-VOUS BIEN LES SPORTS ?

Avec un(e) camarade de classe, indiquez si les sports suivants sont plutôt des sports individuels ou des sports d'équipe. Et si c'est un sport d'équipe, dites combien de personnes il faut pour jouer à ce sport. Après, comparez vos réponses avec les réponses de vos camarades de classe.

Modèle :   la natation
—C'est un sport individuel.
le rugby
—C'est un sport d'équipe : Il faut quinze personnes pour jouer au rugby.

1. le jogging	5. la marche	9. le hockey sur glace
2. le basket-ball	6. le ski alpin	10. l'aviron
3. le football	7. le tennis de table	
4. le football américain	8. le volley-ball	

3. UN BALLON OU UNE BALLE ?

Avec un(e) camarade de classe, décidez si vous avez besoin d'un ballon ou d'une balle pour jouer aux sports suivants.

un ballon   une balle

Modèle :   On joue au football avec un ballon.
On joue au tennis avec une balle.

1. le hand-ball	5. le golf	9. le basket-ball
2. le rugby	6. le football américain	10. le volley-ball
3. le croquet	7 le tennis de table	
4. le base-ball	8. le squash	

Action

NATHALIE VEUT FAIRE DU SPORT

PRÉPARONS-NOUS

QU'EST-CE QUE TU AS DE PRÉVU (*WHAT HAVE YOU PLANNED*) POUR VENDREDI APRÈS-MIDI ?

Regardez l'agenda de Renaud. Votre camarade va regarder l'agenda d'André. À tour de rôle, posez des questions pour savoir ce que chaque personne a prévu de faire vendredi après-midi.

Modèle :   —Qu'est-ce qu'André a de prévu pour vendredi à 14 h ?
—Il n'a rien de prévu. Qu'est-ce que Renaud a de prévu pour vendredi à 14 h ?
—Il va déjeuner avec Nancy.

L'AGENDA DE RENAUD

12 h	un cours d'anglais
13 h	des courses avec Nancy
14 h	déjeuner avec Nancy au CLA
15 h	
16 h	un cours de maths
17 h	
18 h	un match de basket
19 h	

L'AGENDA D'ANDRÉ

12 h	Déjeuner avec un ami Burkinabé au café au Pied de Cochon
13 h	Un cours d'allemand
14 h	
15 h	Faire des recherches à la bibliothèque
16 h	
17 h	
18 h	Un match de ping-pong avec Thierry
19 h	

REGARDONS ENSEMBLE

Don't forget! Always look over the questions you are to answer before viewing the video to identify the information for which you are listening.

1. NATHALIE TÉLÉPHONE À UNE AMIE

Écoutez la conversation de Nathalie au téléphone et complétez les petites notes qu'elle a écrites dans son carnet pour ne pas oublier son rendez-vous.

———— (jour) à ___ heures. Jouer au ___ (sport) avec ———— .
Elle a besoin d'un(e) ———— (équipement).

Comme vous l'avez peut-être remarqué, certaines person-nes, particulièrement les jeunes, terminent leurs lettres et quelquefois leurs conversations téléphoniques par l'expression **bisous** ou **bises.** Cela correspond à *love* ou *love and kisses,* expressions que l'on utilise en anglais quand on écrit à des membres de sa famille ou à des amis proches.

2. QUE DIT NATHALIE ?

Regardons la vidéo une deuxième fois. Pouvez-vous compléter les répliques de Nathalie dans sa conversation avec sa copine ?

NATHALIE : Allô, _____. Salut, c'est Nathalie. Ça va ?
LA COPINE : _____
NATHALIE : Dis, je voulais te _____. Qu'est-ce que tu fais _____ (jour) ?
LA COPINE : _____
NATHALIE : Je _____ savoir si tu _____ venir jouer _____ (sport).
LA COPINE : _____
NATHALIE : Tu peux venir vers _____ heures _____ ?
LA COPINE : _____
NATHALIE : Écoute, ce n'est pas grave. Je peux te prêter un(e) _____ (équipement).
LA COPINE : _____
NATHALIE : _____ Bisous. Salut.

EXPANSION

1. QUE DIT SA COPINE ?

Complétez les réponses de la copine de Nathalie. Mettez-les dans le bon ordre et insérez-les dans la conversation précédente. Ensuite, jouez la conversation avec un(e) camarade de classe.

C'est gentil. Alors, à _____ (jour).
Ça va. Et toi ?
Je n'ai rien de prévu.
Oui, c'est parfait. Mais, attends ! Je n'ai pas de _____ (équipement).
Super ! Je veux bien.

2. RENDEZ-VOUS SPORTIF

Maud téléphone à Céline, une amie, et l'invite à jouer au basket vendredi vers cinq heures de l'après-midi. Imaginez leur conversation en vous inspirant du modèle ci-dessus. Jouez ce dialogue avec un(e) camarade de classe.

EXPRESSION-VOCABULAIRE (2)

DES EXPRESSIONS POUR PARLER DES SPORTS

In French, you can say that you play or participate in a sports activity in more than one way:

- Use the expression **jouer** + **au, à l', à la, aux** to say that you *play* a game or sport.

Jean-Baptiste **joue au** basket-ball.	*Jean-Baptiste **plays** basketball.*
Dorel **joue au** Monopoly et Clara **joue aux** cartes.	*Dorel **plays** Monopoly and Clara **plays** cards.*

- Use the verb **faire** + **du, de l', de la** to say that you *participate* in a sport or activity.

Arnaud **fait de l'escalade**.	*Arnaud **goes rock climbing**.*
Nancy et sa famille **font des randonnées pédestres**.	*Nancy and her family **hike** (or **go hiking**).*

- Note that **jouer** + **du, de la, de l'** is used to say that you *play a musical instrument*.

Maud **joue du** piano.	*Maud **plays** the piano.*
Clara **joue de l'**accordéon.	*Clara **plays** the accordion.*

1. JOUER

D'abord, choisissez le sport ou l'instrument de musique associé à chaque personne. Ensuite dites ce qu'elle fait en utilisant l'expression **jouer à** ou **jouer de**.

Modèle :   Jean-Baptiste joue au basket-ball.

<u> d </u> 1. Jean-Baptiste admire Michael Jordan.
____ 2. Michèle et Gérard aiment le bridge.
____ 3. Maud préfère la musique de Mozart et de Chopin.
____ 4. André aime le tennis de table.
____ 5. Arnaud et Sébastien aiment la musique rock.
____ 6. Martin, Simon et Alex (les enfants de Nancy) aiment beaucoup les jeux qu'ils reçoivent de leurs grands-parents américains.
____ 7. Nathalie regarde les tournois à Wimbledon et à Roland Garros chaque année.
____ 8. Renaud préfère le jazz et les blues.

a. les cartes
b. la guitare électrique
c. le GameBoy
d. le basket-ball
e. le piano
f. le saxophone et la trompette
g. le ping-pong
h. le tennis

2. DES VACANCES ACTIVES

Anne-Marie et toute sa famille vont partir en vacances en Savoie. Regardez ces informations touristiques et faites les activités indiquées.

ENDROIT	INFOS GÉNÉRALES	CLIN D'ŒIL	KID	SPORTS ET LOISIRS
THOLLON	Altitude–2 000 OT: 50 70 90 01 CP: 74500	Classé 2ᵉ au Michelin, ce village panoramique à la fois paisible et animé, est à 15 min. du lac.		18
AVORIAZ	Altitude–1 800 OT: 50 74 02 11 CP: 74110	Station piétonne parfaitement intégrée à l'environnement, elle ouvre mille chemins de randonnée.	▲ ■ ● ★	9 T
LES GETS	Altitude–1 172 OT: 50 75 80 80 CP: 74110 CR: 50 75 80 51	Un village familial pour goûter à la montagne authentique, au soleil et aux plus beaux décors.	■ ●	18
PRAZ DE LYS SOMMAND	Altitude–1 800 OT: 50 34 25 05 ou 50 43 02 72 CP: 74440	Un site préservé et un panorama unique sur le mont Blanc pour la capitale du parapente.	▲ ■	

OT Office du Tourisme	**KIDS** Label Kid	golf–T : nombre de trous/ P : Practice	♦ ♦♦ arts martiaux, remise en forme	canoë-kayak rafting/hydrospeed
CP Code Postal	▲ nurserie (-3 ans)	tennis	sports de tir	papapente/delta
CR Centrale de Réservation	■ garderie/jardin d'enfants (3-6 ans)	VTT	piscine	avion/hélico
station thermale	● club junior (6-14 ans)	école d'escalade	lac	No. 736 forfaits multiloisirs
remontées mécaniques	★ home d'enfants	équitation, poney-club		

1. Avec un(e) camarade, indiquez les sports qu'on peut faire dans les endroits suivants.

Modèle : Les Gets
Aux Gets on peut faire de l'équitation, du VTT, du canoë et du kayak, etc.

a. Thollon
b. Avoriaz
c. Praz de Lys Sommand

2. Voici les activités que les membres de la famille d'Anne-Marie aiment faire. Regardez de nouveau les activités offertes dans les quatre stations de vacances et choisissez l'endroit idéal pour chacun. Enfin, choisissez l'endroit qui convient le mieux (*that best suits*) à toute la famille.

MEMBRES DE LA FAMILLE	ACTIVITÉS	ENDROIT IDÉAL
Anne-Marie	le kayak	
Maurice	la voile	
Jean-Baptiste	l'escalade	
	le parapente (*paragliding*)	
	le VTT	
Clara	l'équitation	
Dorel	le tennis	
Benjamin	la natation	
Endroit conseillé: _____		

3. SONDAGE

Demandez à cinq de vos camarades de classe quelles activités sportives ils font régulièrement.

Modèle :   —Tu fais régulièrement du cyclisme ?
    —Tu fais régulièrement de la musculation ?

____ le cyclisme
____ la musculation
____ le basket-ball
____ la danse
____ le tennis de table
____ l'aviron
____ la course à pied
____ le hockey
____ le football américain
____ le base-ball

____ le football
____ l'aérobic
____ les arts martiaux
____ le volley-ball
____ le yoga
____ la marche/les randonnées
____ le ski (alpin/de fond/nautique)
____ la natation
____ le squash
____ le tennis

Quels sont les sports et activités sportives les plus populaires ? les moins populaires ?

EXPRESSION-STRUCTURE (1)

LES VERBES PRONOMINAUX RÉCIPROQUES

In the last **leçon,** you learned to use pronominal verbs to describe actions that you do to or by yourself. (**Je me lève. Je m'habille. Je me brosse les dents.**) Read Caroline and Nathalie's conversation and see if you can figure out from the context a second way you can use pronominal verbs.

Caroline rappelle Nathalie au téléphone pour lui demander comment aller aux courts de tennis :

CAROLINE : Allô, Nathalie. Ici Caroline. Écoute, je ne sais pas où se trouvent les courts de tennis à Marlay.

NATHALIE : Bon, c'est un peu compliqué. Tu connais le Géant Casino ?

CAROLINE : Oui, bien sûr.

NATHALIE : Alors, nous pouvons **nous rencontrer** au Géant Casino—devant l'entrée principale.

CAROLINE : D'accord. Donc, **nous nous retrouvons** dans le parking devant l'entrée principale à trois heures.

NATHALIE : Parfait. Alors, **on se voit** samedi. Bisous. Salut.

CAROLINE : À samedi. Salut !

As you may have guessed, a second use of pronominal verbs is to describe reciprocity—that is, actions that people do with, to, or for each other. With reciprocal verbs, the reflexive pronouns mean *each other.*

As you study the following explanations and examples, ask yourself: When will I use a reciprocal verb? What are the forms of a reciprocal verb?

VERBE	VERBE RÉCIPROQUE	EXEMPLE	TRADUCTION
téléphoner	**se** téléphoner	Caroline et Nathalie **se** téléphonent.	*Caroline and Nathalie call **each other.***
rencontrer	**se** rencontrer	Caroline et Nathalie vont **se** rencontrer au parking.	*Caroline and Nathalie are going to meet **each other** in the parking lot.*
voir	**se** voir	Nathalie dit : Alors, nous **nous** voyons samedi.	*Nathalie says, "So, we are seeing **each other** on Saturday."*

There are three things that you should remember about reciprocal verbs:

• Reciprocal verbs are always *plural* because, for an action to be reciprocal, two or more people must be involved.

• Many verbs that describe actions that are done to or for other people become reciprocal when you add a reflexive pronoun.

VERBE SIMPLE	VERBE RÉCIPROQUE
Nathalie aime bien Caroline. *Nathalie likes Caroline a lot.*	Nathalie et Caroline **s'**aiment bien. *Nathalie and Caroline like **each other** a lot.*
Nathalie téléphone souvent à Caroline. *Nathalie phones Caroline often.*	Nathalie et Caroline **se** téléphonent souvent. *Nathalie and Caroline call **each other** often.*

• Some verbs can be both reflexive and reciprocal.

VERBE RÉFLÉCHI	VERBE RÉCIPROQUE
Nathalie **se** parle. *Nathalie is talking to **herself**.*	Nathalie et Caroline **se** parlent. *Nathalie and Caroline talk to **each other**.*
Nathalie **se** regarde dans la glace. *Nathalie is looking at **herself** in the mirror.*	Nathalie et Caroline **se** regardent. *Nathalie and Caroline are looking at **each other**.*

VÉRIFIEZ   Can you answer your questions about reciprocal verbs without looking at the book? If not, study the examples again.

1. L'ESPRIT SPORTIF (*GOOD SPORTSMANSHIP*)

Indiquez si les réactions suivantes sont caractéristiques des personnes qui ont l'esprit sportif. Cochez la bonne colonne.

UNE RÉACTION CARACTÉRISTIQUE DES PERSONNES QUI ONT L'ESPRIT SPORTIF ?	OUI	NON
Ils/Elles se serrent la main (*shake hands*) après un match de tennis.		
Ils/Elles s'insultent pendant le match.		
Ils/Elles se font des compliments.		
Ils/Elles s'invitent au café après le match.		
Ils/Elles refusent de se parler.		
Ils/Elles se disputent.		

2. OÙ ET QUAND ?

Parmi vos amis bisontins, quelques-uns vont aller à des événements sportifs ce week-end. Regardez la liste des événements sportifs qui vont avoir lieu à Besançon et indiquez où et quand les personnes vont se donner rendez-vous.

LE SAMEDI SPORTIF

FOOTBALL

Première division excellence
16 h, annexe 2 : Besançon RC (3) - Vercel (2)
16 h, Rosemont 2 : Don-Quichotte - Les Fins
16 h, Saint-Claude : PS Besançon (2) - PTT Besançon.

Tournois
9 h 30 et 14 h 30, Malcombe 1, 3 : tournoi national des Caisses d'épargne
14 h, Montrapon 1, 2 : tournoi des Portugais Besançon
14 h, Orchamps 1, 2, 3 : tournoi de l'AS Orchamps.

Amical
15 h, Prés-de-Vaux : Prés-de-Vaux - Oberhaslach.

ESCALADE

Championnat de France
14 h, Palais des sports : quarts de finale hommes
19 h 30, Palais des sports : demi-finales féminines et masculins.

PÉTANQUE
14 h, chemin des Planches : challenge Martinez, doublettes féminines et jeunes
13 h 30, stade Joran : concours de l'ASC Velotte.

NATATION
9 h - 17 h, piscine couverte : championnats de Franche-Comté.

Modèle :   Michèle et Anne-Marie vont aller voir le match de football Prés-de-Vaux–Oberhaslach.
Elles vont se voir (se voir) à *15* heures à Prés-de-Vaux (où).

1. Caroline et Nathalie vont voir la compétition d'escalade pour femmes.
   Elles _____ (se voir) à _____ heures à _____ (où).
2. André et Renaud vont assister au concours de pétanque de l'ASC Velotte.
   Ils _____ (se rencontrer) à _____ heures à _____ (où).
3. Arnaud et Lionel vont voir les championnats de Franche-Comté de natation.
   Ils _____ (se retrouver) à _____ heures à _____ (où).
4. Sébastien et Maud vont assister au match de football Besançon RC–Vercel.
   Ils _____ (se voir) à _____ heures à _____ (où).

3. UN MATCH DE BASKET

Jean-Baptiste organise un match de basket-ball, et il demande à Lionel s'il veut venir. Complétez leur conversation. Utilisez ces verbes : **se voir, se rencontrer, se retrouver, se parler.** Après, jouez le dialogue avec un(e) camarade de classe.

JEAN-BAPTISTE :	Alors, tu viens jouer au basket avec nous ?
LIONEL :	Ça dépend. Quand est-ce que vous allez jouer ?
JEAN-BAPTISTE :	Nous _____ cet après-midi.
LIONEL :	À quelle heure ?
JEAN-BAPTISTE :	On _____ vers deux heures.
LIONEL :	Où est-ce que vous allez jouer ?
JEAN-BAPTISTE :	Nous _____ chez Luc.
LIONEL :	Bon, je ne suis pas sûr. Il faut que je consulte mes parents. On _____ au téléphone pour confirmer ?
JEAN-BAPTISTE :	D'accord. À tout à l'heure, peut-être.

4. INVITATIONS

À tour de rôle, invitez un(e) camarade de classe à participer à une activité sportive. Précisez 1) l'activité; 2) à quelle heure vous allez vous rencontrer; 3) où vous allez vous retrouver.

5. ÊTES-VOUS SOCIABLE ?

Travaillez avec votre camarade pour savoir s'il/si elle est sociable et s'il/si elle s'entend bien (*gets along well*) avec les autres. Utilisez les verbes et les expressions données ci-dessous pour lui poser des questions. Notez ses réponses, puis inversez les rôles. Donnez vos résultats à la classe.

Modèle : se téléphoner
—Est-ce que tu téléphones souvent à ton (ta) meilleur(e) ami(e) ?
—Oui, nous nous téléphonons tous les jours.
—Est-ce que tu téléphones souvent à tes cousins ?
—Non, nous ne nous téléphonons jamais.

LES PERSONNES	LES ACTIONS	LA FRÉQUENCE
vous et votre meilleur(e) ami(e)	se téléphoner	tous les jours
vous et vos amis du lycée	se voir	une fois par semaine
vous et vos parents	se disputer	une fois par mois
vous et vos grands-parents	se parler	deux fois par an
vous et vos cousins	s'envoyer des messages par courrier électronique	une fois par an
	s'envoyer des cartes de vœux	ne... jamais

EXPRESSION-VOCABULAIRE (3)

LA NATATION, LE PATINAGE ET LE FOOTBALL

une piscine

une patinoire

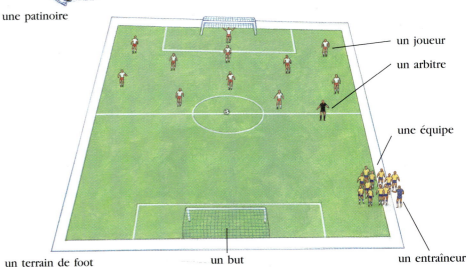

un joueur

un arbitre

une équipe

un terrain de foot   un but   un entraîneur

Quel est le score?

Besançon–Belfort 2–0

Le score est 2–0 (deux zéro). L'équipe de Besançon **a gagné le match;** l'équipe de Belfort **a perdu le match.**

Lyon–Montpellier 4–4

Le score est 4–4 (quatre quatre). Lyon et Montpellier sont **ex aequo.** C'est **un match nul.**

1. DANS UN STADE OU DANS UN GYMNASE ?

Reliez le sport à l'endroit où on le pratique. Utilisez l'expression « on fait... »

> **Modèle :** On fait du football américain dans un stade.

LES SPORTS

1. du football américain
2. du karaté
3. de la gymnastique
4. du patinage
5. du rugby
6. du tennis
7. de la natation
8. du squash
9. du hockey sur glace
10. du football
11. de l'aérobic
12. du volley-ball

LES ENDROITS

a. dans un gymnase
b. à la patinoire
c. dans un stade
d. sur un court de...
e. dans une piscine
f. sur un terrain de...

2. LES SPORTS À L'UNIVERSITÉ

Est-ce que vous connaissez bien les sports pratiqués dans votre université ? Avec deux camarades de classe, essayez de répondre à ces questions. Comparez vos réponses avec les réponses des autres équipes.

1. Combien de gymnases est-ce qu'il y a dans votre université ? Quel est le nom du stade principal ?
2. Il y a combien de courts de tennis ?
3. Quels sont les sports les plus pratiqués ?
4. Y a-t-il des clubs de sport dans votre université ? Nommez-en quelques-uns.
5. Indiquez les noms de tous les entraîneurs que vous connaissez.
6. Quelle équipe sportive a obtenu le meilleur résultat cette année ?

 **INTERACTION**

QUI A GAGNÉ ?

Dans le journal que Renaud a lu lundi, il y avait les résultats de quelques matchs de foot du week-end dernier, mais pas de tous. Arnaud, qui a lu un autre journal, a vu d'autres résultats. Mardi, ils se rencontrent au café et chacun donne à l'autre les informations qu'il n'a pas. Les renseignements qu'a Arnaud sont à la page 738; ceux de Renaud sont à la page 747. L'étudiant(e) A joue le rôle d'Arnaud pendant que l'étudiant(e) B joue le rôle de Renaud. Les deux étudiants se posent des questions pour remplir le tableau.

1. Complétez le tableau des résultats.

| MATCH | SCORE | JOUEURS QUI ONT MARQUÉ DES BUTS | | NOM DE L'ARBITRE | NOMBRE DE SPECTATEURS |
		ÉQUIPE GAGNANTE	ÉQUIPE PERDANTE		
Gingamp-Alès					
Domfront-Le Mans					
Laval-Marseille					
Valence-Saint-Brieuc					

2. Utilisez les informations du tableau pour compléter la conversation entre Arnaud et Renaud.

RENAUD :   Qui a gagné le match Gingamp-Alès ?
ARNAUD :   _____
RENAUD :   Quel était le score ?
ARNAUD :   _____
RENAUD :   Est-ce qu'il y avait beaucoup de spectateurs ?
ARNAUD :   Il y avait _____ spectateurs. Est-ce que Marseille a perdu son match contre Laval ?

RENAUD : _____

ARNAUD : Flûte ! Qui était l'arbitre ?

RENAUD : _____

ARNAUD : Alors, est-ce que Tapoko a quand même tiré un but pour Marseille ?

RENAUD : _____

3. Maintenant utilisez les informations sur le match Domfront–Le Mans et complétez cet article de journal sur le match.

Domfront. _____ spectateurs ont vu _____ (nom de l'équipe) gagner le match contre _____ avec un score de _____. _____ (nom du joueur) a tiré deux buts. L'arbitre était _____.

EXPRESSION-STRUCTURE (2)

LES VERBES PRONOMINAUX IDIOMATIQUES

So far you have seen pronominal verbs that are reflexive, that is, where the action is reflected back to the subject (**je me prépare; je me suis habillé[e]**). You have also seen reciprocal pronominal verbs, which describe what people do to and for each other (**nous nous téléphonons; nous nous parlons**). Idiomatic pronominal verbs, however, do not follow either pattern.

• Idiomatic pronominal verbs are of two types:

   1. Some exist only as pronominal verbs, as in the case of **se souvenir de,** *to remember.*

   2. In other cases, the pronominal verb has a completely different meaning from the nonpronominal verb. For example, **amuser** means *to amuse,* but **s'amuser** means *to have a good time.*

• In the **passé composé,** the past participle of an idiomatic pronominal verb always agrees with the subject.

Clara s'est souvenue de son anniversaire.

> As you study the following verbs, ask yourself what techniques you can use to remember them. Associations? Flash cards? A web?

• Being fit is a combination of physical and mental health. Here are some idiomatic pronominal verbs that will allow you to describe both daily activities and your emotions.

> s'amuser *to have a good time*
> s'intéresser à quelque chose *to be interested in something*
> s'ennuyer *to be bored*
> s'énerver *to get upset*
> s'impatienter *to become impatient*
> s'inquiéter *to worry*

se fâcher *to get angry*
se tromper *to make a mistake*
s'entendre bien/mal (avec) *to get along well/poorly (with)*
s'occuper (de) *to take care of*
se souvenir de *to remember*

1. CLASSEZ

Travaillez avec un(e) camarade de classe. Quels verbes dans la liste précédente ont normalement une signification positive, négative ou neutre ? Écrivez-les dans le cercle qui correspond à leur signification.

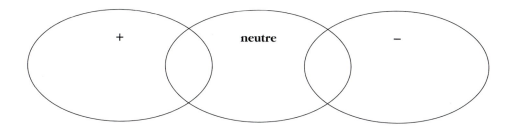

2. DES PHRASES LOGIQUES

Avec un(e) camarade de classe, trouvez la fin logique de chaque phrase. La première phrase a été faite pour vous.

LE DÉBUT DE LA PHRASE

1. Michèle et Gérard s'inquiètent quand ___e___
2. Jean-Baptiste s'est fâché quand _____
3. André joue bien au hand-ball parce que/qu'_____
4. Christiane s'est fâchée quand _____
5. Lionel et Maud se disputent rarement parce que-qu'_____
6. Sébastien se trompe quelquefois quand _____
7. Madame Vidonne se souvient bien du jour où _____
8. Renaud se sent fatigué quand _____
9. Anne-Marie et Maurice peuvent se détendre quand _____

LA FIN DE LA PHRASE

a. sa fille est née.
b. il s'entraîne tous les jours.
c. il parle anglais.
d. leurs enfants sont couchés.
e. leurs enfants rentrent très tard.
f. il ne se nourrit pas bien.
g. ses petits frères et sa petite sœur sont entrés dans sa chambre quand il n'était pas là.
h. ils s'entendent bien.
i. sa fille a pris sa nouvelle veste sans lui demander la permission.

3. LES SENTIMENTS

Comment exprimer ses sentiments : Avec un(e) camarade de classe, écrivez une phrase pour décrire les sentiments exprimés par les différentes personnes dans chaque situation. Utilisez ces verbes : **s'intéresser à; s'énerver; s'impatienter; s'inquiéter; se fâcher; se détendre; s'amuser.**

Modèle :   LA SITUATION :   Lionel joue mal au basket aujourd'hui.
Lionel _____
VOTRE PHRASE :   Lionel s'énerve.

Les situations:

1. Anne-Marie n'est pas contente. Clara, Dorel et Benjamin ont joué dans le salon qui est maintenant en désordre. Anne-Marie _____
2. Il fait beau. Les Lachaud sont dans le jardin : Michèle fait des mots croisés et Gérard fait la sieste. Michèle et Gérard _____

3. Marie-Jo prend la température d'Hadrien. Elle pense qu'il est malade. Marie-Jo _____

4. Arnaud et Sébastien sont dans une discothèque avec leurs amis. Ils _____

5. Nancy fait la queue à la poste et elle est déjà en retard à son rendez-vous chez le dentiste. Nancy _____

6. Madeleine Lafaurie assiste à une conférence sur le peintre Courbet. Elle _____ à la peinture.

4. UNE MATINÉE DIFFICILE

Jean-Baptiste n'a pas passé une bonne matinée. Rien n'a marché. Il déjeune avec Hamid et lui raconte ce qui s'est passé. Complétez sa conversation avec Hamid en utilisant les verbes suivants *au passé composé* : **se disputer, s'énerver, se fâcher, se réveiller, se souvenir, se tromper.**

Écoute, Hamid. Laisse-moi te raconter ce que j'ai fait ce matin. Ça a été une catastrophe ! D'abord, je _____ en retard. Maman _____ parce que je ne me suis pas levé à l'heure, alors on _____. Comme j'étais en retard, je n'ai pas fait très attention et je _____ de bus. Je suis arrivé en classe avec une demi-heure de retard et mon prof de français _____. Et puis, j'ai eu un examen d'anglais ce matin qui était très difficile. Je (ne pas) _____ de tout le vocabulaire. Quelle matinée ! J'espère que ça va aller mieux cet après-midi !

5. DES CONSEILS

Lionel est membre d'un club sportif. Son équipe de basket-ball a un match important demain. Pour chaque problème, trouvez le conseil le plus approprié.

PROBLÈMES

___ 1. Lionel se couche généralement à une heure du matin.

___ 2. Loïc est très stressé.

___ 3. Manu a la grippe.

___ 4. Cyril et Cédric ne s'entendent pas bien.

___ 5. Henri n'est pas en forme parce qu'il mange trop de frites.

___ 6. Guillaume se lève tard le week-end et arrive en retard à l'entraînement.

___ 7. Rachid est souvent absent aux séances d'entraînement.

___ 8. Mamadou ne se repose jamais. Il travaille constamment.

CONSEILS

a. Dépêche-toi le matin !

b. Ne vous disputez pas pendant le match !

c. Entraîne-toi régulièrement !

d. Calme-toi !

e. Soigne-toi.

f. Nourris-toi correctement.

g. Détends-toi de temps en temps.

h. Couche-toi plus tôt.

6. RÉACTIONS PERSONNELLES

Quelle est votre réaction dans les situations suivantes ? Travaillez avec un(e) camarade qui va vous poser ces questions. Utilisez ces expressions pour répondre (vous pouvez utiliser la même expression plusieurs fois) :

Je m'ennuie.

Je me détends.

Je m'énerve.

Je me fâche.

Je m'inquiète.

Je m'amuse.

1. Vous venez de recevoir trois coups de fil d'une personne qui s'est trompée de numéro.
2. Vous devez passer le week-end à préparer un examen d'anglais.
3. Vous passez un week-end sportif : vendredi soir vous jouez au volley-ball, samedi vous faites une heure de jogging et une heure d'aérobic; dimanche vous faites du football.
4. C'est le week-end et il pleut ! Alors, vous jouez aux cartes avec des amis pendant des heures.
5. Vous êtes à la banque, et la personne devant vous parle avec l'employé depuis dix minutes.
6. Vous êtes chez des amis, et tout le monde regarde le championnat de golf à la télé.
7. Il y a un film que vous voulez vraiment voir. Vous arrivez au cinéma, et il n'y a plus de places !
8. Vous passez un long week-end à la plage avec des amis.
9. Vous devez prendre l'avion à six heures du soir. Il est cinq heures, et vous êtes coincé(e) dans un embouteillage (*stuck in a traffic jam*).

7. JE M'ÉNERVE QUAND...

Répondez à ces questions. Après, posez les mêmes questions à votre camarade de classe. Combien de réponses sont les mêmes ?

1. Quand t'impatientes-tu ?
2. Qu'est-ce qui t'inquiète ?
3. Qu'est-ce que tu fais pour te détendre ?
4. Avec qui te fâches-tu souvent ? Pourquoi ?
5. À quoi t'intéresses-tu ?

ACTION-APPROFONDISSEMENT (1)

JOUONS AU FOOT !

PRÉPAREZ-VOUS

Avez-vous déjà participé à un sport d'équipe ? Avez-vous travaillé avec un entraîneur (par exemple, pour faire du karaté) ? D'habitude, l'entraîneur essaie de vous encourager. Il (ou elle—le mot « entraîneur » n'existe qu'au masculin en français) utilise certains mots et expressions pour le faire. Par exemple, « très bien » ou « Allez! » Par contre, quelquefois, pendant un match, l'entraîneur (ou même un autre joueur) donne des conseils, par exemple, « c'est pour toi » (le ballon est pour toi), « lève la tête » (*keep your head up*). Pouvez-vous penser à d'autres expressions utilisées par les entraîneurs ?

REGARDEZ

ALLEZ !

Maintenant, regardez les enfants de Besançon jouer au football au club Promo Sports. Vous allez entendre la voix de l'entraîneur qui les encourage. Cochez les cases pour dire si vous entendez les expressions suivantes.

EXPRESSIONS	UTILISÉES ?	
	OUI	NON
Allez !		
Allez, bonhomme, joue !		
Tire (*Shoot*) !		
C'est pour toi !		
Plus fort !		
Accroche (*Get it*) !		
Lève la tête !		
Droit au but !		
Bats-toi (*Fight for it*) !		
Bien joué !		
Plus vite !		
Il faut jouer !		
Joue !		
Mieux que ça (*Better than that*) !		
Regarde derrière toi !		

EXPANSION

LA BONNE EXPRESSION

À votre avis, que dit un entraîneur à un joueur...

Modèle :   qui a besoin d'être encouragé ?
          « Allez ! »

1. qui vient d'intercepter le ballon ?
2. qui court après le ballon, mais pas très vite ?
3. qui regarde ses pieds ?
4. qui a le ballon et qui se trouve devant le but de l'autre équipe ?
5. qui doit attraper le ballon ?
6. qui ne semble pas très agressif ?

ACTION-APPROFONDISSEMENT (2)

L'ENTRAÎNEUR DU CLUB DE SPORT

PRÉPAREZ-VOUS

Vous allez entendre l'entraîneur de Promo Sports à Besançon parler de son club. Pour bien comprendre ce qu'il dit, vous avez besoin de quelques expressions.

En France, quand on devient membre d'un club sportif, on devient en même temps **un licencié** du sport qu'on pratique activement. Dans beaucoup de clubs, il faut payer **une cotisation** (*membership or use fee*) aussi.

LES EFFETS POSITIFS DU SPORT

On fait des activités sportives pour s'amuser et pour se détendre, mais ces activités peuvent aussi avoir un effet positif sur le caractère et la personnalité de ceux qui les pratiquent. Indiquez deux activités sportives qui inculquent chacune les qualités suivantes.

> **Modèle :** la patience
> Le golf inculque la patience.
> Le base-ball inculque la patience.

1. le sens de la discipline
2. la résistance physique
3. la loyauté/l'esprit de corps
4. la maîtrise de soi (*self-control*)
5. l'esprit d'équipe (*team spirit*)
6. la confiance en soi
7. la volonté/la ténacité

REGARDEZ

1. PROMO SPORTS

Vous passez l'année à Besançon pour étudier au CLA et à l'université. Chez vous, vous avez l'habitude de faire beaucoup de sport. Des amis bisontins vous conseillent de vous inscrire à un club sportif. À la mairie, il y a une cassette vidéo qui présente tous les clubs de la région. Vous allez avec un copain regarder la cassette, et vous voyez la présentation de l'entraîneur de Promo Sports. Prenez des notes et dites ensuite si vous voulez vous inscrire à son club.

> Don't worry if you don't understand everything the coach says—you're not expected to. Relax and simply listen for the information you need.

A. Renseignements sur Promo Sports

Âge des membres _____

Prix de la cotisation _____

Nombre de séances d'entraînement par semaine _____

Horaire _____

Ambiance/attitude _____

B. Avant de prendre votre décision, répondez à ces questions :

1. Est-ce que les autres membres sont trop jeunes ou trop âgés pour vous ?
2. Est-ce que le prix de la cotisation est trop élevé ?
3. Est-ce que les horaires vous conviennent (*Is the schedule convenient for you*) ?
4. Aimez-vous l'attitude de l'entraîneur ?

C. Alors, voulez-vous vous inscrire à Promo Sports ?   ___ Oui   ___ Non

2. LE FOOTBALL À PROMO SPORTS

Maintenant, regardez une deuxième fois. Vous faites du baby-sitting pour un petit garçon de six ans qui veut jouer au football, et sa mère veut savoir si Promo Sports est bien pour les petits enfants. Parmi les idées suivantes, identifiez celles que l'entraîneur a exprimées pour pouvoir répondre à la mère.

1. Pour jouer au football au club Promo Sports, il faut avoir sept ans.
2. On essaie d'apprendre aux enfants les règles de base (*the basic rules*) du sport.
3. On insiste beaucoup sur la discipline.
4. L'esprit d'équipe est important.

EXPANSION

1. INSCRIPTIONS (*REGISTRATION*)

Nancy Peuteuil et Anne-Marie veulent inscrire leurs enfants au club Promo Sports. Elles vont ensemble au club pour se renseigner. Puisque (*since*) l'employée n'a qu'une seule brochure, elles doivent noter tous les détails qui les intéressent. Regardez la brochure de Promo Sports et aidez-les à écrire leurs notes.

NANCY	ANNE-MARIE
enfant, 9 ans—judo cotisation, par an : _____ entraînement : jour _____ heure _____ à/au/dans _____	enfant, 8 ans—athlétisme cotisation, par an : _____ entraînement : jour _____ heure _____ à/au _____
enfant, 7 ans—football cotisation, par an : _____ entraînement : jour _____ heure _____ à/au _____	enfant, 6 ans—hand-ball cotisation, par an : _____ entraînement : jour _____ heure _____ à/au _____
enfant, 7 ans—basket-ball cotisation, par an : _____ entraînement : jour _____ heure _____ à/au _____	

Promo Sports Besançon

8 SECTIONS SPORTIVES
COMPETITION OU LOISIR
TOUT ÂGE

UN CENTRE DE REMISE EN FORME
7 COURTS DE TENNIS

UN CENTRE DE LOISIRS 6-12 ans
(vacances scolaires)

3, Chemin des Torcols 25000 BESANCON

Tél. : 81.88.15.55

ATHLETISME

• **ECOLE D'ATHLETISME :** enfants de 8 à 12 ans
le mercredi de 14h à 16h Stade L.LAGRANGE
Tarif : 400 F/an.

• **de 12 ans à vétérans :** tous les soirs à partir
de 17h30 au Stade Léo Lagrange.
Tarif : 400 F/an.

HANDBALL

• **ECOLE DE HAND :** à partir de 6-7 ans
Le mardi de 18h à 19h15 Gymnase de St Claude
Tarif : 370 F/an

• **ENTRAINEMENTS SENIORS** (équipes féminine et mascu-
line) Mardi et Jeudi de 19h30 à 22h
Gymnase de St Claude
Tarif : 450 F/an

BASKET-BALL

• **ECOLE DE BASKET :** enfants de 7 à 10 ans
le mercredi de 10h30 à 12h Gymnase de St Claude
Tarif : 450 F/an

• **ENTRAINEMENTS SENIORS MASCULINS :**
Lundi de 20h à 22h au Gymnase Fontaine-Ecu
Tarif : 350 F/an

FOOTBALL

• **DEBUTANTS et POUSSINS :** le mercredi de 13h30 à
15h30 à St Claude et à la Malcombe.

• **PUPILLES :** mercredi 13h30 à 15h30 Malcombe.

• **MINIMES :** mercredi 16h30 à 18h30
et lundi 18h00 à 20h00 St Claude

• **CADETS :** mercredi et vendredi 18h à 20h Rosemont.

• **JUNIORS et SENIORS :** Lundi, mercredi et vendredi
de 18h30 à 20h30 à St Claude.

COTISATIONS : de débutant à senior : 380 F/an.

ARTS MARTIAUX

JUDO :
  . 5 ans : mercredi et/ou samedi de   13h30 à 14h30
  . 7 ans :   "   14h30 à 15h30
  . 9 ans :   "   15h30 à 16h30
  . 12 ans :   "   16h30 à 18h00
  . Adultes (à partir de 14 ans)
    Lundi et Mercredi de 19h00 à 20h30

  COTISATIONS : . enfants : 360F/Trim. 950F/an
                . adultes : 420F/Trim. 1150F/an

2. JEU DE RÔLES

Maintenant jouez les deux scènes.

A. Vous jouez le rôle de l'employé(e) au club et vous répondez aux questions de Nancy. Votre camarade de classe va jouer le rôle de Nancy.

NANCY : Bonjour (Monsieur, Madame, Mademoiselle). J'ai besoin de renseignements. J'ai trois fils qui veulent faire du sport. L'aîné, qui a neuf ans, veut faire du judo. Pouvez-vous m'indiquer le prix de la cotisation et les jours où a lieu l'entraînement ?

L'EMPLOYÉ(E) : Pour le judo, la cotisation est de _____ francs par an. L'entraînement a lieu le _____ (jour) de _____ (heure) à _____ (heure) à _____ (où).

NANCY : Bon. J'ai un autre fils qui a sept ans et qui veut faire du football. Il n'en a jamais fait; c'est un poussin (*beginner*).

L'EMPLOYÉ(E) : Pour le football, la cotisation est de _____ francs par an. L'entraînement a lieu le _____ (jour) de _____ (heure) à _____ (heure) à _____ (où).

NANCY : Parfait. Mon troisième fils qui a sept ans aussi—j'ai des jumeaux—veut faire du basket-ball.

L'EMPLOYÉ(E) : Pour le basket-ball, la cotisation est de _____ francs par an. L'entraînement a lieu le _____ (jour) de _____ (heure) à _____ (heure) à _____ (où).

NANCY : Très bien. Merci beaucoup.

L'EMPLOYÉ(E) : Au revoir, Madame.

B. Votre camarade va jouer le rôle de l'employé(e), et vous allez jouer le rôle d'Anne-Marie.

ANNE-MARIE : Bonjour (Monsieur, Madame, Mademoiselle). J'ai besoin de renseignements. J'ai deux enfants qui veulent faire du sport, et j'aimerais savoir le prix de la cotisation et les jours où l'entraînement a lieu. Ma fille a huit ans et elle veut faire de l'athlétisme.

L'EMPLOYÉ(E) : Pour l'athlétisme, la cotisation est de _____ francs par an. L'entraînement a lieu le _____ (jour) de _____ (heure) à _____ (heure) à _____ (où).

ANNE-MARIE : Bien. Mon fils qui a six ans veut faire du hand-ball.

L'EMPLOYÉ(E) : Pour le hand-ball, la cotisation est de _____ francs par an. L'entraînement a lieu le _____ (jour) de _____ (heure) à _____ (heure) à _____ (où).

ANNE-MARIE : Merci beaucoup.

L'EMPLOYÉ(E) : À votre service. Au revoir, Madame.

3. LE GOLF

Renaud aimerait apprendre à jouer au golf. Lisez cet article et puis donnez-lui les renseignements suivants.

1. Combien de personnes en France sont licenciées d'un club de golf ?
2. Combien de clubs de golf y a-t-il en France ?
3. Combien coûte la licence pour les jeunes ?
4. Quel est le prix de la cotisation annuelle ?
5. Est-ce qu'il faut acheter des clubs pour pouvoir jouer au golf ?
6. Comment peut-on obtenir plus de renseignements ?

Golf, LOISIRS
le moyen de faire son trou

L'écrivain George Bernard Shaw disait : *"Le golf, c'est une agréable promenade gâchée par une abominable balle blanche !"* En effet, lors d'un parcours composé de 18, 24 ou 36 trous, dont la longueur varie entre 5 et 7 km, le golfeur doit, à l'aide d'une canne appelée "club", rentrer sa balle dans une cavité de 4 cm de diamètre. Pas facile ! Autrefois réservé aux "quadras", le golf séduit de plus en plus de jeunes.

Qui pratique ?
En France, il y a 209 000 licenciés contre plus de douze millions au Japon.

Où pratiquer ?
Dans l'un des 478 clubs de golf français. La licence coûte 50 francs pour les moins de 18 ans. Selon les clubs, la cotisation annuelle varie de 5 000 à 10 000 francs, mais les jeunes bénéficient souvent de tarifs plus avantageux.

Quel matériel ?
Vous pouvez louer des "clubs" sur place au golf. Munissez-vous de la fameuse balle blanche aux 432 alvéoles (les trois à partir de 20 francs), c'est la meilleure.

En savoir plus ?
Fédération française de golf, 69 avenue Victor-Hugo, 75016 Paris. Tél. : (1) 44 17 63 31. Union nationale du sport scolaire, 13 rue Saint-Lazare, 75009 Paris. Tél. : (1) 42 81 55 11. ■

J. M. Charles /SYGMA

EXPRESSION-STRUCTURE (3)

LES ADVERBES

You have already learned about adjectives, which describe *people and things* (**Nathalie est intelligente. Jean-Baptiste est sportif.**). Adverbs describe *actions*. Many adverbs describe *how things are done* and, in French, answer the question **Comment ?** (**Comment est-ce que vous jouez au golf ? Bien ou mal ? Comment est-ce que vous conduisez** (*drive*) **? Lentement ? Prudemment ? Vite ?**) Read the following sentences about people you know in Besançon and decide if the highlighted words describe the people (adjectives) or their actions (adverbs).

	ACTION (ADVERBE)	PERSONNE (ADJECTIF)
1. Michèle est une institutrice très **dynamique.**		
2. Nathalie étudie **sérieusement.**		
3. Maud est une amie très **loyale.**		
4. Jean-Baptiste fait **régulièrement** ses devoirs.		
5. André s'entraîne **fréquemment.**		
6. Arnaud est très **amusant.**		
7. Nancy est un **bon** prof.		
8. Sébastien s'habille **lentement** le matin.		
9. Clara joue **bien** de l'accordéon.		

- Did you check the **personne/adjectif** column for the highlighted words in sentences 1, 3, 6, and 7 and the **action/adverbe** column for the highlighted words in sentences 2, 4, 5, 8, and 9?

- Adverbs can also modify adjectives.

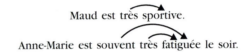

Maud est très sportive.

Anne-Marie est souvent très fatiguée le soir.

 As you study the following explanations and examples, ask yourself these questions: What is an adverb? How are adverbs formed? What are the exceptions? Where are adverbs placed in a sentence? In the **passé composé,** the placement of adverbs varies—what is the rule? What are some common adverbs that are not derived from adjectives?

- In English, regular adverbs are formed by adding *-ly* to the corresponding adjective. For example, you add *-ly* to the adjective *rapid* to form the adverb *rapidly.* In French, also, most adverbs (except a few irregular ones) are formed by transforming the corresponding adjective, according to three general rules.

1. To form regular adverbs add **-ment** to the feminine adjective.

ADJECTIF MASCULIN	ADJECTIF FÉMININ	ADVERBE	EXEMPLE
sérieux	sérieuse	sérieuse**ment**	Nathalie étudie **sérieusement.**
régulier	régulière	régulière**ment**	André s'entraîne **régulièrement.**
actif	active	active**ment**	Michèle participe **activement** à la vie politique de sa commune.

2. When the masculine adjective ends in a vowel, add **-ment** to the masculine adjective.

ADJECTIF MASCULIN	ADVERBE	EXEMPLE
poli	poli**ment**	Jean-Baptiste ne répond pas toujours **poliment** à sa mère.
facile	facile**ment**	Sébastien apprend l'anglais **facilement.**

3. When the adjective ends in **-ant** or **-ent,** drop **-nt** and add **-mment.**

ADJECTIF MASCULIN	ADVERBE	EXEMPLE
élég**ant**	élég**amment**	Marie-Jo s'habille toujours très **élégamment.**
brill**ant**	brill**amment**	Nathalie réussit **brillamment** à ses examens.
pati**ent**	pati**emment**	Michèle écoute **patiemment** ses élèves.
prud**ent**	prud**emment**	Nancy conduit **prudemment.**

- One important exception to rule 3 is the adverb **lentement,** from the adjective **lent.**

  > Elle joue lentement. *She plays slowly.*

- Some of the most common adverbs are not formed from adjectives. Adverbs of this type that you already know are **bien, mal, beaucoup, trop, vite, assez, très, souvent.**

  > André joue **souvent** au hand-ball.
  > Maud s'est **beaucoup** entraînée la semaine dernière.

- In simple tenses, like the present and the imperfect, adverbs are placed *after* the verb.

  > Au présent : Benjamin parle **constamment** !
  > À l'imparfait : Quand il était petit, Jean-Baptiste travaillait **sérieusement** à l'école.

- In the **passé composé,** adverbs of three syllables or more are generally placed after the past participle, but many frequently used, short adverbs are placed between the auxiliary verb and the past participle; for example, **bien, mal, beaucoup, trop, vite, très, souvent, toujours.** Adverbs of time (**aujourd'hui, hier, demain**) can begin or end a sentence, or they can follow the past participle.

  > Nathalie a **beaucoup** étudié cette année.
  > Elle a **bien** réussi à ses examens.
  > Arnaud a dîné **rapidement** parce qu'il voulait sortir.
  > **Demain** nous allons partir en vacances.

• Note that adverbs are *never* placed *between* the subject and the verb, as they sometimes are in English.

André joue **souvent** au hand-ball.	*André **often** plays handball.*
Il est parti **rapidement** de la maison.	*He **quickly** left the house.*

VÉRIFIEZ   Were you able to answer your questions about adverbs without consulting the book? If not, study the examples again before going to class.

1. COMMENT LE FONT-ILS ?

Pour chaque verbe, choisissez un membre de votre famille ou un(e) ami(e) et dites comment la personne fait cette activité.

Modèle :   jouer aux cartes
               Ma mère joue aux cartes agressivement.

1. jouer aux cartes
2. chanter
3. jouer d'un instrument de musique
4. faire la cuisine
5. danser
6. faire du sport
7. travailler
8. voyager

2. ET VOUS ?

Faites une liste de cinq activités et dites comment vous les faites. Ensuite, comparez vos réponses avec celles d'un(e) camarade de classe.

Modèle :   faire du ski   faire du jogging
               Je fais du ski régulièrement.   Je fais du jogging fréquemment.

3. PROMO SPORTS A GAGNÉ LE MATCH !

Voici un article qui décrit le match de football entre Promo Sports et Sports Jeunesse. Rendez l'article plus descriptif en ajoutant des adverbes. D'abord, changez les adjectifs de la liste suivante en adverbes et insérez-les dans l'article.

agressif	facile	énergique
sérieux	brillant	fréquent

Dimanche l'équipe Promo Sports a remporté sa deuxième victoire. Promo Sports a battu l'équipe Sports Jeunesse 6–0. Promo Sports a pris l'ascendant quand Alex Leblanc a marqué le premier but. Tous les joueurs de Promo Sports ont contribué à la victoire de leur équipe. Le gardien de but a joué pendant tout le match. Les fans ont montré leur enthousiasme pour l'équipe gagnante. L'équipe Sports Jeunesse a fait des erreurs. Ont-ils besoin de s'entraîner davantage ?

4. EN FORME !

Nancy Peuteuil veut se remettre en forme. Le docteur Hakkar lui a donné des conseils sur une feuille de papier, mais Nancy ne peut pas lire tous les mots. Complétez les conseils en ajoutant les adverbes qui correspondent aux adjectifs dans la liste ci-dessous. Travaillez avec un(e) camarade de classe et ajoutez deux autres conseils.

régulier	modéré	fréquent
progressif	patient	rapide

1. Faites de la gymnastique _____ chez vous ou dans un club.
2. Il est important de s'entraîner _____.

3. Mangez et buvez _____.
4. La marche est un excellent sport. Marchez _____ pendant 20 minutes tous les jours.
5. Continuez à faire toutes ces activités _____.
6. Il faut attendre _____ les résultats.
7. ...
8. ...

EXPRESSION-STRUCTURE (4)

LES FORMES COMPARATIVES ET SUPERLATIVES DES ADVERBES

As you study the following examples, ask yourself these questions: How is the comparative of adverbs formed? How is the superlative of adverbs formed? Which forms of **bien** are regular in comparisons and superlatives? Which forms of **bien** are irregular?

When you are learning a new structure, it is often helpful to memorize the new form in a sentence that illustrates how it is used. As you study the following examples, try to think of sentences with comparatives and superlatives that are meaningful to you. For example, you might use yourself, family members, and friends in your sentences: **Mon père chante mieux que ma mère.**

- The words **plus, aussi,** and **moins** are used to form the comparative of adverbs as well as the comparative of adjectives.

LE COMPARATIF DES ADVERBES

$$\text{sujet + verbe +} \begin{cases} \textbf{plus } (+) \\ \textbf{aussi } (=) \\ \textbf{moins } (-) \end{cases} \text{+ adverbe + } \textbf{que} \text{ + objet de la comparaison}$$

Renaud s'entraîne plus fréquemment que Nathalie.
Renaud s'entraîne aussi régulièrement que Maud.
Renaud s'entraîne moins souvent que Jean-Baptiste.

Note that you can compare actions without using an adverb. When there is no adverb, **aussi** is replaced by **autant.**

Renaud s'entraîne plus que Nathalie.
Renaud s'entraîne autant que Maud.
Renaud s'entraîne moins que Jean-Baptiste.

To form the superlative, **le** is inserted before the adverb (never **la** or **les**), and **de** is used instead of **que**, forming the usual contractions with a following definite article (**de + le = du, de + les = des**).

LE SUPERLATIF DES ADVERBES

$$\text{sujet} + \text{verbe} + \left\{ \begin{array}{l} \textbf{le plus } (+) \\ \textbf{le moins } (-) \end{array} \right\} + \text{adverbe}$$

If talking about our friends from Besançon, we would say:

André s'entraîne le plus régulièrement de tous vos amis bisontins.
Nathalie s'entraîne le moins fréquemment de tous vos amis bisontins.

• The adverb **bien** has irregular comparative and superlative forms.

LE COMPARATIF DE *BIEN*

mieux (+)	André joue **mieux** au hand-ball que Lionel.
aussi bien (=)	Renaud joue **aussi bien** au hand-ball que Lionel.
moins bien (−)	Renaud joue **moins bien** au hand-ball que Maud.

LE SUPERLATIF DE *BIEN*

le mieux (+)	Dans l'équipe, c'est André qui joue **le mieux**.
le moins bien (−)	C'est Nathalie qui joue **le moins bien**.

VÉRIFIEZ   Can you answer your questions without looking back at the book? Do you have several personalized examples that will help you remember the forms of comparisons and superlatives with adverbs?

---

1. HABITUDES

Posez ces questions à des camarades de classe. Notez les réponses qu'on vous donne.

1. Mangez-vous régulièrement de la viande rouge ? Combien de fois par semaine ?
2. Mangez-vous régulièrement des fruits frais ? Combien de fois par semaine ?
3. Consommez-vous souvent ou rarement des boissons alcoolisées ?
4. Combien de cocas ou d'autres boissons sucrées buvez-vous par jour ?
5. Combien de boissons caféinées buvez-vous par jour ?
6. Combien de fois par semaine est-ce que vous faites du sport ?
7. Fumez-vous ? Combien de cigarettes fumez-vous par jour ?
8. Vous détendez-vous tous les jours ?
9. Vous dormez combien d'heures par nuit ?
10. Combien de fois par semaine sortez-vous avec vos amis ?

2. QUI EST EN FORME ?

Avec les réponses qu'on vous a données aux questions de l'activité précédente, faites une comparaison. Utilisez les adverbes : **souvent, régulièrement, rarement,** etc.

Modèle :   Thomas mange de la viande rouge deux fois par semaine.
                    Stéphane mange de la viande rouge deux fois par mois.
                    Thomas mange de la viande rouge **plus souvent que** Stéphane.

3. QUI FAIT LE PLUS ? QUI FAIT LE MOINS ?

Avec un(e) camarade de classe, comparez toutes les réponses aux dix questions de l'activité 1. Faites des phrases superlatives pour dire qui fait le plus ou le moins dans chaque catégorie.

Modèle :   Mathieu se détend le plus de toute la classe.
                    Paul dort le moins de toute la classe.

ACTION-APPROFONDISSEMENT (3)

LE JEU DE PÉTANQUE

PRÉPAREZ-VOUS

La pétanque est un jeu qui est populaire surtout dans le sud de la France. Une partie (*game/match*) de pétanque est divisée en manches (*sets, parts*). La pétanque se pratique avec des boules en acier (*metal balls*) et une petite boule en bois (*wooden*) qui s'appelle « le cochonnet ».

The video of the *jeu de pétanque* lasts about ten minutes and explains the technicalities of the game. Plan to view it at least twice, but don't worry if you don't understand all of it. (If you had never seen an ice hockey or an American football game before, would you understand the play-by-play commentary?) Just watch it enough so that you can say something in class about how the game is played.

REGARDEZ

Le voisin d'Anne-Marie et ses amis adorent la pétanque. Regardez-les pendant qu'ils jouent et qu'ils nous expliquent les règles du jeu (*the rules of the game*).

VRAI OU FAUX ?

Est-ce que les phrases suivantes sont vraies (V) ou fausses (F) d'après ce qu'on dit sur la vidéo ?

_____ 1. La pétanque se pratique à 2, 4, 6, 8 joueurs.
_____ 2. Les deux joueurs qui sont le plus près du cochonnet appartiennent à la même équipe.
_____ 3. Le but (*goal*) est d'être le plus près possible du cochonnet.
_____ 4. Le cochonnet doit être entre une distance minimale de 10 mètres et une distance maximale de 20 mètres de la ligne.
_____ 5. L'équipe qui gagne la manche relance le cochonnet pour la manche suivante.
_____ 6. Il vaut mieux placer la boule derrière le cochonnet que devant.

EXPANSION

1. COMPARAISONS

Comparez la pétanque à d'autres sports. Avec un(e) camarade de classe, décrivez la pétanque et un autre sport par rapport à ces critères :

le nombre de joueurs
les vêtements
l'équipement
l'endroit où on le pratique (à l'intérieur ou à l'extérieur, par exemple)
les qualités d'un bon joueur

2. JEU DE RÔLES

Avec un(e) autre étudiant(e), jouez les rôles de Lionel et de Jean-Marie. Expliquez comment on joue à la pétanque. Jouez votre conversation devant deux autres étudiants. Acceptent-ils votre interprétation ?

Prononciation

GROUPES RYTHMIQUES

In English, we pause slightly between words. In French, however, there is often no pause between words. When practicing speaking and listening, focus on **groupes rhythmiques**, or breath groups (words pronounced in a single breath), rather than on individual words.

Écoutez

1. You will hear five sentences. As you listen, place a slash mark (/) to indicate the end of a breath group. Be careful! Some sentences contain only one breath group.

a. Elle marche.
b. Elle ne tombe pas.
c. Moi, je lui téléphone souvent.
d. Le ski coûte cher, et je n'ai pas beaucoup d'argent !
e. Je me suis fait mal au pied, mais je dois aller à la fac à pied.

2. Now look carefully at each word group you marked. Complete the following statements.

a. A comma generally (does/does not) fall at the end of a breath group.
b. The subject and verb (are/are not) pronounced as a single breath group.
c. The subject and object pronouns (are/are not) pronounced as a single breath group.
d. Conjunctions such as **et, mais,** and **parce que** usually (do/do not) separate breath groups.
e. The subject + **ne** + verb + **pas** (are/are not) pronounced as a single breath group.

Vérifiez

The following groups of words are normally pronounced without a pause between them.

- Subject and verb in the affirmative and in the negative

  Je joue.
  Je ne joue pas.

- Subject + object pronouns + verb + adverb

  Nous nous téléphonons souvent.
  Ils la voient presque tous les jours.
  Elles ne lui parlent pas souvent.

- Articles/demonstrative adjectives + nouns + adjectives

  Le foot est un sport très populaire en France.
  Cette belle raquette de tennis est très performante !

Continued

• Prepositions + the object of the preposition

> Il ne s'est pas fait mal au genou.
> Elle s'intéresse au yoga.

Prononcez

In the following sentences, indicate where each breath group begins and ends. Say the sentences aloud, and then listen to them to verify your answers and pronunciation.

1. André joue au hand-ball une fois par semaine.
2. Sébastien fait de la marche pendant les vacances.
3. Maud fait de la natation régulièrement, mais elle joue du piano aussi.
4. Renaud n'aime pas beaucoup les sports d'équipe.
5. Cette semaine, Jean-Baptiste va jouer au ping-pong avec des copains.
6. Caroline s'est trompée de date et elle n'a pas pu jouer au tennis avec Nathalie.

LECTURE

INTRODUCTION

Provence

Aubagne

Marseille

Dans ses romans (novels), ses pièces de théâtre (plays), ses films et ses « souvenirs d'enfance », Marcel Pagnol (1895–1974) a célébré la vie en Provence. Vous allez lire un très court extrait tiré du roman La Gloire de mon père (pp. 39–40) où Pagnol raconte ses premières années passées d'abord à Aubagne, ensuite à Marseille et en été à la campagne. Ici, le petit Marcel raconte un de ses premiers souvenirs, une partie de boules à Aubagne quand il n'avait que trois ou quatre ans.

Le jeu de boules est très similaire à la pétanque. La principale différence entre les deux est que le jeu de boules se joue sur un terrain à dimensions fixes—« un terrain de boules »—alors que la pétanque peut se jouer n'importe où (anywhere).

PRÉPARATION À LA LECTURE

1. Le titre d'une histoire peut révéler le sujet et le ton de l'histoire.
   a. De qui est-ce que l'auteur fait le portrait dans ce roman ?
   b. C'est le petit Marcel qui raconte ses souvenirs. D'après le titre, quels sont ses rapports avec son père ?

   Il le trouve sympathique.
   Il l'admire.
   Il a pitié de lui.
   Il le trouve amusant.

2. D'après le titre, à votre avis, est-ce que le portrait que Marcel fait de son père va être...
   a. réaliste ?
   b. pessimiste ?
   c. exagéré ?
   d. mystérieux ?

Le vocabulaire

les platanes *plane trees*
des bonds *leaps*
fer *iron*
une ficelle *a piece of string*

La gloire de mon père

Un autre souvenir d'Aubagne, c'est la partie de boules sous les platanes du Cours [nom de la rue principale]. Mon père, parmi d'autres géants, faisait des bonds prodigieux, et lançait une masse de fer à des distances inimaginables. Parfois, il y avait de grands applaudissements, puis les géants finissaient toujours par se disputer, à cause d'une ficelle qu'ils s'arrachaient des mains, mais ils ne se battaient jamais.

AVEZ-VOUS COMPRIS ?

1. Quelle est l'image que Marcel avait de sont père ? (Il pensait que son père était...)

2. Soulignez tous les mots qui « glorifient » les actions du père.

3. Pourquoi est-ce que les joueurs se disputaient à cause d'une ficelle ?

EXPANSION

1. Gardez-vous un bon souvenir des journées ou des soirées passées à jouer avec vos amis en été quand vous étiez petit(e) ? Écrivez vos réponses à ces questions.

   a. Quel était votre jeu préféré ? (Le base-ball, cache-cache, le basket-ball ?)
   b. Avec qui jouiez-vous ?
   c. À quel moment de la journée jouiez-vous ?
   d. Est-ce qu'il y avait des disputes de temps en temps ? Pourquoi ?

2. Maintenant racontez votre souvenir à plusieurs camarades de classe.

Soignez-vous !

INTRODUCTION

En France, comme partout au monde, la santé et la médecine sont des sujets très importants pour les individus et pour les gouvernements. Grâce à la recherche médicale, les soins médicaux sont devenus à la fois beaucoup plus perfectionnés mais beaucoup plus chers.

En France, il y a un système national d'assurances médicales, la Sécurité Sociale, créée en 1947, qui prend en charge (*takes care of*) les trois-quarts des dépenses médicales de presque tous les habitants du pays. Est-ce pour cette raison que chaque année les Français dépensent un pourcentage de plus en plus élevé (*higher and higher*) de leur budget pour la santé et qu'ils vont consulter leur médecin ou un spécialiste de plus en plus souvent ?

Malgré la qualité de la médecine traditionnelle en France, il existe des médecines alternatives qu'on appelle les « médecines douces ». Parmi les plus appréciées, on peut citer l'acupuncture et l'homéopathie, qui proposent des produits naturels plutôt que des médicaments chimiques. Quelquefois, on se tourne vers les médecines douces pour réagir contre la surmédicalisation caractéristique des années récentes. Elles sont aussi utilisées souvent quand les traitements conventionnels n'ont pas réussi.

VIDÉO-ENGAGEMENT

FAUT-IL ALLER CHEZ LE MÉDECIN OU À LA PHARMACIE ?

Quand allez-vous chez le médecin ou à la pharmacie ? Êtes-vous toujours malade quand vous y allez ? Est-ce qu'on vous donne toujours des médicaments ? Suivez Dorel, Benjamin et Sébastien pour voir ce qu'ils ont et pour aider le médecin ou la pharmacienne à résoudre leurs problèmes.

> Before looking at the videos, review the vocabulary that you learned in **Unité 7, Leçon 1.** Make two lists, one for the words that would be used for visits to a doctor's office and the other for the pharmacy. After watching the videos for this **leçon,** see if you can add some more words to each list.

Vous avez le choix entre une visite chez le médecin, une visite à domicile ou deux consultations à la pharmacie.

- Benjamin va chez le médecin
- Anne-Marie (qui est médecin) examine Dorel chez elle
- Sébastien va deux fois à la pharmacie

1. LES VISITES

En groupes de trois étudiants, choisissez la visite (ou les visites) que vous voulez faire. Ensuite, regardez la visite (ou les visites) avec votre groupe et répondez aux questions. Comparez vos réponses à celles des membres de votre groupe.

	BENJAMIN	**DOREL**	**SÉBASTIEN (1)**	**SÉBASTIEN (2)**
Où est-ce que la visite a eu lieu ?				
Quelle était la raison de la visite ?				
Qu'est-ce que le médecin ou la pharmacienne a fait et dit ?				
Quel conseil a-t-on donné à la fin de la visite ?				
Êtes-vous d'accord avec ce conseil ou avez-vous un autre conseil à donner ?				

2. LE JEU DU « METTEUR EN SCÈNE »

Une fois que tous les étudiants ont fait leur(s) visite(s), formez de nouveaux groupes de trois, composés d'un(e) étudiant(e) qui a accompagné Dorel, d'un(e) autre qui a accompagné Benjamin et d'un(e) troisième qui est allé(e) avec Sébastien à la pharmacie. À tour de rôle, dans chaque groupe, chaque étudiant(e) sera le metteur en scène, c'est-à-dire qu'il (ou elle) va expliquer aux deux autres comment sa visite s'est déroulée et va les aider à jouer cette scène. Par exemple, l'étudiant(e) qui a suivi Sébastien va dire à un(e) étudiant(e) de jouer le rôle du/de la pharmacien(ne) et à l'autre de jouer le rôle de Sébastien. Il/Elle va expliquer ce que chaque personnage doit dire. Ensuite, chaque groupe va choisir une scène à jouer devant un autre groupe.

LECTURE

INTRODUCTION

Marie Chaix a écrit des romans basés sur ses souvenirs personnels et, surtout, sur les membres de sa famille. Dans son premier roman, elle décrit son enfance pendant la Seconde Guerre mondiale et la période de l'après-guerre en France. Son deuxième roman, d'où est tirée cette lecture, raconte la fin de la vie de sa mère, une femme qui, malgré une vie difficile, avait élevé (had reared) ses enfants dans une ambiance de bonheur et de chaleur.

Au début du roman, âgée de plus de soixante-dix ans, la mère de l'auteur vit seule, infirme, avec une vieille servante. Sa fille va la voir très souvent. La vie continue mais un jour l'inévitable arrive... La mère tombe dans le coma, et on doit l'amener à l'hôpital.

PRÉPARATION À LA LECTURE

On a fait des progrès étonnants en médecine au vingtième siècle. Mais le progrès est-il toujours une bonne chose ? Que pensez-vous de la médecine ?

1. Quels sont les avantages de la médecine moderne ?
2. Y a-t-il des aspects de la médecine moderne qu'on peut critiquer ?

Le vocabulaire

nous avions fini *we had finished*
une infusion *a cup of tea*
l'émission *television program*

une poignée de main *a handshake*
soit *is (subjunctive)*
lutter *to fight*

Les silences ou la vie d'une femme

Un soir où l'on ne s'y attend pas, cela arrive, le téléphone sonne...
[C'est Juliette, la servante, qui appelle.]
—Viens, viens vite. Ça ne va pas. Tu n'étais pas là...

Je suis arrivée devant sa porte. Je sonne... La porte s'ouvre... Juliette se précipite sur moi...

—Tout allait bien, nous avions fini de dîner et nous regardions la télévision... le chat dormait sur la table, nous avons bu une infusion. L'émission ne l'intéressait pas, moi si... j'ai compris que ça n'allait plus. Je l'ai accompagnée jusqu'à sa chambre, je l'ai aidée à se déshabiller, elle faisait les gestes que je lui dictais, comme une automate, elle ne m'a plus parlé. Depuis, elle dort, enfin, viens voir.

[On amène donc la mère à l'hôpital. Elle y est depuis trois jours.]

Je vais la voir tous les jours. Trois jours déjà et rien n'a changé. Hier, j'ai vu le médecin chef... Après une poignée de main... il m'a dit...

—Je ne la trouve pas mal du tout, j'ai bon espoir !

[Et puis, le quatrième jour, quand la fille arrive à l'hôpital, elle ne peut pas voir sa mère.]

Au moment où j'arrive devant sa chambre, une infirmière en sort en coup de vent, m'aperçoit et m'ordonne : « Surtout, n'entrez pas ! »

Par l'ouverture de la porte, j'ai eu le temps de voir plusieurs blouses blanches autour du lit...

[Elle attend et finalement...]

Mais voici qu'ils sortent de la chambre... Ils sont trois...

—Nous avons eu un petit problème mais tout va bien. Elle respirait avec peine, nous avons fait une trachéotomie. Vous pouvez entrer.

[La condition de la mère dégénère. On la nourrit artificiellement. Cela fait trois semaines qu'elle est dans le coma. Le médecin parle avec la fille.]

—Je vous résume la situation jusqu'à ce jour, dit-il. Une hémorragie cérébrale dans l'hémisphère droit a provoqué la paralysie du côté gauche du corps et entraîné le coma... [qui] dure depuis plus de trois semaines. Au point où nous en sommes, nous jugeons que, thérapeutiquement, nous avons tout essayé pour la faire émerger de ce coma... Il faut tenter autre chose... Il est fort possible que la formation d'une tumeur soit à l'origine de cette attaque... Il faut opérer.

—Écoutez-moi. Vous ne la connaissez pas, vous ne savez pas comment elle était, avant. Elle était déjà très diminuée... Si elle s'est endormie c'est qu'elle n'avait plus envie de lutter. Laissez-la tranquille.

Marie Chaix. *Les silences ou la vie d'une femme.* Paris : Éditions du Seuil, 1976, pp. 24, 27–28, 81, 125–26.

AVEZ-VOUS COMPRIS ?

1. Identifiez quatre étapes (*stages*) dans la maladie de la mère ?

2. Quelle est l'attitude de ces personnes devant la maladie de la mère ?

    a. Juliette (la servante)
    b. la fille
    c. l'infirmière
    d. le médecin

3. Sans regarder dans le dictionnaire, pouvez-vous expliquer la signification de ces expressions tirées du texte ?

    a. en coup de vent
    b. plusieurs blouses blanches
    c. l'hémisphère droit
    d. au point où nous en sommes

4. À la fin du texte, que veut faire le médecin ? Qu'est-ce que la fille veut faire ? À votre avis, qui a raison ?

Students often have difficulty when writing in a foreign language because they think of what they want to say in English (or their native language) and then try to translate the exact words or ideas. In many cases, they find that their language skills are not adequate to the task. You can avoid this frustration by inserting an intermediate step between the thinking and writing stages. Before beginning to write, ask yourself the following questions: Will I be writing in the present, past, or future? What are the key words that are necessary to express ideas on the topic about which I will be writing? Answer these questions, writing down what you know in each area. For example, what are the words related to sickness or health that you already know? When you start writing, use the lists you have made.

ÉCRITURE

Mettez-vous successivement à la place de la fille, du médecin et de la mère dans cette histoire. Pour quelles raisons faut-il ou ne faut-il pas opérer ? Écrivez trois courtes réponses à cette question du point de vue de chaque personnage.

Use the **infinitif** as often as possible to avoid errors in verb conjugation. To express necessity, opinion, emotions, or possibility use the following expressions, affirmative or negative, followed by the **infinitif:**

il faut—Il faut prendre ce médicament.
je voudrais/j'aimerais—Je n'aimerais pas être malade.
il est possible de—Il est possible de vivre longtemps.
il est triste de—Il est triste de passer trois semaines à l'hôpital.

J'AI APPRIS...

Dans Leçon 1

LES PARTIES DU CORPS *THE PARTS OF THE BODY*

le bras *arm*
le cou *neck*
le doigt *finger*
le dos *back*
le front *forehead*
le genou *knee*
le mollet *calf*
le nez *nose*
l'œil/les yeux (*m*) *eye(s)*
l'orteil (*m*) *toe*
le pied *foot*
le poignet *wrist*
le talon *heel*
le ventre *abdomen, stomach*
le visage *face*

la bouche *mouth*
la cheville *ankle*
la cuisse *thigh*
la dent *tooth*
l'épaule (*f*) *shoulder*
la gorge *throat*
la jambe *leg*
la joue *cheek*
la langue *tongue*
la main *hand*
l'oreille (*f*) *ear*
la plante du pied *sole of the foot*
la poitrine *chest*

LA SANTÉ *HEALTH*

Où est-ce que tu as mal ? *Where do you hurt?*
 J'ai mal à la tête. *My head hurts.*
 J'ai mal à l'épaule. *My shoulder hurts.*
 J'ai mal au ventre. *I have a stomachache.*
 J'ai mal aux yeux. *My eyes hurt.*
Qu'est-ce que vous avez ? *What's wrong with you?*
 J'ai de la fièvre. *I have a fever.*
 J'ai des frissons (*m*). *I have chills.*
 J'ai la grippe/un rhume/des allergies (*f*). *I have the flu/a cold/allergies.*
 J'ai le nez qui coule. *I have a runny nose.*
 J'ai mal au cœur. *I feel nauseous.*
 J'ai une indigestion. *I have indigestion.*
 Je fais des cauchemars (*m*). *I have nightmares.*
Comment te sens-tu ? *How do you feel?*
 Je me sens bien/mal. *I feel well/bad.*
 Je me sens faible. *I feel weak.*
 Je me sens fatigué(e). *I feel tired.*
 Je me sens fébrile. *I feel feverish.*
 Je me sens malade. *I feel sick.*

éternuer *to sneeze*
être en bonne santé/être malade *to be in good health/to be sick*

Continued

être en forme *to feel good/to be in good shape*
pleurer *to cry*
tousser *to cough*

LES PRODUITS À LA PHARMACIE

du coton hydrophile *sterile cotton*
des médicaments (*m*) *medicine*
un pansement *a Band-Aid*
le sirop contre la toux *cough syrup*

de l'aspirine (*f*) *aspirin*
une bande Velpeau *an Ace bandage*
de l'eau (*f*) oxygénée *hydrogen peroxide*
des gouttes (*f*) (pour le nez) *(nose) drops*
des pastilles (*f*) pour la gorge *cough drops*
de la pommade antiseptique *antiseptic ointment*

LES VERBES PRONOMINAUX

s'allonger *to stretch out*
s'amuser *to have fun*
s'arrêter *to stop*
se blesser (au genou/le genou) *to hurt (one's knee)*
se brosser les dents *to brush one's teeth*
se brûler *to burn oneself*
se casser la jambe, le bras *to break one's leg, arm*
se coiffer *to do one's hair*
se coucher *to go to bed*
se couper (le doigt, l'orteil) *to cut (one's finger, toe)*
se dépêcher *to hurry*
se déshabiller *to undress*
se détendre *to relax*
s'endormir *to fall asleep*
s'ennuyer *to be bored*
s'entraîner *to work out, to train*
se faire mal *to hurt oneself*
se fouler/se tordre la cheville, le poignet *to sprain one's ankle, wrist*
s'habiller *to get dressed*
se laver *to wash oneself*
se lever *to get up*
se maquiller *to put on make-up*
s'occuper (de) *to take care (of)*
se préparer *to prepare oneself, to get ready*
se promener *to take a walk*
se raser *to shave oneself*
se rendre *to get to (somewhere)*
se reposer *to rest*
se réveiller *to wake up*
se sentir bien/mal *to feel well/bad*
se soigner *to take care of oneself*

Continued

Dans Leçon 2

LES SPORTS

l'athlétisme (*m*) *track and field*

l'aviron (*m*) *crew, rowing*

le deltaplane *hang-gliding*

le football *soccer*

le hockey sur glace *ice hockey*

le patinage artistique *figure skating*

le ski alpin *downhill skiing*

le ski de fond *cross-country skiing*

le ski nautique *water skiing*

l'équitation (*f*) *horseback riding*

l'escalade (*f*) *rock climbing*

la marche *hiking, walking*

la planche à voile *windsurfing*

la plongée sous-marine *scuba diving*

la voile *sailing*

POUR PARLER DES SPORTS

un arbitre *an umpire, referee*

un but *a goal*

un club (de sport) *a club (sports club)*

un entraîneur *a coach*

ex aequo/un match nul *a tie (match)*

un(e) joueur(euse) *a player*

un(e) licencié(e) *a registered member*

un match *a game*

un stade *a stadium*

un terrain de foot *a soccer field*

une cotisation *a registration fee*

une équipe *a team*

une piscine *a swimming pool*

une patinoire *an ice-skating rink*

gagner/perdre (un match) *to win/to lose (a game)*

jouer à + un sport *to play a sport*
  jouer au basket-ball *to play basketball*

jouer de + un instrument de musique *to play a musical instrument*
  jouer du piano *to play the piano*

LES MOTS APPARENTÉS

l'aérobic (*m*)

le basket-ball

le billard

le court de tennis/hand-ball

le golf

un gymnase

le judo

un score

le squash

le tennis de table

la danse

la gymnastique

Continued

LES ADVERBES

constamment *constantly*
doucement *slowly, gently*
fréquemment *frequently*
lentement *slowly*
mal *bad, badly*
mieux *better*
patiemment *patiently*
poliment *politely*
prudemment *prudently, carefully*
rapidement *rapidly*
rarement *rarely, seldom*
régulièrement *regularly*
sérieusement *seriously*

LES VERBES PRONOMINAUX IDIOMATIQUES

s'amuser *to have a good time*
se dépêcher *to hurry*
se détendre *to relax*
s'énerver *to get upset*
s'ennuyer *to be bored*
s'entendre bien/mal (avec) *to get along well/poorly (with)*
s'entraîner *to train, to practice a sport with a team*
se fâcher *to get angry*
s'impatienter *to become impatient*
s'inquiéter *to worry*
s'intéresser à quelque chose *to be interested in something*
s'occuper de *to take care of*
se reposer *to rest*
se souvenir de *to remember*
se tromper *to make a mistake*

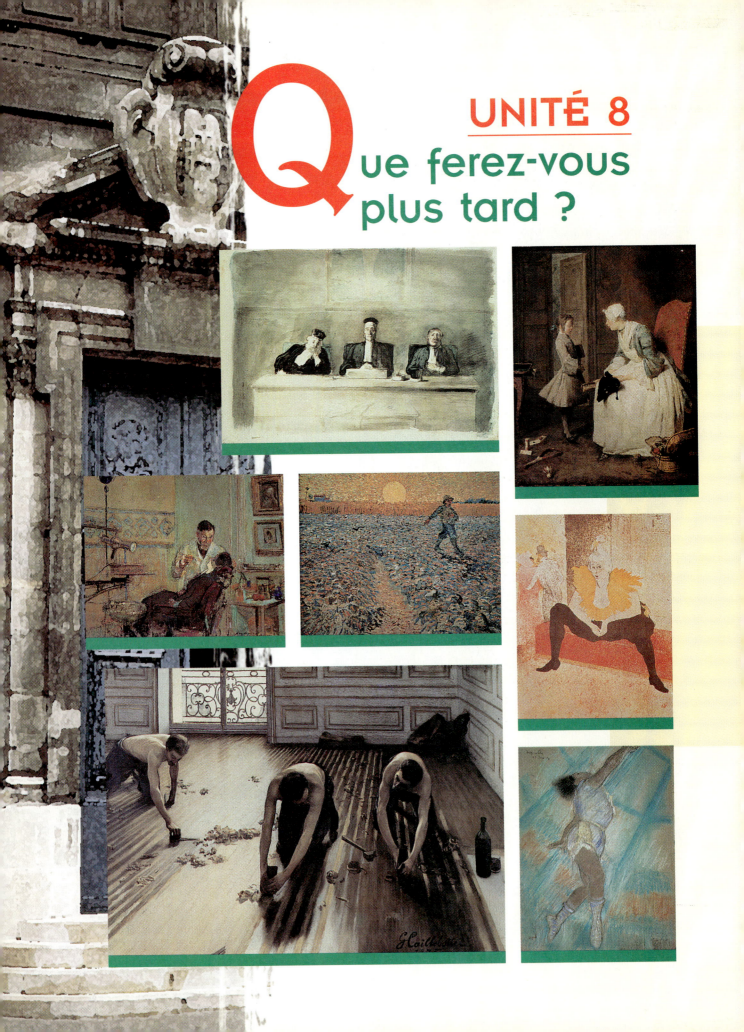

UNITÉ 8

Que ferez-vous plus tard ?

MES OBJECTIFS COMMUNICATIFS

Describe your educational choices and ask others about theirs

Describe your school, past and present

Describe your study habits

Name professions

Respond appropriately in a job or educational interview

Describe job preferences

Tell about future plans

LES CLÉS CULTURELLES

School life in France

Studying abroad

Young people and work in France

un immeuble ancien

Porte d'entrée

« Métro, boulot, dodo » est l'expression, connue partout en France, qui décrit la situation du Parisien typique qui passe un tiers (*one third*) de son temps au boulot (mot familier pour « le travail »), un autre tiers au lit (« dodo » est le mot enfantin pour « sommeil ») et le dernier tiers dans les transports en commun pour aller au travail. Cette expression imagée est peut-être un peu exagérée mais il est vrai que la plupart des Français, comme la plupart de ceux qui habitent les pays industrialisés, passent beaucoup de temps de leur vie adulte à travailler. En outre, on consacre une bonne partie de son enfance et de sa jeunesse à se préparer pour le travail qu'on fera plus tard.

En France, on se préoccupe beaucoup actuellement de ce rapport entre les études et le travail. On réfléchit beaucoup au rôle du travail dans la vie. Quelles études est-ce que les jeunes doivent faire pour être sûrs d'avoir un bon travail à l'avenir ? Quel est le juste partage entre le travail et les loisirs dans la vie ? Que faut-il faire pour ceux qui ne trouvent pas de travail ou pour ceux qui n'ont pas la formation nécessaire pour les métiers d'aujourd'hui et de demain ? Voici des questions auxquelles les Français cherchent actuellement des réponses. Est-ce que ce sont des questions qui vous préoccupent aussi ? Quelles réponses proposez-vous ?

REGARDONS LES TABLEAUX

En France, jusqu'au dix-huitième siècle, les artistes ont cherché leur inspiration surtout dans la religion ou la mythologie grecque. Bien sûr, ils peignaient aussi des portraits. Mais à partir du dix-huitième siècle, ils ont commencé à s'intéresser aux sujets de tous les jours, y compris aux gens, chez eux ou sur leur lieu de travail.

LES MÉTIERS

Regardez les tableaux et dites si vous reconnaissez les métiers ou les activités qu'ils représentent. Voici quelques activités pour vous donner des idées :

- l'enseignement (être professeur ou instituteur/institutrice; être élève ou étudiant[e])
- le service domestique (faire le ménage pour soi-même ou pour quelqu'un d'autre)
- le travail manuel
- le droit (*the law profession*)
- le théâtre
- les professions médicales

513

Qu'est-ce que vous étudiez ?

MES OBJECTIFS COMMUNICATIFS

Describe your educational choices and ask others about theirs
Describe your school, past and present
Describe your study habits

LES CLÉS CULTURELLES

School life in France
Studying abroad

REGARDONS LES IMAGES

1. LES ÉTABLISSEMENTS SCOLAIRES

Chaque photo à la page ci-contre représente un établissement scolaire en France. Regardez chaque image et essayez de trouver l'établissement auquel elle correspond : la crèche (*nursery school*), l'école maternelle, l'école primaire, le collège (*middle school*), le lycée (*high school*) ou l'université.

2. QUEL EST LEUR NIVEAU ?

Regardez le tableau de l'éducation en France ci-dessous et à la page 516. D'après leur âge, en quelle classe ou dans quel établissement vos amis de Besançon sont-ils : la crèche; la maternelle; l'école primaire; le collège; le lycée (seconde, première, terminale); l'université ?

LE SYSTÈME D'ÉDUCATION EN FRANCE (TABLEAU SIMPLIFIÉ)		
LES ÉTUDES PRIMAIRES ET SECONDAIRES		
Niveau	**Âge des élèves**	**Programme**
la crèche	avant 2,5 ans	
la maternelle	2,5 à 6 ans	
l'école primaire	6 ans	cours préparatoire
	7 à 9 ans	cours élémentaire (CE1, CE2)
	9 à 11 ans	cours moyen (CM1, CM2)

Continued

LES ÉTUDES PRIMAIRES ET SECONDAIRES		
Niveau	**Âge des élèves**	**Programme**
le collège d'enseignement secondaire (CES)	4 années d'études : 11 à 15 ans	6ᵉ, 5ᵉ, 4ᵉ, 3ᵉ
le lycée	3 années d'études : 16 à 18 ans	seconde, première, terminale

LES ÉTUDES SUPÉRIEURES				
	Établissement spécial	**Institut universitaire de technologie (IUT)**	**Université**	**Grande école**
bac + 2	BTS (Brevet de technicien supérieur)	DUT (Diplôme universitaire de technologie)	DEUG (Diplôme d'études universitaires générales)	classes préparatoires (dans des lycées)
bac + 3			Licence	
bac + 4			Maitrîse	
bac + 5			DEA (Diplôme d'études approfondies); DESS (Diplôme d'études supérieures spécialisées)	Diplôme d'une grande école (Polytechnique, l'École normale supérieure, HEC [Hautes études commerciales], etc.)

Modèle :   Clara (8 ans)
Clara est à l'école primaire.

1. Dorel (4 ans)
2. Lionel (15 ans)
3. Nathalie (21 ans)
4. Sébastien (17 ans)
5. Simon et Alex (7 ans)
6. Martin (10 ans)
7. Maud (19 ans)
8. Benjamin (2 ans)
9. Jean-Baptiste (17 ans)

EXPRESSION-VOCABULAIRE (1)

LES ÉTUDES

To make this list of vocabulary more manageable, first circle all of the words that are cognates—they will be easy to remember. Note that most subjects that end in **-y** in English end in **-ie** in French and are feminine. For example, *geography* = **la géographie;** *philosophy* = **la philosophie.** How many words of this type can you find on the list? Another tip—English words that are used unchanged in French are usually masculine (**le marketing; le hamburger; le coca;** etc.).

Pour parler de vos études, vous avez besoin de quelques expressions.

LES MATIÈRES (F) (SUBJECTS)

LES LETTRES (*f*)	**LES BEAUX-ARTS** (*m*)	**LES SCIENCES HUMAINES** (*f*)
la géographie	l'art dramatique (*m*)	l'anthropologie (*f*)
l'histoire	le dessin (*drawing*)	la psychologie
les langues (*f*)	l'histoire de l'art (*f*)	les sciences
étrangères	la musique	économiques (*f*)
l'anglais (*m*)	la peinture (*painting*)	les sciences
l'allemand (*m*)		politiques (*f*)
le chinois		la sociologie
l'espagnol (*m*)		
la littérature		
la philosophie		

LES SCIENCES (*f*)	**LES ÉTUDES COMMERCIALES** (*f*)	**LES PROFESSIONS LIBÉRALES** (*f*)
la biologie	la comptabilité	l'architecture (*f*)
la chimie	(*accounting*)	le droit (*law*)
les études (*f*)	la gestion	la médecine
d'ingénieur	(*management*)	la pharmacie
(*engineering*)	l'informatique (*f*)	
la géologie	(*computer science*)	
les mathématiques	le marketing	
(*f*)	la publicité	
la physique	les relations publiques (*f*)	

Voici encore quelques expressions utiles pour parler des études universitaires.

VOUS POSEZ LA QUESTION	**ON RÉPOND**
Qu'est-ce que tu fais comme études ?	**Je fais des études de** philosophie.
En quoi te spécialises-tu ?	**Je me spécialise en** marketing.
Tu es en quelle année ?	**Je suis en** première/deuxième/ troisième/quatrième année.
Quand est-ce que tu penses obtenir ton diplôme ?	**Je vais obtenir mon diplôme en** 2001.
	Je vais obtenir mon diplôme dans deux ans/trois ans.

1. DE QUELS LIVRES AS-TU BESOIN ?

Pour quels cours est-ce que les étudiants doivent acheter ces livres ? Après le titre de chaque livre, indiquez à quelle discipline il appartient.

LE LIVRE

1. *Le Siècle de Louis XIV* (Voltaire) _____
2. *L'Impressionnisme* (P. Francastel) _____
3. *Les Règles de la méthode sociologique* (E. Durkheim) _____
4. *Le Traité des passions* (René Descartes) _____
5. *De la Democratie en Amérique* (A. de Tocqueville) _____
6. *L'Histoire naturelle* (Buffon) _____

LA DISCIPLINE

a. les sciences politiques
b. la biologie
c. l'histoire
d. la peinture
e. la sociologie
f. la philosophie (la « philo »)

2. COMMENT TROUVES-TU... ?

Avec un(e) camarade, trouvez deux adjectifs pour décrire chacune de ces matières : les maths, les sciences, l'informatique, la littérature, l'histoire, la philosophie. Comparez vos descriptions avec celles d'autres groupes. Êtes-vous d'accord ?

3. JE VAIS ME SPÉCIALISER EN...

Jean-Baptiste et plusieurs amis sont en terminale (la dernière année du lycée). Ils parlent de leurs projets d'avenir. Indiquez une spécialité logique pour chaque personne.

Modèle :   JEAN-BAPTISTE :   Moi, j'aimerais faire de la recherche en chimie et en physique. Dans dix ans je me vois à l'Institut Pasteur à Paris.

VOUS :   Jean-Baptiste va probablement se spécialiser en sciences.

1. LOÏC :   Je m'intéresse à la politique—qui sait ? Peut-être que je serai Président de la République un jour—ou au moins maire de Besançon !

2. HAMID :   J'aimerais travailler pour une agence de publicité, alors je vais probablement habiter à Paris ou à New York.

3. DELPHINE :   J'ai l'intention de beaucoup voyager à l'étranger. La diplomatie m'attire un peu.

4. MANU :   Avec mon charme, je peux vendre n'importe quoi ! Un job chez Peugeot—ce serait l'idéal !

5. ADRIENNE :   Je n'ai pas l'intention de quitter la Franche-Comté. Je veux rester près de ma famille. J'ai l'intention d'être la meilleure avocate de Besançon !

6. CARLOS :   Eh, bien, moi, je veux être professeur de lycée. J'aimerais enseigner le dessin et la peinture.

7. ASSIA :   Je me vois comme psychologue avec mon propre cabinet de consultation.

8. CAROLE :   Je voudrais travailler pour une association bénévole comme Médecins sans Frontières ou CARE, par exemple.

4. OÙ VONT-ILS FAIRE LEURS ÉTUDES ?

D'après ce qu'ils ont dit dans l'activité précédente, où est-ce que Jean-Baptiste et ses copains vont faire leurs études supérieures ?

Modèle :   Jean-Baptiste va faire ses études supérieures à la faculté des sciences.

1. à la faculté de médecine
2. dans un institut universitaire de technologie (I.U.T.)
3. à la faculté des lettres
4. à la faculté de pharmacie
5. à la faculté de droit
6. dans une école de commerce
7. dans une grande école d'ingénieur
8. à l'école des beaux-arts

5. DIALOGUE

Renaud Peuteuil vient de présenter Maud à un copain, Rachid. Liez les questions que Maud pose à la réponse de Rachid pour compléter la conversation. Ensuite, jouez la conversation avec un(e) camarade de classe.

MAUD :   En quoi est-ce que tu te spécialises ?
RACHID :   _____

MAUD :   Ah, oui ? C'est bien ça. Tu es en quelle année ?
RACHID :   _____

MAUD :   Quand est-ce que tu vas obtenir ton diplôme, alors ?
RACHID :   _____

MAUD :   Et, après tes études, qu'est-ce que tu veux faire ?
RACHID :   _____

LES RÉPONSES DE RACHID

a. Je sais pas; pour l'instant, c'est un peu le mystère.
b. J'espère obtenir mon diplôme l'année prochaine.
c. Je me spécialise en sciences politiques.
d. Je suis en deuxième année. J'ai raté mes examens en juin, alors, je dois les repasser en septembre.

6. ET VOS CAMARADES DE CLASSE ?

Qu'est-ce que vos camarades de classe étudient ? Posez les questions de l'activité précédente à des camarades de classe et notez leurs réponses.

7. QUEL EST LE PROFIL DE VOTRE CLASSE ?

Présentez vos résultats et, avec vos camarades, calculez les statistiques pour toute la classe. Mettez le total pour chaque catégorie sous *nombre*.

NOMBRE	SPÉCIALISATION	NOMBRE	ANNÉE	NOMBRE	PROJETS D'AVENIR
	lettres		première année		travailler dans une entreprise
	beaux-arts		deuxième année		devenir professeur
	sciences humaines		troisième année		faire des études de médecine
	sciences et mathématiques		quatrième année		faire des études de droit
	ingénierie		cinquième année		faire une école de commerce (*MBA*)
	études commerciales		plus de cinq ans		faire une maîtrise dans un autre domaine
	pas encore choisie				d'autres projets

ACTION

NATHALIE PARLE DE SES ÉTUDES / ANDRÉ EXPLIQUE CE QU'IL FAIT

PRÉPARONS-NOUS

Vous allez entendre André Somé et Nathalie Gartner parler de leurs études. André a commencé ses études dans son pays d'origine, le Burkina Faso. Pourquoi est-ce qu'il est venu à Besançon pour continuer ses études ? C'est parce que la ville de Besançon est jumelée (*is a sister city*) au village de Douroula au Burkina Faso. Cet accord a permis à André d'obtenir une bourse (*scholarship*) pour étudier à Besançon.

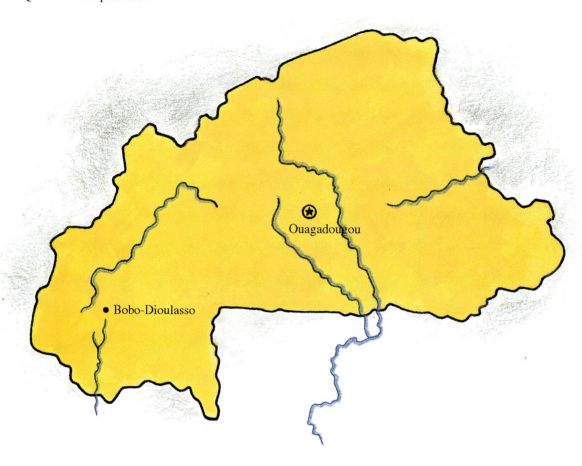

1. LE BURKINA FASO

Pour bien comprendre où André a fait ses études, regardez la carte du Burkina Faso ci-dessus et la carte d'Afrique au début du livre.

1. Dans quelle partie de l'Afrique se trouve le Burkina Faso ? Le nord, le sud, l'est ou l'ouest ?

2. Quels sont les pays francophones qui ont une frontière commune avec le Burkina Faso ? Où se trouvent-ils ? (Modèle : La Côte-d'Ivoire est au sud-est du Burkina Faso.)

3. Le père de Nathalie est originaire d'un de ces pays. Est-ce que vous vous souvenez de quel pays il vient ?

4. Quelle est la capitale du Burkina Faso ?

5. Quelle est la deuxième ville du Burkina Faso ?

2. SI L'ON VIENT DU TOGO, ON EST TOGOLAIS

Liez le nom du pays avec la nationalité des personnes qui sont originaires de ces pays. Choisissez une de ces nationalités : malien(ne), nigérien(ne), burkinabé(e), togolais(e), ivoirien(ne).

Modèle :   du Togo
              Si l'on vient du Togo, on est togolais.

1. de Côte-d'Ivoire
2. du Mali
3. du Niger
4. du Burkina Faso

L'ÉDUCATION EN FRANCE Il y a trois différences importantes entre les études en France et les études aux États-Unis. La première différence c'est qu'en France on a un système d'éducation national. Le ministre de l'Éducation est à la tête d'un ministère qui supervise l'éducation primaire et secondaire et les études universitaires dans tout le pays.

La deuxième différence est qu'en général les études universitaires sont gratuites en France. Il n'y a presque pas d'universités privées en France et les étudiants n'ont à payer que de très modiques frais d'inscription (*very reasonable registration fees*). Par contre, la plupart des écoles de commerce sont payantes.

La troisième différence entre le système américain et le système français est la nécessité en France d'avoir déjà décidé de sa spécialisation avant de commencer ses études universitaires. Quand les lycéens sont en seconde (l'équivalent du *tenth grade*), ils doivent choisir une « filière »—littérature et langues, maths, sciences naturelles, économie ou un domaine technique. Pendant leurs deux dernières années au lycée—la première et la terminale—ils se spécialisent dans certaines matières afin de se préparer à l'examen du baccalauréat, ou le « bac » comme on l'appelle familièrement, qu'ils doivent réussir afin de pouvoir aller à l'université. Les élèves ne passent pas tous le même bac, puisqu'il y a un examen spécialisé qui correspond à chaque filière.

À l'université, on ne fait pas d'études générales, comme aux États-Unis, mais il faut se spécialiser tout de suite dans un seul domaine et en général on ne suit pas de cours (*one doesn't take courses*) dans d'autres matières. Par exemple, normalement vous ne trouvez pas d'étudiants qui se spécialisent en sciences économiques dans un cours d'art moderne. Et on commence ses études de médecine, de droit et de commerce tout de suite après le lycée et non pas après avoir fait quatre années à l'université comme aux États-Unis.

Parallèlement à l'université, il existe en France un autre système qui vise à former une élite : c'est le système des Grandes Écoles. Seuls les meilleurs élèves au lycée ont des chances d'aller dans une grande école. Après leur bac, ils doivent suivre des cours dans des classes préparatoires pendant deux ans dans un lycée spécial et ensuite passer un concours (*a contest, a selective exam*). Les grandes écoles les plus connues et les plus prestigieuses sont l'École polytechnique (ou « l'X »), l'École normale supérieure, l'ENA (l'École nationale d'administration) et les grandes écoles de commerce.

REGARDONS ENSEMBLE

Dans la première unité, vous avez appris que Nathalie et André sont étudiants à l'Université de Franche-Comté à Besançon. Qu'est-ce qu'ils étudient ? Vous en souvenez-vous ? Non ? Écoutons d'abord Nathalie et ensuite André pour en savoir plus sur leurs études.

Cochez les réponses qui correspondent à ce que Nathalie et André ont dit.

1. NATHALIE

1. Au lycée, Nathalie a passé un bac...

scientifique _____   littéraire __✓__   économique _____   technique _____

2. Quand elle était au lycée, Nathalie allait aussi au conservatoire d(e)(s)

musique _____   arts dramatiques __✓__   beaux-arts _____

3. À la fac, elle fait des études de

philosophie ___   littérature ___   droit ___   sociologie ___

4. Elle s'intéresse aussi

à la danse ___   au chant ___✓   à la peinture ___   à la sculpture ___

5. Cette année, elle prépare un(e)

DEUG ___   licence ___   maîtrise ___✓   doctorat ___

6. L'année prochaine, elle va faire un(e)

DEUG ___   licence ___   maîtrise ___✓   doctorat ___

2. ANDRÉ

1. André a fait ses études primaires à

Besançon ___   Bobodoulasso ___✓   Ouagadougou ___   Stuttgart ___

2. André a fait ses études secondaires à

Besançon ___   Bobodoulasso ___   Ouagadougou ___✓   Stuttgart ___

3. À la fac, il fait des études d(e)

philosophie ___   allemand ___✓   français ___   histoire ___

4. Il a fait des séjours linguistiques

en Espagne ___   aux États-Unis ___   en Suisse ___   en Allemagne ___✓

5. Il a déjà obtenu un(e)

DEUG ___   licence ___   maîtrise ___✓   doctorat ___

6. Actuellement, il prépare un(e)

DEUG ___   licence ___   maîtrise ___   doctorat ___✓

EXPANSION

1. REMPLISSEZ LA FICHE

Nathalie et André vont étudier à l'étranger. Utilisez ce que vous savez sur André et Nathalie pour les aider à compléter ces fiches qu'on leur demande de remplir.

Nom : Nathalie Gartner

Adresse : 6, rue d'Arènes, 25000 Besançon

Numéro de téléphone : 03.81.23.77.77

Nationalité : _____

Études :

École primaire	__ oui	__ non	_____ (lieu)
École secondaire	__ oui	__ non	_____ (lieu)
Bac	__ oui	__ non	_____ (type de bac)
Diplômes universitaires	__ oui	__ non	

_____

_____

Langues/voyages : anglais et allemand

Intérêts/loisirs : _____

Nom : André Somé

Adresse : Bâtiment B, Cité universitaire, 25000 Bouloie

Numéro de téléphone : 03.81.99.19.19

Nationalité : _____

Études :

École primaire	__ oui	__ non	_____ (lieu)
École secondaire	__ oui	__ non	_____ (lieu)
Bac	__ oui	__ non	_____ (type de bac)
Diplômes universitaires	__ oui	__ non	

_____

_____

Langues/voyages : _____

Intérêts/loisirs : _____

2. D'AUTRES FICHES

Votre camarade, comme Nathalie et André, va étudier à l'étranger. Posez-lui des questions pour remplir une fiche similaire. Ensuite, changez de rôle.

Nom : _____

Adresse : _____

Numéro de téléphone : _____

Nationalité : _____

Études :

École primaire	__ oui	__ non	_____ (lieu)
École secondaire	__ oui	__ non	_____ (lieu)
Bac	__ oui	__ non	_____ (type de bac)
Diplômes universitaires	__ oui	__ non	

_____

_____

Langues/voyages : _____

Intérêts/loisirs : _____

3. ÉCHANGE D'INFORMATION

Avec votre camarade, utilisez les informations sur les fiches pour comparer les études que vous avez faites. Faites au moins trois comparaisons.

> **Modèle :**   Je suis allé(e) à l'école primaire en Pennsylvanie. Mon/Ma camarade est allé(e) à l'école primaire en Géorgie. Mon/Ma camarade a voyagé en Suisse et moi, j'ai voyagé en Italie.

4. AVEZ-VOUS CHANGÉ ?

En France, au lycée on doit prendre des décisions importantes concernant son avenir (voir la note culturelle à la page 521). En groupes de trois, posez-vous les questions suivantes à tour de rôle. Pour chaque personne, décidez si ses intérêts ont beaucoup changé depuis qu'il/elle est à l'université.

NOM	À QUELLES MATIÈRES...		VOS INTÉRÊTS ONT-ILS CHANGÉ ?			
	VOUS INTÉRESSIEZ-VOUS AU LYCÉE ?	VOUS INTÉRESSEZ-VOUS MAINTENANT ?	PAS DU TOUT	PEU	PAS MAL	BEAU-COUP
1.						
2.						
3.						

5. JEAN-BAPTISTE PASSE LE BAC

Jean-Baptiste va passer un bac scientifique. Quelles matières doit-il étudier ? Utilisez le vocabulaire donné ci-dessous pour compléter l'explication qu'il nous donne de ses études.

bac (*m*)   la chimie   la géologie   les langues   la philosophie
la biologie   dernière   l'histoire-géo   matières (*f*)   la physique

Je suis cette année en terminale scientifique, c'est-à-dire ma _____ année de lycée. Je vais passer mon _____ dans deux semaines. Donc, je suis en pleine révision en ce moment. Mes matières les plus importantes sont les sciences naturelles, c'est-à-dire _____ et _____. Après, les mathématiques et les sciences physiques, _____ et _____. J'ai quelques autres _____ qui sont beaucoup moins importantes comme _____, _____ et _____ mais qui comptent aussi pour le bac.

6. POÈME

Lisez ce petit poème écrit par deux lycéennes.

O Maths, ô désespoir !
O algèbre ennemie !
Longs systèmes d'équations infinis !
Géométrie sans fantaisie
Discipline de l'ennui !

Tracer, calculer, soustraire, diviser,
Calculatrice compliquée,
Ces facteurs du raisonné,
Tous les jours nous cassent les pieds.

Matière sans génie
Existe-t-il une thérapie
A toutes ces théories !

Pourquoi tant de rationalité
Pour une vision si limitée
Pourtant dans l'infini projetée !

Louis Marie (16 ans)   **Marion (15 ans)**

1. Quel bac—littéraire, scientifique, économique ou technique—est-ce que ces deux lycéennes préparent probablement ? Est-ce que vous avez les mêmes sentiments ?
2. Avec votre camarade, trouvez un titre à ce poème.

EXPRESSION-STRUCTURE (1)

ÉCRIRE, SUIVRE ET LIRE

You have learned the names for courses and majors. Presented here are some verbs that will also help you talk about your studies. In the following conversation, Maud's friend Carole is complaining to her about her philosophy teacher. You have already learned the imperative form of two of the verbs. If you think about difficult courses you have taken in the past, you should have no trouble identifying the meaning of all three verbs.

MAUD : Qu'est-ce qui ne va pas ? Tu es de mauvaise humeur ?

CAROLE : Mon prof de philo, franchement, il exagère ! Il nous donne un minimum de 50 pages **à lire** pour chaque classe et puis, oh là là, on a beaucoup de dissertations **à écrire.** Il ne se rend pas compte qu'on a d'autres cours ! Et en plus, je dois **suivre** un cours avec ce même prof l'année prochaine ! Il m'énerve, ce prof !

MAUD : Courage ! C'est bientôt la fin de l'année !

As you study the following examples and explanations, ask yourself these questions. What do the verbs **lire, écrire,** and **suivre** mean? Which endings of all three verbs are the same? What is the past participle of each verb? Do I remember the endings and how to find the stem for verbs in the imperfect? What is the stem for each verb? What are two verbs that are conjugated like **écrire** and **suivre**?

Here are the conjugations of the verbs **lire** (*to read*), **écrire** (*to write*), and **suivre** (*to take a course; to follow*).

	LIRE	**ÉCRIRE**	**SUIVRE**
présent	je lis	j'écris	je suis
	tu lis	tu écris	tu suis
	il/elle/on lit	il/elle/on écrit	il/elle/on suit
	nous lisons	nous écrivons	nous suivons
	vous lisez	vous écrivez	vous suivez
	ils/elles lisent	ils/elles écrivent	ils/elles suivent
participe passé	lu	écrit	suivi

Je lis *Roméo et Juliette* dans mon cours d'anglais.
J'écris une dissertation dans mon cours d'anglais.
Je suis cinq cours cette année.

Je ne sais pas où se trouve la fac.	*I don't know where the university is.*
Je te **suis.**	*I'll **follow** you.*
Je **suis** deux cours de sciences : la biologie et la chimie.	*I'm **taking** two science courses: biology and chemistry.*

- The verb **poursuivre** means *to pursue*. **Poursuivre ses études** means *to continue studying toward a higher degree*.

Elle **poursuit** ses études d'art dramatique au conservatoire.	*She is **continuing** drama studies at the conservatory.*

- The verb **s'inscrire** (*to enroll*) is conjugated like the verb **écrire**.

Nathalie **s'inscrit** à la fac de lettres.	*Nathalie **is enrolling** in a liberal arts school.*
Maud **s'est inscrite** à la fac de droit.	*Maud **enrolled** in law school.*

> **VÉRIFIEZ**   Can you answer your questions without looking at the book? Were you able to remember that the stem for verbs in the imperfect is the **nous** form of the verb minus the **-ons** ending? Did you remember that the imperfect endings are **-ais, -ais, -ait, -ions, -iez, -aient**? If not, you may want to review **Unité 6.**

1. PROGRAMMES SCOLAIRES

Dans un pays où le système d'éducation n'est pas nationalisé, il y a quand même des similitudes dans les programmes d'une école à une autre. Dites si les phrases suivantes sont vraies ou fausses pour vous. Après, comparez vos réponses avec celles de vos camarades de classe.

1. Quand j'étais à l'école primaire...

    a. nous apprenions à écrire avec un crayon.
    b. nous lisions des *Weekly Reader* et *Ranger Rick*.
    c. le prof nous lisait les aventures de *Winnie the Pooh* et d'*Anne of Green Gables*.
    d. nous écrivions en caractères d'imprimerie (*we used to print*).

2. Quand j'étais au lycée, en général, tous les élèves qui avaient l'intention de faire des études supérieures...

    a. lisaient *Huckleberry Finn* et *The Old Man and the Sea* au cours d'anglais.
    b. suivaient un cours d'algèbre et de géométrie.
    c. suivaient un cours d'histoire ancienne et moderne.
    d. apprenaient à écrire une dissertation (*term paper*).
    e. lisaient *Macbeth, Roméo et Juliette* et *Hamlet.*
    f. suivaient un cours de gymnastique, de dessin ou de musique tous les ans.
    g. suivaient un ou deux cours de sciences.
    h. suivaient un cours d'anglais pendant deux ans.
    i. suivaient des cours de langue pendant deux ans.

2. QUAND J'ÉTAIS EN TERMINALE...

Nathalie parle de ses études en terminale. Complétez sa description en utilisant les verbes **suivre, écrire** et **lire** au passé composé ou à l'imparfait.

Bon, en terminale, chaque semaine j'avais huit heures de philo, et j'apprenais trois langues—l'anglais, l'espagnol et l'allemand. En plus, j'avais trois heures d'histoire-géo. Dans mes cours de langues, on ne parlait pas beaucoup. On _____ beaucoup de textes littéraires et d'articles tirés de journaux et de magazines. Et puis, bien sûr, on _____ beaucoup de compositions—ce que je trouvais vraiment difficile. Pour nous préparer au bac, nous _____ des compositions dans mes cours de philo et en histoire-géo. Mon cours préféré était, bien sûr, la philo. On _____ plusieurs livres de Sartre et de Camus que j'ai trouvés passionnants. À la fin de l'année j(e) _____ un mémoire sur l'existentialisme. J'étais très moyenne en maths, mais je _____ toujours les explications dans le manuel et je faisais tous les problèmes. Alors, ça allait, quoi.

Comme je l'ai déjà dit, en même temps j'allais au conservatoire. Je _____ des cours de musique classique et de jazz. C'était pas toujours facile de tout faire, mais je n'avais pas le choix !

3. MES COURS

Décrivez votre programme d'études à votre camarade qui notera les cours que vous suivez, les livres que vous lisez et les devoirs que vous faites. Ensuite, vous changerez de rôle. Enfin, comparez vos programmes respectifs.

Modèle :   **Je suis** un cours d'histoire de France du vingtième siècle. **Je lis** *Le Syndrome de Vichy* d'Henri Rousso. **J'écris** une composition toutes les deux semaines (*every other week*).

4. QUI EST L'AUTEUR ?

Voici une liste de livres et d'auteurs français. Avec un(e) camarade, essayez d'associer chaque auteur avec le livre qu'il a écrit. Ensuite, dites si vous avez lu le livre en question.

Modèle :   Molière a écrit *L'Avare*. Je l'ai lu.
ou
Je ne l'ai pas lu.
ou
Je ne sais pas qui a écrit *L'Avare*.

LIVRES

____ 1. *Madame Bovary*
____ 2. *Le Père Goriot*
____ 3. *Les Misérables*
____ 4. *Le Deuxième Sexe*
____ 5. *Germinal*
____ 6. *L'Étranger*

AUTEURS

a. Victor Hugo
b. Émile Zola
c. Albert Camus
d. Honoré de Balzac
e. Gustave Flaubert
f. Simone de Beauvoir

LE BAC DE FRANÇAIS Le bac est séparé en deux parties. Au lieu d'avoir toutes les matières à la fin de la terminale, les lycéens passent l'épreuve de français, ou le « bac de français » comme on l'appelle, à la fin de la première.

EXPRESSION-STRUCTURE (2)

DEPUIS

In earlier units, you learned to describe past events using **venir de** + infinitive, the **passé composé,** and the imperfect. In this section, you will learn how to ask about and describe actions that started in the past and continue uninterrupted to the present, situations that you would describe in English using *has/have been* + the *-ing* form of the verb (the present participle).

Read the following conversation in which Jean-Baptiste and Hamid talk about studying for exams. As you read, take special note both of the *tense* of each highlighted verb and of the *words that directly follow* **depuis.**

HAMID :	Salut Jean-Baptiste ! Ça fait longtemps que je ne t'ai pas vu, dis donc !
JEAN-BAPTISTE :	Salut. Eh oui, en effet, ça fait pas mal de temps. Je passe mon bac dans deux semaines, alors, je suis en pleine révision. C'est la panique complète.
HAMID :	Depuis combien de temps est-ce que tu **révises** sérieusement ?
JEAN-BAPTISTE :	Ça fait quand même assez longtemps. Bon, **depuis** deux mois je **passe** un minimum de quatre heures par jour à réviser. Et puis, **depuis** deux semaines je **travaille** à peu près constamment. Et toi, tu passes ton bac de français cette année, n'est-ce pas ? C'est bientôt, non ? Depuis quand est-ce que tu **révises,** toi ?
HAMID :	Moi aussi, je **bosse** (*work hard* [*fam*]) pas mal **depuis** le mois d'avril. Je passe mon bac de français le 15 juin.

As you study the following explanations and examples, ask yourself these questions: What tense of the verb do I need to use to describe actions that began in the past and are still going on? What information will follow the expression **depuis**? What are two ways I can ask how long an action has been going on?

As you noticed, to describe an action that began in the past and is still going on, you need to use **depuis** and the present tense of the verb.

> present tense + **depuis** + starting time of action

J'étudie depuis le mois de mars.   *I have been studying since March.*

> present tense + **depuis** + time elapsed since the action began

J'étudie depuis quatre mois.   *I have been studying for four months.*

To ask how long an action has been going on, use **depuis quand** or **depuis combien de temps.**

> **depuis quand**
> **depuis combien de temps** } + **est-ce que** + present tense

Depuis quand est-ce que tu étudies ? Depuis combien de temps est-ce que tu étudies ?	*Since when have you been studying?* *For how long have you been studying?*

—**Depuis combien de temps** est-ce que tu révises sérieusement ?
—Bon, **depuis** deux mois je passe un minimum de quatre heures par jour à réviser.
—**Depuis quand** est-ce que tu révises, toi ?
—Moi aussi, je bosse pas mal **depuis** le mois d'avril.

—*How long have you been reviewing seriously?*
—*Well, for two months, I've been spending a minimum of four hours a day reviewing.*
—*Since when have you been reviewing?*
—*Me, too, I've been studying pretty hard since April.*

Attention! In contrast to the present + **depuis** + length of time structure used to describe actions that are still going on, the **passé composé** + **pendant** structure describes actions *that are completely finished.*

Depuis combien de temps est-ce que tu **étudies** le français ? J'**étudie** le français **depuis** un an.	*How long have you been studying French?* *I have been studying French for a year (and I am still studying it).*
Pendant combien de temps est-ce que tu **as étudié** le français ? J'**ai étudié** le français **pendant** un an.	*For how long did you study French?* *I studied French for a year (and I no longer study it).*

> **VÉRIFIEZ** Can you answer your questions about expressions of time with **depuis** ?

1. EXPLICATIONS

Avec un(e) camarade, indiquez l'explication logique pour chaque situation.

SITUATION

_____ 1. Jean-Baptiste a mal aux yeux.
_____ 2. Sébastien est bon en langues.
_____ 3. Hadrien et Jean-François ne peuvent pas sortir.
_____ 4. Nathalie va obtenir sa licence cette année.
_____ 5. André prépare un doctorat.
_____ 6. Lionel ne fait pas ses devoirs.
_____ 7. Clara et Dorel sont fatigués.
_____ 8. Les classes à l'École Rivotte se terminent à 17 heures. Il est maintenant 21 heures.
_____ 9. Le salon de coiffure de Marie-Jo ouvre à 9 heures. Il est maintenant midi.
_____ 10. Maud est en première année de droit.
_____ 11. Nancy veut visiter le Japon.

EXPLICATION

a. Ils jouent ensemble depuis deux heures.
b. Elle est à la fac depuis quelques mois.
c. Il étudie la littérature allemande depuis sept ans.
d. Elle travaille depuis trois heures.
e. Elle étudie le japonais depuis trois ans.
f. Les enfants sont à la maison depuis quatre heures.
g. Il fait de l'anglais depuis quatre ans et de l'espagnol depuis deux ans.
h. Il lit depuis cinq heures.
i. Il regarde la télé depuis deux heures.
j. Ils sont malades depuis deux jours.
k. Elle est à la fac depuis trois ans.

2. LA VIE DE NANCY

Comment se fait-il que Nancy Peuteuil, une Américaine, habite à Besançon depuis longtemps ? Voici en bref l'histoire de sa vie avec toutes les dates importantes. Regardez ces dates et ensuite, avec un(e) camarade, répondez aux questions.

1953 Elle est née à Danbury dans le Connecticut.

1959 Elle commence ses études primaires à Danbury.

1967 Sa famille déménage à New Haven.
Elle commence ses études secondaires à New Haven.
Elle suit son premier cours de français.

1971 Elle obtient son diplôme de fin d'études secondaires.

1972 Elle s'inscrit à l'Université du Connecticut.
Son père meurt d'une crise cardiaque.

1974 Elle fait son premier séjour en France. Elle rencontre Pierre Peuteuil. Elle suit des cours de français au CLA à Besançon.

1975 Elle obtient sa licence de lettres en français de l'Université de Connecticut.
Sa mère se remarie et sa famille déménage au Texas.

1976 Elle s'inscrit en maîtrise à l'Université du Texas à Austin.

1978 Elle termine une maîtrise en ESL (anglais deuxième langue).
Elle revient en France et obtient un poste de prof d'anglais au CLA.

1979 Elle revoit Pierre Peuteuil.

1982 Elle se marie avec Pierre Peuteuil.

1984 Son fils aîné, Martin, est né.

1986 Ses jumeaux, Simon et Alex sont nés.

1. Pendant combien de temps est-ce qu'elle a habité à Danbury ?
2. Depuis quand parle-t-elle français ?
3. Depuis quand connaît-elle Besançon ?
4. Pendant combien de temps a-t-elle étudié à l'Université du Connecticut ?
5. Pendant combien de temps est-ce que sa famille a habité le Connecticut ?
6. Depuis combien de temps est-ce que sa mère habite au Texas ?
7. Pendant combien de temps a-t-elle étudié à l'Université du Texas ?
8. Depuis quand connaît-elle son mari ?
9. Depuis combien d'années est-elle mariée ?
10. Depuis combien de temps a-t-elle des enfants ?

3. CONVERSATION

Simon sait que sa mère vient des États-Unis mais il veut avoir plus de détails sur sa vie quand elle était jeune. Utilisez ce que vous avez appris sur Nancy pour compléter les résponses qu'elle donne aux questions de Simon.

SIMON : Alors, dis-moi, Maman, pendant combien de temps est-ce que tu es restée à Danbury ?

NANCY : _____

SIMON : Pendant combien de temps est-ce que tu as habité à New Haven ?

NANCY : _____

SIMON : Pendant combien d'années est-ce que tu as étudié à l'Université du Texas ?

NANCY : _____

SIMON : Depuis quand est-ce que tu travailles au CLA ?

NANCY : _____

SIMON : Depuis quand est-ce que tu connais Papa ?

NANCY : _____

4. ET TOI ?

Parlez avec des camarades de classe. Posez-leur le même genre de questions que Simon a posées à Nancy. Vos questions doivent commencer par **Depuis quand, Depuis combien de temps** ou **Pendant combien de temps.** Écrivez trois questions pour trois étudiants différents et posez-leur ces questions. Quelle réponse vous a le plus surpris(e) ?

> Be careful! Before writing, look at the beginning of each question. In which questions will you need to use the **présent** and in which will you use the **passé composé**?

ACTION-APPROFONDISSEMENT

LES STAGES LINGUISTIQUES AU CLA

PRÉPAREZ-VOUS

La fille d'une amie de Madeleine Lafaurie veut faire un stage de français au CLA à Besançon. Madeleine va au CLA pour se renseigner sur les différentes formules de stages linguistiques.

1. RENSEIGNEZ-VOUS

Vous allez faire un stage linguistique au CLA. Regardez la brochure du CLA et dites à quelle page vous pouvez trouver les renseignements suivants.

Cours intensifs mensuels	FLE 1
Cours intensifs de 2 semaines	FLE 2
Cours à la demande	FLE 3
Cours de Français sur Objectifs Spécifiques (FOS)	FLE 4
Cours de préparation au travail universitaire	FLE 5
Cours extensifs	FLE 6
Cours annuel	FLE 7
Diplômes nationaux DELF et DALF	FLE 8

LE CLA VOUS OUVRE LE MONDE

Plus de 3 000 stagiaires venus de plus de 100 pays sont accueillis chaque année au CLA.

Les formations, assurées par des enseignants hautement qualifiés, intéressent tous les publics et répondent à tous les objectifs.

Cours annuel, stages intensifs, débutants et non-débutants, stages de français de spécialité, préparation aux examens et diplômes nationaux et universitaires, formation de professeurs et formateurs, bains linguistiques, cours à la demande ... le CLA met son expérience, ses installations performantes et la qualité de son accueil au service de chacun de ses stagiaires.

Modèle :   cours intensifs mensuels
            Ces renseignements se trouvent à la page FLE 1.

1. cours annuel
2. cours de Français sur Objectifs Spécifiques (FOS)

3. cours intensifs de 2 semaines
4. cours extensifs
5. cours de préparation au travail universitaire

2. CRITÈRES

Il y a beaucoup de choses à prendre en considération quand on fait un stage linguistique à l'étranger. Avec un(e) camarade, classez les critères suivants par ordre d'importance.

	TRÈS IMPORTANT	IMPORTANT	PAS TRÈS IMPORTANT	PAS DU TOUT IMPORTANT
les prix				
le prix de l'inscription				
le prix de l'hébergement *(food and lodging)*				
les cours et les professeurs				
la durée de chaque cours				
le nombre d'heures de cours par jour				
les qualifications des professeurs				
le nombre de stagiaires dans chaque cours				
les supports pédagogiques (vidéos, laboratoire de langues)				
le logement				
l'hébergement en famille				
le logement individuel				
l'hébergement à la Cité universitaire				
la qualité de la cuisine au restaurant universitaire (le resto U)				
les activités sportives et sociales				
l'accès au gymnase et aux terrains de sports				
la proximité de cinémas, de discos, de restaurants et de cafés				
les activités culturelles				
les excursions culturelles				
la proximité de musées et de monuments historiques				
les autres stagiaires				
leur nationalité				
leur âge				

Le CLA, ou le Centre de Linguistique Appliquée, est un des nombreux établissements en France où les étudiants étrangers peuvent aller pour apprendre le français. Beaucoup d'universités américaines ont des programmes spéciaux qui permettent à leurs étudiants de faire des séjours linguistiques en France ou dans un autre pays francophone pendant l'année ou pendant l'été sans que cela coûte plus cher (et quelquefois moins !) qu'une année sur leur campus. Avec la technologie moderne—télévision par satellite, enseignement assisté par ordinateur, etc.—il est possible d'apprendre une langue étrangère dans son propre pays, mais un séjour à l'étranger aide à mieux comprendre la culture et les nuances de l'expression orale. Et une expérience dans un autre pays est un atout (*a bonus, an advantage*) quand on cherche un travail.

REGARDEZ

L'employé du CLA répond aux questions de Madeleine sur les stages de français langue étrangère. Écoutez bien la conversation.

1. Vous savez déjà que Madeleine veut ces renseignements pour la fille d'une amie, mais quels sont les autres détails dont l'employé a besoin pour bien répondre à ses questions ? Écoutez et remplissez les blancs dans la phrase suivante.

   Cette jeune fille est de nationalité ————————————. Elle a un niveau ———————————— de français et veut venir étudier à Besançon en ————————————.

2. L'employé explique la différence entre le cours d'un mois et le cours de deux semaines. Pouvez-vous aider Madeleine à prendre des notes pour se souvenir de ce qu'il a dit ?

	COURS MENSUEL	COURS DE DEUX SEMAINES
nombre de stagiaires		
dates		
nombre d'heures en tout		
nombre d'heures hebdomadaires		
supports pédagogiques et culturels		
prix		

3. Madeleine écrit à son amie pour lui donner des renseignements sur les cours. Utilisez vos réponses à l'activité précédente pour compléter sa lettre pour elle.

> Besançon, le 15 juin
>
> Chère Anne,
>
> Je suis passée au CLA aujourd'hui. pour me renseigner sur les formules de stages de français. Jennifer a le choix entre un cours mensuel qui dure _____ semaines ou le cours intensif qui dure _____ jours.
>
> Pour le cours mensuel, il y a _____ heures de cours par semaine, c'est-à-dire _____ heures par jour. Cela coûte _____.
>
> Le cours intensif a _____ heures de cours par semaine et il y a _____ stagiaires par classe, moins que dans le cours mensuel. Le cours intensif coûte _____.
>
> Comme support pédagogique, les étudiants ont des séances en _____ et au _____. Il y a aussi des activités culturelles comme _____.
>
> Si tu as besoin d'autres renseignements, n'hésite pas à m'écrire.
>
> J'espère que vous allez tous bien. Philippe se joint à moi pour t'adresser nos pensées amicales à partager avec Bob.
>
> Madeleine

EXPANSION

1. RÉCAPITULATION

Voici une version modifiée de la conversation entre Madeleine et l'employé au CLA. Complétez les réponses de l'employé et, ensuite, mettez les réponses à la bonne place pour faire une conversation logique.

MADELEINE :	Bonjour, Monsieur.
EMPLOYÉ :	_____
MADELEINE :	Quelles formules de stages est-ce que vous organisez pour les étudiants étrangers ? C'est pour une étudiante américaine.
EMPLOYÉ :	_____
MADELEINE :	Trois semaines, plus ou moins.
EMPLOYÉ :	_____
MADELEINE :	Quelles sont les dates du stage ?
EMPLOYÉ :	_____
MADELEINE :	Combien d'heures de cours est-ce qu'il y a par semaine ?
EMPLOYÉ :	_____

MADELEINE :	Combien de stagiaires est-ce qu'il y a par classe ?
EMPLOYÉ :	_____
MADELEINE :	Quels supports pédagogiques est-ce que vous offrez ?
EMPLOYÉ :	_____
MADELEINE :	Quelles activités culturelles est-ce que vous organisez ?
EMPLOYÉ :	_____
MADELEINE :	Et quel est le prix de ce cours ?
EMPLOYÉ :	_____
MADELEINE :	Merci beaucoup. Au revoir.
EMPLOYÉ :	_____

LES RÉPONSES DE L'EMPLOYÉ

a. Il y a _____ étudiants par classe, jamais plus.

b. Il y a _____ heures de cours par jour, c'est-à-dire _____ heures par semaine.

c. Les étudiants peuvent utiliser la médiathèque et le laboratoire de langues.

d. Ça coûte _____ francs.

e. Bonjour, Madame.

f. Bon, on a un stage qui dure trois semaines.

g. Il y a des excursions le week-end et puis il y a des films et des conférences aussi.

h. Ce stage commence le dix septembre et se termine le premier octobre.

i. Combien de temps est-ce qu'elle pense rester ?

j. Au revoir, Madame.

2. ALLONS À...

Où est-ce que vous voudriez faire un stage linguistique à l'étranger ? Avec un(e) camarade, décidez de l'endroit où vous voulez aller. Ensuite, faites une liste des raisons pour lesquelles vous avez choisi cet endroit. Circulez dans la classe et essayez de convaincre un autre groupe d'aller avec vous.

> **Modèle :**   Nous voulons faire un stage linguistique <u>à Nice.</u>
> Les atouts : le climat ; le site (près de la mer, près de l'Italie) ; etc.

INTERACTION

VOULEZ-VOUS ALLER AU CLA ?

Vous aimeriez passer un semestre en France pour améliorer votre français, mais vous n'avez pas encore choisi l'endroit. Vous rencontrez un représentant du CLA et vous lui posez des questions sur les stages linguistiques qu'on peut y faire. Jouez cette conversation avec un(e) camarade de classe et puis changez de rôles. L'employé(e) peut trouver les renseignements à la page 738 pour la première conversation et à la page 747 pour la deuxième conversation. Voici les renseignements que vous demanderez : les dates ; le type de stage ; le nombre d'heures de cours par semaine ; le nombre de stagiaires par classe ; les conditions d'hébergement ; les activités sociales et sportives ; les activités culturelles ; le prix en FF (francs français).

EXPRESSION-STRUCTURE (3)

LE PRONOM Y

As you have already learned, object pronouns are often used to avoid repetition of people or things that have already been mentioned (e.g., **Tu révises tes maths ? Ah oui, je les révise.**). Read the following conversation between Nancy and Anne-Marie, who are talking about Jean-Baptiste and the **bac,** which he will soon be taking. Can you determine what the pronoun **y** replaces each time it is used?

NANCY :	Bonjour, Anne-Marie. Ça va ?
ANNE-MARIE :	Pas mal. C'est un peu la panique chez nous parce que Jean-Baptiste est en pleine révision pour son bac.
NANCY :	Il ne va plus au lycée ?
ANNE-MARIE :	Non, il n'**y** va plus. Les cours sont terminés.
NANCY :	Est-ce qu'il est inquiet ? Est-ce qu'il pense à son examen ?
ANNE-MARIE :	Oui, il **y** pense constamment. Il est complètement transformé. Je ne pensais pas avoir un fils aussi sérieux.

As this conversation shows, **y** is used to replace a preposition plus a noun, representing a place or a thing that has already been mentioned.

 As you study the following examples, ask yourself these questions about **y**: When will I want to use **y**? What does it replace? Where is it placed in a sentence? What example can I memorize that will help me remember how it is used?

Y		
Y MEANS	**WHEN IT REPLACES THE PREPOSITIONS**	**+**
there	**à (à la, à l', au, aux), en, sur, dans, chez**	a place
it	**à (à la, à l', au, aux)**	a thing or idea

Il va **au lycée** ?	*Is he going **to high school**?*
Non, il n'**y** va plus.	*No, he's not going (**there**) any more.*
Il pense **à son examen** ?	*He's thinking **about his exam**?*
Oui, il **y** pense.	*Yes, he's thinking **about it**.*

Y follows the same placement as other pronouns.

USE OF **Y** WITH	SENTENCE WITH NOUN	AFFIRMATIVE SENTENCE WITH **Y**	NEGATIVE SENTENCE WITH **Y**
present	Il est dans sa chambre.	Il **y** est.	Il n'**y** est pas.
passé composé	Il est allé au lycée. Il a pensé à son examen.	Il **y** est allé. Il **y** a pensé.	Il n'**y** est pas allé. Il n'**y** a pas pensé.
reflexive verbs	Il s'intéresse à la biologie.	Il s'**y** intéresse.	Il ne s'**y** intéresse pas.
commands	Allez à l'université.	Allez-**y**.	N'**y** allez pas.
with an infinitive	Il faut penser à ton examen.	Il faut **y** penser.	Il ne faut pas **y** penser.

VÉRIFIEZ Are you able to answer your questions without looking at the book? Don't confuse **y** with the expression **il y a**, a fixed expression meaning *there is/there are*. In the expression **il y a**, the **y** doesn't refer to a specific place or thing.

1. INTROUVABLE !

La chambre de Jean-Baptiste n'est pas toujours bien rangée. Quand il cherche ses affaires (*his belongings*) il ne réussit pas toujours à les trouver. Regardez la photo de sa chambre et aidez-le à trouver les choses qu'il cherche. Dites si ces choses sont ou ne sont pas dans sa chambre.

Modèle :   ses chaussettes
            Non, ses chaussettes n'y sont pas.

1. ses chaussures de sport
2. ses magazines
3. ses livres
4. sa chaise
5. sa radio
6. son ballon de basket

2. L'ÉCOLE PRIMAIRE

Vous souvenez-vous de votre emploi du temps à l'école primaire ? Répondez aux questions avec **y.**

Modèle : À quelle heure est-ce que tu allais à l'école ?
J'y allais à 8 h 30.

1. Quels jours est-ce que tu n'allais pas à l'école ?
2. Comment est-ce que tu allais à l'école ?
3. Est-ce que tu déjeunais à l'école tous les jours ?
4. Combien de temps est-ce que tu passais normalement à la caféteria ?
5. À quelle heure est-ce que tu arrivais chez toi l'après-midi ?

3. LA VIE DES ÉCOLIERS

Regardez les renseignements sur les écoles primaires en France et dans les autres pays de l'Union européenne. Répondez aux questions sur les écoles primaires en France en utilisant **y.**

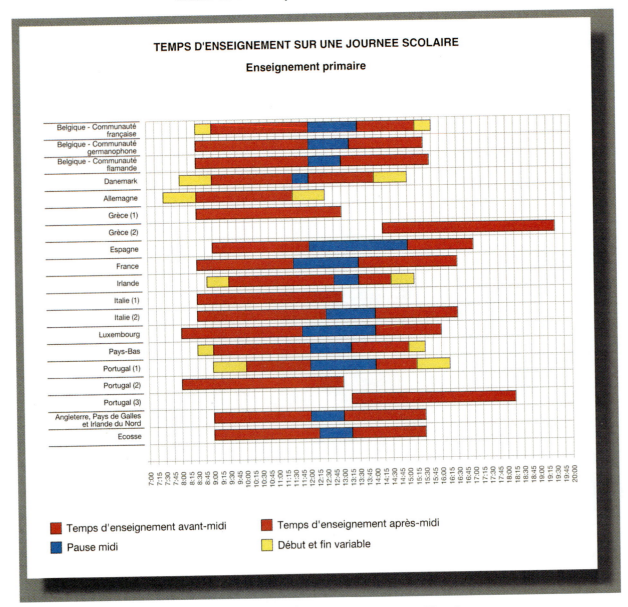

Calendrier et rythmes scolaires dans l'Union européenne, Éditeur: Unité européenne d'Eurydice.

Modèle :　　À quelle heure est-ce que les enfants français vont à l'école le matin ?

Ils y vont à 8 h 30.

1. Combien de temps est-ce qu'ils passent en classe le matin ?
2. Combien de temps est-ce qu'ils passent en classe l'après-midi ?
3. Combien de temps est-ce qu'ils passent à la cantine ou à la maison pour déjeuner ?
4. À quelle heure est-ce qu'ils rentrent à la maison ?
5. Quels jours est-ce qu'ils ne vont pas à l'école ?
6. Combien d'heures par semaine est-ce qu'ils passent en classe (ne comptez pas les heures de déjeuner) ?

4. COMPARAISONS

Regardez les renseignements sur les écoles primaires à la page précédente et faites quatre comparaisons entre l'emploi du temps des enfants des écoles primaires en France et dans les autres pays de l'Union européenne.

5. QUI FAISAIT QUOI...

Qui est la personne dans votre classe qui faisait probablement les choses suivantes au lycée ? Posez des questions à vos camarades de classe.

Modèle :　　Mathew étudiait toujours à la bibliothèque.

1. ＿＿＿＿＿＿ assistait toujours aux matchs de football américain.
2. ＿＿＿＿＿＿ arrivait souvent en classe en retard.
3. ＿＿＿＿＿＿ jouait dans l'orchestre.
4. ＿＿＿＿＿＿ allait souvent aux concerts de rock.
5. ＿＿＿＿＿＿ s'intéressait aux langues étrangères.
6. ＿＿＿＿＿＿ n'allait pas toujours en classe.
7. ＿＿＿＿＿＿ s'intéressait aux cours d'art dramatique.
8. ＿＿＿＿＿＿ allait souvent au centre commercial.
9. ＿＿＿＿＿＿ travaillait dans un restaurant fast-food.

6. VÉRIFIEZ !

Maintenant, vérifiez la liste que vous avez faite dans l'activité précédente en posant chaque question à la personne que vous avez nommée. Cette personne va utiliser le pronom **y** dans la réponse.

Modèle :　　—Quand tu étais au lycée, est-ce que tu étudiais toujours à la bibliothèque ?

—Oui, j'y étudiais toujours.

ou

—Non, je n'y étudiais pas.

7. UNE CARTE POSTALE

Vous avez décidé de passer un semestre au CLA. C'est votre première semaine à Besançon et vous envoyez cette carte postale à votre professeur de français. Dans la liste suivante, choisissez les endroits où vous êtes allé(e) les trois premiers jours de votre séjour et complétez la carte postale.

à la cathédrale Saint Jean
à la Citadelle
au zoo
à la piscine
aux magasins dans la Grande-Rue
chez les Lachaud
à la bibliothèque

au café Au Pied de Cochon
au musée de la Résistance
au musée des Beaux-Arts
au Géant Casino
à un concert de musique
à la banque
au bar à vin Chez Barthod

Besançon, le 15 septembre

Chère Madame/Cher Monsieur,

Me voici à Besançon! Je suis installé(e) à l'Hôtel Régina depuis trois jours (je n'ai pas encore décidé si je veux habiter avec une famille ou dans un appartement). Lundi je suis passé(e) au CLA et je me suis inscrit(e) au cours semestriel. Les cours commencent la semaine prochaine. Je commence déjà à connaître la ville!

Mardi, je suis allé(e) _____ et _____ .

Hier, je suis allé(e) _____ et _____ .

Aujourd'hui je vais _____ .

Comme vous voyez je ne perds pas mon temps et je parle français tout le temps.

Cordialement,

8. ET TOI ?

Maintenant circulez dans la classe et posez des questions pour trouver quelqu'un qui est allé aux mêmes endroits le même jour que vous. En répondant aux questions des autres étudiants, n'oubliez pas d'utiliser **y** !

Modèle :   —Est-ce que tu es allé(e) à la Citadelle mardi ?
—Oui, j'y suis allé(e).
ou
—Non, je n'y suis pas allé(e) mardi. J'y suis allé(e) mercredi !

EXPRESSION-VOCABULAIRE (2)

LES COURS ET LES EXPRESSIONS D'ÉMOTION

Qu'est-ce qu'on fait à l'université ? Regardez ces dessins sur la vie étudiante de Maud pour le savoir.

Elle assiste à un cours magistral.

Elle a prend des notes.

Elle fait ses devoirs.

Elle passe un examen oral/des examens oraux (des oraux).

Elle a une mauvaise note.

Elle a une bonne note.
Elle a réussi à l'examen.

Elle ne sèche (*skip*) jamais les T.D.
(les séances de travaux dirigés).

Voici des expressions que vous pouvez utiliser pour exprimer l'admiration, la surprise, le regret et l'énervement:

L'admiration

Chapeau !
Bravo !
Super !

Le regret

Dommage !
Pas de chance !
Ma/mon pauvre !

La surprise

Dis donc !
C'est incroyable !
C'est pas possible !

L'énervement

Ça, c'est le comble !
J'en ai marre !
C'est pas sérieux.

1. LA FAC ? CE N'EST PAS TOUJOURS FACILE

Maud nous parle des problèmes qu'elle a dans ses cours. Quel conseil allez-vous lui donner ?

PROBLÈMES

____ 1. Je m'endors en classe.
____ 2. J'ai des difficultés en droit civil.
____ 3. J'ai raté mon examen oral d'allemand.
____ 4. J'ai une interrogation écrite en français demain.
____ 5. Je ne me souviens pas de ce que le prof a dit en classe.
____ 6. J'ai séché mon cours d'histoire deux fois cette semaine.
____ 7. J'ai eu une bonne note à mon interro de psychologie.

CONSEILS

a. C'est pas sérieux. Tu dois assister à tous les cours !
b. Ma pauvre !
c. Révise bien ce soir !
d. Va voir le prof !
e. Bravo ! Continue !
f. Couche-toi plus tôt le soir !
g. Prends plus de notes !

2. DONNE-MOI DES TUYAUX (*SOME TIPS*)

Un(e) étudiant(e) de première année dans votre université vous pose des questions sur les cours. Un(e) étudiant(e) pose les questions et l'autre y répond. Répondez honnêtement à ses questions et puis comparez vos réponses aux réponses des autres groupes.

1. —En général, en quelles matières est-ce qu'...

   a. il faut prendre beaucoup de notes ?
   b. on a surtout des cours magistraux ?
   c. on a des travaux dirigés ?
   d. on écrit souvent des essais et des compositions ?
   e. on a beaucoup d'interrogations écrites ?
   f. on a des devoirs presque tous les jours ?
   g. on a des examens oraux ?
   h. il n'est pas essentiel d'assister à tous les cours ?

2. —Quels cours sont les plus difficiles ? les moins difficiles ?

3. QUEL EFFET CELA VOUS/LEUR FAIT ?

Imaginez votre réaction et celle de vos parents et de votre meilleur(e) ami(e) dans les situations indiquées. Regardez les expressions à la page 542.

1. Vous avez raté un examen de chimie.
2. Vous avez eu une bonne note à votre examen de français.
3. Vous avez trois interros la semaine prochaine.
4. Vous avez eu la meilleure note de la classe à un essai.
5. Imaginez une autre situation.

4. AIDEZ MAUD !

Écrivez cinq conseils pour Maud ou un(e) camarade de classe qui doit préparer un examen difficile. Avec les autres membres de la classe, faites une liste de ces suggestions.

EXPRESSION-STRUCTURE (4)

LE PRONOM *EN*

En is a pronoun that can be used to avoid repetition of a noun that is preceded by **de,** a partitive article, or a number. It can only be used with nouns that represent objects or things. As you read the following conversation between Maud and Carole, who are chatting in a café, try to identify the words that **en** replaces.

MAUD : Salut Carole ! Ça va ?

CAROLE : Oh ! Tu sais avec les examens... ce n'est pas facile. Écoute, je vais commander un café—tu **en** veux un aussi ?

MAUD : Non, merci, je n'**en** veux pas. Je vais prendre un Perrier. Alors, quand est-ce que tu passes tes oraux ?

CAROLE : Bon, j'**en** ai un le huit et puis j'**en** ai encore deux le neuf et le dix.

MAUD : Tu as encore beaucoup de révisions à faire ?

CAROLE : Oui, malheureusement. J'**en** ai encore beaucoup !

MAUD : Alors, après les examens tu vas avoir besoin de vacances !

CAROLE : Après les examens ?!! Mais j'**en** ai besoin maintenant !

MAUD : Et moi ? Quand je pense que je dois passer tout l'été à faire des révisions !

 As you study the following examples and explanations, ask yourself these questions: Can I name five instances in which **en** replaces **de** or the *partitive article and a noun*? In each case, where is it placed in the sentence?

While reading the conversation between Maud and Carole, did you notice that **en** replaced the nouns **un café**, **(examens) oraux**, **révisions**, and **vacances**?

EN CAN REPLACE	EXAMPLES (AFFIRMATIVE SENTENCES, PRESENT TENSE)	NEGATIVE SENTENCES
partitive article + noun	Nous voulons du café. → Nous **en** voulons. (*We want some coffee. → We want some.*)	Nous n'**en** voulons pas. (*We don't want any.*)
expression of quantity + **de**	J'ai beaucoup d'examens. → J'**en** ai beaucoup. (*I have a lot of exams. → I have a lot.*)	Je n'**en** ai pas beaucoup. (*I don't have a lot.*)
expression ending in **de**	Elle a besoin de vêtements. → Elle **en** a besoin. (*She needs some clothes. → She needs some.*)	Elle n'**en** a pas besoin. (*She doesn't need any.*)
de, du, de l', de la, des + a place	Elle vient de la bibliothèque. → Elle **en** vient. (*She is coming from the library. → She is coming from there.*)	Elle n'**en** vient pas. (*She is not coming from there.*)
number + noun	Il a deux examens oraux. → Il **en** a deux. (*He has two oral exams. → He has two of them.*)	Il n'**en** a pas deux. (*He doesn't have two of them.*)

- What does **en** mean? In affirmative sentences, it can be translated into English as *some, of them, from there,* or omitted altogether, as in sentences such as "You have a lot," "She is coming back," or "He has two." In negative sentences, **en** is translated as *any* or omitted, as in "You don't have a lot."
- Remember that in cases in which you can say, "I have a lot" or "I have three" in English, you must use **en** in French. That is, **en** replaces the noun that usually follows after an expression of quantity or a number.

MAUD :   Tu as beaucoup de travail ?
CAROLE :   J'en ai **beaucoup** !
MAUD :   Quand est-ce que tu as des examens oraux ?
CAROLE :   J'en ai **un** le huit et **deux** le neuf et le dix.

- The placement of **en** is the same as with all other object pronouns.

USE OF **EN** WITH	SENTENCE WITH NOUN	AFFIRMATIVE	NEGATIVE
present	Elle suit cinq cours.	Elle **en** suit cinq.	Elle n'**en** suit pas cinq.
passé composé	Elle a lu deux livres. Elle est revenue du resto U.	Elle **en** a lu deux. Elle **en** est revenue.	Elle n'**en** a pas lu deux. Elle n'**en** est pas revenue.
reflexive verbs	Il s'occupe des inscriptions.	Il s'**en** occupe.	Il ne s'**en** occupe pas.
commands	Parlez de vos cours.	Parlez-**en**.	N'**en** parlez pas.
with an infinitive	Il faut suivre deux cours.	Il faut **en** suivre deux.	Il ne faut pas **en** suivre deux.

VÉRIFIEZ   Are you able to answer your questions without looking at the book? Don't confuse the pronoun **en** that you are learning here with the preposition that you have already used with geographical nouns, for example, when you say, « **Je vais en France.** »

1. NOUS EN AVONS BESOIN

Avec un(e) camarade, vous allez passer l'année universitaire à Besançon. Vous savez que vous pouvez obtenir presque tout en France et vous ne voulez apporter que *le strict minimum.* Dans la liste suivante, choisissez ensemble les choses qui sont essentielles. Pour chaque chose, dites « **Nous allons en apporter.** » ou « **Nous n'allons pas en apporter.** »

1. du papier à lettres
2. de l'argent américain
3. des vêtements
4. de l'eau oxygénée et du coton hydrophile
5. du savon et du shampooing
6. une carte de crédit
7. un dictionnaire français-anglais
8. des timbres-poste
9. un carnet d'adresses
10. un passeport

2. QUI A BONNE MÉMOIRE ?

Avec deux camarades, écrivez deux questions et des réponses correctes pour chacune de ces quatre catégories : 1) vocabulaire; 2) structure; 3) clé culturelle; 4) les amis bisontins. À tour de rôle, posez vos questions aux étudiants d'un groupe et répondez aux questions que l'on vous pose. Si vous savez la réponse, dites « Je m'en souviens », et donnez-la. Si vous ne la savez pas, dites « Je ne m'en souviens pas. »

Modèle :   **Catégorie :** les amis bisontins
Question : Où est-ce qu'André a fait ses études secondaires ?
Réponse : Je m'en souviens. Il a fait ses études secondaires à Ouagadougou.

Catégorie : vocabulaire
Question : Comment dit-on « round-trip ticket » en français ?
Réponse : Je ne m'en souviens pas.
Réponse correcte : On dit un billet « aller-retour ».

Prononciation

LES SYLLABES ET L'ACCENT

In this **leçon,** you have seen that the names for areas of study are often similar in English and in French. You learned in **Unité 1,** however, that although cognates may look similar, they are often pronounced quite differently. This difference in pronunciation comes not only from the difference in vowel and consonant sounds, but also from the variations in the way words are divided into syllables and in the degree of stress placed on syllables in both languages.

Écoutez

Listen and practice saying the following pairs of words, accenting the stressed syllable in the English word and pronouncing each syllable with almost equal emphasis in French.

Continued

ENGLISH	FRENCH
an-thro-**pol**-o-gy	an-thro-po-lo-gie
a-**nat**-o-my	a-na-to-mie
cin-e-ma	ci-né-ma
math-e-**mat**-ics	ma-thé-ma-tiques
phys-ics	phy-sique
psy-**chol**-o-gy	psy-cho-lo-gie

Vérifiez

In spoken French, most syllables end in a vowel. Exceptions occur at the end of a word or when there are two consonants together. In English, there are no rules for separating a word into syllables. Compare: **bio-lo-gie** vs. *bi-ol-o-gy;* **dra-ma-tique** vs. *dra-mat-ics.*

In English, there is always one syllable that is stressed more than another, and there are no rules to guide you. In French, the last syllable of a word is held slightly longer (not more intensely) than the others, but this slight accentuation is often not heard by American listeners. In addition, nasal vowels are held for a slightly shorter period of time. Compare: **éducation** vs. *education.*

Prononcez

Divide each of the following words into syllables and underline the syllables that are stressed. Then listen and check your answers. Practice saying the words after the speaker.

1. interrogation
2. géologie
3. examen
4. inscription
5. sociologie
6. baccalauréat

LECTURE

PRÉPARATION À LA LECTURE

1. Dans cet article, on donne des suggestions pour préparer un examen. Au cours de vos études vous avez sans doute passé beaucoup d'examens. Travaillez avec un(e) camarade de classe et indiquez cinq techniques qui marchent bien pour vous et cinq choses que vous avez faites dans le passé qui n'ont pas marché et qu'il vaudrait mieux éviter. Comparez vos idées avec celles des autres membres de la classe.

2. Maintenant, indiquez cinq techniques que vous trouvez utiles quand vous devez mémoriser quelque chose et, ensuite, comparez vos réponses aux réponses des autres membres de la classe.

Identifying the author's purpose in writing can help you better understand what you are reading.

Read the title of the following newspaper article and ask yourself what information the article will contain. From the title, do you think the author's probable intent in writing this article is to tell a story? to tell the facts of some event? to persuade the reader to buy something? to give the reader advice? or to complain?

Given the subject matter of the article, is the author's point of view most likely objective, based on facts and information? Or subjective, based on personal opinion?

EXAMENS : LE PLANNING A SUIVRE

Stress, fatigue, anxiété, passage à vide et immense trac : les quelques jours précédant le passage d'un examen capital sont quasiment invivables! Quelques conseils pour vivre au mieux cette période difficile.

Epreuve physique, intellectuelle et psychologique, la période d'examen n'est pas vraiment celle où l'étudiant se sent le plus en forme. Seul le sommeil permet de récupérer la fatigue intense accumulée le jour et il faut absolument éviter les nuits blanches. Un adolescent a impérativement besoin de huit heures de sommeil, surtout à l'approche de cette date fatidique: mieux vaut étaler les révisions sur une semaine supplémentaire en les commençant plus tôt et en suivant un rythme de travail régulier (par exemple de dix heures du matin à sept ou huit heures du soir, week-end inclus) plutôt que se distraire plusieurs jours durant, perdre le fil et s'y remettre comme un forcené en abusant du café et des cigarettes pour "tenir" jusqu'à trois heures du matin. Il faut aussi tenir compte des heures où l'on est le plus productif: certains sont en pleine possession de leurs moyens de 5 heures du matin jusqu'en milieu d'après-midi, d'autres travaillent à fond le soir mais ont besoin de dormir jusqu'à midi, aussi respectera-t-on ses propres rythmes biologiques.

Continued

COMMENT STIMULER SA MEMOIRE

Le sommeil aide à mémoriser, c'est un fait vérifié. Pendant que l'on dort, le cerveau trie et stocke les informations reçues dans la journée et il les mémorisera d'autant mieux qu'elles seront associées à une émotion ou une sensation. L'idéal est donc, par exemple, de mutiplier les fiches de couleurs avec gros titres et repères bien visibles, si l'on est doté d'une mémoire très visuelle, et de les relire juste avant de s'endormir. Si la mémoire est plutôt auditive, on relira les pages de révisions à voix haute, au lit, mais sans chercher à se concentrer à fond: l'effort de compréhension se fera automatiquement, par le biais du cerveau, plus intelligent qu'on ne le pense.

Certaines personnes ont besoin de penser à des odeurs pour évoquer un sujet particulier: qu'elles n'hésitent pas à associer à chaque sujet révisé un parfum.

Sachez enfin que la monotonie est la principale ennemie de la mémoire: si l'on reste assis dans la même position pendant des heures, on finira par avoir du mal à enregistrer vraiment ce qu'on récite avec de plus en plus de difficultés. Mieux vaut marcher un peu, s'étirer régulièrement et changer de position, voire de place, toutes les demi-heures au maximum. Et de petites pauses de cinq minutes entre deux phases intensives de travail sont recommandées.

AVEZ-VOUS COMPRIS ?

1. Lisez rapidement le premier paragraphe de l'article pour voir si vos techniques personnelles sont mentionnées. Ensuite, faites la même chose pour le deuxième paragraphe.

2. Relisez l'article et choisissez la phrase qui résume le mieux l'idée principale de l'article.

    a. De longues heures et beaucoup de discipline sont les moyens nécessaires pour obtenir de bonnes notes.

    b. Chaque personne apprend d'une façon différente. Il faut trouver les techniques qui marchent le mieux pour vous.

    c. Une bonne mémoire est essentielle pour réussir aux examens.

3. D'après l'article, dites si ces phrases sont vraies ou fausses.

    a. Les adolescents ont besoin de sept heures de sommeil par nuit.

    b. Tout le monde apprend mieux pendant la journée.

    c. Il faut étudier pendant la période de la journée où vous êtes le plus productif.

    d. Il faut se distraire pendant le week-end pour mieux étudier pendant la semaine.

    e. Il faut faire des pauses fréquemment pendant le travail.

    f. Votre cerveau peut mémoriser certains faits pendant que vous dormez.

    g. Le principal ennemi de la mémoire, c'est la fatigue.

4. Il y a diverses façons d'apprendre. Indiquez le style qui correspond aux activités suivantes. Mettez a, b, c ou d après chaque activité.

On peut avoir une mémoire...

_____ 1. Mettez-vous debout et marchez pendant que vous étudiez.

_____ 2. Composez une chanson avec les idées principales que vous voulez mémoriser.

_____ 3. Associez chaque chose que vous voulez mémoriser avec un doigt de la main (touchez le doigt en même temps que vous dites l'idée associée avec ce doigt).

_____ 4. Dessinez une image et écrivez les idées que vous essayez de mémoriser dans cette image.

_____ 5. Écrivez d'une couleur différente chaque chose que vous voulez mémoriser.

_____ 6. Dites à haute voix les choses que vous voulez mémoriser.

_____ 7. Associez les choses que vous mémorisez aux parfums de fruits que vous aimez.

a. auditive (on retient ce qu'on entend—des bruits)

b. visuelle (on retient ce qu'on voit—des images)

c. olfactive (on retient ce qu'on sent—des odeurs)

d. tactile ou physique (on associe quelque chose à un mouvement physique)

1

livraisons/expédition

le parking

atelier 1

atelier 2

le gardien

la cantine

l'administration

2

GALERIES LAFAYETTE

Terrasse, 9e étage.

Paysages d'Asie.
A découvrir sur la terrasse.

GALERIES LAFAYETTE

3

CITROËN

4

Restaurant LE SAÏGON Plats à Emporter

SPECIALITES VIETNAMIENNES & CHINOISES

OUVERT
Tous les jours

西貢餐館

MENU

5

Kronenbourg

6

AGF   AGF   AGF

ASSURANCES GENERALES DE FRANCE

PAPETERIE

LA BRIOCHERIE

7

1872

THEATRE DE LA RENAISSANCE

UNITÉ 8
Leçon 2

Les métiers

MES OBJECTIFS COMMUNICATIFS

Name professions
Respond appropriately in a job or educational interview
Describe job preferences
Tell about future plans

LES CLÉS CULTURELLES

Young people and work in France

REGARDONS LES IMAGES

On peut travailler dans une école, dans un petit commerce (une boulangerie, une pharmacie) ou dans une entreprise. Il y a des entreprises commerciales, industrielles et de service. Une compagnie d'assurances est un bon exemple d'une entreprise de service, une entreprise qui vend des services. Une entreprise industrielle est un endroit où on fabrique un produit.

1. DES ENTREPRISES
Regardez les images. Lesquelles représentent une entreprise de service ? une entreprise commerciale ? une entreprise industrielle ?

2. OÙ EST-CE QU'ILS TRAVAILLENT ?
Avec un(e) camarade, regardez le plan de l'entreprise industrielle et dites où travaillent :

les secrétaires
les personnes qui fabriquent le produit
les personnes qui sont chargées de l'expédition du produit
les personnes qui dirigent l'entreprise
le personnel de sécurité

3. OÙ EST-CE QU'ON...
Dites dans quel endroit on fait les activités suivantes :

déjeuner
taper une lettre
fabriquer le produit

donner des renseignements
recevoir les camionneurs (*truck drivers*)
prendre des décisions importantes

4. COMPAREZ !
L'entreprise dans le dessin à la page 550 est-elle organisée de la même façon ou d'une façon différente d'une entreprise industrielle dans votre pays ?

EXPRESSION-VOCABULAIRE (1)

LES MÉTIERS

Pour parler de votre métier (ou de votre futur métier), vous avez besoin de quelques expressions.

Qu'est-ce que vous voulez faire dans la vie ?

Je veux être musicienne.

Je veux travailler comme représentant commercial.

Je veux poursuivre une carrière dans l'enseignement.

Lionel pense à son avenir (*future*). Voilà comment il l'imagine :

J'envoie une lettre et mon
CV à une entreprise.

J'y vais pour un
entretien d'embauche.

On m'embauche.

J'ai un poste stimulant et stable,
et j'ai un bon salaire.

Un jour, je suis en train de lire
des petites annonces dans le
journal. Je vois un emploi intéressant.

À 60 ans, je prends ma retraite
et je vais à la pêche.

Les jeunes Français, comme les jeunes Américains, pensent beaucoup au travail qu'ils feront plus tard, mais leur avenir les préoccupe à cause du taux de chômage (*unemployment rate*) élevé en France, surtout chez les jeunes. Et comme les étudiants américains, les étudiants français travaillent pendant l'année universitaire et pendant l'été pour payer leurs études. Toutefois, le plus souvent ils font du travail intérimaire (*temp work*) ou des petits boulots (*jobs* [*fam*]) mal payés et gagnent rarement plus que le SMIC (le salaire minimum).

1. TRAVAIL D'ÉTÉ

Arnaud assiste à une session organisée par l'ANPE (l'Agence Nationale Pour l'Emploi) pour aider les jeunes à trouver des jobs d'été. Malheureusement, il y a beaucoup de bruit dans la salle et Arnaud n'entend pas tout. Ajoutez les mots qu'Arnaud n'a pas bien entendus.

curriculum vitæ (CV) (*m*)	un emploi
un contrat à durée déterminée	une fiche de paye
embaucher	les petites annonces
une lettre de candidature	un entretien d'embauche

Animateur de la session :

Pour trouver _un emploi_, il faut commencer par lire _les petites annonces_ dans un journal local comme *le Gab*. Si vous trouvez une offre d'emploi qui vous intéresse, envoyez _une lettre_ accompagnée de votre _CV_. Après, on va peut-être vous inviter à venir pour _un entretien_. Si vous faites bonne impression et si vous avez les qualifications nécessaires, on va vous _engager_ et vous allez signer _un contrat_, c'est-à-dire pour une période de temps limitée. Après quelques semaines de travail, vous allez recevoir votre premier/première _fiche de paye_.

2. PRÉPAREZ-VOUS À UN ENTRETIEN D'EMBAUCHE

L'animateur de la session donne des conseils aux jeunes pour bien les préparer à l'entretien d'embauche. Liez chaque conseil à la suggestion appropriée.

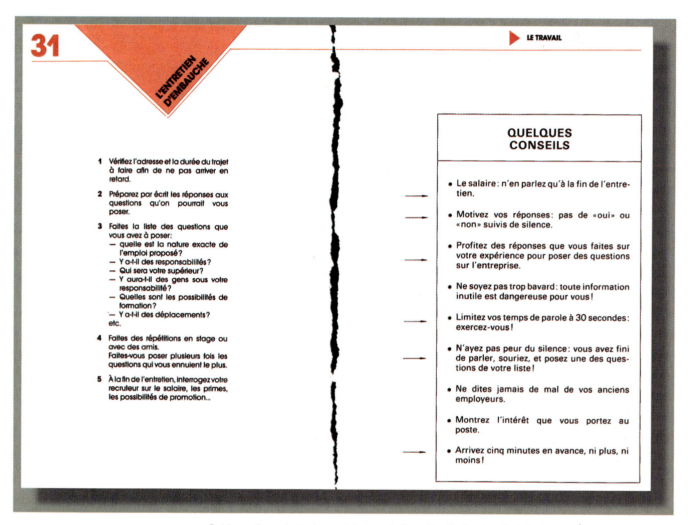

Guide pratique de la vie quotidienne, A. Bentolila, C. Boutier, C. & D. Bultez, Éditions Nathan.

3. LES OFFRES D'EMPLOI

Maud cherche un job d'été. Elle a eu deux entretiens d'embauche, le premier avec Camping Interlude, et l'autre avec une entreprise qui fait du marketing. Lisez la description de l'emploi offert par Camping Interlude et complétez sa conversation avec l'employeur. Après, jouez la scène avec votre camarade. Changez de rôle pour le deuxième entretien d'embauche.

CAMPING INTERLUDE	INTER-COMMUNICATION
Responsabilités : organisation des soirées et des spectacles culturels	Responsabilités : faire des sondages auprès des étudiants et du grand public
Horaire : 17 h à 22 h	Horaire : 9 h à 18 h
Début : 1ᵉʳ juillet	Début : 1ᵉʳ mai
Durée : 2 mois	Durée : 3 mois
Salaire mensuel : 3 000 F	Salaire horaire : 30 F de l'heure
Critères : anglais ou allemand, expérience et références exigées	Critères : formation commerciale; voiture et téléphone

MAUD : En quoi consiste ce travail ?
EMPLOYEUR : _____

MAUD : À partir de quand est-ce qu'il faut être libre ?
EMPLOYEUR : _____

MAUD : Quels sont les horaires ?
EMPLOYEUR : _____

MAUD : Est-ce que c'est un emploi de longue durée ?
EMPLOYEUR : _____

MAUD : Quelles sont les qualités recherchées pour ce poste ?
EMPLOYEUR : _____

MAUD : Quel est le salaire ?
EMPLOYEUR : _____

ACTION

UN ENTRETIEN D'EMBAUCHE

PRÉPARONS-NOUS

1. À CHACUN SON MÉTIER

Avec un(e) camarade, choisissez les critères et les qualités nécessaires pour exercer les métiers suivants. Mettez autant de qualités que vous voulez pour chaque métier.

_____ 1. chauffeur de taxi
_____ 2. botaniste
_____ 3. diplomate
_____ 4. entraîneur de football
_____ 5. sculpteur
_____ 6. journaliste
_____ 7. chef d'entreprise
_____ 8. secrétaire
_____ 9. steward/hôtesse de l'air
_____ 10. professeur
_____ 11. électricien

a. avoir une formation commerciale
b. parler des langues étrangères
c. savoir utiliser un ordinateur
d. être calme
e. avoir son permis de conduire
f. avoir de la patience
g. être dynamique
h. être artiste ou créatif
i. aimer la nature
j. savoir bien écrire
k. avoir une formation technique
l. aimer le contact avec le public
m. avoir son bac
n. aimer voyager
o. être sportif
p. être organisé

2. QUALITÉS RECHERCHÉES

Avec un(e) camarade de classe, indiquez quatre qualités nécessaires pour ces trois emplois d'été : 1) employé(e) dans un MacDo; 2) réceptionniste dans un bureau; 3) moniteur (ou monitrice) dans une colonie de vacances.

3. TRAVAILLER DANS UN RESTAURANT

Maud va peut-être travailler dans un restaurant. Voici les responsabilités mentionnées dans l'offre d'emploi. À votre avis, est-ce que l'emploi offert est plutôt dans un restaurant fast-food ou dans un petit restaurant familial traditionnel ? Pourquoi ?

accueillir (*greet*) les clients   servir les repas
ranger la salle à manger   repasser les nappes
laver les assiettes, les couverts et les verres

4. ÉQUIVALENCES

En français comme en anglais, il y a souvent plusieurs façons de dire la même chose. Toutes ces expressions utilisent le verbe **faire,** mais elles ont la même signification que les verbes de l'activité précédente. Trouvez les mots dans les deux listes qui vont ensemble.

faire le repassage   faire la vaisselle
faire l'accueil   faire le ménage
faire le service

REGARDONS ENSEMBLE

Les patrons de l'Hôtel Régina ont besoin d'un veilleur de nuit (*night clerk*). Ils ont donc mis une annonce dans *le Gab,* un journal local. Renaud Peuteuil voit l'annonce et se présente à l'hôtel.

1. UN ENTRETIEN D'EMBAUCHE

Écoutez la conversation de Renaud avec l'hôtelière et prenez des notes. Écoutez une deuxième fois pour vérifier vos notes.

CARACTÉRISTIQUES	CE QUE DIT L'HÔTELIÈRE
responsabilités	
horaire	
début	
durée	
critères	
salaire	

2. QUATRE PETITES ANNONCES

Choisissez l'annonce qui correspond le mieux à la conversation que Renaud a eue avec la patronne de l'Hôtel Régina.

Urgent !

*Hôtel Régina recherche veilleur de nuit
pour l'automne.*

Petits services au besoin. Connaissance de
l'allemand et de l'espagnol essentielle.

Bonne présentation.

Expérience hôtelière nécessaire.

Se présenter à l'hôtel.

Hôtel Régina embauche veilleur de nuit.

Service du petit déjeuner.

Candidat nourri et logé.

Contrat de quatre mois.

Connaissance de l'espagnol et de l'anglais
essentielle.

Envoyez lettre + CV + photo.

Urgent !

Hôtel Régina recherche veilleur de nuit.

Candidat doit être libre tous les soirs.

Service du petit déjeuner au besoin.

Aimable, sérieux; connaissance de l'anglais
essentielle.

Candidats se présenter à l'hôtel.

Hôtel Régina recherche veilleur de nuit.

Temps partiel.

Candidat doit être libre le week-end.

Aimable, bonne présentation; formation
commerciale; bac + 2; connaissance
informatique.

Envoyez lettre + CV + photo.

EXPANSION

JEU DE RÔLES

Avec un(e) camarade, vous allez jouer les rôles de la patronne de l'Hôtel Régina et
de Renaud. Avant de commencer, travaillez avec votre camarade et écrivez :

  a. la description de l'emploi;
  b. les questions que la patronne va poser;
  c. les réponses de Renaud aux questions de la patronne;
  d. les questions que Renaud va poser.

Commencez votre conversation de cette façon :

RENAUD :   Bonjour, Madame. J'ai vu l'annonce parue dans *le Gab* pour le poste de
veilleur de nuit. Est-ce qu'il est toujours libre ?

ACTION-APPROFONDISSEMENT (1)

DEUX AUTRES CANDIDATS

REGARDEZ

Renaud n'est pas le seul candidat pour le poste de veilleur de nuit à l'Hôtel Régina. Nathalie et Arnaud ont vu l'annonce aussi, et ils se présentent à l'hôtel pour un entretien d'embauche.

POUR ÊTRE VEILLEUR DE NUIT, IL FAUT...

La patronne leur explique les critères pour le poste de veilleur de nuit. Regardez la vidéo et cochez les critères qu'elle mentionne.

Le veilleur de nuit doit...

——— parler des langues étrangères.
——— être libre le soir.
——— avoir une voiture.
——— signer un contrat de trois mois.
——— être libre l'après-midi.
——— faire le service du petit déjeuner.
——— être quelqu'un de sérieux.
——— avoir un diplôme universitaire.
——— savoir utiliser un ordinateur.

——— faire du repassage.
——— avoir eu de l'expérience dans l'hôtellerie.
——— être aimable avec les clients.
——— être souriant(e) (*friendly, pleasant*).
——— travailler seulement pendant les vacances d'été.

EXPANSION

1. QUELLES QUALITÉS ONT-ILS ?

Maintenant, vous allez aider la patronne de l'Hôtel Régina à faire son choix. D'abord, utilisez vos réponses à l'activité précédente pour faire une liste des qualités pour le poste. Ensuite, classez les trois candidats par rapport à ces qualités. Vous allez peut-être vouloir regarder les trois vidéos une ou deux fois de plus pour vérifier les réponses de chaque candidat. La première qualité est indiquée avec la réponse de chaque candidat.

QUALITÉS DEMANDÉES	RENAUD	NATHALIE	ARNAUD
parler anglais	très bien	oui	moyennement

2. QUI CHOISIR ?

Comparez les trois candidats et puis cerclez le nom de la personne qu'elle doit embaucher. Justifiez votre choix.

Modèle : La patronne de l'Hôtel Régina doit embaucher Renaud/Nathalie/ Arnaud parce que...

EXPRESSION-STRUCTURE (1)

LE FUTUR

In French there are three ways to talk about the future. As you have already learned, you can use either the present tense or **aller** + infinitive to describe actions that will take place in the immediate future. For example:

	IN FRENCH	**IN ENGLISH**
le présent	C'est super ! J'ai un entretien d'embauche demain.	*It's great! I have a job interview tomorrow.*
le futur proche (aller + inf.)	Je vais avoir un entretien d'embauche demain. Je suis si content(e) !	*I am going to have a job interview tomorrow. I'm so happy!*

A third way to describe future actions is to use the future tense (**le futur**). This tense is equivalent to *will* + infinitive in English. Future actions described using the present or **aller** + infinitive are more *immediate* than actions described using the future tense.

Renaud *will have* a job interview. He *will get* a job.

Maud has decided to take the job as a camp counselor (**moniteur/monitrice**) at Camping Interlude and is asking her new employer questions about her duties. As you read the conversation, try to identify both the stem and the endings of the future.

MAUD : J'ai encore quelques questions, si vous permettez, Madame.

EMPLOYEUR : Oui, mais bien sûr ! Allez-y.

MAUD : C'est **moi qui organiserai** tous les spectacles le soir ?

EMPLOYEUR : Oui, c'est ça, mais **nous embaucherons** deux moniteurs pour vous aider.

MAUD : Et **je choisirai** toutes les activités culturelles aussi ?

EMPLOYEUR : Oui, vous et vos deux assistants.

MAUD : À propos du logement, est-ce que **je dormirai** dans le dortoir avec les enfants ?

EMPLOYEUR : Non, non. Il y a un dortoir réservé aux moniteurs. C'est là que **vous dormirez**. Mais par contre **vous prendrez** tous les repas avec les enfants.

MAUD : Bien sûr. J'ai vu qu'il y a beaucoup d'enfants étrangers inscrits. Est-ce qu'**ils comprendront** le français ?

EMPLOYEUR : En principe, tous les enfants parlent français, mais il y **aura** certainement **des enfants qui auront** plus de difficultés que d'autres. Il **faudra** avoir de la patience et parler lentement avec eux.

MAUD : D'accord. Et **les enfants se coucheront** à quelle heure le soir à peu près ?

EMPLOYEUR : Vers dix heures.

MAUD : Je crois que c'est tout. Ah non, une dernière question—quel jour est-ce que **les enfants rentreront chez eux** ?

EMPLOYEUR : Bon, tous **les enfants partiront** le 30 août et **les moniteurs pourront** partir le lendemain.

As you read the following explanations and examples, ask yourself these questions: When is the future used? What is the equivalent form in English? What is the stem for the future tense? What are the endings? Which verbs have an irregular stem in the future? Do any verbs have irregular endings in the future?

As you probably noticed:

- The stem of the future tense is the infinitive (minus the final **e** for **-re** verbs).
- The endings added to the stem are: **-ai, -as, -a, -ons, -ez,** and **-ont.**

LE FUTUR			
	ORGANISER	**CHOISIR**	**COMPRENDRE**
je/j'	organiser**ai**	choisir**ai**	comprendr**ai**
tu	organiser**as**	choisir**as**	comprendr**as**
il/elle/on	organiser**a**	choisir**a**	comprendr**a**
nous	organiser**ons**	choisir**ons**	comprendr**ons**
vous	organiser**ez**	choisir**ez**	comprendr**ez**
ils/elles	organiser**ont**	choisir**ont**	comprendr**ont**

The future is an easy tense to learn because there are extremely few exceptions to the preceding rule.

- Regular verbs that have two stems in the present have only *one* in the future.

  préférer—je **préférer**ai, nous **préférer**ons
  lever—je me **lèver**ai, nous nous **lèver**ons
  payer—je **paier**ai, nous **paier**ons
  appeler—j'**appeller**ai, nous **appeller**ons

- A few verbs have *irregular stems* in the future, but *all* of them take *regular future* endings. Remember that *all* future stems end in **r.**

VERB	FUTURE STEM
aller	ir-
avoir	aur-
devoir	devr-
envoyer	enverr-
être	ser-
faire	fer-
falloir (il faut)	faudr-
pouvoir	pourr-
savoir	saur-
venir	viendr-
voir	verr-
vouloir	voudr-

- Note the future of these verbal expressions that are used only with the subject pronoun **il.**

PRESENT	FUTURE
il y a	il y aura
il faut	il faudra
il pleut	il pleuvra

VÉRIFIEZ Can you answer your questions about the future? To help you remember the future endings, notice that except for the **nous** and **vous** forms, the endings are the same as the present tense of **avoir (j'ai, tu as, elle/il a, ils/elles ont)**. To remember the stems of irregular verbs, you might find it helpful to classify them according to which verbs have future stems ending in **-r, -rr, -vr,** or **-dr.**

1. EMPLOI D'ÉTÉ

Sébastien a un entretien d'embauche pour un emploi d'été avec Inter-Communication à Besançon. Avec un(e) camarade de classe, lisez les phrases suivantes et décidez si c'est Sébastien ou l'employeur qui parle.

1. Quel sera le salaire ?
2. Vous ferez des enquêtes dans la rue auprès des étudiants et du grand public.
3. Je ne l'ai pas sur moi. Je vous l'apporterai cet après-midi.
4. Je vous rappellerai dans quelques jours pour confirmer.
5. Je vous donnerai ma réponse dans quelques jours. J'ai encore quelques candidats à interviewer.
6. Nous donnerons la préférence aux candidats qui ont une bonne présentation.
7. Je serai libre à partir de la semaine prochaine.
8. Ce sera pour combien de temps ?
9. Est-ce que vous utiliserez les transports en commun ?
10. Quelles sont les qualités requises pour ce poste ?
11. Vous commencerez à 9 heures et vous terminerez à 18 heures avec une heure pour le déjeuner.
12. Quelles seront mes responsabilités ?
13. Vous aurez un contrat à période déterminée de 2 mois.
14. Vous serez payé au SMIC.
15. Très bien. J'attendrai votre coup de téléphone. Au revoir, Monsieur.
16. Quels seront mes horaires ?
17. À partir de quand est-ce que vous serez libre ?
18. Et je le saurai quand, à peu près ?
19. Je pourrai utiliser la voiture de mon père.

2. ENTRETIEN D'EMBAUCHE

Regardez l'activité 1 et liez les questions de Sébastien à la réponse logique de l'employeur. Après, jouez l'entretien d'embauche avec un(e) camarade. Voici le commencement de la conversation :

SÉBASTIEN :   Bonjour, Monsieur.
EMPLOYEUR :   Bonjour. Asseyez-vous. Est-ce que vous avez un CV à me montrer ?

3. PROJETS D'AVENIR

Quelques amis bisontins parlent de leurs projets d'avenir. Quelle émission à la télévision est-ce qu'ils regarderont pour avoir plus de renseignements sur le métier qui les intéresse ? Regardez les guides de télé et de radio à la page suivante.

Modèle :   ARNAUD :   Bon, je suis très habile de mes mains et j'adore démonter les radios, les voitures, etc. pour voir comment ça marche.

Arnaud **regardera** l'émission, « Mécanique de précision », qui **passera** le lundi 20 à 7 h 20, à 10 h 30 ou à 13 h 30 sur Canal +.

RENAUD :   Je prépare une maîtrise en communication. J'aimerais travailler dans les télécommunications.

SÉBASTIEN :   Je m'intéresse beaucoup aux sports. J'aimerais travailler comme moniteur de ski ou de tennis. Bon, ce n'est peut-être pas un métier à long terme, qui sait ? Ça dépend de beaucoup de choses.

ANNE-MARIE :   Je suis retournée à la fac pour préparer une maîtrise en sociologie. Un jour, j'espère travailler dans les services sociaux.

Tous à vos postes !

Semaine du 13 au 19 juin 94 Semaine du 20 au 26 juin 94

CANAL + *"Le journal de l'emploi"* par Martine MAULEON le matin à 7h20, rediffusé à 10h30 et 13h30.
Retrouvez ces annonces au (16 1) 49 87 20 30

lundi 13 : emplois du spectacle	lundi 20 : mécanique de précision
mardi 14 : l'emploi à l'étranger	Mardi 21 : l'emploi à l'étranger
merc. 15 : emplois pour les jeunes	mercr. 22 : emplois pour les jeunes
jeudi 16 : emplois dans l'hôtellerie	jeudi 23 : emplois sociaux
vendredi 17 : emplois dans l'humanitaire	vendredi 24 : un projet

FRANCE 2 *"Le magazine de l'emploi"* de Daniela LUMBROSO à 10h30.
Samedi 18 - dossier : que sont devenus d'anciens chômeurs lancés sur le marché du travail ?

FRANCE 3 *"Emploi du temps"* émission présentée par Evelyne THOMAS les lundi, mardi, jeudi et vendredi sur l'antenne nationale de 8h20 à 8h40

Thème de la 1ère semaine : la force de vente et les métiers commerciaux	Thème de la 2ème semaine : spécial ANPE

M6 *"La tête de l'emploi"* par Eric PORET le dimanche 26 juin à 10h30
Attention : dernière émission !

Thème sur les métiers originaux : métiers dans un centre de vacances - le conseiller technique pour les jeux vidéo - le métiers de terminologue

TF1 *"Les rendez-vous de l'entreprise"* par Alain WEILLER, tous les mercredis à minuit et rediffusé les samedis à 1h30

Invité du 15 : P.H. PAILLET délégué général à l'aménagement du territoire	Invité du 22 : Marcel ROULET de France Télécom

Semaine du 13 au 19 juin 94 Semaine du 20 au 26 juin 94

CHERIE FM
Tous les matins à 5h50 et 7h30 Gilles HALAIS consacre 1mn30 à :

13 : CCIP, 95 contrat de qualification	20 : infirmière à Colombes
14 : Gymnasium, postes en France	21 : Play Club France, 30 animateurs
15 : offres de BOULO	22 : Général Feu, des commerciaux
16 : Quick, 100 managers + équipiés	23 : ANPE

EUROPE 1
"Découvertes, Education, Formation" par Marc GUIRAU le mercredi à 18 h 45 rubrique sur les filières, les études, les stages, l'emploi...

EUROPE 2
"Vive la crise" tous les matins à 6h40 Zorha TALEB aborde régulièrement le thème de l'emploi

FRANCE INFO
"1er emploi" animé par Claudie HAMON le samedi après-midi : des jeunes récemment embauchés témoignent
"Objectif métiers" : animé par Alexandre LICHAN le dimanche (5h43, 13h49, 16h19, 18h49, 21h19, 23h19, 0h40), parle d'un secteur d'activité
"Action Info" de Jean Patrick BOUTET, tous les lundis les professions...

NRJ
"J' pour un projet" d'Eric ANGIOLETTI les mercredis et vendredis à 18 h 30

RMC
"45 mn pour l'emploi" par Françoise GAUJOUR de 19h15 à 20h.

lundi 13 : que faire sans le Bac ?	lundi 20 : le travail des handicapés
mardi 14 : travailler en Europe	Mardi 21 : "les hommes du renouveau"
merc. 15 : comment penser l'évolution du travail ?	mercr. 22 : la reprise va-t-elle juguler le chômage ?
jeudi 16 : réussir...	jeudi 23 : le secret des R. humaines

RTL
"Le coup de fil pour l'emploi" de René Jacques BATISTE du lundi au vendredi à 6h50, des interviews et des actualités sur l'emploi

BOULO

LIONEL : Je ne sais pas du tout ce que je ferai plus tard. Pour l'instant, je cherche un emploi d'été. Qu'est-ce que je ferai à l'avenir ? Je ne sais pas encore.

MAUD : Je serai certainement avocate un jour, mais d'abord il faut réussir aux examens ! J'ai envie d'aider les autres. Alors je crois que je chercherai un emploi comme avocate dans une association telle que SOS Racisme, Médecins sans Frontières ou Charité Catholique.

GÉRARD : J'aime bien mon métier de représentant. Mais j'ai toujours beaucoup à apprendre dans ce métier. Vendre, ce n'est pas évident !

CLARA : Un jour, je serai une musicienne célèbre et je jouerai de l'accordéon à la télévision !

CHRISTIANE : Quand on prendra notre retraite dans quelques années, je veux acheter un petit hôtel dans le Morvan. Mais ça n'intéresse pas du tout Daniel. Alors, on verra !

NATHALIE : Qu'est-ce je ferai plus tard ? C'est un peu le mystère. Mais, comme je me passionne pour le blues et le jazz, j'ai l'intention de passer quelques années aux États-Unis—si je peux trouver un emploi là-bas !

4. VOYAGE D'AFFAIRES

Philippe Lafaurie est le directeur commercial des Tuileries Migeon, une entreprise qui fabrique des tuiles d'argile (*clay tiles*). Au mois de juin, il doit faire un voyage d'affaires. Regardez son itinéraire et imaginez les questions que Madeleine lui a posées avant son départ.

du 21 au 27 juin		
lundi 21	**mardi 22**	**mercredi 23**
10 h 30—TGV-Paris 13 h—déjeuner avec clients 15 h—réunion avec clients 20 h—dîner avec Hubert et Mamie	8 h 30—vol pour Washington 10 h 30—arrivée à Washington (Hôtel Hilton) 13 h—réunion : Morgan Builders	8 h 30—vol pour Oklahoma City 12 h 30—arrivée à Oklahoma City 14 h—visite Tuileries Migeon-U.S.A. et réunion avec l'équipe de vente 17 h—visite clients Oklahoma Builders 19 h 30—dîner avec l'équipe de vente, Migeon-U.S.A.
jeudi 24	**vendredi 25**	**samedi 26**
8 h 30—vol pour Montréal 17 h—arrivée à Montréal (Hôtel Repos) 20 h—dîner avec des cousins—Alexandra, Susanne et Maurice Tremblay	10 h—parler avec fournisseur d'argile 14 h à 17 h—entretiens d'embauche avec 3 candidats pour poste à Migeon-Canada 18 h—Réception à la Chambre de Commerce	9 h à 12 h—visite de plusieurs sites possibles pour futur Migeon-Canada dans les environs 18 h—vol Montréal-Genève
dimanche 27	**Notes**	
7 h 30—arrivée à Genève		

MADELEINE : Quand est-ce que tu partiras ?
PHILIPPE : Le lundi 21 à 10 h 30.
MADELEINE : _____
PHILIPPE : Oui, j'aurai le temps de dîner avec eux avant de quitter Paris.
MADELEINE : _____
PHILIPPE : L'Hôtel Hilton.
MADELEINE : _____
PHILIPPE : Jeudi à 8 h 30 du matin.
MADELEINE : _____
PHILIPPE : Jeudi à 17 heures.
MADELEINE : _____
PHILIPPE : Oui, jeudi soir.
MADELEINE : _____
PHILIPPE : J'y serai du 24 au 26.
MADELEINE : _____
PHILIPPE : Genève-Besançon, ça fait trois heures de route. Alors, j'arriverai vers 10 h 30.

5. L'AGENDA DE PHILIPPE

Regardez son itinéraire encore une fois et répondez aux questions suivantes.

1. Quel jour est-ce que Philippe aura le plus de temps libre ?
2. Quand pourra-t-il parler français ?

3. Avec combien de candidats est-ce qu'il aura des entretiens pour le poste à Migeon-Canada ?
4. Quels jours se lèvera-t-il avant huit heures ?
5. Quand est-ce qu'il visitera probablement l'Institut Smithsonian ?
6. Quels jours dînera-t-il avec des membres de sa famille ?
7. Combien de jours passera-t-il aux États-Unis ?
8. Combien de jours passera-t-il au Canada ?

6. BINGO—COMMENT SERA NOTRE VIE DANS CINQ ANS ?

Posez des questions à vos camarades de classe pour savoir s'ils feront les choses mentionnées ci-dessous. Pour gagner, il faut trouver le nombre de personnes demandées pour les conditions données dans toutes les cases dans un rang horizontal ou vertical ou dans trois cases en diagonale.

3 personnes qui habiteront encore dans leur ville natale.	**1** personne qui s'occupera d'enfants.	**2** personnes qui travailleront dans les affaires.
1 personne qui travaillera dans un pays francophone.	**2** personnes qui ne travailleront pas dans un bureau.	**2** personnes qui deviendront professeurs.
2 personnes qui obtiendront une maîtrise.	**2** personnes qui s'inscriront à la fac de droit.	**1** personne qui vivra à l'étranger.

 # INTERACTION

UNE INTERVIEW

Votre université a un programme d'études d'un semestre à l'Université de Franche-Comté. Votre université a acheté un immeuble à Besançon pour loger les étudiants américains qui participent à ce programme ainsi que d'autres étudiants internationaux. En ce moment on recrute un(e) animateur/animatrice pour cette résidence.

1. Individuellement : Écrivez vos qualifications pour cet emploi.

2. En groupe de trois :

    a. Avec les autres membres de votre groupe, déterminez les qualités nécessaires pour cet emploi.

    b. Faites une liste de questions pour les candidats. Ces questions doivent vous permettre de déterminer si les candidats ont les qualités nécessaires pour cet emploi.

    c. Vous allez interviewer les membres d'un autre groupe et choisir le meilleur candidat pour le poste.

    d. Ensuite, un autre groupe va interviewer les membres de votre groupe pour le même emploi.

Prononciation

LE FUTUR ET LA CONSONNE *R*

In French, the last syllable of all verbs in the future tense begins with an **r** sound, which is softer than in English. To make the **r** sound, place the tip of your tongue behind your lower front teeth, arch the back of your tongue toward the roof of your mouth, and blow gently, keeping your lips relaxed. Do not move your lips while making the **r** sound.

Écoutez

Listen and then practice saying the letter **r** in the letter combinations that follow.

gras	gras	gras	ra	ra	ra
cras	cras	cras	ra	ra	ra
tra	tra	tra	ra	ra	ra
rat	rat	rat	rat	rat	rat
grou	grou	grou	rou	rou	rou
crou	crou	crou	rou	rou	rou
gro	gro	gro	ro	ro	ro
cro	cro	cro	ro	ro	ro
roue	roue	roue	roue	roue	roue
gri	gri	gri	ri	ri	ri
cri	cri	cri	ri	ri	ri
ri	ri	ri	ri	ri	ri
gru	gru	gru	ru	ru	ru
cru	cru	cru	ru	ru	ru
rue	rue	rue	rue	rue	rue

Vérifiez

The **r** sound in French is very different from an English *r*. Practice the preceding letter combinations frequently.

Prononcez

In the following sentences, the **r** sound occurs at the beginning, in the middle, or at the end of words. Say the sentences, paying close attention to your pronunciation.

1. Renaud cherche un emploi.

2. Il regardera les petites annonces dans le journal.

3. Il téléphonera aux annonceurs (*advertisers*).

4. On l'appellera pour un entretien.

Continued

5. Renaud est un candidat remarquable.

6. La patronne a été impressionnée par la bonne présentation de Renaud.

7. Renaud obtiendra le poste.

EXPRESSION-VOCABULAIRE (2)

D'AUTRES MÉTIERS ET PROFESSIONS

Vous avez déjà appris le nom de certains métiers. Voici des emplois dans d'autres domaines.

LE DOMAINE ARTISTIQUE ET CULTUREL

un écrivain
un(e) musicien(ne)
un sculpteur
un peintre
un(e) chanteur/chanteuse
un chef d'orchestre (*a conductor*)

un(e) danseur/danseuse
un(e) acteur/actrice
un cinéaste
un(e) présentateur/présentatrice (*an emcee, usually on television*)
un(e) bibliothécaire

LE COMMERCE ET L'INDUSTRIE

un homme/une femme d'affaires (*a businessman/businesswoman*)
un cadre moyen/supérieur (*a middle-level manager/executive*)
un industriel
un(e) [petit(e)] commerçant(e) (*a [small] shop owner*)
un banquier
un(e) comptable (*an accountant*)
un(e) vendeur/vendeuse (*a salesman/saleswoman*)
un(e) représentant(e) commercial(e)
un(e) programmeur/programmeuse
un(e) ouvrier/ouvrière
un technicien

LA FONCTION PUBLIQUE

un diplomate
un(e) fonctionnaire
un professeur
un facteur (*a mail carrier*)
un pompier (*a firefighter*)
un agent de police
un(e) instituteur/institutrice (*a grade school/middle school teacher*)
un militaire (*a serviceman, a soldier*)

LA SANTÉ

un(e) infirmier/infirmière (*a nurse*)
un(e) dentiste
un médecin/une femme médecin
un(e) psychologue
un(e) pharmacien(ne)

LES CATÉGORIES SOCIO-PROFESSIONNELLES En français il y a des termes spécifiques pour les divers types de travail. Ceux qui travaillent dans un bureau ou un magasin sont des **employés** et des **employées,** tandis que ceux qui travaillent dans une usine (*factory*), qui fabriquent quelque chose, sont des **ouvriers** et des **ouvrières.**

En France, comme dans les autres pays, on peut travailler dans le secteur privé ou public. Dans le secteur public vous trouvez les administrations— sécurité sociale, défense, éducation, affaires étrangères, par exemple. Quand on travaille dans le secteur public on est **fonctionnaire.** Par exemple, les instituteurs et les professeurs sont des fonctionnaires.

Si vous êtes propriétaire d'un commerce (d'une pharmacie, d'une boulangerie, par exemple) ou d'une petite entreprise, vous êtes le **patron** ou la **patronne.** Si vous êtes à la tête d'une grande entreprise, vous êtes le **président-directeur général** ou le **P.D.G.** Les femmes et les hommes qui ont des postes importants dans une entreprise ou dans une administration sont des **cadres supérieurs.** Ceux qui travaillent directement avec le **P.D.G.,** sont les **directeurs**—ils font partie de la **direction.**

Notez qu'il y a des postes ou des professions qui ont une forme masculine et une forme féminine. On dit « un directeur » ou « une directrice », « un dentiste » ou « une dentiste », « un fonctionnaire » ou « une fonctionnaire ». D'autres professions n'ont que la forme masculine : on dit « un médecin », « un P.D.G. », « un professeur ». Pour désigner une femme qui exerce ces professions, on dit « une femme médecin », « une femme P.D.G. », « une femme écrivain », etc. Mais, cela commence à changer. Par exemple, aujourd'hui on peut dire « une prof ». Et des formes féminines qui n'existent pas en France sont utilisées au Canada où on dit « une professeure », « une ingénieure », « une écrivaine ».

1. LES MÉTIERS

Avec un(e) camarade, trouvez des métiers qui correspondent aux caractéristiques suivantes.

Un métier où...

1. il y a beaucoup de stress.
2. on n'a pas beaucoup de vacances.
3. on a beaucoup de contact avec le public.
4. on a peu de contact avec le public.
5. on travaille à domicile.
6. on travaille en équipe.
7. on doit faire de longues études.
8. on ne gagne pas beaucoup d'argent.
9. on voyage souvent.
10. il y a du danger.

2. LES DIPLÔMES ET LES MÉTIERS

En général, quels métiers est-ce que vous ferez si vous vous êtes specialisé(e) en...

1. anglais
2. maths
3. sociologie
4. psychologie
5. biologie
6. langues étrangères
7. droit
8. informatique
9. théologie
10. histoire de l'art

3. L'EXPÉRIENCE PROFESSIONNELLE

Connaissez-vous bien vos camarades de classe ? Sur une feuille de papier, écrivez les emplois que vous avez eus dans le passé. Votre professeur lira les listes à toute la classe. Les membres de la classe vont deviner qui a écrit chaque liste.

4. CHOISIR UNE PROFESSION

Avec deux camarades de classe, decidez quels critères sont importants pour vous dans le choix d'une profession. Classez ces critères par ordre d'importance pour vous. Est-ce que ces critères sont **essentiels, très importants, importants, peu importants** ou **pas du tout importants** ?

le prestige du métier
le travail en équipe
le travail autonome
des horaires souples
le nombre d'heures de travail par jour
le contact avec le public
le contact avec les enfants
une bonne ambiance de travail
des collègues aimables
un patron compétent et sympathique
la sécurité dans le travail
le nombre de jours de vacances
un bon salaire

la possibilité de promotion
l'accès à la formation continue
  (*continuing education*)
les avantages sociaux (*fringe benefits*)
une crèche et une maternelle sur place
la proximité du domicile
la possibilité de voyager
la possibilité d'habiter à l'étranger
une voiture de fonction (*a company car*)

5. COMPARAISONS

Et vos camarades de classe ? Comparez vos priorités avec celles de trois camarades de classe. Indiquez au moins trois ressemblances et trois différences.

6. PROJETS D'AVENIR

Voulez-vous mieux connaître les projets d'avenir de vos camarades de classe ? Écrivez quatre questions pour chacune de ces trois catégories : 1) le métier; 2) la famille; 3) le cadre de vie (habiter en ville ou à la campagne, à l'étranger, etc.). Après, posez vos questions à des camarades de classe.

7. LA BOULE DE CRISTAL

Utilisez les réponses de vos camarades de classe à l'activité précédente pour faire quelques prédictions sur leur avenir. Mettez les verbes au futur.

Modèle :   Paul sera sculpteur et il habitera à New York.

Quelle est la place du travail dans la vie française ? D'abord, depuis 1982, la durée officielle du travail hebdomadaire (*weekly*) est de 39 heures. À Paris, on pratique la « journée continue »; c'est-à-dire qu'on s'arrête pendant une heure pour déjeuner. Par contre, en province (toute la France sauf Paris) très souvent on travaille de neuf heures du matin à midi et de deux heures à six ou sept heures de l'après-midi; on fait une pause de deux heures au milieu de la journée et toute la famille rentre à la maison pour déjeuner.

Par rapport aux Américains, les Français ont beaucoup de vacances. Depuis 1982, ils ont cinq semaines de vacances payées chaque année et en plus de sept à dix jours de congé (Noël, le Jour de l'An, etc.) selon l'entreprise ou la profession.

ACTION-APPROFONDISSEMENT (2)

GÉRARD, REPRÉSENTANT COMMERCIAL, TRAVAILLE CHEZ LUI

PRÉPAREZ-VOUS

Gérard Lachaud est représentant commercial et il travaille dans un bureau chez lui. Il vend des rayons (*shelving*) pour les entrepôts (*warehouses*) et les magasins.

Vous allez le voir en train de travailler à un moment où il parle avec une cliente. Pour comprendre cette conversation, vous avez besoin de quelques expressions de vocabulaire commercial.

Le vocabulaire

une commande *an order*
passer une commande *to order*
livrer, être livré *to deliver, to be delivered*
un délai de livraison *expected time of delivery*
faire le nécessaire *to do whatever is necessary*

UNE COMMANDE URGENTE

Gérard parle avec un client. Liez les phrases de la colonne A à la colonne B pour faire des échanges logiques. Après, indiquez pour chaque phrase si c'est Gérard ou le client qui parle.

	A	**B**
_____ 1.	Est-ce qu'il serait possible de livrer la commande avant la fin du mois ? C'est vraiment urgent. (Gérard/Client)	a. Non, j'ai passé la commande la semaine dernière. (Gérard/Client)
_____ 2.	Quel est le délai de livraison ? (Gérard/Client)	b. C'est moi. (Gérard/Client)
_____ 3.	C'est une nouvelle commande ? (Gérard/Client)	c. Normalement le délai de livraison est d'un mois. (Gérard/Client)
_____ 4.	Est-ce que je pourrais parler à Gérard Lachaud ? (Gérard/Client)	d. Je voudrais passer une commande. (Gérard/Client)
_____ 5.	Qu'est-ce que je peux faire pour vous ? (Gérard/Client)	e. Ça sera dur, mais je ferai le nécessaire pour vous livrer avant le 30. (Gérard/Client)

REGARDEZ

1. UNE CLIENTE DIFFICILE

Maintenant écoutez la conversation entre Gérard et une cliente difficile et dites si les phrases suivantes sont vraies ou fausses.

1. La cliente passe une nouvelle commande.
2. La cliente passe une commande pour le mois prochain.
3. Le délai normal pour une commande est de deux semaines.
4. Gérard promet à la cliente que la commande sera livrée la semaine prochaine.

2. PROBLÈME ET SOLUTION

Faites un court résumé de la conversation. Expliquez d'abord le problème et ensuite la solution proposée par Gérard.

EXPANSION

UN FAX IMPORTANT

Gérard envoie un fax au bureau du Directeur Commercial de son entreprise. Il lui demande de l'aider. Terminez le message pour lui.

FAX

J'ai une commande urgente. C'est pour...

EXPRESSION-STRUCTURE (2)

LE PRONOM INTERROGATIF *LEQUEL*

You have already learned the interrogative adjectives **quel(s)** and **quelle(s)** (see pages 184–185). For example:

> **Quel** métier est-ce que vous préférez ?
> **Quels** candidats sont qualifiés pour le poste ?
> **Quelle** cliente a téléphoné ?
> **Quelles** langues est-ce que vous parlez ?

In this section, you will learn to use the interrogative pronoun **lequel**. Read the following conversation between Gérard and his boss, and try to figure out from the context the meaning of **lequel** and its four forms. Reminder: Gérard sells shelving (**des rayons**).

GÉRARD :	J'ai parlé au téléphone avec deux de nos clientes importantes aujourd'hui.
DIRECTEUR :	Ah bon. **Lesquelles** ?
GÉRARD :	Madame Lenoir et Madame Hamar. Ce sont d'excellentes clientes. Elles ont passé des commandes urgentes pour des rayons.
DIRECTEUR :	Pour **lesquels** ? Pour les rayons en métal ou en bois (*wood*) ?
GÉRARD :	Madame Lenoir a besoin de rayons en métal et Madame Hamar veut des rayons en bois. Les rayons pour Madame Lenoir doivent être livrés à sa boutique le 3.
DIRECTEUR :	**À laquelle** ? À sa boutique de Besançon ou à celle de Dole ?

GÉRARD :	À sa boutique de Besançon.
DIRECTEUR :	Très bien. Je ferai partir la commande le 2. Et Madame Hamar ? Quand est-ce qu'on doit livrer les rayons qu'elle a commandés ?
GÉRARD :	Cette semaine. Ces rayons sont pour son magasin de la rue Bersot.
DIRECTEUR :	Pardon ? Pour **lequel** ? Je n'ai pas bien entendu.
GÉRARD :	Pour son magasin de la rue Bersot.
DIRECTEUR :	D'accord. Je ferai le nécessaire. Vous pouvez la rappeler et lui dire que ce sera possible de livrer les rayons cette semaine.
GÉRARD :	Parfait. Je vous remercie. Au revoir.

 As you read the following explanations and study the examples, ask yourself these questions: When will I use the interrogative pronoun **lequel**? What are its forms? With which prepositions does it contract?

The interrogative pronoun **lequel** is used to indicate a choice. It corresponds to *which one* or *which ones* in English. Its form changes according to the number and gender of the noun it replaces.

WHICH ONE?/WHICH ONES?		
	SINGULAR	**PLURAL**
masculine	le**quel**	les**quels**
feminine	la**quelle**	les**quelles**

• Whereas the interrogative adjective *precedes* a noun, the interrogative pronoun *replaces* a noun.

INTERROGATIVE ADJECTIVE	INTERROGATIVE PRONOUN
Quel candidat est-ce que vous préférez ?	**Lequel** est-ce que vous préférez ?
Quels candidats sont qualifiés pour le poste ?	**Lesquels** sont qualifiés pour le poste ?
Quelle cliente a téléphoné ?	**Laquelle** a téléphoné ?
Quelles langues est-ce que vous étudiez ?	**Lesquelles** est-ce que vous étudiez ?

• **Lequel** contracts with **à** and **de** in the same way as the definite article.

ARNAUD :	J'ai eu un entretien d'embauche dans un hôtel du centre ville aujourd'hui.
GÉRARD :	Ah oui ? **Auquel** es-tu allé ?
ARNAUD :	À l'Hôtel Régina.

GÉRARD :   M. Dupré n'a pas payé sa facture.
MICHÈLE :   **De laquelle** parles-tu ?
GÉRARD :   De la facture du mois dernier.

	À (*TO WHICH*)	DE (*FROM/OF WHICH*)
masculine singular	à + lequel = auquel	de + lequel = duquel
masculine plural	à + lesquels = auxquels	de + lesquels = desquels
feminine singular	à + laquelle = à laquelle	de + laquelle = de laquelle
feminine plural	à + lesquelles = auxquelles	de + lesquelles = desquelles

VÉRIFIEZ   Were you able to answer your questions about **lequel** without looking at the book? If not, you may want to review the examples.

1. UN AUTRE ENTRETIEN D'EMBAUCHE

Nathalie a posé sa candidature à l'Hôtel Régina pour le poste de veilleur de nuit, mais elle a aussi posé sa candidature pour un emploi comme chanteuse dans un club de jazz. Elle est très nerveuse pendant l'entretien d'embauche et ne donne pas assez de précisions. Avec un(e) camarade, jouez le rôle de l'employeur et de Nathalie et demandez plus de précisions à Nathalie. Utilisez une forme appropriée du pronom interrogatif **lequel.**

Modèle :   NATHALIE :   Je parle plusieurs langues étrangères.
                    L'EMPLOYEUR :   Lesquelles ?

NATHALIE

1. J'ai déjà un diplôme universitaire.
2. J'ai travaillé dans un restaurant fast-food.
3. J'ai aussi travaillé dans une boutique.
4. J'ai chanté dans un groupe de jazz l'année passée.
5. J'ai suivi les cours du Conservatoire de musique.
6. L'année dernière, j'ai gagné un prix de musique.
7. J'ai suivi plusieurs cours de musique à la fac.
8. Je m'intéresse à plusieurs types de musique.
9. Je suis libre plusieurs soirées par semaine.

L'EMPLOYEUR

1. _laquelle_
2. _lequel_
3. _laquelle_
4. _lequel_
5. _lesquels_
6. _lequel_
7. _lequel_
8. _lequel_
9. _lesquelles_

2. LES QUALITÉS NÉCESSAIRES

Jean-Baptiste cherche un emploi d'été aussi. Il a un entretien d'embauche avec *l'Est*, un journal local. Le patron l'informe des qualités nécessaires pour ce job. Complétez leur conversation.

PATRON :   Il faut savoir parler deux langues.
JEAN-BAPTISTE :   _____ _Lesquelles_ _____ ?
PATRON :   De préférence l'allemand et l'espagnol. Il faut savoir utiliser un ordinateur aussi.
JEAN-BAPTISTE :   _____ _Lequel_ _____ ? Macintosh ou IBM ?

PATRON :	Nous avons des Macintosh.
JEAN-BAPTISTE :	Je sais utiliser deux logiciels (*software applications*) pour le Macintosh.
PATRON :	Ah, bon. _____Lesquelles_____ ?
JEAN-BAPTISTE :	ClarisWorks et Microsoft Word.
PATRON :	Il y en a d'autres...
JEAN-BAPTISTE :	_____Lesquelles_____ pensez-vous ?
PATRON :	À MacPaint et à PageMaker. Bon, vous avez des lettres de recommandation ?
JEAN-BAPTISTE :	Oui, j'en ai deux, l'une d'un de mes professeurs et l'autre d'un commerçant chez qui j'ai travaillé l'été dernier. _____Laquelle_____ préférez-vous ?
PATRON :	Toutes les deux. Écoutez, j'ai d'autres candidats à voir. Donc, je vous rappellerai la semaine prochaine.
JEAN-BAPTISTE :	Merci, Monsieur. Au revoir.

3. LE QUESTIONNAIRE DE L'ANPE

Pour aider les personnes dans leur choix de carrière, l'ANPE (l'Agence nationale pour l'emploi) a établi un questionnaire. Voici quelques questions du questionnaire auxquelles Anne Chevreteau a répondu. Ses réponses sont indiquées. Complétez les questions avec la forme appropriée de **lequel** et jouez la conversation avec un(e) camarade de classe.

Modèle : Si vous devez choisir entre ces deux types de travail, <u>lequel</u> choisirez-vous ?
(a.) le travail à domicile   b. le travail dans un bureau avec des horaires souples
—Je choisirai le travail à domicile.

1. Si vous devez choisir entre ces deux types de travail, _____ préférerez-vous ?
   a. le travail en équipe   (b.) le travail autonome
2. Si vous avez le choix entre ces deux options, _____ sera la plus importante pour vous ?
   (a.) la possibilité d'avoir des horaires souples   b. la possibilité de faire des heures supplémentaires (*overtime*)
3. Entre ces deux postes, _____ préférerez-vous ?
   (a.) un poste bien payé mais peu prestigieux   b. un poste mal payé mais très prestigieux
4. Parmi ces différents sujets de conversations, _____ aimez-vous parler ?
   a. du sport   c. de la politique
   (b.) de la mode   d. du temps
5. Entre ces deux sortes d'activités, _____ préférerez-vous ?
   (a.) les tâches manuelles   b. les activités intellectuelles
6. Parmi ces avantages, _____ sont les plus importants pour vous ?
   a. les journées de congés   (b.) les assurances médicales
7. Entre ces deux types de travail, _____ choisirez-vous ?
   (a.) un travail relativement routinier   b. un travail qui demande beaucoup d'initiative mais qui est très stressant
8. Si l'entreprise dans laquelle vous travaillez a des difficultés financières et va supprimer (*to get rid of*) deux avantages accordés aux travailleurs, _____ devra-t-on supprimer ?
   a. une semaine de congé payé   c. les heures supplémentaires
   (b.) le restaurant d'entreprise   (d.) les voitures de fonction pour les cadres supérieurs

4. LE CHOIX D'ANNE

Comme Anne est au chômage, l'ANPE lui donne la possibilité de faire un stage de formation professionnelle. D'après (*according to*) les réponses d'Anne, lequel de ces stages préférera-t-elle ? Parlez-en avec un(e) camarade et expliquez votre choix à la classe.

coiffeuse	garde-malade	secrétaire
représentante de commerce	gardienne d'immeuble	hôtesse de l'air (*stewardess*)

EXPRESSION-STRUCTURE (3)

LES PRONOMS DÉMONSTRATIFS

Like interrogative pronouns, demonstrative pronouns are used to refer to people and things that have already been mentioned. Read the following conversation between Gérard and his boss, **le directeur,** and see if you can figure out what the boldfaced words mean. Can you guess which forms are masculine or feminine, singular or plural?

DIRECTEUR : On a les rayons pour plusieurs de vos clients en stock. **Ceux-ci** sont pour Monsieur Lafaurie et **ceux-là** sont pour Madame Barthod.

GÉRARD : Et les rayons pour Madame Lenoir et pour Madame Hamar ?

DIRECTEUR : Bon. La commande de Madame Lenoir sera livrée demain et **celle de** Madame Hamar sera livrée vendredi.

GÉRARD : Parfait. Merci beaucoup. Au revoir.

As you study the explanations and examples, ask yourself the following questions: When will I use demonstrative pronouns? What are their forms? Can the demonstrative pronoun be used alone? What does the demonstrative pronoun mean when it is followed by **-ci** or **-là**? What does it mean when it is followed by **de**? What does it mean when it is followed by **qui**? What strategies can I use to remember these differences?

You use demonstrative pronouns to refer to people and things that have already been mentioned. The pronoun agrees in gender and number with the noun it replaces.

	MASCULINE	FEMININE
singular	celui	celle
plural	ceux	celles

The demonstrative pronoun is never used alone.

- When it is followed by **-ci** or **-là,** it means *this one, that one, these, those.*

  Ces clients-ci ont commandé des rayons en métal, mais **ceux-là** ont commandé des rayons en bois.
  Cette candidate-ci est mieux qualifiée que **celle-là.**

- When it is followed by **de,** it shows possession.

DIRECTEUR : Nous venons de livrer une commande.
GÉRARD :   Laquelle ? **Celle de** Madame Lenoir ou **celle de** Madame Hamar ?
DIRECTEUR : **Celle de** Madame Lenoir.

- When it is followed by **qui,** it means *the one(s) who/that.*

ARNAUD :   Il y a deux petites annonces intéressantes dans *le Gab.* **Celle qui** m'intéresse le plus est pour un emploi de veilleur de nuit à l'Hôtel Régina.

> **VÉRIFIEZ** Can you answer your questions about demonstrative pronouns? Can you think of two examples that will help you remember the difference in meaning between a demonstrative pronoun followed by **-ci/-là** and one that is followed by **de**?

1. QUEL CANDIDAT CHOISIR ?

Pendant son voyage d'affaires, Philippe Lafaurie a interviewé trois candidats pour un poste de vendeur chez Migeon-Canada. Après les entretiens d'embauche, il a pris des notes. Utilisez les renseignements donnés pour compléter ses notes. Comme vous n'avez pas les noms des candidats, vous allez les identifier par leur âge.

Âge : 24 ans
Formation : BTS (Brevet de technicien supérieur)
Expérience professionnelle : débutant
Personnalité : ambitieux, dynamique
Présentation : bonne présentation, décontracté (*relaxed*)
D'autres observations : deux stages de deux mois en entreprise; parle français et allemand

Âge : 32 ans
Formation : Bac + cycle force de vente (*sales force*)
Expérience professionnelle : 8 ans d'expérience dans la publicité et la vente
Personnalité : stable, calme, ouvert
Présentation : excellente
D'autres observations : sérieux; références

Âge : 26 ans
Formation : Bac littéraire
Expérience professionnelle : promotion de séjours de ski; diffusion d'un produit porte à porte
Personnalité : enthousiaste, jovial
Présentation : acceptable
D'autres observations : sociable; références

1. Celui qui a _____ ans a plus d'expérience professionnelle que les autres.
2. Celui qui a _____ ans a moins d'expérience professionnelle.
3. Celui qui a _____ ans est aussi dynamique que celui qui a _____ ans.
4. Celui qui a _____ ans est bon en langues.
5. Celui qui a _____ ans et celui qui a _____ ans ont suivi une formation de vendeur.

6. Celui qui a _____ ans n'a pas de formation de vendeur mais a de l'expérience professionnelle dans la vente.

7. Celui qui a _____ ans et celui qui a _____ ans ont la meilleure présentation.

8. Celui qui a _____ ans est le plus motivé.

9. Celui qui a _____ ans est le plus équilibré.

10. Celui qui a _____ ans est le plus sociable.

2. OFFRE D'EMPLOI

Maintenant, aidez Philippe à décider quel candidat il doit embaucher. Voici l'offre d'emploi qui a paru dans le journal. D'après ces critères, quel candidat est-ce que Philippe doit choisir ? Prenez votre décision avec un(e) camarade de classe.

Migeon-Canada
recherche
JEUNE VENDEUR
Nous proposons
-21 ans minimum -salaire motivant
  (fixe+commission)

-bonne présentation -services sociaux

-dynamique et motivé -français essentiel

-organisé et responsable -formation assurée

Débutant accepté
Envoyez cv et photo à Migeon-Canada
23 rue Carnot, Montréal, Canada

Modèle :   Philippe doit choisir celui qui a _____ ans pour les raisons suivantes :

3. AVEZ-VOUS BONNE MÉMOIRE ?

Est-ce que vous vous souvenez de tout ce que vous avez appris sur vos amis bison-tins? Dites si les phrases suivantes sont vraies ou fausses. Si une phrase est fausse, corrigez-la.

Modèle :   Qui est Christiane ? C'est celle qui est secrétaire ?
—Oui, c'est vrai.
Qui est Arnaud ? C'est celui qui prépare un diplôme de droit ?
—C'est faux. Celle qui prépare un diplôme de droit c'est Maud.

1. Qui est Michèle ? C'est celle qui est institutrice dans une école primaire ?
2. Qui est Gérard ? C'est celui qui est représentant commercial ?
3. Qui est Daniel ? C'est celui qui est médecin ?
4. Qui sont Maud, Renaud, André et Nathalie ? Ce sont ceux qui sont étudi-ants à la fac ?
5. Qui est Marie-Jo ? C'est celle qui est prof au CLA ?

6. Qui est Jean-François ? C'est celui qui est retraité ?

7. Qui est Nancy ? C'est celle qui est coiffeuse ?

8. Qui est Pierre Peuteuil ? C'est celui qui est psychiatre ?

9. Qui est Madeleine Lafaurie ? C'est celle qui est journaliste ?

10. Qui est Philippe Lafaurie ? C'est celui qui est homme d'affaires ?

11. Qui est Renaud ? C'est celui qui est militaire ?

12. Qui sont Arnaud, Jean-Baptiste, Lionel et Sébastien ? Ce sont ceux qui sont au lycée ?

13. Qui est Anne-Marie ? C'est celle qui est médecin ?

14. Qui est Albert Vidonne ? C'est celui qui est architecte ?

4. COMPARONS LES PROFESSIONS

Maintenant comparez les emplois de nos amis bisontins.

1. Quel est le métier le plus stressant, celui d'Anne-Marie ou celui de Nancy ?

2. Quel est le métier le plus dangereux, celui de Daniel ou celui de Philippe ?

3. Quel est le métier qui demande le plus de diplômes, celui de Michèle ou celui d'Anne-Marie ?

4. Quel emploi semble le plus intéressant, celui de Madeleine Lafaurie ou celui de Michèle ?

5. Quel emploi a les horaires les plus souples, celui de Michèle ou celui de Gérard ?

6. Quel emploi offre le plus de sécurité, celui de Marie-Jo ou celui de Michèle ?

7. Quel poste offre le plus de contact avec les enfants, celui de Marie-Jo ou celui de Michèle ?

5. LE BABY-SITTING

Deborah, la fille de Marie-Jo, est au café avec Maud, et elles parlent de leur job d'été. Complétez leur conversation avec la forme appropriée de **celui** ou de **lequel.** Ensuite, jouez les deux rôles.

DEBORAH : Cet été, je vais faire du baby-sitting pour trois petites filles. _____ qui a trois ans s'appelle Caroline, _____ qui a cinq ans s'appelle Émilie et _____ qui a sept ans s'appelle Anne.

MAUD : Ah oui ? Ça te plaît de faire du baby-sitting ?

DEBORAH : Oui, beaucoup. J'adore les enfants. Elles sont mignonnes toutes les trois. Il faut dire qu'il y en a une qui est vraiment adorable.

MAUD : _____ ?

DEBORAH : La plus petite, _____ qui a trois ans.

MAUD : _____ est la plus calme ?

DEBORAH : Oh là là ! C'est difficile à dire parce qu'elles sont toutes les trois très dynamiques. Pourtant, _____ qui a sept ans apprend à lire et aime regarder des livres dans un coin.

MAUD : _____ est la plus difficile ?

DEBORAH : Je ne sais pas. Peut-être Émilie parce qu'elle est très jalouse de Caroline et elle cherche des disputes quelquefois. Mais en général, elles sont très sages toutes les trois. Et toi, quand est-ce que tu pars pour la colonie de vacances où tu vas travailler ?

MAUD : Je prendrai le train pour Les Rousses dimanche prochain.

DEBORAH : Ah bon ! Tu prendras _____ ? Le train de 10 heures ou de 14 heures ?

MAUD : _____ de 14 heures.

DEBORAH : Moi aussi. Je vais passer le week-end avec une cousine qui habite là-bas. Chouette ! On peut voyager ensemble, et je peux t'aider avec tes bagages. Il y a deux colonies de vacances près des Rousses, n'est-ce pas ?

MAUD : En fait, il y en a trois. L'Interlude où je vais travailler est pour les enfants de 6 à 9 ans. _____ qui ont entre 10 et 14 ans vont au Camping Chantefleur, et _____ qui ont entre 15 et 18 ans vont au Camping Découvertes.

DEBORAH : Écoute, je dois partir. Ma mère a besoin de moi au salon de coiffure cet après-midi. À dimanche, alors.

MAUD : À dimanche ! Au revoir.

LECTURE

PRÉPARATION À LA LECTURE

The larger work to which a text belongs—a novel, a textbook, a comic book, a newspaper, a professional or popular periodical—usually determines the way you will read it. Today, "how-to" books and articles are quite common. Many writers have advice to give to readers who are interested in specific topics, such as gardening, losing weight, child-rearing, or getting a job. In French, as in English or your native language, you read this type of text quickly to get the information in which you are interested. Before you start reading, try to think of the questions you have about the topic. Then read to find the answers.

Vous allez lire un article écrit par une responsable du recrutement chez Sony. Dans cet article, elle commente un CV et donne des suggestions pour écrire le CV idéal. Utilisez ce que vous savez sur les CV pour anticiper son commentaire.

1. Pourquoi est-ce qu'on écrit un CV ?

2. Quels renseignements est-ce qu'on doit fournir ?

3. Pour quelqu'un qui n'a pas beaucoup d'expérience professionnelle, quelle doit être la longueur du CV ?

4. Dans quel ordre est-ce qu'on doit mettre les renseignements ?

5. Quelles sont les fautes que les gens ont tendance à faire quand ils écrivent un CV ?

Le CV du recruté

"Il est bien hiérarchisé"

"Je vais très vite pour lire un CV. Ici, le candidat a tout de suite mis en avant ce qu'il avait fait et où. Son CV est bien hiérarchisé : état-civil en tête, formation avant expériences professionnelles, logique pour un premier emploi. Chose essentielle, il commence toujours par sa dernière expérience ou son dernier diplôme. C'est un gain de temps appréciable. Je vois qu'il a eu une expérience commerciale. Elle n'est pas dans notre secteur, mais elle a duré six mois. Le candidat s'est frotté au démarchage commercial en faisant du "phone-marketing", et comme président de l'équivalent d'un junior entreprise. Il a préféré parler en termes de titres (assistant du directeur de la communication ou commercial...), mais il a précisé aussitôt sa mission :

organisation de grands événements ou vente en multi-propriété.
Rien n'est rédigé, c'est "flash". L'important n'est pas de tout dire, mais plutôt de ne rien masquer. De 1990 à 1993, il a fait le choix de présenter un "paquet groupé" d'opérations ponctuelles. C'est un peu vague. J'y reviendrai en entretien. En définitive, ce n'est pas ce que j'appellerais un CV idéal. Mais il a permis au candidat de décrocher un rendez-vous. »

ARIELLE THIÉRY ■

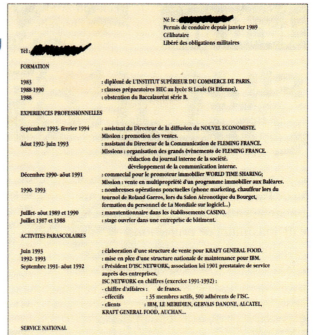

Né le : ▮▮▮▮▮▮▮
Permis de conduire depuis janvier 1989
Célibataire
Libéré des obligations militaires

Tél : ▮▮▮▮▮▮▮

FORMATION

1983	: diplômé de l'INSTITUT SUPÉRIEUR DU COMMERCE DE PARIS.
1988-1990	: classes préparatoires HEC au lycée St Louis (St Etienne).
1988	: obtention du Baccalauréat série B.

EXPERIENCES PROFESSIONNELLES

Septembre 1993- février 1994	: assistant du Directeur de la diffusion du NOUVEL ECONOMISTE.
	Mission : promotion des ventes.
Août 1992-juin 1993	: assistant du Directeur de la Communication de FLEMING FRANCE.
	Missions : organisation des grands évènements de FLEMING FRANCE.
	rédaction du journal interne de la société.
	développement de la communication interne.
Décembre 1990- août 1991	: commecial pour le promoteur immobilier WORLD TIME SHARING;
	Mission : vente en multipropriété d'un programme immobilier aux Baléares.
1990- 1993	: nombreuses opérations ponctuelles (phone marketing, chauffeur lors du tournoi de Roland Garros, lors du Salon Aéronautique du Bourget, formation du personnel de La Mondiale sur logiciel...)
Juillet- août 1989 et 1990	: manutentionnaire dans les établissements CASINO.
Juillet 1987 et 1988	: stage ouvrier dans une entreprise de bâtiment.

ACTIVITES PARASCOLAIRES

Juin 1993	: élaboration d'une structure de vente pour KRAFT GENERAL FOOD.
1992- 1993	: mise en plce d'une structure nationale de maintenance pour IBM.
Septembre 1991- août 1992	: Président d'ISC NETWORK, association loi 1901 prestataire de service auprès des entreprises.
	ISC NETWORK en chiffres (exercice 1991-1992) :
	- chiffre d'affaires : de francs.
	- effectifs : 35 membres actifs, 500 adhérents de l'ISC.
	- clients : IBM, LE MERIDIEN, GERVAIS DANONE, ALCATEL, KRAFT GENERAL FOOD, AUCHAN...

SERVICE NATIONAL

Mars- juillet 1994	: Ecole des Officiers de Réserve de Saint Cyr- Coetquidan.
Août- décembre 1994	: Chef de Section à l'instruction au 92 ème Régiment d'Infanterie de Clermont-Ferrand.

LANGUES · INFORMATIQUE

Anglais	: très bien.
Allemand	: lu, écrit.
Informatique	: maîtrise des principaux traitements de texte et tableurs sur PC et Macintosh.

Gilbert Nencioli

Fabienne Margotteau, responsable du recrutement et de la gestion des carrières chez Sony.

A retenir

1 - Une seule page suffit pour un premier emploi.
2 - Placez la formation avant les stages et les jobs d'été.
3 - Mettez en valeur toutes les activités qui ont un lien avec le poste (donc adaptez votre CV au poste convoité).
4 - Evitez les phrases «sujet-verbe-complément», procédez plutôt par mots-clés.

5 - Pour savoir combien vous valez, interrogez votre école et consultez les enquêtes sur les salaires des cadres. L'Expansion en a sorti une le 3 avril dernier (n°498).
6 - N'oubliez pas de mentionner votre situation de famille et, pour les garçons, de préciser «dégagé des obligations militaires» ou «DOM» dans la rubrique Etat-civil.

AVEZ-VOUS COMPRIS ?

1. Avez-vous lu ce texte attentivement ? Répondez par « oui » ou par « non » à ces questions.

Est-ce que la responsable du recrutement...

   a. lit les CV attentivement ?
   b. explique qu'un CV bien fait doit commencer par l'état-civil du candidat ?
   c. pense qu'il faut toujours commencer par sa dernière expérience profession-nelle ?
   d. trouve qu'il est important de tout dire dans un CV ?
   e. critique le CV en question parce qu'il est trop vague ?

2. Quelle description correspond au CV présenté dans l'article ? Expliquez votre réponse.

CANDIDAT 1

CV bien hiérarchisé
formation avant expérience professionnelle
trois ans d'expérience dans une entreprise de marketing par téléphone

CANDIDAT 2

CV vague par endroits
président de sa propre entreprise
trois années pendant lesquelles il a eu divers emplois qu'il a groupés ensemble dans son CV

3. Ce candidat va-t-il obtenir un rendez-vous pour un entretien d'embauche ?

EXPANSION

1. Regardez le CV qui accompagne l'article. Quelle(s) différence(s) est-ce que vous voyez entre un CV dans votre pays et en France ?

2. Pouvez-vous aider le candidat qui a écrit ce CV à l'améliorer ? Quelles suggestions lui donneriez-vous ?

3. Regardez le CV de Maud à la page 582 et écrivez une lettre de candidature pour elle. Regardez la lettre modèle à la page 583 avant de commencer votre lettre.

Mlle VANDEPUTTE Maud
4.B impasse des Déserts
25220 CHALEZEULE
☎ 03.81.61.00.00

Née le 26 octobre 1974.

FORMATION

1993   Première année du D.E.U.G. mention bien.

1992   Baccalauréat série A2.

1989   B.E.P.C.

Langues: Anglais.
Espagnol.
Notions d'allemand.

EXPERIENCES PROFESSIONNELLES

– Enquêteuse° dans le réseau d'autobus de Besançon.

– Vendeuse au Monoprix de Besançon.

– Serveuse au Quick de Besançon.

– Remplaçante° pour les études du service scolaire de la mairie de Besançon.

DIVERS

B.A.F.A.° obtenu en avril 1994.

Sports pratiqués : Natation, gymnastique, judo.

Séjours à l'étranger : Etats Unis (Floride), Allemagne, Italie, Autriche.

Interviewer

Substitute

Brevet d'Aptitude aux Fonctions d'Animateur (a certificate awarded by le Ministère de la Jeunesse et des Sports)

Valérie JOUBERT
52, avenue de Versailles
75016 PARIS

Madame Olivia Delacaze
Duclos-Bourgeois
148, Bd. Haussmann
75008 PARIS

Paris, le 30 octobre 1997

Madame,

J'ai lu votre annonce dans le Figaro du 26 octobre et je vous écris pour poser ma candidature au poste de comptable dans votre entreprise. Je crois que mes compétences correspondent à ce que vous cherchez.

Comme vous pouvez voir dans mon *curriculum vitae* ci-joint, j'ai un D.U.T. en comptabilité. Pendant mes études j'ai travaillé comme aide-comptable à temps partiel dans un grand magasin. Ensuite, j'ai obtenu un emploi à plein temps dans une petite entreprise dans la banlieue nord de Paris où je travaille actuellement. Cependant ce poste m'offre peu de possibilités d'avancement et c'est la raison pour laquelle je cherche un autre emploi.

Vous trouverez ci-joint deux lettres de recommandation. Je suis à votre disposition pour un entretien, si vous le désirez.

Dans l'espoir d'une réponse favorable, je vous prie d'agréer, Madame, l'expression de mes sentiments respectueux.

Valérie JOUBERT

We write for many different purposes. Our purpose in writing—what we want to communicate—determines not only the content of what we write but also its organization and form. This is especially true of a business letter in French. When you write **une lettre de candidature** you must use a specific format and follow certain rules:

- Write your return address at the top of the page on the left and the name and address of the person you are writing to below yours, but on the right. (This is the opposite of what one does in the United States.)
- Do not use the equivalent of "dear" (**cher** or **chère**) in a business letter and do not use the person's last name. Write only: **Madame, Mademoiselle,** or **Monsieur.**
- State the purpose of your letter in the first paragraph (**Je réponds à votre offre d'emploi parue dans le...**).
- The last paragraph of your letter consists of the **formule de politesse: Dans l'espoir d'une réponse favorable, je vous prie d'agréer, ***, mes salutations distinguées.** In your letter, replace the asterisks with the form of address with which you began the letter, **Madame, Mademoiselle,** or **Monsieur.**
- Sign your name after the **formule de politesse,** but nothing else. The **formule de politesse** replaces terms such as *yours truly* or *sincerely,* which are used in American letters.

Quel métier choisirez-vous ?

INTRODUCTION

En France, comme aux États-Unis et dans la plupart des autres pays industrialisés, le nombre d'agriculteurs a diminué pendant les trente dernières années. Aujourd'hui, 5% de la population active française (ceux qui travaillent) sont dans l'agriculture, 27% dans l'industrie et 68% dans le secteur des services. Le secteur des services comprend les professions libérales (architecte, avocat, dentiste, médecin), les enseignants (instituteurs et institutrices, professeurs) et ceux qui travaillent dans le commerce (magasins), les banques, les assurances, les transports et le tourisme. Comme partout ailleurs, il y a aussi de nouvelles possibilités de travail en France liées (*tied*) à l'écologie et à la technologie.

Qu'est-ce que les Français recherchent dans le travail ? Bien sûr, ils veulent gagner de l'argent. Mais l'argent n'est pas le seul critère. On veut s'épanouir (*to bloom, to develop one's interests*) dans le travail. Trois autres buts cités dans un sondage récent étaient l'utilité sociale, l'ouverture aux autres et l'intérêt pour ce qu'on fait. Pourtant, ce sont ceux qui gagnent le plus qui sont les plus satisfaits. En même temps, presque la moitié de ceux qu'on a interrogés préféreraient une réduction de leurs heures de travail plutôt qu'une augmentation de salaire.

Les jeunes Français ont peur de ne pas trouver l'emploi qui leur convient. Malheureusement, beaucoup de jeunes quittent l'école sans diplôme et n'arrivent donc pas à obtenir un travail. Mais même ceux qui ont terminé leurs études secondaires ou qui ont leur bac ou un diplôme supérieur sont quelquefois obligés de vivre de petits boulots (*odd jobs*) ou de travail temporaire. Le problème du taux de chômage (*unemployment rate*) des jeunes, qui est très élevé, est devenu la priorité du gouvernement.

(*Francoscopie* 1995, p. 285)

VIDÉO-ENGAGEMENT (1)

QU'EST-CE QUE JE FAIS ? EH BIEN...

Vous allez voir quatre personnes qui travaillent dans quatre branches différentes parler de ce qu'elles font. D'abord, vous allez les regarder pour voir si vous pouvez comprendre leurs explications et, ensuite, vous ferez des comparaisons.

> Remember to read the questions first and then, while watching the video, to listen for the information necessary for answering the questions. As in your native language, listen for the essence of the message, rather than trying to translate each word.

1. LES MÉTIERS

1. Vous avez déjà vu Gérard Lachaud en train de travailler. Maintenant, il va expliquer les études qu'il a faites et vous donner plus de détails.

   a. Quelles études est-ce qu'il a faites ?
   b. Quel était son premier métier ?
   c. Pour quelle sorte d'entreprise travaille-t-il maintenant ?

2. Lazare Hakkar est médecin, comme vous le savez, puisque vous l'avez vu en train d'examiner Hadrien. Écoutez-le parler de ce qu'il fait.

   a. D'où vient Lazare ?
   b. Quelles études a-t-il faites ?
   c. Quelle est sa spécialité médicale ?
   d. Fait-il autre chose en dehors de son travail de médecin ?

3. Voici Philippe, le mari de Madeleine Lafaurie. Il va vous dire ce qu'il fait.

    a. Quel poste occupe-t-il ?
    b. Dans quelle sorte d'endroit travaille-t-il ?
    c. Depuis combien de temps est-ce qu'il fait ce travail ?
    d. Est-ce qu'il travaille seul ?

4. Une nouvelle connaissance—voici une femme que vous n'avez pas encore rencontrée. Elle s'appelle Paulette Kunstler. C'est une amie de Nancy Peuteuil.

    a. Quelle est sa fonction dans la ville de Besançon ?
    b. De quoi s'occupe-t-elle spécialement ?
    c. Que fait-elle au niveau de la région ?

2. DESCRIPTIONS ET COMPARAISONS

Chacune des personnes que vous venez de voir travaille dans une branche différente. Avec un(e) camarade, décrivez Gérard Lachaud, Lazare Hakkar, Philippe Lafaurie et Paulette Kunstler et, ensuite, faites des comparaisons entre eux. Qu'est-ce qu'il y a de spécial dans chaque situation ?

VIDÉO-ENGAGEMENT (2)

D'AUTRES PROFESSIONS

Chaque personne dans votre groupe de trois étudiants regardera une des personnes suivantes : Marie-Joëlle Bevalot, Michèle Lachaud *ou* Anne-Marie Vidonne-Dumont sur la vidéo en train de travailler et obtiendra les renseignements demandés dans le tableau à la page suivante pour la femme qu'elle a regardée.

	MARIE-JOËLLE BEVALOT	MICHÈLE LACHAUD	ANNE-MARIE VIDONNE
métier ou profession			
description de leur lieu de travail			
leurs responsabilités			
À votre avis, quelles études ont-elles faites ?			
Semblent-elles aimer ce qu'elles font ?			
Voudriez-vous exercer leur métier ?			

CHASSÉ-CROISÉ

D'abord, réunissez-vous avec au moins deux étudiants qui ont regardé la même femme que vous. Comparez vos notes pour être sûrs d'avoir bien compris. Ensuite, mettez-vous avec votre groupe original et présentez le travail de la femme que vous avez regardée sur la vidéo.

LECTURE

INTRODUCTION

Pendant sa longue carrière d'écrivain, François Mauriac (1885–1970) a été romancier, dramaturge et journaliste. Il est connu, surtout, pour ses romans qui décrivent des personnages déchirés (torn) entre les forces du bien et du mal, entre leur devoir envers leur famille et envers Dieu (God) et la satisfaction de leurs désirs égoïstes.

Le Mystère Frontenac, d'où est tiré le passage que vous allez lire, raconte l'histoire de la famille Frontenac qui habite à Bordeaux (la ville de Mauriac). Cette famille est propriétaire d'une entreprise prospère dans l'industrie du bois. Le grand-père avait fondé l'entreprise et, ensuite, c'est son fils aîné (oldest son) qui est devenu le patron. Cependant, celui-ci est mort à un très jeune âge, laissant une femme et cinq enfants de quatre à dix ans. Après sa mort, l'entreprise a été gérée (managed) par un homme qui n'était pas de la famille. Le temps passe et le fils aîné devient adulte. Dans la famille, on discute de son avenir.

PRÉPARATION À LA LECTURE

Les idées

Quels sont les facteurs qui déterminent le choix d'une profession ou d'un métier ? Quand vous réfléchissez à ce que vous ferez plus tard, pensez-vous uniquement à vous-même ou considérez-vous aussi ce qui fera plaisir à vos parents ? Qu'est-ce qui est le plus important pour vous, gagner de l'argent ou avoir un métier qui vous plaît ?

Le vocabulaire

s'abriter *to be sheltered*
avoir honte *to be ashamed*
un fonctionnaire *a civil servant*
j'aurais dû *I ought to have*
se laisser faire *to get pushed around*
la maison *family business*
ne... nullement *in no way, not at all*
vaincu *defeated*
vide *empty*
voue *devotes*

Le Mystère Frontenac

Deux frères de dix-neuf et quinze ans parlent de leur avenir. L'aîné, Jean-Louis, vient de trouver le cahier de son frère, Yves, où ce dernier a écrit de très beaux poèmes. C'est le soir, et ils se promènent dans les bois, près de leur maison de campagne.

Soudain Yves a eu honte parce qu'ils ne parlaient que de ses poèmes :
—Et toi, Jean-Louis ? Tu ne vas pas devenir marchand de bois ? Tu ne te laisseras pas faire ?
—Je suis décidé : Normale... l'agrégation de philo... oui, décidément la philo...

Quelques jours plus tard, pendant une promenade avec une jeune fille à qui il faisait la cour (et qui, plus tard, deviendra sa femme), Jean-Louis parle de la même façon de son avenir :

—Naturellement, je préparerai une thèse... Tu ne me vois pas faisant la classe toute ma vie... Je veux enseigner dans une faculté.

Mais la famille fait pression. La mère de Jean-Louis (qui s'appelle Blanche) et son oncle Xavier essaient de le persuader d'entrer dans l'entreprise familiale. Yves écoute derrière la porte.

—Mais non, maman... je te l'ai dit et redit... je n'ai nullement l'intention d'entrer dans les affaires.
—C'était de l'enfantillage... Tu sais bien que tôt ou tard il faudra te décider à prendre place dans la maison. Le plus tôt sera le mieux.
—Le commerce ne m'intéresse pas.
—Qu'est-ce qui t'intéresse ?
Jean-Louis a hésité une seconde, a rougi et a lancé enfin bravement :
—La philosophie.
—Tu es fou ? Qu'est-ce que tu vas chercher ! Tu feras ce qu'ont fait ton père et ton grand-père... la philosophie n'est pas un métier.
—Après mon agrégation, je compte préparer ma thèse. Rien ne me presse... Je serai nommé dans une faculté...
—Alors, voilà ton idéal !—s'écria Blanche—tu veux être fonctionnaire ! Non, mais vous l'entendez, Xavier ? Fonctionnaire ! Alors qu'il a à sa disposition la première maison de la place.

À ce moment, Yves a pénétré dans la pièce et a crié :

—Comment pouvez-vous comparer le métier de marchand de bois avec l'occupation d'un homme qui voue sa vie aux choses de l'esprit ?

Quelques jours plus tard, l'oncle Xavier essaie encore une fois de persuader Jean-Louis de renoncer à la philosophie pour travailler dans l'entreprise familiale :

—Écoute, mon petit, je te parle comme à un homme, je n'ai pas fait mon devoir envers vous; j'aurais dû occuper dans la maison la place laissée vide par ton père. Tu dois réparer ma faute... Ce n'est pas ennuyeux que de diriger une maison puissante où tes frères pourront s'abriter, peut-être les maris de tes sœurs, et plus tard vos enfants... Ta culture te servira... Je lisais, justement, un article dans *Le Temps* où l'on démontrait que le grec et le latin, enfin les humanités préparent les grands capitaines d'industrie...

Jean-Louis n'écoutait pas. Il savait qu'il était vaincu.

AVEZ-VOUS COMPRIS ?

1. Quels sont les rapports entre les quatre personnages de ce texte ? Pour chaque personnage, indiquez son lien de parenté avec les autres. Par exemple, « W est la tante de X, la sœur de Y et la femme de Z » ou « A est le fils de B, le beau-frère de C et l'oncle de D. »

2. Indiquez le métier que chaque personnage pense que Jean-Louis doit choisir et donnez la raison de leur choix.

	ENTREPRISE FAMILIALE	PROFESSEUR	POURQUOI ?
Jean-Louis			
Yves			
Blanche			
Xavier			

3. À la fin de ce passage, qu'est-ce que Jean-Louis a décidé de faire ?

4. Après avoir donné la raison pour laquelle chaque personne pense que Jean-Louis doit choisir un certain métier, dites si vous êtes d'accord ou pas. À votre avis, qu'est-ce que Jean-Louis doit faire plus tard ?

ÉCRITURE

Vous avez certainement eu des conversations avec vos amis ou avec vos parents au sujet de votre avenir. Pouvez-vous vous souvenir d'une de ces conversations ? Essayez de l'écrire sous forme de dialogue en français.

When watching the videos for **Portes ouvertes,** have you noticed the short, seemingly meaningless words that precede the real message that the person is communicating? These words, categorized as "phatic speech," are extremely useful and can have a few functions. They are hesitation or pause words that give the speaker time to think about what he or she is saying. Sometimes, depending on the way in which they are said, they can establish the context for the message; the speaker may be showing surprise, disappointment, or anger, for example. Some of these words and expressions are: **eh bien, alors, voyons.** Can you think of any others that you have heard? Try to use them in the dialogue you write, to make it natural—the way native speakers of French would really express themselves.

Dans Leçon 1

LES MATIÈRES ET LES DISCIPLINES

l'art (*m*) dramatique *drama*
les beaux-arts (*m*) *fine arts*
le dessin *drawing*
le droit *law*

la chimie *chemistry*
la comptabilité *accounting*
les études (*f*) cinématographiques *film studies*
les études (*f*) commerciales *business studies*
les études (*f*) d'ingénieur *engineering*
la gestion *management*
l'informatique (*f*) *computer science*
une langue (étrangère) *a (foreign) language*
les lettres (*f*) *humanities*
une matière *a subject*
la peinture *painting*
la publicité *advertising*

LES MOTS APPARENTÉS

le cinéma

l'anthropologie (*f*)
l'architecture (*f*)
la biologie
la danse
une discipline
la géographie
l'histoire (*f*)
l'histoire (*f*) de l'art
la littérature
les mathématiques (*f*)
la médecine
la musique
la philosophie
la physique
la psychologie
les relations (*f*) publiques
les sciences (*f*)
les sciences (*f*) économiques
les sciences (*f*) politiques
les sciences (*f*) sociales
la sociologie

Continued

LES ÉTUDES

être en première, deuxième année *to be in first, second year (to be a freshman, a sophomore)*

faire des études (*f*) de (philosophie) *to study (philosophy)*

obtenir un diplôme *to get/receive a diploma, to get one's degree*

préparer un diplôme *to study/work for a degree*

se spécialiser en (philosophie) *to major in (philosophy)*

LES COURS

assister à... *to attend...*

un cours magistral *a lecture course*

des T.D. (*m*) [une séance de travaux (*m*) dirigés] *a lab or small section meeting*

On assiste à un cours dans...

un amphithéâtre (ou un amphi) *a lecture hall*

un laboratoire *a lab (laboratory)*

une salle de classe *a classroom*

avoir une bonne (une mauvaise) note *to get a good (a bad) grade*

avoir une interrogation (une interro) *to have a quiz*

faire un stage *to do an internship*

faire ses devoirs (*m*) *to do one's homework*

passer un examen écrit ou oral *to take a written or oral test*

prendre des notes (*f*) *to take notes*

préparer un examen *to study for a test*

rater un examen *to fail an exam*

réussir à un examen *to pass (succeed in) a test*

sécher un cours *to cut (skip) a class*

TO EXPRESS DIFFERENT EMOTIONS

des compliments

Bravo ! *Bravo!*

Chapeau ! *My hat's off to you!*

Super ! *Great!*

l'énervement (*m*) *annoyance*

Ça c'est le comble ! *That's too much!*

J'en ai marre ! *I'm fed up! I've had it!*

la consolation

Dommage ! *Too bad! What a shame!*

Pas de chance, ma/mon pauvre ! *Tough luck, poor thing!*

la surprise

C(e) (n)'est pas possible ! *That's not possible!*

C'est incroyable ! *That's unbelievable!*

Dis donc ! *You don't say!*

LES VERBES

écrire *to write*

lire *to read*

poursuivre ses études *to continue/pursue one's studies*

suivre (un cours) *to follow; to take (a course)*

Continued

Dans Leçon 2

POSER SA CANDIDATURE *TO APPLY FOR A JOB*

un CV (un curriculum vitæ)
  a résumé
un emploi *a job*
un entretien d'embauche
  a job interview
un métier *a trade or a profession,*
  a job
un poste *a job*
un travail *work, a job*

embaucher *to hire*
prendre sa retraite *to retire*

la formation *training*
une lettre de candidature
  an application letter
une offre d'emploi
  a job offer
une petite annonce *a want ad*

LES MOTS APPARENTÉS

un(e) candidat(e)
un(e) collègue
un salaire

une entreprise
une profession

LES PROFESSIONS

LE DOMAINE ARTISTIQUE ET CULTUREL *ARTS AND CULTURE*

un(e) bibliothécaire *a librarian*
un chanteur/une chanteuse *a singer*
un chef d'orchestre *a conductor*
un(e) cinéaste *a filmmaker*
un écrivain *a writer*
un peintre *a painter*
un présentateur/une présentatrice *an emcee, usually on television*

LES AFFAIRES ET LE COMMERCE *BUSINESS AND TRADE*

un cadre moyen/supérieur *a middle-level manager/an executive*
un(e) comptable *an accountant*
un homme/une femme d'affaires *a businessman/a businesswoman*
un ingénieur/une femme ingénieur *an engineer*
un ouvrier/une ouvrière *a (manual, factory) worker*
un(e) patron(ne) *a small business owner, a boss*
un(e) petit(e) commerçant(e) *a small shop owner*
un PDG *a CEO*
un programmeur/une programmeuse *a computer programmer*
un(e) représentant(e) commercial(e) *a sales representative*
un vendeur/une vendeuse *a salesman/a saleswoman*

LES FONCTIONNAIRES *CIVIL SERVANTS*

un conseiller/une conseillère *an advisor*
un facteur *a mail carrier*

Continued

un instituteur/une institutrice *a grade school/middle school teacher*
un militaire *a serviceman, a soldier*
un pompier *firefighter*
un professor *a high school teacher; a professor*

LA SANTÉ *HEALTH*

un infirmier/une infirmière *a nurse*
un médecin/une femme médecin *a doctor*

LES MOTS APPARENTÉS

un acteur/une actrice
un agent de police
un banquier
un danseur/une danseuse
un(e) dentiste
un diplomate
un directeur/une directrice
un(e) musicien(ne)
un(e) psychologue
un sculpteur
un technicien

UNITÉ 9

Besançon et la France

les anciennes provinces

les nouvelles régions

les grands centres urbains (comprend la banlieue)

le chômage

MES OBJECTIFS COMMUNICATIFS

Express opinions and beliefs

Discuss issues of current concern

Express agreement and disagreement

LES CLÉS CULTURELLES

Urban life

Transportation and technology

Social concerns

Women's roles

la Porte Noire et la Grande-Rue

Porte d'entrée

Quand Sébastien Lachaud s'est présenté au début de **Portes ouvertes** (à la page 21), il a dit : « Je suis au lycée à Besançon en France. » Mais dans un poème autobiographique, écrit en 1830, Victor Hugo parle de « Besançon, vieille ville espagnole ».[1] Comment une ville peut-elle être à la fois « en France » et « une vieille ville espagnole » ? C'est simple : la France, comme les États-Unis, n'a pas toujours eu les mêmes frontières (*borders*). La France est née au neuvième siècle quand l'empereur Charlemagne est mort et que son empire a été divisé entre ses fils (selon le Traité de Verdun en 843). À cette époque-là, la Bretagne, tout le sud du pays et l'Est ne faisaient pas partie de la France. Par exemple, la Franche-Comté (la région où se trouve Besançon), appelée alors « la Comté », a fait d'abord partie de la Bourgogne. Elle a été ensuite reliée à la France, mais en 1493 elle est revenue à la maison des Habsbourg (l'empire austro-hongrois qui comprenait l'Espagne), et n'est devenue française qu'en 1674. De même le sud-est du pays, la région d'Aquitaine, était aux mains des Anglais jusqu'à la fin de la guerre de Cent ans en 1453. Un autre exemple : la ville de Nice, sur la mer Méditerranée près de l'Italie, n'est devenue définitivement française qu'en 1860.

Depuis le dix-septième siècle la France est un pays très centralisé. Jusqu'à très récemment presque toutes les décisions importantes—politiques et économiques—ont été prises à Paris. Pourtant, dans les années 70, on a commencé à faire un effort pour décentraliser le pays. À l'heure actuelle, la France est divisée en 22 régions, chacune ayant une capitale (Besançon est la capitale de la région de Franche-Comté). Maintenant vous allez mieux connaître Besançon—voir quels sont ses atouts (*advantages*), ses inconvénients et les problèmes qu'elle a en commun avec d'autres grandes villes en France.

REGARDONS LES IMAGES

LES RÉGIONS DE LA FRANCE

Il y a 22 régions en France. Regardez les quatre cartes sur la page ci-contre et répondez aux questions suivantes.

1. Comment s'appellent les régions qui entourent (*surround*) la Franche-Comté ? Quelle est la capitale de chacune de ces régions ?
2. Quelles sont les régions les plus peuplées ? les moins peuplées ?
3. Quelles sont les trois régions où le taux de chômage (*unemployment rate*) est le plus élevé?

---

[1] Victor Hugo, « Ce siècle avait deux ans..., » *Les Feuilles d'Automne*.

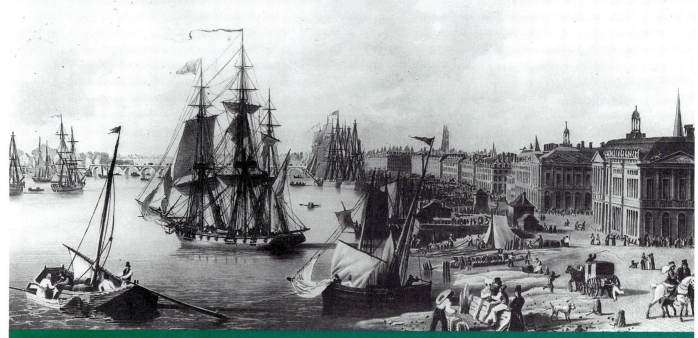

Les atouts et les inconvénients de Besançon

MES OBJECTIFS COMMUNICATIFS

Express opinions and beliefs

LES CLÉS CULTURELLES

Urban life
Transportation and technology

REGARDONS LES IMAGES

En France, comme aux États-Unis et dans tous les pays industrialisés, la vie a beaucoup changé depuis l'invention du gaz d'éclairage (*gaslight*) et de la machine à vapeur (*the steam engine*) vers 1800. Les changements sont apparus (*appeared*) d'abord dans les villes qui ont attiré une population rurale à la recherche d'un emploi. Les villes se sont développées à cause du surpeuplement. Les villes entourées de murs ou de remparts ont eu des difficultés à s'agrandir et à garder le même style architectural. Au cours du vingtième siècle, et surtout depuis les vingt dernières années, les innovations techniques comme les autoroutes de l'information sont en train de transformer notre façon de vivre. On peut vivre à la campagne sans être isolé. Cependant, la majorité des Français habitent dans des villes. Les villes anciennes ont beaucoup de charme mais la circulation automobile y est difficile et les logements sont anciens. Dans les années 60 et 70, on a beaucoup construit en France, particulièrement des HLM (*housing projects*), des ensembles d'immeubles froids et inhospitaliers à la périphérie des villes. Les conditions de vie sont devenues de plus en plus difficiles dans ces quartiers défavorisés et c'est là, à l'heure actuelle, qu'on trouve le plus de problèmes sociaux.

LE PASSÉ ET LE PRÉSENT

Regardez les images de villes d'autrefois à la page 598 et identifiez les aspects qu'on ne trouve pas dans une ville à notre époque. Dites si, à votre avis, les changements sont positifs ou négatifs, et si négatifs, pourquoi. Voici quelques aspects. Pouvez-vous en trouver d'autres ?

la largeur des rues   l'éclairage
les gens dans la rue   les magasins

Toutes les grandes villes en France se sont développées à partir de centres urbains qui existaient depuis très longtemps. Par exemple, à l'origine Paris était un village qui s'appelait Lutèce, et Marseille a été fondée par les Phocéens il y a 2 000 ans. Vous savez déjà que Besançon existait au temps des Romains, parce que nous avons parlé des ruines romaines telles que la porte Noire qui date du deuxième siècle.

EXPRESSION-VOCABULAIRE (1)

LA VIE URBAINE

Voici des expressions qui vous aideront à parler des atouts et des inconvénients de la vie urbaine.

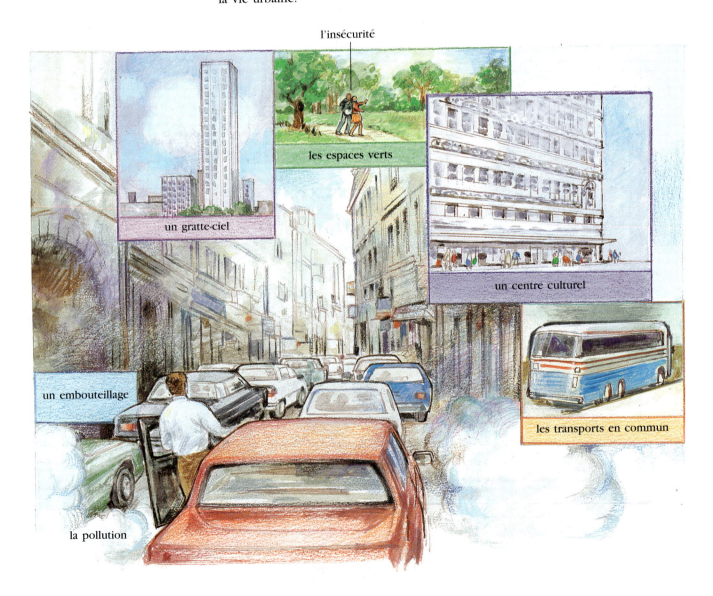

l'insécurité

les espaces verts

un gratte-ciel

un centre culturel

un embouteillage

les transports en commun

la pollution

1. LES ATOUTS ET LES INCONVÉNIENTS

Avec un(e) camarade, décidez si les choses mentionnées dans cette liste ont un effet positif ou négatif sur la vie urbaine. Expliquez votre réponse.

les industries polluantes

les espaces verts

la circulation

les centres commerciaux (*malls*)

les rues piétonnes
  (*pedestrian streets*)

le stationnement payant (*parking fees*)

les cinémas et les théâtres

les embouteillages (*traffic jams*)

le chômage (*unemployment*)

les restaurants, les cafés

les agents de police

la drogue

les centres sportifs

le recyclage des ordures (*garbage*)

les transports en commun

les musées

la pauvreté

le surpeuplement

les feux de circulation (*traffic lights*)

2. LE HIT-PARADE DES VILLES

Indiquez le nom d'une ville connue (dans n'importe quel pays) pour certains aspects positifs ou négatifs.

Dans cette activité, toutes les villes que vous allez mentionner ne seront pas nécessairement françaises. Tout de même, essayez de prononcer tous les noms à la française. N'insistez pas sur une syllabe en particulier comme vous le feriez en anglais (par exemple, « *San* Fran*cis*co »), mais donnez une insistance égale à toutes les syllabes d'un mot.

Modèle : _____ ses universités.

Boston est connue pour ses universités.

1. _____ sa pollution.
2. _____ ses parcs et ses espaces verts.
3. _____ son taux de criminalité.
4. _____ son métro ou son excellent système de transports en commun.
5. _____ ses gratte-ciel.
6. _____ son bruit et ses embouteillages.
7. _____ ses nombreux musées.
8. _____ sa rivière ou son fleuve.
9. _____ ses monuments anciens.
10. _____ son site géographique exceptionnel.

INTERACTION

TROUVEZ LES DIFFÉRENCES

Un(e) étudiant(e) regardera l'image à la page 739 et l'autre regardera l'image à la page 748. Sans montrer ce que vous regardez à votre camarade, décrivez votre image et trouvez six différences entre les deux images. Ensuite, trouvez quatre avantages et quatre inconvénients des villes montrée sur ces images.

ACTION

NATHALIE PARLE DE BESANÇON
PRÉPARONS-NOUS

1. UNE VISITE GUIDÉE DU QUARTIER ANCIEN

Des touristes vont faire une visite guidée du vieux quartier de Besançon. Regardez le plan de Besançon au 17° siècle à la page 150. Ensuite, complétez le commentaire du guide avec les mots de la liste suivante. N'oubliez pas de faire les accords !

ancien	Hôtel de Ville	marché des quatre saisons	célèbre
cathédrale	jardin	Palais	magasin
étroit (*narrow*)	magnifique	vestige	promenade

Voici un plan de Besançon datant du dix-septième siècle. Comme vous le voyez, Besançon était une ville fortifiée, et on voit encore aujourd'hui les _____ de ces fortifications. Aujourd'hui, nous allons faire une _____ le long du Doubs dans le parc Micaud. Après, nous allons visiter le centre ville, le quartier le plus ancien de Besançon. Nous allons voir le/l' _____ où vous pourrez admirer les fruits et les légumes de la région. Ensuite, nous allons explorer les petites rues _____ de la vieille ville. Beaucoup de ces rues portent le nom de personnes _____ nées en Franche-Comté telles que Pasteur, Victor Hugo, Courbet et les frères Lumière. Finalement, nous allons remonter la Grande-Rue depuis le pont Battant jusqu'à la Citadelle, œuvre de l'ingénieur Vauban. En remontant la rue, nous allons passer par le quartier commercial avec ses _____ de vêtements, de chaussures, de fleurs, etc. Plus haut dans la Grande-Rue, vous allez découvrir des maisons _____ avec des façades _____, et de jolis _____ pleins de fleurs. Dans cette rue on trouve aussi le/l' _____ où vous allez peut-être voir des couples et leurs invités arriver pour un mariage civil. Dans cette rue se trouve aussi le/l' _____ Granvelle avec son élégante façade, la porte Noire construite au deuxième siècle et la/l' _____ Saint-Jean. Bon, allons-y ! La visite commence.

2. LES INCONVÉNIENTS DES QUARTIERS ANCIENS

Indiquez trois caractéristiques d'un quartier ancien qui pourraient être source de problèmes dans la vie d'aujourd'hui.

REGARDONS ENSEMBLE

In Nathalie's description of the good and bad points of Besançon, she uses several expressions that have become quite common in everyday speech. You will notice that she often uses the masculine form of the adjective **plein,** which really means *full,* instead of **beaucoup** to say *a lot.* (**Il y a plein de vieilles maisons.** *There are a lot of old buildings.*) Notice, too, that she often adds the word **quoi** at the end of sentences. (**C'est petit, quoi.**) Used in this way, **quoi** is added for emphasis and does not change the meaning of the sentence.

1. NATHALIE PARLE DE BESANÇON

Nathalie parle de Besançon où elle a toujours vécu. Écoutez ce qu'elle dit et puis cochez les phrases que vous entendez.

_____ Les maisons sont très vieilles.

_____ C'est joli.

_____ C'est agréable.

_____ On n'a pas assez de jardins au centre ville.

_____ Il y a peu de problèmes sociaux.

_____ Il y a plein d'espaces verts.

_____ La drogue, ce n'est pas un problème à Besançon.

_____ C'est calme mais c'est petit, quoi.

_____ Ce n'est pas trop pollué.

_____ Il y a plein de choses qui sont faites pour les étudiants.

_____ Je ne pense pas qu'il faut y rester toute sa vie, quoi.

2. L'IDÉE PRINCIPALE

Quelle phrase résume le mieux l'opinion de Nathalie ?

1. Il est assez dangereux de vivre à Besançon.
2. C'est une ville agréable mais il n'y a pas assez d'activités pour les étudiants.
3. C'est une jolie ville, mais elle est petite.

EXPANSION

1. NATHALIE PARLE AVEC YOSHIE

Nathalie parle avec Yoshie, une étudiante japonaise qui vient d'arriver à Besançon. Avec un(e) camarade de classe, combinez les questions de Yoshie avec les réponses de Nathalie pour faire une conversation logique. Puis jouez la conversation.

LES QUESTIONS DE YOSHIE

1. Tu aimes vivre à Besançon ?
2. À Besançon, est-ce qu'il y a des problèmes écologiques ?
3. Est-ce qu'il y a beaucoup de problèmes sociaux à Besançon ?
4. Et pour les étudiants—quels sont les atouts et les inconvénients de la ville ?
5. Tu penses rester à Besançon toute ta vie ?

LES RÉPONSES DE NATHALIE

a. Non, je ne pense pas qu'il faut y rester toute sa vie, quoi. Mais je m'y plais quand même.
b. Non, il n'y a pas trop de pollution.
c. Pas vraiment. Il n'y a pas de problèmes de drogue et il y a peu de criminalité.
d. Ah oui. C'est joli. C'est agréable. Il y a plein d'espaces verts.
e. Il y a un campus, il y a des restaurants universitaires, il y a des cinémas et des théâtres. Mais la ville est petite.

LA CONVERSATION

YOSHIE : Tu aimes vivre à Besançon ?

NATHALIE : ...

2. QUE PENSEZ-VOUS DE LA VILLE OÙ EST SITUÉE VOTRE UNIVERSITÉ ?

Avec un(e) camarade, faites une liste des avantages et des inconvénients (du point de vue des étudiants) de la ville où est située votre université.

3. SONDAGE

Avec votre camarade, demandez l'opinion de deux autres groupes, l'un après l'autre. Quelles différences et ressemblances avez-vous trouvées sur les trois listes ?

EXPRESSION-STRUCTURE (1)

LE CONDITIONNEL

You have already used the conditional in situations in which you are being polite: to order food in a restaurant, to make purchases, and to ask for directions. For example:

> Au restaurant : Je **voudrais** un sandwich au jambon et un café, s'il vous plaît.
> Au bureau de tabac : J'**aimerais** une télécarte, s'il vous plaît.

Read the conversation between Nathalie and Yoshie. As you read, see if you can identify three ways in which the conditional is used.

NATHALIE : Où est-ce que tu habites ?

YOSHIE : Pour l'instant j'habite dans une famille à Gray. Mais c'est trop loin. **J'aimerais** trouver une chambre au centre ville.

NATHALIE : Alors, dans ce cas-là, **tu devrais** acheter le journal *le Gab*. Il paraît toutes les semaines et on y trouve de nombreuses offres de logement. On le vend dans tous les bureaux de tabac. Qu'est-ce que tu cherches comme chambre ?

YOSHIE : **Je préférerais** un studio si ce n'est pas trop cher. Est-ce qu'il y a aussi des offres d'emploi dans *le Gab* ?

NATHALIE : Oui, bien sûr. En fait, c'est là que j'ai trouvé l'annonce pour mon emploi à l'Hôtel Régina.

YOSHIE : Une dernière question—**pourrais-tu** m'indiquer le nom d'un bon coiffeur dans le centre ville ? J'ai vraiment besoin d'une coupe.

NATHALIE : Ça c'est facile. Va chez Marie-Joëlle dans la rue Rivotte. Elle est sensationnelle.

YOSHIE : Est-ce que **je devrais** prendre rendez-vous ?

NATHALIE : Oh, oui, au moins deux jours à l'avance. Elle est toujours très occupée.

As you study the following examples and explanations, ask yourself these questions: How is the stem of the conditional formed? What tense forms its stem in the same way? What are the endings of the conditional? Which other tense that I have already learned has the same endings as the conditional? When is the conditional used?

Were you able to identify why the conditional was used in the conversation between Nathalie and Yoshie?

The conditional is used:

- To make requests and statements more polite. Compare the following:

Pouvez-vous me donner le nom
  d'un bon coiffeur ?
*Can you give me the name
  of a good hairdresser?*

Pourriez-vous me donner le nom
  d'un bon coiffeur ?
*Could you give me the name
  of a good hairdresser?*

Je **veux** une coupe.
*I **want** a haircut.*

Je **voudrais** une coupe.
*I **would like** a haircut.*

- To indicate a choice under a condition, whether the condition is stated or not.

Je **préférerais** un studio au centre ville. (si cela était possible)
*I **would prefer** an apartment downtown. (if it were possible)*

- To say what *should* or *ought to* be done using the conditional form of the verb **devoir.**

Est-ce que **je devrais** prendre rendez-vous ?
***Should I** make an appointment?*

The conditional is an easy form to learn, especially because you have already learned the imperfect (**Unité 6, Leçon 1**) and the future (**Unité 8**). To form the conditional, simply add the *imperfect endings* to the **infinitive** of regular **-er** and **-ir** verbs; **-re** verbs drop the final **-e** of the infinitive before adding the endings.

THE CONDITIONAL—REGULAR VERBS				
PRONOUN	**ENDING**	**-ER VERBS**	**-IR VERBS**	**-RE VERBS**
je/j'	-ais	aimer**ais**	choisir**ais**	répondr**ais**
tu	-ais	aimer**ais**	choisir**ais**	répondr**ais**
il/elle/on	-ait	aimer**ait**	choisir**ait**	répondr**ait**
nous	-ions	aimer**ions**	choisir**ions**	répondr**ions**
vous	-iez	aimer**iez**	choisir**iez**	répondr**iez**
ils/elles	-aient	aimer**aient**	choisir**aient**	répondr**aient**

Even the conditional of irregular verbs is formed regularly, by adding the imperfect endings to the irregular future stem. There are *no* exceptions to this formation pattern.

THE CONDITIONAL—IRREGULAR VERBS		
INFINITIVE	**STEM**	**CONDITIONAL**
aller	**ir-**	j'irais… nous irions…
avoir	**aur-**	j'aurais… nous aurions…
devoir	**devr-**	je devrais… nous devrions…
envoyer	**enverr-**	j'enverrais… nous enverrions…

continued

THE CONDITIONAL—IRREGULAR VERBS		
INFINITIVE	**STEM**	**CONDITIONAL**
être	**ser-**	je serais… nous serions…
faire	**fer-**	je ferais… nous ferions…
pouvoir	**pourr-**	je pourrais… nous pourrions…
recevoir	**recevr-**	je recevrais… nous recevrions…
savoir	**saur-**	je saurais… nous saurions…
venir	**viendr-**	je viendrais… nous viendrions…
voir	**verr-**	je verrais… nous verrions…
vouloir	**voudr-**	je voudrais… nous voudrions…

VÉRIFIEZ   Were you able to answer your questions about the conditional? As you probably noticed, you use the conditional in French in situations in which you use *could, would, would like, ought,* or *should* in English.

1. N'OUBLIEZ PAS DE LIRE MES MESSAGES !

Comme Nathalie, Renaud Peuteuil travaille à l'Hôtel Régina comme veilleur de nuit. Aujourd'hui la patronne est partie avant l'arrivée de Renaud. Elle lui a laissé des messages, mais quelqu'un les a déchirés (*torn, ripped*). Pourriez-vous reconstituer chaque message en trouvant le début et la fin qui vont ensemble ?

Modèle :   Les Anglais dans la chambre 10 ne parlent pas français.
Est-ce que vous pourriez leur expliquer en anglais que le petit déjeuner est servi entre 8 h et 10 h ?

Les Anglais dans la chambre 10 ne parlent pas français.

Est-ce que vous pourriez leur expliquer en anglais que le petit déjeuner est servi entre 8 h et 10 h?

1.

> J'ai un colis important à envoyer demain.

a.

> Est-ce que vous pourriez repasser les nappes ?

2.

> Le client dans la chambre 12 doit partir à 7 h. demain matin.

b.

> Est-ce que vous préféreriez travailler pendant la semaine ou le week-end ?

3.

> Les Allemands qui sont là pour huit jours laissent toujours leur voiture devant l'hôtel.

c.

> Pourriez-vous lui dire que j'arriverai vers 11 h ?

4.

> Je voudrais faire votre emploi du temps pour la semaine prochaine.

d.

> Auriez-vous le temps de faire le service du petit déjeuner avant de partir demain matin ?

5.

> J'ai fait une lessive aujourd'hui mais je n'ai pas eu le temps de faire le repassage.

e.

> Ils ne devraient pas écouter de la musique après minuit.

6.

> J'ai rendez-vous chez le médecin demain, alors je n'arriverai pas à l'hôtel avant 11 h.

f.

> Dites-leur qu'ils devraient se garer dans le parking derrière l'hôtel.

7.

> Mon avocat doit téléphoner demain matin.

g.

> Auriez-vous le temps de passer au bureau de poste demain après votre travail ?

8.

> Les trois jeunes qui sont dans la chambre 11 sont très bruyants.

h.

> Pourriez-vous le réveiller par téléphone à 6 h ?

2. VISITONS LA CITADELLE

Imaginez que vous travaillez à la Citadelle. Donnez des conseils logiques à ces touristes.

Modèle : un jeune couple avec deux enfants de deux ans et quatre ans
LES TOURISTES : Qu'est-ce que nous devrions faire à la Citadelle avec les enfants ?
VOUS : Vous devriez visiter le zoo.

1. une jeune fille qui s'intéresse aux sciences
2. un professeur de sciences naturelles qui demande ce que ses élèves doivent faire
3. une étudiante en anthropologie
4. des garçons qui étudient l'histoire
5. des musiciens
6. une femme dont le père a été Résistant pendant la Seconde Guerre mondiale

> 🔑 La France a été occupée par l'Allemagne pendant la Deuxième Guerre mondiale. Les Français qui s'opposaient à cette occupation et qui luttaient contre les forces d'occupation faisaient partie d'un mouvement appelé « la Résistance ».

3. LOTO

Quelles sont les préférences de vos camarades de classe ? Posez des questions au conditionnel à vos camarades de classe pour savoir dans quelle sorte d'environnement ils aimeraient vivre plus tard. Pour gagner, il faut trouver le nombre de personnes demandé pour chaque condition.

2 personnes qui voudraient rester dans la ville où vous faites vos études	**3** personnes qui refuseraient de vivre dans une ville avec beaucoup de pollution	**3** personnes qui auraient peur de vivre près d'une centrale nucléaire
2 personnes qui préféreraient vivre dans une région où on peut faire des sports d'hiver	**2** personnes qui préféreraient habiter à la campagne	**3** personnes qui n'aimeraient pas habiter dans une grande ville
2 personnes qui refuseraient d'habiter une ville où il y a des problèmes d'insécurité	**3** personnes qui aimeraient mieux vivre dans un climat chaud	**1** personne qui accepterait de vivre dans une ville qui ne fait pas de recyclage

4. VIVRE À STRASBOURG

Lisez cette description de Strasbourg en vous souvenant de ce que vous savez de vos amis bisontins. Parmi Jean-Baptiste, André, Maud et Arnaud, qui aimerait probablement y vivre plus tard ?

Strasbourg

Située sur le Rhin, Strasbourg est une ville-frontière avec l'Allemagne. Capitale de l'Alsace, Strasbourg a environ 256 000 habitants. Elle est le siège du Conseil de l'Europe et du Parlement européen. Plus de 37 000 étudiants, dont 5 700 étrangers, fréquentent les trois universités de Strasbourg.

Strasbourg a la position de leader scientifique français avec ses 4 000 chercheurs travaillant dans 227 laboratoires dans des domaines comme la pharmaceutique, la biologie, la biotechnologie et la physique nucléaire.

Centre d'affaires, Strasbourg n'en prend pas moins le temps de vivre. On peut admirer les vieux quartiers de la Petite France près de la Cathédrale au centre ville, ou se promener dans les parcs, les jardins et les zones piétonnes. Très réputée pour la gastronomie, la région a des plats savoureux tels que la choucroute garnie et les tartes aux fruits.

Climat: hivers assez froids (60 à 70 jours de gelée par an), étés chauds et secs.

5. OÙ AIMERIEZ-VOUS VIVRE ?

Dans quel type de ville aimeriez-vous vivre ? Quels avantages cette ville devrait-elle avoir ? Qu'est-ce qu'elle ne devrait pas avoir ? Comparez vos réponses avec celles de vos camarades de classe.

ACTION-APPROFONDISSEMENT (1)

QUE PENSENT CHRISTIANE ET DANIEL DE BESANÇON ?

PRÉPAREZ-VOUS

Le vocabulaire

Vous avez ici une liste de mots que l'on utilise fréquemment quand on parle de la vie dans les villes :

ADJECTIFS	NOMS
(non) pollué	un centre commercial
agréable	un monument
ancien	des espaces verts
beau	un jardin public
bien entretenu (*well maintained*)	une crèche
bien situé	des transports (*m*) en commun
bon marché	un hôpital
calme	un musée
	des petits commerces (*m*)
	une rue piétonne

D'après vous, quelles sont les choses qui sont importantes pour une famille avec de jeunes enfants ? un étudiant ? une personne âgée ? vous ?

REGARDEZ

Nathalie a passé toute sa vie à Besançon. Par contre (*on the other hand*), parce que Daniel Vandeputte est militaire, lui et sa famille ont vécu dans d'autres villes et même dans d'autres pays. En fait, ils n'habitent à Besançon que depuis un an.

1. C'EST UNE VILLE TRÈS VERTE...

Écoutez ce que Christiane et Daniel disent de Besançon et notez les atouts et les inconvénients qu'ils mentionnent.

AU NIVEAU (*WITH REGARD TO*)	CHRISTIANE		DANIEL	
	ATOUTS	INCONVÉNIENTS	ATOUTS	INCONVÉNIENTS
du quartier ancien				
de la situation géographique				
des loisirs/sports				
de la vie culturelle et intellectuelle				
du climat				

2. EN RÉSUMÉ

1. Est-ce que Christiane et Daniel aiment ou n'aiment pas Besançon ? Justifiez votre réponse.
2. Donnez les raisons pour lesquelles vous-même, vous aimeriez ou vous n'aimeriez pas vivre à Besançon.

EXPANSION

BESANÇON ET LES ENVIRONS

En employant les photos suivantes, créez une brochure touristique pour Besançon. Suivez le modèle.

Modèle :   Il y a de beaux endroits où on peut faire des promenades.

EXPRESSION-STRUCTURE (2)

CROIRE

Christiane and Daniel are discussing some of the good points of Besançon. Read their conversation. Can you figure out what the highlighted forms of the verb **croire** mean?

CHRISTIANE : Quels sont les atouts et les inconvénients de Besançon ? Moi, **je crois** que le plus grand atout de Besançon c'est sa richesse historique. Qu'est-ce que **tu crois,** toi ?

DANIEL : **Je crois** que tu as raison—Besançon est une ville riche en histoire avec ses vieilles maisons, ses vestiges romains et bien sûr sa Citadelle.

As you study the verb **croire,** ask yourself the following questions: How is it formed? What are the different meanings of the verb **croire**? The **je** and **tu** forms have a different ending from the **il/elle/on** form—what is this difference, and how will I remember it? What happens to the **i** in the **nous** and **vous** forms?

CROIRE *TO BELIEVE*

LE PRÉSENT

je	crois	nous	cro**yons**
tu	crois	vous	cro**yez**
il/elle/on	croit	ils/elles	cro**ient**

LE PASSÉ COMPOSÉ	j'ai **cru**
L'IMPARFAIT	je cro**yais**
LE FUTUR	je croir**ai**
LE CONDITIONNEL	je croir**ais**

- Use **croire** + **que** when you want to say *to think that* in the sense of *believing that something is true.*

    Je crois que tu as raison. Besançon est une ville riche en histoire. / *I think (that) you're right. Besançon is a city with a rich history.*

    Je crois que la Citadelle date du dix-septième siècle. / *I think that the Citadelle dates from the seventeenth century.*

- Use **croire à** to say that you *believe in something.*

    Tu **crois au** progrès ? / *Do you believe in progress?*

- Use **croire en** to say that you *believe in God.*

    Je crois en Dieu. / *I believe in God.*

- To express an opinion, you can also use the expressions **croire que oui/non.**

    Tu crois que la circulation est un problème majeur à Besançon ? / *Do you think traffic is a major problem in Besançon ?*

    Je crois que oui. / *I think so.*

    Je crois que non. / *I don't think so.*

VÉRIFIEZ Are you able to answer your questions about the verb **croire** without looking at the book? To help you remember the **je, tu,** and **il/elle/on** endings, you may want to color code them. For example, make flash cards of the verb. Highlight the **s** ending of the **je** and **tu** forms, the **t** of the **il/elle/on** form, and the **y** in the **nous** and **vous** forms in different colors.

1. MIEUX VAUT DEUX FOIS QU'UNE !

Yoshie n'est pas sûre d'avoir bien compris tous les conseils que Nathalie lui a donnés. Alors, pour vérifier elle pose d'autres questions à Elizabeth, sa camarade de classe anglaise au CLA. Jouez le rôle d'Elizabeth et dites si vous croyez que Yoshie a tort *(is wrong)* ou raison *(right)*. Quand vous croyez qu'elle a tort, corrigez ses phrases.

Modèle :   YOSHIE :   Si j'ai besoin de me faire couper les cheveux, je devrais aller au salon de coiffure de Marie-Joëlle.

ELIZABETH :   Je crois que oui.

YOSHIE :   Pour acheter de l'aspirine et des pastilles pour la gorge, je devrais aller au Géant Casino.

ELIZABETH :   Je crois que non. Tu devrais aller à la pharmacie.

LES PHRASES DE YOSHIE

1. Si je tombe malade, je devrais téléphoner à Gérard Lachaud.
2. Pour acheter les meilleurs fruits et légumes régionaux, je devrais aller au marché.
3. Pour acheter une télécarte, je devrais aller dans une papeterie.
4. Quand je suis invitée à dîner chez quelqu'un, je devrais apporter un petit cadeau comme des fleurs ou des bonbons.
5. Pour avoir des renseignements sur les trains pour Paris, je devrais aller à la gare.
6. Pour avoir une belle vue de la ville de Besançon, je devrais aller sur le pont Battant.

2. EST-CE QUE VOUS AVEZ BONNE MÉMOIRE ?

Est-ce que vous vous rappelez tout ce que vous avez appris sur vos amis bisontins ? Si vous pensez que les phrases suivantes sont vraies, dites « Je crois que oui. » Si vous croyez que ces phrases sont fausses, dites « Je crois que non. » Corrigez les phrases qui sont fausses.

Modèle :   Madeleine Lafaurie est institutrice à l'École Rivotte.
—Je crois que non. Je crois que Madeleine Lafaurie est journaliste. Je crois que Michèle Lachaud est institutrice à l'École Rivotte.

1. Gérard aime la pêche et le jardinage.
2. Daniel Vandeputte est représentant commercial.
3. André Somé vient du Sénégal.
4. Nathalie fait des études de droit.
5. Sébastien a deux frères et une sœur : Benjamin, Dorel et Clara.
6. Renaud, Sébastien et Maud sont allés à l'Hôtel Régina pour un entretien d'embauche.
7. Nancy Peuteuil est la belle-mère de Renaud.

3. QUE FERAIENT LES BISONTINS ?

Dans la Haute-Saône, un des quatre départements de la région de Franche-Comté, il y a beaucoup d'activités sportives, de fêtes et d'animations diverses pendant l'été, comme vous pouvez le voir en regardant l'extrait de la brochure touristique. À votre avis, d'après ce que vous savez de leurs centres d'intérêts, quelles activités est-ce que vos amis bisontins préféreraient ? Avec votre camarade de classe, faites une liste de tous les Bisontins que vous connaissez et, ensuite, choisissez les activités que vous croyez qu'ils feraient. Vous pouvez utiliser les verbes suivants ou d'autres : **aimer, aller, assister à, choisir, participer, préférer.**

Modèle :   06-07 juillet   Fête de la bière—VENISEY
Je crois que Sébastien et Arnaud choisiraient la Fête de la bière.

11–12 mai   Bourse aux vélos—VALAY
Je crois que Jean-Baptiste aimerait aller à la Bourse aux vélos.

Animations Diverses

MAI

. 01er/05 Rallye-surprise - FAUCOGNEY
. 01er/05 Brocante - VILLERSEXEL
. 01er/05 Fête du Cinquantenaire - DAMPIERRE SUR SALON
. 05/05 Bourse - Marché aux puces - LUXEUIL LES BAINS (Centre Social)
. 05/05 Foire aux puces - DAMPIERRE SUR LINOTTE (près de la piscine)
. 05/05 Promenades en calèche et en bateau solaire - FOUCHECOURT
. 05/05 1re brocante de FAVERNEY avec animations
. 05/05 Fête de la fleur - CHENEBIER
. 11-12/05 Bourse aux vélos - VALAY
. 12/05 Marché aux fleurs + brocante - CHALONVILLARS (Place du Lavoir)
. 12/05 Bourse aux armes - MARNAY
. 12/05 Brocante - ST GERMAIN
. 12/05 Foire de printemps - BAULAY
. 12/05 Portes Ouvertes au 1er Régiment de Dragons - LURE
. 12/05 Inauguration du Musée du Combattant - 1 page d'histoire «Charles De Gaulle» - LUXEUIL LES BAINS
. 18-19/05 Fête «Journée 1900» - FOUGEROLLES
. 19/05 "Vide-greniers" - Place Rénet - VESOUL
. 25-26/05 Fête du village - ETOBON
. 26/05 Brocante - SCEY/ SAONE
. 27/05 Fête de la cancoillotte et de l'artisanat - VARS

JUIN

. 01er/06 Fête de la famille avec jeux VESOUL
. 01er/06 Journée «Dégustation de Produits Régionaux» - GRAY (UDOTSI)
. 01er2/06 Bourse de plein air - VESOUL (halles)
. 02/06 Fête des tilleuls avec foire médiévale - expositions etc.. FRESNE ST MAMES
. 02/06 Marché aux puces - CHAGEY
. 02/06 Rallye touristique - PESMES (écoles primaires)
. 02/06 Brocante - LUXEUIL LES BAINS (Maison St Colomban)
. 02/06 Fête foraine des feux - course de voitures à pédales - PORT SUR SAONE
. 06/06 Fête patronale - CUBRY LES SOING
. 08-09-12/06 Fête patronale - LUXEUIL LES BAINS
. 09/06 Journée Modélisme - FONDREMAND (Bassin de la Romaine)
. 09/06 Concours photo «Un jour - Un village» - CHOYE

. 10-11/06 Fête patronale - BEULOTTE ST LAURENT
. 12-13-14/06 Journées et soirées spectacles - GRAY (Collège R. de Lisle)
. 16/06 Fête de CHENEVREY
. 18/06 Fête patronale - VELESMES

Fête de la musique le 21 juin dans différentes communes :

Chalonvillars - Vesoul - Champlitte Athesans - Luxeuil les Bains - Lure - Gray ....

. 22/06 Course de caisses à savon - OISELAY
. 22-23/06 Fête patronale - FRESSE
. 22-23/06 Soirée Tzigane avec feux - PESMES
. 22-23/06 Fête du lait - VELESMES
. 22-23/06 Fête du pain - ORMOICHE
. 23/06 Fête des Métiers d'Art - PLANCHER BAS
. 23/06 Fête du modélisme aux étangs FRETIGNEY et VELLOREILLE
. 23/06 Fête du cheval et de la brocante - VILLERS LE SEC
. 23/06 Fête des écoles RADDON
. 29/06 Repas champêtre à la ferme d'Anchevin-Haut - DAMPIERRE/SALON
. 29-30/06 Fête patronale - MELISEY
. 29-30/06 «Guinguette et Canotiers» Fête 1900 - LUXEUIL LES BAINS (Etang de la Poche)
. 29-30/06 Fête de la forêt - FRESSE
. 29-30/06 Fête du lac des Monts Reveaux - ST GERMAIN
. 30/06 Fête de la musique - fête de l'eau - CHAMPAGNEY
. **Fin juin** Dessins d'enfants dans les rues de VESOUL
. **Fin juin ou début juillet** Foire commerciale et de produits régionaux - CINTREY
. 30/06 -01er-02 juillet Fête du cinéma - LUXEUIL LES BAINS

JUILLET

. 06/07 Fête de la bière - VENISEY
. 06-07/07 Fête des cerises - FOUGEROLLES
. 06-07/07 Grande fête artisanale et foraine - cancoillotte chaude et bal BROYE LES PESMES
. 06-07/07 Fête du tir avec ball-trapp LA ROCHE MOREY
. 06-07/07 Fête de l'été - FRESNE ST MAMES

. 07/07 Chasse au trésor (moto-club) - LEFFOND
. 07/07 3e fête de la faïencerie et de l'artisanat - POLAINCOURT
. 07/07 «Cochon grillé» - CORNOT
. 12-13-14/07 Journées Artisanales et Artistiques avec Son et Lumière - FONDREMAND
. 12/07 Feu d'artifice - RADDON
. 13/07 Féerie lumineuse - LUXEUIL LES BAINS
. 13/07 Son et Lumière - LURE
. 13/07 Défilé nautique sur l'Ile de la Maladière - PORT SUR SAONE
. 13/07 Repas champêtre avec bal GEVIGNEY et MERCEY
. 13/07 Son et Lumière - VITREY
. 14/07 Fête foraine avec grand feu d'artifice musical - sur les quais - GRAY

Fête Nationale le 14 Juillet dans différentes communes :

Baulay - Fleurey les Lavoncourt - Nantilly - Pesmes - Gray - ~~Conzeur~~

. 17-18/07 Animations à l'Ecomusée FOUGEROLLES
. 19/07 Son et Lumière sur la Semouse ST LOUP/SEMOUSE
. 20/07 Fête du Syndicat d'Initiative LA ROCHE MOREY
. 20/07 Feu d'artifice - bal au foyer rural - HAUT DU THEM
. 20-21/07 4e Cox-Party (coccinelles Volkswagen) - Zone de Loisirs du Lac de VAIVRE et MONTOILLE
. 20-21/07 Fête de l'Ile - PESMES
. 21/07 Fête d'ALAINCOURT (brocante - artisanat - expositions - folklore...)
. 26 au 28/07 Fête de la Gauffre - MAGNY LES JUSSEY
. 26-27/07 Son et Lumière «Du Moyen-Age à la Révolution» (Cour du Château) - RAY SUR SAONE
. 27/07 Fête des myrtilles BELFAHY
. 27/07 Marché paysan - BUCEY LES GY
. 27-28/07 14e Fête du bois - RADDON
. 28//07 Foire gastronomique - LEFFOND
. 28//07 Fête hippique - VITREY
. 28//07 Fête de la piscine - BLONDEFONTAINE

4. FAITES DU BLUFF

Essayez d'impressionner vos camarades de classe. Préparez six phrases sur vous-même, trois qui sont vraies et trois qui ne sont pas vraies. Circulez dans la salle de classe et « bluffez ». Si vous croyez qu'un(e) camarade de classe dit la vérité, dites-lui « Je te crois »; si vous croyez qu'il/elle « bluffe », dites « Je ne te crois pas. »

EXPRESSION-VOCABULAIRE (2)

LES MOYENS DE COMMUNICATION ET DE TRANSPORT

le transport fluvial

le transport ferroviaire

le chemin de fer

le transport aérien

le système routier

Aujourd'hui les villes sont reliées (*linked*) entre elles par voie aérienne, fluviale, routière et ferroviaire (chemin de fer).

le télécopieur

le téléphone

l'ordinateur

La communication électronique est assurée par téléphone, par télécopie, par fax, par ordinateur et par des satellites de télécommunication.

DANS UNE VILLE, ON PEUT ALLER AU TRAVAIL OU À L'ÉCOLE...

à pied (*by foot*)
à bicyclette/en vélo
en autobus

en métro
en tramway
en moto

ENTRE LES VILLES, ON PEUT VOYAGER...

en train
en voiture

en avion
en autocar (*inter-city bus*)

Jusqu'à très récemment, la France était connue à l'étranger surtout pour son vin, sa cuisine et ses maisons de haute couture. Cependant, dans les années 70 cette image a commencé à changer. Aujourd'hui, tout le monde reconnaît les contributions de la France aux nouvelles technologies. D'abord, dans l'aéronautique, il y a le Concorde, l'avion supersonique, et les Airbus. Dans l'aérospatiale, il y a les fusées Ariane : un projet européen dirigé par les Français. Il y a eu des innovations dans le secteur des télécommunications aussi : le minitel, une sorte d'Internet national, donne accès à de nombreux services, tels que l'annuaire téléphonique pour tout le pays ou les dernières informations; on peut aussi faire son marché sur minitel ou participer à des messageries et communiquer avec des gens à travers le pays. Dans un autre domaine, le TGV—le train à grande vitesse—a beaucoup changé le mode de vie des Français. Ce train, qui atteint des vitesses de 300 kilomètres à l'heure, permet de voyager rapidement et confortablement entre Paris et les principales grandes villes françaises. Les nouvelles lignes de train TGV vont aussi relier les capitales des pays européens. Et quand on parle du développement des nouvelles technologies, il ne faut pas oublier le fameux tunnel sous la Manche entre Calais en France et Douvres en Angleterre.

1. FAITES DES ASSOCIATIONS

Avec deux camarades, associez les compagnies et les marques (*brands*) suivantes avec le type de transport ou de communication approprié.

Modèle :   J'associe le TGV au chemin de fer.

LES COMPAGNIES ET LES MARQUES	LES TYPES DE TRANSPORT ET DE COMMUNICATION
le TGV	le système routier
Air France	le transport fluvial
le tunnel sous la Manche	le transport aérien
les satellites de télécommunications	le chemin de fer
la SNCF	l'aérospatiale
Macintosh	la communication électronique
Peugeot	
le minitel	
l'Airbus	
France Télécom	
les autoroutes de l'information	
les bateaux mouches	
Ariane	
Michelin	
le Concorde	
IBM	

2. COMMENT ALLEZ-VOUS AU TRAVAIL ?

Voici la réponse de quelques-uns de vos amis bisontins à cette question. Lisez leurs réponses et puis indiquez le moyen de transport que chacun utilise.

Modèle :   MARIE-JOËLLE :   J'ai de la chance. Mon appartement se trouve dans le même bâtiment que mon salon de coiffure. C'est très pratique parce que je peux rentrer déjeuner avec Hadrien.

                     VOUS :   Marie-Joëlle va au travail à pied.

MICHÈLE :   Nous habitons dans un petit village à dix minutes de la porte Rivotte. Normalement je rentre à midi pour déjeuner avec Gérard, s'il n'est pas en voyage. Malheureusement il n'y a pas de transport en commun entre Montfaucon où nous habitons et Besançon.

MAUD :   Mes parents vont au travail en voiture, mais ils partent trop tôt ! Il n'y a pas de métro à Besançon, mais heureusement il y a d'autres moyens de transport en commun à Chalezeule où j'habite.

ANDRÉ :   Comme j'habite dans une résidence sur le campus, je n'ai pas un long chemin à faire pour aller à mes cours ou à la bibliothèque.

MADELEINE :   Nous habitons à la campagne. Nous aimons le calme et la verdure. Et j'ai un grand jardin avec des fleurs et des légumes. Je me lève tôt mais, malgré ça, je pars souvent en retard. Philippe s'inquiète parce qu'il dit que je conduis trop vite et que je n'ai pas assez de patience avec les autres conducteurs. Il a probablement raison.

GÉRARD :	Normalement, je travaille à la maison, mais deux fois par mois je dois passer quelques jours à Lyon. Je ne prends pas la voiture parce qu'il *est difficile de se garer* (*to park*) à Lyon. En sortant de la gare, je prends un taxi et, comme ça, je n'ai pas de problèmes.
PHILIPPE :	Mon usine n'est pas loin de chez moi, mais je dois voyager à l'étranger assez souvent. Par exemple, ce mois-ci je suis allé aux États-Unis et au Canada. Évidemment pour ces voyages transatlantiques, je prends le moyen de transport le plus rapide.
JEAN-BAPTISTE :	Je n'ai pas encore mon permis—je l'aurai l'année prochaine, j'espère. Mais, si on est sportif il y a des moyens de transport sans moteur.

3. VOTRE AVIS SUR DIFFÉRENTS MOYENS DE TRANSPORT

Quels adjectifs associez-vous avec les différents moyens de transport ? Utilisez les adjectifs suivants (ou d'autres) pour décrire les types de voyage indiqués.

Modèle : —Voyager en voiture ? Comment trouves-tu ça ?
—Voyager en voiture ? Je trouve ça amusant et intéressant.

intéressant	long	ennuyeux	amusant
reposant	dangereux	romantique	passionnant
stressant	fatigant	pratique	rapide

1. voyager en voiture
2. voyager en avion
3. voyager en bateau
4. voyager en train
5. voyager en autocar
6. voyager en moto

ACTION-APPROFONDISSEMENT (2)

LAZARE HAKKAR ET PAULETTE KUNSTLER DONNENT LEUR AVIS

PRÉPAREZ-VOUS

Vous avez entendu Nathalie et les Vandeputte décrire les atouts et les inconvénients de Besançon. Maintenant le docteur Lazare Hakkar, le médecin d'Hadrien, et Paulette Kunstler, le maire adjoint, vont aussi parler de leur ville.

In the following activity, you will be asked to match up some expressions in French with their definitions in English. Although you won't recognize every word in the French expressions, most of them contain either a cognate or a word that you have already learned. Identifying these familiar words should allow you to identify the meaning of most of the expressions before you even look at the English definitions.

1. VOCABULAIRE

Voici quelques expressions que Lazare Hakkar et Paulette Kunstler vont utiliser pour décrire Besançon. Liez chaque expression en français avec sa définition en anglais.

L'EXPRESSION EN FRANÇAIS	SA DÉFINITION EN ANGLAIS
_____ 1. la fuite des cerveaux	a. *the national average*
_____ 2. la classe moyenne	b. *the social fabric*
_____ 3. ça vaut le détour	c. *a weakness*
_____ 4. le tissu industriel	d. *the unemployment rate*
_____ 5. une faiblesse	e. *isolated*
_____ 6. le tissu social	f. *it's worth the detour*
_____ 7. la moyenne nationale	g. *the middle class*
_____ 8. le taux de chômage	h. *the industrial base*
_____ 9. enclavé	i. *the brain drain*

2. LAZARE HAKKAR DÉCRIT BESANÇON

Complétez sa description avec les mots et expressions suivants et mettez-les au pluriel ou au féminin, si nécessaire.

ça vaut le détour	hiver	pauvre	polluant	taux
été	moyen	pluridisciplinaire	rivière	tissu (× 2)

Besançon a beaucoup d'atouts : elle est traversée par une _____; il y a la forêt autour; on est en moyenne montagne; en _____ il fait très chaud; l(e) _____ on peut faire du ski; l'université est _____; les gens ont peu de mal à s'intégrer quelles que soient leurs origines. Le _____ social est relativement équilibré. Il n'y a pas d'énormes fortunes; il n'y a pas de gens très _____. Il y a plutôt une classe _____. C'est une ville moyenne avec peu d'industries _____. Ça, c'est à remarquer et ça explique le fait que cette ville a un _____ de chômage inférieur à la moyenne nationale. Le _____ industriel est représenté surtout par ce qu'on appelle des PMI. C'est-à-dire, des petites et moyennes industries. Le reste de l'activité est surtout administratif et culturel. Il y a de beaux musées, des vestiges romains et la Citadelle. Pour ceux qui veulent découvrir cette ville, je les invite à venir à Besançon, _____.

REGARDEZ

1. J'AIME BEAUCOUP MA VILLE

Maintenant, regardez et écoutez Lazare. Il est évident qu'il aime beaucoup sa ville parce qu'il cite très peu d'inconvénients et beaucoup de points positifs. Notez ce qu'il dit sur chacun des thèmes suivants et indiquez si pour lui cet aspect est positif ou négatif.

ASPECT DE LA VIE À BESANÇON	REMARQUES DU DR HAKKAR	+ OU −
l'emploi		
l'écologie		
le site géographique		
les sports et les loisirs		
la vie culturelle et intellectuelle		
le climat		
les problèmes sociaux		
le tissu industriel		

2. SITUATION DE BESANÇON AU PLAN NATIONAL ET INTERNATIONAL

Si Lazare présente le point de vue d'un habitant de Besançon, Paulette Kunstler, dans son rôle de maire adjoint, pense beaucoup plus à la situation économique de la ville et à son importance sur le plan national et international. Pouvez-vous préciser ce qu'elle dit en répondant à ces questions ?

1. Cochez les phrases que Mme Kunstler a dites :

_____ Besançon a un petit aéroport.
_____ Les routes à Besançon sont excellentes.
_____ Il est difficile d'aller de Besançon à Strasbourg en train.

2. Complétez :

Actuellement, au départ de Besançon, on met

_____ (nombre d'heures) pour aller à Lyon.
_____ (nombre d'heures) pour aller à Strasbourg.
_____ (nombre d'heures) pour aller à Mulhouse.
_____ (nombre d'heures) pour aller à Genève.

3. Quelles sont les priorités de Madame Kunstler en ce qui concerne les communications ?
   a. Elle voudrait un TGV qui relierait Besançon–Strasbourg–Lyon.
   b. Elle voudrait agrandir l'aéroport de Besançon.
   c. Elle voudrait améliorer l'autoroute entre Besançon et Lyon.

4. D'après elle, quelle est la plus grande faiblesse de Besançon ?
   a. L'aéroport de Besançon n'est pas assez grand.
   b. Les communications avec Paris au niveau routier et chemin de fer sont insuffisantes.
   c. Besançon est mal reliée aux autres grandes villes européennes.
   d. Besançon ne se modernise pas assez vite.

EXPANSION

1. QUE PENSEZ-VOUS DE BESANÇON ?

À tour de rôle avec un(e) camarade de classe, imaginez que vous interviewez un(e) de vos ami(e)s bisontin(e)s sur les atouts et les inconvénients de Besançon. Votre camarade de classe jouera le rôle de Nathalie, Christiane, Daniel, Paulette ou Lazare. D'après ses réponses, essayez de déterminer quel rôle il/elle joue.

2. ÇA VAUT LE DÉTOUR

Avec un(e) camarade de classe, faites une publicité pour la ville de Besançon. Prenez comme point de départ le logo de Besançon.

Prononciation

LE FUTUR ET LE CONDITIONNEL
Écoutez

Whether or not an unaccented **e** is pronounced is sometimes determined by the letters that follow it. Listen to the following sentences that are in the future and the conditional, and circle the highlighted **e**'s that are pronounced and cross out those that are not. What rule can you formulate for the pronunciation of an unaccented **e** in the future and the conditional?

SI C'EST POSSIBLE L'ÉTÉ PROCHAIN...

1. nous passerons deux mois en Europe.
2. vous visiterez la France et la Suisse.
3. nous voyagerons en train.
4. nous serons à Besançon en juin.
5. vous ferez une visite de la Citadelle.

SI C'ÉTAIT POSSIBLE CET ÉTÉ...

6. nous passerions deux mois en Europe.
7. vous visiteriez la France et la Suisse.
8. nous voyagerions en train.
9. nous serions à Besançon en juin.
10. vous feriez une visite de la Citadelle.

Continued

Vérifiez

The unaccented or "mute" **e** is pronounced when it occurs before the letter combination **-ri.** This means that the **e** is pronounced in the **nous** and **vous** forms of **-er** verbs in the conditional (**nous parlerions, vous parleriez**) and in some irregular verbs such as **faire** (**nous ferions**) and **être** (**vous seriez**).

Another important pronunciation distinction in both the future and conditional is the difference between the verbs **savoir** and **être,** and **aller** and **avoir.** Be careful to make the distinction between these verbs in both the future and the conditional.

je serai ≠ je saurai	j'irai ≠ j'aurai
je serais ≠ je saurais	j'irais ≠ j'aurais

Prononcez

A. In the following sentences, circle the **e muet** when it is pronounced, and cross out it when it is not pronounced.

SI C'EST POSSIBLE L'ANNÉE PROCHAINE...

... nous passerons un semestre en France.

... nous étudierons le français.

... vous aimerez vos cours.

... vous habiterez avec une famille française.

SI C'ÉTAIT POSSIBLE L'ANNÉE PROCHAINE...

... vous voyageriez en France.

... nous passerions quinze jours là-bas.

... nous visiterions la ville.

... vous vous amuseriez.

B. Listen to and repeat the following sentences. Be careful to make the distinction between the following pairs of words in both the future and the conditional: **être/savoir; avoir/aller.**

1. J'irai en Belgique.
2. Tu auras un emploi là-bas.
3. Je saurai la date du départ bientôt.
4. J'aurais trop de bagages.
5. Tu irais avec des copains.
6. Il serait heureux à Bruxelles.

LECTURE

PRÉPARATION À LA LECTURE

Vous avez déjà vu le plan de Besançon et vous avez entendu les Vandeputte se plaindre des rues étroites de la « boucle », le centre ville ancien. Si vous regardez le plan à la page 157 donné par l'Hôtel Régina à ses clients, vous verrez qu'en fait c'est un peu compliqué de circuler dans la vieille ville; il y a beaucoup de rues à sens unique et, en plus, pas mal de rues piétonnes, comme la Grande Rue. Si vous étiez le maire de Besançon, que feriez-vous pour améliorer la circulation en ville ou pour rendre la boucle plus accessible aux habitants ? Lesquelles des suggestions suivantes, à votre avis, résoudraient le problème ?

- Une autoroute souterraine sous la ville
- Un métro entre la gare Viotte (SNCF), la Place du 8 septembre et la porte Rivotte
- Une limitation du stationnement au centre ville

Auriez-vous d'autres solutions à proposer ?

Les Français sont de plus en plus conscients des problèmes de circulation dans les villes

Quatre-vingts pour cent sont favorables à des mesures pour limiter la circulation à l'intérieur des villes. Ils se disent majoritairement favorables (avec des taux de 90% à 60%, par ordre décroissant) au développement des couloirs de bus, à la construction de lignes de RER, à la transformation des centres villes en zones piétonnes, à la limitation de la circulation automobile en centre ville, à la création d'autoroutes souterraines gratuites, à la limitation du stationnement en centre ville et au développement de lignes de métro. Ils sont cependant hostiles à l'instauration d'un péage (*toll*) urbain, à l'interdiction totale de la circulation automobile en centre ville et à la création d'autoroutes souterraines payantes.

Gérard Mermet. *Francoscopie 1995.* Paris : Larousse, 1994. p. 199.

AVEZ-VOUS COMPRIS ?

1. À quelles mesures est-ce que les Français sont favorables, selon *Francoscopie* ?

2. Quelles sont les mesures que les Français n'aimeraient pas prendre pour résoudre les problèmes de circulation ?

EXPANSION

1. Maintenant, avec vos camarades de classe, évaluez les suggestions que vous avez faites avant d'avoir lu le texte sur l'attitude des Français envers la circulation. À votre avis, quelle serait la réaction des Français à vos idées ?

2. Imaginez que vous passez l'année à Besançon. Écrivez une lettre à votre professeur de français où vous décrivez Besançon. Avant d'écrire votre lettre, revoyez les réponses de Nathalie, des Vandeputte, de Paulette Kunstler et de Lazare Hakkar à la question : « Quels sont les atouts et les inconvénients de Besançon ? » Écrivez un paragraphe pour chacune de ces catégories : le quartier historique de Besançon, sa situation géographique et son climat, les sports et les loisirs, sa vie culturelle et intellectuelle. N'oubliez pas de mettre la ville et la date en haut de la lettre, de la commencer par « Cher Monsieur » ou « Chère Madame » et de la terminer par la formule de politesse appropriée.

La société à l'heure actuelle

MES OBJECTIFS COMMUNICATIFS

Discuss issues of current concern
Express agreement and disagreement

LES CLÉS CULTURELLES

Social concerns
Women's roles

REGARDONS LES IMAGES

De quelle façon la société d'aujourd'hui est-elle différente de ce qu'elle était il y a cinquante ans ? trente ans ? vingt ans, ou quand vos parents avaient votre âge ? La vie était-elle plus facile ou plus difficile ? Quel était le rôle des femmes dans la société ? Quel est-il aujourd'hui ? Y a-t-il une véritable égalité entre les sexes ? Quels sont les problèmes les plus graves dans le monde à l'heure actuelle ? dans votre pays ou dans votre région ? Quels sont les problèmes qui vous touchent personnellement ? En France, depuis plusieurs années, c'est le chômage qui est l'aspect le plus inquiétant parce qu'il a de graves conséquences sociales et économiques. Parmi ces conséquences, on peut citer l'augmentation du racisme envers les immigrés. Quand la situation économique est mauvaise, on cherche des responsables et on accuse « l'Autre ». Il y a aussi la situation pénible des SDF, c'est-à-dire des « sans domicile fixe », ceux qui n'ont pas de logement, qui sont exclus de la société et qui vivent dans la rue. Ces problèmes n'existent pas seulement en France, on les voit aussi dans d'autres pays industrialisés.

QUELQUES PROBLÈMES DE SOCIÉTÉ

Regardez les photos ci-contre et inscrivez le numéro de chaque illustration à côté du problème qui est représenté.

_____ le SIDA (*AIDS*)
_____ les catastrophes naturelles
_____ la pollution
_____ le racisme

EXPRESSION-VOCABULAIRE (1)

LA SOCIÉTÉ

Voici des expressions qui vous aideront à parler des problèmes du monde actuel.

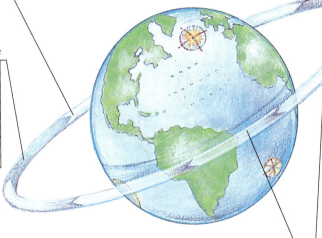

l'insécurité

| la criminalité |
| la délinquance |

la famille

| la dissolution de la famille |
| le divorce |
| la violence domestique |
| les mères célibataires |
| la planification des naissances |

les problèmes de santé

| le SIDA (*AIDS*) |
| le stress |
| le cancer |
| la dépression |
| l'alcoolisme (*m*) |
| la toxicomanie (*drug addiction*) |
| la malnutrition |

les problèmes économiques, sociaux et politiques

le racisme	la pauvreté (*poverty*)	la guerre (*war*)
les inégalités (*f*)	la chute du pouvoir d'achat (*the decline in buying power*)	le terrorisme
l'exclusion (*f*)		la faim (*hunger*)
le chômage (*unemployment*)		le surpeuplement
les sans domicile fixe (SDF) (*the homeless*)	la grève (*strike*)	la dénatalité
	les atteintes aux libertés individuelles	

les catastrophes naturelles

| les inondations (*f*) (*floods*) |
| les tremblements de terre (*m*) (*earthquakes*) |
| la sécheresse (*drought*) |
| les ouragans (*m*) (*hurricanes*) |

1. LES GROS TITRES

Lisez les titres suivants et utilisez un mot de vocabulaire pour décrire le sujet de chaque article.

> # Terrorisme : la France sur ses gardes

> # La tristesse n'est pas la dépression

> # Le retour en force de la tuberculose

Les sept plantes d'Europe les plus menacées

LA **FORÊT** AMAZONIENNE GRAVEMENT **MENACÉE**

Des dizaines de milliers d'incendies ravagent chaque année la grande forêt amazonienne. Une catastrophe écologique et humaine pourtant évitable. Explications.

LES JEUNES ET LE SIDA

La "fracture sociale"

Les espaces verts ne sont pas plus préservés

Pollution: sportifs s'abstenir

Pendant les grèves des transports publics

Les Parisiens à pied, en roller, à vélo...

Justice

Un secrétaire d'État français accusé de racisme

✔ **Les employeurs et les immigrés clandestins**

2. LES PROBLÈMES DE SOCIÉTÉ LES PLUS IMPORTANTS

Plusieurs de vos amis bisontins donnent leurs opinions sur des problèmes contemporains. Complétez leurs commentaires ci-dessous et à la page suivante avec l'expression appropriée.

catastrophes naturelles	quartiers défavorisés	SIDA
chômage	racisme	toxicomanie
environnement		

JEAN-BAPTISTE: À mon avis, la protection du/de l'_____ constitue l'une des priorités de notre génération. Pour préserver notre planète, nous avons besoin de conserver l'énergie et les ressources naturelles et de protéger les espèces en voie d'extinction.

MADELEINE : Comme je suis journaliste, j'ai beaucoup voyagé et j'ai pu voir les conséquences désastreuses des _____ telles que les tremblements de terre, les inondations et la sécheresse. Il est triste de voir des milliers de personnes perdre tout subitement.

GÉRARD : Le taux de _____ ne cesse d'augmenter— actuellement il est à 12,6% ! Pour l'instant, je n'ai pas de problème. J'ai un emploi stable que j'aime bien, mais qu'est-ce qui va se passer si la crise économique continue ? Je ne sais pas. Ça m'inquiète beaucoup.

ARNAUD : Pour moi, le _____ en France est un problème lié au chômage. Quand les temps ne sont pas sûrs, les gens ont peur. Ils pensent que les immigrés vont prendre leur travail et ils deviennent racistes.

ANNE-MARIE : On a de la chance à Besançon puisqu'il n'y a pas beaucoup de criminalité, mais ce n'est pas le cas dans beaucoup de grandes villes. Dans les _____ des banlieues, il y a une augmentation de la violence, de la criminalité et de la _____. Il faut faire quelque chose. C'est une situation explosive.

ANDRÉ : Je suis très préoccupé par la progression du _____. C'est un problème très grave en France et aussi en Afrique.

3. QU'EST-CE QUI VOUS INQUIÈTE LE PLUS ?

Avec un(e) camarade de classe, faites une liste des six problèmes qui vous inquiètent le plus personnellement par ordre de priorité. Après, comparez vos résultats avec ceux de vos camarades de classe.

4. FAITES DES COMPARAISONS

Regardez les réponses des jeunes Français à la question, « Qu'est-ce qui vous effraie le plus à l'heure actuelle ? » Comparez votre liste de priorités avec celle des Français. Quelles ressemblances et différences trouvez-vous entre les deux listes ?

MENACES
Qu'est-ce qui vous effraie le plus à l'heure actuelle ?

- La progression du SIDA — **47 %**
- Le chômage — **46 %**
- Les guerres — **36 %**
- Le racisme — **30 %**
- Les catastrophes écologiques — **26 %**
- Le terrorisme, la violence — **22 %**
- La montée de l'extrême-droite **22 %**
- La faim dans le monde — **21 %**
- La suite de vos études — **14 %**
- Les dictatures — **8 %**
- La crise économique — **5 %**
- La façon dont se fait l'Europe — **4 %**
- Les crises dans les pays de l'Est **4 %**

Total supérieur à 100, les interviewés ayant pu donner 3 réponses.

LE RMI La France a un programme de prestations sociales (*social benefits*) qui paraît très généreux par rapport aux États-Unis. Un élément assez récent de ce programme est le Revenu Minimum d'Insertion (RMI) qui a été instauré en 1988 pour lutter contre l'extrême pauvreté. Toutes les personnes qui gagnent moins d'une certaine somme (fixée chaque année) reçoivent de l'argent du gouvernement. Cette allocation est accompagnée de mesures d'aide sociale et professionnelle pour faciliter la réinsertion dans la société.

LES FEMMES AU TRAVAIL

PRÉPARONS-NOUS

1. LES FEMMES ET LE TRAVAIL

Christiane, Michèle, Anne, Anne-Marie et Nancy dînent ensemble et discutent de la situation des femmes qui travaillent. D'après elles, certaines professions en France sont maintenant ouvertes aux femmes tandis que d'autres leur sont moins accessibles. En même temps, il y a des professions qui sont dominées par les femmes, c'est-à-dire qui sont féminisées. Quelle est la situation dans votre pays ? Indiquez si les professions suivantes sont féminisées, aussi accessibles aux femmes qu'aux hommes, ou plus accessibles aux hommes.

PROFESSION	FÉMINISÉE	OUVERTE AUX DEUX SEXES	PLUS ACCESSIBLE AUX HOMMES
a. avocat(e)			
b. pilote de ligne			
c. médecin			
d. infirmier/infirmière			
e. journaliste			
f. agent(e) de police			
g. pompier			
h. caissier/caissière			
i. homme/femme politique			
j. instituteur/institutrice			
k. secrétaire			
l. fonctionnaire			
m. professeur au niveau universitaire			
n. officier dans l'armée			
o. chef cuisinier			

2. LES VOIES DU SUCCÈS

À votre avis, quelles sont les qualités les plus importantes pour réussir professionnellement ? Mettez les critères suivants par ordre d'importance et ajoutez-en d'autres, si vous voulez.

_____ l'intelligence
_____ les relations, « être pistonné(e) » (*to know someone*)
_____ l'expérience
_____ les diplômes
_____ l'organisation

_____ l'ambition
_____ la sociabilité
_____ le sens des responsabilités
_____ la loyauté
_____ une forte personnalité
_____ l'apparence physique

La situation de la femme en France s'est améliorée pendant les trente dernières années. Avant la Seconde Guerre mondiale, les Françaises avaient moins de droits que les Français. Par exemple, elles n'ont eu le droit de vote qu'en 1944 (1920 aux États-Unis), et jusqu'en 1965, une femme mariée ne pouvait pas travailler sans l'autorisation de son mari. Aujourd'hui, en France, plus de 75% des femmes entre 25 et 49 ans ont un travail rémunéré (*paid job*). Comme dans beaucoup de pays, les femmes dominent le secteur des services (secrétaires, employées de banque) et l'enseignement aux niveaux primaire et secondaire. Pourtant, récemment, le nombre de Françaises exerçant des professions libérales telles que médecin, dentiste, avocate ou architecte a beaucoup augmenté. Bien qu'elles gagnent souvent moins que les hommes, la place des femmes dans le monde du travail en France est maintenant assurée.

REGARDONS ENSEMBLE

1. CONVERSATION ENTRE FEMMES

Écoutez la conversation entre Nancy, Anne-Marie, Michèle, Christiane et Anne. Elles discutent de leurs opinions sur l'égalité entre les hommes et les femmes dans les quatre catégories représentées par les graphiques suivants. Pour chaque catégorie, choisissez le graphique qui correspond le mieux à leurs opinions.

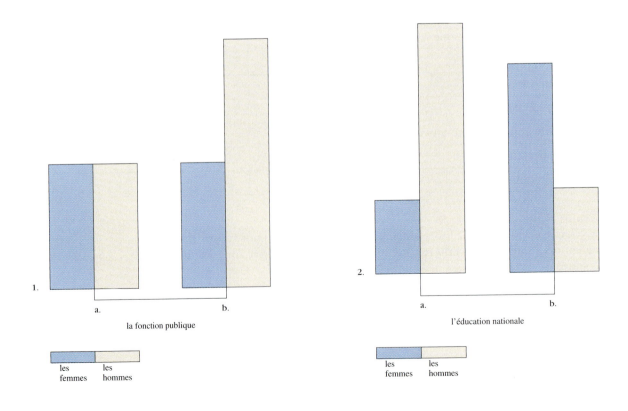

1.

a.   b.

la fonction publique

2.

a.   b.

l'éducation nationale

les femmes   les hommes

les femmes   les hommes

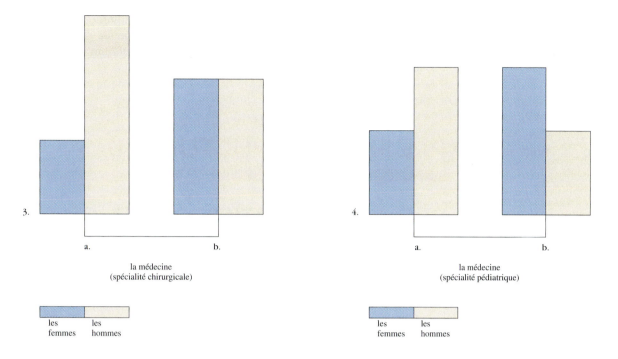

3.

a.   b.

la médecine
(spécialité chirurgicale)

les   les
femmes   hommes

4.

a.   b.

la médecine
(spécialité pédiatrique)

les   les
femmes   hommes

2. Y A-T-IL UNE VÉRITABLE ÉGALITÉ ENTRE LES HOMMES ET LES FEMMES ?

Regardez la conversation entre les Bisontines une deuxième fois et utilisez les renseignements tirés des graphiques pour faire des phrases logiques.

_____ 1. L'égalité existe depuis longtemps

_____ 2. L'enseignement est une profession féminisée

_____ 3. La fac de médecine est plus macho

_____ 4. La spécialité pédiatrique

a. ça, c'est pour les femmes.

b. surtout dans les spécialités chirurgicales.

c. dans la fonction publique.

d. surtout au niveau primaire.

EXPANSION

SITUATION DES FEMMES DANS VOTRE PAYS

Dites si les situations suivantes ci-dessous et à la page 634 sont un problème aujourd'hui pour les femmes dans votre pays. Utilisez le code suivant pour indiquer la gravité du problème :

1 = c'est un grand problème

2 = c'est un problème

3 = c'est un petit problème

4 = ce n'est pas du tout un problème

LES SITUATIONS

_____ 1. Il y a de nombreuses professions qui ne sont pas ouvertes aux femmes.

_____ 2. La plupart des femmes dépendent financièrement de leur mari.

_____ 3. Il y a une différence de salaire entre les hommes et les femmes à travail égal.

_____ 4. On ne donne pas aux filles et aux garçons les mêmes chances à l'école.

_____ 5. Il existe des inégalités dans les sports professionnels.

_____ 6. Il y a des préjugés contre les femmes.

_____ 7. Les femmes ont moins de chance d'accéder à des postes de responsabilité que les hommes.

_____ 8. Les femmes font plus de tâches ménagères que les hommes.
_____ 9. Les femmes ont beaucoup de mal à entrer dans le monde politique.
_____ 10. La majorité des travailleurs qui gagnent le salaire minimum sont des femmes.

EXPRESSION-STRUCTURE (1)

LES PRONOMS RELATIFS *QUI* ET *QUE*

Relative pronouns can help you make your spoken and written French flow more smoothly by allowing you to construct longer, more sophisticated sentences. **Qui** and **que** can function as relative pronouns. Read the following conversation between Anne-Marie and Michèle and try to figure out the meanings of **qui** and **que.**

MICHÈLE :	J'ai un frère **qui** est ingénieur. Il a un poste **qui** est très important.
ANNE-MARIE :	Il est diplômé d'une grande école ?
MICHÈLE :	Oui, de l'École des Mines de Nancy. On lui a donné beaucoup de responsabilités à cause du diplôme **qu'**il a reçu et des stages **qu'**il a faits à l'étranger.
ANNE-MARIE :	Il a été pistonné.
MICHÈLE :	Non, pas vraiment. Il était la personne **que** l'entreprise voulait à ce moment-là.

Were you able to figure out that in this context **qui** means *who* or *which* and **que/qu'** means *that*?

As you study the following explanations and the chart, ask yourself these questions about relative pronouns: Which relative pronoun is the subject of the relative clause? Which relative pronoun is the direct object in the relative clause? What does **qui** mean when it is used to refer to people? to things? What does **que** mean when it is used to refer to people? to things?

• Relative pronouns allow you to express a main idea and a related idea in the same sentence. You can join two shorter sentences together into one longer, more complex sentence containing two parts—a main clause and a subordinate or *relative clause* beginning with **qui** or **que.**
• The relative pronoun **qui** functions as the subject in the relative clause. **Qui** means *who* if it replaces a *person*, and *that* or *which* when it replaces a *thing*. The relative pronoun **que** functions as the direct object in the relative clause. It means *whom* when it replaces a *person*, and *that* or *which* when it replaces a *thing*.
• In the following examples, note that **qui** never contracts with a following vowel sound. **Que** contracts to **qu'** before a word beginning with a vowel sound.

RELATIVE PRONOUNS

	SUBJECT	EXAMPLE	DIRECT OBJECT	EXAMPLE
people	qui	J'ai un frère **qui** est prof. *I have a brother **who** is a professor.*	que	C'est le prof **que** j'ai eu l'année dernière. *That's the teacher (**whom**) I had last year.*
things	qui	C'est une profession **qui** est bien payée. *It's a profession **that** is well paid.*	que	C'est un travail **que** j'aimerais faire. *It's a job (**that**) I'd like to do.*

RELATIVE CLAUSES

TWO IDEAS IN TWO SIMPLE SENTENCES		TWO IDEAS IN ONE COMPOUND SENTENCE
main idea	**related idea**	**main clause + relative clause**
J'ai un frère. *I have a brother.*	**Il** est prof à la fac. *He's a university professor.*	J'ai un frère **qui** est prof à la fac. *I have a brother **who** is a university professor.*
Elle a un emploi. *She has a job.*	**Son emploi** paie bien. *Her job pays well.*	Elle a un emploi **qui** paie bien. *She has a job **that** pays well.*
J'ai un frère. *I have a brother.*	Tu ne **le** connais pas. *You don't know him.*	J'ai un frère **que** tu ne connais pas. *I have a brother **whom** you don't know.*
Il a un travail intéressant. *He has an interesting job.*	Il aime beaucoup **son travail.** *He likes his job a lot.*	Il a un travail intéressant **qu'**il aime beaucoup. *He has an interesting job **that** he likes a lot.*

- Remember! In the **passé composé,** the past participle of a verb conjugated with **avoir** agrees with a preceding direct object. Therefore, when **que** refers to a feminine or plural noun, and when the following verb is conjugated in the **passé composé** with **avoir,** the past participle must agree in gender and number with **que.**

> Où est **le journal** que j'ai **lu** hier soir ?
> Où sont **les journaux** que j'ai **lus** hier soir ?
> **Les études** qu'elle a **faites** étaient difficiles.

1. DEFINITIONS

Travaillez avec un(e) camarade pour trouver la définition qui correspond à chaque problème de société dans cette liste. Ensuite, l'un(e) d'entre vous posera la question : « Qu'est-ce que c'est que _____ ? » et l'autre répondra en choisissant la bonne définition.

Modèle : —Qu'est-ce que c'est que l'insécurité ?
—C'est la situation dangereuse qui existe dans certaines banlieues où il y a de la violence, du traffic de drogue et des vols (*thefts*).

PROBLÈMES SOCIAUX OU PERSONNES AFFECTÉES PAR CES PROBLÈMES

_____ 1. un(e) toxicomane
_____ 2. une guerre civile
_____ 3. les SDF
_____ 4. le stress
_____ 5. un(e) chômeur/chomeuse
_____ 6. un tremblement de terre
_____ 7. un(e) gréviste
_____ 8. le terrorisme
_____ 9. le sida

LES DÉFINITIONS

a. C'est une maladie caractérisée par une chute (_drop_) brutale des défenses immunitaires.
b. C'est une catastrophe naturelle.
c. C'est une personne qui cherche du travail et qui n'en trouve pas.
d. C'est un travailleur qui n'est pas satisfait de ses conditions de travail et qui refuse de continuer à travailler.
e. C'est un conflit armé entre des parties d'un même pays qui n'arrivent pas à s'entendre.
f. C'est le danger créé par des fanatiques qui veulent faire sauter (_blow up_) un bâtiment, par exemple, pour attirer l'attention du public sur une cause politique ou religieuse.
g. C'est le résultat de trop de travail et de trop de tension. C'est un problème qui touche les étudiants au moment des examens.
h. Ce sont les personnes qui n'ont pas de logement.
i. C'est une personne qui se drogue.

2. REVUE DE PRESSE

Lionel et un autre élève de sa classe doivent faire une revue de presse pour leur cours de français. Avec un(e) camarade de classe, à tour de rôle, jouez le rôle de Lionel et de son copain et décrivez quelques documents et photos. Utilisez le pronom relatif **qui** ou **que** dans votre description. Suivez le modèle.

Modèle :   C'est un article sur les tremblements de terre. Je l'ai trouvé intéressant.
—Qu'est-ce que c'est ?
—C'est un article sur les tremblements de terre que j'ai trouvé intéressant.

1. C'est une photo des inondations dans le nord de la France l'été dernier. Les inondations ont causé beaucoup de dégâts (_damage_).
2. Ce sont des statistiques sur le chômage. Elles sont encourageantes.
3. C'est la photo des émeutes (_riots_) de l'automne dernier dans les quartiers defavorisés. Ces quartiers se trouvent près de Lyon.
4. Voici un article sur le sida. Tout le monde devrait le lire.
5. Voilà les travailleurs mécontents de chez Peugeot. Ils ont fait grève.
6. C'est une brochure sur la drogue. Je l'ai trouvée intéressante.
7. Ce sont les résultats du match de foot. Je l'ai vu à la télé.
8. C'est un journal vendu par les SDF. Il est publié deux fois par mois.

3. LES INITIATIVES

Médecins Sans Frontières est une association bénévole. Utilisez des pronoms relatifs pour compléter la description du travail de cette organisation. Aux pages 637-638, identifiez le pays où les problèmes décrits existent.

Médecins Sans Frontières met en place de nombreux programmes pour venir en aide aux enfants et à leur famille aux quatre coins du monde, entre autres:
- CAMBODGE : Programme de traitement et de prévention de la tuberculose et appui aux dispensaires.
- FRANCE : Accueillir et soigner les exclus du système de soins.
- GUATEMALA : Mise en place de réseaux d'approvisionnement en eau potable dans plusieurs bidonvilles. Accueil et soutien des fillettes de la rue.
- GUINÉE : Formation du personnel soignant, apport en médicaments essentiels.
- HAÏTI : Prise en charge de la santé de la mère et de l'enfant, traitement des maladies prioritaires (paludisme...).
- MADAGASCAR : Crèches pour les enfants et amélioration de l'hygiène dans les bidonvilles.

Médecins Sans Frontières, association reconnue d'utilité publique, est la plus importante organisation privée d'aide médicale au monde. Si vous désirez effectuer un don, adressez le à :
Médecins Sans Frontières
8, rue Saint Sabin
75544 Paris Cedex 11.   CCP 4060 U Paris.

MEDECINS SANS FRONTIERES

DESCRIPTION DE MÉDECINS SANS FRONTIÈRES

1. Médecins Sans Frontières est une association _____ aide les enfants et leurs familles partout dans le monde.
2. C'est une association _____ est privée.
3. Les médecins _____ travaillent pour Médecins Sans Frontières viennent de partout.

LES PAYS QUI ONT DES PROBLÈMES

4. C'est un pays _____ reçoit de l'aide de Médecins Sans Frontières pour la santé des mères et des enfants.
   Ce pays est _____.
5. Médecins Sans Frontières soigne les gens _____ n'ont pas accès aux soins médicaux.
   Ce pays est _____.

6. Le petit nombre de crèches est un des problèmes _____ l'association essaie de résoudre dans ce pays.
Ce pays est _____.

7. Le manque de personnes qualifiées pour soigner les malades est un problème _____ existe dans ce pays.
Ce pays est _____.

8. Une maladie _____ Médecins Sans Frontières essaie d'éliminer dans
ce pays est la tuberculose.
Ce pays est _____.

9. Le manque d'eau potable est un problème _____ existe dans ce
pays.
Ce pays est _____.

10. L'amélioration de l'hygiène est un des services _____ l'association
fournit dans ce pays.
Ce pays est _____.

4. SOS ENFANTS SANS FRONTIÈRES

Lisez la lettre de Marie-Flore et complétez les phrases logiquement. Après, utilisez
des pronoms relatifs pour lier les phrases.

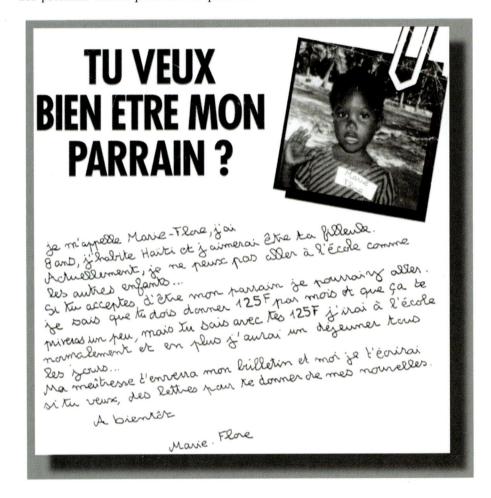

Modèle :   Enfants Sans Frontières est une association. Cette association s'occupe des <u>enfants pauvres.</u>
—Enfants Sans Frontières est une association qui s'occupe des enfants pauvres.

1. Marie-Flore est une petite fille. Elle a ＿＿＿＿＿ ans.

＿＿＿＿＿＿＿＿＿＿＿＿＿＿＿＿＿＿＿＿＿＿＿＿＿＿＿＿＿＿＿＿.

2. Elle habite un pays en Afrique. Le pays s'appelle ＿＿＿＿＿.

＿＿＿＿＿＿＿＿＿＿＿＿＿＿＿＿＿＿＿＿＿＿＿＿＿＿＿＿＿＿＿＿.

3. Les parrains donneront la somme de ＿＿＿＿＿ francs. Marie-Flore utilisera cet argent pour aller à l'école.

＿＿＿＿＿＿＿＿＿＿＿＿＿＿＿＿＿＿＿＿＿＿＿＿＿＿＿＿＿＿＿＿.

4. Marie-Flore écrira des ＿＿＿＿＿. Ses parrains recevront ces

＿＿＿＿＿.

＿＿＿＿＿＿＿＿＿＿＿＿＿＿＿＿＿＿＿＿＿＿＿＿＿＿＿＿＿＿＿＿.

5. ET VOUS ?

D'après vous, quelles causes humanitaires sont les plus importantes ? Complétez les phrases suivantes en donnant votre opinion.

1. Les causes humanitaires que je trouve les plus importantes sont...
2. Les associations bénévoles que je trouve très utiles sont...
3. Les associations bénévoles que je ne trouve pas très utiles sont...
4. J'ai déjà travaillé (ou je travaille) pour une association bénévole qui...
5. Un jour, j'aimerais travailler pour une organisation bénévole qui...
6. Les associations bénévoles qui sont les plus actives sur mon campus sont...

6. SONDAGE

Comparez vos réponses avec celles de vos camarades de classe.

ACTION-APPROFONDISSEMENT (1)

LES DIPLÔMES ET LES EMPLOIS

PRÉPAREZ-VOUS

Pourquoi faites-vous des études ? À quelle profession vous préparez-vous ? Ce sont des questions qui préoccupent les jeunes dans le monde entier. Nathalie va en parler dans la prochaine vidéo.

> **LES DIPLÔMES UNIVERSITAIRES** Vous avez déjà vu dans l'Unité 8 à la page 516 qu'on peut obtenir un DEUG (Diplôme d'études universitaires générales) après deux ans d'études à l'université, une licence après trois ans et une maîtrise après quatre ans. Mais dans les universités françaises, il faut réussir à un examen à la fin de chaque année pour pouvoir continuer ses études. Beaucoup d'étudiants ratent leurs examens et doivent redoubler une année; par conséquent, la plupart d'entre eux ont besoin de plus de quatre ans pour obtenir leur maîtrise.
>
> Après la maîtrise, si on veut continuer ses études, on peut préparer un DESS (Diplôme d'études supérieures spécialisées) si on veut travailler dans une entreprise, ou un DEA (Diplôme d'études approfondies) si on veut enseigner ou faire de la recherche. Ces deux programmes ne durent qu'un an. Une fois titulaire d'un DEA, l'étudiant peut obtenir son doctorat en quatre ans en moyenne. Quelquefois, quand on parle du niveau d'études, au lieu

Continued

d'utiliser le nom du diplôme, on mentionne le nombre d'années d'études après le bac : bac + 4 pour une maîtrise; bac + 5 pour un DESS; bac + 10 pour un doctorat.

Ceux qui veulent enseigner au niveau secondaire doivent passer l'examen du CAPES (Certificat d'aptitude pédagogique à l'enseignement secondaire); pour enseigner au niveau universitaire il faut passer l'agrégation. Ce sont des concours, c'est-à-dire que la réussite à ces examens dépend du nombre de places disponibles plutôt que de l'obtention d'une certaine note.

1. LES DIPLÔMES

Avec un(e) camarade de classe, identifiez les diplômes dans la liste suivante et répondez aux questions. Après, comparez vos réponses avec celles des autres groupes.

DIPLÔMES

un DEUG de lettres	un diplôme d'ingénieur des mines
un DEA de sociologie	un doctorat de philosophie
un CAPES d'histoire	une licence en droit
une agrégation de mathématiques	un diplôme de médecine

Quels sont les diplômes...

1. qui ne sont pas liés directement à une profession spécifique ?
2. qui préparent les étudiants à des professions spécifiques ?
3. qui assurent à l'étudiant un bon emploi ?

2. QUELLE PROFESSION CHOISIR ?

Quelles sont les branches (ou les secteurs d'activité professionnelle)...

1. où il y a trop de diplômés pour le nombre d'emplois disponibles ?
2. où on a besoin d'un diplôme technique ?
3. où on n'a pas besoin de diplômes ?
4. où l'expérience est plus importante que les diplômes ?

REGARDEZ

QUEL AVENIR, APRÈS LA FAC ?

Maintenant, écoutez Nathalie qui décrit les problèmes que partagent (*share*) beaucoup d'étudiants français. Cochez les problèmes que Nathalie mentionne.

_____ 1. Le fait qu'on a un diplôme ne garantit pas qu'on va trouver un bon emploi.

_____ 2. En France, on a un peu dévalué le travail manuel.

_____ 3. Avec un diplôme en sciences on ne peut pas facilement trouver de poste.

_____ 4. Pour l'instant il n'y a pas assez de postes pour les étudiants avec des diplômes en philosophie, en psychologie et en sociologie.

_____ 5. Il y a beaucoup d'étudiants qui arrivent à la fac sans savoir ce qu'ils vont faire après leurs études.

_____ 6. À la faculté de droit, la plupart des étudiants ratent leurs examens.

_____ 7. Depuis quelques années, il y a de moins en moins d'étudiants à la fac.

_____ 8. Il y a des étudiants qui restent plusieurs années à la fac et qui ne savent pas ce qu'ils vont faire plus tard.

EXPANSION

1. LES EXCLUS DE L'EMPLOI

Lisez l'article *Les exclus de l'emploi* et ensuite choisissez la legende (*caption*) convenable pour chaque dessin.

source : INSEE 1994

3 333 600
(12,4 %
de la
pop. active)

34,7 %

22,3 %

1. _____

2. _____

3. _____

Exclus de l'emploi

Un travailleur sur huit est en recherche d'emploi aujourd'hui, dont un tiers depuis plus d'un an. Un quart des chômeurs a moins de 25 ans. Sans emploi, pas d'argent pour payer un logement ; la spirale de l'exclusion commence souvent par là, si les diplômes ne sont pas au rendez-vous. Et la reprise de la croissance, annoncée par les économistes, ne viendra pas à bout du chômage, surtout celui des moins diplômés.

a. part des personnes au chômage depuis plus d'un an
b. part des jeunes de moins de 25 ans
c. nombre de demandeurs d'emploi en France

2. LE CHÔMAGE TOUJOURS PRÉSENT
Regardez le graphique qui montre le taux de chômage dans quelques pays industrialisés et répondez aux questions suivantes.

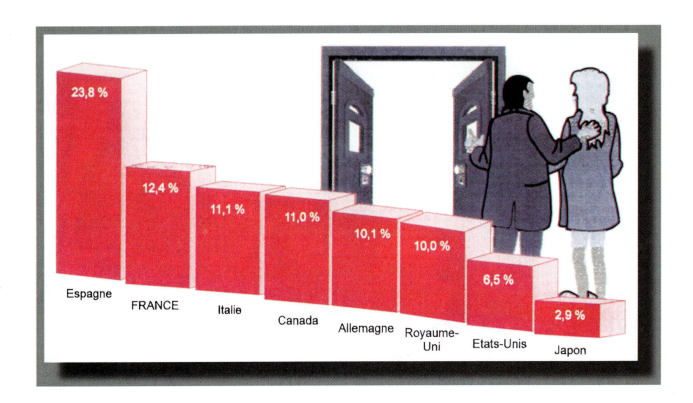

1. Quel pays industrialisé a un taux de chômage qui dépasse 20% ?
2. Quels sont les pays industrialisés qui ont un taux de chômage de moins de 10% ?
3. Quels sont les pays qui ont approximativement le même taux de chômage ?
4. Quel pays européen a le taux de chômage le plus bas ?
5. Quel est le taux de chômage dans votre pays ?

3. SONDAGE
Posez les questions suivantes à cinq étudiants qui ne sont pas dans votre classe de français. Présentez leurs réponses en classe et faites le profil des étudiants de votre université.

1. Pourquoi as-tu décidé de faire des études universitaires ?
2. As-tu choisi ta spécialisation ? Si oui, l'as-tu choisie avant de t'inscrire à la fac ?
3. As-tu changé de spécialisation ? Si oui, combien de fois ?
4. Est-ce que ton diplôme est lié à une profession spécifique ?
5. Est-ce que tu penses que ton diplôme te garantira un bon poste plus tard ?
6. Est-ce que beaucoup d'étudiants choisissent la même spécialité que toi ?
7. As-tu peur d'être au chômage plus tard ?
8. Penses-tu faire la même profession toute ta vie ? Si non, envisages-tu de préparer un autre diplôme plus tard ?

EXPRESSION-STRUCTURE (2)

LA NÉGATION

You have already learned the negative expressions **ne... pas, ne... jamais,** and **ne... rien.** In this section, you will learn several new negative expressions. Read Nathalie's description of changes in young people's job expectations in France today and see if you can figure out the meaning of the highlighted negative expressions.

> Autrefois, beaucoup de personnes faisaient un travail manuel, mais aujourd'hui on **ne** valorise **plus** ce travail. **Personne ne** veut travailler de ses mains. Par conséquent, il y a beaucoup d'étudiants qui s'inscrivent à la fac mais qui **ne** savent **pas du tout** ce qu'ils vont faire plus tard. On voit des étudiants de 30 ans qui **n**'ont **pas encore** terminé leurs études et qui **n**'ont **pas encore** trouvé de poste permanent. Ils **n**'ont **plus** beaucoup d'espoir de trouver un travail.

As you study the negative expressions that follow, ask yourself : What are the negations of the expressions **déjà, encore, toujours, souvent, quelquefois, parfois, quelqu'un,** and **quelque chose**? Where are the two elements of negative expressions placed in simple tenses (present, future, imperfect, etc.)? Where are they placed in the **passé composé**? What happens to partitive and indefinite articles after negative expressions? Which negative words can be preceded by a preposition?

Were you able to guess the meanings of the negative expressions that Nathalie used? Check your answers with the following chart of negations and their corresponding affirmative expressions. **Ne... jamais** and **ne... rien** are included for review.

NEGATIONS	AFFIRMATIVE EXPRESSIONS
ne... pas du tout *not at all*	très bien *very well* tout *all*
ne... pas encore *not yet*	déjà *already*
ne... plus *no longer*	toujours/encore *still*
ne... jamais *never*	toujours *always* souvent *often* quelquefois/parfois *sometimes*
ne... personne *no one*	quelqu'un *someone* tout le monde *everyone*
ne... rien *nothing*	quelque chose *something* tout *everything*

- These negative expressions follow the placement rules that you have already learned for **ne... pas, ne... jamais,** and **ne... rien.** In simple tenses—present, future, conditional, and imperfect—**ne** goes before the verb, and the second half of the expression (**personne, plus,** etc.) directly after it.

> subject + **ne** + verb + negative expression + remainder of sentence

> On **ne** valorise **plus** le travail manuel.
> Ils **ne** savent **pas du tout** ce qu'ils vont faire.
> Il **n'**y avait **personne** au bureau ce jour-là.

- When **ne... personne** and **ne... rien** are used with a verb that takes a preposition (**à, de, pour,** etc.), **rien** or **personne** is placed *after* the preposition.

> Il **ne** travaille *pour* **personne.**
> Il est en bonne santé et il a un bon job. Il **n'**a besoin *de* **rien** d'autre pour être heureux.

- **Rien** or **personne** can also be the subject of a verb. Remember that **ne** always precedes the verb, even when **rien** or **personne** is the subject.

> Elle est très stressée depuis qu'elle est au chômage : **rien ne** peut la calmer.
> **Personne n'**est venu travailler pendant la grève.

- In the **passé composé, ne** precedes the auxiliary verb and the second half of the expression is placed between the auxiliary verb and the past participle.

> subject + **ne** + auxiliary verb + negative expression + past participle + remainder of sentence

> Arnaud **n'**a **pas encore** trouvé de travail.
> Maud **n'**a **pas du tout** compris son cours de droit ce matin.
> Anne-Marie **n'**a **plus** fait de chirurgie après son internat.

- The placement of **personne** in the **passé composé** is an exception. **Personne** comes *after* the past participle, rather than before as for the other negative expressions.

> Pendant la grève, il **n'**a vu **personne,** il **n'**a parlé **à personne.**

- As with **ne... pas,** the partitive articles (**du, de la, de l'**) and the indefinite articles (**un, une, des**) change to **de** after these negative expressions. Definite articles (**le, la, les**), however, do not change after negative expressions.

> Gérard doit beaucoup travailler en ce moment. Il **n'**a **pas du tout de** temps libre. Il **n'**a **plus de** week-ends libres pour aller à la pêche.

> **VÉRIFIEZ** Were you able to answer your questions about negative expressions without looking at the book? If not, you may want to review them before going to class.

1. LA POLITIQUE

Des journalistes posent des questions à une femme politique qui a de grandes responsabilités locales. Liez chaque question des journalistes à la réponse logique.

LES QUESTIONS DU JOURNALISTE

1. Est-il vrai que vous avez essayé de diminuer le budget pour la recherche sur le sida ?
2. Est-il exact que deux de vos conseillers sont impliqués dans un scandale de pots-de-vin (*bribes*) ?
3. Y a-t-il un danger de terrorisme dans notre région ?
4. Est-ce que c'est vrai que le nombre de demandeurs d'emploi a beaucoup augmenté cette année dans notre région ?
5. Quelle est la situation économique de notre région ?
6. Qu'est-ce que vous avez fait pour améliorer les conditions dans les quartiers défavorisés ?
7. On dit que vous vous rapprochez de l'extrême droite, est-ce vrai ?
8. Quelle est la situation dans l'industrie automobile? Est-ce que la grève va continuer ?
9. Les hommes avancent-ils plus vite que les femmes dans la fonction publique ?

LES RÉPONSES DE LA FEMME POLITIQUE

a. On a aménagé des parcs, des terrains de sport, construit des garderies et des bibliothèques.
b. Jusqu'ici on n'a pas eu de discussions sérieuses avec les ouvriers, mais je peux vous assurer que nous voulons négocier.
c. Ce n'est pas du tout vrai. Je m'oppose fermement aux thèses racistes de l'extrême droite.
d. Il n'y a plus d'inégalités entre les hommes et les femmes dans la fonction publique.
e. Le coût de la vie n'a presque pas augmenté depuis sept mois, et il n'y a plus de signes d'inflation.
f. Non, au contraire, le taux de chômage dans notre région n'a jamais été aussi bas.
g. Personne dans mon gouvernement n'a accepté de paiement illicite.
h. C'est complètement faux. Je n'ai jamais fait cela. Au contraire, j'ai fait une contribution financière personnelle importante pour la recherche contre cette maladie.
i. C'est peu probable, mais rien n'est impossible et, bien sûr, on a pris toutes les mesures de sécurité possibles dans les gares et dans tous les lieux publics.

2. DIFFICULTÉS ÉCONOMIQUES

M. Lafaurie rend visite à un client qui n'a pas payé ses factures (*bills*) depuis six mois. Quand il arrive chez ce client, il voit que l'usine a beaucoup changé. Regardez les dessins à la page 646 et notez les changements entre l'état de l'usine il y a cinq ans et son état aujourd'hui. Utilisez une expression négative différente dans chaque phrase.

Modèle : Autrefois les employés étaient heureux.
Aujourd'hui ils ne sont pas du tout contents.

3. ON FAIT GRÈVE

Hier les employés de l'usine ont fait grève. Regardez le dessin ci-dessous et répondez aux questions qui suivent.

Hier...

1. Qui a travaillé pendant la grève hier ?
2. Pourquoi est-ce que les ouvriers ont protesté ?
3. Est-ce que le directeur de l'usine a proposé quelque chose de concret ?
4. Est-ce que beaucoup de journalistes sont allés à la manifestation (*demonstration*) ?

4. UNE BOULE DE CRISTAL

Comment est-ce que le monde sera dans 50 ans ? Avec un(e) camarade de classe, complétez les prédictions suivantes. Indiquez :

1. un problème sociétal ou humanitaire qui ne sera pas encore résolu.
2. un problème sociétal ou humanitaire qui n'existera plus.
3. une maladie qui n'existera plus.
4. une chose que personne ne fera jamais plus.
5. deux produits qui n'existeront plus.

EXPRESSION-VOCABULAIRE (2)

LES IDÉES

Voici des expressions qui vous aideront à discuter de sujets d'actualité (*topics of current interest*) :

les atteintes aux libertés individuelles
la diversité culturelle
l'égalité entre les sexes
l'exclusion
la faim dans le monde (*world hunger*)
la guerre
la haine (*hate*)
les inégalités
l'intolérance
la liberté

la maladie
une meilleure compréhension entre
 les gens
la paix (*peace*)
la pauvreté
la prospérité économique
la sécurité
la solidarité
le terrorisme
la tyrannie

POUR EXPRIMER VOTRE OPINION, VOUS POUVEZ DIRE...

MAUD : **À mon avis** (*in my opinion*), pour **diminuer** la pollution, il faut **utiliser** la bicyclette en ville, pas la voiture.

CHRISTIANE : **Quant à moi** (*as for me*), la priorité est **d'améliorer** (*to improve*) les conditions dans les quartiers défavorisés.

MAURICE : **Selon** (*according to*) Nancy, il est important **d'éliminer** les iné-galités.

NATHALIE : **Selon moi,** il est essentiel **d'encourager** les hommes à partager les tâches ménagères.

JEAN-BAPTISTE : **D'après** (*according to*) André, il faut **garantir** les libertés indi-viduelles.

MICHÈLE : **D'après moi,** il faut **lutter pour** (*to fight for*) l'égalité entre les sexes.

POUR EXPRIMER L'ACCORD ET LE DÉSACCORD, VOUS POUVEZ DIRE...

MAURICE : On doit éliminer toute violence à la télévision et dans les films.

ANNE-MARIE : **Je suis d'accord.**

JEAN-BAPTISTE : **Je ne suis pas d'accord. Je suis contre** la censure !

DANIEL : Il faut conserver la famille traditionnelle.

MAUD : **Tu as tort !**

CHRISTIANE : **Tu as raison !**

1. AUGMENTEZ VOTRE VOCABULAIRE
Liez chaque mot ou expression à son contraire.

_____ 1. les atteintes aux libertés individuelles	a. la paix	
_____ 2. la maladie	b. le respect des libertés individuelles	
_____ 3. le plein emploi	c. la solidarité	
_____ 4. la liberté	d. le chômage	
_____ 5. la guerre	e. la tyrannie	
_____ 6. la solitude	f. la tolérance	
_____ 7. l'intolérance	g. la bonne santé	
_____ 8. la richesse	h. la pauvreté	

2. LES GROS TITRES (*HEADLINES*)
Utilisez la bonne forme des verbes suivants pour compléter les titres du journal.

améliorer   diminuer   lutter   éliminer   garantir   augmenter

1. Il faut _____ contre l'usage du tabac chez les jeunes.
2. Une victoire pour la liberté ! Le gouvernement _____ la censure de la presse.
3. La Croix Rouge fait d'énormes efforts pour _____ la situation déses-pérée des victimes de la sécheresse en Afrique.
4. Le Premier ministre déclare : « Nous devons absolument _____ les libertés individuelles de tous les citoyens. »
5. Madame Kunstler, candidate pour le poste de maire adjoint, promet de _____ le nombre de personnes sans domicile fixe.
6. Hélas ! Les dernières statistiques révèlent que le nombre de personnes atteintes du sida _____ chaque année.

3. D'AUTRES GROS TITRES
Continuez l'activité précédente et utilisez les nouvelles expressions de vocabulaire pour inventer deux titres que vous aimeriez lire dans le journal.

Modèle : Chercheurs trouvent remède contre le sida !

4. ÊTES-VOUS D'ACCORD ?

Un groupe de Bisontins parlent de divers aspects de la société moderne. Dites si les personnes indiquées dans chaque cas seraient d'accord ou pas d'accord avec eux. Expliquez pourquoi ou pourquoi pas. Après, donnez votre avis.

Modèle :

UN RETRAITÉ : On dit que les nouvelles technologies doivent nous aider à mieux communiquer les uns avec les autres. À mon avis, c'est le contraire qui est vrai.

UNE JEUNE MÈRE DE FAMILLE : Mon père a raison. Aujourd'hui tout est automatisé—trop automatisé ! Par exemple, on peut faire des opérations bancaires, réserver des places au théâtre, faire des achats sans parler à personne, sans sortir de chez soi !

UN LYCÉEN : Je ne suis pas d'accord. J'utilise beaucoup le minitel et l'Internet, et grâce au courrier électronique, je corresponds avec plein de jeunes comme moi. Nous nous envoyons souvent des messages et nous discutons de beaucoup de sujets.

VOUS : Quant à moi, je crois que le retraité a raison.

ou

VOUS : Selon moi, le retraité a tort. Je suis d'accord avec le lycéen.

1. Une étudiante de 20 ans : Je crois que les jeunes doivent vivre ensemble avant de se marier.
   Vos grands-parents : _____
   Vos parents : _____
   Vous : _____

2. Un médecin : D'après moi, les cours d'éducation sexuelle devraient être interdits à l'école.
   Une grand-mère : _____
   Une jeune mère célibataire de 16 ans : _____
   Vous : _____

3. Un étudiant étranger au CLA : Selon moi, l'Amérique doit adopter un système de santé géré par le gouvernement comme en France et dans beaucoup d'autres pays industrialisés.
   Un démocrate : _____
   Un républicain : _____
   Vous : _____

4. Un homme dans la rue : À mon avis, les SDF sont responsables de leur situation.
   Une assistante sociale : _____
   Une personne sans domicile fixe : _____
   Vous : _____

5. QUELLES SONT VOS PRIORITÉS ?

Vous avez une liste de conditions nécessaires pour le bon fonctionnement de la société. Avec un(e) camarade, choisissez cinq conditions, puis classez-les par ordre de priorité. Soyez prêts à justifier vos choix. Après, comparez vos réponses avec celles des autres étudiants dans la classe et essayez de vous mettre d'accord. Finalement, décidez ensemble quelles sont les trois conditions que votre pays devrait développer en priorité.

des institutions démocratiques	l'égalité
un haut niveau de vie	la tolérance
une société multiculturelle	la solidarité
un haut développement technologique	la justice
l'accès universel aux soins médicaux	l'éducation gratuite
le respect de l'environnement	la sécurité
la stabilité de la famille	la liberté de la presse

ACTION-APPROFONDISSEMENT (2)

LE RACISME EN FRANCE

Dans ce segment, le Dr Hakkar va donner son opinion sur le racisme en France. Voici quelques activités qui vous aideront à mieux comprendre ce qu'il va dire.

PRÉPAREZ-VOUS

> On entend quelquefois en France le terme « Français de souche », qui veut dire un Français dont les ancêtres sont nés en France depuis plusieurs générations. En fait, jusqu'à très récemment la France a été un pays plutôt homogène avec cependant une forte immigration. Cela s'explique par le fait que les étrangers se sont assimilés rapidement dans la société française. Pourtant, depuis les années 60 et surtout 70, une immigration venant d'Afrique du nord et d'Afrique de l'ouest a rendu ce processus d'assimilation plus difficile. La plupart de ces immigrés sont pauvres, peu qualifiés et de religion musulmane. Ils tendent à se regrouper dans les banlieues des grandes villes—Paris, Marseille, Lyon—qui ont, comme tous les quartiers pauvres du monde, des problèmes sociaux.

1. VOS ORIGINES
Quelles sont les origines de vos ancêtres du côté paternel ? du côté maternel ? Quelle(s) langue(s) parlaient-ils ? Comparez vos réponses à celles de vos camarades de classe.

2. UNE SOCIÉTÉ MULTICULTURELLE
Réfléchissez à l'histoire de votre pays ou de votre région. D'où sont venus les immigrés ? D'un ou de plusieurs pays ? Est-ce que ces groupes d'immigrés ont eu du mal à s'intégrer ? Si oui, indiquez quelques raisons.

3. COMMENT VOYEZ-VOUS L'AVENIR ?
Chaque génération a ses espoirs (*hopes*) et ses craintes (*fears*) pour l'avenir. Avec un(e) camarade de classe, indiquez les espoirs et les craintes qui préoccupent

actuellement les jeunes, les personnes « entre deux âges » (*middle-aged*) et les personnes âgées. Ensuite, comparez votre tableau avec ceux de vos camarades de classe.

	LES ESPOIRS	LES CRAINTES
les jeunes		
les personnes « entre deux âges »		
les personnes âgées		

REGARDEZ

QUE PENSE LE DR HAKKAR ?

Écoutez le Dr Hakkar et puis décidez quel paragraphe résume le mieux son opinion sur le racisme en France.

a. Le racisme en France est compliqué, mais, à mon avis, c'est plutôt un racisme social. Il est lié à la montée du chômage. On passe par une période de crainte qui rend les gens agressifs. Et si ce problème n'est pas réglé, ça va être les quartiers riches contre les quartiers pauvres. Alors, si on veut lutter contre cela il faut que les quartiers riches viennent à l'aide des quartiers pauvres.

b. Bien sûr, le racisme, c'est compliqué, mais à mon avis le racisme en France est surtout ethnique. C'est un racisme contre les immigrés à cause d'une immigration massive clandestine pendant les dernières années. Les immigrés prennent le travail des Français—surtout les postes les mieux payés. De plus, la plupart d'entre eux ne sont pas catholiques. C'est la raison pour laquelle ils ne sont pas bien acceptés.

c. Selon moi, il y a très peu de racisme en France. Pourquoi ? Parce qu'on est dans une période d'expansion économique. Les gens qui n'ont pas de travail ont l'espoir d'en obtenir un; ceux qui n'ont pas de logement ont l'espoir d'en avoir un. Pendant les années 70, ce n'était pas le cas. C'était une période de crainte parce que l'économie était en crise et les gens avaient peur— peur de perdre leur emploi, peur de perdre leur maison, peur de voir diminuer leur niveau de vie. Le racisme en France est, selon moi, essentiellement lié à la situation économique.

EXPANSION

1. MARIE-JO ET LE DR HAKKAR DISCUTENT DU RACISME EN FRANCE

Marie-Jo et le Dr Hakkar sont en train de discuter du racisme en France. Utilisez les informations dans le paragraphe que vous avez choisi dans l'activité précédente pour compléter leur conversation.

MARIE-JO :	À mon avis, le racisme en France est surtout religieux. Tu es d'accord avec moi ?
DR HAKKAR :	_____
MARIE-JO :	Selon toi, contre quel(s) groupe(s) est-ce qu'il y a du racisme ?
DR HAKKAR :	_____
MARIE-JO :	À ton avis, pourquoi est-ce qu'il y a du racisme contre ce(s) groupe(s) ?
DR HAKKAR :	_____
MARIE-JO :	Alors, d'après toi, quelle est la solution à ce problème ?
DR HAKKAR :	_____

2. ET DANS VOTRE PAYS ?

À votre avis, est-ce que le racisme existe dans votre pays ? Si oui, pourquoi ? Imaginez que vous parlez à Marie-Jo et qu'elle vous pose des questions sur le racisme dans votre pays. Complétez la conversation avec vos réponses. Présentez-les en classe et comparez vos réponses avec celles de vos camarades de classe.

MARIE-JO : Selon vous, contre quel(s) groupe(s) est-ce qu'il y a du racisme dans votre pays ?

VOUS : _____

MARIE-JO : Pourquoi est-ce qu'il y a du racisme contre ce(s) groupe(s) ?

VOUS : _____

MARIE-JO : Comment se manifeste le racisme dans votre pays ?

VOUS : _____

MARIE-JO : Quelle est, d'après vous, la solution à ce problème ?

VOUS : _____

 # INTERACTION

UNE INVITATION

Votre professeur va vous donner une identité secrète et des renseignements sur cette personne. Pendant cette activité, vous devez adopter la personnalité et les intérêts de votre personnage.

Vous avez été invité(e) à une manifestation à Besançon. Vous ne connaissez personne mais vous circulez et parlez individuellement avec chacun des autres manifestants. Après avoir parlé avec tout le monde, décidez quelles sont les deux personnes qui ont des idées qui correspondent aux tendances politiques et sociales de la personnalité adoptée. Invitez-les à faire une activité avec vous. Chaque personne à la manifestation ne peut accepter qu'une seule invitation !

Prononciation

INTONATION

Now that you have learned how to make more complex sentences using relative pronouns, you may need more practice with intonation in long sentences.

Écoutez

The slash marks in the sentences that follow separate the sentences into breath groups (the number of words you pronounce in one breath). Listen

Continued

to each sentence and indicate with an arrow whether the intonation in each breath group rises or falls. The first one is done for you.

1. Le stress,/c'est le résultat de trop de travail/et de trop de tension.

2. Voici une photo des inondations/qui ont causé beaucoup de dégâts.

3. Un chômeur,/c'est une personne qui cherche du travail/et qui n'en trouve pas.

4. Pour l'instant/il n'y a pas assez de postes pour les étudiants avec des diplômes en philosophie,/en psychologie/et en sociologie.

5. Le journalisme,/c'est une profession/que j'aimerais exercer.

Look carefully at the arrows you have drawn. Using this information, complete the following rule governing the intonation patterns in affirmative sentences.

In long affirmative sentences, the intonation _____ within each breath group and _____ at the end of the sentence.

Vérifiez

In short affirmative sentences, it is normal to lower the intonation at the end of the sentence. In longer affirmative sentences, the speaker will break the sentence into breath groups. The intonation rises within each breath group to indicate that the speaker has not finished and that more is to come, and then falls at the end of the sentence to indicate that the idea is finished.

Prononcez

Divide the following sentences into breath groups by drawing arrows to indicate rising and falling intonation. Next, say the sentences aloud, and then listen to them to verify your answers and intonation. Finally, practice the sentences, being careful to imitate the intonation pattern of the speaker.

1. Médecins Sans Frontières est une organisation qui a comme mission d'aider les malades partout dans le monde.

2. Si le problème du chômage ne s'améliore pas, le racisme va évoluer, non plus vers un racisme ethnique, mais vers un racisme social.

3. À cause de la crise de l'emploi, il y a eu, dans les années 90, plus de candidats qui se sont présentés aux concours de recrutement pour enseigner dans les écoles.

4. Être en bonne santé est l'une des aspirations majeures de nos sociétés.

5. Ne pas être malade, guérir le plus vite possible sont devenus de véritables obsessions pour l'individu moderne confronté à la nécessité de devoir toujours donner le meilleur de lui-même dans son travail, mais aussi dans ses loisirs et dans sa vie privée.

LECTURE

INTRODUCTION

Paul Eluard (1893–1952) a fait partie du groupe des écrivains surréalistes au début des années 20, mais vers la fin des années 30, il s'est tourné vers la simplicité et la littérature engagée. Il a publié le poème « Liberté » dans un livre intitulé Poésie et Vérité en 1942 pendant la Seconde Guerre mondiale sous l'occupation allemande. Son livre a été distribué clandestinement par la Résistance dont Eluard était un membre actif. Dans la version intégrale, « Liberté » a 21 strophes; vous allez lire les quatre premières et les quatre dernières strophes du poème.

PRÉPARATION À LA LECTURE

La plupart des Américains n'ont jamais vu la guerre de près (*up close*). Ils ne la connaissent que par les journaux et la télévision. Avez-vous déjà réfléchi au phénomène de la guerre ? Avant de lire le poème de Paul Eluard, discutez des questions suivantes avec vos camarades de classe.

1. Dans vos cours d'histoire, quelles guerres avez-vous étudiées ? Quelles sont les raisons pour lesquelles un pays fait la guerre à un autre ?

2. À votre avis, dans quelles situations est-ce que la guerre est justifiée ?

3. À la fin d'une guerre, est-ce que la vie redevient tout à fait comme avant ?

Liberté

Sur mes cahiers d'écolier
school desk   Sur mon pupitre° et les arbres
sand   Sur le sable° sur la neige
                 J'écris ton nom

Sur toutes les pages lues
Sur toutes les pages blanches
stone/blood/ashes   Pierre° sang° papier ou cendre°
J'écris ton nom

gilded   Sur les images dorées°
warriors   Sur les armes des guerriers°
kings' crown   Sur la couronne des rois°
J'écris ton nom

Sur la jungle et le désert
nests/brooms   Sur les nids° sur les genêts°
Sur l'écho de mon enfance
J'écris ton nom

...

Sur mes refuges détruits
Sur mes phares écroulés°   *collapsed lighthouses*
Sur les murs de mon ennui°   *boredom*
J'écris ton nom

Sur l'absence sans désirs
Sur la solitude nue°   *naked*
Sur les marches° de la mort   *steps*
J'écris ton nom

Sur la santé revenue
Sur le risque disparu
Sur l'espoir sans souvenirs
J'écris ton nom

Et par le pouvoir° d'un mot   *power*
Je recommence ma vie
Je suis né pour te connaître
Pour te nommer

Liberté.

AVEZ-VOUS COMPRIS ?

1. Quelle phrase résume le mieux l'idée que le poète exprime dans ce poème ?

    a. Pour le poète, rien ne justifie le pouvoir destructif de la guerre.

    b. Le poète exprime de la nostalgie pour son enfance avant la guerre.

    c. Le poète affirme son adhésion au principe de la liberté.

2. Dans ce poème, on voit une progression du passé vers le futur. Identifiez les strophes où...

    a. le poète évoque son enfance.

    b. le poème évoque la destruction physique et mentale qui résulte de la guerre.

    c. le poète parle de son espoir en l'avenir.

3. Dans ce poème, le poète utilise beaucoup d'oppositions. Trouvez-en quelques exemples. À votre avis, pourquoi est-ce que le poète utilise ces contrastes ?

4. Où est le poète dans la première strophe du poème ? Dans les strophes trois et quatre, le poète parle d'écrire sur « la couronne des rois », sur la jungle et le désert, etc. Qu'est-ce que le poète veut dire ? Comment peut-on écrire sur de telles choses ?

5. Quels sont les exemples de destruction mentale et physique cités par le poète qui résultent de la guerre ?

6. Quels espoirs a-t-il en l'avenir ?

EXPANSION

1. Voici les devises (*mottoes*) de plusieurs pays. Avec un(e) camarade, choisissez la devise qui, d'après vous, représente les valeurs les plus importantes. Justifiez votre choix.

l'Andorre et la Belgique : L'union fait la force
le Burkina Faso : La Patrie ou la mort ? Nous vaincrons (*will vanquish*)
le Cameroun : Paix, Travail, Patrie
le Canada : D'un océan à l'autre (le Québec : Je me souviens)
la Côte-d'Ivoire : Union, Discipline, Travail
la France et Haïti : Liberté, Égalité, Fraternité

le Luxembourg : Nous voulons rester ce que nous sommes
Madagascar : Liberté, Patrie, Progrès
le Mali et le Sénégal : Un peuple, un but, une foi (*faith*)
la Mauritanie : Honneur, Fraternité, Justice
le Maroc : Dieu, la Patrie, le Roi
le Niger : Fraternité, Travail, Progrès
la Suisse : Un pour tous, tous pour un

2. Écrivez un ou deux poèmes en utilisant ces expressions ou d'autres de votre choix.

l'amitié	la liberté	la tyrannie	le bonheur
la paix	la solitude	la justice	le malheur

Où voudriez-vous vivre ?

INTRODUCTION

Comme vous le savez, à l'heure actuelle la France est divisée en vingt-deux régions. Cette organisation a été établie officiellement en 1973, mais ce n'est qu'en 1981, quand François Mitterrand est devenu président de la République, que la région a commencé à jouer un rôle important dans la vie du pays. Le gouvernement de Mitterrand a donné plus de pouvoirs politiques et financiers aux régions. En cela, il a continué les efforts, commencés dans les années 60, pour décentraliser la France jusqu'alors dominée par Paris et la région parisienne. Paris est le centre politique, économique, intellectuel et culturel du pays, et c'est là que vit 20% de la population. Dès 1963, on a offert des avantages financiers aux entreprises qui acceptaient de s'installer en province plutôt que dans la région parisienne. Après 1981, des agences gouvernementales et des grandes écoles ont quitté Paris : par exemple, maintenant la prestigieuse École nationale d'administration (l'ENA) est située en partie à Strasbourg, en Alsace.

Avant 1973, la seule unité administrative en France était le département, créé pendant la Révolution en 1790. À l'origine, il y avait 83 départements, mais maintenant il y en a 100 : 96 départements dans l'Hexagone (la France métropolitaine en Europe) et 4 départements d'outre-mer : la Martinique et la Guadeloupe dans les Antilles (des îles dans la mer des Caraïbes), l'île de la Réunion dans l'océan Indien au large de la côte est de l'Afrique et la Guyane en Amérique du Sud.

Si la région et le département sont basés sur des critères économiques et politiques, l'unité géographique la plus ancienne en France, la province—qui n'existe plus officiellement depuis 1790—est plutôt historique et folklorique. Autrefois, les provinces étaient des unités indépendantes contrôlées par un prince, un comte, un duc et même quelquefois un roi. Aujourd'hui elles continuent à garder une importance pour les Français, qui s'identifient avec la province où ils vivent ou celle d'où ils viennent. Il y a des expressions qui font allusion au caractère ou aux habitudes des gens originaires de certaines provinces : on dit « répondre comme un Normand », ce qui veut dire donner une réponse équivoque (« Peut-être que oui, peut-être que non »); ou on parle d'un « cousin à la mode de Bretagne », un cousin éloigné (le fils du cousin de son grand-père, par exemple). Il y a beaucoup de plats qui portent le nom d'une région, tels que (*such as*) les tomates provençales (la Provence), le bœuf bourguignon (la Bourgogne), la choucroute alsacienne (l'Alsace) et la quiche lorraine (la Lorraine).

VIDÉO-ENGAGEMENT

OÙ ALLER ?

Très souvent nos amis bisontins passent leurs vacances dans des régions d'où ils sont originaires ou d'où viennent leurs parents ou grands-parents. Quelquefois, ils font ce que font beaucoup d'Américains et d'Européens : ils vont à la recherche de la tranquillité et du soleil. Marie-Jo, Jean-François et Hadrien veulent aller en Aquitaine, Anne-Marie et sa famille vont chez la famille de sa mère en Bretagne, les Lachaud vont voir la famille de Gérard en Auvergne et les Vandeputte passent leurs vacances à Montpellier dans le Languedoc.

Où voudriez-vous aller en France ? Regardez les diapositives de quelques régions, consultez les renseignements statistiques sur le CD-ROM et ensuite choisissez la région où vous aimeriez passer quelques semaines.

1. OÙ ALLER EN VACANCES ?

Notez les divers aspects de chaque région, ce qui vous aidera à faire votre choix. Notez les choses suivantes:

- le nom de la région
- la situation (sud, nord, etc.)
- les monuments historiques
- les activités sportives et culturelles
- le paysage
- le climat

 Si vous avez accès à l'Internet ou au *World Wide Web,* vous pouvez y trouver des renseignements sur les régions. Votre professeur pourra vous donner des adresses intéressantes.

2. VIENS AVEC MOI EN VACANCES

Trouvez un(e) camarade qui n'a pas choisi la même région que vous. Chacun(e) expliquera les raisons pour lesquelles il/elle aime telle ou telle région. L'un(e) d'entre vous doit persuader l'autre de passer ses vacances dans une région plutôt que dans une autre.

LECTURE

INTRODUCTION

En France jusqu'à la fin de la Seconde Guerre mondiale, peut-être jusqu'aux années 60, un quart de la population active (the workforce) travaillait dans l'agriculture. C'est probablement pour cette raison que la campagne et la terre restent aujourd'hui très importantes pour beaucoup de Français, même s'ils habitent la plupart du temps dans les grandes villes. Très souvent ils passent leurs vacances chez leurs grands-parents ou dans une résidence secondaire à la campagne ou dans un petit village. La plupart des petits villages français, construits autour d'une église ou d'un château qui date du Moyen Âge ou de la Renaissance, ont beaucoup de charme. Un grand nombre d'entre eux ont du mal à survivre parce que leurs habitants sont partis pour la ville. Certains tombent en ruines, d'autres sont appréciés par des patrons d'industrie, des vedettes de cinéma, des écrivains, des artistes-peintres et, bien sûr, par le grand public, aussi. Chaque été, L'Express (un magazine français comme Time *ou* Newsweek*) publie une liste de « villages [chic] qui ont tous en commun du charme, des secrets, une histoire... » avec un court texte sur chacun des villages choisis. Maintenant vous allez lire un de ces textes sur Collonges-la-Rouge, en Corrèze, écrit par un journaliste.*

PRÉPARATION À LA LECTURE

Les idées

Si vous alliez décrire un village, sur quels aspects insisteriez-vous? Son site (en montagne, dans une vallée ou au bord de la mer)? Ses magasins? Son architecture? Son atmosphère? Ses habitants? Son histoire? Qu'est-ce qui est important, le passé ou la vie présente? Les réponses à ces questions vont déterminer non seulement les détails du texte, mais aussi son style.

Le vocabulaire

COLLONGES-LA-ROUGE

un rebord de fenêtre *a windowsill*
le grès *sandstone*
blotti dans les plis d'un vallon *huddled up in the folds of a valley*
le creux *the hollow*
faire partie des nôtres *to become one of us*
désormais *from now on, from then on*
un bout *a little bit*

Le tour de France des villages chic

Collonges-la-Rouge

Charles Ceyrac n'est pas seulement le maire de Collonges-la-Rouge, il en est le barde, le gardien, le Pygmalion. Les géraniums ne poussent pas sur les rebords des fenêtres ? « Je ne tiens pas à ce qu'on fleurisse les maisons, dit-t-il. Collonges est comme une très belle femme. Elle n'a pas besoin de maquillage. » Depuis quand est-il maire ? ... Depuis toujours. Ou presque. En 1450, ses ancêtres habitaient déjà Collonges. Et lui n'en a jamais fini de redécouvrir ces quatre petites rues en pente, ces bâtisses en grès rouge, ce village blotti dans les plis d'un vallon corrézien comme dans le creux d'une main.

Charles Ceyrac est aujourd'hui le président de l'Association des plus beaux villages de France. Un club de 129 communes rurales dont Collonges est naturellement la doyenne. Le label—trois fleurs rouges sur fond de clocher vert—n'est pas facile à obtenir. « Il ne suffit pas de posséder un château et quatre maisons anciennes pour faire partie des nôtres, précise Charles Ceyrac. Un village, c'est la vie : l'artisan, le paysan, les commerces, le marché, le bistrot. » Et, lorsque le village en question ne fait qu'à moitié l'affaire, il ne fait pas l'affaire du tout. Ou alors on le débaptise. C'est le cas de Pujols, dans la région de Toulouse. Sur la colline, le vieux bourg était superbe, mais le reste du village n'avait aucun charme. « On a exigé que le village change de nom, explique tranquillement Charles Ceyrac. Le vieux bourg s'appelle désormais Pujols-Haut. Et lui seul figure dans notre guide. »

Aujourd'hui encore, tard le soir, Charles Ceyrac se surprend parfois à écouter le bruit, les silences, la respiration de Collonges-la-Rouge. Sa religion est faite : « Nous avons tous un bout de village dans notre cœur. »

Jacques Espérandieu. « Le tour de France des villages chics », *L'Express,* 1er juilllet 1993. p. 23.

AVEZ-VOUS COMPRIS ?

1. Décrivez le village de Collonges-la-Rouge, selon ce texte.

2. Comment est-ce que Charles Ceyrac définirait un village ?

3. Quelles sont les conditions pour qu'un village puisse obtenir le label d'un des plus beaux villages de France ?

4. Pouvez-vous expliquer la dernière phrase de Charles Ceyrac ?

 CRITURE

Pensez aux endroits que vous aimez, à la ville que vous habitez ou à celle que vous aimeriez habiter. Écrivez un texte où vous décrivez un endroit idéal selon vous ; insistez sur les sentiments que vous éprouvez (feel) en visitant cet endroit plutôt que sur ses aspects physiques ou géographiques.

 Écoutez encore une fois les vidéos de l'Unité 9, Leçon 1. Pourquoi ceux qui parlent aiment-ils ou n'aiment-ils pas Besançon ? Puis, relisez la lecture. Pourquoi Charles Ceyrac aime-t-il son village ? Faites une liste de toutes les raisons données dans les vidéos et le texte et cochez celles qui, pour vous, seraient importantes dans le choix de l'endroit où vous voudriez habiter. Mettez ces raisons par ordre d'importance pour vous avant de commencer à écrire.

Dans Leçon 1

LA VIE URBAINE

un agent de police *a police officer*

un bruit *a noise*

un centre commercial *a mall*

le chômage *unemployment*

un embouteillage *a traffic jam*

un espace vert *a park,
green space*

le gaz d'éclairage *gaslight*

un gratte-ciel *a skyscraper*

des logements (*m*) sociaux/un HLM
a housing project

un quartier défavorisé *a poor
neighborhood*

un quartier moderne *a modern
neighborhood*

le recyclage des ordures *trash recycling*

le stationnement *parking*

les transports en commun *public transportation*

des vestiges (*m*) *remains*

bruyant *noisy*

la circulation *traffic*

l'insécurité (*f*) *crime*

une machine à vapeur *a steam
engine*

la pauvreté *poverty*

la périphérie des villes *outskirts
of cities*

une rue piétonne *a pedestrian
street*

une tour *a tower, a highrise*

une ville fortifiée *a fortified town*

LES MOTS APPARENTÉS

un centre sportif

le centre ville

un cinéma

un rempart

le parking

un théâtre

isolé

la criminalité

la drogue

une industrie polluante

la pollution

LA COMMUNICATION ET LES TRANSPORTS

un annuaire téléphonique
a telephone book

un chemin de fer *a railway*

le minitel *un service d'Internet
national*

le courrier électronique *e-mail*

une autoroute *a highway*

l'autoroute (*f*) de l'information
the information highway

une fusée *a rocket*

Continued

un ordinateur *a computer*
un péage *a toll*
le TGV (train à grande vitesse) *high-speed train*

à bicyclette/en vélo *by bicycle*
à pied *by/on foot*
en autobus *by (city) bus*
en autocar/en car *by (inter-city) bus*
en avion *by plane*
en métro *by subway*
en voiture *by car*
par voie aérienne/fluviale/ferroviaire/routière *by air/boat/train/road*

relier à (une ville) *to link to (a city)*
relier par (voie aérienne) *to link by (air)*

LES MOTS APPARENTÉS

un fax
un téléphone

l'aéronautique (*f*)
la communication électronique
la satellite de communication
les télécommunications

en train
en tramway

Dans Leçon 2

POUR EXPRIMER L'ACCORD ET LE DÉSACCORD

à mon avis *in my opinion*
d'après (elle) *according to (her)*
quant à moi *as for me*
selon (lui) *in (his) opinion, to (his) mind*

Je suis d'accord. *I agree.*
Je ne suis pas d'accord. *I don't agree.*
Tu as raison. *You are right.*
Tu as tort. *You are wrong.*

LES PROBLÈMES DU MONDE ACTUEL

LES MALADIES

le SIDA *AIDS*   la toxicomanie *drug addiction*

LE MOTS APPARENTÉS

l'alcoolisme (*m*)   la dépression
le cancer   la malnutrition
le stress

L'INSÉCURITÉ

                                        la délinquance

LA FAMILLE

                                        la dénatalité *drop in the birth rate*
                                        une mère célibataire *a single mother*
                                        la planification des naissances *birth control, family planning*

LES MOTS APPARENTÉS

le divorce   la dissolution de la famille
                                        la violence domestique

LES PROBLÈMES ÉCONOMIQUES, SOCIAUX ET POLITIQUES

le chômage (le taux de chômage)   une association caritative
unemployment (unemployment rate)   *a charitable organization*

Continued

les exclus (*m*) *outcasts*
un immigré clandestin *an illegal immigrant*
le niveau de vie *standard of living*
les quartiers (*m*) défavorisés *poor districts*
les SDF (sans domicile fixe) (*m*) *homeless*
le surpeuplement *overpopulation*
le travail bénévole *volunteer work*

une atteinte aux libertés individuelles *a breach of individual freedom*
une émeute *a riot*
la faim *hunger*
une grève (faire grève) *a strike (to strike)*
une guerre *a war*
l'inégalité (*f*) *inequality*

LES MOTS APPARENTÉS

le racisme
le stress
le terrorisme

l'exclusion (*f*)
l'intolérance (*f*)
la pauvreté

LES CATASTROPHES NATURELLES

un ouragan (*m*) *a hurricane*
un tremblement de terre *an earthquake*

une inondation *a flood*
la sécheresse *drought*

LES FEMMES ET LE TRAVAIL

un secteur professionnel féminisé *a largely female sector*
un travail rémunéré *a paid job*

à travail égal, salaire égal *equal work, equal pay*

l'égalité (*f*) entre les sexes *sexual equality*
une profession accessible aux femmes *a profession available to women*

UNITÉ 10

Besançon, la franco-phonie et l'Europe

1

2

3

INAUGURATION

6 MAY 1994   6 MAI 1994

4

MES OBJECTIFS COMMUNICATIFS

Express attitudes, beliefs, and judgments

Express desires, wishes, and preferences

Say what you want others to do or not do

Give opinions about politics and international affairs

Express doubts, uncertainty, and emotions

LES CLÉS CULTURELLES

Cooperation between Besançon and other cities in different parts of the world

The French-speaking world

France and the European Union

Porte d'entrée

Avec vos amis bisontins vous avez découvert la vie française dans une ville moyenne en province, qui est en même temps une capitale régionale. Vous avez aussi comparé cette ville à Paris et au reste de la France. Maintenant, il est temps de considérer les rapports entre la France et le reste du monde. Ces rapports peuvent être de plusieurs sortes.

D'abord, il y a les jumelages, qui sont des accords entre des villes françaises et des villes dans d'autres pays du monde—en Europe, en Afrique, au Moyen-Orient, par exemple. Les jumelages sont nés du désir des habitants des diverses villes d'établir des échanges avec les habitants d'autres pays.

Ensuite, il y a les rapports entre la France et d'autres pays où le français est la langue officielle ou l'une des langues officielles. On pense à des pays européens comme la Suisse ou la Belgique, mais aussi aux pays qui faisaient partie de l'ancien empire colonial français en Afrique, dans les deux Amériques et en Asie. Dans cette catégorie de terres francophones, il y a ce qu'on appelle les DOM-TOM ou les départements et territoires d'outre-mer. Ce sont des territoires qui font toujours partie de la France et qui sont gouvernés par les lois françaises.

Finalement, comme les États-Unis, la France a des accords officiels, comme des traités de défense ou des accords économiques, avec d'autres pays et fait partie d'organisations internationales. Pour la France, les liens avec l'Union européenne sont très importants pour l'avenir, mais les Français sont très divisés à ce sujet. Certains sont en faveur d'une Union de plus en plus forte à tous les niveaux (économique, politique, social); d'autres ont peur de perdre leur identité nationale si l'Union européenne devient trop puissante.

un immeuble de bureaux dans « la boucle »

REGARDONS LES IMAGES

Les rapports entre les villes et entre les pays prennent des formes variées. Pourquoi le président de la République, un ministre, un député ou un maire voyage-t-il hors des frontières françaises ? On peut citer des raisons politiques, économiques, de relations publiques (cérémonies d'inauguration, de commémoration, etc.). Regardez les photos sur la page ci-contre et répondez aux questions suivantes.

1. QUI SONT-ILS ?
Indiquez le nom des chefs d'État ou des membres du gouvernement français ou étranger que vous reconnaissez sur ces photos.

2. QUEL ENDROIT ?
Indiquez l'endroit où ces photos ont été prises.
_____ en France
_____ en Europe
_____ dans un pays francophone hors d'Europe

3. QUELLE OCCASION ?
Quelles photos ont été prises à l'occasion :
_____ d'une réunion au sommet ?
_____ d'une visite d'un chef d'État à l'étranger ?
_____ d'une commémoration ?
_____ d'une inauguration ?

667

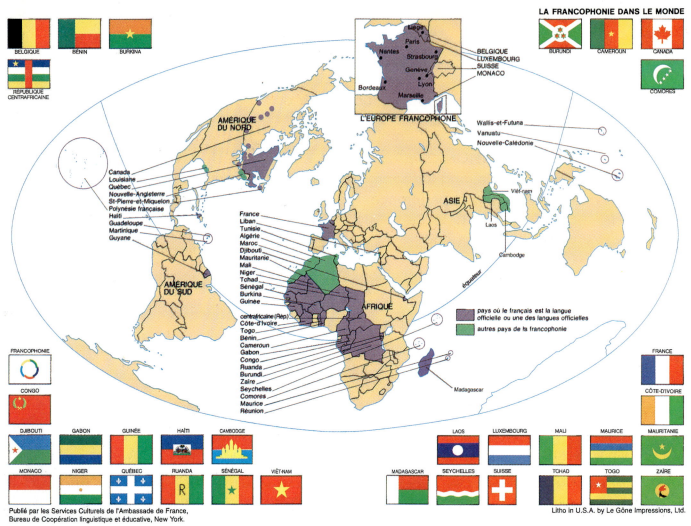

LA FRANCOPHONIE DANS LE MONDE

BELGIQUE
BÉNIN
BURKINA
RÉPUBLIQUE CENTRAFRICAINE

BURUNDI
CAMEROUN
CANADA
COMORES

L'EUROPE FRANCOPHONE

Liège
Paris
Nantes
Strasbourg
BELGIQUE
LUXEMBOURG
Genève
SUISSE
Bordeaux
Lyon
MONACO
Marseille

AMÉRIQUE DU NORD

Wallis-et-Futuna
Vanuatu
Nouvelle-Calédonie

ASIE

Viêt-nam

Laos

Cambodge

équateur

Canada
Louisiane
Québec
Nouvelle-Angleterre
St-Pierre-et-Miquelon
Polynésie française
Haïti
Guadeloupe
Martinique
Guyane

AMÉRIQUE DU SUD

France
Liban
Tunisie
Algérie
Maroc
Djibouti
Mauritanie
Mali
Niger
Tchad
Sénégal
Burkina
Guinée
centrafricaine (Rép.)
Côte-d'Ivoire
Togo
Bénin
Cameroun
Gabon
Congo
Ruanda
Burundi
Zaïre
Seychelles
Comores
Maurice
Réunion

AFRIQUE

Madagascar

pays où le français est la langue officielle ou une des langues officielles

autres pays de la francophonie

FRANCOPHONIE

CONGO

DJIBOUTI
GABON
GUINÉE
HAÏTI
CAMBODGE

MONACO
NIGER
QUÉBEC
RUANDA
SÉNÉGAL
VIÊT-NAM

FRANCE

CÔTE-D'IVOIRE

LAOS
LUXEMBOURG
MALI
MAURICE
MAURITANIE

MADAGASCAR
SEYCHELLES
SUISSE
TCHAD
TOGO
ZAÏRE

Publié par les Services Culturels de l'Ambassade de France,
Bureau de Coopération linguistique et éducative, New York.

Litho in U.S.A. by Le Gône Impressions, Ltd.

Côte-d'Ivoire
Maroc
ancien Zaïre
Mali
Koak

UNITÉ 10
Leçon 1

Le jumelage et la francophonie

MES OBJECTIFS COMMUNICATIFS

Express attitudes, beliefs, and judgments
Express desires, wishes, and preferences
Say what you want others to do or not do

LES CLÉS CULTURELLES

Cooperation between Besançon and other cities in different parts of the world
The French-speaking world

REGARDONS LES IMAGES

1. UN PEU DE GÉOGRAPHIE

La carte à la page ci-contre montre tous les pays francophones, c'est-à-dire les pays où le français est la langue officielle ou une des langues dominantes. (Notez que le Zaïre s'appelle maintenant la République démocratique du Congo.) Regardez cette carte et indiquez le continent ou l'océan où se trouvent les pays francophones suivants :

la Belgique	le Cameroun	le Laos	le Maroc
le Burkina Faso	les Comores	le Luxembourg	Monaco
le Cambodge	la Guadeloupe	Madagascar	la Nouvelle-Calédonie

Modèle : Le Cambodge se trouve en Asie.
Madagascar se trouve dans l'océan Indien.

2. L'ART AFRICAIN

Regardez les exemples d'art africain à la page ci-contre. Trouvez les pays d'origine de ces œuvres d'art sur la carte du monde francophone.

3. ELLES SONT FAITES EN QUOI ?

Indiquez en quoi chaque œuvre d'art est faite.

_____ en métal   _____ en bois (*wood*)   _____ en laine (*wool*)

669

LA FRANCOPHONIE C'est le géographe français Onésime Reclus (1837–1916) qui a probablement inventé le mot **francophonie.** Il désignait par ce terme les populations et les territoires où l'on utilisait la langue française. La plupart de ces territoires étaient alors des colonies françaises.

Mais c'est vraiment Léopold Sédar Senghor (écrivain et ancien président du Sénégal) qui a créé en 1956 le concept de francophonie. Il voyait la langue française comme un véhicule qui permettrait à des pays et à des peuples nouvellement indépendants de se créer une identité tout en gardant des liens (*while keeping contact*) avec la France. Cette volonté s'est concrétisée dans la création en 1970 de l'Agence de coopération culturelle et technique des pays francophones. Elle se réaffirme depuis dans les sommets des pays francophones qui ont lieu régulièrement.

Le concept de francophonie a évolué : à ses débuts il était essentiellement culturel et tenait compte d'une réalité linguistique. En effet, les pays francophones sont des pays où la langue française est la langue maternelle majoritaire ou une des langues officielles du pays. Mais ce concept a changé; il est devenu plus politique et économique et constitue à l'heure actuelle un élément important dans les relations entre les pays industrialisés du Nord et les pays en voie de développement du Sud.

EXPRESSION-VOCABULAIRE (1)

LE VOCABULAIRE POLITIQUE ET ADMINISTRATIF

Beaucoup de termes techniques ou spécialisés sont presque les mêmes en anglais et en français. Par exemple, vous comprendrez probablement la plupart des noms et adjectifs du vocabulaire politique et administratif que vous entendrez dans la première vidéo de cette leçon.

NOMS	ADJECTIFS	
une association	urbain(e)	rural(e)
la coopération	industriel(le)	agricole
une organisation	international(e)	national(e)
une région	désertique	fertile
une zone	scolaire	universitaire
un(e) habitant(e)	économique	juridique
un milieu	démocratique	totalitaire
une mentalité	communiste	capitaliste
un(e) voisin(e) (*neighbor*)		

1. LE CONTRAIRE

Donnez l'antonyme des mots suivants.

urbain _____

démocratique _____

capitaliste _____

international _____

agricole _____

industriel _____

fertile _____

2. UN PAYS FRANCOPHONE : LE TCHAD

Complétez cet extrait de presse sur le Tchad, autre pays francophone d'Afrique, en utilisant les adjectifs suivants. N'oubliez pas de faire l'accord !

africain   économique   international   rural

scolaire   urbain   démocratique

... Dans cette ancienne colonie _____, on essaie de maintenir une organisation politique _____. C'est un pays essentiellement _____, à la limite du désert. Il n'y a pas de grands centres _____ ni d'industries. Le système _____ n'est pas très développé et la grande majorité des habitants ne savent ni lire ni écrire. Il est clair que ce pays a besoin de la coopération _____ pour développer ses activités _____ et augmenter son niveau de vie.

3. UNE VILLE QUE JE CONNAIS BIEN

On vous demande de décrire la ville où se trouve votre université pour un guide touristique. Avec un(e) camarade, écrivez cette description en utilisant le vocabulaire présenté à la page 670. Situez votre ville selon ces critères :

la géographie   la politique   l'économie   la culture

ACTION (1)

LES VILLES JUMELÉES AVEC BESANÇON

PRÉPARONS-NOUS

1. LES JUMELAGES

Paulette Kunstler, maire adjoint de Besançon, va parler des actions de jumelage entre Besançon et d'autres villes dans le monde. Lisez la clé culturelle suivante qui explique l'origine et le but (*goal*) de ces jumelages. Ensuite, répondez aux questions sur le texte.

Deux enfants qui sont nés en même temps d'une même mère, sont des jumeaux (ou des jumelles si ce sont des filles). Une opération de jumelage met deux villes en contact l'une avec l'autre. Quand on établit un accord de coopération et de collaboration entre deux villes de pays différents, on dit qu'il y a une opération de « jumelage », que les villes sont jumelées.

Les opérations de jumelage entre villes ont commencé en Europe après la Seconde Guerre mondiale. C'était une façon de mieux se connaître, de mieux s'apprécier et d'éviter de futurs conflits. Les villes qui sont jumelées peuvent avoir des points communs en ce qui concerne le nombre d'habitants, la situation géographique, les activités économiques, l'influence culturelle, etc., ou elles peuvent être totalement différentes surtout s'il s'agit d'un jumelage entre un pays du Nord et un pays du Sud. Le but de ces échanges était tout d'abord culturel, mais il est devenu économique et parfois humanitaire. Grâce à ces échanges, de nombreux jeunes, des personnes exerçant un métier ou à la retraite ont pu voyager dans une ville étrangère, établir des contacts avec les habitants et quelquefois apporter un peu de leur savoir-faire. Le jumelage des villes est une organisation qui fonctionne bien et qui contribue à ouvrir l'univers des Français vers l'Europe et le monde et vice-versa.

1. Qu'est-ce qu' « un jumelage » ?
2. Quand est-ce que l'organisation des jumelages a commencé ?
3. Pour quelle(s) raison(s) est-ce qu'on a commencé à faire des jumelages ?
4. Quels sont les avantages des jumelages ?

Remember to use:

en before a feminine singular country or continent: **Je vais en France.**

au before a masculine singular country or continent: **Je vais au Brésil.**

en before a masculine singular country beginning with a vowel: **Je vais en Israël.**

aux before a country whose name is plural in French: **Je vais aux États-Unis.**

2. LES VILLES JUMELÉES AVEC BESANÇON

Dans le tableau suivant, il y a les noms de quelques villes avec lesquelles Besançon est jumelée. Avec un(e) camarade, regardez la carte du monde à la page 668 et trouvez le pays où ces villes sont situées. Ensuite, indiquez le pays et le continent ou l'océan où se trouvent ces pays.

Modèle :   Hadera se trouve en Israël.
Israël se trouve en Asie.

LA VILLE JUMELÉE	DEPUIS (*DATE*)	SON PAYS	SON CONTINENT
Douroula	1985	Burkina Faso	
Fribourg	1959	Suisse	
Hadera	1964	Israël	Asie
Huddersfield	1955	Angleterre	
Kuopio	1983	Finlande	
Neuchâtel	1975	Suisse	
Pavie	1964	Italie	

3. QU'EST-CE QUE VOUS SAVEZ SUR CES PAYS ?

Quelles sont les ressemblances ou les différences entre Besançon en France et les sept pays où ces villes jumelées sont situées? Parlez-en avec deux autres camarades de classe et essayez de trouver un point en commun et un aspect différent pour chaque pays. Parmi les domaines que vous pouvez considérer, il y a le climat, le niveau de vie (*standard of living*) et la langue.

REGARDONS ENSEMBLE

1. BESANÇON ET LE JUMELAGE

Écoutez ce que dit le maire adjoint de Besançon, Paulette Kunstler, à propos des jumelages et dites si les phrases suivantes sont vraies ou fausses.

1. Besançon mène des actions de jumelage avec d'autres villes dans le monde depuis maintenant dix ans.
2. Besançon a des jumelages avec trois pays européens.
3. Besançon a des actions de coopération avec d'anciens pays communistes.
4. Besançon a deux actions de coopération en Afrique.
5. Besançon a une action de coopération avec le Burkina Faso et une autre avec la Côte-d'Ivoire.

2. LES VILLES AFRICAINES

Madame Kunstler nous dit que les grandes villes africaines ont de nombreuses difficultés d'organisation. Cochez les points qu'elle mentionne.

Souvent il n'y a pas...

_____ d'hygiène.
_____ de sécurité.
_____ de logements en nombre suffisant.
_____ de travail pour tout le monde.
_____ de transports en commun.

EXPANSION

UNE INTERVIEW AVEC MADAME KUNSTLER

Un reporter du journal *L'Est Républicain* pose des questions à Madame Kunstler. Comment répond-elle ? Complétez la conversation et jouez-la avec un(e) camarade.

LE REPORTER :   Est-ce que Besançon est jumelée avec des villes européennes ?

MADAME KUNSTLER : _____

LE REPORTER :   Et avec des villes dans d'autres continents, aussi ?

MADAME KUNSTLER : _____

LE REPORTER :   Est-ce que tous les jumelages sont avec de grandes villes ?

MADAME KUNSTLER : _____

LE REPORTER :   Que pensez-vous de ces actions de jumelage ? Sont-elles utiles ?

MADAME KUNSTLER : _____

ACTION (2)

NEUCHÂTEL

PRÉPARONS-NOUS

NEUCHÂTEL Neuchâtel, en Suisse, est une ville charmante où il fait bon vivre. Elle est située au bord du lac de Neuchâtel et au pied du massif montagneux, le Chaumont. Elle est très bien reliée aux autres grandes villes suisses comme Genève, Berne, Bâle ou Zurich. C'est une vieille ville avec des quartiers pittoresques et des maisons anciennes. Elle a une université assez importante et une vie intellectuelle active. À 23 km de Neuchâtel se trouve la ville de la Chaux-de-Fonds, grand centre d'horlogerie de réputation mondiale. Neuchâtel est un lieu de vacances idéal. L'arrière-pays offre de grandes possibilités de pratiquer de nombreux sports, en particulier le ski en hiver et les randonnées pédestres en été. C'est aussi une région de vignobles qui produit d'excellents vins blancs.

1. NEUCHÂTEL/BESANÇON

Lisez attentivement la description de Neuchâtel dans la clé culturelle. Pouvez-vous trouver au moins cinq points que cette ville a en commun avec Besançon ?

2. UN WEEK-END À NEUCHÂTEL

Maud veut persuader Arnaud de l'accompagner à Neuchâtel pour y passer le week-end. Complétez la conversation entre Maud et Arnaud en utilisant le vocabulaire suivant.

anciennes	charmante	étudiants	jumelée	niveau
planche à voile	quartiers	randonnées	Suisse	voisins

MAUD : Qu'est-ce que tu fais samedi prochain ?

ARNAUD : Rien, pourquoi ?

MAUD : Trois copains de la fac et moi avons decidé d'aller passer le week-end à Neuchâtel. Tu sais que Neuchâtel est _____ à Besançon. Nous devons y rencontrer des _____ en droit : tu veux nous accompagner ?

ARNAUD : Neuchâtel, en _____ ? Mais c'est trop loin pour un week-end !

MAUD : Mais non, ce n'est qu'à une heure et demie de route de Besançon. Il paraît que c'est une ville _____ avec des _____ pittoresques et des maisons _____. Ce serait sympa, non ?

ARNAUD : Je ne sais pas. Je voulais faire un peu de sport ce week-end, je n'avais pas l'intention de faire du tourisme.

MAUD : Mais on ne fera pas que ça. Un de mes copains m'a dit que le lac de Neuchâtel est idéal pour la _____ et on peut faire des _____ pédestres dans l'arrière-pays.

ARNAUD : Dans ce cas, ça m'intéresse. Mais pourquoi voulez-vous rencontrer des étudiants suisses ?

MAUD : Mais parce qu'on est _____ ! On a beaucoup en commun mais on ne se connaît pas vraiment. Il est particulèrement important que le jumelage fonctionne au _____ universitaire.

REGARDONS ENSEMBLE

Madame Kunstler continue d'expliquer les actions de jumelage menées par Besançon en parlant de celle qui existe avec Neuchâtel en Suisse.

NEUCHÂTEL, UNE VILLE VOISINE

Selon Madame Kunstler, quelles sont les similarités et les différences entre Besançon et Neuchâtel ? Écoutez-la et notez ce qui est similaire ou différent entre les deux villes à propos des points suivants.

les activités économiques
la monnaie
les journaux
la mentalité rurale
l'organisation politique

le gouvernement
la langue
l'accent
l'organisation scolaire

EXPANSION

L'INTERVIEW CONTINUE

Le reporter du journal *L'Est Républican* pose encore des questions à Madame Kunstler. Avec un(e) camarade de classe, complétez leur conversation et puis jouez-la.

LE REPORTER : Quelles sont les similarités entre Besançon et Neuchâtel?
MADAME KUNSTLER : _____
LE REPORTER : Quelles sont les différences entre ces deux villes?
MADAME KUNSTLER : _____

Prononciation

LA COMBINAISON *EU*

Écoutez

In French, the letter combination **eu** may be pronounced like the **eu** in the words **deux** and **peu** or like the **eu** in the words **heure** and **beurre**. Listen to the following sentences and decide which of these two sounds you hear. Then, listen again to see if the consonant following the **eu** is pronounced. Can you deduce the rule governing the pronunciation of the letter combination **eu**?

1. André a les chev**eu**x noirs et les y**eu**x noirs.
2. Il a quatre s**œu**rs et trois frères.
3. C'est un étudiant séri**eu**x.
4. Il n'a pas p**eu**r des examens !
5. Un jour André va être profess**eu**r d'allemand.
6. André aime beaucoup l'**Eu**rope.
7. Mais, il v**eu**t retourner au Burkina Faso pour voir sa famille.

Continued

Vérifiez

The letter combination **eu** is pronounced like the **eu** in **peu** and **deux** when the consonant that follows is silent. It is pronounced like the **eu** in **heure** and **beurre** when the consonant that follows is pronounced.

Prononcez

Circle the letter combination **eu** when it is prununced like the **eu** in **peu** and **deux.** Underline the **eu** combination when it is pronounced like the **eu** in **heure** and **beurre.** Next, listen to the sentences and correct any mistakes you made. Finally, practice pronouncing the sentences after the speaker.

1. Plusieurs jeunes bisontins veulent aller en Afrique.
2. Ils veulent travailler sur les chantiers au Burkina Faso.
3. Ceux qui sont travailleurs peuvent y aller.
4. Il se peut que Jean-Baptiste aille en Afrique un jour.
5. Des ingénieurs européens aident à construire des puits.

EXPRESSION-STRUCTURE (1)

L'INDICATIF ET LE SUBJONCTIF

Thus far, you have learned several verb tenses (**le présent, le futur, le passé composé,** and **l'imparfait**). A verb tense allows you to indicate when an action takes place: in the present, the past, or the future. Verbs also have moods. The mood indicates the speaker's attitude, judgment, or feelings about what he or she is saying (*I'm delighted you're coming with us; It's a shame that you can't go with us!; In my opinion, it is imperative that you come with us!*).

Read the following passage in which Madame Kunstler explains the **jumelage** between Besançon and Neuchâtel and try to identify the expressions that indicate her judgment, attitude, or feelings about this exchange. What one word follows all of these expressions?

> Besançon et Neuchâtel sont très proches. C'est donc normal que Besançon choisisse une action de jumelage avec Neuchâtel. Il est bon que nous nous connaissions et que nous participions à des activités en commun. Il faut que nous continuions ces échanges bénéfiques...

Did you identify the following expressions: **C'est donc normal... ; Il est bon... ; Il faut... ,** all of which are followed by **que**?

 As you study the explanations and examples, ask yourself these questions: When should I use the indicative mood? When should I use the subjunctive mood?

- When a speaker is expressing facts (or believes that he or she is expressing facts) about events or people in the past, present, or future, the *indicative* mood is used.

> Besançon est jumelée avec deux villes en Afrique. (*fact*)

- When a speaker is expressing his or her feelings, judgment, or attitudes about a person or event, the *subjunctive* mood is used. Like the indicative mood, the subjunctive mood has various tenses, but only the present tense will be presented.
- The subjunctive is used in sentences that have two clauses linked by **que.** The first or main clause expresses the speaker's feelings or attitudes about the event or action that happens in the second or dependent clause. The verb in the main clause is in the indicative; the verb in the second or dependent clause is in the subjunctive.

MAIN CLAUSE		DEPENDENT CLAUSE
subject 1 + verb expressing attitudes, judgment, and feelings about the person/event in the dependent clause	+ *que* +	subject 2 + verb in the subjunctive
Je suis heureux/heureuse Il est important	que que	Besançon participe à des jumelages. nous continuions ces échanges.

- Note that the subject in the main clause (subject 1) and the subject of the dependent clause (subject 2) must be different. If the subjects are the same, then the second verb is in the infinitive form.

> Je suis heureux/heureuse que Besançon participe à des échanges internationaux.
>
> Je suis heureux/heureuse de participer à des échanges internationaux.

> **VÉRIFIEZ** Were you able to answer your questions about the indicative and subjunctive moods? If not, study the examples again.

1. L'INDICATIF OU LE SUBJONCTIF ?

Avec un(e) camarade, déterminez si la première partie de chaque phrase exprime un fait (*fact*), un jugement, une attitude ou des sentiments. Ensuite, dites si les verbes soulignés (*underlined*) sont à l'indicatif ou au subjonctif.

1. **Madame Kunstler est contente** que les Bisontins s'<u>intéressent</u> au Burkina Faso.
2. Selon elle, **c'est normal** que Besançon <u>aide</u> les pays sous-développés.
3. **Il n'est pas bon** que le Burkina Faso <u>reste</u> un pays très pauvre.
4. D'après Madame Kunstler, **il est important** que Besançon <u>participe</u> à des échanges internationaux.
5. **Il est certain** qu'André Somé <u>est</u> burkinabé.

6. **Il est bon** qu'André <u>profite</u> de la proximité de Besançon à l'Allemagne pour améliorer son allemand.
7. **Il est important** qu'André <u>termine</u> ses études avant de rentrer en Afrique.
8. **Il est sûr** qu'André <u>veut</u> retourner en Afrique après ses études.

2. ANDRÉ SOMÉ S'EXPRIME

André explique les avantages et les inconvénients de son expérience en France grâce au (*thanks to*) jumelage entre Besançon et le Burkina Faso. Liez les expressions de la colonne A avec les expressions de la colonne B pour faire des phrases logiques. Ensuite, indiquez si le deuxième verbe dans chaque phrase est à l'indicatif ou au subjonctif. Plusieurs réponses sont possibles.

A
1. Il est certain que
2. Il est aussi vrai que
3. Mes parents sont tristes que
4. Cependant, mes parents sont heureux que
5. Les membres de ma famille sont contents que
6. Je regrette que
7. Je suis certain que

B
mes amis français ne rentrent pas au Burkina Faso avec moi !
mes amis et moi allons rester en contact.
je continue mes études.
je n'oublierai jamais la gentillesse de mes amis français.
je profite beaucoup de mon séjour en France.
je rentre au Burkina Faso l'année prochaine.
j'habite si loin d'eux.

EXPRESSION-STRUCTURE (2)

LE SUBJONCTIF ET LES EXPRESSIONS IMPERSONNELLES

You already know several impersonal expressions such as **il faut** (*Il faut beaucoup étudier pour avoir une bonne note.*) and **il est important** (*Il est important de trouver un poste intéressant.*). Impersonal expressions are those that do not refer to any specific person or thing (*It is necessary. . . It is important. . .*). Read the following speech made by Madame Kunstler at a political meeting encouraging the **Bisontins** to support the **jumelage** with Neuchâtel, and try to identify the impersonal expressions and determine their meanings. The verbs that follow these impersonal expressions are in the subjunctive mood. Look at the verb endings closely and identify the **vous** form of the present subjunctive.

Mes amis, comme vous savez, la ville de Besançon est jumelée avec Neuchâtel, mais très peu d'entre vous y sont déjà allés. C'est dommage que vous viviez si près les uns des autres et que vous ne vous connaissiez pas. Il faut que vous alliez à la rencontre de vos voisins suisses. Il est possible que vous ne les trouviez pas si différents de vous-mêmes et que vous formiez avec eux des amitiés solides et durables.

You already know **Il faut que.** Did you find the expressions **c'est dommage que** (*it's a shame*) and **il est possible que**? Did you identify **-iez** as the ending of the **vous** form of the present subjunctive?

As you read the following explanations, ask yourself these questions: Which stem do I use to form the subjunctive? What are the present subjunctive endings? Which impersonal expressions are followed by the subjunctive? Why are they followed by the subjunctive? What do they mean? With what word(s) do they begin? With what word do they end?

FORMATION OF THE PRESENT SUBJUNCTIVE

- To form the present subjunctive of regular verbs and most irregular verbs: (additional irregular verbs will be presented in **Expression-Structure (3)** of this lesson)

	TAKE THE **ILS/ELLES** FORM OF THE PRESENT INDICATIVE	AND DROP THE **-ENT** ENDING TO FORM THE STEM OF THE SUBJUNCTIVE
-er verbs	ils/elles participent	particip
-ir verbs	ils/elles choisissent	choisiss
-ir verbs	ils/elles offrent	offr
-re verbs	ils/elles vendent	vend
most irregular verbs	ils/elles connaissent	connaiss

- Add the endings **-e, -es, -e, -ent** to the subjunctive stem for the **je, tu, il/elle/on, ils/elles** forms. Add the endings **-ions, -iez** for the **nous** and **vous** forms.

	-ER VERBS	**-IR VERBS**	**-IR VERBS**	**-RE VERBS**	**MOST IRREGULAR VERBS**
que je/j'	particip**e**	choisiss**e**	offr**e**	vend**e**	connaiss**e**
que tu	particip**es**	choisiss**es**	offr**es**	vend**es**	connaiss**es**
qu'il/elle/on	particip**e**	choisiss**e**	offr**e**	vend**e**	connaiss**e**
que nous	particip**ions**	choisiss**ions**	offr**ions**	vend**ions**	connaiss**ions**
que vous	particip**iez**	choisiss**iez**	offr**iez**	vend**iez**	connaiss**iez**
qu'ils/elles	particip**ent**	choisiss**ent**	offr**ent**	vend**ent**	connaiss**ent**

LES EXPRESSIONS IMPERSONNELLES

When impersonal expressions in the main clause express a judgment, an opinion, a possibility, or an obligation about particular people or events in the dependent clause, the verb in the dependent clause must be in the subjunctive.

Il est important qu'André finisse sa thèse cette année.

Il est nécessaire qu'André dise au revoir à ses amis bisontins.

It is important that André finish his thesis this year.

It is necessary that André say good-bye to his Besançon friends.

Here are some of the most common impersonal expressions that are followed by the subjunctive.

necessity	il faut que	*it is necessary that*
	il est nécessaire que	*it is necessary that*
possibility	il est possible que	*it is possible that*
	il se peut que	*it is possible that*
opinion	il est bizarre que	*it is strange that*
	il est bon que	*it is good that*
	il est important que	*it is important that*
	il est incroyable que	*is is unbelievable that*
	il est intéressant que	*it is interesting that*
	il est naturel que	*it is natural that*
	il est normal que	*it is normal that*
	il est dommage que	*it is a shame that*
	il vaut mieux que	*it is better that*

- Impersonal expressions start with the impersonal pronoun **il** and end in **que**. The subjunctive is used in the second or dependent clause.

  Il est bon que nous continuions ces échanges.
  Il est normal que nous choisissions Neuchâtel.

- **Ce** can be substituted for **il** in all of these impersonal expressions except for **il faut que, il vaut mieux que,** and **il se peut que.**

  C'est bien naturel que les Bisontins se tournent vers leurs voisins.

  It is quite natural that the people of Besançon turn toward their neighbors.

  C'est possible que Besançon envisage un jumelage avec une ville américaine.

  It's possible that Besançon is thinking about a partnership with an American city.

- Be careful! The expression **il faut que** changes meaning in the negative.

  Il faut que Besançon continue les échanges.

  It is necessary for Besançon to continue the exchanges. (obligation)

  Il ne faut pas que Besançon arrête les échanges.

  *Besançon **must not** stop the exchanges. (one/you must not)*

- Note that in order to use the subjunctive with impersonal expressions, the subject of the second clause must be identified. When the subject is not specified, the infinitive is used, not the subjunctive. Compare the following examples.

  Il faut que Besançon continue ces échanges bénéfiques. (*The subject of the second verb is specified—Besançon.*)
  Il faut continuer ces échanges bénéfiques. (*The subject of the second verb is not specified.*)

> **VÉRIFIEZ** Were you able to answer all the questions about the use of the subjunctive with impersonal expressions of necessity, opinion/judgment, and possibility? If not, study the explanations and examples again.

1. D'APRÈS MOI...

Qu'est-ce que vous pensez des jumelages internationaux ? Complétez les phrases suivantes en utilisant l'expression qui exprime votre opinion sur les jumelages.

Il est possible que	Il faut que	Il est évident que
Il vaut mieux que	Il est nécessaire que	Il est bon que
Il est important que	Il ne faut pas que	Il se peut que

_____ les pays du monde participent à des échanges pour éviter de futurs conflits.

_____ les pays industrialisés apportent de l'aide économique aux pays les plus pauvres.

_____ plusieurs pays africains connaissent des difficultés économiques graves à cause de leur climat et de leur situation géographique.

_____ les villes jumelées profitent des jumelages du point de vue culturel.

_____ les villes africaines connaissent aussi des problèmes urbains.

_____ les pays les plus riches apportent de l'aide humanitaire.

_____ les échanges permettent aux jeunes de connaître d'autres pays.

_____ les villes abandonnent ces échanges bénéfiques.

2. À MON AVIS...

La mairie de Besançon a formé un comité d'experts pour chercher une ville dans un pays d'Europe de l'Est qui pourrait être jumelée à Besançon. Les membres de ce comité expriment leur opinion et donnent des suggestions. Avec trois camarades, jouez le rôle d'un membre de ce comité, en utilisant les expressions suivantes et le pronom sujet **nous**.

Il faut que   Il ne faut pas que   Il est nécessaire que   Il n'est pas nécessaire que

> **Modèle :**   trouver une ville universitaire
> Il faut que nous trouvions une ville universitaire.

1. identifier une ville qui a à peu près le même nombre d'habitants que Besançon
2. choisir une ville ancienne
3. sélectionner une ville qui se trouve dans une région touristique
4. donner la préférence à une ville qui a un bon climat et une bonne situation géographique
5. examiner les liaisons ferroviaires avec Besançon
6. rechercher une ville avec le même niveau de vie et les mêmes activités économiques que Besançon
7. trouver une ville qui a une vie culturelle riche

3. QUELQUES CONSEILS

Jean-Baptiste et quelques camarades de classe vont faire un petit voyage à Fribourg, une ville allemande jumelée à Besançon. Ils vont rester dans des familles allemandes. La veille de son départ, la famille de Jean-Baptiste et ses amis lui donnent des conseils ou lui posent des questions. Complétez ce qu'ils disent en choisissant et en conjuguant le bon infinitif.

acheter   finir   neiger   se nourrir   parler   partir   perdre   rencontrer

ANNE-MARIE :	Il faut que nous te/t' _____ de nouveaux baskets avant ton départ. Il y a des soldes dans les magasins de la Grande Rue en ce moment.
MAURICE :	Il est essentiel que tu _____ tes devoirs avant de partir. Les petites vacances, c'est bien, mais pense à ton bac !
BENJAMIN :	Il ne faut pas que tu _____ ! Je veux que tu restes ici avec nous.
CLARA :	Il ne faut pas que tu _____ ton argent.
SON GRAND-PÈRE :	Il se peut qu'il _____. Prends ton anorak et des bottes.
SA GRAND-MÈRE :	Avec tes copains, il est important que vous _____ bien. Il ne faut pas que vous vous bourriez (*stuff yourselves*) de frites et de gâteaux.
DOREL :	Faudra-t-il que nous _____ allemand avec toi quand tu seras de retour ?
NATHALIE :	Il faut que tu _____ mes cousins allemands. Je te donnerai leur numéro de téléphone. Ils sont super sympa.

4. LE SAHEL

Lisez la clé culturelle sur le Sahel et ensuite répondez aux questions.

> Le Sahel se réfère à toute la région de l'Afrique qui borde le désert du Sahara. Il s'agit essentiellement d'ouest en est d'une partie du Sénégal, du nord du Burkina Faso, du nord du Nigéria, du Tchad et du Soudan. Ces régions étaient autrefois couvertes de forêts denses qui ont été détruites par les hommes et qui ont fait place à des zones de végétation rare dans lesquelles le désert avance inexorablement. Cette désertification entraîne des changements climatiques, des changements dans l'agriculture, des famines. Tout cela a pour effet de faire fuir (*to flee*) les habitants de ces régions vers les grandes villes où ils ne trouvent souvent que la misère.

1. Qu'est-ce que c'est que « le Sahel » ?
2. Quels pays font partie de cette région ?
3. Dans quelle partie de l'Afrique se trouvent ces pays ?
4. Indiquez quatre problèmes qui existent dans cette région.

5. NE TOUCHEZ PAS AU BUDGET JUMELAGE !

À la suite des restrictions budgétaires récentes, les budgets alloués (*allocated*) aux programmes de jumelage avec les pays africains vont être réduits : écrivez une pétition au maire de Besançon dans laquelle vous expliquez pourquoi il ne faut pas toucher au budget jumelage pour les villes africaines. Dans votre pétition, citez les problèmes qui existent dans le Sahel. Écrivez au moins quatre phrases et utilisez des expressions impersonnelles.

Besançon, le 10 janvier

Monsieur le Maire,
Il est incroyable que Besançon réduise les budgets alloués aux programmes de jumelage avec les pays africains !...

INTERACTION

QUELLE VILLE CHOISIR ?

Votre ville pense créer un jumelage avec une ville dans un de ces trois pays francophones. D'abord, utilisez les renseignements aux pages 739–740, 749 et 751 pour compléter le tableau avec les renseignements sur le pays. Après, comparez les trois pays et choisissez celui avec lequel votre ville doit établir un jumelage. Justifiez votre choix.

CRITÈRE	LE QUÉBEC	HAÏTI	LE MALI
villes principales			
nom des habitants			
langues			
situation géographique			
climat			
religions			
principales activités économiques			
scolarisation			
problèmes			

EXPRESSION-VOCABULAIRE (2)

LA NATURE, LA VIE RURALE ET L'ÉCOLOGIE

la forêt

le feu

la coupe du bois

une campagne de reforestation

l'agriculture

le champ

un berger

une pioche

un troupeau de moutons

l'eau

la saison de pluies

la sécheresse

Buvez.

Ne buvez pas.

l'eau potable

l'eau polluée

Pour trouver de l'eau, on va la chercher...

dans un puits

à la rivière

Quand il n'y a pas d'eau en surface, il faut faire un forage pour trouver de l'eau en profondeur, dans la nappe phréatique.

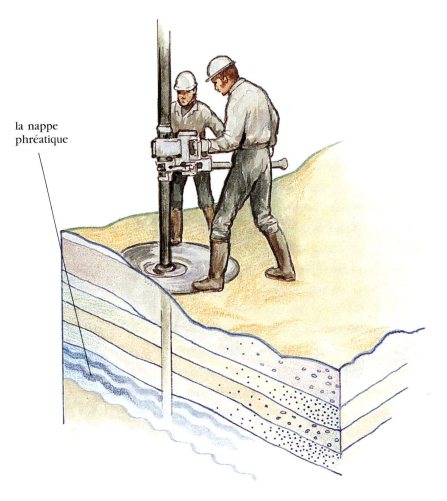

la nappe
phréatique

1. ÇA SERT À QUOI ? (*WHAT IS IT USED FOR?*)

Quelques jeunes Bisontins vont faire du travail bénévole à Douroula, le village bur-kinabé jumelé à Besançon. Quand ils y arrivent, ils trouvent une réalité qu'ils ne connaissent pas et ils posent beaucoup de questions. Essayez de répondre à leurs questions et de dire à quoi servent les objets suivants et ce que font les personnes indiquées. Posez les questions à votre camarade et changez de rôle en utilisant l'ex-pression : **ça sert à quoi ?**

> **Modèle :**   un puits/garder l'eau de la saison des pluies
> —Un puits, ça sert à quoi ?
> —Ça sert à garder l'eau de la saison des pluies.

OBJET/PERSONNE	**UTILITÉ**
un forage	garder le troupeau
une pioche	protéger la forêt
un berger	cultiver les champs
une campagne de reforestation	obtenir de l'eau potable

2. LE PROBLÈME DE L'EAU À DOUROULA

Le texte suivant explique le problème que pose l'approvisionnement en eau à Douroula. Regardez bien les dessins pour avoir la signification de quelques-uns des mots suivants et complétez le texte.

rivière	polluée	maladies	sécheresse
puits	eau	désert	saison des pluies

Douroula se trouve à la limite du _____. Il pleut de juin à octobre, donc la _____ dure cinq mois. C'est la période où les gens du village plantent. Pendant l'autre partie de l'année, la période de _____, il est difficile de trouver de l'_____. Les femmes font des dizaines de kilomètres pour aller la chercher. Elles vont la chercher dans la _____ Volta, mais cette eau n'est pas très propre. Elles vont la chercher aussi dans des _____ qui gardent l'eau de la saison des pluies. Là aussi, l'eau est très _____ et contient beaucoup de parasites et de bactéries qui sont la cause de _____ comme la dysenterie.

ACTION-APPROFONDISSEMENT (1)

LE PROBLÈME DE L'EAU À DOUROULA

PRÉPAREZ-VOUS

QUE FAIRE ?

De nombreuses organisations essaient de lutter contre la désertification du Sahel. À votre avis, que doivent-elles faire ? Avec un(e) camarade, mettez les suggestions suivantes par ordre de priorité. Justifiez votre opinion.

1. lutter contre le feu
2. lutter contre la coupe du bois pour le vendre
3. sensibiliser les enfants dans les écoles aux problèmes écologiques
4. impliquer (*involve*) la population dans la protection de la forêt
5. ne pas laisser les troupeaux aller dans les forêts
6. organiser des campagnes de reforestation

REGARDEZ

Regardez et écoutez bien la vidéo pour comprendre comment, grâce à l'aide des Bisontins, Douroula a obtenu de l'eau potable, c'est-à-dire de l'eau pure, pas dangereuse pour la santé et qu'on peut boire sans risque de maladie. Ensuite, répondez aux questions. Attention ! Plusieurs réponses peuvent être correctes.

1. Où les femmes allaient-elles chercher de l'eau ?

   a. dans un lac
   b. dans la rivière Volta
   c. dans des puits

2. Pourquoi est-ce que ce n'était pas une bonne idée ?

   a. parce que l'eau n'était pas propre
   b. parce que, pendant les périodes de sécheresse, la rivière était à sec
   c. parce que la rivière était très dangereuse et infestée de crocodiles

3. Qu'est-ce qu'on a découvert en profondeur (à 70 m sous le sol) ?

   a. du pétrole
   b. des galeries souterraines
   c. une nappe phréatique

4. Comment était l'eau à cet endroit ?

   a. potable
   b. polluée
   c. rare

5. Comment a-t-on obtenu de l'eau potable ?

   a. on a fait des forages
   b. on a filtré l'eau de la rivière
   c. on a distribué des bouteilles d'eau minérale

6. Qui a financé ces travaux ?

   a. les habitants et la mairie de Besançon
   b. l'UNICEF
   c. le Fonds monétaire international

7. Combien de forages a-t-on faits ?

   a. 6 à 7
   b. 26 à 27
   c. 16 à 17

8. Pourquoi est-il important d'éduquer les femmes dans le domaine de l'hygiène ?

   a. parce qu'elles transmettent les coutumes
   b. parce qu'elles s'occupent des enfants
   c. parce que ce sont les femmes qui traditionnellement vont chercher l'eau

EXPANSION

1. LE RÔLE DES FEMMES

En Afrique, la survie (*survival*) du village dépend des femmes. Par conséquent, elles ont beaucoup de travail et beaucoup de responsabilités. Utilisez les expressions suivantes pour expliquer ce que font les femmes africaines à Douroula, par exemple. Travaillez avec un(e) camarade et décidez si chaque chose est une tâche quotidienne (*a daily task*) ou un devoir moral (*a moral duty*) ou les deux à la fois (*both*).

Modèle :   s'occuper des enfants
—À Douroula, il faut que les femmes s'occupent des enfants.
—C'est un devoir moral et une tâche quotidienne.

1. transmettre et respecter les traditions
2. chercher l'eau
3. trouver de la nourriture
4. préparer les repas
5. cultiver la terre
6. envoyer les enfants à l'école
7. coopérer avec les autres membres de la famille
8. s'occuper des parents âgés

2. LE DISCOURS D'ANDRÉ

André Somé fait partie du comité de jumelage Besançon–Douroula qui organise un grand gala au profit du jumelage. André va faire un discours pour essayer d'obtenir de l'argent pour faire d'autres forages. En groupes de trois ou quatre, aidez André à préparer ce discours. D'abord, faites une liste de ce que le jumelage Besançon–Douroula apporte aux jeunes Bisontins et une autre de ce qu'il apporte aux habitants de Douroula. Choisissez une personne pour prononcer ce discours devant la classe. On votera pour le discours le plus convaincant (*convincing*).

EXPRESSION-STRUCTURE (3)

LE SUBJONCTIF DES VERBES IRRÉGULIERS ET LE SUBJONCTIF APRÈS LES EXPRESSIONS DE VOLONTÉ

You have already practiced using the subjunctive after impersonal expressions such as **il faut que, il est bon que,** and **il est normal que**. When you want to tell someone what you want him or her to do or what you wish that he or she would or would not do, you will also need to use the subjunctive. Read the following conversation between Anne-Marie and Jean-Baptiste about a trip he would like to take to Burkina Faso and try to identify the expressions that make a demand or express a wish or desire that someone else do something.

> JEAN-BAPTISTE : J'ai parlé à André Somé hier. Tu sais, j'aimerais bien aller au Burkina Faso pour travailler sur un chantier. Il y a un copain de ma classe qui va faire ça. Ce serait une expérience formidable !
>
> ANNE-MARIE : Personnellement, je préférerais que tu sois plus âgé avant de partir tout seul à l'étranger. Je voudrais que tu attendes encore deux ou trois ans.
>
> JEAN-BAPTISTE : Et moi, j'aimerais que tu reconnaisses que je ne suis plus un bébé et que tu me permettes de partir !

Did you identify the expressions **je préférerais, je voudrais,** and **j'aimerais** as expressions of wishing or demanding?

As you study the examples that follow, ask yourself these questions: In addition to impersonal expressions, what other expressions are followed by the subjunctive in the dependent clause? When is the subjunctive not used after these expressions?

What verbs are irregular in the subjunctive? Which two verbs have irregular stems and endings in the subjunctive? Which verbs have irregular stems, but regular endings? Which seven verbs have two stems in the subjunctive?

- Here are some of the most common verbs that express a desire, a wish, a preference, or a command that someone do something:

j'aimerais que   je souhaite que
je désire que   je veux (je voudrais) que
je préfère (je préférerais) que

- As with impersonal expressions, the word order is as follows:

MAIN CLAUSE		DEPENDENT CLAUSE
subject 1 + verb expressing a wish, a desire, a preference, or a command	**+ *que* +**	**subject 2 + verb in the subjunctive**
Anne-Marie souhaite désire préférerait	que	Jean-Baptiste soit plus âgé avant d'aller au Burkina Faso.

- Remember! In order to use the subjunctive, the subject of the dependent clause must be different from the subject of the first verb, that is, one person wants someone else to do something.

> Nous voulons que les femmes **fassent** attention à la qualité de l'eau.
> Je souhaite qu'il y **ait** moins de maladies causées par l'eau polluée.

- If both verbs have the same subject, the second one is in the infinitive form.

> JEAN-BAPTISTE :   Alors, j'aimerais aller au Burkina Faso.

- Some common irregular verbs are also irregular in the subjunctive.

	IRREGULAR STEM IRREGULAR ENDINGS		IRREGULAR STEM REGULAR ENDINGS			DIFFERENT STEM FOR *NOUS* AND *VOUS* FORMS REGULAR ENDINGS	
	avoir	**être**	**faire**	**pouvoir**	**savoir**	**aller**	**vouloir**
que je/j'	aie	sois	fasse	puisse	sache	aille	veuille
que tu	aies	sois	fasses	puisses	saches	ailles	veuilles
qu'il/elle/on	ait	soit	fasse	puisse	sache	aille	veuille
que nous	ayons	soyons	fassions	puissions	sachions	allions	voulions
que vous	ayez	soyez	fassiez	puissiez	sachiez	alliez	vouliez
qu'ils/elles	aient	soient	fassent	puissent	sachent	aillent	veuillent

- Note that except for **avoir** and **être,** verbs that have irregular stems still have regular subjunctive endings.
- The verb **pleuvoir** (*to rain*), which is used only with the subject pronoun **il,** is also irregular in the subjunctive.

> Il est dommage qu'**il ne pleuve pas** régulièrement.   *It's a pity it doesn't rain regularly.*

- Several common irregular verbs have two stems in the subjunctive, but have the regular subjunctive endings **-e, -es, -e, -ions, -iez, -ent**.

INFINITIVE	JE, TU, IL/ELLE/ON, ILS/ELLES	NOUS, VOUS
boire	boiv-	buv-
devoir	doiv-	dev-
prendre	prenn-	pren-
venir	vienn-	ven-
voir	voi-	voy-

VÉRIFIEZ   Were you able to answer your questions about the subjunctive? If not, look over the explanations again.

1. TRAVAILLER EN AFRIQUE

Après le discours d'André Somé sur la situation à Douroula, plusieurs jeunes Bisontins se sont intéressés à la possibilité de travailler sur des chantiers (*construction sites*) en Afrique. Jouez le rôle d'André et décrivez les qualités nécessaires pour faire ce genre de travail. Utilisez une expression impersonnelle (**il faut que, il est essentiel que,** etc.) et le subjonctif, et établissez un ordre de priorité des qualités suivantes.

> **Modèle :**   être motivé
> —Il est important que vous soyez motivé.

1. être résistant
2. avoir des notions d'agriculture
3. être habile de vos mains
4. avoir envie de voyager
5. ne pas être trop impressionnable
6. avoir des notions de médecine
7. savoir travailler en groupe
8. aimer l'aventure
9. ne pas être trop préoccupé par le confort
10. être bien équilibré
11. vouloir connaître d'autres cultures

2. LA COOPÉRATION ENTRE LE NORD ET LE SUD

De quelles façons les pays du Nord peuvent-ils aider les pays du Sud ? Essayez d'imaginer ce que les pays du Sud et les petits villages comme Douroula souhaitent et ne souhaitent pas. Avec un(e) camarade, choisissez dans cette liste ce que vous souhaiteriez qu'on fasse pour vous si vous habitiez Douroula. Exprimez ces souhaits en utilisant une des expressions suivantes. Faites les changements nécessaires aux verbes.

nous aimerions que/nous n'aimerions pas que
nous souhaitons que/nous ne souhaitons pas que
nous désirons que/nous ne désirons pas que
nous voudrions que/nous ne voudrions pas que

Modèle :   notre niveau de vie augmente
Nous voudrions que notre niveau de vie augmente.

1. il y a la paix
2. tous les habitants peuvent vivre décemment
3. nos traditions disparaissent
4. la population va vers les villes où il n'y a pas de travail
5. l'éducation progresse
6. la population sait lire et écrire
7. la population boit de l'eau polluée
8. les habitants savent protéger les forêts
9. les hommes détruisent les forêts
10. la population a des maladies graves

3. TU VEUX ÊTRE MON PARRAIN ?

Dans la classe de Madame Lachaud, les enfants ont décidé de parrainer (*to sponsor*) une petite fille qui habite à Douroula. Elle s'appelle Makiba. Jouez le rôle des enfants dans la classe et dites ce que vous souhaitez pour elle.

Modèle :   être heureuse
Je souhaite que Makiba soit heureuse.

1. venir nous voir ici à Besançon
2. pouvoir aller à l'école
3. être en bonne santé
4. avoir des amies
5. savoir écrire en français pour répondre à nos lettres
6. vouloir nous connaître
7. avoir assez à manger
8. grandir dans de bonnes conditions
9. boire de l'eau pure
10. ne pas être triste

4. DISCOURS DE MME KUNSTLER

Quand les travaux de forage ont été terminés l'année dernière, une délégation bisontine présidée par Paulette Kunstler a inauguré ces forages. Complétez les phrases et reconstituez le discours de Mme Kunstler avec les éléments suivants.

nous voudrions que   nous désirons que
j'aimerais que   je souhaite que

Faites les changements nécessaires aux verbes.

Modèle :   les habitants de Douroula sont en bonne santé
Nous voudrions que les habitants de Douroula soient en bonne santé.

vous avez tous de l'eau potable
votre niveau de vie augmente
les femmes font un effort pour utiliser les nouveaux puits même s'ils sont plus
loin que les anciens
tous les enfants de Douroula peuvent aller à l'école
de nombreux jeunes Bisontins vont en Afrique pour découvrir d'autres cultures
ils se familiarisent avec la réalité des pays pauvres du Sud
vous voulez intensifier votre collaboration avec nous
il y a une solidarité durable entre nos pays

5. DU TRAVAIL BÉNÉVOLE

Aimeriez-vous faire du travail bénévole dans un pays étranger ? À tour de rôle avec un(e) camarade, répondez aux questions suivantes.

1. Aimeriez-vous faire cette expérience ? Pourquoi ? Pourquoi pas ? (Donnez au moins trois raisons.)
2. Seriez-vous prêt(e) à partir l'année prochaine ? Dans quel pays aimeriez-vous travailler ? Pourquoi ?

ACTION-APPROFONDISSEMENT (2)

ANDRÉ PARLE DE SON PAYS

PRÉPAREZ-VOUS

1. LES PROBLÈMES DU BURKINA FASO

Étudiez le tableau, « Le Burkina Faso en quelques chiffres » . Quels sont les trois principaux problèmes auxquels ce pays doit faire face ?

LE BURKINA FASO EN QUELQUES CHIFFRES

Burkina Faso (ex Haute-Volta) est un nom formé à partir de plusieurs mots empruntés à des langues nationales qui signifie le « pays des hommes intègres ». Ses habitants se nomment les Burkinabé.

Superficie : 174 200 km^2

Les trois quarts du territoire du pays font partie du Sahel et sont atteints par la sécheresse. Les régions riches (bénéficiant d'une bonne pluviométrie) sont l'Ouest et le Sud-Est.

Population : 7 976 019 habitants (recensement 85)
Villes principales : Ouagadougou (capitale)
       450 000 habitants
       Bobo Dioulasso
       230 000 habitants

La population est essetiellement agricole (à 90% environ) et se répartit en une soixantaine d'ethnies.

Espérance de vie : 41 ans
Taux de mortalité infantile : 15%
Taux de scolarisation : 21%

Principales productions industrielles : bière, savon, sucre, textile, farine, usine de montage de cycles et fabrication de pneus pour cycles.

Ressources minières : manganèse (non exploité). La production de l'or est en pleine expansion depuis peu.

Principales productions agricoles : coton, arachides décortiquées, mil, sorgho, maïs, fruits, amandes de karité, élevage.

Taux de couverture (rapport exportation/importation) : 21,3%

Dette extérieure : 500 millions de dollars

Le Burkina Faso fait partie de huit pays les plus pauvres du monde.

---

2. CONNAISSEZ-VOUS LE BURKINA FASO ?

Arnaud doit faire une présentation sur le Burkina Faso pour son cours de géographie économique et il vous demande de l'aider. Avec un(e) camarade, choisissez les détails qu'il faut mentionner et mettez-les dans un ordre logique. Ensuite, à tour de rôle, jouez le rôle d'Arnaud, qui parle devant sa classe.

REGARDEZ

Le Burkina Faso

VRAI OU FAUX ?

Regardez la vidéo et dites si les phrases suivantes sont vraies ou fausses.

1. Au Burkina Faso, il y a plusieurs langues et des centaines de dialectes.
2. La langue française est la langue maternelle de la plupart des habitants.
3. Le Burkina Faso est maintenant un pays indépendant.
4. Autrefois le Burkina Faso s'appelait la Haute-Volta.
5. Il y a des écoles dans tous les villages.
6. Le taux d'alphabétisation est de 84%.
7. La majorité des habitants cultivent la terre.
8. Les parents préfèrent que leurs enfants gardent les troupeaux au lieu d'aller à l'école.
9. Certains parents pensent que l'école leur retire une part de leur main-d'œuvre (*takes away a part of their work force*).

L'école moderne ou l'école traditionnelle

QUEL TYPE D'ENSEIGNEMENT ?

André nous explique qu'il y a deux types d'écoles à Douroula : l'école moderne dite « école des Blancs » et l'école traditionnelle. Avec quel type d'enseignement associe-t-il les notions suivantes ?

	ÉCOLE MODERNE	ÉCOLE TRADITIONNELLE
l'enseignement en français		
le respect de la tradition		
l'enseignement religieux		
la mémorisation		
l'enseignement en langue seconde		
la mixité (*coeducation*)		
l'éducation abstraite		
le respect des anciens		
l'enseignement de la vie		
le calcul		

EXPANSION

1. QUE CHOISIR ?

Dans un petit village près de Douroula, il n'y a ni école ni eau potable. Les Bisontins viennent d'envoyer de l'argent pour aider ce village à se développer. Il y a assez d'argent pour construire une école ou pour faire des forages pour installer l'eau potable, mais pas pour faire les deux. C'est difficile de choisir. Le chef de village a réuni les habitants pour qu'ils décident ce qu'ils doivent faire : construire une école moderne ou construire un puits. Trouvez des arguments en faveur de l'une ou de l'autre solution puis présentez-les à la classe.

Modèle : Il faut construire une école parce que la majorité des habitants de notre village sont analphabètes.

Il faut construire un puits parce que l'eau que nous buvons est polluée.

2. LA DÉCISION FINALE

Mettez-vous en groupe de quatre ou cinq et, maintenant que vous avez entendu tous les arguments, décidez ce que le chef de village doit faire. On écoutera tous les groupes avant de se mettre d'accord sur la décision finale.

LECTURE

INTRODUCTION

L'auteur de ce texte, extrait du journal Le Monde, est venu au Burkina Faso pour assister au Festival panafricain de cinéma et de télévision qui a lieu tous les ans à Ouagadougou. Il y a un terrible contraste entre la pauvreté de la ville d'un côté et l'univers technologique et moderne que symbolise le Festival de cinéma et de télévision de l'autre.

PRÉPARATION À LA LECTURE

Quand vous vous promenez dans une ville que vous ne connaissez pas, quel genre de touriste êtes-vous ? Restez-vous dans les endroits touristiques ? Lisez-vous les guides ? Regardez-vous souvent le plan de la ville ? Circulez-vous en groupe ? Prenez-vous uniquement les autobus touristiques ou les taxis ? Ou bien, au contraire, aimez-vous découvrir la ville seul(e) ? Cherchez-vous la surprise ? Circulez-vous sans but précis ? Cherchez-vous un peu à vous perdre ? Prenez-vous les transports en commun ? Aimez-vous les quartiers sans touristes ?

Le vocabulaire

une mobylette	*a moped*
rafistolé(es)	*patched together, repaired over and over again*
rouillé(s)	*rusty*
un vautour	*a vulture*
les ordures	*garbage*
une étoffe	*fabric*
un casque	*a helmet*
un mendiant	*a beggar*
bon enfant	*good-natured*

Pay special attention to the point of view of the narrator in this passage. Is he outside of the scene he describes or in the middle of it? Why does he choose such a position?

Ouagadougou

Extrait : Le dur défi du cinéaste noir

Dans la paisible ville de Ouagadougou, les rues sont larges et bordées de grands arbres au feuillage délicat, sillonnées par des centaines de bicyclettes, de vélos tout-terrain, de Mobylette, de voitures rafistolées et de gros autobus rouillés qui lâchent dans l'air rose et vert de lourds nuages bleus. Dans le ciel tournent des vautours chargés d'ordures. Les mères circulent à Scooter, avec leur bébé dans le dos, très dignes.

Dans le centre-ville, près de l'hôtel Indépendance, « l'Indé », il y a un bazar considérable dans ce qu'on nomme la rue marchande et qui doit être en fait la rue de l'Indépendance, cette indépendance si durement conquise, si menacée. Des commerçants venus de tout le Burkina et des pays limitrophes, Mali, Niger, Bénin, Togo, Ghana, Côte-d'Ivoire, y vendent absolument de tout. Des fers à repasser, de la vaisselle, des poupées, des étoffes imprimées, des chemises, des robes, des ensembles de toutes les couleurs, des statues d'animaux, des masques, des personnages en bois au visage rose portant casque colonial et cravate, aux yeux ronds d'imbécile (« *ce sont des colonisateurs du temps du général de Gaulle »,* explique un vendeur ravi), des boutiques d'épices et les médicaments traditionnels pour guérir toute sorte de maladies mal placées, sinusite, diarrhées, impuissance sexuelle...

L'usage veut qu'on trouve les gens d'Ouagadougou absolument sympas, et c'est vrai qu'en général les Burkinabés font preuve d'une gentillesse, d'une patience avec l'étranger, d'un humour rarement en défaut. Mais, à se mêler à tant de mendiants de tous âges, d'aveugles, de pauvres, on ne peut qu'éprouver un malaise incompressible à entendre parler du caractère « bon enfant » de la population par des touristes bien logés, bien nourris...

Michel Braudeau

AVEZ-VOUS COMPRIS ?

1. Donnez autant de détails que possible sur :
   a. les rues de Ouagadougou
   b. les moyens de transport qu'on y trouve
   c. l'origine des commerçants du bazar
   d. les objets vendus au bazar (Choisissez ceux qui vous semblent particulière-ment inhabituels.)
   e. l'attitude des habitants de Ouagadougou

2. Qu'est-ce qui indique qu'il s'agit d'une ville pauvre, d'une ville d'un pays du Sud ?

3. Quels sont les problèmes des grandes villes africaines dont Madame Kunstler a parlé qui sont mentionnés dans cette description ?

4. Pourquoi le narrateur se sent-il mal à l'aise ?

EXPANSION

1. Avez-vous déjà visité un pays étranger, une région de votre pays, une ville ou même un quartier très différent de celui auquel vous êtes habitué(e) ? Vous êtes-vous déjà senti(e) mal à l'aise ? Expliquez les circonstances.

2. Changez le point de vue et essayez de décrire la même scène du point de vue d'un(e) habitant(e) de la ville. Mettez-vous à la place d'un des vendeurs du bazar et dites ce que vous pensez de votre ville et des touristes qui viennent la visiter.

L'HYMNE EUROPÉEN

L'Ode à la joie de la 9ème Symphonie d'un des plus illustres Européens, Ludwig VAN BEETHOVEN, est devenue, en 1985, par la volonté des Chefs d'État ou de gouvernement, l'Hymne officiel de la Communauté européenne.

Depuis lors, dans de multiples circonstances, l'Hymne est joué. Aucune parole n'accompagne la musique.

LA FÊTE DE LA COMMUNAUTÉ

Le 9 mai 1950, Robert SCHUMAN, Ministre français des Affaires Étrangères, prononce un discours, première pierre de l'ambitieux projet d'une Europe unie, rédigé en commun avec Jean MONNET.

En célébrant chaque année le 9 mai, le citoyen européen des pays membres de la Communauté européenne fête la paix et l'espoir en l'Union.

LE DRAPEAU

Adopté par le Conseil de l'Europe, le 8 décembre 1955, le drapeau bleu aux douze étoiles est devenu, en 1986, officiellement le drapeau de la Communauté européenne.

Le cercle fermé des étoiles représente l'Union de nos peuples; le nombre d'étoiles restera invariable quelle que soit l'évolution du nombre d'États membres de la Communauté européenne : douze est le symbole de la perfection et de la plénitude.

La France et l'Europe

MES OBJECTIFS COMMUNICATIFS

Give opinions about politics
  and international affairs
Express doubts, uncertainty,
  and emotions

LES CLÉS CULTURELLES

France and the European
  Union

REGARDONS LES IMAGES

Que savez-vous de l'Union européenne ? À l'heure actuelle, est-ce une union économique, politique, monétaire ? Est-ce que tous les pays d'Europe appartiennent à l'Union européenne ? Quand, comment et pourquoi l'Union européenne est-elle née ? Existe-t-il une monnaie européenne ? Les Français se sentent-ils plus européens que français ? Vous allez pouvoir répondre à ces questions à la fin de cette leçon.

LE DRAPEAU EUROPÉEN

Maintenant, regardez le drapeau européen sur la page ci-contre et lisez le texte qui l'accompagne. Vous remarquerez qu'il y a un fond (*background*) bleu avec des étoiles (*stars*). Ensuite, répondez aux questions suivantes.

1. Combien d'étoiles y a-t-il sur le drapeau ?
2. Est-ce que le nombre d'étoiles correspond au nombre de pays membres ?
3. Pourquoi a-t-on choisi ces couleurs ?
4. Quel est l'hymne européen ?
5. À votre avis, pourquoi est-ce que l'hymne n'a pas de paroles ?
6. C'est quand la fête de la Communauté européenne ?

 L'UNION EUROPÉENNE (L'UE)
Qu'est-ce que c'est ?

L'Union européenne est une organisation composée de quinze pays démocratiques de l'Europe de l'Ouest et qui a comme but la construction progressive d'une Europe unie au niveau douanier, social, monétaire et politique. Comme a dit Jean Monnet, un des fondateurs de la construction européenne, « Il faut créer l'Europe pierre par pierre (*stone by stone*), comme une maison. »

Pourquoi établir une Union européenne ?

Pendant des siècles, les différents pays européens se sont fait la guerre d'une façon presque continue. Après la Deuxième Guerre mondiale, qui a laissé l'Europe en ruine, les Européens de l'Ouest ont senti le besoin de se rassembler de façon à éviter de futurs conflits. Ils ont voulu construire une Europe unie fondée sur le consentement et la coopération des pays membres au lieu de la force militaire.

Le citoyen européen et ses droits

Tout Européen a le droit de circuler, de s'installer, de voter et d'être élu aux élections locales et aux élections européennes qui ont lieu dans son pays de résidence. Par exemple, un Grec installé à Besançon peut être élu conseiller municipal mais pas maire de la ville. Par contre, un Tunisien ou un Américain installés depuis longtemps n'ont pas le droit de vote, car ils ne sont pas citoyens d'un pays de l'Union européenne.

La monnaie de l'UE

Probablement l'euro, anciennement l'écu (*European currency unit*) sera, à partir de 1999, la monnaie unique de l'UE. Il remplacera le franc, le mark, la livre, etc.

EXPRESSION-VOCABULAIRE (1)

LA POLITIQUE

LA POLITIQUE INTERNATIONALE

des accords (*m*)
la douane (*customs*)
une frontière (*a border*)
une loi (*a law*)
la monnaie (*currency*)
une puissance (*a power*)
se rassembler (*to come together*)
un traité (*a treaty*)

LE CITOYEN/LA CITOYENNE (*CITIZEN*)

l'âme (*f*) (*inspiration; soul; life*)
les droits (*m*) (de l'homme) (*human*) *rights*
le droit de vote (*the right to vote*)
un électeur/une électrice (*a voter*)
élire (*to elect*)/être élu(e) (*to be elected*)
une racine (*a root*)
se réunir (*to meet*)
voter

L'HOMME/LA FEMME POLITIQUE

un chef de gouvernement/chef
  d'état (*a head of state*)
un député (*a representative,*
  a delegate)
un ministre (*a minister, a secretary*
  [of State, etc.])

1. LES ASSOCIATIONS

Associez les mots de la colonne A avec ceux de la colonne B.

A	B
_____ 1. un accord	a. le budget
_____ 2. une élection	b. l'exécutif
_____ 3. le chef d'état	c. la douane
_____ 4. le suffrage universel	d. élire
_____ 5. proposer une loi	e. un traité
_____ 6. l'inspection des bagages	f. le droit de vote pour tous
_____ 7. la monnaie	g. le législatif

2. L'UNION EUROPÉENNE

Complétez les phrases suivantes avec les mots suivants.

accords	douane	frontières	puissance	se réunir
âme	droits	monnaie	racines	

1. Après la Deuxième Guerre mondiale les pays de l'Europe de l'Ouest ont pris la décision de _____ pour éviter de futurs conflits.
2. L'identité des pays membres n'est pas menacée par la création d'une Europe unie. Chaque pays gardera son _____, ses _____, sa culture et ses traditions.
3. Depuis la fondation de l'Union européenne, les traités et les _____ internationaux ont assuré la paix entre les pays membres.
4. La Communauté mettra en place des mesures pour assurer les mêmes _____ à tous les citoyens des pays membres. Tous les membres auront la même protection sociale et les mêmes conditions de travail.
5. Depuis 1968, l'élimination des droits de _____ permet la libre circulation des marchandises entre les pays membres.
6. L'Union européenne est une grande _____ économique, ayant le plus grand marché du monde après les États-Unis.
7. Il n'y a plus de _____ entre les pays membres. On passe librement d'un pays à un autre.
8. L'euro sera la _____ unique et remplacera le franc, le mark, etc.

3. SONDAGE

À propos de la construction de l'Union européenne, on parle beaucoup d'identité nationale. Qu'est-ce que ça veut dire exactement ?

1. Est-ce qu'il y a une identité américaine (ou canadienne) ? Comment est-ce que vous pouvez la caractériser ?
2. Imaginez que vous vous présentez à vos amis bisontins. Allez-vous vous identifier par rapport à votre pays ? à votre région ? ou à votre ville ? dans quel ordre ?
3. Dites pourquoi vous vous identifiez surtout à votre ville, à votre région, ou à votre pays.

ACTION

VOUS SENTEZ-VOUS EUROPÉEN ?
— PHILIPPE LAFAURIE

PRÉPARONS-NOUS

1. LES SYNONYMES

Pour comprendre la vidéo, vous avez besoin de connaître le sens des mots de la colonne A. Reliez le mot à son synonyme dans la colonne B.

A	B
_____ 1. aspirer à	a. approuver une loi
_____ 2. être partisan de	b. se réunir
_____ 3. se rassembler	c. l'âme
_____ 4. une place prépondérante	d. être en faveur de
_____ 5. surgir	e. souhaiter fortement
_____ 6. la puissance	f. son origine
_____ 7. l'identité	g. une place très importante
_____ 8. ses racines	h. vieux
_____ 9. entériner une loi	i. apparaître
_____ 10. ancien	j. la force

2. VOILÀ POURQUOI JE SUIS LE DÉPUTÉ EUROPÉEN DE LA FRANCHE-COMTÉ

Lisez ce que nous dit un député européen de la Franche-Comté au Parlement européen. Transformez son discours en utilisant des synonymes pour les mots soulignés.

Je désire beaucoup que l'Europe devienne une réalité économique, politique et culturelle. Je crois que, pour que les vieilles nations gardent <u>une place très importante</u> dans le monde, il faut qu'elles <u>se réunissent</u>. La France, seule, ne peut pas rivaliser avec les grandes puissances économiques qui existent déjà comme les États-Unis et le Japon, ni avec les puissances nouvelles qui vont <u>apparaître</u> comme la Chine et les pays du Sud-Est asiatique. Je sais que la construction politique de l'Europe ne sera pas facile. Certains Français ont peur de perdre leur <u>identité</u> et d'oublier leurs <u>origines</u> en devenant européens. Moi, je ne le crois pas : <u>je suis en faveur</u> d'une Europe forte et unie et <u>je souhaite fortement</u> sa réalisation.

REGARDONS ENSEMBLE

1. LE MONDE DES AFFAIRES ET L'EUROPE

Pour une émission de télévision, on a interrogé plusieurs chefs d'entreprise pour leur demander ce qu'ils pensaient de la construction de l'Europe. Écoutez la position de Philippe Lafaurie, directeur commercial de la société de Tuiles Migeon.

Dites si Philippe Lafaurie pense que...

	OUI	NON
1. les nations anciennes de l'Europe doivent se rassembler et regrouper leurs forces		
2. la constitution d'une monnaie unique sera une chose facile		
3. la construction de l'Europe est difficile parce que chaque pays veut garder une certaine autonomie de décision		
4. les lois françaises sont influencées par les décisions prises au niveau européen		
5. la France va perdre son âme et sa culture si elle fait partie intégrante d'un ensemble européen		

2. QUEL RÉSUMÉ ?

Voici le résumé de la position de trois chefs d'entreprise sur l'Europe : Anne Renaudeau, Philippe Lafaurie et Jean-François Duménil. Pouvez-vous identifier celui qui correspond aux idées de Philippe Lafaurie ?

RÉSUMÉ A

Je ne suis pas contre l'Europe, mais pour une nation ancienne comme la France, ce n'est pas une nécessité. Bien sûr, quand on s'unit, on est plus fort, mais on perd son autonomie. Je ne suis pas en faveur d'une monnaie unique parce que ce sera trop difficile. Si la France fait partie d'un ensemble politique européen, elle perdra son identité et oubliera ses racines.

RÉSUMÉ B

Je suis tout à fait en faveur de l'Europe. C'est une nécessité si on veut survivre. Il faut que les pays européens se réunissent pour être plus forts. La monnaie unique pose un gros problème mais c'est très important. Je ne suis pas contre une Europe politique. Je n'ai pas peur de perdre mon âme dans l'Europe. Je sais que je resterai français de cœur.

RÉSUMÉ C

Je suis pour l'Europe. La France n'est plus une grande puissance économique et, si elle veut garder une place prépondérante dans le monde, il est important qu'elle s'unisse à d'autres pays. Une des premières choses à faire est de constituer une monnaie européenne unique. Ce n'est pas difficile et cela aura des conséquences très positives. Il est important aussi d'avoir des institutions politiques communes pour que cet ensemble européen ait une seule identité et une seule culture.

EXPANSION

REPORTAGE

Un journaliste du journal *L'Est Républicain* doit écrire une critique de l'émission de télévision à laquelle Philippe Lafaurie a participé. Malheureusement, il a perdu les notes qu'il avait prises en regardant l'émission. Pour écrire son article, il est allé trouver Philippe Lafaurie. Complétez leur conversation en basant les réponses de Monsieur Lafaurie sur ce qu'il a dit dans la vidéo. Ensuite, jouez la conversation avec un(e) camarade de classe.

LE REPORTER :   Croyez-vous à l'Europe ?

M. LAFAURIE :   _____

LE REPORTER :   Pourquoi les pays de l'Europe doivent-ils se rassembler ?

M. LAFAURIE :   _____

LE REPORTER :   Quelles difficultés résulteront d'une telle union ?

M. LAFAURIE :   _____

LE REPORTER :   À l'heure actuelle, est-ce que les décisions prises à Bruxelles ont une grande influence sur la vie quotidienne des Français ?

M. LAFAURIE :   _____

LE REPORTER :   À votre avis, est-ce que la France et les Français perdront leur identité dans une Union européenne puissante ?

M. LAFAURIE :   _____

LE REPORTER :   Merci, Monsieur Lafaurie, d'avoir accepté de répondre à mes questions.

INTERACTION

L'UNION EUROPÉENNE (L'UE)

Avec des camarades de classe, vous allez approfondir vos connaissances sur l'Union européenne. Vous trouverez des renseignements sur l'UE aux pages 740, 750 et 752. Votre professeur vous indiquera quelle page votre groupe doit consulter. Apprenez les renseignements que vous y trouverez. Soyez prêt(e) à parler de ce que vous avez appris aux étudiants d'un autre groupe. Ensuite, complétez les activités 1, 2 et 3.

1. VRAI OU FAUX ?

Dites si les phrases suivantes sont vraies ou fausses. Corrigez les phrases qui sont fausses.

_____ 1. Le Parlement européen a 526 membres.

_____ 2. Le Conseil de l'Union européenne se compose des ministres des différents états membres.

_____ 3. La Cour de Justice fait les propositions de lois.

_____ 4. La Commission européenne est installée à Strasbourg.

_____ 5. La Cour des Comptes contrôle les finances de l'Union.

_____ 6. La Cour de Justice européenne se trouve à La Haye aux Pays-Bas.

_____ 7. Le Parlement européen fait respecter les lois de l'Union européenne.

2. L'HISTOIRE DE L'UNION EUROPÉENNE

Expliquez quels sont les traités et les dates importantes de l'Union européenne.

3. LES PAYS MEMBRES

Complétez cette carte d'Europe avec les noms des pays qui sont membres de l'Union européenne.

EXPRESSION-STRUCTURE (1)

LE SUBJONCTIF ET LES EXPRESSIONS DE DOUTE

In the previous lesson, you learned that a speaker uses the indicative mood to express what he or she believes to be fact and certain. A speaker uses the subjunctive mood to express feelings, judgments, attitudes, desires, doubt, or uncertainty.

Read the following conversation between Philippe and Madeleine Lafaurie about **l'Union européenne** and decide which of the highlighted expressions express certainty and which ones express uncertainty or doubt.

MADELEINE : **Crois-tu que** la France doive continuer à jouer un rôle actif dans l'Union européenne ?

Philippe: Oui, bien sûr. Je ne pense pas que la France puisse garder une place prépondérante dans le monde sans faire partie de l'Europe.

MADELEINE : Mais dans ce cas-là, **es-tu sûr** que nous puissions rester français ?

PHILIPPE : Écoute, **je suis sûr** que nous ne perdrons pas notre identité. **Je crois que** nous pourrons être français et européens en même temps. **Je doute que** la France disparaisse, elle a des siècles d'histoire derrière elle !

Look at the chart below to check your answers.

As you study the following examples and the explanations, ask yourself these questions: Why are some expressions followed by a verb in the indicative when they are in the affirmative, but by the subjunctive when they are in the negative or interrogative? Can I name these expressions? What are two expressions of doubt that always take the subjunctive? How do I express the future in the subjunctive? When the subject of both clauses in a sentence are the same, what form does the verb in the second clause take?

• In French, expressions of uncertainty or doubt are followed by a verb conjugated in the subjunctive.

> **Je doute que** la France disparaisse.
> **Il est douteux que** nous perdions notre identité.

• Some expressions convey certainty in their affirmative form, but doubt or uncertainty when they are used in the negative or interrogative. In the affirmative, these expressions are followed by the indicative; in the negative or interrogative, they are usually followed by the subjunctive. Study the following chart:

EXPRESSION OF CERTAINTY + THE INDICATIVE	EXPRESSION OF DOUBT OR UNCERTAINTY + THE SUBJUNCTIVE	
je crois que	je ne crois pas que	Crois-tu que... ?
je pense que	je ne pense pas que	Penses-tu que... ?
je suis sûr(e) que	je ne suis pas sûr(e) que	Es-tu sûr(e) que... ?
il est certain que	il n'est pas certain que	Est-il certain que... ?
il est vrai que	il n'est pas vrai que	Est-il vrai que... ?
il est évident que	il n'est pas évident que	Est-il évident que... ?

il est possible que

Crois-tu que la France **doive** continuer à jouer un rôle actif dans l'Union européenne ?
Est-il certain que ces pays **veuillent** faire partie de l'Union européenne ?

Do you think that France should continue to play an active role in the European Union?
Is it certain that these countries will want to be part of the E.U.?

- The present subjunctive can be translated into English as a present or future tense, depending on the context. Compare the following examples:

Je ne crois pas que nous **perdions** notre identité.	*I don't think we are losing our identity.*
	I don't think we will lose our identity.
Il n'est pas certain que ces pays **veuillent** faire partie de l'Union européenne.	*It isn't certain that these countries want to be part of the European Union.*
	It isn't certain that these countries will want to be part of the E.U.

- The expressions **il est possible que** and **il est impossible que** are followed by the subjunctive in the affirmative, negative, and interrogative.

  Est-il possible que nous perdions notre identité ?
  Il n'est pas possible que nous perdions notre identité.
  Il n'est pas impossible que la monnaie unique soit en circulation au début de l'an 2000.

- The subjunctive is used only when the subject of the main verb and the subject of the dependent clause are different. If both clauses have the same subject, the verb in the second clause is in the infinitive form. After impersonal expressions, the infinitive is used instead of the subjunctive when no specific subject is mentioned in the second clause.

Je doute que ce député européen soit réélu !	*I doubt that this European delegate will be reelected!*
Il est important de voter pour l'Europe unie !	*It is important to vote for a united Europe!*

> **VERIFIEZ**   Can you answer your questions about when to use the subjunctive? Do you know which expressions take the indicative in the affirmative, but the subjunctive in the negative or interrogative? When do you use the infinitive form of the verb instead of the subjunctive?

1. LES PAYS MEMBRES

Vous avez déjà appris que l'Union européenne compte quinze membres, mais pouvez-vous les nommer ? À tour de rôle, demandez à un(e) camarade si les pays suivants sont membres de l'Union européenne. Quand vous aurez fini cette activité, consultez la carte de l'Europe à la page 705 pour vérifier vos réponses.

Modèle :   —Penses-tu que la Turquie soit membre de l'Union européenne ?
—Je crois que/Je suis sûr(e) que la Turquie est membre de l'Union européenne.
ou
—Je doute que/Je ne crois pas que la Turquie soit membre de l'Union européenne.

1. l'Allemagne	8. la Grande Bretagne	15. les Pays-Bas
2. l'Autriche	9. la Grèce	16. la Pologne
3. la Belgique	10. la Hongrie	17. le Portugal
4. le Danemark	11. l'Irlande	18. la Roumanie
5. l'Espagne	12. l'Italie	19. la Suède
6. la Finlande	13. le Luxembourg	20. la Suisse
7. la France	14. la Norvège	21. la Turquie

2. VOTRE CAMARADE ET VOUS ?

Imaginez que vous et un(e) camarade de classe êtes citoyens européens. Un autre camarade de classe va jouer le rôle d'un journaliste français et va vous interroger pour savoir ce que vous pensez de la construction de l'Europe. Vous êtes optimiste et très favorable à l'intensification de l'Union européenne. Votre camarade, au contraire, est pessimiste et doute des avantages de l'Union. Répondez aux questions du journaliste selon votre point de vue.

Modèle :   nous / être plus compétitifs sur le marché mondial ?

     JOURNALISTE :   À votre avis, si on intensifie la construction de l'Europe est-ce que nous serons plus compétitifs sur le marché mondial ?

     VOUS :   Je crois que (Il est évident que) nous serons plus compétitifs sur le marché mondial.

     VOTRE CAMARADE :   Je ne pense pas que (Il est douteux que) nous soyons plus compétitifs sur le marché mondial.

1. nous / devenir une grande puissance économique ?
2. nous / offrir des prix plus bas aux consommateurs ?
3. on / pouvoir éviter les guerres ?
4. les pays membres / pouvoir mieux protéger l'environnement ?
5. les jeunes / savoir mieux parler des langues étrangères ?

3. QUEL EST VOTRE AVIS ?

Dites ce que vous pensez des affirmations suivantes avec un verbe d'opinion exprimant la certitude ou le doute.

Modèle :   l'Europe _____ (être) un seul pays comme les États-Unis ou le Canada.

     En l'an 2020 je crois que l'Europe **sera** un seul pays.

     ou

     En l'an 2020 je doute que l'Europe **soit** un seul pays.

En l'an 2020...

1. il n'y _____ (avoir) plus de grandes différences culturelles parmi les pays européens.
2. il n'y _____ (avoir) plus de guerres entre les pays de l'Europe de l'Ouest.
3. le concept d'une identité nationale ne _____ (être) pas très important.
4. à cause du marché global, il y _____ (avoir) de plus en plus de conflits dans le monde.
5. tout le monde _____ (parler) plusieurs langues.
6. la majorité des gens _____ (utiliser) une langue étrangère dans leur travail quotidien.
7. la plupart des Européens _____ (voyager) souvent hors de leur pays d'origine.

ACTION-APPROFONDISSEMENT (1)

VOUS SENTEZ-VOUS EUROPÉENNE ? —PAULETTE KUNSTLER

PRÉPAREZ-VOUS

Quelle est la place des villes comme Besançon dans une Europe unie ?

« Cette Europe, pour qu'elle soit efficace (*efficient*), vivante (*lively, vibrant*) et plus démocratique, devra non seulement unir des peuples et associer des États-nations, mais aussi faire participer davantage les régions et les villes à la vie communautaire. »

Jacques Delors, Président de la Commission européenne de 1985 à 1995

1. LE FONCTIONNEMENT DE L'EUROPE

Regardez bien ce dessin et répondez aux questions posées.

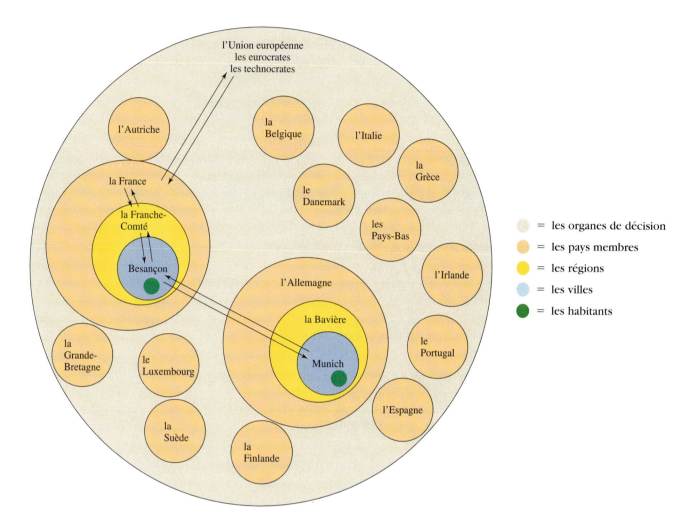

1. Comment s'appellent les gens qui prennent des décisions pour tous les habitants de l'UE ?
2. Quel est le rôle des villes d'après ce dessin ? Quel est le rôle des régions ?
3. Comment s'appellent les échanges organisés entre les villes ? Quel est leur but ?

2. LES TRANSFRONTALIERS

Complétez le texte ci-dessous et à la page 710 en utilisant les mots suivants :

cher   nourriture   près   quotidienne   retraite   rêve   travailleurs

Guy Martin habite à Erstein en Alsace et travaille en Allemagne. Il est technicien. Passer la frontière est pour lui, comme pour beaucoup d'autres habitants de la petite ville d'Erstein, une activité _____. La frontière est très _____, seulement à 25 km. Sa femme, elle, travaille en France : elle est professeur d'allemand. Le statut spécial de M. Martin n'a jamais posé problème. Il a droit à la sécurité sociale et à une pension de _____ comme s'il travaillait en France. Grâce aux accords européens, il existe un véritable échange de _____ entre les différents pays.

De nombreux collègues allemands de Guy viennent faire leurs achats de _____ en France parce que c'est moins _____ et qu'il y a plus de choix. Comme les Martin parlent tous les deux allemand, ils invitent souvent leurs amis allemands à dîner. Dans ces moments-là, ils parlent un peu de tout : de leur famille, de leur travail, de politique, de sport, de vacances, etc. Pour eux, l'Europe unie n'est pas un _____ mais une réalité.

REGARDEZ

1. EST-CE QU'ELLE A DIT... ?

Regardez la vidéo et dites si Madame Paulette Kunstler a dit les choses suivantes.

EST-CE QUE MADAME KUNSTLER A DIT...	OUI	NON
1. Actuellement, la plupart des habitants de l'UE doutent un peu de l'intérêt de l'Europe.		
2. La plupart des habitants de l'UE ont surtout peur de l'Europe économique.		
3. La construction de l'Europe politique est secondaire.		
4. La majorité des habitants de l'Europe se sentent très près des structures de décision de l'UE.		
5. On a l'impression que les technocrates ne tiennent pas compte des difficultés quotidiennes des habitants.		
6. Le rôle des villes est d'être un relais entre les habitants et les organes de décision.		
7. Au niveau européen, il y a de nombreux contacts inter-villes.		
8. Besançon veut participer activement à la construction européenne.		

2. SELON VOUS, QUEL PARAGRAPHE EST-CE QUE MADAME KUNSTLER AURAIT PU ÉCRIRE (COULD HAVE WRITTEN) ?

1. Il semble que presque tous les Européens veuillent l'Europe politique. Ils trouvent que les « eurocrates » de Bruxelles connaissent bien la vie quotidienne des gens, et ils leur font confiance. Les villes ne jouent pas un rôle important parce que les autorités locales ne tiennent pas compte des besoins des citoyens.

2. Il est vrai que la plupart des Européens doutent que l'union politique puisse exister un jour, mais je ne suis pas de leur avis. Les « eurocrates » de Bruxelles vont devenir de plus en plus puissants, et ils vont prendre toutes les décisions importantes pour les villes. Ils vont s'occuper directement des besoins des gens au niveau local.

3. La plupart des citoyens européens acceptent l'union économique mais ont peur de l'Europe politique. Ils trouvent que Bruxelles est trop loin et que les « eurocrates » prennent des décisions sans savoir ce qui se passe au niveau des villes. Justement, le rôle des villes comme Besançon est de servir de relais entre les habitants et les institutions européennes.

EXPANSION

1. QU'EST-CE QUI SE PASSE AU NIVEAU DES VILLES ?

Beaucoup de citoyens européens accusent les « eurocrates » à Bruxelles de prendre des décisions sans vraiment connaître les besoins et les problèmes des régions et

des villes. Avec un(e) camarade, trouvez un exemple où, à votre avis, l'organe légis-
latif ou exécutif dans votre pays a pris une décision sans prendre en considération
les besoins de votre région ou de votre ville.

À notre avis,...

2. ET DANS VOTRE UNIVERSITÉ ?

Avec un(e) camarade, trouvez un exemple où, à votre avis, l'administration de votre
université a pris une décision sans prendre en considération les besoins des étudiants.

Selon nous,...

EXPRESSION-VOCABULAIRE (2)

LES RELATIONS INTERNATIONALES

Voici quelques expressions qui vous permettront de parler des relations entre les
pays. Beaucoup de ces termes sont presque les mêmes en anglais et en français.

DES VERBES

appartenir (à) *to belong (to)*   différencier *to differentiate, distinguish
(one from another)*

DES ADJECTIFS

chauvin	global	nationaliste	utopique
cosmopolite	mondial	plural	xénophobe
fermé/ouvert aux autres	multiculturel	terrien	

1. LES DÉFINITIONS

Reliez les mots dans la colonne A avec leurs définitions dans la colonne B.

A

_____ 1. global(e)
_____ 2. utopique
_____ 3. xénophobe
_____ 4. multiculturel(le)
_____ 5. chauvin(e)
_____ 6. plural(e)
_____ 7. différencier
_____ 8. terrien(ne)
_____ 9. appartenir

B

a. distinguer
b. excessivement patriote
c. idéal
d. faire partie de
e. total
f. qui comprend plusieurs parties
g. une personne qui habite la terre
   (*the earth*)
h. une personne qui est hostile aux
   étrangers
i. qui comprend plusieurs groupes
   ethniques

2. QU'EST-CE QUE CES MOTS ONT EN COMMUN ?

Essayez de classer tous les mots de la liste de vocabulaire selon trois thèmes ou
catégories différentes.

3. ÊTES-VOUS POUR OU CONTRE L'EUROPE UNIE ?

Un journaliste a interrogé Anne-Marie pour connaître son opinion sur l'Europe. Utilisez les mots suivants pour compléter sa réponse à cette question.

chauvine   multiculturelle   utopique   j'appartiens   terrienne

Anne-Marie :

Je trouve que l'Europe unie est essentielle. Bien sûr, j'aime mon pays et mes compatriotes, mais je n'ai jamais été spécialement _____. Je sens que _____ au monde plutôt qu'à un pays en particulier. Je me sens _____, si l'on veut. Pourquoi ? Les pays européens se sont fait la guerre pendant des siècles et quel a été le résultat ? Une grande hostilité entre les Européens des différents pays. Aujourd'hui, il y a plus d'ouverture vers les autres pays européens, africains et asiatiques. Notre société est beaucoup plus _____. Je suis peut-être _____, mais je crois qu'il n'y aura plus jamais de guerres entre les pays qui font partie de l'Union européenne.

4. L'IDENTITÉ

Analysez le sondage suivant, extrait du *Monde* du 8 juin 1994 à propos de l'identité nationale et de l'identité européenne.

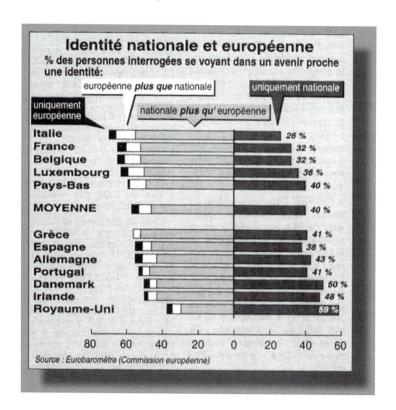

1. Quels pays sont les plus nationalistes ?
2. Dans quels pays est-ce que les citoyens sont les plus ouverts à l'idée de l'Europe unie ?
3. Dans quels pays est-ce que les citoyens sont les plus fermés à l'idée de l'Europe unie ?
4. Quels sont les pays les plus extrêmes d'un côté ou de l'autre ?
5. Quels sont les pays où l'identité nationale est la plus importante ?
6. Quels sont les pays où l'identité européenne se manifeste le plus ?

EXPRESSION-STRUCTURE (2)

LE SUBJONCTIF ET LES ÉMOTIONS

The subjunctive is also used after verbs and expressions of emotion and feelings, such as happy, sad, afraid, angry, or surprised. Read the answer that Paulette Kunstler gives to a voter who is against the European Union, and identify the emotions that the highlighted words express.

> **Je regrette que** vous ne croyiez pas à l'Europe. **Je suis surprise** que vous ne voyiez pas tous les avantages des accords entre la France et les pays voisins. Sans l'Union européenne, **j'ai peur que** la vie soit moins prospère pour nos enfants. Il est évident que vous n'êtes pas obligé de penser comme moi, mais **je suis désolée** que vous envisagiez de voter contre l'Europe.

Check your answers on the following chart.

As you study the following examples and the explanations, ask yourself these questions: What are some of the most common verbs or expressions used to express emotions and feelings? When the subject of both clauses in a sentence are the same, what is the form of the verb in the second clause? How is the future expressed in the subjunctive?

EXPRESSIONS	EXAMPLES
regretter que *to be sorry that*	Je regrette que vous ne pensiez pas comme moi. *I'm sorry (that) you don't think like me.*
être désolé(e) que *to be very sorry that*	Nous sommes désolés qu'elle ne soit pas d'accord. *We're very sorry (that) she doesn't agree.*
être content(e) que *to be happy that*	Ils sont contents que nous comprenions. *They are happy (that) we understand.*
être heureux/heureuse que *to be happy that*	Elle est heureuse que ces jeunes aient un bel avenir. *She's happy (that) those young people have a bright future.*
être surprise(e)/étonné(e) que *to be surprised that*	Je suis étonné que tu ne sois pas en faveur de l'Union européenne. *I'm surprised (that) you are not for the European Union.*
avoir peur que *to be afraid that*	J'ai peur que nous perdions l'élection l'année prochaine. *I'm afraid (that) we will lose the election next year.*

- In the examples given in the chart, note that **que** must always appear in the expression of emotion in French, but *that* is optional in English.
- Remember! The present subjunctive can be translated into English as a present or future tense, depending on the context; there is no future subjunctive.

• Don't forget! The subject in the subjunctive clause must be different from the subject in the main clause. When the two subjects are the same, the second verb is replaced by an infinitive.

Je suis contente qu'elle aille travailler en Allemagne l'an prochain.	*I'm happy that she's going to work in Germany next year.*
Je regrette de ne pas pouvoir participer à ce programme.	*I'm sorry I can't participate in this program.*

VÉRIFIEZ Can you answer the questions asked about the subjunctive? If not, you may want to review the explanations and examples.

1. QUI PARLE ?

On pourrait trouver les affirmations suivantes dans la bouche...

D'UNE PERSONNE...

_____ 1. chauvine

_____ 2. utopique

_____ 3. xénophobe

a. Je suis heureux que, grâce à l'Union européenne, tous les habitants de l'Europe se sentent citoyens européens.

b. Moi, personnellement, je regrette que les étrangers puissent travailler et voter dans mon pays !

c. Je suis étonné(e) que vous ne reconnaissiez pas que mon pays est supérieur aux autres pays membres.

2. POUR OU CONTRE L'EUROPE

Comme le montrent les résultats des sondages, l'adhésion à l'Europe pose problème à un certain nombre de citoyens. À la mairie de Besançon, vient d'avoir lieu une réunion entre des Européens convaincus et enthousiasmes et des Européens plutôt sceptiques et plus pessimistes. Jouez le rôle d'un citoyen qui est pour l'Europe, et votre camarade jouera le rôle d'un citoyen contre l'Europe. Exprimez les sentiments des deux côtés aux situations suivantes.

je suis ravi(e) que	je suis content(e) que	je suis enchanté(e) que
je regrette que	je doute que	j'ai peur que
je suis étonné(e) que	je suis inquiet/inquiète que	je suis furieux/furieuse que

Modèle : On élimine les frontières entre les pays membres.

POUR : —Je suis content(e) qu'on élimine les frontières entre les pays membres.

CONTRE : —Je regrette qu'on élimine les frontières entre les pays membres.

1. Les citoyens de chaque état-membre peuvent aller travailler librement dans un autre pays.
2. La libre circulation des personnes augmente le chômage dans les pays membres.
3. Tous les citoyens des pays membres ont les mêmes droits et les mêmes conditions de travail.
4. L'Union européenne organise et finance des programmes pour les jeunes.
5. L'euro remplace les monnaies nationales des pays membres.
6. Nous perdons nos origines et notre culture.

7. Les frontières sont très importantes.
8. L'Europe unie est une nécessité.
9. L'Europe constitue une des plus grandes puissances économiques du monde.
10. Les citoyens d'un pays membre peuvent voter aux élections locales et européennes d'un autre pays membre.

3. UN SÉJOUR À L'ÉTRANGER

Une amie de Maud passe l'année à Munich en Allemagne grâce à un programme d'échanges entre les universités européennes. Voici une lettre qu'elle a écrite à Maud. Complétez sa lettre en mettant les verbes suivants à l'indicatif (présent ou futur) ou au subjonctif présent.

aller   écrire   permettre   avoir (3 fois)   être (3 fois)   pouvoir (2 fois)

Munich, le 5 novembre

Chère Maud,

Je suis en Allemagne depuis déjà un mois! Tout va très bien. Ma camarade de chambre est adorable et nous nous entendons très bien ensemble. Elle aime la même musique que moi et elle adore le cinéma! Nous avons vu deux films ensemble cette semaine. Je suis ravie que nous _____ tant de choses en commun! Mes cours sont intéressants et pour l'instant je n'ai pas trop de travail. J'ai peur, quand même, que les examens de fin d'année _____ très difficiles et il est douteux que mes notes _____ très brillantes. Je vais être obligée de beaucoup travailler cette année!

Je pense que cette expérience _____ changer ma vie. Il est évident que cela _____ dur des fois. Il est sûr que j'_____ des problèmes d'adaptation. Mais ce séjour me _____ de connaître des gens nouveaux et différents. Aussi, professionnellement cela sera très utile. C'est quelque chose que l'on remarquera tout de suite dans mon CV. Mes futurs employeurs sauront

Continued

qu'ils _____ compter sur ma mobilité, mon ouverture et mes capacités d'adaptation.

Je regrette que tu ne _____ pas me rendre visite pendant les vacances de la Toussaint, mais je sais que tu as beaucoup de travail en ce moment.

J'aimerais bien que tu m'_____ un petit mot de temps en temps, quand même! Je n'ai pas eu de tes nouvelles depuis deux semaines! Tu me manques beaucoup.

Je t'embrasse très fort
Céline

4. QUE LE MONDE EST PETIT !

Grâce aux nouvelles technologies (les transports rapides, l'internet, le câble, etc.), le monde est de plus en plus petit. Est-ce que les changements qu'apporte cette mondialisation sont bons ou mauvais ? Avec un(e) camarade de classe, faites une liste des changements qui vont avoir lieu dans l'avenir. Ensuite, demandez à vos camarades de classe ce qu'ils en pensent.

Modèle :   Tout le monde écoutera de la même musique.
Il est bon que tout le monde écoute de la même musique parce que...
Il n'est pas bon que tout le monde écoute de la même musique parce que...

ACTION-APPRONFONDISSEMENT (2)

DEUX AUTRES POINTS DE VUE

PRÉPAREZ-VOUS

VOUS AVEZ DIT FRONTIÈRE ?

Le concept de « frontière » qui peut être traduit en anglais par *border*, *boundary* ou *frontier*, peut avoir diverses connotations. Regardez la liste de mots et choisissez-en cinq que vous associez en priorité à ce concept. Présentez-les à la classe, faites une liste des mots qui ont été le plus souvent choisis et essayez de déterminer ce que chacun de ces mots représente pour la majorité des étudiants de la classe.

Quand je pense au mot *frontière,* je pense :

à l'aventure	à la fermeture sur soi	à l'immigration clandestine
à la conquête de l'espace	à la fraude	au progrès
à la contrebande	à la guerre	à la sécurité

REGARDEZ

Vous allez écouter les Vandeputte, qui sont des Français de souche, c'est-à-dire qu'ils sont Français depuis plusieurs générations, et Nathalie, que vous connaissez bien. Vous vous souvenez que Nathalie a une ascendance assez compliquée : en effet, son père est allemand et togolais et sa mère est française et italienne.

1. L'EUROPE

Voyons comment ils se situent par rapport à l'Europe et répondez par **oui, non** ou **pas mentionné.**

	M. VANDEPUTTE	MME. VANDEPUTTE	NATHALIE
Se sent-il/elle français(e) ?			
Pour lui/elle, les frontières existent-elles ?			
Pour lui/elle, la mentalité des gens est-elle différente d'un pays à l'autre ?			

2. COMMENT SONT-ILS ?

Comment caractérisez-vous chacune des trois personnes ? Répondez par **oui** ou **non.**

	M. VANDEPUTTE	MME. VANDEPUTTE	NATHALIE
chauvin(e)			
terrien(ne)			
ouvert(e) sur les autres			

EXPANSION

1. LES FRONTIÈRES EXISTENT-ELLES VRAIMENT ?

D'après vous, est-ce que les gens sont très différents d'un pays à l'autre ou bien pensez-vous que les frontières n'existent pas vraiment ? Travaillez avec un(e) camarade et donnez trois exemples qui justifient votre point de vue.

Modèle :   Nous pensons que... parce que...

2. AIMERIEZ-VOUS ÉTUDIER À L'ÉTRANGER ?

Discutez avec un(e) camarade des avantages et des inconvénients que vous apporterait cette expérience dans la recherche d'un emploi et dans votre développement personnel.

Prononciation

LES SEMI-VOYELLES

Semi-vowels or glides are neither consonants nor vowels but are transitional sounds. You will hear several words which contain letter combinations that produce three common semi-vowel sounds. Indicate on the chart which semi-vowel sounds you hear.

	THE **Y** AS IN THE ENGLISH WORDS: YES, YESTERDAY	THE **WA** AS IN THE ENGLISH WORD: WAND	THE **UI** AS IN THE FRENCH WORDS: SUIS, HUIT
d**r**oit			
p**ui**ssance			
prod**ui**t			
tai**lle**			
av**oir**			
portefeui**lle**			
veui**lle**			
tr**ois**			

Look at the completed chart carefully. Can you figure out which letter combinations produce each of the three sounds below?

In French, the letter combination of a vowel + _____ produces a sound similar to the *y* in the English words *yes* and *yesterday.*

In French, the letter combination _____ produces a sound similar to the *wa* in the English word *wand.*

In French, the letter combination _____ produces the semi-vowel in the French word **suis.**

Vérifiez

1. The sound produced by the letter combination **ui** does not exist in English and is pronounced with the tongue behind the bottom teeth and the lips rounded in a whistling position.

On va const**rui**re un nouveau p**ui**ts.

Continued

2. The pronunciation of the letter combinations **oi** and **oy** is similar to the *wa* in the English word *wand.*

Antoine est québé**coi**s.

3. The pronunciation of the letter combinations vowel + **il** and **ill** is similar to the *y* in the English word *yes.*

Mon oncle trava**ille** en Belgique.

    a. The words **ville, mille, tranquille,** and their derivatives are exceptions to this rule.
    b. At the beginning of a word, **il** and **ill** are pronounced: **illusion, illogique,** and **illustrer.**

Prononcez

Circle the letter combination vowel + **il/ill,** underline the **ui** combination, and double underline the **oi** combination. Next, practice pronouncing the sentences after the speaker.

1. Nous choisissons l'Europe !

2. Une Europe unie est meilleure qu'une Europe en guerre.

3. Je doute que nous puissions constuire une Europe unie au niveau politique.

4. Il est douteux que la majorité des Européens veuillent perdre leur identité nationale.

5. Je ne crois pas que la Suisse soit membre de l'Union européenne.

LECTURE

INTRODUCTION

Cette lettre fictive est extraite d'une brochure destinée à un public de jeunes pour les aider à mieux comprendre l'Europe. Elle est distribuée par la Fondation Robert Schuman. Robert Schuman (1886–1963), ministre français des Affaires étrangères en 1948, est à l'origine de la Communauté européenne. Il faut citer aussi parmi les autres grands bâtisseurs de l'Europe les noms de Konrad Adenauer (1876–1967), Premier Chancelier de la République fédérale d'Allemagne de 1949 à 1963, Jean Monnet (1888–1976), économiste français et plus près de nous, Jacques Delors, Président de la Commission européenne de 1985 à 1995.

PRÉPARATION À LA LECTURE

1. Faites une liste des raisons qui ne sont pas économiques pour justifier la construction de l'Europe.

2. Parmi les hommes et les femmes célèbres suivants, quels sont ceux qui ont rêvé de réaliser un empire européen ?
   a. Jules César
   b. Charlemagne
   c. Jeanne d'Arc
   d. Martin Luther
   e. Michel-Ange
   f. Erasme
   g. Napoléon

3. Pourquoi la nécessité de construire l'Europe est-elle devenue urgente à la fin des années 1940 ?

Le vocabulaire

Voici un peu de vocabulaire pour vous aider à comprendre la lecture.

grandir *to grow up*
la méfiance *distrust*
un contrebandier (*m*) *a smuggler*
une usine (*f*) *a factory*
des Blockhaus *bunkers*
incorporé *drafted into the military*
vécu *past participle of* **vivre**
blessé *wounded*
tirant le bilan *assessing, drawing a conclusion*
préconisaient (préconiser) *were in favor of*
le pardon *forgiveness*
un ancien combattant *a veteran*
rôder *to lurk*

Lettre de Louis Jung

Mes chers petits-enfants,
   Lors de la fête de Mamie, Étienne m'a posé la question :
   —Mais pourquoi Papy es-tu européen? Pourquoi faut-il voter pour l'Europe?
   Né pendant la guerre[1], j'ai grandi après dans la méfiance. À l'école, on nous apprenait que nos voisins étaient nos ennemis. J'ai connu la frontière, la douane, les contrebandiers, l'impossibilité de vendre nos produits. Il y avait d'un côté « les bons » et de l'autre « les méchants ».
   Chez nous, il était interdit de bâtir des usines, mais on construisait des « Blockhaus » partout.
   On préparait la guerre.
   Incorporé, je l'ai vécue avec tous ses malheurs. Gravement blessé, j'ai subi le bombardement de l'hôpital de Zuydcoote. Prisonnier, blessé de guerre, on m'a transporté en Allemagne où des hommes, des femmes et des enfants souffraient comme moi.

[1] la Premiére Guerre mondiale

Après l'enthousiasme de la Libération, tirant le bilan de ces dernières années noires, je pensais surtout à mes amis qui ne sont pas revenus. Il nous fallait des solutions pour que ces horreurs ne se reproduisent plus jamais.

C'est ainsi que j'ai choisi le camp de ceux qui préconisaient le pardon, qui militaient pour l'abolition des frontières, qui luttaient pour la fraternité entre les hommes, pour l'Europe.

Je ne l'ai pas regretté. Qu'y a-t-il de plus émouvant que de voir des enfants de pays différents chanter et danser ensemble lors des jumelages ? Y a-t-il une image plus forte que les anciens combattants, autrefois ennemis, fêter ces événements ensemble?

L'Europe nous a permis un développement rapide, une vraie coopération économique, culturelle et sportive, mais elle a surtout contribué à faire triompher la compréhension mutuelle, la tolérance et le respect de l'autre.

J'espère que vous aurez ainsi la chance de profiter de cette paix que nous avons construite.

Mais je sais qu'il y a de grands dangers qui rôdent : le fanatisme, l'intolérance.

Tout cela nous impose de nous rapprocher encore, d'apprendre à partager, à mieux nous connaître, nous respecter, nous aimer. C'est nous défendre ensemble contre le retour des années noires.

Il nous faut plus d'Europe.

Vous devez continuer le combat.

Grosses bises.

Papy

Louis Jung, Président de la Fondation Robert Schuman, Ancien Président de l'Assemblée parlementaire du Conseil de l'Europe

AVEZ-VOUS COMPRIS ?

1. Qui est Étienne, d'après vous ?

2. Quand Papy était petit, quelles valeurs lui a-t-on apprises à l'école ?

3. A-t-il fait la guerre comme volontaire ?

4. Quel camp a-t-il choisi après la guerre ?

5. Quelle était la philosophie de l'autre camp ?

6. Citez deux avantages et deux dangers liés à la construction de l'Europe et mentionnés dans la lettre.

EXPANSION

1. Étienne, devenu adulte, se présente comme député européen au Parlement européen : imaginez son premier discours. Il parle de son grand-père qui l'a motivé à s'engager sur la voie de la construction européenne.

2. Continuez un petit poème qui débuterait ainsi :

Plus de frontières
Plus jamais de guerre...

La francophonie : Les DOM-TOM

INTRODUCTION

Quand Paulette Kunstler vous a parlé des villes jumelées avec Besançon, elle a insisté sur les rapports avec des villes où l'on parle français. Quels sont, en fait, les autres villes et les autres pays de langue française et qu'est-ce qui explique l'utilisation du français dans ces endroits ?

Comme dans d'autres pays européens, à partir du seizième siècle des explorateurs français ont commencé à partir pour le Nouveau Monde et à établir des colonies au Canada et sur le territoire qui deviendra plus tard les États-Unis. Au dix-septième siècle la France a établi des colonies en Inde. Au dix-neuvième siècle la France s'est lancée dans une politique de conquête coloniale. Son influence s'est étendue en Afrique du Nord (en Algérie), en Afrique de l'ouest (au Sénégal) et en Asie (en Indochine, par exemple). Les différents pays qui faisaient partie de ce grand empire avaient le statut de colonies ou de protectorats.

Après la Deuxième Guerre mondiale, la période de décolonisation a commencé et la majorité des anciennes colonies ont obtenu leur indépendance. Toutefois, certains territoires sont restés rattachés à la France. Ce sont les DOM-TOM—départements d'outre-mer et territoires d'outre-mer. Les premiers ont des liens plus étroits avec la métropole, c'est-à-dire, la France continentale, et sont représentés au parlement par des députés et des sénateurs. Les habitants des DOM vont souvent en France pour faire des études ou pour travailler; les Français vont dans les DOM-TOM pour y travailler et aussi pour faire du tourisme.

VIDÉO-ENGAGEMENT

LA GUADELOUPE

Kareen a passé une année à Besançon où elle a enseigné au CLA. Rentrée chez elle, elle discute avec une amie, Catherine Perdurand Monnerville, qu'elle va vous présenter. Dans la conversation, Catherine parle de sa famille et de la vie en Guadeloupe. L'interview est divisée en quatre segments :

- un nom connu
- les études universitaires
- la politique locale
- le mode de vie

Before watching the video, think about what you know about France and about Guadeloupe. What would you expect the relationship to be between France and the **département d'outre-mer,** Guadeloupe? What would you expect life to be like, and what would you guess about the economy?

Remember that, just as you read different types of texts for different purposes, there are also different types of listening. Listening to, or viewing, an interview is not like listening to an announcement in which you are seeking specific information, nor like a conversation in which there is much redundancy and formulaic speech. Everything said in an interview is of potential interest, so you will probably want to note down the general ideas that are discussed.

1. PRENEZ DES NOTES

Regardez les quatre segments de l'interview de Kareen avec Catherine Perdurand Monnerville et prenez des notes, comme si vous assistiez à une conférence dans votre langue maternelle.

2. POINT DE VUE

Regardez une deuxième fois et essayez de déterminer ce que Catherine a dit sur les sujets indiqués dans ce tableau.

DANS CE SEGMENT EST-CE QUE CATHERINE PARLE...	DES ASPECTS POSITIFS OU DES ASPECTS NÉGATIFS DE LA GUADELOUPE ?	DES LIENS ENTRE LA GUADELOUPE ET LA FRANCE OU LA FRANCOPHONIE ?	DES DIFFÉRENCES ENTRE LA GUADELOUPE ET LA FRANCE ?
un nom connu			
les études universitaires			
la politique locale			
le mode de vie			

3. SYNTHÈSE

En groupes de trois, comparez vos réponses. Avez-vous tous eu la même impression ? Que pensez-vous de la Guadeloupe après avoir vu cette interview ? En groupe, faites la synthèse de ce que vous avez appris sur la Guadeloupe.

LECTURE

INTRODUCTION

Les DOM-TOM se trouvent presque tous dans des régions tropicales. De ce fait, le tourisme s'y est beaucoup développé ces dernières années. De plus, il y a de nombreux Antillais, Réunionnais, Malgaches installés en France qui aiment retourner de temps en temps dans leur pays d'origine. Les agences de voyages qui organisent des voyages à destination de ces pays offrent maintenant des forfaits (packages) à des prix très intéressants. Nouvelles Frontières est un peu le pionnier de ce type de voyages.

PRÉPARATION À LA LECTURE

Les idées

Quand vous lisez un journal, il faut essayer de déterminer son point de vue politique ou social afin de pouvoir juger de la valeur du texte de façon objective. L'article que vous allez lire a paru dans *France-Antilles Hebdo*, un journal publié pour les Antillais (les Guadeloupéens et les Martiniquais) qui habitent en France. À votre avis, est-ce que le style du texte et le contenu reflètent ce but ? Les paroles de Jacques Maillot sont-elles sincères ou les a-t-il choisies spécialement pour le public de ce journal ?

Le vocabulaire

le chiffre d'affaires *total sales*
loti(e) *endowed*
un démarrage *a beginning, a startup*
un bénéfice *a profit*
un hôtelier *a hotel owner*

Jacques Maillot : les Antilles, sa première destination

Jacques Maillot, le fondateur de Nouvelles Frontières, premier voyagiste français, explique la présence de son entreprise aux Antilles : « Les Antilles restent notre première destination. Elle est largement en tête. En 94, il y a eu plus de 300 mille passagers pour cette destination. Et pour prendre une référence, la deuxième destination loin derrière, c'est la Grèce avec 159 000 voyageurs. Et concernant notre compagnie aérienne, Corsair, la destination Antilles représente 35% de son chiffre d'affaires. Une précision aussi, la Réunion n'est pas mal lotie. Tahiti se développe très bien. Et il y a un très bon démarrage pour la Nouvelle Calédonie. Par ailleurs, en ce moment tous les jours on envoie 530 voyageurs en Guadeloupe et 530 en Martinique.

Ce qui explique ses multiples projets de développement dans la région. Jacques Maillot dit que Nouvelles Frontières a d'importants installations en Martinique. « Nous avons là-bas deux paladiens° et deux hôtels clubs, puis toute la bonne coopération que nous avons avec les hôteliers de l'île. Même type de coopération en Guadeloupe. Là-bas, précisément en Guadeloupe nous avons acheté un terrain des mains du Conseil Général.° Et les travaux vont commencer ces jours-ci. Et on fait travailler les entreprises guadeloupéennes. C'est un point important ».

Et à ce sujet, on ne manque pas de remarquer que Nouvelles Frontières met en avant la dimension sociale. Jacques Maillot continue : « En effet, notre objectif n'est pas que de faire des bénéfices. Nous privilégions la dimension sociale. Nous voulons aussi créer des emplois ».

C'est quoi le succès de NF ? Un label ? Maillot peut-être...

Jacques Maillot termine : « Je dirais vraiment en effet que notre succès vient du label, des prix, de notre politique qui est de démocratiser le voyage. Le démocratiser au plus grand nombre. C'est toujours délicat de parler de soi. Je suis le fondateur de NF. Il y avait quatre salariés en 1968, aujourd'hui il y a 3380. C'est une entreprise qui génère des emplois. Ce qui dans la situation actuelle, notamment dans les DOM-TOM est un point très important ».

Henri Malet. « Jacques Maillot : les Antilles, sa première destination, » *France-Antilles Hebdo*, 17 au 23 mars 1995, p. 8. (adaptation)

les hôtels de Nouvelles Frontières

l'assemblée d'élus du département

AVEZ-VOUS COMPRIS ?

1. Quelles sont les activités de « Nouvelles Frontières » ?

2. Comment est-ce que la Guadeloupe et la Martinique réagissent aux projets de développement de Jacques Maillot ?

3. Quelle est la « dimension sociale » mentionnée par Jacques Maillot ? Pouvez-vous l'expliquer ?

ÉCRITURE

Tout au long de *Portes ouvertes* vous avez fait la connaissance des Bisontins, qui n'étaient pas tous d'origine française. Vous avez vu aussi les rapports entre la France et d'autres pays francophones. Maintenant, à la fin de *Portes ouvertes*, pouvez-vous dire ce que vous avez appris sur la culture française et francophone ? Comment cela a-t-il changé votre façon de voir le monde ? Écrivez une composition où vous développez vos pensées sur ce thème.

Dans n'importe quel écrit, il faut avoir trois parties principales :

1. l'introduction

2. le développement des idées présentées dans l'introduction

3. la conclusion

Commencez par faire une liste de toutes vos idées sur le thème. Ensuite, mettez-les par ordre logique. Surtout, n'oubliez pas que l'écriture est un processus récursif, c'est-à-dire que vous devez constamment relire ce que vous écrivez et faire des révisions. Enfin, quand vous écrivez, pensez à ceux qui vont vous lire : comprendront-ils ce que vous voulez dire ?

J'AI APPRIS...

Dans Leçon 1

LE VOCABULAIRE POLITIQUE ET ADMINISTRATIF

un(e) habitant(e) *a resident*
un milieu *an environment,*
  a social setting

juridique *legal*

une mentalité *a mind-set,*
  an attitude

LES MOTS APPARENTÉS

une association
la coopération
une organisation
une région
une zone

agricole
capitaliste
communiste
démocratique
désertique
économique
fertile
industriel(le)
international(e)
national(e)
rural(e)
scolaire
totalitaire
universitaire
urbain(e)

LA NATURE, LA VIE RURALE ET L'ÉCOLOGIE

un berger/une bergère *a shepherd*
un forage *a sounding, a probe*
  (for water)

un puits *a well*

l'eau (*f*) polluée *polluted water*
l'eau (*f*) potable *drinkable water*
la nappe phréatique *water table,*
  underground water
une pioche *a pickax*
la saison de pluies *the rainy*
  season
la sécheresse *drought*

en profondeur *in depth*

Continued

LES MOTS APPARENTÉS

l'agriculture (*f*)
la forêt
une rivière

Dans Leçon 2

LA POLITIQUE INTERNATIONALE

des accords (*m*) *agreements*
un(e) terrien(ne) *a citizen of the world*
un traité *a treaty*

la douane *customs*
une frontière *a border*
une loi *a law*
la monnaie *currency*
une puissance *a power*

fermé(e) (aux autres) *inaccessible (to others)*
mondial(e) *worldwide, global*
ouvert(e) (aux autres) *accessible (to others)*

LES MOTS APPARENTÉS

chauvin(e)
cosmopolite
économique
global(e)
monétaire
multiculturel(le)
nationaliste
plural(e)
utopique
xénophobe

L'HOMME/LA FEMME POLITIQUE

un chef de gouvernement/chef d'État *a head of state*
un député *a representative, a delegate*
un ministre *a minister, a secretary (of State, etc.)*

LE/LA CITOYEN(NE) *CITIZEN*

l'âme (*f*) *inspiration; soul; life*
les racines (*f*) *roots*

le droit de vote *the right to vote*
les droits (de l'homme) *(human) rights*
un électeur/une électrice *a voter*

VERBES

appartenir (à) *to belong (to)*
différencier *to differentiate, distinguish (one from another)*

Continued

élire *to elect*
être élu(e) *to be elected*
se rassembler *to come together, to assemble*
se réunir *to meet*
voter *to vote*

INTERACTIONS

ÉTUDIANT(E) A

Unité 1

1. QUI CHOISIR ? (P. 36)

Je m'appelle Alain; j'ai 20 ans. Je suis étudiant à la fac de droit. Je suis optimiste, sociable et généreux. Malheureusement pour moi, je ne suis pas très bien organisé ! J'aime beaucoup la nature et les animaux. J'aime beaucoup la musique rock et les fêtes.

2. LA FAMILLE LACHAUD (P. 58)

	NOM	ÂGE	PROFESSION	MARIÉ(E) OU CÉLIBATAIRE ?	ENFANTS ?
oncle paternel	Olivier Lachaud			marié	3 enfants—deux garçons et une fille
tante paternelle			représentante à domicile		
oncle maternel	Pierre Nicolas Colombat	34 ans	instituteur		
tante maternelle				divorcée	1 enfant—un garçon

Unité 2

1. LA FACTURE EST INCOMPLÈTE (P. 97)

FACTURE N° 50	
lit	995 F
fauteuil	1 895 F
lampe	
armoire	1 990 F
étagère	785 F
commode	
table basse	
aspirateur	859 F
grille-pain	
chaise	
cafetière	139 F

Unité 3

1. À QUELLE HEURE EST-CE QU'ON PEUT LUI TÉLÉPHONER ? (P. 159)

À QUELLE HEURE	ACTIVITÉ	OÙ
8 h 30	faire du jogging	
10 h 30		l'Hôtel Régina
11 h		la Grande Rue
13 h 15		la Brasserie du Commerce
14 h 30	aller à un match de football	
17 h 30		l'Hôtel Régina
18 h 45		chez Nancy Peuteuil
20 h 00	dîner	
21 h 30	aller au concert de Jean-François	

2. JEU DE RÔLE (P. 183)

Vous téléphonez :

le quartier	
le loyer	
l'adresse	
la visite	

Vous répondez :

le quartier	Battant, près du jardin botanique
le loyer	1 750 francs par mois
l'adresse	17 rue du Battant
la visite	demain, à 3 heures de l'après-midi

Unité 4

1. AU RESTAURANT (P. 241)

	ANDRÉ	RENAUD	NATHALIE	JEAN-BAPTISTE	MAUD
l'entrée	melon au porto	non		non	
le plat principal		couscous royal			poulet grillé à l'américaine; pommes de terre sautées
la salade	mixte		verte		
le fromage		non	non	non	
le dessert			salade de fruits	glace italienne	tarte aux abricots

2. TROUVEZ LES DIFFÉRENCES (P. 254)

Unité 5

1. L'AGENCE DE VOYAGES (P. 297)

Vous êtes le/la client(e) : Vous voyagez de Besançon à Bruxelles en Belgique.

DESTINATION : BRUXELLES	
vous partez	le 16 décembre au matin
vous revenez	le 2 janvier au soir
classe	2e, réduction Carrissimo

Vous êtes l'agent(e) de voyages : Votre camarade veut voyager de Besançon à Genève en Suisse.

DESTINATION : GENÈVE	
départ	le 14 février dans l'après-midi horaire : 13 h ; 14 h 30 ; 15 h 45 ; 17 h 22
retour	le 21 février au matin horaire : 6 h 18 ; 7 h 14 ; 8 h 45 ; 9 h 20 ; 10 h 30 ; 11 h 50
classe	2^e
prix	avec réduction Carrissimo : 275 FF (francs français)

2. FAITES UNE RÉSERVATION (P. 325)

Vous faites une réservation.

Vous voyagez avec un(e) ami(e) et vous allez partager une chambre. Vous pouvez payer 275 F par jour pour la chambre et le petit déjeuner. En parlant avec le/la réceptionniste, décidez quelle chambre vous pouvez réserver. Vous préférez payer avec une carte de crédit.

Maintenant vous êtes le/la réceptionniste.

CHAMBRES

	PRIX	
	AVEC SALLE DE BAINS (BAIN-DOUCHE-WC)	AVEC DOUCHE
1 personne	260 F	240 F
2 personnes	280 F	260 F
3 personnes	300 F	280 F
4 personnes	320 F	300 F
petit déjeuner	26 F	
carte de crédit : non		

Unité 6

1. QUEL CADEAU OFFRIR ? (P. 380)

	MAMAN	PAPA	GRANDS-PARENTS	SŒUR(S)	FRÈRE(S)
Céline			des bonbons		des disques laser
Loïc	un chemisier			un tee-shirt	
Arnaud	un disque laser de musique reggae		une photo de toute la famille	————	une affiche de Michael Jordan
Jean-Baptiste		un livre sur les vins français		Monopoly	des puzzles (Dorel et Benjamin)
André		un stylo			un tee-shirt
Renaud	deux places pour un concert de jazz	une cravate			

2. ALIBI ! (P. 416)

Cette interaction est un peu différente des autres—c'est vous qui allez fournir l'information.

PREMIÈRE PARTIE

Avec trois camarades de classe, préparez votre alibi. Vous étiez tou(te)s ensemble de 6 h du soir jusqu'à minuit. Alors, chacun(e) peut attester de l'innocence des autres. Qu'est-ce que vous avez fait pendant ces heures ? Il faut anticiper les questions de la police. Par exemple, si vous êtes tou(te)s allé(e)s au cinéma, voici quelques questions possibles :

Quel film avez-vous vu ?
Avez-vous mangé ou bu quelque chose ?
Avez-vous payé séparément ou est-ce que quelqu'un a payé pour tout le groupe ?
Avez-vous vu des amis au cinéma ?
Quelle route avez-vous prise pour aller au cinéma ? pour rentrer chez vous ? etc.

Tout le monde doit être capable de répondre aux questions de la même manière, afin de pouvoir confirmer l'alibi des autres.

DEUXIÈME PARTIE

Une personne de chaque groupe se joindra à un autre groupe et jouera le rôle de « suspect ». Les autres joueront le rôle de « policiers » qui vont questionner le suspect. Les policiers doivent se renseigner sur les actions du suspect à l'heure du crime. Après trois ou quatre minutes, les suspects rejoindront leurs propres groupes. Les « policiers » partageront ce qu'ils ont trouvé du suspect qu'ils ont questionné. LA PERSONNE QUI JOUAIT LE RÔLE DE SUSPECT NE PEUT PAS RÉVÉLER CE QU'ELLE A DIT PENDANT SA PROPRE INTERROGATION.

Ensuite, une autre personne de chaque groupe joue le rôle du suspect. On continue de cette manière. Enfin, chaque groupe va comparer ce qu'il a appris sur les différents suspects qu'ils ont questionnés et ils vont essayer de trouver des contradictions dans leurs histoires.

On peut prendre des notes comme policier, mais IL NE FAUT PAS prendre de notes en jouant le rôle du suspect.

Unité 7

(P. 447)

1. QUI A LA MEILLEURE HYGIÈNE DE VIE ? (P. 447)

Voici des questions qu'on a posées à Marie-Jo, Michèle, Gérard, Christiane et Daniel:

a. À quelle heure est-ce que vous vous levez pendant la semaine ?

b. À quelle heure est-ce que vous vous couchez pendant la semaine ?

c. Quand vous vous levez, comment est-ce que vous vous sentez en général ? En forme ? Assez bien ? Fatigué(e) ? Stressé(e) ?

d. Est-ce que vous devez vous dépêcher pour arriver au travail (en classe) à l'heure ? Tous les jours ? De temps en temps ? Rarement ? Jamais ?

e. Combien d'heures par jour travaillez-vous ?

f. Pendant combien de temps vous absentez-vous pour déjeuner ?

g. Quels mots décrivent le mieux votre travail (ou vos études) ? passionnant ? intéressant ? fatigant ? inintéressant ? stressant ? ennuyeux ? répétitif ?

h. Est-ce que vous avez de bonnes habitudes alimentaires ?

i. Combien de boissons caféinées est-ce que vous buvez par jour ?

j. Combien de boissons sucrées est-ce que vous buvez par jour ?

k. Comment vous détendez-vous ?

l. Faites-vous du sport régulièrement ?

m. Fumez-vous ? Si oui, combien de cigarettes fumez-vous par jour ?

1. Voici quelques-unes de leurs réponses. Votre camarade de classe en a d'autres. Posez-lui des questions pour remplir le tableau.

	MARIE-JO	MICHÈLE	GÉRARD	CHRISTIANE	DANIEL
a.	7 h		7 h		6 h
b.	entre minuit et 1 h du matin	11 h du soir			
c.			En général, je me sens en forme; quelquefois j'ai des clients difficiles.	assez bien	en forme
d.		de temps en temps	jamais	de temps en temps	
e.	Je travaille entre 10 et 13 heures par jour.				Je travaille entre 8 et 9 heures par jour.

continued

	MARIE-JO	MICHÈLE	GÉRARD	CHRISTIANE	DANIEL
f.	Je déjeune en travaillant.		1 heure	1 heure	
g.	intéressant, mais fatigant	intéressant et fatigant			
h.			Je mange trop de gras et de viande rouge.	J'ai tendance à grignoter (*to snack*).	Je fais très attention à mon régime.
i.	8 tasses de café noir	2 tasses de thé et 2 tasses de café			
j.		1	0	0	
k.	Je n'ai presque pas de temps libre.				Je fais souvent du bricolage.
l.			presque jamais	Je fais du tennis trois fois par semaine.	Je fais du jogging tous les matins.
m.	Je fume 10 cigarettes par jour.	Je fume 1 paquet de cigarettes par jour.			

2. Alors, décidez qui a une bonne ou une mauvaise hygiène de vie.

3. Le médecin leur donne des conseils. Essayez de deviner à qui il donne les conseils suivants.

    a. Vous travaillez trop.
       Vous avez besoin de vous reposer davantage.
    b. Vous n'êtes pas en forme ! Vous avez besoin d'être plus actif/active !
       Vous devez faire du sport au moins trois fois par semaine.
       Il y a beaucoup de sports individuels ou d'équipe que vous pouvez faire facilement—le jogging, la natation, la marche, le tennis. Choisissez un sport et pratiquez-le régulièrement !
    c. Mangez plus de légumes et de fruits et moins de viande rouge.
    d. Vous consommez trop de caféine ! Ne buvez pas plus de deux tasses de café par jour.

4. Interrogez vos camarades pour savoir qui a la meilleure hygiène de vie. Posez-leur les mêmes questions que vous avez déjà posées à vos amis bisontins.

    Qui a les habitudes les plus saines ?
    Qui a la vie la plus stressante ?
    Qui a les meilleures habitudes alimentaires ?

2. QUI A GAGNÉ ? (P. 481)

MATCH	SCORE	ÉQUIPE GAGNANTE	JOUEURS QUI ONT MARQUÉ DES BUTS		NOM DE L'ARBITRE	NOMBRE DE SPECTATEURS
			ÉQUIPE GAGNANTE	ÉQUIPE PERDANTE		
Gingamp-Alès	3-1		Bonnet Blayac Debrosse		Levêque	
Domfront-Le Mans		Domfront	Lebozec			12 000
Laval-Marseille	2-1	Marseille		Tapoko		18 000
Valence-Saint-Brieuc				Soulier	Morel	

Unité 8

1. VOULEZ-VOUS ALLER AU CLA ? (P. 535)

Vous voulez des renseignements sur les stages au CLA. Posez des questions au/à la représentant(e) du CLA pour remplir ce tableau :

DATES	TYPE DE STAGE	NOMBRE D'HEURES PAR SEMAINE	NOMBRE DE STAGIAIRES PAR CLASSE	HÉBERGE-MENT	ACTIVITÉS SOCIALES ET SPORTIVES	ACTIVITÉS CULTU-RELLES	PRIX EN FF

Vous êtes réprésentant du CLA. Donnez ces renseignements à un(e) étudiant(e) éventuel(le) :

DATES	TYPE DE STAGE	NOMBRE D'HEURES PAR SEMAINE	NOMBRE DE STAGIAIRES PAR CLASSE	HÉBERGE-MENT	ACTIVITÉS SOCIALES ET SPORTIVES	ACTIVITÉS CULTU-RELLES	PRIX EN FF
du 15 septembre au 18 décembre	bain lin-guistique	30	15	en famille	accès au centre sportif de l'Univer-sité de Franche-Comté	excursions le week-end; films au CLA	19 630

Unité 9

1. TROUVEZ LES DIFFÉRENCES (P. 601)

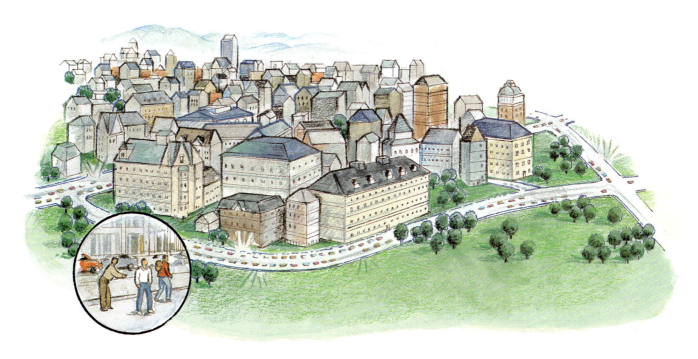

Unité 10

1. QUELLE VILLE CHOISIR ? (P. 684)

CRITÈRE	LE QUÉBEC	HAÏTI	LE MALI
villes principales	Québec (capitale), Montréal, Trois-Rivières		
nom des habitants		les Haïtien(ne)s	
langues			français (langue officielle); bambara (80%)
situation géographique		Haïti occupe l'ouest de l'île d'Haïti. La République Dominicaine occupe la partie est de l'île. Haïti est un pays assez montagneux.	
climat			tropical

continued

CRITÈRE	LE QUÉBEC	HAÏTI	LE MALI
religions		le catholicisme, le vaudou et le protestantisme	
principales activités économiques	céréales, élevage, bois, papier, métallurgie; hydro-électricité		
scolarisation			19%
problèmes			• parmi les pays les plus pauvres au monde • la désertification • absence de débouché maritime (*landlocked*); • absence de ressources minérales

2. L'UNION EUROPÉENNE (L'UE) (P. 704)

Après la Deuxième Guerre mondiale, les Européens de l'Ouest ont senti le besoin de se rassembler. En 1951, six pays européens ont créé une communauté économique, la CECA (la Communauté du charbon et de l'acier [*steel*]). C'était la première pierre (*stone*) de la maison Europe.

Voici quelques autres dates importantes :

- 1957, le Traité de Rome crée la CEE (la Communauté économique européenne) et met en place le Marché commun. Six pays sont signataires : Allemagne, Belgique, France, Italie, Luxembourg, Pays-Bas;
- 1962, on institue une politique agricole commune (PAC);
- 1968, on élimine les droits de douane entre les pays membres;
- 1979, on crée le système monétaire européen et l'ECU joue le rôle de monnaie européenne;
- 1985, on institue le Marché unique qui permet la libre circulation des marchandises, des personnes, des services et des capitaux;
- 1992, le Traité de Maastricht fait un pas vers l'édification d'une Europe politique et monétaire;
- 1999, le rôle doit être mis en place;
- 1999, date limite prévue pour la mise en circulation de la monnaie unique utilisée par tous les citoyens de l'Union qu'on appelle désormais l'euro.

ÉTUDIANT(E) B

Unité 1

1. QUI CHOISIR ? (P. 36)

Je m'appelle Thomas; j'ai 28 ans. Je prépare un doctorat en philosophie à la fac de Besançon. Je suis très sérieux, réservé et timide. Je suis allergique aux animaux. Je n'aime pas les sports mais j'adore la lecture et j'aime beaucoup la musique classique.

2. LA FAMILLE LACHAUD (P. 58)

	NOM	ÂGE	PROFESSION	MARIÉ(E) OU CÉLIBATAIRE ?	ENFANTS ?
oncle paternel		51 ans	électricien		
tante paternelle	Patricia Lachaud	43 ans		célibataire	pas d'enfants
oncle maternel				marié	2 enfants— deux garçons
tante maternelle	Suzanne Idrac	31 ans	journaliste		

Unité 2

1. LA FACTURE EST INCOMPLÈTE (P. 97)

FACTURE N° 51	
lit	
commode	1 790 F
chaise	375 F
cafetière	
table basse	499 F
étagère	
grille-pain	145 F
fauteuil	
armoire	
aspirateur	
lampe	229 F

Unité 3

1. À QUELLE HEURE EST-CE QU'ON PEUT LUI TÉLÉPHONER ? (P. 159)

À QUELLE HEURE	ACTIVITÉ	OÙ
8 h 30		le Parc Micaud
10 h 30	prendre le petit déjeuner (*breakfast*)	
11 h	faire du shopping	
13 h 15	déjeuner avec Renaud	
14 h 30		le stade (*stadium*) municipal
17 h 30	faire la sieste (*take a nap*)	
18 h 45	prendre l'apéritif	
20 h 00		le restaurant Le Pavé Rivotte
21 h 30		Promenade de Granvelle

2. JEU DE RÔLE (P. 183)

Vous répondez :

le quartier	centre ville, près de la Faculté des Lettres
le loyer	2 500 francs par mois
l'adresse	20 rue Ronchaux
la visite	aujourd'hui, à 17 heures

Vous téléphonez :

le quartier	
le loyer	
l'adresse	
la visite	

Unité 4

1. AU RESTAURANT (P. 241)

	ANDRÉ	RENAUD	NATHALIE	JEAN-BAPTISTE	MAUD
l'entrée			non		crudités
le plat principal	steak-frites		paella	pizza au fromage et aux tomates	
la salade		non		mixte	verte
le fromage	oui				oui
le dessert	crème caramel	glace			

2. TROUVEZ LES DIFFÉRENCES (P. 254)

Unité 5

1. L'AGENCE DE VOYAGES (P. 297)

Vous êtes l'agent(e) de voyages : Votre camarade veut voyager de Besançon à Bruxelles en Belgique.

DESTINATION : BRUXELLES	
départ	le 16 décembre au matin horaire : 5 h 55 ; 6 h 30 ; 7 h 25 ; 8 h 45 ; 9 h 55 ; 10 h 35 ; 11 h 40
retour	le 2 janvier au soir horaire : 19 h 30 ; 20 h 45 ; 21 h 50 ; 22 h 46
classe	2^e
prix	avec réduction Carrissimo : 425 FF (francs français)

Vous êtes le/la client(e) : Vous voyagez de Besançon à Genève en Suisse.

DESTINATION : GENÈVE	
vous partez	le 14 février dans l'après-midi
vous revenez	le 21 février au matin
classe	2e classe, réduction Carrissimo

2. FAITES UNE RÉSERVATION (P. 325)

Vous êtes le/la réceptionniste.

CHAMBRES

	PRIX	
	AVEC SALLE DE BAINS (BAIN-DOUCHE-WC)	AVEC DOUCHE
1 personne	220 F	180 F
2 personnes	240 F	200 F
3 personnes	280 F	240 F
4 personnes	310 F	280 F
petit déjeuner	35 F	
carte de crédit : oui		

Maintenant vous faites une réservation.

Vous voyagez avec trois ami(e)s et vous allez partager une chambre. Vous pouvez payer 350 F par jour pour la chambre et le petit déjeuner. En parlant avec le/la réceptionniste, décidez quelle chambre vous pouvez réserver. Vous préférez payer avec une carte de crédit.

Unité 6

1. QUEL CADEAU OFFRIR ? (P. 380)

	MAMAN	PAPA	GRANDS-PARENTS	SŒUR(S)	FRÈRE(S)
Céline	du parfum	une ceinture		un pull	
Loïc		une cassette-vidéo	un album de photos		un ballon
Arnaud		une canne à pêche		————	
Jean-Baptiste	un bracelet		une cafetière électrique		
André	une montre		un grille-pain	des baskets	
Renaud			un disque laser de musique classique	un livre	une casquette

Unité 7

1. QUI A LA MEILLEURE HYGIÈNE DE VIE ? (P. 447)

Voici des questions qu'on a posées à Marie-Jo, Michèle, Gérard, Christiane et Daniel :

a. À quelle heure est-ce que vous vous levez pendant la semaine ?

b. À quelle heure est-ce que vous vous couchez pendant la semaine ?

c. Quand vous vous levez, comment est-ce que vous vous sentez en général ? En forme ? Assez bien ? Fatigué(e) ? Stressé(e) ?

d. Est-ce que vous devez vous dépêcher pour arriver au travail (en classe) à l'heure ? Tous les jours ? De temps en temps ? Rarement ? Jamais ?

e. Combien d'heures par jour travaillez-vous ?

f. Pendant combien de temps vous absentez-vous pour déjeuner ?

g. Quels mots décrivent le mieux votre travail (ou vos études) ? passionnant ? intéressant ? fatigant ? inintéressant ? stressant ? ennuyeux ? répétitif ?

h. Est-ce que vous avez de bonnes habitudes alimentaires ?

i. Combien de boissons caféinées est-ce que vous buvez par jour ?

j. Combien de boissons sucrées est-ce que vous buvez par jour ?

k. Comment vous détendez-vous ?

l. Faites-vous du sport régulièrement ?

m. Fumez-vous ? Si oui, combien de cigarettes fumez-vous par jour ?

1. Voici quelques-unes de leurs réponses. Votre camarade de classe en a d'autres. Posez-lui des questions pour remplir le tableau.

	MARIE-JO	MICHÈLE	GÉRARD	CHRISTIANE	DANIEL
a.		6 h 45		7 h 30	
b.			11 h du soir	entre 10 h et 11 h du soir	10 h du soir
c.	fatiguée	en forme			
d.	toujours en retard				jamais
e.		8 heures par jour	entre 8 heures et 9 heures par jour	8 heures par jour	
f.		2 heures			1 heure
g.			répétitif et quelquefois stressant	ennuyeux et inintéressant	passionnant et stressant à la fois
h.	Je grignote (snack) pendant la journée; le soir je mange bien.	J'ai tendance à manger trop de petits gâteaux et de bonbons.			
i.			1 tasse de café	2 tasses de thé	entre 4 et 5 tasses de café
j.	1				1
k.		Le soir, j'écoute de la musique, fais de la lecture et des mots croisés.	Je fais souvent du jardinage et de la pêche.	Je fais beaucoup de lecture.	
l.	jamais	presque jamais			
m.			Je fume entre 10 et 15 cigarettes par jour.	Je fume 1 ou 2 cigarettes par jour.	Je ne fume pas.

2. Alors, décidez qui a une bonne ou une mauvaise hygiène de vie.

3. Le médecin leur donne des conseils. Essayez de deviner à qui il donne les conseils suivants.

   a. Vous travaillez trop.
      Vous avez besoin de vous reposer davantage.

b. Vous n'êtes pas en forme ! Vous avez besoin d'être plus actif/active !
Vous devez faire du sport au moins trois fois par semaine.
Il y a beaucoup de sports individuels ou d'équipe que vous pouvez faire
facilement—le jogging, la natation, la marche, le tennis. Choisissez un
sport et pratiquez-le régulièrement !

c. Mangez plus de légumes et de fruits et moins de viande rouge.

d. Vous consommez trop de caféine ! Ne buvez pas plus de deux tasses de
café par jour.

4. Interrogez vos camarades pour savoir qui a la meilleure hygiène de vie.
Posez-leur les mêmes questions que vous avez déjà posées à vos amis
bisontins.

Qui a les habitudes les plus saines ?
Qui a la vie la plus stressante ?
Qui a les meilleures habitudes alimentaires ?

2. QUI A GAGNÉ ? (P. 481)

MATCH	SCORE	ÉQUIPE GAGNANTE	JOUEURS QUI ONT MARQUÉ DES BUTS		NOM DE L'ARBITRE	NOMBRE DE SPECTATEURS
			ÉQUIPE GAGNANTE	ÉQUIPE PERDANTE		
Gingamp-Alès		Gingamp		Saade		15 000
Domfront-Le Mans	2-0			———	Perreira	
Laval-Marseille			Ahmet Bernard		Richard	
Valence-Saint-Brieuc	1-1	match nul	Jupin			10 000

Unité 8

1. VOULEZ-VOUS ALLER AU CLA ? (P. 535)

Vous êtes réprésentant du CLA. Donnez ces renseignements à un(e) étudiant(e)
éventuel(le) :

DATES	TYPE DE STAGE	NOMBRE D'HEURES PAR SEMAINE	NOMBRE DE STAGIAIRES PAR CLASSE	HÉBERGE-MENT	ACTIVITÉS SOCIALES ET SPORTIVES	ACTIVITÉS CULTU-RELLES	PRIX EN FF
du 20 janvier au 16 juin	intensif	20	18	à la Cité Universi-taire avec repas au restau U	accès au centre sportif de l'Univer-sité de Franche-Comté	excursions le week-end; films au CLA	10 815

Vous voulez des renseignements sur les stages au CLA. Posez des questions au représentant du CLA pour remplir ce tableau :

DATES	TYPE DE STAGE	NOMBRE D'HEURES PAR SEMAINE	NOMBRE DE STAGIAIRES PAR CLASSE	HÉBERGE-MENT	ACTIVITÉS SOCIALES ET SPORTIVES	ACTIVITÉS CULTU-RELLES	PRIX EN FF

Unité 9

1. TROUVEZ LES DIFFÉRENCES (P. 601)

Unité 10

1. QUELLE VILLE CHOISIR ? (P. 684)

CRITÈRE	LE QUÉBEC	HAÏTI	LE MALI
villes principales		Port-au-Prince (capitale), Cap-Haïtien	
nom des habitants	les Québécois(e)		
langues		créole et français	
situation géographique	Situé au nord-est du continent américain, le Québec est la plus grande province du Canada. Le Québec est traversé par le Saint-Laurent, un des plus grands fleuves du monde.		
climat	hiver rude et enneigé; été chaud		
religions			l'islam; religions africaines
principales activités économiques		le café, les bananes, le coton, la canne à sucre; la bauxite	
scolarisation	99%		
problèmes		• pays pauvre • niveau de vie très bas • endetté • sous-industrialisé • surpeuplé • a subi une longue tyrannie politique • pas de traditions démocratiques • corruption	

2. L'UNION EUROPÉENNE (L'UE) (P. 704)

1. La Commission européenne
C'est l'organe exécutif de l'Union à Bruxelles. Elle fait des propositions de lois. Elle est chargée de faire appliquer et respecter les lois ainsi que les politiques communes dans le domaine de l'agriculture, de la technologie, des transports, etc. Elle est composée de vingt commissaires et d'un Président. C'est Jacques Santer, un Luxembourgeois, qui est Président de la Commission.

2. Le Conseil de l'Union européenne
Il a une activité législative. Il décide de la politique qu'il faut suivre. Il se compose des Ministres de chaque pays. Il est installé à Bruxelles.

3. Le Conseil européen
Il est composé des chefs d'État et de Gouvernement des pays membres et du Président de la Commission européenne. Il se réunit au moins deux fois par an pour fixer les grandes orientations de l'Union.

4. Le Parlement européen
Il se trouve en France, à Strasbourg. Il compte 626 députés européens (dont 87 pour la France) élus au suffrage universel direct pour cinq ans. Il contrôle le travail de la Commission, il vote le budget communautaire, il examine les pétitions des citoyens.

5. La Cour de Justice européenne
Elle peut obliger l'État, une Institution ou un citoyen à respecter le droit communautaire. Elle se trouve à Luxembourg.

6. La Cour des comptes européenne
Elle contrôle les finances de l'Union européenne. Elle se trouve à Luxembourg.

ÉTUDIANT(E) C

Unité 1

1. QUI CHOISIR ? (P. 36)

Je m'appelle Jean-Pierre; j'ai 27 ans. Je suis étudiant en médecine à Besançon. Je suis très studieux et organisé. J'adore le sport, particulièrement les randonnées, le jogging et le basket-ball. J'adore le jazz.

Unité 10

1. QUELLE VILLE CHOISIR ? (P. 684)

CRITÈRE	LE QUÉBEC	HAÏTI	LE MALI
villes principales			Bamako (capitale)
nom des habitants			les Malien(ne)s
langues	francais (82%); anglais		
situation géographique			Situé en Afrique de l'ouest, au sud-ouest de l'Algérie; désertique (65%)
climat		tropical	
religions	le catholicisme (90%)		
principales activités économiques			Dans le nord, l'élevage nomade; dans le sud, qui est plus humide, le sorgho, le riz, le coton
scolarisation		50%	
problèmes	• Entourés d'anglophones, les Québécois luttent pour maintenir leur identité linguistique et culturelle. • Le parti québécois réclame l'indépendance.		

2. L'UNION EUROPÉENNE (L'UE) (P. 704)

Apprenez les noms des pays membres et sachez les situer sur une carte d'Europe:

l'Allemagne	la Finlande	l'Italie
l'Autriche	la France	le Luxembourg
la Belgique	la Grande-Bretagne	les Pays-Bas
le Danemark	la Grèce	le Portugal
l'Espagne	l'Irlande	la Suède

Verb Charts

infinitif	présent	passé composé	imparfait	passé simple	futur	conditionnel	subjonctif	impératif
Auxiliary verbs								
avoir	ai	ai eu	avais	eus	aurai	aurais	aie	
(*to have*)	as	as eu	avais	eus	auras	aurais	aies	aie
ayant	a	a eu	avait	eut	aura	aurait	ait	
eu	avons	avons eu	avions	eûmes	aurons	aurions	ayons	ayons
	avez	avez eu	aviez	eûtes	aurez	auriez	ayez	ayez
	ont	ont eu	avaient	eurent	auront	auraient	aient	
être	suis	ai été	étais	fus	serai	serais	sois	
(*to be*)	es	as été	étais	fus	seras	serais	sois	sois
étant	est	a été	était	fut	sera	serait	soit	
été	sommes	avons été	étions	fûmes	serons	serions	soyons	soyons
	êtes	avez été	étiez	fûtes	serez	seriez	soyez	soyez
	sont	ont été	étaient	furent	seront	seraient	soient	
Regular verbs								
-er *verbs*	parle	ai parlé	parlais	parlai	parlerai	parlerais	parle	
parler	parles	as parlé	parlais	parlas	parleras	parlerais	parles	parle
(*to speak*)	parle	a parlé	parlait	parla	parlera	parlerait	parle	
parlant	parlons	avons parlé	parlions	parlâmes	parlerons	parlerions	parlions	parlons
parlé	parlez	avez parlé	parliez	parlâtes	parlerez	parleriez	parliez	parlez
	parlent	ont parlé	parlaient	parlèrent	parleront	parleraient	parlent	
-ir *verbs*	finis	ai fini	finissais	finis	finirai	finirais	finisse	
finir	finis	as fini	finissais	finis	finiras	finirais	finisses	finis
(*to finish*)	finit	a fini	finissait	finit	finira	finirait	finisse	
finissant	finissons	avons fini	finissions	finîmes	finirons	finirions	finissions	finissons
fini	finissez	avez fini	finissiez	finîtes	finirez	finiriez	finissiez	finissez
	finissent	ont fini	finissaient	finirent	finiront	finiraient	finissent	
-re *verbs*	perds	ai perdu	perdais	perdis	perdrai	perdrais	perde	
perdre	perds	as perdu	perdais	perdis	perdras	perdrais	perdes	perds
(*to lose*)	perd	a perdu	perdait	perdit	perdra	perdrait	perde	
perdant	perdons	avons perdu	perdions	perdîmes	perdrons	perdrions	perdions	perdons
perdu	perdez	avez perdu	perdiez	perdîtes	perdrez	perdriez	perdiez	perdez
	perdent	ont perdu	perdaient	perdirent	perdront	perdraient	perdent	

Continued on the following page

Continued

Verbs conjugated with être

infinitif	présent	passé composé	imparfait	passé simple	futur	conditionnel	subjonctif	impératif
entrer (*to enter*) entrant entré	entre	suis entré(e)	entrais	entrai	entrerai	entrerais	entre	
	entres	es entré(e)	entrais	entras	entreras	entrerais	entres	
	entre	est entré(e)	entrait	entra	entrera	entrerait	entre	entre
	entrons	sommes entré(e)s	entrions	entrâmes	entrerons	entrerions	entrions	entrons
	entrez	êtes entré(e)(s)	entriez	entrâtes	entrerez	entreriez	entriez	entrez
	entrent	sont entré(e)s	entraient	entrèrent	entreront	entreraient	entrent	

Pronominal verbs

infinitif	présent	passé composé	imparfait	passé simple	futur	conditionnel	subjonctif	impératif
se laver (*to wash oneself*) se lavant lavé	me lave	me suis lavé(e)	me lavais	me lavai	me laverai	me laverais	me lave	
	te laves	t'es lavé(e)	te lavais	te lavas	te laveras	te laverais	te laves	lave-toi
	se lave	s'est lavé(e)	se lavait	se lava	se lavera	se laverait	se lave	
	nous lavons	nous sommes lavé(e)s	nous lavions	nous lavâmes	nous laverons	nous laverions	nous lavions	lavons-nous
	vous lavez	vous êtes lavé(e)(s)	vous laviez	nous lavâtes	vous laverez	vous laveriez	vous laviez	lavez-vous
	se lavent	se sont lavé(e)s	se lavaient	se lavèrent	se laveront	se laveraient	se lavent	

Irregular verbs

infinitif	présent	passé composé	imparfait	passé simple	futur	conditionnel	subjonctif	impératif
aller (*to go*) allant allé	vais	suis allé(e)	allais	allai	irai	irais	aille	
	vas	es allé(e)	allais	allas	iras	irais	ailles	va
	va	est allé(e)	allait	alla	ira	irait	aille	
	allons	sommes allé(e)s	allions	allâmes	irons	irions	allions	allons
	allez	êtes allé(e)(s)	alliez	allâtes	irez	iriez	alliez	allez
	vont	sont allé(e)s	allaient	allèrent	iront	iraient	aillent	
s'asseoir (*to sit*) asseyant assis	m'assieds	me suis assis(e)	m'asseyais	m'assis	m'assiérai	m'assiérais	m'asseye	
	t'assieds	t'es assis(e)	t'asseyais	t'assis	t'assiéras	t'assiérais	t'asseyes	assieds-toi
	s'assied	s'est assis(e)	s'asseyait	s'assit	s'assiéra	s'assiérait	s'asseye	
	nous asseyons	nous sommes assis(e)s	nous asseyions	nous assîmes	nous assiérons	nous assiérions	nous asseyions	asseyons-nous
	vous asseyez	vous êtes assis(e)(s)	vous asseyiez	vous assîtes	vous assiérez	vous assiériez	vous asseyiez	asseyez-vous
	s'asseyent	se sont assis(e)s	s'asseyaient	s'assirent	s'assiéront	s'assiéraient	s'asseyent	
battre (*to beat*) battant battu	bats	ai battu	battais	battis	battrai	battrais	batte	
	bats	as battu	battais	battis	battras	battrais	battes	bats
	bat	a battu	battait	battit	battra	battrait	batte	
	battons	avons battu	battions	battîmes	battrons	battrions	battions	battons
	battez	avez battu	battiez	battîtes	battrez	battriez	battiez	battez
	battent	ont battu	battaient	battirent	battront	battraient	battent	

infinitif	présent	passé composé	imparfait	passé simple	futur	conditionnel	subjonctif	impératif
boire (to drink) buvant bu	bois bois boit buvons buvez boivent	ai bu as bu a bu avons bu avez bu ont bu	buvais buvais buvait buvions buviez buvaient	bus bus but bûmes bûtes burent	boirai boiras boira boirons boirez boiront	boirais boirais boirait boirions boiriez boiraient	boive boives boive buvions buviez boivent	bois buvons buvez
conduire (to lead; to drive) conduisant conduit	conduis conduis conduit conduisons conduisez conduisent	ai conduit as conduit a conduit avons conduit avez conduit ont conduit	conduisais conduisais conduisait conduisions conduisiez conduisaient	conduisis conduisis conduisit conduisîmes conduisîtes conduisirent	conduirai conduiras conduira conduirons conduirez conduiront	conduirais conduirais conduirait conduirions conduiriez conduiraient	conduise conduises conduise conduisions conduisiez conduisent	conduis conduisons conduisez
connaître (to know, be familiar with) connaissant connu	connais connais connaît connaissons connaissez connaissent	ai connu as connu a connu avons connu avez connu ont connu	connaissais connaissais connaissait connaissions connaissiez connaissaient	connus connus connut connûmes connûtes connurent	connaîtrai connaîtras connaîtra connaîtrons connaîtrez connaîtront	connaîtrais connaîtrais connaîtrait connaîtrions connaîtriez connaîtraient	connaisse connaisses connaisse connaissions connaissiez connaissent	connais connaissons connaissez
courir (to run) courant couru	cours cours court courons courez courent	ai couru as couru a couru avons couru avez couru ont couru	courais courais courait courions couriez couraient	courus courus courut courûmes courûtes coururent	courrai courras courra courrons courrez courront	courrais courrais courrait courrions courriez courraient	coure coures coure courions couriez courent	cours courons courez
craindre (to fear) craignant craint	crains crains craint craignons craignez craignent	ai craint as craint a craint avons craint avez craint ont craint	craignais craignais craignait craignions craigniez craignaient	craignis craignis craignit craignîmes craignîtes craignirent	craindrai craindras craindra craindrons craindrez craindront	craindrais craindrais craindrait craindrions craindriez craindraient	craigne craignes craigne craignions craigniez craignent	crains craignons craignez
croire (to believe) croyant cru	crois crois croit croyons croyez croient	ai cru as cru a cru avons cru avez cru ont cru	croyais croyais croyait croyions croyiez croyaient	crus crus crut crûmes crûtes crurent	croirai croiras croira croirons croirez croiront	croirais croirais croirait croirions croiriez croiraient	croie croies croie croyions croyiez croient	crois croyons croyez

Continued

infinitif	présent	passé composé	imparfait	passé simple	futur	conditionnel	subjonctif	impératif
devoir (to owe; must, to have to) devant dû	dois dois doit devons devez doivent	ai dû as dû a dû avons dû avez dû ont dû	devais devais devait devions deviez devaient	dus dus dut dûmes dûtes durent	devrai devras devra devrons devrez devront	devrais devrais devrait devrions devriez devraient	doive doives doive devions deviez doivent	dois devons devez
dire (to tell; to say) disant dit	dis dis dit disons dites disent	ai dit as dit a dit avons dit avez dit ont dit	disais disais disait disions disiez disaient	dis dis dit dîmes dîtes dirent	dirai diras dira dirons direz diront	dirais dirais dirait dirions diriez diraient	dise dises dise disions disiez disent	dis disons dites
dormir[1] (to sleep) dormant dormi	dors dors dort dormons dormez dorment	ai dormi as dormi a dormi avons dormi avez dormi ont dormi	dormais dormais dormait dormions dormiez dormaient	dormis dormis dormit dormîmes dormîtes dormirent	dormirai dormiras dormira dormirons dormirez dormiront	dormirais dormirais dormirait dormirions dormiriez dormiraient	dorme dormes dorme dormions dormiez dorment	dors dormons dormez
écrire[2] (to write) écrivant écrit	écris écris écrit écrivons écrivez écrivent	ai écrit as écrit a écrit avons écrit avez écrit ont écrit	écrivais écrivais écrivait écrivions écriviez écrivaient	écrivis écrivis écrivit écrivîmes écrivîtes écrivirent	écrirai écriras écrira écrirons écrirez écriront	écrirais écrirais écrirait écririons écririez écriraient	écrive écrives écrive écrivions écriviez écrivent	écris écrivons écrivez
envoyer (to send) envoyant envoyé	envoie envoies envoie envoyons envoyez envoient	ai envoyé as envoyé a envoyé avons envoyé avez envoyé ont envoyé	envoyais envoyais envoyait envoyions envoyiez envoyaient	envoyai envoyas envoya envoyâmes envoyâtes envoyèrent	enverrai enverras enverra enverrons enverrez enverront	enverrais enverrais enverrait enverrions enverriez enverraient	envoie envoies envoie envoyions envoyiez envoient	envoie envoyons envoyez
faire (to do; to make) faisant fait	fais fais fait faisons faites font	ai fait as fait a fait avons fait avez fait ont fait	faisais faisais faisait faisions faisiez faisaient	fis fis fit fîmes fîtes firent	ferai feras fera ferons ferez feront	ferais ferais ferait ferions feriez feraient	fasse fasses fasse fassions fassiez fassent	fais faisons faites

[1] **Mentir, partir, repartir, sentir, servir,** and **sortir** are conjugated like **dormir. Partir, repartir,** and **sortir** are conjugated with **être.**
[2] **Décrire** is conjugated like **écrire.**

Continued

infinitif	présent	passé composé	imparfait	passé simple	futur	conditionnel	subjonctif	impératif
falloir[3] *(to be necessary)* fallu	il faut	il a fallu	il fallait	il fallut	il faudra	il faudrait	il faille	
lire *(to read)* lisant lu	lis	ai lu	lisais	lus	lirai	lirais	lise	
	lis	as lu	lisais	lus	liras	lirais	lises	lis
	lit	a lu	lisait	lut	lira	lirait	lise	
	lisons	avons lu	lisions	lûmes	lirons	lirions	lisions	lisons
	lisez	avez lu	lisiez	lûtes	lirez	liriez	lisiez	lisez
	lisent	ont lu	lisaient	lurent	liront	liraient	lisent	
mettre[4] *(to put; to put on)* mettant mis	mets	ai mis	mettais	mis	mettrai	mettrais	mette	
	mets	as mis	mettais	mis	mettras	mettrais	mettes	mets
	met	a mis	mettait	mit	mettra	mettrait	mette	
	mettons	avons mis	mettions	mîmes	mettrons	mettrions	mettions	mettons
	mettez	avez mis	mettiez	mîtes	mettrez	mettriez	mettiez	mettez
	mettent	ont mis	mettaient	mirent	mettront	mettraient	mettent	
mourir *(to die)* mourant mort	meurs	suis mort(e)	mourais	mourus	mourrai	mourrais	meure	
	meurs	es mort(e)	mourais	mourus	mourras	mourrais	meures	meurs
	meurt	est mort(e)	mourait	mourut	mourra	mourrait	meure	
	mourons	sommes mort(e)s	mourions	mourûmes	mourrons	mourrions	mourions	mourons
	mourez	êtes mort(e)(s)	mouriez	mourûtes	mourrez	mourriez	mouriez	mourez
	meurent	sont mort(e)s	mouraient	moururent	mourront	mourraient	meurent	
naître *(to be born)* naissant né	nais	suis né(e)	naissais	naquis	naîtrai	naîtrais	naisse	
	nais	es né(e)	naissais	naquis	naîtras	naîtrais	naisses	nais
	naît	est né(e)	naissait	naquit	naîtra	naîtrait	naisse	
	naissons	sommes né(e)s	naissions	naquîmes	naîtrons	naîtrions	naissions	naissons
	naissez	êtes né(e)(s)	naissiez	naquîtes	naîtrez	naîtriez	naissiez	naissez
	naissent	sont né(e)s	naissaient	naquirent	naîtront	naîtraient	naissent	
ouvrir[5] *(to open)* ouvrant ouvert	ouvre	ai ouvert	ouvrais	ouvris	ouvrirai	ouvrirais	ouvre	
	ouvres	as ouvert	ouvrais	ouvris	ouvriras	ouvrirais	ouvres	ouvre
	ouvre	a ouvert	ouvrait	ouvrit	ouvrira	ouvrirait	ouvre	
	ouvrons	avons ouvert	ouvrions	ouvrîmes	ouvrirons	ouvririons	ouvrions	ouvrons
	ouvrez	avez ouvert	ouvriez	ouvrîtes	ouvrirez	ouvririez	ouvriez	ouvrez
	ouvrent	ont ouvert	ouvraient	ouvrirent	ouvriront	ouvriraient	ouvrent	

[3] An impersonal verb, used only in the third person singular.
[4] **Permettre, promettre,** and **remettre** are conjugated like **mettre.**
[5] **Couvrir, découvrir, offrir,** and **souffrir** are conjugated like **ouvrir.**

Continued

infinitif	présent	passé composé	imparfait	passé simple	futur	conditionnel	subjonctif	impératif
plaire (to please) plaisant plu	plais plais plaît plaisons plaisez plaisent	ai plu as plu a plu avons plu avez plus ont plu	plaisais plaisais plaisait plaisions plaisiez plaisaient	plus plus plut plûmes plûtes plurent	plairai plairas plaira plairons plairez plairont	plairais plairais plairait plairions plairiez plairaient	plaise plaises plaise plaisions plaisiez plaisent	plais plaisons plaisez
pleuvoir[6] (to rain) plu	il pleut	il a plu	il pleuvait	il plut	il pleuvra	il pleuvrait	il pleuve	
pouvoir (to be able, can) pouvant pu	peux peux peut pouvons pouvez peuvent	ai pu as pu a pu avons pu avez pu ont pu	pouvais pouvais pouvait pouvions pouviez pouvaient	pus pus put pûmes pûtes purent	pourrai pourras pourra pourrons pourrez pourront	pourrais pourrais pourrait pourrions pourriez pourraient	puisse puisses puisse puissions puissiez puissent	
prendre[7] (to take) prenant pris	prends prends prend prenons prenez prennent	ai pris as pris a pris avons pris avez pris ont pris	prenais prenais prenait prenions preniez prenaient	pris pris prit prîmes prîtes prirent	prendrai prendras prendra prendrons prendrez prendront	prendrais prendrais prendrait prendrions prendriez prendraient	prenne prennes prenne prenions preniez prennent	prends prenons prenez
recevoir (to receive) recevant reçu	reçois reçois reçoit recevons recevez reçoivent	ai reçu as reçu a reçu avons reçu avez reçu ont reçu	recevais recevais recevait recevions receviez recevaient	reçus reçus reçut reçûmes reçûtes reçurent	recevrai recevras recevra recevrons recevrez recevront	recevrais recevrais recevrait recevrions recevriez recevraient	reçoive reçoives reçoive recevions receviez reçoivent	reçois recevons recevez
rire (to laugh) riant ri	ris ris rit rions riez rient	ai ri as ri a ri avons ri avez ri ont ri	riais riais riait riions riiez riaient	ris ris rit rîmes rîtes rirent	rirai riras rira rirons rirez riront	rirais rirais rirait ririons ririez riraient	rie ries rie riions riiez rient	ris rions riez

[6] An impersonal verb, used only in the third person singular.
[7] **Apprendre, comprendre,** and **surprendre** are conjugated like **prendre.**

Continued

infinitif	présent	passé composé	imparfait	passé simple	futur	conditionnel	subjonctif	impératif
savoir (*to know*) sachant su	sais	ai su	savais	sus	saurai	saurais	sache	
	sais	as su	savais	sus	sauras	saurais	saches	sache
	sait	a su	savait	sut	saura	saurait	sache	
	savons	avons su	savions	sûmes	saurons	saurions	sachions	sachons
	savez	avez su	saviez	sûtes	saurez	sauriez	sachiez	sachez
	savent	ont su	savaient	surent	sauront	sauraient	sachent	
suivre (*to follow*) suivant suivi	suis	ai suivi	suivais	suivis	suivrai	suivrais	suive	
	suis	as suivi	suivais	suivis	suivras	suivrais	suives	suis
	suit	a suivi	suivait	suivit	suivra	suivrait	suive	
	suivons	avons suivi	suivions	suivîmes	suivrons	suivrions	suivions	suivons
	suivez	avez suivi	suiviez	suivîtes	suivrez	suivriez	suiviez	suivez
	suivent	ont suivi	suivaient	suivirent	suivront	suivraient	suivent	
tenir[8] (*to hold*) tenant tenu	tiens	ai tenu	tenais	tins	tiendrai	tiendrais	tienne	
	tiens	as tenu	tenais	tins	tiendras	tiendrais	tiennes	tiens
	tient	a tenu	tenait	tint	tiendra	tiendrait	tienne	
	tenons	avons tenu	tenions	tînmes	tiendrons	tiendrions	tenions	tenons
	tenez	avez tenu	teniez	tîntes	tiendrez	tiendriez	teniez	tenez
	tiennent	ont tenu	tenaient	tinrent	tiendront	tiendraient	tiennent	
valoir (*to be worth*) valant valu	vaux	ai valu	valais	valus	vaudrai	vaudrais	vaille	
	vaux	as valu	valais	valus	vaudras	vaudrais	vailles	vaux
	vaut	a valu	valait	valut	vaudra	vaudrait	vaille	
	valons	avons valu	valions	valûmes	vaudrons	vaudrions	valions	valons
	valez	avez valu	valiez	valûtes	vaudrez	vaudriez	valiez	valez
	valent	ont valu	valaient	valurent	vaudront	vaudraient	vaillent	
venir[9] (*to come*) venant venu	viens	suis venu(e)	venais	vins	viendrai	viendrais	vienne	
	viens	es venu(e)	venais	vins	viendras	viendrais	viennes	viens
	vient	est venu(e)	venait	vint	viendra	viendrait	vienne	
	venons	sommes venu(e)s	venions	vînmes	viendrons	viendrions	venions	venons
	venez	êtes venu(e)(s)	veniez	vîntes	viendrez	viendriez	veniez	venez
	viennent	sont venu(e)s	venaient	vinrent	viendront	viendraient	viennent	

Continued

[8] **Maintenir** and **obtenir** are conjugated like **tenir**.
[9] **Devenir, revenir,** and **se souvenir de** are conjugated like **venir**.

infinitif	présent	passé composé	imparfait	passé simple	futur	conditionnel	subjonctif	impératif
vivre (*to live*) vivant vécu	vis vis vit vivons vivez vivent	ai vécu as vécu a vécu avons vécu avez vécu ont vécu	vivais vivais vivait vivions viviez vivaient	vécus vécus vécut vécûmes vécûtes vécurent	vivrai vivras vivra vivrons vivrez vivront	vivrais vivrais vivrait vivrions vivriez vivraient	vive vives vive vivions viviez vivent	vis vivons vivez
voir (*to see*) voyant vu	vois vois voit voyons voyez voient	ai vu as vu a vu avons vu avez vu ont vu	voyais voyais voyait voyions voyiez voyaient	vis vis vit vîmes vîtes virent	verrai verras verra verrons verrez verront	verrais verrais verrait verrions verriez verraient	voie voies voie voyions voyiez voient	voie voyons voyez
vouloir (*to want, wish*) voulant voulu	veux veux veut voulons voulez veulent	ai voulu as voulu a voulu avons voulu avez voulu ont voulu	voulais voulais voulait voulions vouliez voulaient	voulus voulus voulut voulûmes voulûtes voulurent	voudrai voudras voudra voudrons voudrez voudront	voudrais voudrais voudrait voudrions voudriez voudraient	veuille veuilles veuille voulions vouliez veuillent	veuille veuillons veuillez

-er verbs with spelling changes

infinitif	présent	passé composé	imparfait	passé simple	futur	conditionnel	subjonctif	impératif
acheter (*to buy*) achetant acheté	achète achètes achète achetons achetez achètent	ai acheté as acheté a acheté avons acheté avez acheté ont acheté	achetais achetais achetait achetions achetiez achetaient	achetai achetas acheta achetâmes achetâtes achetèrent	achèterai achèteras achètera achèterons achèterez achèteront	achèterais achèterais achèterait achèterions achèteriez achèteraient	achète achètes achète achetions achetiez achètent	achète achetons achetez
appeler (*to call; to name*) appelant appelé	appelle appelles appelle appelons appelez appellent	ai appelé as appelé a appelé avons appelé avez appelé ont appelé	appelais appelais appelait appelions appeliez appelaient	appelai appelas appela appelâmes appelâtes appelèrent	appellerai appelleras appellera appellerons appellerez appelleront	appellerais appellerais appellerait appellerions appelleriez appelleraient	appelle appelles appelle appelions appeliez appellent	appelle appelons appelez
commencer (*to begin*) commençant commencé	commence commences commence commençons commencez commencent	ai commencé as commencé a commencé avons commencé avez commencé ont commencé	commençais commençais commençait commencions commenciez commençaient	commençai commenças commença commençâmes commençâtes commencèrent	commencerai commenceras commencera commencerons commencerez commenceront	commencerais commencerais commencerait commencerions commenceriez commenceraient	commence commences commence commencions commenciez commencent	commence commençons commencez

infinitif	présent	passé composé	imparfait	passé simple	futur	conditionnel	subjonctif	impératif
essayer (to try) essayant essayé	essaie	ai essayé	essayais	essayai	essaierai	essaierais	essaie	
	essaies	as essayé	essayais	essayas	essaieras	essaierais	essaies	essaie
	essaie	a essayé	essayait	essaya	essaiera	essaierait	essaie	
	essayons	avons essayé	essayions	essayâmes	essaierons	essaierions	essayions	essayons
	essayez	avez essayé	essayiez	essayâtes	essaierez	essaieriez	essayiez	essayez
	essaient	ont essayé	essayaient	essayèrent	essaieront	essaieraient	essaient	
manger (to eat) mangeant mangé	mange	ai mangé	mangeais	mangeai	mangerai	mangerais	mange	
	manges	as mangé	mangeais	mangeas	mangeras	mangerais	manges	mange
	mange	a mangé	mangeait	mangea	mangera	mangerait	mange	
	mangeons	avons mangé	mangions	mangeâmes	mangerons	mangerions	mangions	mangeons
	mangez	avez mangé	mangiez	mangeâtes	mangerez	mangeriez	mangiez	mangez
	mangent	ont mangé	mangeaient	mangèrent	mangeront	mangeraient	mangent	
préférer (to prefer) préférant préféré	préfère	ai préféré	préférais	préférai	préférerai	préférerais	préfère	
	préfères	as préféré	préférais	préféras	préféreras	préférerais	préfères	préfère
	préfère	a préféré	préférait	préféra	préférera	préférerait	préfère	
	préférons	avons préféré	préférions	préférâmes	préférerons	préférerions	préférions	préférons
	préférez	avez préféré	préfériez	préférâtes	préférerez	préféreriez	préfériez	préférez
	préfèrent	ont préféré	préféraient	préférèrent	préféreront	préféreraient	préfèrent	

Glossary: French–English

*	aspirated "h"	*fam* familiar	*irreg* irregular	*pl* plural
f	feminine	*inv* invariable	*m* masculine	*pp* past participle

Sigles *m* (Acronyms and abbreviations)

ANPE *f* **(Agence nationale pour l'emploi)** National Employment Agency

BD *f* **(bande dessinée)** comic strip

BTS *m* **(Brevet de technicien supérieur)**

C.V. *m* curriculum vitae, résumé

C.A.P.E.S. *m* *postgraduate teaching certificate*

C.E.S. *m* **(collège d'enseignement secondaire)** *middle school*

FMI *m* **(Fonds monétaire international)** International Monetary Fund (IMF)

HLM *f* **(habitation à loyer modéré)** low-cost public housing

PDG (Président-Directeur Général) *m* CEO

RMI (Revenu [*m*] Minimum d'Insertion) minimum income payment

SDF (*m, f*) **(sans domicile fixe)** homeless person

SIDA *m* AIDS

SMIC *m* minimum wage

SNCF *f* **(Société nationale des chemins de fer français)** French railroad

TGV (train à grande vitesse) *m* high-speed train

VTT (vélo tout-terrain) mountain bike

à at, in, to

abbaye *f* abbey

abréviation *f* abbreviation

abricot *m* apricot

abriter to shelter

absolument absolutely, entirely

abstrait(e) abstract

accessible accessible

accompagner to accompany, go (come) with

accord *m* agreement, treaty; **d'accord** ok, all right

accueillir (*pp* **accueilli**) *irreg* to welcome

achat *m* purchase; **faire des achats** to go shopping

acheter (j'achète) to buy

acteur/actrice *m, f* actor, actress

actif/active active

activité *f* activity

actuel(le) present, current

actuellement currently, presently

addition *f* check, bill (*in a restaurant or café*)

adjectif *m* adjective

administration *f* administration

adolescent(e) *m, f* adolescent, teenager

adorable adorable

adorer to love, adore

adresse *f* address

adulte *m, f* adult

aérien(ne) aerial, by air

aérobic *m* aerobics

aérogramme *m* aerogram

aéronautique aeronautical; *f* aeronautics

aéroport *m* airport

affaire *f* bargain; affair, matter; **C'est une affaire !** It's a bargain! **femme** (*f*) **d'affaires** businesswoman; **homme** (*m*) **d'affaires** businessman

affectueux/affectueuse affectionate, loving

affiche *f* poster

Afrique *f* Africa

âge *m* age

agence *f* agency; **agence de voyages** travel agency

agenda *m* appointment book

agent(e) *m, f* agent; **agent(e) de police** police officer; **agent(e) de voyages** travel agent

agneau *m* lamb

s'agrandir to become larger

agréable pleasant, nice, agreeable

agrégation *f* *French government exam for qualifying to teach in high schools and universities*

agressivité *f* aggressiveness

agriculteur/agricultrice farmer

aider to help

ail *m* garlic; **gousse** (*f*) **d'ail** garlic clove

aile *f* wing; breast (*portion of chicken*)

ailleurs elsewhere; **d'ailleurs** furthermore

aimable nice, kind, agreeable

aimer to like, love; **j'aimerais _____** I would like _____

aîné(e) older; *m, f* oldest (*child, brother, etc.*)

ainsi thus, so, like this, in this or that way

ajouter to add

alambic *m* still (*for making alcoholic drinks*)

alcoolisé(e) alcoholic (*drink*)

alcoolisme *m* alcoholism

Algérie *f* Algeria

algérien(ne) Algerian

aliment *m* foodstuff

Allemagne *f* Germany

allemand(e) German

aller *irreg* to go; **aller** (+ *infinitive*) to be going to (*do something*); **aller à pied** to go on foot; **aller en voiture** to go by car; **billet** (*m*) **aller-retour** round trip ticket; **billet aller simple** one-way ticket

allergique allergic

s'allonger (nous nous allongeons) to stretch oneself out; to lie down full length

allouer to allocate

alors then, so

ambiance *f* atmosphere, ambience, surroundings

ambitieux/ambitieuse ambitious

âme *f* soul, life

améliorer to make better, improve

aménagement *m* arrangement, layout (*of a house*)

aménager (nous aménageons) to plan; to equip, install

amener (j'amène) to bring; to take along

Amérique *f* America; **Amérique du Nord** North America; **Amérique du Sud** South America

américain(e) American

ami(e) *m, f* friend; **petit(e) ami(e)** girl/boy friend

amour *m* love

amoureux/amoureuse loving; **tomber amoureux (de)** to fall in love (with)

amphithéâtre *m* lecture hall

amusant(e) amusing, entertaining; fun, funny

amuse-gueule *m inv* cocktail snack

s'amuser to have fun, have a good time

an *m* year; **le Nouvel An** New Year's Day *m, f*

ananas *m* pineapple

ancien(ne) old, ancient; former; **ancien combattant** *m* veteran

anglais(e) English

Angleterre *f* England

animal (*pl* **animaux**) *m* animal; **animal en peluche** stuffed animal

animateur/animatrice *m, f* leader (*of a discussion or group*)

animé(e) lively, spirited

année *f* year; **Bonne année !** Happy New Year!

anniversaire *m* birthday; **Bon anniversaire !** Happy Birthday!; **carte** (*f*) **d'anniversaire** birthday card

annonce *f* ad, advertisement; **annonces immobilières** real estate ads; **petites annonces** classified ads

annuaire (*m*) **téléphonique** telephone directory

anorak *m* parka

anthropologie *f* anthropology

antonyme *m* antonym

août *m* August

apercevoir (*like* **recevoir**) *irreg* to perceive; to see, catch a glimpse of

apéritif *m* aperitif, drink (*before a meal*); **en apéritif** as an aperitif

apparaître (*pp* **apparu**) *irreg* to appear, come into sight

appareil *m* apparatus; **appareil photo** camera (*for photos*); **appareils** (*pl*) **ménagers** household appliances

apparence *f* appearance, look

apparenté(e) related; **mot** (*m*) **apparenté** cognate

appartement *m* apartment

appartenir (*like* **venir**) *irreg* to belong

appeler (**j'appelle**) to call; **je m'appelle** _____ my name is _____; **s'appeler** to be named

appétit *m* appetite; **Bon appétit !** Enjoy your meal!

appliqué(e) applied; **sciences** (*f*) **appliquées** applied science

apporter to bring; to take

apprécier to appreciate; to value; to enjoy

apprendre (*like* **prendre**) *irreg* to learn

approprié(e) appropriate

après after; afterwards; **après-midi** *m* afternoon

arbitre *m* umpire, referee

arbre *m* tree; **arbre de Noël** Christmas tree

architecte *m, f* architect

architecture *f* architecture

argent *m* money; silver

argile *f* clay

arme *f* weapon

armée *f* army

armoire *f* wardrobe, armoire

arrêter to stop; **s'arrêter** to stop (oneself)

arrière behind; **à l'arrière** in the back (rear); **arrière pays** *m* countryside, back country

arriver to arrive; to happen

art *m* art; **art dramatique** drama; **beaux-arts** fine arts

artère *f* artery

artichaut *m* artichoke

article *m* article (*in a newspaper*); piece of clothing

ascenseur *m* elevator

asperge *f* asparagus

aspirateur *m* vacuum cleaner; **passer l'aspirateur** to vacuum

aspirine *f* aspirin

assaisonnement *m* seasoning

assaisonner to season; to flavor

assez quite, rather; enough

assiégeant(e) besieging (*army, troops*)

assiette *f* plate

assis(e) seated

assister à to attend; to be a witness of (*an event*)

association *f* association, organization; **association bénévole** volunteer organization

associer to associate, join, connect up

assurance *f* insurance

assuré(e) confident; insured

atelier *m* workroom, artist's studio, loft; **atelier de bricolage** workshop

athlétisme *m* track and field

atout *m* asset, good point

atteinte *f* insult; reach

attendre to wait for

attrait *m* selling point

auberge *f* inn; **auberge de jeunesse** youth hostel

auditif/auditive auditory

augmentation *f* increase

aussi also, too

autant as much, as many

auteur *m* author

autobus *m* city bus; **en autobus** by bus

autocar *m* intercity bus; **en autocar** by (city) bus

automatisé(e) automated

automne *m* autumn; **en automne** in the autumn

autonome autonomous, independent

autoroute *f* highway, freeway, interstate

auto-stop *m* hitchhiking; **faire de l'auto-stop** to hitchhike

autre other

autrefois formerly, in the past

Autriche *f* Austria

autrichien(ne) Austrian

avant before (*in time*); **avant-hier** day before yesterday

avantage *m* advantage; **avantages sociaux** fringe benefits

avec with

avenir *m* future

avenue *f* avenue

aveugle blind; *m, f* blind person

avion *m* airplane; **en avion** by plane; **par avion** airmail

aviron *m* oar; crew (*sport*), rowing; **faire de l'aviron** to go rowing, participate in crew

avis *m* opinion, judgment; **à mon avis** in my opinion

avocat(e) *m, f* lawyer

avoir (*pp* **eu**) *irreg* to have; **avoir** _____ **ans** to be _____ years old; **avoir besoin (de)** to need something; **avoir chaud** to be hot; **avoir les cheveux blonds/châtain/roux** to have blonde/brown/red hair; **avoir de la chance** to be lucky; **avoir de la fièvre** to have fever; **avoir de la patience** to have patience; **avoir des frissons** to have chills; **avoir du temps libre** to have free time; **avoir faim** to be hungry; **avoir froid** to be cold; **avoir la grippe** to have the flu; **avoir les yeux (bleus/noirs)** to have (blue/black) eyes; **avoir lieu** to take place; **avoir mal à la tête** to have a headache; **avoir mal au cœur** to be

nauseous; **avoir mal au ventre** to have a stomach ache; **avoir peur (de)** to be afraid (of); **avoir raison** to be right; **avoir rendez-vous** to have an appointment; **avoir un rhume** to have a cold; **avoir soif** to be thirsty; **avoir tort** to be wrong

avril *m* April

baccalauréat (bac) *m* *exam at the end of secondary studies that grants admission to the university*

bactérie *f* bacteria

baguette *f* *loaf of French bread*

baignoire *f* bathtub

bal *m* dance, ball

baladeur *m* Walkman

balai *m* broom

balle *f* ball (*golf and tennis*)

ballon *m* ball (*basketball and soccer ball*)

banane *f* banana

bande (*f*): **bande dessinée** comic strip; **bande velpeau** Ace bandage

banlieue *f* suburbs; **en banlieue** in the suburbs

banque *f* bank; **banque de données** data bank

banquier *m* banker

baptême *m* baptism

barbe *f* beard

barbecue *m* barbecue

bas(se) low; **en bas de** at the bottom of; **table** (*f*) **basse** coffee table

base-ball *m* baseball

baser to base; to found (*an opinion*)

basket-ball (basket) *m* basketball

baskets *m pl* basketball shoes

bateau *m* boat; **en bateau** by boat

bâti(e) built

bâtiment *m* building

bâtisse *f* masonry; large building

se battre (*pp* **battu**) *irreg* to fight

beau (bel, belle [beaux, belles]) beautiful, handsome; **beau-fils** *m* son-in-law, stepson; **beau-père** *m* father-in-law, stepfather; **beaux-arts** *m* fine arts; **belle-fille** *f* daughter-in-law, stepdaughter; **belle-mère** *f* mother-in-law, stepmother; **Il fait beau.** The weather is good (nice, fair).

beaucoup a lot, much, very much, many

beauté *f* beauty

bébé *m* baby

belge Belgian

Belgique *f* Belgium

bénéfique beneficial

bénévole volunteer

berger/bergère *m, f* shepherd

besoin *m* need, want; **avoir besoin (de)** to need

béton *m* concrete

beurre *m* butter

beurrer to butter

bibliothèque *f* library

bibliothécaire *m, f* librarian

bic *m* ballpoint pen
bicyclette *f* bicycle
bien well; *m* goodness, general good; **bien situé(e)** well located; **Bien sûr !** Of course! **Ça va bien.** I'm fine.
bientôt soon; **À bientôt !** See you soon!
bienvenue *f* welcome
bière *f* beer
bifteck *m* (beef)steak
bilan *m* conclusion, result; balance sheet
bilingue bilingual
billard *m* billiards, pool (*game*)
billet *m* ticket; banknote
biologie *f* biology
biscuit *m* cookie; **biscuit salé** cracker
bise *f* (*fam*) kiss; **faire la bise** to kiss (*on both cheeks*)
bisontin(e) *from Besançon, France*
bistro *m* small café, bistro
blanc(he) white; blank
blessé(e) wounded; injured
blesser to hurt, wound, injure
blessure *f* wound, injury
bleu(e) blue
blond(e) blond
blouson *m* jacket (*outdoor wear*)
bluff *m* bluff; **faire du bluff** to bluff
boire (*pp* **bu**) *irreg* to drink
bois *m* wood
boisson *f* beverage, drink; **boisson alcoolisée** alcoholic beverage
boîte *f* box; can
bon(ne) good; **Bon appétit !** Enjoy your meal!; **Bonne journée !** Have a good day!; **Bonne nuit !** Good night!; **Bonne soirée !** Have a good evening!
bonbon *m* a candy; **bonbons** *m pl* candy
bonjour hello; good morning
bonsoir hello; good evening
bord *m* edge; **à bord** on board; **au bord de** on the edge of
bordé(e) bordered, fringed, edged
botaniste *m* botanist
botte *f* boot; bunch (*of carrots, leeks, etc.*)
bouche *f* mouth
boucher/bouchère *m, f* butcher
boucherie *f* butcher shop
boucle *f* loop; **boucle d'oreille** earring
bouclé(e) curly (*hair*); looped
bougie *f* candle; **souffler les bougies** to blow out candles
boulanger/boulangère *m, f* baker
boulangerie *f* bakery
boulevard *m* boulevard
boulot *m* (*fam*) job; **petits boulots** odd jobs
bouquet *m* bouquet
bourgeoisie *f* bourgeoisie; upper middle class

se bourrer (de) to stuff oneself (with)
bourse *f* exchange, market; stock market; scholarship
bout *m* end; **au bout de** after (+ *time expression*); (+ *time expression*) at the end of (*room, etc.*); **un bout (de)** a little bit (of)
bouteille *f* bottle
boutique *f* shop, boutique
braderie *f* sidewalk sale
branche *f* branch; line; division (*of learning or industry*)
bras *m* arm
brasserie *f* small restaurant with a bar
bravement bravely; boldly
Bravo Bravo! Great! Well done!
bref/brève brief, short; **en bref** in short
Brésil *m* Brazil
brésilien(ne) Brazilian
breton(ne) Breton (*from Brittany*)
bricolage *m* puttering, doing odd jobs around the house; do-it-yourself
bricoler to tinker; to putter, do odd jobs around the house
brique *f* brick
briquet *m* lighter (*for cigarettes*)
brochette *f* small skewer; kebab; **en brochette** on a skewer
brochure *f* brochure
bruit *m* sound, noise
brun(e) brown (*clothing, hair*)
brushing *m* blow-dry (*hair*)
bruyant(e) noisy
buanderie *f* laundry room
budget *m* budget
buffet *m* buffet, sideboard (*furniture*)
buraliste *m, f* employee in a **bureau de tabac**
bureau (*pl* **bureaux**) *m* desk; office; shop; **bureau de tabac** tobacco shop
Burkina Faso *m* Burkina Faso
burkinabé(e) *from Burkina Faso*
bus *m* bus; **en bus** by bus
but *m* object, aim, goal

ça this, that; it; **Ça va.** Okay.; **Ça va ?** How are you? (*fam*); **Ça va bien.** I'm fine. (*fam*)
cabinet *m* office; **cabinet de consultation** doctor's office; **cabinet de travail** office, study
cacher to hide
cadeau (*pl* **cadeaux**) *m* gift, present
cadre *m* picture frame; manager; **cadre moyen** middle-level manager; **cadre supérieur** high-level manager, executive
café *m* coffee, café; **café au lait** coffee with milk; **café crème** coffee with milk; **café décaféiné** decaffeinated coffee
cafetière *f* coffee maker

cahier *m* notebook (*spiral bound*)
caissier/caissière *m, f* cashier
calcul *m* calculation; arithmetic
calendrier *m* calendar
calme calm
camarade *m, f* friend; **camarade de classe** classmate
Cambodge *m* Cambodia
Cameroun *m* Cameroon
camerounais(e) Cameroonian
camion *m* truck
camionneur *m* trucker
campagne *f* country, campaign; **à la campagne** in the country
camping *m* camping, campsite; **faire du camping** to go camping
campus *m* campus
Canada *m* Canada
canadien(ne) Canadian
canapé *m* sofa, couch
canard *m* duck
cancer *m* cancer
cancoillotte *f* cheese typical of Franche-Comté
candidat(e) *m, f* job applicant; candidate
cantine *f* school/work cafeteria (dining room)
capitale *f* capital (*city*)
capitaliste capitalist; *m, f* capitalist
car *m* intercity bus; **en car** by (intercity) bus
caractère *m* character, nature
carafe *f* pitcher; **carafe d'eau** pitcher of water
carnet *m* notepad; (sewn) notebook; **carnet d'adresses** address book; **carnet de chèques** checkbook
carotte *f* carrot
carrefour *m* intersection, crossroads
carte *f* menu; road map; card; **carte d'anniversaire** birthday card; **carte de crédit** credit card; **carte de vœux** greeting card; **carte postale** postcard
cas *m* case, circumstance, situation
casquette *f* cap, baseball cap
casser to break; **se casser la jambe** to break one's leg
cassette *f* cassette tape; **cassette-vidéo** videotape
cassis *m* black currant
catastrophe *f* catastrophe
catégorie *f* category
cathédrale *f* cathedral
cauchemar *m* nightmare
cave *f* cellar, basement; **cave à vin** wine cellar
ce *pron* it, that, this; **ce, cet(te), ces** *adj* this, that, these, those
ceci this (*thing, fact*)
ceinture *f* belt
cela that (*thing, fact*)
célèbre famous
célébrer (je célèbre) to celebrate, observe (*a holiday*)

célibataire single, unmarried; *m, f* bachelor(ette)
cendre *f* ash
cendrier *m* ashtray
cent one hundred
centime *m* centime (*1/100 of a French franc*)
centimètre *m* centimeter
centre *m* center; **centre commercial** mall, shopping center; **centre sportif** sports center/complex; **centre ville** *m* city center, downtown
cependant however, nevertheless
céréale(s) *f pl* cereal(s)
cerf *m* reindeer
cerfeuil *m* chervil
cerise *f* cherry
cerveau *m* brain
c'est it is, this is; **C'est incroyable !** It (this) is incredible (fantastic)!
chacun(e) each, every one
chaîne *f* chain; **chaîne stéréo** stereo (system); **chaîne hi-fi** hi-fi (system)
chaise *f* chair
chambre *f* bedroom; **chambre d'amis** guest bedroom; **chambre d'hôte** bed and breakfast; **chambre d'hôtel** hotel room
chambrette *f* (*fam*) small (bed)room
champagne *m* champagne
champignon *m* mushroom
chanson *f* song
chant *m* singing, song
chanteur/chanteuse *m, f* singer
chapeau *m* hat; **chapeau !** good for you!
chapitre *m* chapter
chaque each, every
charcuterie *f* delicatessen; cold cuts
charge *f* charge, expense
chargé(e) de in charge of
charité *f* charity
charmant(e) charming, delightful
charme *m* charm, attraction
chasse *f* chase, pursuit; hunt, hunting
chat(te) *m, f* cat
châtain brown-haired, chestnut (*hair*); **châtain clair** light brown (*hair*)
château (*pl* **châteaux**) *m* castle; mansion
chaud(e) hot
chauffage *m* heat; heating system
chauffer to heat
chauffeur *m* driver; chauffeur; **chauffeur de taxi** taxi driver
chaussette *f* sock
chaussure *f* shoe
chauve bald
chauvin(e) nationalistic
chef *m* leader, head, chief; **chef d'entreprise** head of a company; **chef d'état** chief of state, head of government
chemin (*m*) **de fer** railway
chemineau *m* hobo, tramp, vagrant

cheminée *f* fireplace; chimney
cheminot *m* railroad worker
chemise *f* shirt
chemisier *m* blouse
chêne *m* oak (*tree*)
chèque *m* check; **chèque de voyage** travelers' check; **carnet** (*m*) **de chèques** checkbook
cher/chère expensive; dear (*in correspondence*); **C'est trop cher !** It's too expensive!
chercher to look for
chercheur/chercheuse *m, f* researcher
cheveux *m pl* hair
cheville *f* ankle
chèvre *f* goat; **fromage de chèvre** goat cheese
chez at the home of, at . . .'s house; **chez le dentiste** at the dentist's office
chien(ne) *m, f* dog
chiffre *m* number, numeral
chimie *f* chemistry
Chine *f* China
chinois(e) Chinese
chiot *m* puppy
chips *f pl* potato chips
chirurgical(e) surgical
chocolat *m* chocolate; **chocolat chaud** hot chocolate
choisir to choose; **Avez-vous choisi ?** Are you ready to order? (*restaurant*)
choix *m* choice
chômage *m* unemployment; **au chômage** unemployed; **taux** (*m*) **de chômage** unemployment rate
chose *f* thing
choucroute *f* sauerkraut; **choucroute garnie** sauerkraut with meat (usually pork)
chouette terrific, great
chute *f* fall, drop; downfall
ci-dessous below (*in a text*)
ci-dessus above (*in a text*)
ciboulette *f* chives
cigare *m* cigar
cigarette *f* cigarette
cimetière *m* cemetery
cinéaste *m, f* filmmaker
cinéma *m* movies; movie theater; film (*industry*)
cinq five
cinquante fifty
cinquième fifth
circonstance *f* circumstance
circulation *f* traffic
circuler to circulate
citadelle *f* citadel, fortress, stronghold
citron *m* lemon; **citron pressé** lemonade
clair(e) light; well-lighted
classe *f* class; **classe moyenne** middle class
classeur *m* loose-leaf notebook, binder
classique classical

clé *f* key
clémentine *f* tangerine
client(e) *m, f* client, customer
cloche *f* bell
clocher *m* bell tower, steeple
coca *m* Coca-Cola; **coca light** diet coke
cocher to check off (*on a list, etc.*)
cochon *m* pig
cœur *m* heart; **avoir mal au cœur** to be nauseous
coiffer to style hair; **se coiffer** to do one's hair
coiffeur/coiffeuse *m, f* hairdresser
coiffure *f* hairstyle
coin *m* corner; **au coin de** at the corner of
colis *m* package
collège (*m*) **d'enseignement secondaire (CES)** middle school, junior high school
collègue *m, f* colleague, coworker
colline *f* hill
colonie *f* colony; **colonie de vacances** summer camp for children
colonne *f* column
coloration *f* coloring, dyeing
combattant *m* combatant; **ancien combattant** veteran
combien (de) how much, how many
combiner to combine; to group
comble *m* (*fam*): **Ça c'est le comble !** That's too much, that's the last straw, that takes the cake!
commande *f* order; **passer une commande** to order
commander to order (*in a restaurant, in a store, by mail*)
comme as, for, like
commencement *m* beginning; **au commencement** in the beginning
commencer (nous commençons) to begin, start
comment how; **Comment allez-vous ?** How are you?; **Comment dit-on... ?** How do you say . . . ?; **Comment est-il ?** What does he look like?
commerçant *m* merchant; **petit commerçant** shopkeeper (*of small store*)
commerce *m* business, commercial enterprise, trade, commerce
commode convenient, comfortable (*house, etc.*); *f* dresser
communicatif/communicative communicative
communication *f* communication
communiste communist
compétent(e) competent
compétitif/compétitive competitive
compléter (je complète) to complete
compliqué(e) complicated
composter to validate (*a ticket*)
comprendre (*like* **prendre**) *irreg* to understand

compris(e) understood; included

comptabilité *f* accounting, bookkeeping

comptable *m* accountant, bookkeeper

compte *m* account

comté *m* *cheese of the Gruyère family made in Franche-Comté*

comtois(e) *from Franche-Comté*

concept *m* concept

concernant concerning

concert *m* concert

concombre *m* cucumber

concours *m* competition, contest; competitive exam

se concrétiser to become reality

concurrence *f* competition, rivalry; **faire concurrence** to compete

conducteur *m* driver

conduire (*pp* **conduit**) *irreg* to drive

confiture *f* jam

conflit *m* conflict

confort *m* modern conveniences

confortable comfortable

Congo *m* Congo

conjoint(e) *m, f* husband; wife

connaissance *f* knowledge

connaître (*pp* **connu**) *irreg* to know (*a person*)

consacrer to devote, dedicate

conseil *m* advice, piece of advice

conseiller to advise; *m* advisor; **conseiller d'orientation** guidance counselor

conservateur/conservatrice conservative

consolation *f* consolation, comfort

consommateur/consommatrice *m, f* consumer

consommer to consume; to eat; to drink

constamment constantly

constituer to constitute, form, make up

content(e) glad, pleased, satisfied

continent *m* continent

continuer to continue

contrat *m* contract

contrebandier *m* smuggler

convaincre (*pp* **convaincu**) *irreg* to convince

convenir (*like* **venir**) *irreg* to suit, fit

coopération *f* cooperation

copain/copine *m, f* friend

copieux/copieuse copious, hearty, generous (*portion*)

coquin(e) mischievous; *m, f* rascal

corbeille *f* basket; **corbeille à pain** bread basket; **corbeille à papier** waste basket

cornichon *m* pickle

cosmopolite cosmopolitan

costume *m* man's suit

côté *m* side; **à côté de** next to, beside, nearby

cotisation *f* registration fee

coton *m* cotton; **coton hydrophile** sterile cotton

cou *m* neck

couche *f* layer

se coucher to go to bed

coulis *f* purée, sauce; **coulis de tomate** *sieved tomato sauce*

couloir *m* hallway, corridor

couper to cut; **se couper** to cut oneself

couple *m* couple

cour *f* courtyard; **faire la cour à quelqu'un** to court someone; to date

couronne *f* crown

courrier *m* mail; **courrier électronique** e-mail

cours *m* course; **cours magistral** lecture course

course *f* race; errand; **faire les courses** to go shopping, run errands

court(e) short (*not for people*); *m* court (*tennis, basketball, etc.*)

cousin(e) *m, f* cousin

coussin *m* cushion

coût *m* cost; **coût de la vie** cost of living

couteau (*pl* **couteaux**) *m* knife

coûter to cost

coutume *f* custom, habit

couvert(e) covered; *m* utensils for eating, place setting of silverware

couverture *f* blanket, covers

craie *f* chalk

crainte *f* fear

cravate *f* tie

crayon *m* pencil; **crayon-feutre** *m* felt-tip pen

crèche *f* nursery, day-care center

crème *f* cream

crémerie *f* creamery, dairy

crêpe *f* thin pancake

creux/creuse hollow

crevette *f* shrimp

crier to exclaim; to shout

criminalité *f* criminality; crime

critère *m* criterion

critiquer to criticize; to assess, examine (critically)

croire (*pp* **cru**) *irreg* to believe

croisé(e) crossed

croissant *m* croissant

croque-monsieur *m* *grilled ham and cheese sandwich*

croustillant(e) crisp, crusty

crudités *f pl* raw vegetables; dish with sliced raw vegetables

cuillère *f* spoon; **cuillère à café** teaspoon; **cuillère à soupe** soup spoon

cuillerée *f* spoonful

cuir *m* leather

cuire (*pp* **cuit**) *irreg* to cook; **faire cuire** to cook (*action by a person*)

cuisine *f* kitchen; cooking, cuisine; **faire la cuisine** to cook

cuisiner to cook

cuisinier/cuisinière *m, f* cook (*person*); *f* stove

cuisse *f* thigh; chicken leg

cultivateur/cultivatrice *m, f* farmer

cultivé(e) cultivated (*land*); cultured (*people*)

culturel(le) cultural

curriculum vitae (CV) *m* résumé

cyclisme *m* cycling

d'abord first, first of all, at first

Danemark *m* Denmark

dangereux/dangereuse dangerous

danois(e) Danish

dans in

danse *f* dance

danser to dance

danseur/danseuse *m, f* dancer

d'après according to, in the opinion of

date *f* date (*calendar*)

dater (de) to date from

de from; of, about

déboucher to uncork; to emerge

debout standing

début *m* beginning; **au début (de)** in the beginning (of)

débutant(e) *m, f* beginner, novice; *adj* inexperienced

décaféiné(e) decaffeinated

décédé(e) deceased

décembre *m* December

déchiré(e) torn

décider to decide

décor *m* decor, decoration

décoratif/décorative decorative, ornamental

décourager (nous décourageons) to discourage; to dishearten

découverte *f* discovery

découvrir (*pp* **découvert**) *irreg* to discover

décrire (*like* **écrire**) *irreg* to describe

défi *m* challenge

défilé *m* parade

dégâts *m pl* damage

se dégrader to become worse; to degenerate

déguisement *m* costume, disguise

déguster to taste; to sample

dehors out, outside; **en dehors de** outside (of), apart from

déjà already

déjeuner to eat lunch; *m* lunch

délai *m* time period; time needed for completion of a job; **délai de livraison** expected time of delivery

délicat(e) delicate

délicieux/délicieuse delicious

délinquance *f* delinquency

deltaplane *m* hang-glider

demain tomorrow; **À demain !** See you tomorrow!

demander to ask for; **demander son chemin** to ask directions

demandeur (*m*) **d'emploi** job seeker, applicant

déménager (nous déménageons) to move, change place of residence

demeure *f* residence

demi(e) half; *m* glass of draft beer

demi-frère *m* half-brother, stepbrother

demi-sœur *f* half-sister, stepsister

dénatalité *f* falling birthrate

dénoter to denote, show, indicate

dent *f* tooth; **se brosser les dents** to brush one's teeth

dentiste *m, f* dentist

département *m* department (*administrative*); subdivision (*of France*) *administered by a prefect*

se dépêcher to hurry

dépendre (de) to depend (on)

dépenser to spend (*money*)

dépression *f* depression

depuis since, for

député *m* deputy, representative, delegate

déranger (nous dérangeons) to disturb, bother

dernier/dernière last, latest; **l'an dernier/l'année dernière** last year; **la semaine dernière** last week; **le mois dernier** last month

derrière behind, rear, in back of

désastre *m* disaster

descendre to go down; to descend

description *f* description

désert *m* desert

désertique desert-like

se déshabiller to undress

désigner to designate

désir *m* desire

désirer to desire, want

désolé(e) sorry; **je suis désolé(e)** I'm sorry

désordre *m* disorder; **en désordre** disorderly, in a mess

désormais from now on, from then on, henceforth

dessert *m* dessert

dessin *m* drawing

détail *m* detail

se détendre to relax

détester to dislike intensely (*places, things, and people*), detest

détour *m* detour

deux two

deuxième second

dévalué(e) devalued

devant in front of

développement *m* development

devenir (*like* **venir**) *irreg* to become

deviner to guess

devise *f* motto

devoir (*pp* **dû**) *irreg* to have to; to owe; *m* duty; *pl* homework; **faire ses devoirs** to do one's homework

diabolo-menthe *m* *lemonade-and-mint drink*

dialecte *m* dialect

diarrhée *f* diarrhea

différence *f* difference

différencier to differentiate; to distinguish

difficile difficult

difficulté *f* difficulty

digestion *f* digestion

dimanche *m* Sunday

diminuer to diminish; to decrease

dinde *f* turkey

dîner to eat dinner; to dine; *m* dinner

diplomate *m* diplomat

diplomatie *f* diplomacy

diplôme *m* diploma

dire (*pp* **dit**) *irreg* to say; to tell; **Comment dit-on _____ ?** How do you say _____ ? **Que veut dire _____ ?** What does _____ mean?

directeur/directrice *m, f* director, top executive

directive *f* directive, rule, guideline, instruction

diriger (nous dirigeons) to direct

discipline *f* discipline (*branch of learning*)

discothèque *f* discothèque, disco

discussion *f* discussion

discuter to discuss

dis donc say . . . , you don't say . . .

disparition *f* disappearance

disponible available

dispute *f* disagreement

se disputer to disagree; to have an argument

disque *m* record (phonograph record); **disque laser** *m* compact disc

disquette *f* (computer) diskette

dissertation *f* composition (*academic paper*)

dissolution *f* dissolution

se distraire (*pp* **distrait**) *irreg* to amuse (enjoy) oneself

distribution *f* distribution

divan *m* couch

diviser to divide

divorce *m* divorce

divorcé(e) divorced

divorcer (nous divorçons) to divorce, get divorced

dix ten

dix-huit eighteen

dixième tenth

dix-neuf nineteen

dix-sept seventeen

dizaine *f* group of about ten; **dizaines de** tens of

doctorat *m* doctorate, Ph.D.

dodo *m* sleep (*baby talk*); **faire dodo** to sleep, go to sleep

doigt *m* finger

domaine *m* domain; property

domestique domestic

domicile *m* residence, dwelling, home

dominant(e) predominant

dominer to dominate, rule; to overlook (*scenic*)

dommage *m* damage, injury; **C'est dommage !** Too bad! What a shame!

donc therefore, hence, consequently

donner to give

doré(e) gilded, golden

dormir *irreg* to sleep

dortoir *m* dormitory

dos *f* back

douane *f* customs

douanier/douanière *m, f* customs agent

doucement gently, softly, carefully

douche *f* shower; **prendre une douche** to take a shower

douter to doubt

doux/douce sweet; smooth, soft

douzaine *f* dozen

douze twelve

doyen(ne) *m, f* dean (*of faculty, etc.*); senior member

dramatique dramatic

dramaturge *m* playwright

drapeau *m* flag

drogue *f* drug, drugs

se droguer to take drugs

droit *m* law (*general*); right, prerogative; **tout droit** straight ahead

droite *f* right side; **à droite** on (to) the right

duc *m* duke

duchesse *f* duchess

dur(e) hard

durée *f* duration, length of time

durer to last

dysenterie *f* dysentery

eau *f* water; **eau minérale** mineral water; **eau oxygénée** hydrogen peroxide

échalote *f* shallot

écharpe *f* scarf

échouer (à) to fail

éclairage *m* lighting

école *f* school

écolier/écolière *m, f* schoolboy/girl

écologie *f* ecology

économique economical; economic (*problem*)

écouter to listen (to)

s'écrier to cry out, exclaim

écrire (*pp* **écrit**) *irreg* to write

écrivain *m* writer; **femme écrivain** *f* female writer (*Canada,* **écrivaine**)

écroulé(e) collapsed

édifice *m* building

éducation *f* education; **éducation physique** physical education

éduquer to educate

égal(e) equal

égalité *f* equality

église *f* church

Égypte *f* Egypt

égyptien(ne) Egyptian

électeur/électrice *m, f* voter

électricien *m* electrician

électricité *f* electricity

électrique electric, electrical

élément *m* element; component

élevage *m* raising (*of livestock*)

élevé(e) high

éleveur *m*   stock breeder (*horses, cattle, dogs, etc.*)
élire (*like* **lire**) *irreg*   to elect
elle   she; it
éloigné(e)   distant
embarras: avoir l'embarras du choix   to have too many things to choose from
embaucher   to hire
embouteillage *m*   traffic jam
embrasser   to embrace, hug; to kiss
émeute *f*   riot
émission *f*   broadcast; **émission de télévision**   TV program
empêcher   to prevent; to hinder
empester   to smell bad
empire *m*   empire; rule, dominion
emploi *m*   job
employé(e) *m, f*   employee; **employé(e) de maison**   domestic help
employeur *m*   employer
en *prep*   in, to, on, while; *pron* some, of it, of them; any; **en face de**   across from
enclavé(e)   isolated
encore   again, still, yet; **encore une fois**   once more, another time
encourager (nous encourageons)   to encourage
s'endormir (*like* **dormir**) *irreg*   to fall asleep
endroit *m*   place, locality
énergie *f*   energy
s'énerver   to get upset, irritated
énervement *m*   irritation
enfant *m*   child; **petit-enfant** *m*   grandchild
enfantillage *m*   childishness
enfin   at last, finally
engagé(e)   committed
engagement *m*   commitment
énigmatique   enigmatic
enlever (j'enlève)   to take off (*clothes*); to take away; to remove (*spots, etc.*); **enlever la poussière**   to dust
ennui *m*   worry; boredom
s'ennuyer (je m'ennuie)   to be bored
ennuyeux/ennuyeuse   boring
énorme   enormous
énormément   enormously
enseigner   to teach
ensemble   together
ensoleillé(e)   sunny
ensuite   next; then
entassé(e)   piled up
entendre   to hear; **s'entendre bien/mal avec**   to get along well/poorly with
enthousiaste   enthusiastic
entier/entière   entire, whole
entouré(e) (de)   surrounded (by)
s'entraîner   to train (*oneself*); to work out
entraîneur *m*   coach (*of a team*)
entre   between; among

entrée *f*   entrance; starter, first course of a meal
entrepôt *m*   warehouse
entreprise *f*   enterprise, business
entrer   to enter; **entrer dans**   to enter into, come into, step into
entretien *m*   interview; **entretien d'embauche**   job interview
envers   toward, to
environ   about, around; **environs** *m pl*   surroundings, outskirts
envoyer (j'envoie)   to send
s'épanouir   to bloom; to develop one's interests
épaule *f*   shoulder
épicé(e)   spicy
épicerie *f*   small grocery store
épinards *m pl*   spinach
épluché(e)   peeled
époque *f*   period, epoch
épreuve *f*   test, quiz
épuisement *m*   depletion, emptying
équilibré(e)   balanced
équipe *f*   team; **en équipe**   as part of a team
équipé(e)   equipped, ready for use
équipement *m*   equipment
équitation *f*   horseback riding
équivoque   equivocal, ambiguous
erreur *f*   error, mistake
escalade *f*   scaling, climbing; escalation, rise (*in interest rates, etc.*)
escalier *m*   staircase
espace (*m*) **vert**   green space, park
Espagne *f*   Spain
espagnol(e)   Spanish
espèce *f*   kind, sort; *pl* money, bills; **en espèces**   in cash; **payer en espèces**   to pay cash
espérer (j'espère)   to hope
espoir *m*   hope
essayer (j'essaie)   to try, attempt
essentiel(le)   essential
est *m*   east
estragon *m*   tarragon
estudiantin(e) *adj*   student; **vie** *f* **estudiantine**   student life
et   and
établir   to establish
établissement *m*   establishment; installation; setting up; **établissement scolaire**   school building
étage *m*   story, floor (*of a house*), level; **À quel étage habitez-vous ?**   What floor do you live on?
étagère *f*   shelves, shelving, bookshelf
étape *f*   stage (*of a race*); stop
état *m*   state; condition, status; **état civil**   civil status (date of birth, etc.)
États-Unis *m pl*   United States
été *m*   summer; **en été**   in the summer
éternuer   to sneeze
ethnique   ethnic
étiquette *f*   label, sticker, ticket; etiquette; **étiquette de douane**   customs label

étoile *f*   star
étranger/étrangère   foreign; *m, f* foreigner
être (*pp* **été**) *irreg*   to be; **être à l'heure**   to be on time; **être blond/brun**   to be blonde/brunette; **être célibataire**   to be single; **être désolé(e)**   to be sorry; **être divorcé(e)**   to be divorced; **être en bonne santé**   to be in good health; **être en forme**   to be in good shape; **être en retard**   to be late; **être grand(e)**   to be tall; **être malade**   to be sick; **être marié(e)**   to be married; **être sportif/sportive**   to be athletic; **Quelle heure est-il ?**   What time is it?
étroit(e)   narrow
étude *f*   study; **études commerciales**   business studies; **études d'ingénieur**   engineering studies
étudiant(e) *m, f*   student
étudier   to study
euro *m*   common European currency
Europe *f*   Europe
européen(ne)   European
eux   them
événement *m*   event
éventuel(le)   possible, liable to happen
évier *m*   (*kitchen*) sink
évoluer   to evolve; to change
évoquer   to evoke
exactitude *f*   exactness, correctness
ex aequo   tie (*game*)
exagérer (j'exagère)   to exaggerate
examen *m*   exam, test; **passer un examen**   to take an exam
exceptionnel(le)   exceptional
exclu(e)   excluded; *m, f* rejected (excluded) person
exclusion *f*   exclusion
excursion *f*   excursion, day trip
excuse *f*   excuse
exécuter   to execute, carry out
exemple *m*   example; **par exemple**   for example
exercer (nous exerçons)   to exercise; to exert; to practice (*a profession*)
exigé(e)   required
exigeant(e)   demanding, exacting
exigence *f*   demand, requirement
expédition *f*   expedition
expérience *f*   experience
expérimenté(e)   experienced
expliquer   to explain
exposition *f*   (art) exhibit
express *m*   expresso coffee
expression *f*   expression
extensif/extensive   long-term
extérieur(e)   external; foreign; *m* exterior, outside
extinction *f*   extinction
extraverti(e)   outgoing, extroverted
fabricant *m*   manufacturer, producer
fabriquer   to produce, make; to manufacture
façade *f*   facade

face *f* face; **en face de** across from
fâcher to anger; **se fâcher** to get angry
façon *f* way, manner
facteur *m* mail carrier
facture *f* bill, invoice
faculté (*fam* **fac**) *f* university; **Faculté de Médecine** college/school of medicine; **Faculté des Lettres** college/school of humanities
faiblesse *f* weakness
faim *f* hunger; **avoir faim** to be hungry
faire (*pp* **fait**) *irreg* to do; to make; **faire de beaux rêves** to have sweet dreams; **faire des achats** to go shopping; **faire des économies** to save/budget money; **faire des études** to study; **faire du sport** to participate in sports; **faire la cuisine** to cook; **faire la grasse matinée** to sleep late; **faire la sieste** to take a nap; **faire la vaisselle** to do the dishes; **faire le lit** to make the bed; **faire le ménage** to clean house; **faire les courses** to run errands; **faire la lessive** to do laundry; **Il fait beau.** It's nice (weather).; **Il fait chaud.** It's hot.; **Il fait froid.** It's cold.; **Il fait gris.** It's gray out.; **Il fait du soleil.** It's sunny.; **Il fait du vent.** It's windy.; **se faire mal** to hurt oneself
fait *m* event, incident; fact
falloir (*pp* **fallu**) *irreg* to be necessary; **il faut** it is necessary
familial(e) family; **entreprise** (*f*) **familiale** family business
familièrement familiarly
famille *f* family; **en famille** with one's family; **famille mosaïque** blended family
fantaisiste fantastic, whimsical, imaginative
fantastique fantastic
fast-food *m* fast food
fatigant(e) tiring
fatigue *f* fatigue
fatigué(e) tired
faute *f* mistake
fauteuil *m* easy chair, armchair
faux/fausse false
favori(te) favorite
fax *m* fax; **envoyer un fax** to send a fax
feindre (*like* **peindre**) *irreg* to pretend; to feign
femme *f* woman; wife
fenêtre *f* window
fer *m* iron (*mineral, metal*); **fer à repasser** iron (*for ironing*)
fermé(e) closed
fermer to close
fertile fertile
festival *m* festival
fête *f* festival; party; holiday; **faire la fête** to party; to celebrate; **fête**

d'hiver winter festival; **fête des mères** Mother's Day; **fête des morts** All Souls' Day; **fête des pères** Father's Day; **fête du travail** Labor Day; **fête nationale** national holiday; **Bonne fête !** Happy Saint's Day!
feu *m* fire, flame, heat; **à petit feu** on a low heat (*cooking*); **feu rouge** red light, stoplight; **feux d'artifice** fireworks
feuillage *m* foliage
feuille *f* leaf; **feuille de papier** sheet of paper
février *m* February
fiancé(e) *m, f* fiancé, fiancée
fiche (*f*) **de paye** pay stub
filière *f* official/administrative channel; list
fille *f* daughter; girl; **jeune fille** teenager
fillette *f* little girl
film *m* film, movie
fils *m* son
fin *f* end
final(e) final; *f* end; final (*of sporting event*)
finalement finally, at last, last, lastly
financier/financière financial; *m* financier
fines herbes *f pl* *herbs used for seasoning*
finir to finish, end, complete
fixer to set (*an appointment*)
fleur *f* flower
fleuriste *m, f* florist
foi *f* faith, belief
fois *f* time, occasion; **une fois** once; **une fois par mois** once a month
fonctionnaire *m, f* civil servant
fond *m* background; bottom
fondant *m* fondant (*special type of candy*)
fondation *f* founding; foundation
fondé(e) founded
fonder to found; to start, set up
fontaine *f* fountain
football *m* soccer; **football américain** American football
forage *m* boring, drilling; borehole
formateur *m* trainer (*for professional programs, not sports*)
formation *f* training; formation; development
former to make, create; to form
formulaire *m* form (*to be filled out*)
fort *m* fortress; *adj* strong, loud (*voice*); *adv* strongly, loudly
fortement firmly, strongly
forteresse *f* fortress, stronghold
fortifié(e) fortified (*town, etc.*)
fossé *m* moat; ditch, trench
fou (**fol, folle**) crazy, insane
se fouler (**la cheville**) to sprain (one's ankle)
four *m* oven; **four à micro-ondes** microwave oven

fourchette *f* fork
fournir to furnish
fournisseur *m* supplier
frais *m pl* expenses, cost; **frais d'inscription** tuition
frais/fraîche fresh; cool
fraise *f* strawberry
framboise *f* raspberry
franc(he) frank
franc *m* franc (*unit of currency*)
franc-comtois(e) *thing or person from Franche-Comté*
français(e) French; **à la française** in the French manner (way)
franchement frankly, candidly
francophone French-speaking
francophonie *f* French-speaking areas
fraternité *f* brotherhood
fréquemment frequently
fréquence *f* frequency
frère *m* brother; **beau-frère** brother-in-law; **demi-frère** half-brother, stepbrother; **grand/petit frère** big/little brother
frise *f* frieze (*of a temple, church, etc.*)
frisé(e) curly (*hair*)
frit(e) fried; **pommes** (*f*) **frites** French-fried potatoes
froid(e) cold
fromage *m* cheese
front *m* forehead
frontière *f* border (*of a country, state*)
fruit *m* fruit
fuguer to run away (*from home*)
fuite *f* flight, running away, escape; leak (*of gas, water, etc.*)
fumer to smoke
furieux/furieuse furious, angry
fusée *f* rocket
fusillé(e) shot; executed by shooting
gagner to earn (*salary, position, etc.*); to win (*prize, etc.*)
gai(e) merry, gay; cheerful
galette *f* cookie; cake
gants *m pl* gloves
garage *m* garage
garçon *m* boy; young man; waiter, servant
gardé(e) guarded
garder to keep, maintain; to protect; **garder le troupeau** to guard the flock
gardien(ne) *m, f* guardian, keeper, watchman, attendant
gare *f* train station
garer to park (*a car*); **se garer** to park
garni(e) garnished (with), accompanied (by)
gastronomiquement gastronomically
gâteau *m* cake; **petits gâteaux** cookies
gauche left; **à gauche** on (to) the left
gaz *m* gas; **gaz d'éclairage** gas for lighting

gazeux/gazeuse gaseous, carbonated, sparkling, fizzy
géant(e) giant, gigantic, large
général(e) general (*rule, idea, etc.*); **en général** in general, generally
généralement generally
généreux/généreuse generous; noble
genêt *m* *wild bush with yellow flowers*
génial(e) great; **C'est génial !** That's great!
genre *m* type, kind; gender
gens *m pl* people
gentil(le) nice, kind; helpful
géographie *f* geography
géographique geographic
géologie *f* geology
géré(e) managed, run
gésier *m* gizzard
gestion *f* management, administration
gigot *m* leg of lamb
glace *f* ice cream
glaçon *m* ice cube
golf *m* golf
gomme *f* eraser (*for pen or pencil*)
gorge *f* throat
gousse (*f*) **d'ail** clove of garlic
goût *m* taste, flavor
goûter to taste; *m* snack (*usually in late afternoon*)
gouttes (*f*) **pour le nez** nose drops
gouvernement *m* government
grâce à thanks to
gramme *m* gram
grand(e) big, large, tall
grand-mère *f* grandmother
grand-père *m* grandfather
grands-parents *m pl* grandparents
gras(se) fat, fatty
gratte-ciel *m inv* skyscraper
gratuit(e) free (no charge)
grec(que) Greek
Grèce *f* Greece
grès *m* sandstone
grève *f* strike; **faire grève** to strike
gréviste *m, f* striker
grille-pain *m* toaster
gris(e) gray
gros(se) big, large; fat
grossir to put on weight
groupe *m* group (*of people, things*)
guérir to cure, heal
guerre *f* war
guerrier/guerrière warlike; *m* warrior
guide *m* guide; guidebook
guidé(e) guided, led, directed
guinguette *f* *café with music and dancing*
Guyane française *f* French Guyana
gymnase *m* gymnasium
habillé(e) dressed
habiller to dress (*someone*); **s'habiller** to get dressed, put on one's clothes
habitation *f* residence, dwelling
habiter to inhabit, live in (*a place*)
habitude *f* habit; **d'habitude** usually

****haine** *f* hate, hatred
****hall (d'entrée)** *m* entrance hall
hamburger *m* hamburger
****hand-ball** *m* handball
****haricot** *m* bean; **haricots verts** green beans, string beans
****harissa** *f* *spicy red paste eaten with couscous*
harmonie *f* harmony
****hasard** *m* chance, luck; **par hasard** by chance
****haut(e)** high, tall (*trees, buildings, but not people*)
****havre** *m* harbor, port; haven
hebdomadaire weekly
hébergement *m* lodging
herbe *f* herb; plant; grass
heure *f* hour; **de bonne heure** early; **être à l'heure** to be on time; **heures d'ouverture** store/office hours; **heures supplémentaires** overtime
heureusement fortunately, luckily
heureux/heureuse happy
hier yesterday; **hier soir** last evening
****hiérarchisé(e)** ordered; hierarchical
histoire *f* history; story; **histoire de l'art** art history
historique historical
hiver *m* winter
****hockey** (*m*) **sur glace** ice hockey
homme *m* man; mankind
****honte** *f* shame; **avoir honte** to be ashamed
hôpital *m* hospital
horaire *m* schedule, timetable; **horaire souple** flexible schedule
horloger/horlogère *belonging to the watchmaking industry*
horlogerie *f* clock- and watchmaking
****hors-d'œuvre** *m inv* hors d'oeuvre
hôte *m* host
hôtel *m* hotel; **hôtel de ville** city hall
hôtelier/hôtelière *m, f* hotelkeeper, innkeeper
hôtellerie *f* hotel business
hôtesse *f* hostess; **hôtesse de l'air** stewardess
huile *f* oil; **huile d'olive** olive oil
****huit** eight
****huitante** eighty (*in Switzerland*)
****huitième** eighth
humble humble
humeur *f* mood; **de bonne/ mauvaise humeur** in a good/bad mood
hygiène *f* hygiene
hypermarché *m* hypermarket, large supermarket
ici here
idéal(e) ideal; *m* ideal
idéaliste idealistic
idem ditto
identifier to identify
il he, it; **il y a** there is, there are; ago
île *f* island
illustre illustrious, famous

illustrer to illustrate; to make clear, explain
ils they
image *f* picture, image
immeuble *m* apartment or office building
immigrant(e) *m, f* immigrant
immigré(e) *m, f* immigrant; **immigré(e) clandestin(e)** illegal immigrant
s'impatienter to become impatient
impératif *m* imperative mood (*verbs*)
imperméable *m* raincoat
important(e) large, important
imposer to impose
impressionniste *m, f* impressionist
impuissance *f* impotence, lack of power
impulsif/impulsive impulsive
inclure (*pp* **inclus**) *irreg* to include; to enclose
incompétent(e) incompetent
incomplet/incomplète incomplete
inconvénient *m* disadvantage
incrédule incredulous, doubting
incroyable incredible, unbelievable; **C'est incroyable !** That's incredible!
indéfini(e) indefinite; undefined
indiquer to indicate, point out, show; **indiquer le chemin** to give directions
indispensable indispensable; essential; necessary
individu *m* individual, person
individuel(le) individual; personal
industrialisé(e) industrialized
industrie *f* industry; **industrie polluante** polluting industry
industriel(le) industrial; *m* owner, top executive of a manufacturing company
inférieur(e) inferior; lower
infirmier/infirmière *m, f* nurse
inflexible inflexible
informatique *f* computer science
ingénieur *m* engineer
inhospitalier/inhospitalière inhospitable
inondation *f* flood
inquiet/inquiète worried
inquiétant(e) worrisome
s'inquiéter (**je m'inquiète**) to worry
insécurité *f* insecurity; crime
inspiré(e) inspired
instauration *f* installation; adoption; establishment
instituteur/institutrice *m, f* elementary school teacher
insuffisant(e) insufficient, inadequate
intégral(e) integral, entire, whole
intellectuel(le) intellectual
intelligent(e) intelligent
intensif/intensive intensive
intéressant(e) interesting
s'intéresser (à) to be interested (in)
intérêt *m* interest
intérieur(e) internal; *m* interior, inside

international(e)   international
internet *m*   Internet
interrogation *f* (*fam* **interro**)   quiz
interroger (nous interrogeons)   to question, ask; to interrogate
intolérance *f*   intolerance
introduire (*pp* **introduit**) *irreg*   to introduce (*a subject, a topic*)
invention *f*   invention
investissement *m*   investment
invité(e) *m, f*   guest
inviter   to invite
isolé(e)   isolated, remote
Israël *m*   Israel
israélien(ne)   Israeli
Italie *f*   Italy
italien(ne)   Italian
itinéraire *m*   itinerary; route
ivoirien(ne)   Ivorian (*from* **Côte-d'Ivoire** [*Ivory Coast*])
jaloux/jalouse   jealous
jamais   never; **ne... jamais**   never
jambe *f*   leg
jambon *m*   ham
janvier *m*   January
Japon *m*   Japan
japonais(e)   Japanese
jardin *m*   garden; yard
jardinage *m*   gardening; **faire du jardinage**   to garden
jaune   yellow
jazz *m*   jazz
je   I; **je m'appelle** _____   my name is _____; **je vais bien**   I'm fine (well)
jean *m*   (pair of) jeans
jeu *m*   game; sport
jeudi *m*   Thursday
jeune   young
joli(e)   pretty
joue *f*   cheek
jouer   to play; **jouer à** (+ *sport*)   to play a sport; **jouer de** (+ *musical instrument*)   to play a musical instrument
jouet *m*   toy
joueur/joueuse *m, f*   player (*of a game or sport*)
jour *m*   day; **jour de congé**   day off, holiday; **jour férié**   holiday
journal (*pl* **journaux**) *m*   newspaper; journal, diary
journaliste *m, f*   journalist, reporter
journée *f*   day (*emphasis on duration*); **Bonne journée !**   Have a good day! **faire la journée continue**   to remain open at lunchtime
joyeux/joyeuse   happy, joyful
judo *m*   judo
juillet *m*   July
juin *m*   June
jumeau/jumelle   twin; *m, f*   twin
jumelage *m*   twinning, pairing (*of towns, etc.*)
jumelé(e)   paired; **ville** (*f*) **jumelée**   sister city
jupe *f*   skirt

juridique   judicial, legal
jus *m*   juice; **jus de fruits**   fruit juice; **jus d'orange**   orange juice
juste   just, fair
justement   precisely, exactly
justifier   to justify
ketchup *m*   ketchup (catsup)
kilogramme (kilo) *m*   kilogram
kir *m*   *drink made of white wine and crème de cassis*
la   the
là   there; **là-bas**   over there
laboratoire (*fam* **labo**) *m*   laboratory, lab; **laboratoire de langues**   language laboratory
lac *m*   lake
laisser   to leave (*something or someone*) behind; to let, allow; **se laisser faire**   to get pushed around; to accept
lait *m*   milk
laitier/laitière   milk-related; *m, f*   milkman/woman; **produit** (*m*) **laitier**   dairy product
laitue *f*   lettuce
lancer (nous lançons)   to throw; to launch (*a product*); to set up (*a company*)
langue *f*   language; tongue; **langue étrangère**   foreign language; **langue maternelle**   native language, mother tongue; **langues vivantes**   modern languages
lapin *m*   rabbit
large   wide
largeur *f*   width
latin *m*   Latin
lavabo *m*   bathroom sink
laver   to wash; **se laver**   to wash oneself; **machine** (*f*) **à laver la vaisselle**   dishwasher; **machine** (*f*) **à laver le linge**   washing machine
lave-vaisselle *m*   dishwasher
le   the
leçon *f*   lesson
lecteur (*m*) **de disques laser**   compact disc player
lecture *f*   reading
léger/légère   light (*weight, food*)
légume *m*   vegetable
lendemain *m*   next/following day
lentement   slowly
lentille *f*   lentil
les *m, f pl*   the
lessive *f*   detergent; **faire la lessive**   to do the laundry
lettre *f*   letter; **lettres** *pl*   humanities
leur   their
lever (je lève)   to lift; **se lever**   to get up
libération *f*   liberation, freeing
liberté *f*   liberty, freedom
librairie *f*   bookstore; **librairie-papeterie**   book/stationery store
libre   free (not *with regard to cost*); **temps** (*m*) **libre**   free time

licence *f*   bachelor's degree
lié(e)   connected, linked (to), associated (with)
lien *m*   tie, connection; **lien de parenté**   family tie, relationship
lier   to tie, connect, link
lieu *m*   place, locality; **avoir lieu**   to take place
limite *f*   limit; edge; boundary; **à la limite de**   on the edge of
limitrophe   bordering; surrounding
limonade *f*   *lemon-lime flavored soft drink*
linge *m*   linen (*table, bed*); laundry; **machine** (*f*) **à laver le linge**   washing machine
linguistique   linguistic; *f*   linguistics
lire (*pp* **lu**) *irreg*   to read
liste *f*   list
lit *m*   bed; **faire le lit**   to make the bed; **grand lit**   double bed; **lit d'enfant**   crib (baby's bed)
litre *m*   liter
littéraire   literary
littérature *f*   literature
livre *m*   book; *f*   pound; British pound
livrer   to deliver
logement *m*   lodging, housing
loger (nous logeons)   to lodge, house
logique   logical
loin   far; **loin de**   far from
loisirs *m pl*   leisure-time activities
long(ue)   long
louer   to rent
lourd(e)   heavy
loyauté *f*   loyalty
loyer *m*   rent; **loyer modéré/cher**   moderate/expensive rent
lui   him, to him, to her
lumière *f*   light (*from sun, lamp, etc.*)
lundi *m*   Monday
lutter   to struggle, fight
Luxembourg *m*   Luxembourg
luxueux/luxueuse   luxurious
lycée *m*   secondary school, high school
lycéen(ne) *m, f*   secondary school student
ma   my
mâche *f*   mâche (*type of salad greens*)
machine *f*   machine; **machine à laver**   washing machine; **machine à vapeur**   steam engine
Madagascar *m*   Madagascar
Madame *f*   Mrs., Ma'am, Madam
Mademoiselle *f*   Miss
magasin *m*   store; **grand magasin**   department store; **magasin d'alimentation**   food store; **magasin de chaussures**   shoe store; **magasin de musique**   music store; **magasin de vêtements**   clothing store
magazine *m*   magazine
magnétophone *m*   tape recorder (*audio*)

magnétoscope *m* VCR, videocassette recorder

mai *m* May

maigrir to lose weight, slim down

main *f* hand

maintenant now

maire *m* mayor; **maire adjoint** deputy mayor

mais but, however

maison *m* house, home; **maison individuelle** single-family home

maître/maîtresse *m, f* primary/elementary school teacher

maîtrise *f* master's degree

mal bad, badly; *m* evil; harm; **Où avez-vous mal ?** Where does it hurt? **J'ai mal à la tête.** My head hurts.

malade sick; *m, f* sick person

maladie *f* illness, sickness

mâle *m* male

malgache Madagascan (*from Madagascar*)

Mali *m* Mali

malien(ne) Malian (*from Mali*)

malnutrition *f* malnutrition

maman *f* mom, mommy

mamie *f* grandma

manche *f* sleeve; **Manche** *f* English Channel

manger (nous mangeons) to eat

manifeste obvious, evident; *m* manifesto

manque *m* lack

manquer to lack

manteau *m* coat

manucure *m, f* manicure; manicurist

manuel(le) manual; **travail** (*m*) **manuel** manual labor

maquiller to make up (*someone*); **se maquiller** to put on makeup

marchand(e) *m, f* merchant, shopkeeper; **marchand(e) de vin** wine merchant

marchandise *f* merchandise

marche *f* hiking, walking

marché *m* market; **faire le marché** to shop (for groceries), go shopping

marcher to walk; to work (*radios, machines, etc.*)

mardi *m* Tuesday

mari *m* husband

mariage *m* marriage

marié(e) married

se marier to get married

mark *m* German mark

marketing *m* marketing

Maroc *m* Morocco

marocain(e) Moroccan

marque *f* brand, mark

marquis(e) *m, f* marquess, marchioness

marre: j'en ai marre I'm fed up

marron *inv* brown (chestnut)

mars *m* March

massif/massive massive, bulky; *m* massif, mountain mass

match *m* game, match, contest

maternel(le) maternal, motherly; *f* nursery school (**école maternelle**)

mathématiques *f pl* mathematics

matière *f* matter, material; subject (*school*); **matière grasse** fat (*in food labeling*)

matin *m* morning

mauvais(e) bad; wrong

maximum maximum; *m* maximum

mayonnaise *f* mayonnaise

mécanique mechanical

médecin *m* doctor, physician; **femme médecin** *f* woman doctor

médecine *f* medicine (*science, profession*)

médiathèque *f* media center

médicament *m* medicine (*product*)

meilleur(e) better

melon *m* melon

membre *m* member

mémoire *f* memory; *m* term paper; thesis

ménage *m* household; **faire le ménage** to do housework; **femme** (*f*) **de ménage** maid, housekeeper, cleaning woman

mensuel(le) monthly

mentalité *f* mentality

menthe *f* mint

mentionner to mention

merci *m* thanks

mercredi *m* Wednesday

mère *f* mother; **belle-mère** *f* mother-in-law, stepmother; **mère célibataire** single mother

merguez *f* type of sausage

mériter to merit, deserve

mes my

messe *f* mass (*religious service*)

mesurer to measure; **je mesure _____** my height is _____

métallique metallic

métier *m* trade, profession

mètre *m* meter

métrique metric

métro *m* subway; **en métro** by subway

mettre (*pp* **mis**) *irreg* to put; to put on

meublé(e) furnished

meuble *m* piece of furniture; *pl* furniture

midi noon; **midi et demi** half past noon

mieux *adv* best

mignon(ne) cute

milieu *m* middle; **au milieu (de)** in the middle (of)

militaire military; *m* military personnel; person in the military services

mille thousand

minéral(e) mineral

ministre *m* minister (*in the government*)

minuit midnight; **minuit et demi** half past midnight

minuscule tiny, minute

minute *f* minute

mixité *f* coeducation

mobilité *f* mobility

mode *f* fashion; *m* manner, way; **mode de vie** way of life

modéré(e) moderate

moderne modern

modernisation *f* modernization

modeste modest

modifier to modify

modique moderate, reasonable (cost)

moi me

moins less; **moins que** (**de** *before a number*) less than, fewer than

mois *m* month

moitié *f* half

mon *m* my

monde *m* world; **tout le monde** everybody

mondial(e) *adj* world

moniteur/monitrice camp counselor, trainer (*sports*)

monnaie *f* change (*coins*); currency

monotone monotone

Monsieur *m* Mister

montagne *f* mountain

montagneux/montagneuse mountainous

montant *m* sum, amount

montée *f* rise, ascension; increase

monter to go up; to set up, organize; to increase (in value)

montre *f* watch

montrer to show

moquette *f* (wall to wall) carpet

morceau *m* piece

mort(e) dead

mosaïque *f* mosaic; **famille** (*f*) **mosaïque** blended family (*second marriage*)

mot *m* word; note, message; **mot apparenté** cognate; **mots croisés** crossword puzzle

motivé(e) motivated

moto *f* motorcycle; **en moto** by motorcycle

mouchoir *m* handkerchief

mourir (*pp* **mort**) *irreg* to die

mousse *f* foam; **mousse au chocolat** chocolate mousse (*dessert*)

moutarde *f* mustard; **moutarde de Dijon** Dijon mustard

moyen *m* means, way to do something; **Moyen Âge** *m* middle ages

moyenne *f* average

mur *m* wall

muscat *m* muscat grape; **vin** (*m*) **muscat** muscatel (*wine made from the muscat grape*)

musée *m* museum

musicien(ne) *m, f* musician

musique *f* music; **musique de chambre** chamber music

musulman(e) Moslem; *m, f* Moslem

mystère *m* mystery

naïf/naïve naïve
naissance *f* birth
naître (*pp* **né**) *irreg* to be born
nappe *f* tablecloth; **nappe phréatique** water table
natal(e) native; **ville** (*f*) **natale** home town, city in which you were born
natation *f* swimming
nationalité *f* nationality
natte *f* braid
navire *m* ship
ne (n') no, not (*when used with* **pas**); *negation used with other adverbs*
nécessaire necessary; **faire le nécessaire** to do whatever is necessary
nécessité *f* necessity, need
neige *f* snow
neiger (il neigeait) to snow
néoclassicisme *m* neoclassicism
néoclassique neoclassic
nettement clearly
neuf nine
neuf/neuve new
neutre neutral
neuvième ninth
neveu *m* nephew
nez *m* nose; **avoir le nez qui coule** to have a runny nose
nid *m* nest
nièce *f* niece
nigérien(ne) Nigerian
niveau *m* level; **niveau de vie** standard of living
Noël *m* Christmas; **Joyeux Noël !** Merry Christmas!; **père Noël** *m* Santa Claus
nœud *m* knot, bow
noir(e) black
noisette *f* hazelnut; hazel (*eye color*)
noix *f* nut, walnut
nom *m* name
nombreux/nombreuse numerous
nommé(e) named
non no
non-alcoolisé(e) nonalcoholic
nonante ninety (*Swizerland/Belgium*)
nord north; **nord-est** northeast; **nord-ouest** northwest
normalement normally
Norvège *f* Norway
norvégien(ne) Norwegian
nos *m, f pl* our
nostalgie *f* nostalgia
nostalgique nostalgic
note *f* grade; **avoir une bonne/ mauvaise note** to get a good/bad grade
noter to note; to grade
notre *m, f* our
nourrir to feed, provide meals
nourrissant(e) nourishing
nourriture *f* food
nous we, us
nouveau (nouvel, nouvelle [nouveaux, nouvelles]) new

nouveau-né *m* newborn
novembre *m* November
nu(e) naked
nuit *f* night; **Bonne nuit !** Good night!
nullement (ne... nullement) in no way, not at all
numéro *m* number (*quantity*)
objet *m* object
obtenir (*like* **venir**) *irreg* to obtain; **obtenir un dîplôme** to get a degree
occupation *f* occupation
occupé(e) busy
occuper to occupy; to keep busy; **s'occuper de** to take care of
ocre ochre
octante eighty (*Belgium*)
octobre *m* October
odeur *f* odor
œil (*pl* **yeux**) *m* eye
œuf *m* egg; **œuf en chocolat** chocolate Easter egg
office (*m*) **du tourisme** tourist office
officiellement officially
officier *m* officer
offre *f* offer; **offre d'emploi** job offer; job ad
offrir (*pp* **offert**) *irreg* to offer
oignon *m* onion
olfactif/olfactive olfactory
omelette *f* omelette
on one, people, you, we, they
oncle *m* uncle
onze eleven
opéra *m* opera
opticien(ne) *m, f* optician
optimiste optimistic; *m, f* optimist
option *f* option
orange *inv* orange (*color*); *f* orange (*fruit*)
Orangina *m* orange soda (*brand*)
ordinateur *m* computer; **micro (-ordinateur)** microcomputer
ordre *m* order; **en ordre** in order; **par ordre alphabétique** in alphabetical order
ordures *f pl* trash, garbage
oreille *f* ear
organisé(e) organized
origine *f* origin
orner to decorate
orteil *m* toe
ou either, or
où where; **Où est _____ ?** Where is _____?
oublier to forget
ouest west
oui yes
ouragan *m* hurricane
ouvert(e) open
ouverture *f* opening
ouvrier/ouvrière worker, manual factory worker
page *f* page; **page blanche** blank page
pain *m* bread; **corbeille** (*f*) **à pain** bread basket; **pain de campagne**

country bread; **pain de seigle** rye bread
paisible peaceful
paix *f* peace; **faire la paix** to make peace; to make up
palais *m* palace; **Palais de Justice** courthouse
pamplemousse *m* grapefruit
panaché(e) with more than one flavor; *m a mixture of beer and lemon-lime flavored soft drink*
panier *m* basket
panneau *m* sign
pansement *m* bandage, Band-Aid
pantalon *m* pants
papeterie *f* stationery store
papier *m* paper; **feuille** (*f*) **de papier** sheet of paper; **papier à lettres** stationery, writing paper
papy *m fam* grandpa
Pâques *f pl* Easter
paquet *m* package
par by, through; per, for; **par contre** in contrast, on the other hand; **par exemple** for example; **une fois par mois** once a month
parasite *m* parasite; *m pl* static (*on a phone line*)
parc *m* park
parce que because
pareil(le) similar; **pareil(le) à** like
parent *m* parent; relative
parfait(e) perfect
parfois sometimes
parfum *m* perfume, fragrance, smell; flavor (*of ice cream, etc.*)
parfumerie *f* perfume store
parisien(ne) Parisian; **Parisien(ne)** *m, f* Parisian (*person*)
parking *m* parking lot
parler to speak; to talk
parmi among
parquet *m* floor, wooden floor
parrain *m* godfather; *pl* godparents
partagé(e) shared
partager (nous partageons) to share
partenaire *m, f* partner
participer to participate
particulier/particulière particular, private
partie *f* part; **faire partie de** to belong to
partir (*like* **dormir**) *irreg* to leave; **à partir de** starting from
pas not (**ne... pas**); *m* step
passage *m* passage
passant(e) *m, f* passerby
passeport *m* passport
passer to pass; to spend (*time*); **passer l'aspirateur** to vacuum; **passer une commande** to place an order (*for merchandise*); **passer un examen** to take an exam
passionnant(e) exciting, thrilling
pasteur *m* (Protestant) minister
pastille (*f*) **pour la gorge** cough drop

pastis *m* aniseed liqueur
patchwork *m* patchwork quilt
pâté *m* paté; **pâté de foie gras** goose liver paté
pâtes *f pl* pasta
paternel(le) paternal
patiemment *adv* patiently
patience *f* patience; **avoir de la patience** to be patient, have patience
patient(e) patient; *m, f* patient
patinage *m* skating; **faire du patinage** to skate; **patinage artistique** figure skating
patinoire *f* ice skating rink
pâtisserie *f* pastry; pastry shop
patrie *f* country, native land
patrimoine *m* heritage
patriote *m, f* patriot
patron(ne) *m, f* business owner, boss
pause *f* pause, break; **pause-café** *f* coffee break
pauvreté *f* poverty
payé(e) paid
payer (je paie) to pay
pays *m* country; **pays d'origine** country one comes from
paysan(ne) *m, f* country person, peasant, farmer
péage *m* toll (*on a toll road*)
pêche *f* fishing; peach; **faire de la pêche** to fish
pédiatrique pediatric
peigner to comb
peindre (*pp* **peint**) *irreg* to paint
peintre *m* painter
peinture *f* paint; painting
pêle-mêle mixed together, mixed up
pendant during; **pendant que** while
pénible distressing, difficult
pension *f* boarding house
pente *f* slope; **en pente** steep
perdre to lose; **perdre patience** to lose one's patience
père *m* father; **beau-père** *m* father-in-law; stepfather
périphérie *f* outskirts of a city, periphery
permanent(e) permanent
permettre (*like* **mettre**) *irreg* to permit, allow
perpétuer to perpetuate
persévérant(e) perservering
persil *m* parsley
personnalité *f* personality
personne *f* person; **ne... personne** no one
peser (je pèse) to weigh
pessimiste pessimistic
pétanque *f* *game (like bocci) played with metal balls; popular in southern France*
petit(e) small, little; **petit déjeuner** *m* breakfast; **petite annonce** *f* classified ad; **petit gâteau** *m* cookie; **petits pois** *m pl* peas, green peas
petite-fille *f* granddaughter

petit-enfant *m* grandchild
petit-fils *m* grandson
petits-enfants *m pl* grandchildren
peu little, few; not very
peur *f* fear; **avoir peur** to be afraid
peut-être perhaps
phare *m* lighthouse; headlight
pharmacie *f* pharmacy, drugstore
philosophie *f* (**philo** *fam*) philosophy
photo *f* photo
photographe *m* photographer
phrase *f* sentence
phréatique: nappe (*f*) **phréatique** water table
physicien(ne) *m, f* physicist
physique physical; *f* physics
pièce *f* room (*in a house*)
pied *m* foot; **à pied** on foot, by foot
pierre *f* stone
ping pong *m* Ping-Pong
pique-nique *m* picnic
piscine *f* pool, swimming pool
pittoresque picturesque
pizza *f* pizza
pizzeria *f* pizzeria
place *f* square, plaza; seat, place
placette *f* small square
plafond *m* ceiling
plaisir *m* pleasure; **avec plaisir** with pleasure
plan *m* map of a city
planche (*f*) **à voile** windsurfing
plancher *m* floor
planification *f* planning; **planification des naissances** birth control
plante *f* plant
plat *m* dish, course; **plat à four** baking dish; **plat principal** main course
platane *m* plane tree
plateau *m* tray
plein(e) full; **en plein air** outdoors; **plein de** *fam* many; full of
pleurer to cry
la plupart (de) most, majority (of)
plongée (*f*) **sous-marine** scuba diving
pluridisciplinaire multidisciplinary
plus plus; **ne... plus** no more; **plus de** (+ *number*) more than; **plus loin** further; **plus que** more than
plusieurs several
plutôt rather
poésie *f* poetry
poète *m* poet
poids *m* weight
poignet *m* wrist
poireau *m* leek
pois *m* pea; **à pois** polka-dotted; **petits pois** *pl* green peas
poisson *m* fish
poissonnerie *f* fish store
poitrine *f* chest
poivre *m* pepper (*spice*)
poivrer to pepper

poivron *m* pepper (*vegetable*); **poivron rouge/vert** red/green pepper
poli(e) polite
police *f* police force; **agent** (*m*) **de police** police officer
policier *m* police officer
poliment politely
politique *f* politics; policy
polluant(e) polluting; *m* polluting substance
pollué(e) polluted
pollution *f* pollution
Pologne *f* Poland
polonais(e) Polish; **Polonais(e)** *m, f* Polish (*person*)
pommade (*f*) **antiseptique** antiseptic ointment
pomme *f* apple; **pomme de terre** potato
pompier *m* firefighter
pont *m* bridge
pont-levis *m* drawbridge
populaire popular
porc *m* pig; pork
porte *f* door
porter to carry
portion *f* portion
porto *m* port (*wine*)
portoricain(e) Puerto Rican
Portugal *m* Portugal
portugais(e) Portuguese
poser to place, put, set down; **poser une question** to ask a question
possible possible
poste *f* post office; *m* position, job; **poste** (*m*) **de télévision** television set
poster to mail (*a letter*)
postier/postière *m, f* postal employee
pot *m* jar; drink; **pot de vin** bribe; **prendre un pot** to have a drink
potable drinkable
poule *f* hen
poulet *m* chicken
poupe *f* stern (*of a boat*)
poupée *f* doll
pour for
pour cent percent
pourcentage *m* percentage
pourquoi why
poursuivre (*like* **suivre**) *irreg* to pursue; **poursuivre ses études** to continue one's studies
poussière *f* dust; **enlever la poussière** to dust
pouvoir (*pp* **pu**) *irreg* to be able; *m* power
pratique practical
précédent(e) preceding, former
préconçu(e) preconceived
préfecture *f* prefecture (*administrative office of the* **préfet**)
préféré(e) favorite
préférer (je préfère) to prefer
préfet *m* prefect (*administrative head of the region*)

préliminaire preliminary

premier/première first; **premièrement** first

prendre (*pp* **pris**) *irreg* to take; **prendre des notes** to take notes; **prendre sa retraite** to retire; **prendre sa température** to take one's temperature; **prendre le petit déjeuner** to have breakfast; **prendre le train** to take the train; **prendre un bain** to take a bath; **prendre une douche** to take a shower; **prendre un verre** to have a drink; **prendre une photo** to take a photo; **Prenez La rue _____.** Take _____ street.

préparer to prepare; **préparer un diplôme** to study for a degree; **préparer un examen** to study for an exam; **se préparer** to get ready

préposition *f* preposition

près (de) near

présentation *f* appearance, presentation; **bonne présentation** good appearance

présenter to introduce; to present; **Je vous (te) présente _____.** Let me introduce you to _____.; **se présenter** to introduce oneself; **se présenter à (un examen)** to sit for (*an exam*)

présentateur/présentatrice (*m, f*) **à la télé** TV announcer, emcee

presque nearly

presse *f* press

pression *f* pressure

prestation *f* service, benefit

prestige *m* prestige

prêtre *m* priest

prévoir (*like* **voir**, *except* **je prévoirai**) *irreg* to foresee; to plan; **être prévu** to be anticipated, planned for

prier to pray

principal(e) principal, main

printemps *m* spring; **au printemps** in the spring

priorité *f* priority

prison *f* prison

privé(e) private

prix *m* price; **dîner** (*m*) **à prix fixe** fixed-price dinner

probablement probably

problème *m* problem

prochain(e) next; **à la prochaine** *fam* until next time; **à la semaine prochaine** until next week

produit *m* product; **produits laitiers** dairy products

professeur *m* teacher, professor

profession *f* profession; **profession libérale** independent profession (*architect, lawyer, etc.*)

professionnel(le) professional

programmeur/programmeuse *m, f* computer programmer

progressif/progressive progressive

projet *m* project (*not a housing project*)

promenade *f* walk; **faire une promenade** to take a walk

promener (je promène) to walk (*a dog, a child*); **se promener** to go for a walk

proposer to propose, suggest

propreté *f* cleanliness

propriétaire *m, f* proprietor

prospère prosperous, thriving

proue *f* prow, bow, front (*of a boat*)

province *f* province

proximité *f* nearness; **à proximité de** near, nearby, in the vicinity of

prudemment prudently, carefully

psychiatre *m* psychiatrist

psychologie *f* psychology

public/publique public; *m* public

publicité *f* advertising

puis then, next

puisque since

puissance *f* power

puissant(e) powerful

puits *m* well

pull-over *m* sweater

pupitre *m* school desk

pur(e) pure; **pur-sang** *m* pure breed (*of animal*)

quai *m* platform; quay

qualification *f* qualification

quand when

quant à (moi) as for (me)

quantité *f* quantity

quarante forty

quart *m* a quarter (quantity), one fourth

quartier *m* neighborhood; **quartier défavorisé** poor neighborhood; **Quartier latin** Latin Quarter

quatorze fourteen

quatre four

quatre-vingt-dix ninety (*France*)

quatre-vingts eighty

quatrième fourth

que what; that

quel(le) what, which; **Quel dommage !** What a shame!

quelque chose something

quelques a few

quelqu'un someone

question *f* question

qui who, whom

quiche *f* quiche (*nonsweet tart made with eggs and milk or cream*)

quinze fifteen

quitter to leave

quotidien(ne) daily

rabbin *m* rabbi

racine *f* root

racisme *m* racism

raconter une histoire to tell a story, recount an event

radio *f* radio

radis *m* radish

rafraîchissant(e) refreshing

raide stiff; **avoir les cheveux raides** to have straight hair

raisin *m* grapes

raison *f* reason; **avoir raison** to be right

raisonnable reasonable

randonnée *f* hike; **randonnée à bicyclette** bike trip, excursion

rang *m* row; rank

ranger (nous rangeons) to straighten up; to arrange

rapidement rapidly

rappeler (je rappelle) to call back; **se rappeler** to remember

rare rare (*not for meat*), infrequent

rarement rarely

raser to shave; **se raser** to shave oneself

rassembler to assemble; **se rassembler** to come together

rater to miss; **rater le bus** to miss the bus; **rater un examen** to fail an exam

rayon *m* department (*of a store*)

réaliste realistic

rebord (*m*) **(de fenêtre)** (window) sill

réceptionniste *m, f* receptionist

recette *f* recipe

recevoir (*pp* **reçu**) *irreg* to receive

recherche *f* research; **faire de la recherche** to do research

rechercher to search for

reconnaître (*like*** connaître)** *irreg* to recognize

recouvert(e) (de) covered (with/by)

récréation *f* recreation; recess

recycler to recycle

redire (*like*** dire)** *irreg* to say again, repeat

redoubler to repeat a year in school

réduction *f* reduction

réduit(e) reduced

réélire (*like*** lire)** *irreg* to reelect

réélu(e) reelected

référence *f* reference

se référer (à) (je me réfère) to refer to

réfléchir to reflect, think about

réfrigérateur *m* refrigerator

regarder to look at; to watch

régime *m* diet; **être au régime** to be on a diet

région *f* region

régional(e) regional

règle *f* rule, ruler

régler (je règle) to settle (pay) a bill

regorger (il regorgeait) to overflow

regretter to be sorry; to regret

régulièrement regularly

relations (*f pl*) **publiques** public relations

relier to link

religieuse *f* nun

religion *f* religion

relire (*like*** lire)** *irreg* to reread

remarié(e) remarried

remarier to remarry; **se remarier** to get remarried

remarquer to notice; to remark

remercier (de) to thank (for)

remonter to go up

rempart *m* rampart, wall

renaissance *f* renaissance

rencontre *f* meeting, encounter

rencontrer to meet, run into

rendez-vous *m* appointment

rendre to give back; **rendre la monnaie** to give back change (*money*); **rendre visite à** to visit (*people*); **se rendre compte** to realize

rénové(e) renovated

renseignement *m* piece of information; *pl* information

rentrée *f* start of school year

rentrer to go back

repas *m* meal

repassage *m* ironing

repasser to iron

répéter (je répète) to repeat

répondeur (*m*) **téléphonique** telephone answering machine

répondre to answer

réponse *f* answer

repos *m* rest

reposant(e) restful

se reposer to rest

représentant(e) (*m, f*) **commercial(e)** sales representative, salesman/woman

représenter to represent

république *f* republic

réservé(e) reserved

réserver to reserve

résidence *f* residence; **résidence secondaire** vacation home; **résidence universitaire** dormitory

résidentiel(le) residential

résistance *f* resistance

résistant(e) *m, f* resistant (*person who fought against the occupying forces during World War II*)

résoudre (*pp* **résolu**) *irreg* to resolve

responsable *m* person in charge (*of a work group*)

ressembler (à) to resemble

resservir (*like* **servir**) *irreg* to serve again; **se resservir** to take a second helping

restaurant *m* restaurant; **restaurant universitaire (resto u)** university restaurant/cafeteria

restauration *f* restaurant business

rester to stay; to remain

restriction *f* restriction

résumé *m* summary

résumer to summarize

retard *m* lateness, delay; **être en retard** to be late (for an appointment) late; **arriver en retard** to arrive late

retenir (*like* **venir**) *irreg* to retain

retour *m* return

retourner to return

retraite *f* retirement; **à la retraite** retired; **prendre sa retraite** to retire

réussir to succeed; **réussir à un examen** to pass an exam (a test)

rêve *m* dream

réveille-matin *m* alarm clock

réveiller to awaken (*someone*); **se réveiller** to wake up, awaken

révéler (je révèle) to reveal

revenir (*like* **venir**) *irreg* to come back

rêver to dream

réviser to review

révision *f* review

revoir (*pp* **revu**) *irreg* to see again; **au revoir** good-bye

révolte *f* revolt

révolution *f* revolution

rez-de-chaussée *m* ground floor

riche rich

richesse *f* wealth, richness

rideau *m* curtain

rien (ne... rien) nothing

risque *m* risk

rivière *f* river, stream

riz *m* rice

rock *m* rock music

rôder to lurk

rôle *m* roll; **jeu** (*m*) **de rôles** role-playing

romain(e) Roman

roman *m* novel

romancier/romancière *m, f* novelist

romantique romantic

rond(e) round

rondelle *f* round slice

ronfler to snore

roquefort *f* Roquefort cheese

rosbif *m* roast beef

rose pink, rose; *f* rose (*flower*)

rôti *m* roast

rouge red

rougir to turn red; to blush

route *f* route

routinier/routinière routine

roux/rousse redheaded; *m, f* redhaired person

rue *f* street; **rue à sens unique** one-way street; **rue piétonne** pedestrian street

ruelle *f* small street, lane

rugby *m* rugby

rural(e) rural

rustique rustic

rythme *m* rhythm

s'il vous (te) plaît please

sa his, her, its, one's

sable *m* sand

sac *m* bag; **sac à main** woman's handbag; **sac à dos** backpack

sacrifié(e) sacrificed

sage well-behaved (*children*); wise

saignant(e) rare (*for meat*)

sain(e) healthy

salade *f* salad; **salade composée, salade mixte** mixed salad; **salade niçoise** Niçoise salad (*salad of string beans, tomatoes, potatoes, tuna, olives, and anchovies in a vinaigrette*); **salade verte** green salad

salaire *m* salary, wage

salarié(e) employee

sale dirty

saler to salt (*food*)

salle *f* room; **salle à manger** dining room; **salle de bains** bathroom; **salle de classe** classroom; **salle de séjour** living room

salon *m* living room, salon; **salon de coiffure** hairdresser's shop

Salut ! Hi!; Bye!

samedi *m* Saturday

sandale *f* sandal

sandwich *m* sandwich; **des sandwichs** sandwiches

sang *m* blood

sans without; **sans domicile fixe (SDF)** *m* homeless person

santé *f* health; **À votre santé !** To your health! (*a toast*)

sapin *m* fir tree; **sapin de Noël** Christmas tree

satellite *m* satellite; **satellite de communication** communications satellite

saucisse *f* sausage link; **saucisse chaude** hot sausage (*specialty of Lyon*)

saucisson *m* salami; sausage

saumon *m* salmon

saupoudrer (de) to sprinkle (with)

sauter to jump; **faire sauter** to blow up, bomb

savoir (*pp* **su**) *irreg* to know (*a thing*); **savoir-faire** *m* know-how; **je ne sais pas** I don't know; **savez-vous où se trouve _____ ?** do you know where _____ is located? **savoir** (+ *infinitif*) to know how to (*do something*)

savon *m* soap

savourer to savor

savoureux/savoureuse tasty

science *f* science; **sciences économiques** economics; **sciences humaines** social sciences; **sciences naturelles** natural science; **sciences politiques** political science

scientifique scientific; *m* scientist

scolaire academic, scholastic; **l'année scolaire** school year

scolarité *f* schooling; **scolarité obligatoire** compulsory schooling

score *m* score

sculpteur *m* sculptor

sculpture *f* sculpture

se himself, herself, itself, oneself, themselves

sec/sèche dry

sécher (je sèche) to dry; **sécher un cours** to cut a class

sécheresse *f* drought

second(e) second

secondaire secondary

secrétaire *m, f* secretary
seigle *m* rye; **pain de seigle** rye bread
seize sixteen
séjour *m* sojourn, stay; **salle (*f*) de séjour** living room
sel *m* salt
selon according to
semaine *f* week
semblable similar
sembler to seem
semestre *m* semester; period of six months
séminaire *m* seminar; seminary
Sénégal *m* Senegal
sénégalais(e) Senegalese
sens *m* direction; sense; **sens interdit** wrong way; **rue (*f*) à sens unique** one-way street
sensible sensitive
sentiment *m* feeling
sentir (*like* **dormir**) *irreg* to feel; **se sentir** to feel; **Je me sens fatigué(e).** I feel tired.; **Je me sens malade.** I feel sick.
sept seven
septante seventy (*Switzerland and Belgium*)
septembre *m* September
septième seventh
série *f* series
sérieux/sérieuse serious
sérieusement seriously
serveur/serveuse m, *f* waiter, waitress; *m* computer server
service *m* service
serviette *f* napkin; towel
servir (*like* **dormir**) *irreg* to serve; **Je vous (te) sers ?** May I serve you?
ses *m, f pl* his, her, its, one's
seul(e) only, alone
sévère severe
shampooing *m* shampoo
short *m* shorts
SIDA *m* AIDS
siècle *m* century
siège *m* seat; head office (*business*)
signer to sign
signification *f* meaning, significance
silencieux/silencieuse silent
similarité *f* similarity, resemblance
simple simple
sincère sincere
sinon otherwise; if not
sinusite *f* sinus infection
sirop *m* syrup; **sirop contre la toux** cough syrup
site *m* site, location
situation *f* situation
situer to situate, locate
six six
sixième sixth
ski *m* ski; skiing; **faire du ski** to ski; **ski alpin** downhill skiing; **ski de fond** cross-country skiing; **ski nautique** waterskiing
skier to ski

sobre sober, serious
sociable sociable
socialiste socialist
sociologie *f* sociology
sœur *f* sister; **belle-sœur** sister-in-law; **demi-sœur** step/half-sister
soif *f* thirst; **avoir soif** to be thirsty
soigner to care for; to take care of; **se soigner** to take care of oneself
soir *m* evening; **Bonsoir !** Good evening!
soirée *f* evening; party; **Bonne soirée !** Have a good evening!
soixante sixty
soixante-dix seventy (*France and West African countries*)
solaire solar, of the sun
soldes *m pl* sales, articles on sale; **en solde** on sale
sole *f* sole (*fish*)
soleil *m* sun
solitude *f* solitude
sombre dark
somme: en somme all in all
sommet *m* summit
somnambule *m, f* sleep walker
son *m* sound
son his, her, its, one's
sondage *m* survey
sonnerie *f* bell sound
sophistiqué(e) sophisticated
sortant leaving; **en sortant de** when (upon) leaving
sorte *f* kind, type
sortie *f* going out; exit
sortir (avec) (*like* **dormir**) *irreg* to go out (with)
souci *m* worry, care
souffler to blow; to blow out
souhaitable desirable
souhaiter to wish
soupe *f* soup
sourire (*pp* **souri**) *irreg* to smile; *m* smile
souris *f* mouse; computer mouse
sous under
sous-sol *m* basement
souterrain(e) underground
souvenir *m* memory; **souvenirs d'enfance** childhood memories
se souvenir de (*like* **venir**) *irreg* to remember
souvent often
spacieux/spacieuse spacious
spécialisation *f* major (*in college*)
spécialiser: se spécialiser (en) to specialize, major (in)
spécialiste *m, f* specialist
spécimen *m* sample
spectacle *m* show
splendide splendid
sportif/sportive athletic
sport *m* sport, sports (*in general*); **sports aériens** aerial sports (*para-sailing, parachuting, etc.*); **faire du sport** to play/participate in sports

square *m* city square
squash *m* squash (*game*)
stade *m* stadium
stage *m* internship; **faire un stage** to do an internship; to take a course in
stagiaire *m, f* intern
stand *m* booth (*in a market or a store or at a trade show*)
station *f* station; **station de radio** radio station; **station de métro** metro station
stationnement *m* parking
steak *m* steak
stimulant(e) stimulating
stress *m* stress
stressant(e) stressful
studieux/studieuse studious
studio *m* studio apartment; one-room apartment
style *m* style
stylo *m* pen; fountain pen
sucre *m* sugar
sud south
suffrage *m* vote, suffrage; **suffrage universel** universal suffrage
suisse Swiss
Suisse *f* Switzerland
suivant(e) following
suivre (*pp* **suivi**) *irreg* to follow; **suivre un cours** to take a course
sujet *m* subject (*not an academic subject*)
super super, great
supermarché *m* supermarket
superbe superb
superviser to supervise
supporter *m* fan
supprimer to suppress; to get rid of; to cancel
sur on
surdéveloppement *m* overdevelopment
surgelés *m pl* frozen foods
surpeuplé(e) overpopulated
surpeuplement *m* overpopulation
surprendre (*like* **prendre**) *irreg* to surprise
surpris(e) surprised; *f* surprise
surtout especially
survivre (*like* **vivre**) *irreg* to survive
symbole *m* symbol
sympathique (*fam* **sympa**, *inv*) nice, likeable, friendly
synagogue *f* synagogue, temple
système *m* system
ta your
tabac *m* tobacco
table *f* table; **table basse** coffee table; **table de nuit, table de chevet** night table
tableau *m* painting; chart; **tableau noir** blackboard
tâche *f* task
taille *f* size; height
tailleur *m* woman's suit
talon *m* heel

tante *f* aunt
taper to type; to hit
tard late (*in the day*)
tarif *m* rate, price for a service
tarte *f* pie, tart
tartine *f* bread (*with butter and jam*)
tasse *f* cup
tata *f* auntie (*baby talk*)
taux *m* rate; **taux de chomage** unemployment rate
te (t') you, to you
technique *f* technique
technologie *f* technology
tee-shirt *m* T-shirt
tel(le) que such as
télé *f* television
télécarte *f* telephone card (prepaid calling card)
télécommunications *f pl* telecommunications
téléphone *m* telephone
téléphoner (à) to phone
téléviseur *m* television set
télévision *f* television
temporaire temporary
temps *m* time; **à temps complet** full-time (*employment*); **à temps-partiel** part-time
tendance *f* tendency
tendresse *f* tenderness
tenir (*like* **venir**) *irreg* to hold; **tenir compte de** to take into account; **se tenir au courant** to keep oneself up to date
tennis *m* tennis; *pl* tennis shoes; **tennis de table** Ping-Pong
tension *f* tension
terminale *f* *last year of high school*
terminer to finish; to terminate; **Avez-vous terminé ?** Have you finished?
terrain *m* sports field; **terrain de football** soccer field
terrine *f* terrine, paté
territoire *m* territory
terrorisme *m* terrorism
tête *f* head
texte *m* text
thé *m* tea; **thé au citron** tea with lemon; **thé au lait** tea with milk;
théâtre *m* theater
théoricien(ne) *m, f* theoretician
thèse *f* thesis, dissertation
ticket-restaurant *m* restaurant voucher
timbre, timbre-poste *m* stamp, postage stamp; **timbre de collection** commemorative stamp
timide shy
tisane *f* herbal tea
tissu *m* fabric
titre *m* title; **gros titre** headline
Togo *m* Togo
togolais(e) Togolese (*from Togo*)
toi you (*familiar*)
toile *f* painting, canvas
toilettes *f pl* bathroom, toilet
toit *m* roof

tomate *f* tomato
tomber to fall
ton your
tonton *m* uncle (*baby talk*)
se tordre (la cheville, le poignet) to sprain (one's ankle, wrist)
tort *m* wrong; **avoir tort** to be wrong
tôt soon; **tôt ou tard** sooner or later
total *m* total
totalitaire totalitarian
toucher to touch
toujours always
tour *f* tower; *m* turn; **C'est mon tour !** It's my turn!
tourisme *m* tourism
tourner to turn; **tourner la salade** to toss the salad; **Tournez à gauche/à droite.** Turn left/right.
Toussaint *f* All Saint's Day
tousser to cough
tout(e), tous/toutes *adj* all, any, every; **tous les deux** both; **tous les jours** every day
tout *adv* very, quite; **tout à coup** suddenly; **tout à fait** entirely, completely; **tout d'abord** at first; **tout droit** straight ahead; **tout le temps** all the time;
toux *f* cough; **sirop** (*m*) **contre la toux** cough syrup
toxicomane *m* drug addict
toxicomanie *f* drug addiction
tracer (nous traçons) to trace
tradition *f* tradition
traditionnel(le) traditional
train *m* train; **en train** by train; **être en train de** to be in the process of
traîneau *m* sleigh
traîner to loaf around, "hang out"
trait *m* characteristic
traité *m* treaty
tramway *m* tram(way); **en tramway** by tram
tranche *f* slice
tranquille quiet, calm
tranquillité *f* tranquility, calm
transport *m* transportation; **moyen** (*m*) **de transport** means of transportation; **transports en commun** public transportation
travail (*pl* **travaux**) *m* work; **travail intérimaire** temp work; **travail rémunéré** paid work; **travaux dirigés (TD)** lab or small section, meeting of a class
travailler to work
travailleur/travailleuse hardworking
traverser to cross (*a street, bridge, etc.*)
treize thirteen
tremblement (*m*) **de terre** earthquake
trente thirty
triste sad
trois three
troisième third

se tromper to make a mistake
trop too, too much, too many
trouver to find; **Où se trouve _____ ?** Where is _____ located?
truite *f* trout
tu (*fam*) you
tube *m* tube
tuberculose *f* tuberculosis
tuile *f* tile
Tunisie *f* Tunisia
tunisien(ne) Tunisian
tunnel *m* tunnel
typique typical
un(e) one; a, an
unique sole, only, single, unique
unité *f* unit, unity
universitaire *adj* university, academic; **résidence** (*f*) **universitaire** university dormitory
université *f* university
urbain(e) urban
usine *f* factory
utile useful
utilité *f* usefulness; **utilité sociale** use to society
utopique utopian
vaincre (*pp* **vaincu**) *irreg* to conquer; to vanquish
vaincu(e) defeated
vaisselle *f* dishes; **faire la vaisselle** to do the dishes; **machine** (*f*) **à laver la vaisselle** dishwasher
valoir (*pp* **valu**) *irreg* to be worth; **Il vaut mieux que_____.** It is better that_____.
vapeur *f* steam; **machine** (*f*) **à vapeur** steam engine
vedette *f* movie star, lead actor (actress)
végétarien(ne) vegetarian
veille *f* eve, night before
veilleur (*m*) **de nuit** night clerk
vélo *m* bike, bicycle; **à/en vélo** by bike
vendeur/vendeuse *m, f* salesclerk
vendre to sell
vendredi *m* Friday
venir (*pp* **venu**) *irreg* to come; **venir de** (+ *infinitive*) to have just (*done something*)
vente *f* sale
ventre *m* stomach, abdomen
verdure *f* greenery, green space
vérifier to verify, check
véritable true, real
verre *m* glass; **verre à vin** wine glass
vers toward; around, at about (*time*)
verser to pour
vert(e) green
veste *f* jacket, blazer
vestige *m* remains, trace
vêtement *m* article of clothing; *pl* clothes, clothing
veuf/veuve *m, f* widower, widow
viande *f* meat; **viande hâchée** ground meat
vide empty; unfurnished

vidéo *f* video; **vidéocassette** videotape, videocassette; **jeux** (*m*) **vidéo** video games

vie *f* life

viennois(e) Viennese

Vietnam *m* Vietnam

vietnamien(ne) Vietnamese

vieux (vieil), vieille old; **vieille fille** *f* old maid, spinster

vignoble *m* vineyard

ville *f* city; **ville fortifiée** fortified city; **ville-jumelée** sister city

vin *m* wine; **vin blanc/rouge/rosé** white/red/rosé wine; **marchand(e)** (*m, f*) **de vin** wine merchant; **verre** (*m*) **à vin** wine glass

vinaigre *m* vinegar

vinaigrette *f* vinaigrette, Italian dressing

vingt twenty

violence *f* violence; **violence domestique** domestic violence

violent(e) violent

visage *m* face

visite: rendre visite à to visit (*a person*)

visiter to visit (*places*)

visuel(le) visual

vitamine *f* vitamin

vitesse *f* speed

vivre (*pp* **vécu**) *irreg* to live, be alive

vocabulaire *m* vocabulary

voici here is/are

voie *f* way, route; **voie ferroviaire** railroad track; **voie aérienne** air route

voilà there is/are

voile *f* sail; sailing; *m* veil; **bateau** (*m*) **à voile** sailboat; **faire du bateau à voile** to go sailing

voir (*pp* **vu**) *irreg* to see

voisin(e) *m, f* neighbor

voiture *f* car, automobile; **en voiture** by car; **voiture de fonction** company car

vol *m* flight; theft; **C'est un vol !** It's highway robbery/it's a ripoff!

volaille *f* poultry

volet *m* shutter

volontiers gladly, sure

vos *pl* your

voter to vote

votre your

vouer to devote

vouloir (*pp* **voulu**) *irreg* to want; to wish; **Je voudrais** _____ I would like _____; **vouloir dire** to mean; **Que veut dire** _____ ? What does _____ mean?

vous you

voyage *m* trip; **agent(e) de voyages** travel agent

voyager (nous voyageons) to travel

voyageur *m* traveler

vrai(e) true

vraiment really

vue *f* view; **belle vue** good (beautiful) view

WC *m pl* toilet, lavatory

week-end *m* weekend; **Bon weekend !** Have a good weekend!

xénophobe xenophobic, fearful of foreigners

y there

yaourt *m* yogurt

yeux (*pl of* **œil**) *m* eyes

zéro *m* zero

zone *f* zone

Glossary: English–French

a, an un, une
a lot beaucoup
abbey abbaye *f*
abbreviation abréviation *f*
able: to be able pouvoir
about environ
above au-dessus; ci-dessus (*in a text*)
absolutely absolument
abstract abstrait(e)
accessible accessible
to accompany accompagner
according to selon, d'après, suivant
account compte *m*
accountant comptable *m*
accounting comptabilité *f*
across (from) en face (de)
active actif/active
activity activité *f*
actor, actress acteur *m*, actrice *f*
to add ajouter
address adresse *f*
adjective adjectif *m*
administration administration *f*
adolescent adolescent(e)
adorable adorable
to adore adorer
adult adulte *m, f*
advantage avantage *m*
advertisement publicité *f*
advertising publicité *f*
advice des conseils (*m*) **a piece of advice** un conseil *m*
to advise conseiller
advisor conseiller *m*
aerogram aérogramme *m*
aeronautical aéronautique
aeronautics aéronautique *f*
affectionate affectueux/affectueuse
after après
afternoon après-midi *m*
again encore
age âge *m*
agency agence *f*
agent agent *m*
aggressiveness agressivité *f*
ago il y a; **two years ago** il y a 2 ans
agreement accord *m*; **I agree.** Je suis d'accord.
AIDS SIDA *m*
airmail par avion
air route voie *f* aérienne
airplane avion *m*
airport aéroport *m*
alarm clock réveille-matin *m*
alcoholism alcoolisme *m*
Algerian algérien(ne)
all tout(e) (tous/toutes *pl*); **all in all** en somme; **all the time** tout le temps; **not at all** pas du tout

All Saints' Day (November 1) Toussaint *f*
All Souls' Day fête (*f*) des morts
allergic allergique
to allocate allouer
to allow permettre
alone seul(e)
already déjà
also aussi
always toujours
ambitious ambitieux/ambitieuse
America Amérique *f*; **North America** Amérique du Nord; **South America** Amérique du Sud
American américain(e)
among parmi
amusing amusant(e), drôle
ancient ancien(ne)
and et
to anger fâcher; **to get angry** se fâcher
ankle cheville *f*
animal animal *m* (*pl* animaux)
answer réponse *f*; **to answer** répondre
anthropology anthropologie *f*
antonym antonyme *m*
apartment appartement *m*; **apartment building** immeuble *m*
aperitif apéritif *m*
to appear apparaître
appearance apparence *f*; **physical appearance** apparence physique
appetite appétit *m*
apple pomme *f*
applied appliqué(e)
appointment rendez-vous *m*; **appointment book** agenda *m*
to appreciate apprécier
appropriate approprié(e)
apricot abricot *m*
April avril *m*
architect architecte *m, f*
architecture architecture *f*
arm bras *m*
army armée *f*
art art *m*; **art history** histoire (*f*) de l'art
artery artère *f*
artichoke artichaut *m*
article (*newspaper*) article *m*; **article of clothing** vêtement *m*
as comme; **as many, as much** autant
ash cendre *f*; **ashtray** cendrier *m*
to ask (for) demander; **to ask a question** poser une question; **to ask directions** demander son chemin
asparagus asperge *f*
aspirin aspirine *f*
to assemble assembler

asset atout *m*
to associate associer; **associated (with)** lié(e) (à)
association association *f*
at à
athletic sportif/sportive
atmosphere ambiance *f*
to attempt essayer
to attend assister (à), aller (à)
auditory auditif/auditive
August août *m*
aunt tante *f*; (*baby talk*) tata *f*
author auteur *m*
automated automatisé(e)
autonomous autonome
autumn automne *m*
available disponible
avenue avenue *f*
average moyenne *f*
baby bébé *m*
bachelor's degree licence *f*
bachelor(ette) célibataire *m, f*
back dos *m*; **in back of** derrière; **to give back** rendre; **to go back** retourner
backpack sac (*m*) à dos
bacteria bactérie *f*
bad mauvais(e); **The weather's bad.** Il fait mauvais.
badly mal
bakery boulangerie *f*
balanced équilibré(e)
bald chauve
ball balle *f* (*golf and tennis*); ballon *m* (*basketball and soccer ball*)
ballpoint pen bic *m*
banana banane *f*
bandage pansement *m*; **Ace bandage** bande (*f*) velpeau
banister (*of stairs*) balustrade *f*, rampe *f*
bank banque *f*
banker banquier *m*
banknote (bill) billet *m*
baptism baptême *m*
barbecue barbecue *m*
bargain affaire *f*; **It's a bargain!** C'est une affaire !
to base (an opinion) (on) baser (sur)
baseball base-ball *m*; **baseball cap** casquette (*f*) de base-ball
basement cave *f*, sous-sol *m*
basket panier *m*; corbeille *f*; **bread basket** corbeille à pain; **wastepaper basket** corbeille à papier
basketball basket-ball (basket) *m*
bathing suit maillot (*m*) de bain
bathroom salle (*f*) de bains
bathtub baignoire *f*

to be être; **to be able to** pouvoir; **to be afraid of** avoir peur de; **to be cold** avoir froid; **to be hot** avoir chaud; **to be hungry** avoir faim; **to be named** s'appeler; **to be right** avoir raison; **to be thirsty** avoir soif; **to be wrong** avoir tort; **to be . . . years old** avoir… ans

beach plage *f*

bean haricot *m*

beard barbe *f*

beautiful beau (bel, belle [beaux, belles])

beauty beauté *f*; **beauty shop** salon (*m*) de coiffure

because parce que; **because of** à cause de

to become devenir; **to become a reality** se concrétiser; **to become larger** s'agrandir

bed lit *m*; **double bed** grand lit

bedroom chambre *f*; **guest bedroom** chambre d'amis

beef bœuf *m*

beer bière *f*; **draft beer** bière pression

to begin commencer

beginner débutant(e) *m, f*

beginning début *m*; commencement *m*; **in the beginning** au commencement

behind derrière

Belgian belge

Belgium Belgique *f*

to believe croire

bell cloche *f*; **bell tower** clocher *m*; **doorbell** sonnette *f*; **bell** (*sound*) sonnerie *f*

to belong to appartenir à

belt ceinture *f*

below au-dessous; ci-dessous (*in a text*)

beneficial bénéfique

beside à côté de

best le/la meilleur(e)

better mieux; **It's better that _____.** Il vaut mieux que _____.

between entre

beverage boisson *f*; **alcoholic beverage** boisson alcoolisée

bicycle bicyclette *f*, vélo *m*

big gros(se); grand(e)

bilingual bilingue

bill facture *f*

billiards billard *m*

binder (*loose-leaf notebook*) classeur *m*

biology biologie *f*

birth naissance *f*; **birth control** planification (*f*) des naissances

birthday anniversaire *m*; **birthday card** carte (*f*) d'anniversaire; **Happy birthday!** Bon anniversaire !

black noir(e); **black currant** cassis *m*

blackboard tableau (*m*) noir

blanket couverture *f*

blind aveugle; **blind person** aveugle *m, f*

blond blond(e)

blood sang *m*

blouse chemisier *m*

to blow souffler

blow-dry (*hair*) brushing *m*

blue bleu(e)

to bluff faire du bluff

to blush rougir

boarding house pension *f*

boat bateau *m*

book livre *m*; **address book** carnet (*m*) d'adresses

bookkeeping comptabilité *f*

bookshelf étagère *f*

bookstore librairie *f*

boot botte *f*

booth stand *m*

border (*of a country, state*) frontière *f*

bordered bordé(e)

bordering limitrophe

to bore ennuyer; **to be bored** s'ennuyer

boring ennuyeux/ennuyeuse

boss patron(ne) *m, f*

botanist botaniste *m, f*

both tous les deux *m pl*, toutes les deux *f pl*

bottle bouteille *f*

bottom fond *m*

boulevard boulevard *m*

bouquet bouquet *m*

boy garçon *m*

braid natte *f*

brain cerveau *m*

brand (**name**) marque *f*

bravely bravement, courageusement

bread pain *m*; (*with butter and jam*) tartine *f*; **bread basket** corbeille (*f*) à pain; **country bread** pain de campagne; **rye bread** pain de seigle

to break casser; **to break one's leg** se casser la jambe

breakfast petit déjeuner *m*; **to eat breakfast** prendre le petit déjeuner

bribe pot (*m*) de vin

brick brique *f*

bridge pont *m*; (*card game*) bridge *m*

to bring apporter (*a thing*); amener (*a person*)

brochure brochure *f*

broom balai *m*

brotherhood fraternité *f*

brown (*clothing, eyes*) brun(e); **brown-haired** châtain; **chestnut brown** marron; **I am brown-haired.** J'ai les cheveux châtains.; **I have brown eyes.** J'ai les yeux marron (bruns).

budget budget *m*

buffet (*furniture*) buffet *m*

to build bâtir

building bâtiment *m*; édifice *m*; immeuble *m*

built bâti(e)

bunch (*of carrots, etc.*) botte *f*

bus (*city*) autobus *m*; **bus stop;** arrêt (*m*) d'autobus; **intercity bus** car *m*

business commerce *m*; **business studies** études (*f*) commerciales

businessman homme (*m*) d'affaires

businesswoman femme (*f*) d'affaires

busy occupé(e)

but mais

butcher shop boucherie *f*

butter beurre *m*; **to butter** beurrer

to buy acheter

Bye! Salut !

café café *m*

cake gâteau *m*

calculation calcul *m*

calendar calendrier *m*

to call appeler; **to call back** rappeler

calm calme, tranquille

camera (*for photos*) appareil (*m*) photo

camp (*vacation*) colonie (*f*) de vacances

campaign campagne *f*

camping camping *m*; **to go camping** faire du camping

campus campus *m*

can boîte *f*; **can of peas** boîte de petits pois

Canadian canadien(ne)

cancer cancer *m*

candle bougie *f*

candy bonbon *m*

cap casquette *f*

capital (*city*) capitale *f*

capitalist capitaliste *adj*; capitaliste *m, f*

car voiture *f*

carbonated gazeux/gazeuse

card (*playing*) carte *f*

to care (*for*) soigner; **to take care of oneself** se soigner

carpet (*wall to wall*) moquette *f*

carrot carotte *f*

to carry porter

case cas *m*

cash espèces *f pl*; **to pay cash** payer en espèces

cashier caissier/caissière *m, f*

cassette tape cassette *f*

castle château *m* (*pl* châteaux)

cat chat(te) *m, f*

catastrophe catastrophe *f*

category catégorie *f*

catering restauration *f*

cathedral cathédrale *f*

ceiling plafond *m*

to celebrate célébrer, fêter

cellar cave *f*

cement béton *m*, ciment *m*

center centre *m*

centimeter centimètre *m*

century siècle *m*

CEO PDG (Président-Directeur Général) *m*

cereal céréales *f pl*

chain chaîne *f*

chair chaise *f*; **easy chair, arm chair** fauteuil *m*

chalk craie *f*
challenge défi *m*
champagne champagne *m*
change (*coins*) monnaie *f*
channel (*TV*) chaîne (*f*) de télé
chapter chapitre *m*
character caractère *m*; personnage (*in a play, novel*) *m*
characteristic trait *m*, caractéristique *f*
charity charité *f*
charm charme *m*
charming charmant(e)
chart tableau *m*
chauffeur chauffeur *m*
chauvinist chauvin(e)
check chèque *m*; (*restaurant*) addition *f*; **to check off** (*of a list, etc.*) cocher
cheek joue *f*
cheese fromage *m*
chemistry chimie *f*
cherry cerise *f*
chervil cerfeuil *m*
chest poitrine *f*
chicken poulet *m*; **chicken leg** cuisse *f*; **chicken breast** aile *f*
chief of state chef (*m*) d'État
child enfant *m, f*
childishness enfantillage *m*
China Chine *f*
Chinese chinois(e)
chives ciboulette *f*
chocolate chocolat *m*
choice choix *m*
to choose choisir
Christmas Noël *m*; **Merry Christmas** Joyeux Noël
church église *f*
cigar cigare *m*
cigarette cigarette *f*
to circulate circuler
circumstance circonstance *f*
citadel citadelle *f*
city ville *f*; **city center** centre (*m*) ville; **city hall** hôtel (*m*) de ville; mairie *f*
civil: civil servant fonctionnaire *m, f*; **civil status** (*date of birth, etc.*) état (*m*) civil
class classe *f*
classical classique
classmate camarade (*m, f*) de classe
classroom salle (*f*) de classe
clay argile *f*
cleanliness propreté *f*
clearly nettement, clairement
client client(e) *m, f*
clock horloge *f*; **clock maker** horloger *m*
clock making horlogerie *f*
to close fermer
closed fermé(e)
clothing vêtements *m pl*; **clothing store** magasin (*m*) de vêtements; **piece of clothing** vêtement *m*
coach (*of a team*) entraîneur *m*
coat manteau *m*; **raincoat** imperméable *m*

cocktail snack amuse-gueule *m*
coeducation mixité *f*
coffee café *m*; **coffee break** pause-café *f*; **coffee maker** cafetière *f*; **coffee with milk** café au lait, café crème; **expresso coffee** express *m*; **decaffeinated coffee** café décaféiné, déca
cognate mot (*m*) apparenté
cola (Coca-Cola) coca *m*; **diet cola** coca (*m*) light
cold froid(e); (*illness*) rhume *m*
cold cuts charcuterie *f*
collapsed écroulé(e)
colleague collègue *m, f*
colony colonie *f*
coloring (*hair*) coloration *f*
column colonne *f*
comb peigne *m*; **to comb** peigner
combatant combattant *m*
to combine combiner
to come venir; **to come back** revenir; **to come together** se rassembler
comfortable confortable
comic strip bande (*f*) dessinée
committed engagé(e)
communication communication *f*
communicative communicatif/communicative
communist communiste
compact disc disque laser *m*; **compact disc player** lecteur (*m*) de disques laser
to compete (with) faire concurrence à, être en compétition avec
competent compétent(e)
competition concurrence *f*
competitive compétitif/compétitive; **competitive exam** concours *m*
to complete compléter
complicated compliqué(e)
composition dissertation *f*
computer ordinateur *m*; **computer science** informatique *f*; **computer programmer** programmeur/programmeuse *m, f*; **computer server** serveur *m*
concept concept *m*
concerning concernant
concert concert *m*
concrete béton *m*
confident assuré(e)
conflict conflit *m*
connected lié(e)
connection lien *m*
to conquer vaincre
conservative conservateur/conservatrice *m, f*
consolation consolation *f*
constantly constamment
to consume consommer
consumer consommateur/consommatrice *m, f*
continent continent *m*
to continue continuer

contract contrat *m*
contrast contraste *m*; **in contrast** par contre
convenient commode
to convince convaincre
cook (*person*) cuisinier/cuisinière *m, f*; **to cook** cuisiner; faire la cuisine; cuire
cookie petit gâteau *m*; biscuit *m*
cool frais/fraîche; **The weather is cool.** Il fait frais.
cooperation coopération *f*
copious copieux/copieuse
corner coin *m*
cosmopolitan cosmopolite
cost coût *m*; **cost of living** coût de la vie; **costs** frais *m pl*; **to cost** coûter
costume déguisement *m*
cotton coton *m*
couch divan *m*; canapé *m*
cough toux *f*; **to cough** tousser; **cough drop** pastille *f*
counselor (*camp*) moniteur/monitrice *m, f*
country pays *m*
countryside campagne *f*
couple couple *m*
course (*academic*) cours *m*; (*culinary*) plat *m*; **first course** entrée *f*; **main course** plat (*m*) principal
court (*tennis, basketball, etc.*) court *m* (de tennis, de basket-ball)
courthouse Palais (*m*) de Justice
courtyard cour *f*
cousin cousin(e) *m, f*
covered couvert(e)
cracker biscuit (*m*) salé
crazy fou (fol, folle)
cream crème *f*
credit card carte (*f*) de crédit
crew équipe (*f*) d'aviron; **to do crew** faire de l'aviron
crib lit (*m*) d'enfant
crime criminalité *f*; **a crime** un crime
crisp croustillant(e)
criteria critère *m*
to criticize critiquer
croissant croissant *m*
to cross traverser
crossword puzzle mots (*m pl*) croisés
crown couronne *f*
crusty croustillant(e)
to cry pleurer
cucumber concombre *m*
cultural culturel(le)
cultured (*person*) cultivé(e)
cup tasse *f*
to cure guérir
curly (*hair*) bouclé(e); **very curly** (*hair*) frisé(e)
currency monnaie *f*
currently actuellement
curtain rideau *m*
cushion coussin *m*
custom coutume *f*

customer client(e) *m, f*
customs douane *f*; **customs agent** douanier/douanière *m, f*
to cut couper; **to cut oneself** se couper
cute mignon(ne)
cutlery couvert *m*
cycling cyclisme *m*
daily quotidien(ne)
dairy products produits (*m pl*) laitiers
damage dommage *m*; dégâts *m pl*
dance danse *f*; **to dance** danser
dancer danseur/danseuse *m, f*
dangerous dangereux/dangereuse
dark sombre
data bank banque (*f*) de données
date (*calendar*) date *f*; (*social engagement; appointment*) rendez-vous *m*; **to date (from)** dater (de)
daughter fille *f*
day jour *m*; journée *f*; **Have a good day!** Bonne journée !; **day before yesterday** avant-hier
day-care center crèche *f*
dead mort(e)
death mort *f*
decaffeinated décaféiné(e)
deceased décédé(e)
December décembre *m*
to decide décider
decor décor *m*
to decorate décorer, orner
decorative décoratif/décorative
to dedicate consacrer
defeated vaincu(e)
to degrade dégrader; se dégrader
delay retard *m*
delegate député *m*
delicate délicat(e)
delicatessen charcuterie *f*
delicious délicieux/délicieuse
delinquency délinquance *f*
delivered livré(e)
demanding exigeant(e)
dentist dentiste *m, f*; **at the dentist's office** chez le dentiste
department (*of a store*) rayon *m*; **department store** grand magasin *m*
to depend (on) dépendre (de)
depression dépression *f*
to describe décrire
description description *f*
desert désert *m*; **desert-like** désertique
to deserve mériter
to designate désigner
desirable souhaitable
to desire désirer
desk bureau *m*
dessert dessert *m*
detail détail *m*
detergent lessive *f*
detour détour *m*
devalued dévalué(e)
development développement *m*

to devote dévouer, vouer; **to devote oneself (to)** se vouer (à)
dialect dialecte *m*
diarrhea diarrhée *f*
to die mourir
diet régime *m*; **to be on a diet** être au régime
difference différence *f*
difficult difficile
difficulty difficulté *f*
digestion digestion *f*
to diminish diminuer
to dine dîner
dining room salle (*f*) à manger
dinner dîner *m*; **to eat dinner** dîner
diploma diplôme *m*
diplomacy diplomatie *f*
diplomat diplomate *m, f*
to direct diriger
direction sens *m*
directive directive *f*
director directeur/directrice *m, f*
dirty sale
disadvantage inconvénient *m*
to disagree ne pas être d'accord
disagreement dispute *f*
disappearance disparition *f*
disaster désastre *m*
discothèque discothèque *f*
to discourage décourager
to discover découvrir
to discuss discuter
discussion discussion *f*
dish plat *m*; **baking dish** plat à four; **dishes** vaisselle *f*; **main dish** plat principal
dishwasher lave-vaisselle *m*, machine *f* à laver la vaisselle
disintegration dissolution *f*
to dislike détester, ne pas aimer
disorder désordre *m*; **in disorder** en désordre
diskette (*computer*) disquette *f*
distant éloigné(e)
to distinguish différencier
distressing pénible
distribution distribution *f*
to disturb déranger
ditto idem
to divide diviser
divorce divorce *m*; **to divorce** divorcer
divorced divorcé(e)
to do faire; **to do homework** faire ses devoirs; **to do housework** faire le ménage; **to do odd jobs around the house** bricoler; **to do the cooking** faire la cuisine; **to do the dishes** faire la vaisselle; **to do the laundry** faire la lessive
do-it-yourself bricolage *f*
doctor médecin *m*; **woman doctor** femme (*f*) médecin; **at the doctor's office** chez le médecin
doctorate (Ph.D.) doctorat *m*
dog chien *m*, chienne *f*

doll poupée *f*
domain domaine *m*
domestic domestique
to dominate dominer
door porte *f*
dormitory dortoir *m*; résidence (*f*) universitaire
to doubt douter
downtown (au) centre ville *m*
dozen douzaine *f*
drama art (*m*) dramatique
dramatic dramatique
drawing dessin *m*
dress robe *f*; **to dress (oneself)** s'habiller
dressed habillé(e)
dresser commode *f*
drilling forage *m*
drink boisson *f*; **drink made of white wine and crème de cassis** kir *m*; **to drink** boire
to drive conduire
driver conducteur/conductrice *m, f*; chauffeur
drought sécheresse *f*
drug drogue *f*; **drug addict** toxicomane *m, f*; **drug addiction** toxicomanie *f*
drugstore pharmacie *f*
dry sec/sèche; **to dry** sécher
duck canard *m*
duke duc *m*
duration durée *f*
during pendant
dust poussière *f*; **to dust** enlever la poussière
dwelling habitation *f*
dyeing (*hair*) coloration *f*
dysentery dysenterie *f*
each chaque; **each one** chacun(e)
ear oreille *f*
early tôt; de bonne heure
to earn gagner
earthquake tremblement (*m*) de terre
east est *m*
Easter Pâques *f pl*
easy chair fauteuil *m*
to eat manger
ecology écologie *f*
economic (*problem*) économique
economical économique
economics sciences (*f pl*) économiques
edge bord *m*
to educate éduquer
education education *f*, formation *f*
egg œuf *m*
Egypt Égypte *f*
Egyptian égyptien(ne)
eight huit
eighteen dix-huit
eighth huitième
eighty (*France*) quatre-vingts; (*Belgium*) octante; (*Switzerland*) huitante
either ou

to elect élire
electrician électricien *m*
element élément *m*
elevator ascenseur *m*
eleven onze
elsewhere ailleurs
e-mail courrier (*m*) électronique
to embrace embrasser
empire empire *m*
employee salarié(e); employé(e)
employer employeur *m*
empty vide
to encourage encourager
end fin *f*
energy énergie *f*
engineer ingénieur *m*
engineering studies études (*f*) d'ingénieur
English anglais(e); **English Channel** Manche *f*
enigmatic énigmatique
to enjoy oneself se distraire, s'amuser
enormous énorme
enormously énormément
enough assez (de)
to enter entrer
enterprise entreprise *f*
entertaining amusant(e)
enthusiastic enthousiaste
entirely tout à fait
entrance entrée *f*; **entrance hall** hall (d'entrée) *m*
environment milieu *m*, environnement *m*
equal égal(e)
equality égalité *f*
equipment équipement *m*
eraser (*for pen or pencil*) gomme *f*
errand course *f*; **to run errands** faire les courses, (*Quebec*) magasiner
error erreur *f*
especially surtout
essential essentiel(le)
to establish établir
establishment établissement *m*
ethnic ethnique
Europe Europe *f*
European européen(ne)
eve veille *f*; **Christmas Eve** la veille de Noël
evening soir *m*; **Good evening!** Bonsoir !; **Have a nice evening!** Bonne soirée !
event événement *m*
every day tous les jours *m pl*
everyone tout le monde
evil mal *m*
to evoke évoquer
to evolve évoluer
exactness exactitude *f*
to exaggerate exagérer
example exemple *m*; **for example** par exemple
exceptional exceptionnel(le)
exciting passionnant(e)
to exclaim crier; s'écrier

excluded exclu(e)
exclusion exclusion *f*
excursion excursion *f*
excuse excuse *f*; **to excuse** excuser
executive cadre (*m*) supérieur, directeur/directrice *m, f*
exhibition exposition *f*
exit sortie *f*; **to exit** sortir
expedition expédition *f*
expenses frais *m pl*
expensive cher/chère; **It's too expensive!** C'est trop cher !
experience expérience *f*
experienced expérimenté(e)
expression expression *f*
exterior extérieur *m*
extinction extinction *f*
extroverted extraverti(e)
eye œil *m* (*pl* yeux)
fabric tissu *m*
facade façade *f*
face visage *m*
factory usine *f*
to fail rater, échouer (à); **to fail an exam** rater un examen, échouer à un examen
faith foi *f*
fall chute *f*; **to fall** tomber; **to fall asleep** s'endormir
false faux/fausse
familiarly familièrement
family famille *f*; familiale *adj*; **family member** membre (*m*) de la famille; **large family** famille nombreuse; **blended family** famille mosaïque
famous célèbre, illustre
fan supporter *m*
fantastic fantastique; (*whimsical*) fantaisiste
far (from) loin (de)
farmer agriculteur/agricultrice *m, f*, cultivateur/cultivatrice *m, f*
fashion mode *f*
fast food fast-food *m*
fat gros(se); (*in food labeling*) matière (*f*) grasse
father père *m*; **father-in-law** beau-père *m*; **Father's Day** fête (*f*) des pères
fatigue fatigue *f*
fatty (*culinary*) gras(se)
favorite favori(te), préféré(e)
fax fax *m*, télécopie *f*; **to send a fax** envoyer un fax, une télécopie
fear peur *f*; crainte *f*
February février *m*
to feed nourrir
to feel sentir, se sentir; **to feel sad** se sentir triste; **to feel sick** se sentir malade
feeling sentiment *m*
felt-tip pen crayon-feutre *m*, feutre *m*
fertile fertile
festival festival *m*, (*pl* festivals)
few peu; **a few** quelques
fiancé, fiancée fiancé(e) *m, f*

fifteen quinze
fifth cinquième
fifty cinquante
to fight se battre
to fill (in; out) remplir
film film *m*; (*photo*) pellicule, *f*; **filmmaker** cinéaste *m, f*
final (*of sporting event*) finale *f*
finally finalement
financial financier/financière
financier financier *m*
to find trouver
fine arts beaux-arts *m pl*
finger doigt *m*
to finish finir; terminer
fire feu *m*
firefighter pompier *m*
fireplace cheminée *f*
fireworks feux (*m pl*) d'artifice
first premier/première; **at first** d'abord; au commencement
fish poisson *m*; **fish store** poissonnerie *f*
fishing pêche *f*; **to go fishing** aller à la pêche
five cinq
flag drapeau *m*
flavor (*of ice cream, etc.*) parfum *m*
flight vol *m*
flood inondation *f*
floor plancher *m*; (*of a building*) étage *m*; **What floor do you live on?** À quel étage habitez-vous ? **wooden floor** parquet *m*
florist fleuriste *m, f*
flower fleur *f*
foliage feuillage *m*
to follow suivre
following suivant(e)
food nourriture *f*
foodstuff aliment *m*
foot pied *m*; **on foot, by foot** à pied
football football américain *m*
for pour; **for example** par exemple
forehead front *m*
foreign étranger/étrangère
foreigner étranger/étrangère *m, f*
to foresee prévoir
to forget oublier
fork fourchette *f*
form (*to be filled out*) formulaire *m*; *f* **to form** former
fort château (*m*) fort
fortified (*town, etc.*) fortifié(e)
fortress citadelle *f*; (*stronghold*) forteresse *f*
fortunately heureusement
forty quarante
to found fonder
foundation fondation *f*
founded fondé(e)
fountain fontaine *f*
four quatre
fourteen quatorze
fourth quatrième
franc (*currency*) franc *m*

frank franc(he); **to be frank** être franc(he)

frankly franchement

free gratuit (*at no cost*); libre; **free time** temps (*m*) libre

freedom liberté *f*

French français(e); **french fry** frite *f*; **French-speaking** francophone

frequency fréquence *f*

frequently fréquemment

fresh frais/fraîche

Friday vendredi *m*

fried frit(e)

friend ami(e) *m, f*; camarade *m, f*; copain/copine *m, f* (*fam*)

from de; **from now on, from then on** désormais; **from time to time** de temps en temps

fruit fruit *m*

full-time (*employment*) à plein temps

fun amusant(e); **to have fun** s'amuser

funny amusant(e), drôle

furious furieux/furieuse

furnished (*apartment, room*) meublé(e)

furniture meubles *m pl*; **piece of furniture** meuble *m*

further plus loin

future futur(e); avenir *m*

game jeu *m*; match *m*

garage garage *m*

garden jardin; **to garden** faire du jardinage

garlic ail *m*; **clove of garlic** gousse (*f*) d'ail

garnished garni(e)

gas gaz *m*; **gas for lighting** gaz d'éclairage; **gasoline** (*cars*) essence *f*

to gather rassembler

general général; **in general** en général

generally généralement

generous généreux/généreuse

gently doucement

geography géographie *f*

geology géologie *f*

German allemand(e)

Germany Allemagne *f*

to get recevoir, obtenir

gift cadeau(x) *m*

to give donner; **to give back** rendre; **to give back change** (*money*) rendre la monnaie; **to give directions** indiquer le chemin; **to give a gift** offrir un cadeau

glad content(e)

gladly volontiers

glass verre *m*

gloves gants *m pl*

to go aller; **to go back** retourner; **to go camping** faire du camping; **to go down** descendre; **to go home** rentrer; **to go in** entrer dans; **to go out (of)** sortir (de); **to go out (with)** sortir (avec); **to go shopping** faire des achats; **to go skiing** faire du ski; **to go to bed** se coucher; **to go to the doctor** aller chez le médecin; **to go up** monter

goal but *m*; (*soccer*) but; **to score a goal** marquer un but

goat chèvre *f*

godfather parrain *m*

godparents le parrain et la marraine

good bon(ne); **Good luck!** Bonne chance !; **Good night!** Bonne nuit !; **The weather's good.** Il fait beau.

good-bye au revoir *m*

goodness bien *m*; bonté *f*

government gouvernement *m*

grade note *f*

gram gramme *m*

grandchild petit-enfant *m*

grandchildren petits-enfants *m pl*

granddaughter petite-fille *f*

grandfather grand-père *m*

grandma mamie *f*

grandmother grand-mère *f*

grandpa papy *m*

grandparents grands-parents *m pl*

grandson petit-fils *m*

grapefruit pamplemousse *m*

grass herbe *f*

gray gris(e)

great chouette, fantastique, génial, super

Greece Grèce *f*

Greek grec(que)

green vert(e); **green beans** haricots (*m pl*) verts; **green space** verdure *f*

to greet accueillir

greeting card carte (*f*) de vœux

ground floor rez-de-chaussée *m*

group groupe *m*

guardian gardien/gardienne *m, f*

to guess deviner

guest invité(e) *m, f*

guidance counselor conseiller (*m*) d'orientation

guide guide *m*

guided guidé(e)

gymnasium gymnase *m*

hair cheveux *m pl*; **I have blond hair.** Je suis blond(e), j'ai les cheveux blonds.; **to fix one's hair** se coiffer

hairdresser coiffeur/coiffeuse *m, f*

hairstyle coiffure *f*

half moitié *f*; demi(e); **half-brother** demi-frère *m*; **half-sister** demi-sœur *f*

hallway couloir *m*

ham jambon *m*

hamburger hamburger *m*; **hamburger (ground) meat** viande (*f*) hâchée

hand main *f*

handbag sac (*m*) à main

handball hand-ball *m*

handkerchief mouchoir *m*

handsome beau (bel, belle [beaux, belles])

hang-glider deltaplane *m*; **to go hang-gliding** faire du deltaplane

happy heureux/heureuse

hard dur(e)

hardworking travailleur/travailleuse

harmony harmonie *f*

hat chapeau *m*

hate, hatred haine *f*

to have avoir; **to have a cold** avoir un rhume; **to have a fever** avoir de la fièvre; **Have a good day!** Bonne journée !; **Have a good evening!** Bonne soirée !; **to have a headache** avoir mal à la tête; **to have a heart attack** avoir une crise cardiaque; **to have an appointment** avoir un rendez-vous; **to have a stomach ache** avoir mal au ventre; **to have brown (black, blond, red, gray, white) hair** avoir les cheveux bruns (noirs, blonds, roux, gris, blancs); **to have dinner** dîner; **to have free time** avoir du temps libre; **to have fun** s'amuser; **to have green (blue, brown, black, hazel) eyes** avoir les yeux verts (bleus, marron, noirs, noisette); **to have the flu** avoir la grippe; **to have to** devoir

haven havre *m*

hazelnut noisette *f*

he il

head tête *f*; (*of a company*) chef *m*

headquarters (*of a company*) siège *m*

to heal guérir

health santé *f*; **health insurance** assurance (*f*) maladie; **To your health!** (*a toast*) À votre santé !

healthy sain(e)

to hear entendre

heart cœur *m*; **to have a heart attack** avoir une crise cardiaque

heat chaleur *f*; **to heat** chauffer; **heating system** chauffage *m*

heavy (*objects*) lourd(e)

heel talon *m*

hello bonjour (*during the day*); bonsoir (*in the evening*)

to help aider

herbal tea tisane *f*

herbs (*used for seasoning*) fines herbes *f pl*

here ici; **here is/are** voici

Hi! Salut !

to hide cacher

high élevé(e) (*interest rates, etc.*); haut(e) (*trees, buildings*); **high-level manager** cadre (*m*) supérieur; **high-speed train** TGV *m*

highway autoroute *f*

hike randonnée *f*; **to hike** faire une randonnée

hill colline *f*

him, to him lui

to hire embaucher

historical historique

history histoire *f*

to hitchhike faire de l'auto-stop

hitchhiking auto-stop *m*

hockey hockey *m*; **ice hockey** hockey sur glace
to hold tenir
holiday fête *f*; jour (*m*) de fête; (*from work*) jour (*m*) de congé
home maison *f*; **to be home** être à la maison
homeless person sans domicile fixe (SDF) *m, f*
homework devoirs *m pl*
hope espoir *m*; **to hope** espérer
hors d'œuvres hors-d'œuvre *m inv*
horseback riding équitation *f*
hospital hôpital *m*
host hôte *m*
hostess hôtesse *f*
hot chaud(e); **to be hot** (*a person*) avoir chaud; **to be hot** (*weather*) faire chaud; **hot chocolate** chocolat (*m*) chaud
hotel hôtel *m*; **hotel business** hôtellerie *f*; **hotel keeper** hôtelier/hôtelière *m, f*
hour heure *f*
house maison *f*
household ménage *m*; **household appliance** appareil-ménager *m*
housework ménage *m*; **to do housework** faire le ménage
housing logement *m*; **food and housing** hébergement *m*
how comment; **How are you?** Comment allez-vous ? Comment vas-tu ?; **how much, how many** combien (de); **How old are you?** Quel âge avez-vous/as-tu ?
however cependant
to hug embrasser
humanities lettres *f pl*
humble humble
hunger faim *f*; **to be hungry** avoir faim
hunting chasse *f*
hurricane ouragan *m*
to hurry se dépêcher
to hurt oneself se faire mal, se blesser
husband mari *m*
hydrogen peroxide eau (*f*) oxygénée
hygiene hygiène *f*
I'm fine ça va bien; je vais bien
ice glace *f*; **ice cream** glace *f*; **ice cube** glaçon *m*; **ice skating rink** patinoire *f*
ideal idéal *m*; idéal(e) *adj*
idealist idéaliste *f*
to identify identifier
if si
illness maladie *f*
to illustrate illustrer
immigrant immigré(e) *m, f*; **illegal immigrant** immigré(e) clandestin(e)
imperative impératif/impérative
important important(e)
to impose imposer
impressionist impressionniste *m, f*
in à, en, dans; **in a good/bad mood**

de bonne/mauvaise humeur; **in cash** en espèces; **in charge of** chargé de; **in front of** devant; **in general** en général; **in my opinion** à mon avis, d'après moi; **in the back (rear)** à l'arrière; **in the country** à la campagne; **in the French manner** à la française; **in the suburbs** en banlieue
to include inclure
incompetent incompétent(e)
incomplete incomplet/incomplète
increase augmentation *f*; **to increase** augmenter
incredulous incrédule
indefinite indéfini(e)
to indicate indiquer
indispensable indispensable
individual individu *m*; individuel(le)
industrial industriel(le)
industrialized industrialisé(e)
industry industrie *f*
inflexible inflexible
information renseignements *m pl*; **piece of information** renseignement *m*
inhospitable inhospitalier/inhospitalière
to injure blesser; **to injure oneself** se blesser, se faire mal
injury blessure *f*
inspired inspiré(e)
insufficient insuffisant(e)
insurance assurance *f*; **health insurance** assurance maladie
insured assuré(e)
intellectual intellectuel(le)
intelligent intelligent(e)
intensive intensif/intensive
interest intérêt *m*; **to interest in** intéresser; **to be interested in** s'intéresser à
interesting intéressant(e)
interior intérieur *m*
intern stagiaire *m, f*
internal intérieur(e)
international international(e); **International Monetary Fund (IMF)** Fonds (*m*) monétaire international (FMI)
Internet internet *m*
internship stage *m*
intersection carrefour *m*
interview entretien *m*, interview *f*; **job interview** entretien d'embauche
intolerance intolérance *f*
to introduce (*a person*) présenter; (*a subject, a topic*) introduire; **let me introduce you to . . .** je vous (te) présente...
invention invention *f*
investment investissement *m*
to invite inviter
iron (*for ironing*) fer (*m*) à repasser; (*mineral, metal*) fer *m*; **to iron** repasser

ironing repassage *m*
irritation énervement *m*, irritation *f*
island île *f*
isolated isolé(e); enclavé(e)
Israel Israël *m*
Israeli israélien(ne)
it is c'est...; **It is better that _____.** Il vaut mieux que _____.; **It is incredible (fantastic)!** C'est incroyable !; **It is necessary _____.** Il faut _____.; **It is three o'clock.** Il est trois heures.
Italian italien(ne)
Italy Italie *f*
itinerary itinéraire *m*
jacket (*with lapels*) veste *f*; (*outside wear*) blouson *m*, jacket *m*
jam confiture *f*
January janvier *m*
Japan Japon *m*
Japanese japonais(e)
jar pot *m*
jazz jazz *m*
jealous jaloux/jalouse
jeans jean *m*
job emploi *m*; poste *m*; travail *m*; boulot *m* (*fam*); **job applicant** candidat(e) *m, f*; **job interview** entretien (*m*) d'embauche
journalist journaliste *m, f*
joyful joyeux/joyeuse
judicial juridique
judo judo *m*
juice jus *m*; **orange juice** jus d'orange; **fruit juice** jus de fruits
July juillet *m*
June juin *m*
just juste; **to have just (done something)** venir de (+ *infinitive*)
to justify justifier
to keep garder; **to keep oneself up to date** se tenir au courant
ketchup (catsup) ketchup *m*
key clé *f*
kilogram kilogramme (kilo) *m*
kind espèce *f*; genre *m*; sorte *f*; (*character trait*) aimable, bon(ne)
kiss bise *f* (*fam*); **to kiss** embrasser
kitchen cuisine *f*
knife couteau *m* (*pl* couteaux)
knot nœud *m*
to know (*a thing*) savoir; (*a person*) connaître; **to know how to do something** savoir (+ *infinitive*)
knowledge connaissance *f*
label étiquette *f*
Labor Day fête (*f*) du travail
laboratory laboratoire *m*; **lab** labo *m* (*fam*); **language laboratory** laboratoire (*m*) de langues
lack manque *m*; **lack of power** impuissance *f*; **to lack** manquer; manquer (de)
lake lac *m*
lamb agneau *m*; **leg of lamb** gigot *m*
landscape paysage *m*

language   langue *f*; **foreign language**
   langue étrangère; **language laboratory**
   laboratoire (*m*) de langues
last   dernier/dernière; **last week**   la
   semaine dernière; **last month**   le
   mois dernier; **last year**   l'an dernier,
   l'année dernière
late   tard
latest   dernier/dernière
Latin   latin *m*; **Latin Quarter**   Quartie
   (*m*) latin
laundry   linge *m*; **laundry room**
   buanderie *f*; **to do the laundry**   faire
   la lessive
lawyer   avocat(e) *m, f*
layer   couche *f*
lazy   paresseux/paresseuse
leaf   feuille *f*
to learn   apprendre
leather   cuir *m*
to leave   partir; quitter (*place or
   person*); **to leave** (*thing, place*)
   behind   laisser
lecture   conférence *f*; **lecture course**
   cours (*m*) magistral; **lecture hall**
   amphithéâtre *m*
leek   poireau *m*
left   gauche *f*; **on the left**   à gauche
leg   jambe *f* (*person*), patte *f* (*animal*),
   pied *m* (*table*)
leisure-time activities   loisirs *m pl*
lemon   citron *m*
lemonade   citron (*m*) pressé
to lend   prêter
lentil   lentille *f*
less   moins; **less than**   moins que;
   moins de (+ *a number*)
lesson   leçon *f*
letter   lettre *f*; **to send a letter**
   envoyer une lettre
lettuce   laitue *f*
level   niveau *m*
liberation   libération *f*
liberty   liberté *f*
librarian   bibliothécaire *m, f*
library   bibliothèque *f*
life   vie *f*
to lift   lever
light   lumière *f*; **light brown** (*hair*)
   châtain clair
lighter (*for cigarettes*)   briquet *m*
to like   aimer (bien)
limit   limite *f*
link   lien *m*; **to link**   relier
lip   lèvre *f*
list   liste *f*
to listen   écouter; **to listen to music**
   écouter de la musique
literary   littéraire
literature   littérature *f*
little   petit(e); **little girl**   fillette *f*
to live (*reside*)   habiter; vivre; (*to be
   alive*) vivre
lively   animé(e)
living room   salle (*f*) de séjour; salon *m*
to loan   prêter

logical   logique
lonely   seul(e)
long   long(ue)
look: to look (at)   regarder; **to look
   (for)**   chercher
loop   boucle *f*
loose-leaf notebook   classeur *m*
to lose   perdre; **to lose weight**   maigrir
loud (*voice, sound*)   fort(e)
loudly   fort
love   amour *m*; **to love**   aimer, adorer;
   to fall in love   tomber
   amoureux/amoureuse (de)
low   bas(se)
loyalty   loyauté *f*
luck   chance *f*; **to be lucky**   avoir de la
   chance
lunch   déjeuner *m*; **to eat lunch**
   déjeuner
luxurious   luxueux/luxueuse
machine   machine *f*
magazine   magazine *m*
to mail (*a letter*)   poster une lettre;
   mail carrier   facteur *m*
major (*in college*)   spécialisation *f*
majority   majorité, la plupart de
to make   faire; **to make better**
   améliorer; **to make the bed**   faire
   son lit
male   mâle *m*
mall   centre (*m*) commercial
malnutrition   malnutrition *f*
man   homme *m*
management   gestion *f*; **middle
   management**   cadres (*m pl*) moyens
manager   directeur/directrice *m, f*;
   cadre *m*
manicure; manicurist   manucure *m, f*
manifesto   manifeste *m*
mansion   château *m* (*pl* châteaux)
manual (*labor*)   manuel(le)
to manufacture   fabriquer
manufacturer   fabricant *m*
many   beaucoup (de); plein (de) (*fam*);
   too many   trop (de)
March   mars *m*
market   marché *m*
marketing   marketing *m*
marriage   mariage *m*
married   marié(e)
to marry, to get married   se marier
   (avec)
mass (*religious service*)   messe *f*
master's degree   maîtrise *f*
maternal   maternel(le)
mathematics   mathématiques (maths)
   f pl
May   mai *m*
mayonnaise   mayonnaise *f*
mayor   maire *m*
meal   repas *m*
to mean   signifier; vouloir dire
meaning   signification *f*
means   moyen *m*; **means of transportation**   moyen de transport
to measure   mesurer

meat   viande *f*
mechanical   mécanique
media center   médiathèque *f*
medical school   faculté (*f*) de
   médecine
medicine   médicament *m*; (*science,
   profession*) médecine *f*
to meet (*first time*)   faire la connaissance de; (*planned*) retrouver
meeting   réunion *f*
melon   melon *m*
member   membre *m*
memory   souvenir *m*; **childhood
   memories**   souvenirs d'enfance
mentality   mentalité *f*
to mention   mentionner
menu   carte *f*
merchandise   marchandise *f*
merchant   commerçant *m*
meter   mètre *m*
metric   métrique
metro station   station (*f*) de métro
microwave oven   four (*m*) à micro-
   ondes
middle   milieu *m*; **in the middle of**
   au milieu de; **middle class**
   bourgeoisie *f*; classe (*f*) moyenne;
   middle school   collège (*m*)
   d'enseignement secondaire
midnight   minuit *m*; **half past
   midnight**   minuit et demi
military   militaire; **someone in the
   military**   militaire *m*
milk   lait *m*
minister (*in the government*)   ministre
   m; (*religion*) pasteur *m, f*
mint   menthe *f*
minute   minute *f*
Miss   Mademoiselle *f*
to miss   manquer
mistake   faute *f*; **to make a mistake**
   se tromper
mixed salad   salade (*f*) composée
   (mixte)
mobility   mobilité *f*
model   modèle *m*; **fashion model**
   mannequin *m*
moderate   modéré(e)
modern   moderne; **modern
   languages**   langues (*f*) vivantes
modernization   modernisation *f*
modest   modeste
to modify   modifier
mom, mommy   maman *f*
Monday   lundi *m*
money   argent *m*
monotone   monotone
month   mois *m*; **months of the
   year**   mois de l'année; **per month**
   par mois
monthly   mensuel(le)
mood   humeur *f*; **to be in a good/bad
   mood**   être de bonne/mauvaise
   humeur
more   plus; **more than**   plus de (+ *a
   number*); plus que

morning matin *m*; **good morning** bonjour

Morocco Maroc *m*

Moroccan marocain(e)

mosaic mosaïque *f*

Moslem musulman(e)

mosque mosquée *f*

most (of) la plupart (de) *f*

mother mère *f*; **mother-in-law** belle-mère *f*; **Mother's Day** fête (*f*) des mères; **single mother** mère célibataire

motivated motivé(e)

motto devise *f*

mountain montagne *f*; **mountain bike** VTT (vélo tout-terrain) *m*

mountainous montagneux/ montagneuse

mouse souris *f*

mouth bouche *f*

to move (*change place of residence*) déménager

movie film *m*; **movie star** vedette *f*; **movie theater** cinéma *m*

Mrs. (Ma'am) Madame *f*

much beaucoup; **Thank you very much!** Merci beaucoup !; **too much** trop (de)

museum musée *m*

mushroom champignon *m*

music musique *f*; **music store** magasin (*m*) de musique

musician musicien(ne) *m, f*

mustard moutarde *f*

mystery mystère *m*; (*book*) roman (*m*) policier

naïve naïf/naïve

name nom *m*; **My name is _____.** Je m'appelle _____.; **to name** (*appoint*) nommer

napkin serviette *f*

narrow étroit(e)

national holiday fête (*f*) nationale

nationality nationalité *f*

native language langue (*f*) maternelle

natural science sciences (*f pl*) naturelles

near près (de)

nearby à proximité (de)

nearly presque

necessity nécessité *f*

neck cou *m*

need besoin *m*; **to need** avoir besoin de

neighborhood quartier *m*

neoclassic néoclassique

neoclassicism néoclassicisme *m*

nephew neveu *m*

nest nid *m*

neutral neutre

never jamais; ne... jamais

new nouveau (nouvel, nouvelle [nouveaux, nouvelles])/**New Year's Eve** la Saint Sylvestre; **New Year's Day** le Nouvel An

newborn nouveau-né *m*

newspaper journal *m* (*pl* journaux)

next prochain(e); **next month** le mois prochain; **next to** à côté de; **next week** la semaine prochaine

nice agréable, gentil(le), sympathique (sympa *fam, inv*)

Nigerian nigérien(ne)

night nuit (*f*); **Good night!** Bonne nuit ! *f*; **night clerk** veilleur (*m*) de nuit

nightmare cauchemar *m*

nine neuf

nineteen dix-neuf

ninety (*France*) quatre-vingt-dix; (*Switzerland/Belgium*) nonante

ninth neuvième

no non; **no longer** ne... plus; **no one** ne... personne

noise bruit *m*

noisy bruyant(e)

nonalcoholic non-alcoolisé(e)

noon midi *m*; **half-past noon** midi et demi

normally normalement

north nord *m*

northwest nord-ouest *m*

nose nez *m*; **nose drops** gouttes (*f*) pour le nez

nostalgia nostalgie *f*

nostalgic nostalgique

not ne... pas; **not yet** ne... pas encore

to note noter

notebook cahier *m*; **loose-leaf notebook** classeur *m*

nothing rien; ne... rien

to notice remarquer

nourishing nourrissant(e)

novel roman *m*

novelist romancier/romancière *m, f*

November novembre *m*

now maintenant

number (*symbol*) chiffre *m*; nombre *m*; **telephone number** numéro (*m*) de téléphone

numerous nombreux/nombreuse

nun religieuse *f*

nurse infirmier/infirmière *m, f*

nursery school maternelle (école maternelle) *f*

nut (*walnut*) noix *f*

oak (*tree*) chêne *m*

object objet *m*

to obtain obtenir

obvious manifeste, évident

occupation occupation *f*

to occupy occuper

October octobre *m*

odd jobs petits boulots *m pl*

odor odeur *f*

of course! bien sûr !

offer offre *f*; **job offer** offre d'emploi; **to offer** offrir

office bureau *m* (*pl* bureaux)

officer officier *m*

officially officiellement

often souvent

oil huile *f*; **olive oil** huile d'olive

ointment pommade *f*

old vieux (vieil, vieille); **oldest child** aîné(e) *m, f*

omelette omelette *f*

on sur; **on the edge of** à la limite de; **on the left** à gauche; **on the right** à droite; **on time** à l'heure

once more encore une fois

one un(e); **one (people, you, they, we)** on; **one hundred** cent; **one way** sens (*m*) unique

onion oignon *m*

only seul(e); seulement

open ouvert(e); **to open** ouvrir

opera opéra *m*

opinion avis *m*; **in my opinion** à mon avis

optician opticien(ne) *m, f*

optimist optimiste *m, f*

optimistic optimiste

option option *f*

or ou

orange (*color*) orange *inv*; (*fruit*) orange *f*

order ordre *m*; (*merchandise*) commande *f*; **to order** (*in a restaurant*) commander; **to order merchandise** passer une commande; **to put in order** ranger

organization association *f*

organized organisé(e)

origin origine *f*

other autre

otherwise sinon

out: to go out sortir

outgoing extraverti(e)

outside dehors; **outside (of)** en dehors de

outskirts environs *m pl*

oven four *m*

overdevelopment surdéveloppement *m*

to overflow regorger

overpopulated surpeuplé(e)

overpopulation surpeuplement *m*

overtime heures (*f pl*) supplémentaires

package paquet *m*; colis *m*

page page *f*; **blank page** page blanche

paid payé(e); **paid work** travail (*m*) rémunéré

to paint peindre

painter peintre *m*

painting peinture *f*; tableau *m*

palace palais *m*

pants pantalon *m*

pantyhose collant *m*

paper papier *m*; **sheet of paper** feuille (*f*) de papier; **term paper** dissertation *f*

parade défilé *m*

paragliding parapente *m*; **to go paragliding** faire du parapente

parasite parasite *m*

parent parent *m*

Parisian Parisien(ne) *m, f*

park parc *m*; **to park a car** garer/stationner une voiture

parka anorak *m*

parking lot parking *m*

parsley persil *m*

part partie *f*; **parts of the body** parties du corps

part-time (*employment*) à temps partiel, à mi-temps

to participate participer; **to participate in sports** faire du sport

partner partenaire *m, f*

party fête *f*; **formal evening party** soirée *f*; (*political*) parti *m*; **to party** faire la fête

to pass (by) passer; **to pass an exam/a test** réussir à un examen

passage passage *m*

passerby passant(e) *m, f*

passport passeport *m*

pasta pâtes *f pl*

pastry pâtisserie *f*; **pastry shop** pâtisserie

patchwork quilt patchwork *m*

paté pâté *m*

paternal paternel(le)

patience patience *f*

patient patient(e)

patiently patiemment

patriot patriote *m*

patriotic patriotique

pause pause *f*

to pay payer; **pay stub** fiche (*f*) de paye; **to pay attention** faire attention; **to pay with a credit card** payer avec une carte de crédit; **to pay** (*a bill*) régler

peace paix *f*

peaceful paisible

peach pêche *f*

peas petits pois *m pl*

pedestrian piéton(ne); **pedestrian street** rue (*f*) piétonne

pediatric pédiatrique

to peel éplucher (*vegetables, fruit*)

pen stylo *m*; **ballpoint pen** bic *m*; **felt-tip pen** crayon-feutre *m*

pencil crayon *m*

people gens *m pl*; on *pron*

pepper (*spice*) poivre *m*; (*vegetable*) poivron *m*; **red/green pepper** poivron rouge/vert; **to pepper** poivrer

per par; **per day (week, month, year, etc.)** par jour (semaine, mois, an, etc.)

percent; pour cent; **percentage** pourcentage *m*

perfect parfait(e)

perfume parfum *m*; **perfume store** parfumerie *f*

perhaps peut-être

permanent permanent(e)

to permit permettre

to perpetuate perpétuer

person personne *f*; **homeless person** sans domicile fixe (SDF) *m*; **unemployed person** chômeur/chômeuse *m, f*; **sick person** malade *m, f*

personality personnalité *f*

pessimistic pessimiste

pessimist pessimiste *m,f*

pharmacy pharmacie *f*

philosophy philosophie *f*; philo *fam*

phone téléphone *m*; **to phone** téléphoner; **telephone call** coup (*m*) de téléphone; **prepaid phone card** télécarte *f*

photo photo *f*; **to take a photo** prendre une photo

physical education éducation (*f*) physique

physicist physicien(ne) *m, f*

physics physique *f*

piano piano *m*; **to play the piano** jouer du piano

pickle cornichon *m*

picnic pique-nique *m*; **to go on a picnic** faire un pique-nique

picture tableau *m*; image *f*

picturesque pittoresque

pie tarte *f*

piece morceau *m*

pig cochon *m*

pineapple ananas *m*

ping-pong ping-pong *m*, tennis (*m*) de table

pitcher carafe *f*

pizza pizza *f*

pizzeria pizzeria *f*

place lieu *m*; endroit *m*; **to place** poser; mettre

planned prévu(e)

plant plante *f*

plate assiette *f*

platform quai *m*

to play jouer; (*a game*) jouer à; (*an instrument*) jouer de; **to play soccer** jouer au football; **to play sports** faire du sport

player (*of a game or sport*) joueur/joueuse *m, f*

playwright dramaturge *m*

pleasant agréable; aimable

please s'il vous (te) plaît

pleasure plaisir *m*

poet poète *m*

poetry poésie *f*

Poland Pologne *f*

police police *f*; **police officer** policier *m*, agent (*m*) de police

polite poli(e)

politely poliment

political science (*subject*) sciences (*f pl*) politiques

politics politique *f*; **to be involved/active in politics** faire de la politique

polluted pollué(e)

pollution pollution *f*

pool (*swimming*) piscine *f*

poor pauvre

popular populaire

pork porc *m*

portion portion *f*

Portugal Portugal *m*

Portuguese portugais(e)

position (*job*) poste *m*

to possess posséder

possible possible

postage stamp timbre *m*

postal employee postier/postière *m, f*

postcard carte (*f*) postale

poster affiche *f*

post office poste *f*, bureau (*m*) de poste

potato pomme (*f*) de terre; **potato chips** chips *f pl*

poultry volaille *f*

pound livre *f*

to pour verser

poverty pauvreté *f*

power pouvoir *m*; puissance *f*

powerful puissant(e)

practical pratique

to pray prier

preceding précédent

precisely justement

preconceived préconçu(e)

predominant dominant(e)

to prefer préférer

preferred préféré(e)

preliminary préliminaire

to prepare préparer

preposition préposition *f*

prescription ordonnance *f*

present cadeau (x) *m*; (*current*) actuel(le)

presently, at present actuellement

press presse *f*

pressure pression *f*

prestige prestige *m*

prestigious prestigieux/prestigieuse

pretty joli(e)

to prevent empêcher

price prix *m*

priest prêtre *m*

principal principal(e); (*of a school*) directeur/directrice *m, f*

priority priorité *f*

prison prison *f*

private privé(e); particulier/particulière

probably probablement

problem problème *m*

to produce fabriquer

profession profession *f*

professional professionnel(le)

program (*TV, radio*) émission *f*

progressive progressif/progressive

project projet *m*; cité *f*, des HLM *m* (urbanisation)

to promise promettre

proprietor propriétaire *m, f*

prosperous prospère

province province *f*

prudently prudemment

psychiatrist psychiatre *m*

psychology psychologie *f*

public public *m*; public/publique *adj*; **public relations** relations (*f pl*) publiques; **public transportation** transports (*m pl*) en commun

Puerto Rican portoricain(e)

Puerto Rico Porto Rico *m*

puppy chiot *m*

pure pur(e)

purple violet(te)

purse sac (*m*) à main

to put mettre; poser; **to put in order** ranger; **to put on** mettre; **to put on weight** grossir

pajamas pyjama *m*

qualification qualification *f*; (*for a job*) qualités *f pl*

quantity quantité *f*

quarter quart *m*; **It is quarter past six.** Il est six heures et quart.; **It is quarter to seven.** Il est sept heures moins le quart.

question question *f*; interro (*f, fam*)**to ask a question** poser une question

quiz épreuve *f*; interrogation *f*; interro *f* (*fam*)

rabbi rabbin *m*

rabbit lapin *m*

race course *f*

racism racisme *m*

racket raquette *f*; **tennis racket** raquette de tennis

radio radio *f*; **radio station** station (*f*) de radio

radish radis *m*

railroad chemin (*m*) de fer; **railroad track** voie *f*

rain pluie *f*; **to rain** pleuvoir; **it's raining** il pleut

raincoat imperméable *m*

rampart rempart *m*

rapidly rapidement

rarely rarement

raspberry framboise *f*

rather plutôt

raw cru(e); **raw vegetables** crudités *f pl*

to read lire

reading lecture *f*

realistic réaliste

to realize se rendre compte (de)

really vraiment

reasonable raisonnable

receipt reçu *m*

to receive recevoir

receptionist réceptionniste *m, f*

recess récréation *f*

recipe recette *f*

to recognize reconnaître

record disque *m*; **to record** enregistrer

to recycle recycler

recycling recyclage *m*

red rouge; **red light** feu (*m*) rouge; **redheaded** roux/rousse *m, f*

to reduce réduire

reduction réduction *f*

reelected réélu(e)

to refer référer

referee arbitre *m*

reference référence *f*

to reflect réfléchir

refreshing rafraîchissant(e)

refrigerator réfrigérateur *m*

to refuse refuser

region région *f*

regional régional(e)

to regret regretter

regularly régulièrement

reindeer cerf *m*

rejected exclu(e)

related apparenté(e)

relative parent *m*; membre (*m*) de la famille

to relax se détendre

religion religion *f*

to remarry se remarier (avec)

to remember se souvenir (de); se rappeler

renaissance renaissance *f*

renovated rénové(e)

rent loyer *m*; **to rent** louer

to repair réparer

to repeat répéter

to represent représenter

required exigé(e)

to reread relire

research recherche *f*

researcher chercheur/chercheuse *m, f*

to reserve réserver

reserved réservé(e)

residential résidentiel(le)

to rest se reposer

restaurant restaurant *m*; **restaurant bill** addition *f*; **restaurant menu** carte *f*, (prix fixe) menu *m*; **to eat dinner in a restaurant** dîner au restaurant; **to order in a restaurant** commander

restful reposant(e)

restriction restriction *f*

restroom WC *m pl*; toilettes *f pl*

result résultat *m*

résumé CV (curriculum vitae) *m*

to retire prendre sa retraite; **to be retired** être à la retraite; **retired person** retraité(e) *m, f*

retirement retraite *f*

to return retourner; (*to give back*) rendre; **to return home** rentrer à la maison

to reveal révéler

review révision *f*; **to review** réviser

revolt révolte *f*

revolution révolution *f*

rhythm rythme *m*

rice riz *m*

rich riche

right droit *m*; **right** (*side*) droite *f*; **human rights** droits de l'homme; **on the right** à droite; **right away** tout de suite; **to be right** avoir raison

riot émeute *f*

rise montée *f*

risk risque *m*

river rivière *f*; fleuve *m*

road route *f*; **road map** carte *f*

roast rôti *m*; **roast beef** rosbif *m*

rock rocher *m*

rock music musique (*f*) rock

rocket fusée *f*

Roman romain(e)

romantic romantique

roof toit *m*

room salle *f*; (*in a house*) pièce *f*; **dining room** salle à manger; **living room** salle de séjour, salon *m*; **bedroom** chambre *f*

roommate camarade (*m, f*) de chambre

root racine *f*

Roquefort cheese roquefort *m*

round rond(e)

route route *f*

rug tapis *m*

rugby rugby *m*

ruins vestiges *m pl*; ruines *f pl*

rule règle *f*

ruler règle *f*

to run courir; **to run errands** faire les courses; **to run into someone** (*by chance*) rencontrer quelqu'un

rural rural(e)

Russia Russie *f*

Russian russe

rustic rustique

rye seigle *m*; **rye bread** pain (*m*) de seigle

sacrificed sacrifié(e)

sad triste

sail voile *f*; **sailboat** bateau (*m*) à voile; **to go sailing** faire de la voile

salad salade *f*; **green salad** salade verte; **mixed salad** salade mixte, salade composée

salami salami *m*; saucisson (*m*) d'Italie

salary salaire *m*

sale solde *m*; **on sale** en solde

salesclerk vendeur/vendeuse *m, f*

sales representative représentant(e) (*m, f*) commercial(e)

salmon saumon *m*

salt sel *m*; **to salt** saler

salve pommade *f*

sample spécimen *m*; **to sample** (*to taste*) déguster

sand sable *m*

sandal sandale *f*

sandstone grès *m*

sandwich sandwich *m*

satellite satellite *m*

Saturday samedi *m*

sauerkraut choucroute *f*; **sauerkraut with meat** (*usually pork*) choucroute garnie

sausage link saucisse *f*

to savor savourer

to say dire; **to say again** redire; **You don't say!** Dis donc !

schedule emploi (*m*) du temps; horaire *m*; **flexible schedule** horaire souple
school école *f*; **elementary school** école primaire; **law school** faculté (*f*) de droit; **medical school** faculté (*f*) de médecine; **middle school** collège (*m*) d'enseignement secondaire (CES); **school cafeteria** cantine *f*; **school of humanities** faculté des lettres; **secondary school** lycée *m*, école secondaire
schoolboy/girl écolier/écolière *m, f*
schooling scolarité *f*; instruction *f*
science science *f*; **applied science** sciences appliquées; **natural sciences** sciences naturelles; **political science** sciences politiques; **social sciences** sciences humaines
scientific scientifique
scientist scientifique *m, f*
score score *m*
scuba diving plongée (*f*) sous-marine
sculptor sculpteur (*m*)
sculpture sculpture *f*
to search (for) chercher; rechercher
season saison *f*; **to season** (*cooking*) assaisonner
seated assis(e)
second second(e); deuxième
secondary secondaire; **secondary school** lycée *m*; école (*f*) secondaire
secretary secrétaire *m, f*
to see voir; **See you soon!** À bientôt !; **See you tomorrow!** À demain !; **to see again** revoir
to select sélectionner
to sell vendre
selling point attrait *m*
to seem sembler
semester semestre *m*
seminar séminaire *m*
to send envoyer; **to send by airmail** envoyer par avion
sensitive sensible
sentence phrase *f*
September septembre *m*
series série *f*
serious sérieux/sérieuse
seriously sérieusement
to serve servir
set: **to set the table** mettre la table; **to set up an appointment** fixer un rendez-vous
seven sept
seventeen dix-sept
seventh septième
seventy (*France*) soixante-dix; (*Switzerland and Belgium*) septante
several plusieurs
shallot échalote *f*
shame honte *f*
shampoo shampooing *m*
to share partager
shared partagé(e)
to shave (oneself) se raser

she elle
sheet (*of paper*) feuille (*f*) de papier; (*bed*) drap *m*
shelves étagère *f*
shepherd berger/bergère *m, f*
ship navire *m*
shirt chemise *f*
shoe chaussure *f*; **shoe store** magasin (*m*) de chaussures; **sport shoes** baskets *m*; tennis *m*
shop boutique *f*; **to go shopping** (*food*) faire le marché; faire les achats
shopkeeper marchand(e) *m, f*; (*of small store*) petit commerçant *m*
shopping center centre (*m*) commercial
short (*things*) court(e); (*people*) petit(e); **I'm short.** Je suis petit(e).
shorts short *m*
shoulder épaule *f*; **shoulder of a road** bas-côté *m*
show (*performance*) spectacle *m*; **to show** montrer
shower douche *f*; **to take a shower** prendre une douche; (*rain*) averse *f*
shrimp crevette *f*
shutter volet *m*
shy timide
sick malade; **sick person** malade *m, f*; **to get sick** tomber malade
side côté *m*
sidewalk trottoir *m*; **sidewalk sale** braderie *f*
sign panneau *m*; **to sign** signer
silent silencieux/silencieuse
similar semblable; pareil(le)
similarity similarité *f*
simple simple
since depuis; puisque
sincere sincère
to sing chanter
singer chanteur/chanteuse *m, f*
single célibataire
sink (*kitchen*) évier *m*; (*bathroom*) lavabo *m*
sinus infection sinusite *f*
Sir Monsieur *m*
sister sœur *f*; **half-sister, stepsister** demi-sœur *f*; **sister city** ville (*f*) jumelée; **sister-in-law** belle-sœur *f*
site site *m*
to situate situer
situated situé(e)
situation situation *f*
six six
sixteen seize
sixth sixième
sixty soixante
size taille *f*
skating patinage *m*; **figure skating** patinage artistique
ski ski *m*; **cross-country skiing** ski de fond; **downhill skiing** ski alpin; **ski jacket** anorak *m*; **to ski** faire du ski, skier; **waterskiing** ski nautique
skirt jupe *f*

sky ciel *m*
skyscraper gratte-ciel *m inv*
to sleep dormir; faire dodo (*baby talk*); **to go to sleep** s'endormir; **to sleep late** faire la grasse matinée; **sleepwalker** somnambule *m, f*
sleeve manche *f*
sleigh traîneau *m*
slice tranche *f*
slope pente *f*
slowly lentement
small petit(e); **small (bed)room** chambrette *f*; **small café** bistro *m*; **small grocery store** épicerie *f*
to smell sentir
smile sourire *m*; **to smile** sourire
to smoke fumer
smuggler contrebandier *m*
snack goûter *m*
to sneeze éternuer
to snore ronfler
snow neige *f*; **snowstorm** tempête (*f*) de neige; **to snow** neiger
so alors; si
soap savon *m*
soccer football *m*
sociable sociable
social sciences sciences (*f pl*) humaines/sociales
socialist socialiste
sociology sociologie *f*
sock chaussette *f*
sofa canapé *m*
soft doux/douce
sole unique; (*fish*) sole *f*
solitude solitude *f*
to solve résoudre
someone quelqu'un
something quelque chose
sometimes parfois
somewhat assez
son fils *m*; **son-in-law** gendre *m*, beau-fils *m*
song chanson *f*
soon bientôt; **See you soon!** À bientôt !; **sooner or later** tôt ou tard
sophisticated sophistiqué(e)
sorry désolé(e); **I'm sorry.** Je suis désolé(e).; **to be sorry** regretter
soufflé soufflé *m*
soul âme *f*
sound bruit *m*
soup soupe *f*; potage *m*; **soup spoon** cuillère (*f*) à soupe
south sud *m*
spacious spacieux/spacieuse
Spain Espagne *f*
Spanish espagnol(e)
to speak parler
specialist spécialiste *m, f*
to specialize (in) se spécialiser (en)
speed vitesse *f*
to spend (*time*) passer; (*money*) dépenser
spicy épicé(e)
spinach épinards *m pl*

spinster vieille fille *f*
spiral notebook cahier *m*
splendid splendide
spoon cuillère *f*; **soup spoon** cuillère à soupe; **teaspoon** cuillère à café
sport(s) sport *m*; **sports center** centre (*m*) sportif; **to play sports** faire du sport
to sprain se tordre; **to sprain one's ankle** se tordre la cheville; **to sprain one's wrist** se tordre le poignet
spring printemps *m*; **in the spring** au printemps
to sprinkle (with) saupoudrer (de)
square (*town*) place *f*; square *m*
stadium stade *m*
staircase escalier *m*
stamp timbre *m*
standard of living niveau (*m*) de vie
standing debout
star étoile *f*; **movie star** vedette *f*
start commencement *m*; **start of the school year** rentrée *f*; **to start** commencer
state état *m*
station station *f*; **metro station** station de métro; **radio station** station de radio; **train station** gare *f*; **TV station** chaîne (*f*) de télévision
stationery papier (*m*) à lettres; **stationery store** papeterie *f*
stay séjour; **to stay** rester
steak (*beef*) bifteck *m*
steeple clocher *m*; flèche *f*
step pas *m*
stepbrother demi-frère *m*
stepdaughter belle-fille *f*
stepfather beau-père *m*
stepmother belle-mère *f*
stepsister demi-sœur *f*
stepson beau-fils *m*
stereo (system) chaîne (*f*) stéréo
steward steward *m*
stewardess hôtesse (*f*) de l'air
still encore, toujours
stimulating stimulant(e)
stomach ventre *f*; **to have a stomach ache** avoir mal au ventre
stone pierre *f*
store magasin *m*; **department store** grand magasin; **small grocery store** épicerie *f*; **store hours** heures (*f*) d'ouverture
story histoire *f*; (*of a house*) étage *m*
stove cuisinière *f*
straight raide; **straight ahead** tout droit; **to have straight hair** avoir les cheveux raides
to straighten (up) ranger
strawberry fraise *f*
street rue *f*; **small street** ruelle *f*
stress stress *m*
stressful stressant(e)
strict sévère
strike grève *f*; **to strike** faire la grève

striker gréviste *m, f*
strong fort(e)
strongly fortement
to struggle lutter
student étudiant(e) *m, f*; **grade school student** élève *m, f*; écolier/écolière *m, f*; **secondary school student** lycéen(ne) *m, f*; **student life** vie (*f*) estudiantine
studio (*apartment*) studio *m*
studious studieux/studieuse
study étude *f*; (*office*) cabinet (*m*) de travail; **to study** étudier; **to study for an exam** préparer un examen; **to study ___** faire des études de ___
stuffed animal animal (*m*) en peluche
style style *m*
subject sujet *m*; (*school*) matière *f*
suburb banlieue *f*
subway métro *m*; **by subway** en métro; **subway station** station (*f*) de métro
to succeed réussir
such as tel(le) que
to suffer souffrir
suffrage (*vote*) suffrage *m*
sugar sucre *m*
to suggest proposer
suit (*man's*) costume *m*; (*woman's*) tailleur *m*; **bathing suit** maillot (*m*) de bain
suitcase valise *f*
to summarize résumer
summer été *m*; **children's summer camp** colonie (*f*) de vacances; **in summer** en été
summit sommet *m*
sun soleil *m*
Sunday dimanche *m*
sunglasses lunettes (*f pl*) de soleil
sunny ensoleillé(e); **It's sunny.** Il fait du soleil.
super super
superb superbe
supermarket supermarché *m*
to supervise superviser
supplier fournisseur *m*
to supply fournir
to suppress supprimer
surgical chirurgical(e)
surprise surprise *f*; **to surprise** surprendre
surprised surpris(e)
to surround entourer
survey sondage *m*
to survive survivre
sweater pull-over *m*
Sweden Suède *f*
Swedish Suédois(e)
sweet sucré(e)
to swim nager; faire de la natation
swimming natation *f*; **to go swimming** faire de la natation; se baigner
Swiss suisse
Switzerland Suisse *f*

symbol symbole *m*
symptom symptôme *m*
synagogue synagogue *f*
syrup sirop *m*
system système *m*
T-shirt tee-shirt *m*
table table *f*; **coffee table** table basse; **night table** table de nuit, table de chevet; **table setting** couvert *m*
tablecloth nappe *f*
to take prendre; **I'll take it.** Je le prends.; **to take a bath** prendre un bain; **to take a hike** faire une randonnée; **to take a nap** faire la sieste; **to take an exam** passer un examen; **to take a shower** prendre une douche; **to take a trip** faire un voyage; **to take a walk** faire une promenade; **to take care of oneself** se soigner; **to take drugs** se droguer; **to take into account** tenir compte de; **to take notes** prendre des notes; **to take off** (*clothes*) enlever, se déshabiller; **to take one's temperature** prendre sa température; **to take place** avoir lieu
tall grand(e); **I'm tall.** Je suis grand(e).
tape recorder (*audio*) magnétophone *m*
tarragon estragon *m*
task tâche *f*
taste goût *m*; **to taste** goûter
tasty savoureux/savoureuse
taxi driver chauffeur (*m*) de taxi
tea thé *m*; **herbal tea** tisane *f*; **tea with lemon** thé au citron; **tea with milk** thé au lait
to teach enseigner
teacher professeur *m*; (*in an elementary school*) instituteur/institutrice *m, f*; maître/maîtrisse
team équipe *f*
teaspoon cuillère (*f*) à café
technique technique *f*
technology technologie *f*
teenager adolescent(e) *m, f*
telecommunications télécommunications *f pl*
telephone téléphone *m*; **telephone answering machine** répondeur (*m*) téléphonique; **telephone card** (*prepaid calling card*) télécarte *f*; **telephone directory** annuaire (*m*) téléphonique
television télévision (télé) *f*; **television set** téléviseur *m*; **TV program** émission (*f*) de télévision
to tell (a story) raconter (une histoire)
teller (*bank*) caissier/caissière *m, f*
temp work travail (*m*) intérimaire
temperature température *f*; **to take one's temperature** prendre sa température
temporary temporaire
ten dix
tendency tendance *f*

tenderness tendresse *f*

tennis tennis *m*; **tennis shoes** tennis *m pl*; **tennis racket** raquette (*f*) de tennis

tenth dixième

term paper mémoire *m*

territory territoire *m*

terrorism terrorisme *m*

test épreuve *f*; examen *m*

text texte *m*

thank: Thank you! Merci !; **thanks to** grâce à; **to thank** remercier

that que; (*thing, fact*) cela; **That's the last straw, that takes the cake !** Ça c'est le comble !

the le *m*, la *f*, les *pl*

theater théâtre *m*; **movie theater** salle (*f*) de cinéma

their leur

then alors, puis, ensuite

theoretician théoricien(ne) *m, f*

there is, there are il y a

therefore donc

they ils, elles

thin mince

thing chose *f*

to think penser; **to think about** réfléchir (à)

third troisième

thirst soif *f*

thirsty: to be thirsty avoir soif

thirteen treize

thirty trente; **It is five thirty.** Il est cinq heures trente.

this, that, these, those ce (cet), cette, ces

thousand mille

three trois

throat gorge *f*

to throw lancer; **to throw away** jeter

thunderstorm orage *m*

Thursday jeudi *m*

thus donc, ainsi

ticket billet *m*; **round-trip ticket** billet aller-retour

tie cravate *f*

tile tuile *f*

time (*duration*) temps *m*; (*occasions*) fois; **at any time** à n'importe quelle heure; **how many times** combien de fois; **time period, time needed for completion of a job** délai *m*; **to be on time** être à l'heure; **to have free time** avoir du temps libre; **What time is it?** Quelle heure est-il ?

timetable horaire *m*

tiny minuscule

tip (*gratuity*) pourboire *m*

tired fatigué(e)

tiring fatigant(e)

title titre *m*

to à, en

toaster grille-pain *m*

tobacco tabac *m*; **tobacco shop** bureau (*m*) de tabac

today aujourd'hui; **What day is it today?** Quel jour sommes-nous ?; **What is today's date?** Quelle est la date ? Nous sommes quelle date ?

toe orteil *m*

together ensemble

toilet WC *m pl*; toilettes *f pl*

toll (*on a toll road*) péage *m*

tomato tomate *f*; **tomato sauce** coulis (*f*) de tomate

tomorrow demain; **See you tomorrow!** À demain !

tongue langue *f*

too aussi; **too much, too many (of)** trop (de)

tooth dent *f*

toothpaste dentifrice *m*

torn déchiré(e)

to toss (*salad*) tourner (la salade)

total total *m*; (*amount owed*) montant *m*

totalitarian totalitaire

to touch toucher

tourism tourisme *m*

tourist touriste *m, f*; **tourist office** office (*m*) du tourisme

toward vers

towel serviette *f*

tower tour *f*

toy jouet *m*

to trace tracer

track and field athlétisme *m*

trade métier *m*

tradition tradition *f*

traditional traditionnel(le)

traffic circulation *f*; **traffic jam** embouteillage *m*

train train *m*; **high speed train** train à grande vitesse (TGV); **train station** gare *f*

trainer formateur *m*; entraîneur *m*

training formation *f*

tram(way) tramway *m*

tranquility tranquillité *f*

to translate traduire

translation traduction *f*

transportation transports *m pl*; **public transportation** transports en commun

trash ordures *f pl*

to travel voyager; **travel agency** agence (*f*) de voyages; **travel agent** agent(e) (*m, f*) de voyages

traveler voyageur *m*; **traveler's check** chèque (*m*) de voyage

tray plateau *m*

treaty traité *m*

tree arbre *m*

trip voyage *m*; **to take a trip** faire un voyage

trout truite *f*

truck camion *m*

trucker camionneur *m*

true vrai(e)

truth vérité *f*

to try (on) essayer

tube tube *m*

tuberculosis tuberculose *f*

Tuesday mardi *m*

tuition frais (*m pl*) d'inscription

tuna fish thon *m*

Tunisia Tunisie *f*

Tunisian tunisien(ne)

tunnel tunnel *m*

turkey dinde *f*

to turn tourner

twelve douze

twenty vingt

twin jumeau/jumelle

twinning (*of towns, etc.*) jumelage *m*

to twist tordre; **to twist one's ankle** se tordre la cheville

two deux

type type *m*; genre *m*; sorte *f*; **to type** taper

typical typique

umbrella parapluie *m*

unbelievable incroyable

uncle oncle *m*; uncle (*baby talk*) tonton *m*

to uncork déboucher

under sous

to undress oneself se déshabiller

underground souterrain(e)

to understand comprendre

unemployed au chômage

unemployment chômage *m*; **unemployment rate** taux (*m*) de chômage

unfurnished vide

unit unité *f*

universal universel(le)

university université *f*; **university restaurant/cafeteria** restaurant (*m*) universitaire (resto u); **university school/college** faculté (fac) *f*

urban urbain(e)

to use utiliser

useful utile

usefulness utilité *f*

usually d'habitude

utopian utopique

vacation vacances *f pl*; **during vacation** pendant les vacances; **summer vacation** (*from school*) grandes vacances; **to leave on vacation** partir en vacances

vacuum cleaner aspirateur *m*; **to vacuum** passer l'aspirateur

VCR magnétoscope *m*

veal veau *m*

vegetable légume *m*

vegetarian végétarien(ne)

veil voile *m*

to verify vérifier

very très; **Thank you very much!** Merci beaucoup !; **very good** très bien

veteran ancien combattant *m*

video vidéo *f*; **videotape** vidéocassette *f*

Viennese viennois(e)

Vietnam Vietnam *m*
Vietnamese vietnamien(ne)
view vue *f*
vinaigrette vinaigrette *f*
vinegar vinaigre *m*
vineyard vignoble *m*
violence violence *f*; **domestic violence** violence domestique
violent violent(e)
violin violon *m*
to visit (*people*) aller voir, rendre visite à; (*places*) visiter
visual visuel(le)
vitamin vitamine *f*
vocabulary vocabulaire *m*
volleyball volleyball *m*, volley-ball *m*
volunteer bénévole; **volunteer organization** association (*f*) bénévole
to vote voter
voter électeur/électrice *m, f*
to wait (for) attendre
waiter serveur *m*
waitress serveuse *f*
to wake up se réveiller
walk promenade *f*; **to go for a walk** faire une promenade **to walk** marcher; se promener
Walkman baladeur *m*
wall mur *m*
walnut noix *f*
to want vouloir; avoir envie (de); **want ad** petite annonce *f*
war guerre *f*
warehouse entrepôt *m*
warm: it's warm out il fait chaud; (*people*) **to be warm** avoir chaud
warmth chaleur *f*
warrior guerrier *m*
to wash laver; **to wash clothes** faire la lessive; **to wash dishes** faire la vaisselle; **to wash oneself** se laver
washing machine machine (*f*) à laver
wastepaper basket corbeille (*f*) à papier
watch montre *f*; **to watch** regarder; **to watch (over)** surveiller; **to watch TV** regarder la télévision
watchmaker horloger *m*
water eau *f*; **mineral water** eau minérale
we nous
weak faible

weakness faiblesse *f*
weapon arme *f*
to wear porter
weather temps *m*; **weather report** météo *f*; **What's the weather like?** Quel temps fait-il ?
wedding mariage *m*
Wednesday mercredi *m*
week semaine *f*; **days of the week** jours (*m*) de la semaine; **last week** la semaine dernière; **next week** la semaine prochaine; **this week** cette semaine
weekend week-end *m* (*Quebec*) fin (*f*) de semaine; **Have a good weekend!** Bon week-end !
weekly hebdomadaire
to weigh peser
weight poids *m*; **to gain weight** grossir; **to lose weight** maigrir
welcome bienvenu(e); **You're welcome!** De rien !
well bien; **I'm very well.** Je vais très bien.; **Things are going well.** Tout va bien.; **Well done!** Bravo ! **well located** bien situé(e)
well puits *m*
west ouest *m*
what quel(le); que (*in a question*); **What a shame!** Quel dommage !; **What day is it?** Quel jour sommes-nous ?; **What does he look like?** Comment est-il ?; **What's the weather like?** Quel temps fait-il ? **What's your name?** Comment vous appelez-vous (Comment t'appelles-tu ?); **What time is it?** Quelle heure est-il ?
when quand
where où
which quel(le)
white blanc(he)
who, whom qui
why pourquoi
wide large
widower, widow veuf/veuve *m, f*
width largeur *f*
wife femme *f*
to win gagner
wind vent *m*; **it's windy** il fait du vent
window fenêtre *f*
windsurfing planche (*f*) à voile; **to go windsurfing** faire de la planche à voile

wine vin *m*; **red wine** vin rouge; **rosé wine** vin rosé; **wine cellar** cave (*f*) à vin; **wine glass** verre (*m*) à vin; **wine merchant** marchand(e) (*m, f*) de vin; **white wine** vin blanc
wing (*light meat*) aile *f*
winter hiver *m*
wise sage
with avec
without sans
woman femme *f*
wood, woods bois *m*
word mot *m*
work travail *m*; **to work** travailler; (*radios, machines, etc.*) marcher; **paid work** travail rémunéré
worker ouvrier/ouvrière *m, f*
workshop atelier (*m*) de bricolage
world monde *m*
worldwide mondial(e)
worried inquiet/inquiète
worrisome inquiétant(e)
to worry s'inquiéter
worth: to be worth valoir
wound blessure *f*; **to wound** blesser
wounded blessé(e)
wrist poignet *m*; **to sprain one's wrist** se tordre le poignet
to write écrire
writer écrivain *m*; femme (*f*) écrivain
wrong: to be wrong avoir tort
xenophobic xénophobe
yard jardin *m*
year an *m*, année *f*; **every year** tous les ans; **I am 10 years old.** J'ai 10 ans.; **last year** l'année dernière; **next year** l'année prochaine
yellow jaune
yes oui
yesterday hier
yogurt yaourt *m*
you vous; tu (*fam*); **And you?** Et vous ? Et toi ? **How are you?** Comment allez-vous ? Comment vas-tu ? (*fam*)
young jeune; **young man** jeune homme; **young woman** jeune fille *f*
your ta, ton, tes, votre, vos
zero zéro *m*
zone zone *f*
zoo zoo *m*

Index

Credits

LITERARY

PHOTO